LOS JUECES CONSTITUCIONALES: CONTROLANDO AL PODER O CONTROLADOS POR EL PODER ALGUNOS CASOS RECIENTES:

Allan R. Brewer-Carías

LOS JUECES CONSTITUCIONALES

CONTROLANDO AL PODER O CONTROLADOS POR EL PODER

Algunos casos notorios y recientes
(Estados Unidos, Reino Unido, Honduras, Venezuela,
República Dominicana, Nicaragua, Paraguay, El Salvador,
Suráfrica, Costa Rica, Chile, Brasil)

iJSA Investigaciones Jurídicas S.A.

Editorial Jurídica Venezolana International

347.016
B847j   Brewer-Carías, Allan R.
         Los Jueces constitucionales : controlando al poder o contro-
         lados por el poder, algunos casos notorios y recientes, (Estados
         Unidos, Reinos Unidos, Honduras, Venezuela, República
         Dominicana, Nicaragua, Paraguay, El Salvador, Suráfrica,
         Costa Rica, Chile y Brasil) / Allan R. Brewer-Carías-- 1ª.
         edición – San José, Costa Rica : IJSA, setiembre del 2017.

         542 páginas ; 23 x 16 cm.

         ISBN 978-9977-13-659-2

         1. JUECES. ADMINISTRACIÓN DE JUSTICIA Y POLÍTICA.
         2. TRATO DE LOS ANIMALES. 3. BIENESTAR ANIMAL.
         4. FUNCIÓN JUDICIAL. 5. PODER JUDICIAL. I. Título.

         © Allan R. Brewer-Carías
           Email: allan@brewercarias.com

Editorial Investigaciones Jurídicas S.A.

Consejo Editorial:

investigaciones.juridicas.sa

Editorial Investigaciones Jurídicas S.A.

Tel. 2226-8320/2226-6433   Fax: 2226-4118
www.investigacionesjuridicas.com
E- mail: info@investigacionesjuridicas.com
Apdo. 631-2010 Zapote, San José, Costa Rica

Editorial Jurídica Venezolana (2017)

Email fejv@cantv.net
http://www.editorialjuridicavenezolana.com.ve

ISBN: 978-980-365-392-7

Impreso por: Lightning Source, an INGRAM Content company
para Editorial Jurídica Venezolana International Inc.
Panamá, República de Panamá.
Email: editorialjuridicainternational@gmail.com

Diagramación, composición y montaje por: Francis Gil,
en letra Time New Roman 11, Interlineado Sencillo, Mancha 18 x 11.5

CONTENIDO GENERAL

PRÓLOGO

Carlos Ayala Corao

Esta nueva obra del profesor Allan Brewer Carías nos presenta un análisis contemporáneo de varias sentencias relevantes dictadas por tribunales constitucionales y sus repercusiones en el derecho internacional: *Los jueces controlando al poder o controlados por el poder. Algunos casos notorios y recientes en los Estados Unidos, el Reino Unido, Honduras, Venezuela, la República Dominicana, Nicaragua, El Paraguay, El Salvador y Suráfrica.*

Este es un encargo que me honra doblemente, por la calidad de su autor y la de su nueva obra. Brewer Carías es sin lugar a dudas el primer jurista de derecho público en Latinoamérica y uno de los primeros de Iberoamérica. Aprovecho una vez más para expresar mi agradecimiento a quien ha sido además de maestro, un amigo por tantos años, y quien he dejado una huella imborrable en mi formación jurídica. Esta relación siempre ha sido con respeto a la libertad de espíritu académico, pues las pocas diferencias de criterio jurídico que hemos compartido, no solo las hemos discutido sinceramente con tolerancia sino que han sido hasta incentivadas. Eso es lo que hace de Brewer Carías un maestro siempre generoso y respetuoso con sus discípulos.

Comenzaré afirmando un axioma que tiene el valor de verdad universal: *no existe justicia sin la independencia del juez y del tribunal.* La independencia judicial es al mismo tiempo un derecho de toda persona y una obligación de organización del aparato estatal, tanto en las constituciones democráticas como en los instrumentos internacionales sobre derechos humanos. En el campo de la jurisdicción constitucional este es un elemento esencial y una condición necesaria para la existencia de un verdadero tribunal constitucional.

En los países con tribunales constitucionales y contencioso-administrativos independientes, la protección de los derechos de las personas y el control del poder público funciona en líneas generales y cumple sus objetivos. Ello no obsta para que ocasionalmente esos tribunales pueden dictar alguna o algunas sentencias polémicas o en sentido contrario, pero la opinión pública y los juristas tienen el derecho a criticarlas y la sociedad a discutirlas, lo cual permite la evolución de la jurisprudencia.

Por el contrario, en los países donde los tribunales constitucionales y contencioso-administrativos no son independientes estructuralmente, la protección de los derechos de las personas y el control del poder no está garantizada. Es estos casos siempre ha de recordarse la otra máxima contenida en el artículo 16 de la Declaración de los Derechos del Hombre y del Ciudadano (Francia, 1789): "Una sociedad en la que no esté establecida la garantía de los derechos, ni determinada la separación de los poderes, carece de Constitución".

En este trabajo del profesor Brewer Carías constatamos este presupuesto esencial para la existencia de auténticos tribunales constitucionales. En las sentencias estudiadas, correspondientes a tribunales que no gozan de independencia y autonomía frente al Poder Ejecutivo, como son los casos de la Sala Constitucional del Tribunal Supremo de Justicia de Venezuela y la Sala Constitucional de la Corte Suprema de Justicia de Nicaragua, el resultado es la desprotección de los derechos humanos, la complacencia al poder y la no vigencia real de la Constitución. Pero constatamos cómo ocurre lo contrario en aquellos tribunales constitucionales que gozan de independencia y así cumplen con su función de ser los garantes de la constitución y de los derechos frente al poder público, como son los casos aquí analizados en las sentencias de los Estados Unidos de América, Suráfrica y el Reino Unido.

El otro tema que pone en evidencia este valioso estudio jurisprudencial del profesor Brewer Carías, es el de las relaciones entre el derecho constitucional y el derecho internacional; y más en concreto, las nuevas limitaciones constitucionales a la tradicional facultad discrecional de los Poderes Ejecutivos de denunciar los tratados internacionales. El asunto es interesante, porque en ambos casos las normas constitucionales ("principios constitucionales" en el RU) sobre tratados asignan la competencia para suscribirlos al Poder Ejecutivo, su ratificación está sujeta a su aprobación por ley del parlamento; y la denuncia de los tratados al propio Poder Ejecutivo. Se trata en definitiva de un asunto de derecho interno y particularmente constitucional, como es la de determinar si antes de proceder a efectuar la denuncia internacional de un tratado que ha sido aprobado por ley del parlamento, el Poder Ejecutivo debe obtener previamente la aprobación por ley del parlamento.

En efecto, la línea jurisprudencial se ve claramente desarrollada en las sentencias anglosajonas en el caso *Brexit* en el Reino Unido y el caso de la denuncia del *Estatuto de Roma* en Suráfrica. En ambos casos se declara la inconstitucionalidad de la denuncia por el Ejecutivo de tratados que habían sido aprobados previamente por ley de sus respectivos parlamentos. El precedente común a ambas sentencia parece tener un origen remoto en un principio de derecho constitucional en el *common law: rights given by an act of parliament can only be taken away by an act of parliament*.

En efecto, en el *caso Brexit*, relativo a la salida del Reino Unido de la Unión Europea como consecuencia del referendo que se realizó sobre el tema el 23 de junio de 2016, la Alta Corte de Justicia dictó su sentencia del 3 de noviembre de 2016 ratificada por la Corte Suprema del Reino Unido el 24 de enero de 2017, mediante la cual se decidió que el gabinete Ejecutivo no podía proceder a denunciar el tratado de la Unión Europea sin antes haber obtenido la aprobación parlamentaria mediante la ley correspondiente. El razonamiento de la Alta Corte se basó en la considerar, que la *European Communities Act* de 1972 (Ley ECA de 1972) mediante la cual se le dio efectos al derecho comunitario en el sistema legal nacional del Reino Unido, era una "ley constitucional" a la cual estaba sometido en Gobierno, el cual no la podía modificar en forma alguna mediante el ejercicio de los poderes de prerrogativa de la Corona (gabinete Ejecutivo), sino que para ello se requiere previamente de un Acto del Parlamento que autorice a los Ministros: para poder enviar la notificación de la decisión del retiro del Reino Unido de la Unión Europea. Así en todo caso, conforme al criterio de la Corte, el resultado del referendo constituye en este caso una recomendación de carácter político al parlamento para que este procediera a adoptar la decisión definitiva mediante un acto; y solo después de ello el Ejecutivo podría proceder a efectuar la denuncia del tratado.

Por su lado, en el caso del tratado relativo al *Estatuto de Roma* la Alta Corte (*High Court*) de Suráfrica actuando como juez constitucional, mediante sentencia de 22 de febrero de 2017 dictada en el caso: *Democratic Alliance vs. Minister of International Relations, Minister of Justice and Correctional Services, the President of the Republic of 'South Africa*, (No: 83145/201), *declaró inconstitucional e inválida la decisión adoptada por el Ministro de Relaciones Internacionales en fecha 19 de octubre de 2016 de denunciar el Tratado del Estatuto de Roma de la Corte Penal Internacional y la decisión del gabinete Ejecutivo de notificar dicha denuncia a la Secretaría General de las Naciones Unidas, porque había sido adoptada sin la previa aprobación del Parlamento; ordenando en consecuencia a los demandados revocar, es decir, retirar dicha notificación internacional de la denuncia del tratado. Se trata sin embargo, de un precedente preciso o acotado (narrow finding), en cuanto a la necesidad de obtener previamente la aprobación parlamentaria para proceder a la denuncia de este tratado, más no en cuanto al fondo o que ese tipo de tratados no pudiese ser denunciado por el Ejecutivo previa aprobación del parlamento. En este sentido la Corte precisó* que "no sería apropiado el declarar esa decisión inconstitucional como decisión aislada" pues "no hay nada patentemente inconstitucional, al menos en esta etapa, sobre la decisión política del retiro del Estado del Tratado de Roma, ya que adoptar esa decisión está entre sus poderes y competencias."

En sentido contrario, en el caso de República Dominicana, a pesar de que su Tribunal Constitucional declaró la inconstitucionalidad de la aceptación con carácter general de la competencia contenciosa de la Corte Interamericana de Derechos Humanos -por motivos ciertamente infundados y motivados políticamente- , ha sido el propio Poder Ejecutivo el que no ha procedido a nivel internacional a ejecutar esa decisión basándose en su poder discrecional en la dirección de las relaciones internacionales. Se trata de la sentencia TC/0256/14 dictada por el Tribunal Constitucional de la República Dominicana el 4 de noviembre de 2014, mediante la cual declaró la inconstitucionalidad del "Instrumento de Aceptación de la Competencia de la Corte Interamericana de Derechos Humanos" dictado por el Presidente de la República en 1999 después de haberse ratificado la Convención Americana de Derechos Humanos. Con esta decisión la Corte dominicana pretendió desligar al Estado de la jurisdicción de la Corte Interamericana sin haber denunciado previamente la Convención Americana en abierta violación al precedente jurisprudencial interamericano sobre la materia .

En el caso de Venezuela, a pesar de que la Constitución de 1999 le otorgó a los tratados relativos a derechos humanos la "jerarquía constitucional" (art. 23), ha sido la propia Sala Constitucional del Tribunal Supremo de Justicia la que inicialmente le solicitó expresamente en una sentencia al Ejecutivo Nacional que procediera a la denuncia de la Convención Americana sobre Derechos Humanos ; y ahora, incluso lo sugirió respecto de la Carta de la OEA. El Ejecutivo en ambos casos ha procedido líbremente a denunciar dichos instrumentos en abierta violación a la Constitución, por ser tratados relativos a derechos humanos y por tanto de jerarquía constitucional.

En efecto, recientemente con relación a la Carta de la OEA, los Magistrados y Magistradas de la Sala Constitucional del Tribunal Supremo de Justicia: Juan José Mendoza Jover, Arcadio Delgado Rosales, Carmen Zuleta de Merchán, Calixto Ortega Ríos, Luis Fernando Damiani Bustillos, Lourdes Benicia Suárez Anderson y Federico Sebastián Fuenmayor

Gallo, en la sentencia N° 155 del 28 de marzo de 2017 y su posterior sentencia "aclaratoria" N° 157 ordenaron expresamente al Presidente de la República que procediera a "tomar las medidas internacionales que estime pertinentes" en vista del "reiterado comportamiento contrario al orden jurídico internacional" del Secretario de la OEA, sugiriendo y casi ordenando la procedencia de la denuncia de la Carta de la OEA como ocurrió pocos días después. Al respecto, la sentencia sostuvo que,

> (...) *ante las inéditas acciones que afectan la paz y soberanía nacional y ante el reiterado comportamiento contrario al orden jurídico internacional que ha venido ejecutando el actual Secretario General de la Organización de Estados Americanos (OEA), lesivo a los principios generales del derecho internacional y a la propia Carta de la Organización de Estados Americanos* (A-41), referidos a la autodeterminación, independencia y soberanía de los pueblos, entre otros (ver sentencias de esta Sala n.° 1939 del 18 de diciembre de 2008, 1652 del 20 de noviembre de 2013 y 3342 del 19 de diciembre de 2002), se ordena al Presidente de la República Bolivariana de Venezuela que, en atención a lo dispuesto en el artículo 236.4, en armonía con lo previsto en los artículos 337 y siguientes *eiusdem* (ver sentencia n.° 113 del 20 de marzo de 2017), entre otros, *proceda a ejercer las medidas internacionales que estime pertinentes y necesarias para salvaguardar el orden constitucional, así como también que, en ejercicio de sus atribuciones constitucionales y para garantizar la gobernabilidad del país, tome las medidas civiles, económicas, militares, penales, administrativas, políticas, jurídicas y sociales que estime pertinentes y necesarias para evitar un estado de conmoción; y en el marco del Estado de Excepción [...]* que permita conjurar los graves riesgos que amenazan la estabilidad democrática, la convivencia pacífica y los derechos de las venezolanas y los venezolanos; todo ello de conformidad con la letra y el espíritu de los artículos 15, 18 y 21 de la Ley Orgánica Sobre Estados de Excepción vigente.

> *Igualmente, se ordena al Presidente de la República Bolivariana de Venezuela que evalúe el comportamiento de las organizaciones internacionales a las cuales pertenece la República, que pudieran estar desplegando actuaciones similares a las que ha venido ejerciendo el actual Secretario Ejecutivo de la Organización de Estados Americanos (OEA),* en detrimento de los principios democrático y de igualdad a lo interno de las mismas, sin que por ello se deje de reconocer la digna acción de los Estados que han defendido de manera gallarda los principios del derecho internacional y que, por tanto, han defendido la posición de la República Bolivariana de Venezuela, así como en otras oportunidades han reivindicado los derechos de otras naciones que también han sido arbitrariamente

asediadas al igual que nuestra Patria, por denunciar las injusticias que a diario se cometen en el sistema internacional por parte de acciones injerencistas. Y así garantizar, conforme a nuestra tradición histórica, los derechos humanos sociales inherentes a toda la población, en especial, de los pueblos oprimidos. Así decide. (Resaltados añadidos).

Así, la *denuncia de la Carta de la Organización de los Estados Americanos* (en lo adelante también e indistintamente la "Carta OEA") fue ejecutada por el Presidente de la República Bolivariana de Venezuela, Nicolás Maduro Moros mediante comunicación de fecha 27 de abril de 2017, consignada en fecha 28 de abril de 2017 por la Embajadora Interina de Venezuela ante la Organización de Estados Americanos ("OEA), Carmen Luisa Velásquez ante el Secretario General de la OEA, Luis Almagro. En dicha comunicación de fecha 27 de abril de 2017 el Presidente Maduro le notificó al Secretario General de la OEA su decisión de denunciar la Carta de la OEA, en los siguientes términos:

> *En mi condición de Jefe de Estado de la República Bolivariana de Venezuela, me dirijo a usted con el propósito de notificarle nuestra indeclinable decisión de denunciar la Carta de la Organización de los Estados Americanos (OEA), conforme a su artículo 143, que da inicio al retito definitivo de Venezuela de esta Organización. [...]*

> *En tal sentido, la presente Nota constituye nuestro indeclinable manifiesto de denuncia a la Carta de la Organización de los Estados Americanos (OEA), para que cesen sus efectos internacionales, en cuanto a la República Bolivariana de Venezuela se refiere, por lo que en su condición de Depositario deberá comunicar, de manera inmediata, a los Estados Miembros de la presente decisión. [...]*

De conformidad con la propia Carta OEA en su artículo 143, una vez transcurridos dos (2) años la notificación de la denuncia es que ésta entraría en vigor; y por ser precisamente un tratado de protección colectiva, dicha notificación al Secretario General de la Organización, debe ser informada por él a los demás Estados partes de dicho instrumento, es decir, a todos los Estados miembros de la OEA. Es importante advertir, que en todo caso, la denuncia de un tratado en general no tiene efectos retroactivos, por lo que no tiene por efecto desligar al Estado Parte interesado de las obligaciones contenidas en él en lo que concierne a todo hecho que, pudiendo constituir una violación de esas obligaciones, haya sido cumplido por él con anterioridad a la fecha en la cual la denuncia produce efecto. Incluso, de acuerdo al texto expreso de la Carta de la OEA en la norma citada, aun transcurridos los dos años, la denuncia no tendrá efecto sino después de que el Estado denunciante haya "cumplido con las obligaciones emanadas de la presente Carta", lo cual se refiere tanto a las obligaciones suatantivas y como a las materiales –incluido el pago de la deuda que Venezuela mantiene con la Organización. Ello guarda especial relevancia cuando se entiende que al mismo tiempo la Carta de la OEA es un tratado que también hace relación a los derechos humanos.

Este acto del Presidente de la República, Nicolás Maduro de denunciar la Carta de la OEA, constituye una violación manifiesta de la Constitución específicamente de la jerarquía y supremacía constitucional de los tratados sobre derechos humanos, del derecho de petición internacional para el amparo de los derechos humanos, de los derechos humanos como principio rector de las relaciones internacionales del Estado Venezolano y de la progresividad de los derechos humanos, consagrados en los artículos 23, 333, 339, 31, 152 y 19, respectivamente.

I. LA CARTA DE LA OEA COMO UN TRATADO RELATIVO A LOS DERECHOS HUMANOS

La Carta de la OEA como tratado o convenio internacional multilateral fue suscrita por Venezuela durante el gobierno del Presidente Rómulo Gallegos (entonces Estados Unidos de Venezuela) el 30 de abril de 1948, en la Novena Conferencia Internacional Americana celebrada en Bogotá. Seguramente debido a la ruptura del orden constitucional por el golpe de estado militar ocurrido el 24 de noviembre de ese mismo año 1948, este instrumento no llegó a ser aprobado en aquél entonces por el Congreso. No fue sino hasta el 21 de diciembre de 1951 (durante la dictadura), que se produjo la ratificación de la Carta, cuyo instrumento fue depositado pocos días después el 29 de diciembre de ese mismo año.

La Carta de la OEA fue reformada por el Protocolo de Buenos Aires en 1967, por el Protocolo de Cartagena de Indias en 1985, por el Protocolo de Washington en 1992 y por el Protocolo de Managua en 1993. Venezuela aprobó y ratificó todos estos Protocolos mediante "leyes aprobatorias" sancionadas por el entonces Congreso de la República y publicadas en las Gacetas Oficiales correspondientes. El gobierno venezolano igualmente depositó con posterioridad los instrumentos de ratificación de dichos Protocolos ante la Secretaría General de la OEA, en las siguientes oportunidades: el Protocolo de Buenos Aires, el 10 de octubre de 1968; el Protocolo de Cartagena de Indias, el 10 de agosto de 1993 ; el Protocolo de Washington 25 de septiembre de 1997; y por el Protocolo de Managua 4 de abril de 1995.

La Organización de Estados Americanos se inició conjuntamente con la aprobación de la *Declaración Americana de los Derechos y Deberes del Hombre* -en la misma Novena Conferencia Internacional Americana celebrada en Bogotá en 1948 -, en el marco de la cual se adoptó la Carta de la OEA que proclama los "derechos fundamentales de la persona humana" como uno de los principios en que se funda la Organización; y desde 1967 con el Protocolo de Buenos Aires, se incorporó a la Comisión Interamericana de Derechos Humanos (también CIDH) como un órgano "principal" de dicha Carta para la promoción y protección internacional de los derechos humanos. Por lo cual, la Carta de la OEA ha sido considerada también como un tratado relativo a los derechos humanos, en virtud de que

> El pleno respeto a los derechos humanos aparece en diversas secciones de la Carta, reafirmando la importancia que los Estados miembros le otorgan. De conformidad con ese instrumento, "el sentido genuino de la solidaridad americana y de la buena vecindad no puede ser otro que el de consolidar en este Continente, dentro del marco de las instituciones democráticas, un régimen de libertad individual y de justicia social, fundado en el respeto de los derechos esenciales del hombre". La Carta establece a la CIDH como un órgano principal de la OEA, que tiene como función promover la observancia y la defensa de los derechos humanos y servir como órgano consultivo de la Organización en dicha materia.

Un tratado se entiende que es *relativo a los derechos humanos*, cuando afecta o interesa a la protección de éstos . Ello es, cuando en definitiva su objeto y propósito tiene que ver con el reconocimiento y la protección de los derechos de la persona humana, para lo cual es necesario ver el tratado en su conjunto conforme a los principios de interpretación en el derecho internacional. En ese sentido se ha expresado la Corte Interamericana de Derechos Humanos (también CorteIDH), al sostener lo siguiente :

> "72. Para los fines de esta Opinión la Corte debe determinar si este Tratado *concierne* a la protección de los derechos humanos en los 33 Estados americanos que son Partes en él, es decir, si atañe, afecta o interesa a esta materia. Al realizar este estudio, el Tribunal reitera que la interpretación de toda norma debe hacerse de buena fe, conforme al sentido corriente que ha de atribuirse a los términos empleados por el tratado en el contexto de éstos y teniendo en cuenta su objeto y fin (artículo 31 de la Convención de Viena sobre el Derecho de los Tratados) y que dicha interpretación puede involucrar el examen del tratado considerado en su conjunto, si es necesario."

Los tratados relativos a los derechos humanos por su contenido tienen características propias que los diferencian del resto de los tratados tradicionales que se celebran para el beneficio mutuo de los Estados Partes. La CorteIDH ha puntualizado la naturaleza propia de los tratados de derechos humanos, cuyo objeto y fin tiene que ver con la protección de los derechos fundamentales de la persona humana, tanto frente al propio Estado Parte como con todos los demás Estados Partes en virtud del sentido de protección colectiva. En su Opinión Consultiva N° 2, la CorteIDH sostuvo sobre el particular lo siguiente:

"29. La Corte debe enfatizar, sin embargo, que *los tratados modernos sobre derechos humanos,* en general, y, en particular, la Convención Americana, no son tratados multilaterales de tipo tradicional, concluidos en función de un intercambio recíproco de derechos, para el beneficio mutuo de los Estados contratantes. *Su objeto y fin son la protección de los derechos fundamentales de los seres humanos, independientemente de su nacionalidad, tanto frente a su propio Estado como frente a los otros Estados contratantes.* Al aprobar estos tratados sobre derechos humanos, los Estados se someten a un orden legal dentro del cual ellos, por el bien común, asumen varias obligaciones, no en relación con otros Estados, sino hacia los individuos bajo su jurisdicción. El carácter especial de estos tratados ha sido reconocido, entre otros, por la Comisión Europea de Derechos Humanos cuando declaró que las obligaciones asumidas por las Altas Partes Contratantes en la Convención (Europea) son esencialmente de carácter objetivo, diseñadas para proteger los derechos fundamentales de los seres humanos de violaciones de parte de las Altas Partes Contratantes en vez de crear derechos subjetivos y recíprocos entre las Altas Partes Contratantes ("Austria vs. Italy", Application N° 788/60, *European Yearbook of Human Rights,* (1961), vol. 4, pág. 140).

La Comisión Europea, basándose en el Preámbulo de la Convención Europea, enfatizó, además, que el propósito de las Altas Partes Contratantes al aprobar la Convención no fue concederse derechos y obligaciones recíprocas con el fin de satisfacer sus intereses nacionales sino realizar los fines e ideales del Consejo de Europa... y establecer un orden público común de las democracias libres de Europa con el objetivo de salvaguardar su herencia común de tradiciones políticas, ideas y régimen de derecho (*Ibid.*, pág. 138)." (Resaltados añadidos).

En consecuencia, los tratados que tienen por objeto y propósito la protección de los derechos que emanan de la dignidad de la persona humana son tratados relativos a los derechos humanos. Tal es el caso de los tratados típicos sobre derechos humanos tanto del sistema universal (ONU) como del Sistema Interamericano (OEA). Sin embargo, en otros casos, aunque los tratados no tienen el objeto propio o exclusivo de reconocer derechos humanos, sí tienen por propósito la protección de las víctimas de violación de los derechos humanos o asegurar la investigación y sanción de los responsables de los crímenes internacionales contra los derechos humanos. Tal es el caso del Estatuto de Roma de la Corte Penal Internacional (CPI).

En otros casos, aunque el objeto y fin de todo el tratado no sea el reconocimiento de los derechos de la persona humana y su protección, puede ser que éste contenga una norma o un grupo de éstas que conciernen a esta materia. Tal es el caso, por ejemplo de la Convención de Viena sobre Relaciones Consulares, la cual contiene normas sobre la notificación o aviso consular de nacionales, que conforme a la CorteIDH son normas que conciernen al debido proceso como garantías de los derechos humanos y por tanto puede ser considerado también como un tratado "relativo" o "sobre" derechos humanos. En este sentido la CorteIDH estableció lo siguiente en la OC-16/99:

> 76. Por otra parte, México no solicita al Tribunal que interprete si el objeto principal de la Convención de Viena sobre Relaciones Consulares es la protección de los *derechos humanos, sino si una norma de ésta concierne a dicha protección, lo cual adquiere relevancia a la luz de la jurisprudencia consultiva de este Tribunal, que ha interpretado que un tratado puede concernir a la protección de los derechos humanos, con independencia de cuál sea su objeto principal*. Por lo tanto, aun cuando son exactas algunas apreciaciones presentadas al Tribunal sobre el objeto principal de la Convención de Viena sobre Relaciones Consulares, en el sentido de que ésta es un tratado destinado a "establecer un equilibrio entre Estados", esto *no obliga a descartar, de plano, que dicho Tratado pueda concernir a la protección de los derechos fundamentales de la persona en el continente americano*. (Resaltados añadidos)

En conclusión, como quedó dicho antes, la Carta de la OEA al contener disposiciones fundamentales sobre derechos humanos, configura igualmente la categoría de "otros tratados concernientes a la protección de los derechos humanos en los Estados americanos". En efecto, la Carta de la OEA, entre otras disposiciones relativas a los derechos humanos contiene las siguientes de mayor relevancia:

1. Declara en su preámbulo el propósito de "las instituciones democráticas, un régimen de libertad individual y de justicia social, fundado en el respeto de los derechos esenciales del hombre" párrafo tercero);

2. Proclama los "derechos fundamentales de la persona humana" como uno de los principios en que se funda la Organización (art. 3.l);

3. Consagra diversas referencias a los derechos (3.j, 16, 43, 47, 51, 112 y 150; Preámbulo (párrafo cuarto), arts. 3.k), 16, 44, 48, 52, 111 y 150).

4. Establece que la Comisión Interamericana de Derechos Humanos es un órgano "principal" de la Carta de la OEA (art. 53.e), que tiene "como función principal, la de promover la observancia y la defensa de los derechos humanos" (art. 106).

La CIDH precisamente por ser un órgano principal de la Carta de la OEA ejerce su jurisdicción sobre *todos* los Estados Miembros de la OEA, incluso de aquellos que no hayan ratificado la Convención Americana sobre Derechos Humanos (ej. Canadá, Cuba o USA) o la hayan denunciado -como es el caso de Venezuela-. Dicha jurisdicción la ejerce la CIDH con base en la Carta de la OEA, al Estatuto y el Reglamento de la CIDH, y otros instrumentos como la Declaración Americana de los Derechos y Deberes del Hombre. Y precisamente con base en esas facultades de la Carta, el Estatuto y su Reglamento, la CIDH ejerce su función de protección internacional de los derechos humanos de todas las personas, en este caso bajo la jurisdicción de Venezuela, a través de los diversos métodos de trabajo de su mandato, como son: los casos individuales, las medidas cautelares, las visitas país, los informes país incluidos los llamados capítulo IV de su Informe anual, los comunicados y las relatorías, entre otros. Para ello, basta con revisar el trabajo de la CIDH respecto a Venezuela, su informe Anual correspondiente al año 2016 recientemente presentado ante el Consejo Permanente de la Organización.

En consecuencia, no cabe duda alguna, que las disposiciones de la Carta de la OEA sobre derechos humanos la configuran también como un tratado relativo a derechos humanos, ya que contiene diversas disposiciones fundamentales "sobre" o que "conciernen" a la protección internacional de los derechos humanos en los Estados Americanos; lo que hace además, que esas disposiciones puedan incluso objeto de interpretación mediante opiniones consultivas por la Corte Interamericana de Derechos Humanos.

II. LA VIOLACIÓN DE LA JERARQUÍA Y SUPREMACÍA DE LA CONSTITUCIÓN

La Constitución de la República Bolivariana de Venezuela de 1999, consagró una norma medular que establece *la jerarquía constitucional de los tratados relativos a los derechos humanos*:

Artículo 23. Los *tratados, pactos y convenciones relativos a derechos humanos,* suscritos y ratificados por Venezuela, tienen *jerarquía constitucional* y prevalecen en el orden interno, en la medida en que contengan normas sobre su goce y ejercicio más favorables a las establecidas en esta Constitución y en las leyes de la República, y son de aplicación inmediata y directa por los tribunales y demás órganos del Poder Público. (Resaltados y cursivas nuestros).

En consecuencia, en nuestro sistema constitucional, los tratados que tienen contenido relativo a los derechos humanos tienen en el derecho interno la misma jerarquía normativa de la Constitución. En otras palabras, los tratados internacionales en materia de derechos humanos tienen rango constitucional, por lo que adquieren la supremacía y en consecuencia la rigidez, propias de la Constitución.

Es indudable que la incorporación de la norma contenida en el artículo 23 de la Constitución de 1999 encuentra su fundamento además en la *Base Comicial Octava* de la Asamblea Nacional Constituyente, que expresamente dispuso que:

Una vez instalada la Asamblea Nacional Constituyente, como poder originario que recoge la soberanía popular, deberá dictar sus propios estatutos de funcionamiento, *teniendo como límites los valores y principios* de nuestra historia republicana, así como el cumplimiento de los *tratados internacionales, acuerdos y compromisos válidamente suscritos por la República, el carácter progresivo de los derechos fundamentales del hombre* y las garantías democráticas dentro del más absoluto respeto de los compromisos asumidos. (Resaltados nuestros).

Dicha Base Comicial fue consultada y aprobada por el pueblo de Venezuela como depositario del poder constituyente originario. En efecto, mediante el referéndum consultivo celebrado el 25 de abril de 1999, el 81.74% de los electores aprobó la convocatoria a una Asamblea Nacional Constituyente conjuntamente con las Bases Comiciales propuestas por el Presidente de la República . De allí, que como consta en los archivos históricos de la Asamblea Nacional, se *"aprobó la convocatoria a una Asamblea Nacional Constituyente que redactara una nueva Constitución y reorganizara los Poderes Públicos, actuando como prolongación del Poder Constituyente originario que le pertenece"* . Por lo cual, resulta evidente la voluntad popular inequívoca del poder constituyente originario del pueblo de Venezuela, expresado a través de la aprobación de dicha Base Comicial Octava, de instruir a la Asamblea Nacional Constituyente a fin de elaborar una nueva Constitución que reflejara en su contenido esencial los valores y principios de los tratados, acuerdos y compromisos especialmente sobre derechos humanos. Como consecuencia de ello, la Asamblea Nacional Constituyente sancionó la Constitución de la República Bolivariana de Venezuela, la cual igualmente resultó aprobada por el pueblo mediante el referendo celebrado el 15 de diciembre de 1999.

Debe reiterarse por tanto, que la jerarquía constitucional de los tratados relativos a derechos humanos contenida en el artículo 23 de la Constitución de 1999, encuentra su fundamento y respaldo en la voluntad manifestada por el pueblo de Venezuela, quien en ejercicio de su poder constituyente originario, instruyó a la Asamblea Nacional Constituyente mediante la aprobación de la Base Comicial Octava, para que elaborara una nueva Constitución que reflejara en su contenido esencial los valores y principios de los tratados, acuerdos y compromisos especialmente sobre derechos humanos; y que dicha Constituyente así lo ejecutó al sancionar el artículo 23 de la Constitución, la cual fue a su vez aprobada por el referendo popular .

La jerarquía constitucional de los tratados sobre derechos humanos representa una tendencia emergente en el constitucionalismo latinoamericano desde finales del siglo XX. En este mismo sentido, la Constitución de Argentina resultante de la reforma de 1994, le otorgó a los tratados y declaraciones vigentes sobre derechos humanos (que enumera expresa y taxativamente en el artículo 75 inciso 22) *jerarquía constitucional*; y los demás tratados sobre derechos humanos, podrán gozar igualmente de dicha jerarquía constitucional (en caso de que luego de ser aprobados por el Congreso se les imponga el voto de las dos terceras partes de la totalidad de los miembros de cada Cámara).

Siguiendo esta tendencia, posteriormente las constituciones de varios países latinoamericanos, incluida la de Venezuela de 1999, han otorgado a los tratados sobre derechos humanos *jerarquía constitucional* (ej. Brasil, República Dominicana y Ecuador).

En el caso de Venezuela, a partir de la Constitución de 1999, todos los tratados, pactos y convenciones sobre derechos humanos adquirieron por mandato expreso la jerarquía constitucional. En el caso de la Carta OEA, habiendo sido ratificada por Venezuela originalmente en 1951 así como todos sus Protocolos posteriores (Protocolo de Buenos Aires, el 10 de octubre de 1968; Protocolo de Cartagena de Indias, el 10 de agosto de 1993 ; Protocolo de Washington 25 de septiembre de 1997; y Protocolo de Managua 4 de abril de 1995) *y siendo un tratado relativo a derechos humanos, dicha Carta adquirió la jerarquía constitucional expresa del ar-*

tículo 23 constitucional, desde el momento mismo de la entrada en vigencia de la Constitución el 30 de diciembre de 1999.[1]

Ahora bien, una vez evidenciado que la Carta OEA es un tratado que sin duda alguna contiene disposiciones relativas a la protección de los derechos humanos y, por tanto, tiene jerarquía constitucional, corresponde analizar las consecuencias jurídicas de la denuncia de dicho tratado; es decir, *las violaciones a la Constitución causadas por la denuncia efectuada por el Presidente de la República de Venezuela, Nicolás Maduro a la Carta de la OEA como un tratado relativo a derechos humanos.* En efecto, la incorporación de los tratados relativos a los derechos humanos en la Constitución, y particularmente el otorgamiento de la jerarquía constitucional a éstos, tiene –al menos- las siguientes *consecuencias violatorias del orden público constitucional* de Venezuela, que en el presente caso evidencian los vicios de nulidad por inconstitucionalidad del acto mediante el cual el Presidente de la República denunció la Carta de la OEA:

1. *El desconocimiento de la incorporación de los tratados sobre derechos humanos al bloque de la constitucionalidad*

La primera consecuencia es la incorporación de los tratados relativos a derechos humanos al *bloque de la constitución* también conocido como el *bloque de la constitucionalidad.* Ello significa que en Venezuela los tratados sobre derechos humanos tienen, para comenzar, la misma jerarquía que la propia Constitución, por mandato expreso de la norma contenida en el citado artículo 23 constitucional.

De allí que en las fuentes directas del derecho constitucional además de las normas constitucionales contenidas en el texto mismo de la Constitución, están igualmente incorporados en la misma categoría y jerarquía, todos los tratados relativos a los derechos humanos que hayan sido ratificados por Venezuela, como es el caso de la Carta de la Organización de los Estados Americanos. Así, en los sistemas como el venezolano, en los cuales los tratados relativos a los derechos humanos tienen jerarquía constitucional, el *bloque de la constitucionalidad* está integrado por el propio texto de la Constitución y por todos los tratados de derechos humanos ratificados por el Estado –y las decisiones de los órganos de estos tratados–.

La misma Sala Constitucional del Tribunal Supremo de Justicia de Venezuela ha aceptado la noción jurídica del *bloque de la constitucionali-*

---

1   G.O. N° 36.860 de fecha 30-12-99.

dad, incorporando con base al artículo 23 a los tratados sobre derechos humanos. Así, en el caso *Harry Gutiérrez Benavides y otro*, dicha Sala Constitucional citando varios instrumentos internacionales sobre derechos humanos, incluida la propia Convención Americana sobre Derechos Humanos, afirmó que todos ellos son "integrantes" "del llamado bloque de la constitucionalidad de acuerdo con el artículo 23 del Texto Fundamental". Ese criterio fue reiterado un año más tarde por esa misma Sala Constitucional en el caso *Esteban Gerbasi*, al firmar que los artículos 2, 22 y 23 de la Constitución "se desprende que la interpretación constitucional debe siempre hacerse conforme al principio de preeminencia de los derechos humanos, el cual, junto con los pactos internacionales suscritos y ratificados por Venezuela relativos a la materia, forma parte del bloque de la constitucionalidad". Y con posterioridad, la Sala Constitucional al ratificar la existencia del bloque de la constitucionalidad integrado por la Constitución y los tratados sobre derechos humanos, incorporó a éste a las leyes constitucionales de descentralización previstas en el artículo 157 constitucional. Así, en el caso *Analya Belisario y otros vs. Consejo Nacional Electoral*, la Sala Constitucional dispuso lo siguiente: "Cabe agregar, que no sólo se circunscribe a servir de garantía de normatividad de la Constitución documental, sino que se extiende a todas las disposiciones del denominado bloque de la constitucionalidad, que comprende en Venezuela, a los tratados sobre derechos fundamentales, las eventuales leyes constitucional que pudieran dictarse conforme lo dispuesto en el artículo 157 de la Constitución y los principios que informan la parte dogmática de la misma".

La consecuencia jurídica de que los tratados sobre derechos humanos tengan jerarquía constitucional y, por tanto, integren el *bloque de la constitucionalidad* es que al ser norma suprema, vinculan al resto del ordenamiento jurídico, el cual debe sujetarse a ellos al igual que a la propia Constitución. Por lo cual, al igual que la Constitución, los tratados sobre derechos humanos son "la norma suprema y el fundamento del ordenamiento jurídico" por lo que "todas las personas y los órganos que ejercen el Poder Público están sujetos" a ellos art. 7). De allí que todo acto del poder público que viole o menoscabe los derechos garantizados en los tratados sobre derechos humanos es nulo; y los funcionarios públicos que lo ordenen o ejecuten incurren en responsabilidad penal, civil y administrativa, según los casos, sin que les sirvan de excusa órdenes superiores (art. 25).

En este sentido, todos los jueces, al estar obligados a asegurar la integridad de la Constitución, deben igualmente garantizar la integridad de los tratados relativos a derechos humanos (art. 334, encabezamiento). Por lo que, en caso de incompatibilidad de una ley u otra norma jurídica con un tratado sobre derechos humanos, se aplicarán las disposiciones de dicho tratado, correspondiendo a los tribunales en cualquier causa, aun de oficio, decidir lo conducente (art. 334, primer párrafo). Además, cuando una ley, un acto que tenga rango de ley u otro acto de los órganos que ejercen el poder público dictado en ejecución directa e inmediata de la Constitución colida con un tratado sobre derechos humanos, le corresponde declarar su nulidad a la Sala Constitucional del Tribunal Supremo de Justicia (art. 334, segundo párrafo). En consecuencia, el control concentrado de la constitucionalidad por la Sala Constitucional del Tribunal Supremo de Justicia, para declarar la nulidad de las leyes nacionales, estadales y municipales, de los actos de gobierno, de los decretos de estado de excepción, para revisar las sentencias definitivamente firmes, y para controlar la inconstitucionalidad por omisión legislativa, debe en definitiva ser ejercido conjuntamente con base en los tratados sobre derechos humanos en virtud de su jerarquía constitucional (art. 336).

Esta tesis no es novedosa en el derecho constitucional contemporáneo, ya que desde 1989 en Costa Rica, la jurisdicción constitucional tiene asignada específicamente la competencia de controlar la "conformidad del ordenamiento interno con el Derecho Internacional o Comunitario, mediante la acción de inconstitucionalidad y demás cuestiones de constitucionalidad".

Así mismo, otra buena parte de la jurisprudencia constitucional latinoamericana ha desarrollado la incorporación de los tratados sobre derechos humanos al *bloque de la constitucionalidad* como consecuencia de la jerarquía constitucional de aquéllos.

La Corte Suprema de Justicia argentina, en el *caso Videla, Jorge Rafael y Massera, Jorge Rafael* , declaró la inconstitucionalidad parcial del decreto de indulto presidencial a los miembros de la junta militar durante la dictadura, por resultar violatorio de los instrumentos internacionales sobre derechos humanos incluida la CADH que tienen *jerarquía constitucional* (art. 75, inciso 22), invocando para ello diversos casos de la Corte Interamericana de Derechos Humanos y en especial el caso *Barrios Altos vs. Perú* .

En esta línea de jurisprudencia constitucional, nuevamente la Sala Constitucional de la Corte Suprema de Justicia de Costa Rica, al resolver *la consulta sobre el Proyecto de Ley para aprobar El Estatuto de Roma*, reiteró su jurisprudencia sobre la jerarquía constitucional de los instrumentos sobre derechos humanos, al sostener que éstos "tienen no solamente un valor similar a la Constitución Política, sino que en la medida en que otorguen mayores derechos o garantías a las personas, priman por sobre la Constitución".

La Corte Constitucional colombiana en diversos casos, ha venido conformando la noción del bloque de la constitucionalidad, primero, incorporando a los tratados sobre derechos humanos, y segundo, a la jurisprudencia internacional. En este sentido, la Corte Constitucional en el caso *demanda de Inconstitucionalidad contra Las Expresiones "Grave" (Artículos de la Ley 599 de 2000 por la cual se expide el Código Penal)*, reiteró su doctrina sobre un *bloque de constitucionalidad*, integrado por: "(i) el preámbulo, (ii) el articulado de la Constitución, (iii) algunos tratados y convenios internacionales de derechos humanos ([Constitución Política] artículo 93), (iv) las leyes orgánicas y, (v) las leyes estatutarias". La Corte Constitucional colombiana también ha incorporado de una manera progresiva al bloque de la constitucionalidad las decisiones de los organismos internacionales creados por esos tratados de derechos humanos, en virtud de lo cual, evidentemente ha incluido la jurisprudencia de la Corte IDH.

Por su parte, la Suprema Corte de Justicia de República Dominicana, también ha afirmado la existencia de un *bloque de la constitucionalidad* de doble fuente, integrado por la constitución y los tratados sobre derechos humanos, incluida la jurisprudencia de la Corte IDH, la cual es de "carácter vinculante". La Sala Constitucional salvadoreña, incluso sin fundamento constitucional expreso, ha sido progresiva al incorporar indirectamente ("por vía refleja") los instrumentos internacionales sobre derechos humanos al *bloque de la constitucionalidad*.

En conclusión, en el sistema constitucional venezolano, por disposición expresa del artículo 23 del Texto Fundamental, los tratados relativos a los derechos humanos como es el caso de la Carta OEA tienen *jerarquía constitucional*, lo cual conlleva como consecuencia, la incorporación de todos estos tratados al *bloque de la constitucionalidad o bloque de la constitución*. Siendo el acto impugnado un acto de rango legal y por tanto infra constitucional que desconoce la jerarquía constitucional de la Carta de la OEA al pretender de manera arbitraria su desincorporación del bloque de la constitucionalidad, se encuentra viciado de nulidad por violación del artículo 23 de la Constitución.

2. *La violación de la supremacía constitucional*

La supremacía de la Constitución sobre el resto del ordenamiento jurídico interno está representada en la imposibilidad de que ésta sea modificada o derogada por otros mecanismos ordinarios, incluso por los establecidos para la legislación ordinaria. La supremacía y la consecuente garantía de la rigidez de la constitución significan la inhabilidad del Poder Ejecutivo (y en su caso incluso del Poder Legislativo), para modificar la Constitución. De esta forma, la supremacía de la Constitución es la primera condición para existencia misma de un orden jurídico constitucional. La supremacía constitucional es así una característica fundamental del Estado Constitucional mismo, por lo que una de las funciones de la Constitución es precisamente excluir materias de la libre disposición del poder constituido ordinario, y especialmente de los poderes ejecutivo y judicial.

En este sentido, la consecuencia jurídica de que los tratados relativos a los derechos humanos tengan jerarquía constitucional y, por tanto, integren el *bloque de la constitucionalidad* es que vinculan con esa jerarquía en el derecho interno al resto del ordenamiento jurídico y a todos los Poderes Públicos, los cuales deben sujetarse a ellos al igual que a la propia Constitución. *Por lo cual, al igual que la Constitución, la Carta OEA como tratado relativo a los derechos humanos* es "la norma suprema y el fundamento del ordenamiento jurídico" por lo que "todas las personas y los órganos que ejercen el Poder Público están sujetos" a ellos (art. 7). De allí que todo acto del poder público que viole o pretenda anular los mecanismos de protección de los derechos humanos previstos en la Carta OEA es nulo; y los funcionarios públicos que lo ordenen o ejecuten incurren en responsabilidad penal, civil y administrativa, según los casos, sin que les sirvan de excusa órdenes superiores (art. 25). Así mismo, todos los jueces, al estar obligados a asegurar la integridad de la Constitución, deben igualmente garantizar la integridad de los tratados relativos a derechos humanos (art. 334, encabezamiento).

En el caso de los tratados relativos a los derechos humanos como es el caso de la Carta OEA, su supremacía constitucional en virtud del artículo 23 de la Constitución, trae como consecuencia necesariamente su rigidez constitucional. De allí que la protección formal de la supremacía de la Constitución está contenida en la *rigidez* para su reforma –en los casos permitidos- por los procedimientos agravados y especiales establecidos en el propio Texto Fundamental de enmienda y reforma constitucional, que incluyen al final su sometimiento a la consulta popular para ser aprobados mediante referendo (Constitución de Venezuela, arts. 340 a 346). La Constitución únicamente contiene un mecanismo de excepcional de carácter "flexible" que es la cláusula de la descentralización (art. 157), la cual autoriza a la transferencia de determinadas competencias constitucionales del poder nacional a los estados y municipios (art. 156), dando lugar a "leyes constitucionales".

Por ello, una vez incorporado un tratado relativo a derechos humanos al bloque de la constitucionalidad como es el caso de la Carta de la OEA, el mismo sólo podría ser denunciado en los casos en que proceda -

conforme al derecho internacional y al derecho constitucional- siguiendo para ello los procedimientos de modificación o de creación de una nueva constitución. Decimos en los casos en que proceda conforme al derecho internacional, porque dada la naturaleza propia de los tratados de derechos humanos, si éstos no establecen una cláusula expresa de denuncia ésta no es posible. Tal es el caso por ejemplo, del Pacto Internacional de Derechos Civiles y Políticos, conforme ha sido además el criterio del Comité de Derechos Humanos de las Naciones Unidas . En el mismo sentido, conforme al derecho constitucional e internacional en virtud del principio de progresividad en materia de derechos humanos, un tratado sobre derechos humanos con jerarquía constitucional incluso no podría denunciarse mediante la enmienda, la reforma o una asamblea nacional constituyente, ya que significaría una *regresión* inaceptable de una protección más favorable.

Este principio de la supremacía constitucional de los tratados de derechos humanos se justifica en que "fue la intención del constituyente cerrar un sistema de protección de las normas sobre derechos humanos que le impida al Poder Ejecutivo denunciar un tratado con el fin de sortear la responsabilidad internacional que pudiera atribuírsele por incumplimiento de algunas de sus normas" .

Así por ejemplo, en el caso de Argentina –con sus diferencias y similitudes al caso de Venezuela-, conforme a la nueva norma constitucional expresa los tratados sobre derechos humanos gozan de la misma jerarquía que la Constitución y por tanto de su supremacía (art. artículo 75 inciso 22). Por ello, estos tratados sólo pueden ser denunciados mediante el cumplimiento de un procedimiento agravado, previsto en la Constitución: la previa aprobación de las dos terceras partes de la totalidad de los miembros de cada Cámara. Esa rigidez constitucional de los tratados de derechos humanos ha sido fundada además en el *principio del paralelismo de competencias* entre los poderes del Estado . Según este principio, las mismas voluntades que se requieren para celebrar, aprobar y ratificar un tratado deben estar presentes para su denuncia. Es decir, si en la negociación, firma y ratificación del tratado interviene el Poder Ejecutivo, y en su aprobación interviene el Poder Legislativo; entonces en la autorización de la denuncia debe intervenir el Poder Legislativo y en la denuncia internacional, el Poder Ejecutivo.

En Venezuela a pesar de que hemos sostenido que los tratados sobre derechos humanos no pueden denunciarse ni siquiera enmendando ni reformando la constitución ni dictando una nueva, en todo caso, como base mínima debe aplicarse el principio de la rigidez constitucional previsto en el artículo 333 de la Constitución conforme al cual, "Esta Constitución no perderá su vigencia si dejare de observarse por acto de fuerza o porque fuere derogada por cualquier otro medio distinto al previsto en ella". Por lo cual, si un tratado sobre derechos humanos con jerarquía y supremacía constitucional, como es el caso de la Carta OEA que integra por tanto el bloque de la constitucionalidad, pretende ser desprendido de la Constitución por el Poder Ejecutivo –como ha sido el caso de la denuncia contenida en el acto impugnado-, dicho acto es groseramente violatorio de la Constitución, al pretender modificarla por un medio distinto al previsto en ella. La sanción a esa violación constitucional no es otra, que su nulidad.

Incluso, además de la violación del artículo 23 constitucional argumentada *supra*, en este caso se configura una clara usurpación de autoridad, ya que en ningún caso tiene competencia el Presidente de la República ni sus Ministros para modificar la Constitución. Como argumentamos, la Constitución establece los mecanismos para su modificación (enmienda o reforma, arts. 340 a 347) o para dictarse una nueva constitución (asamblea nacional constituyente, arts. 347 a 24). Por lo que conforme al artículo 333 de la Constitución, ésta no perderá su vigencia si es derogada por cualquier otro medio distinto al previsto en ella.

En conclusión, la denuncia de la Carta OEA por el Poder Ejecutivo viola la jerarquía constitucional de dicho instrumento conforme a su artículo 23, y por tanto, la supremacía y la rigidez de la Constitución. En consecuencia, la autoridad usurpada por el Poder Ejecutivo Nacional mediante el acto de la denuncia de la Carta de OEA es "ineficaz", y la sanción a esta usurpación, por expresa disposición constitucional, es que dicho acto es "nulo".

3. *El debate constituyente sobre el artículo 23 revela la decisión expresa de los constituyentes de prohibir la denuncia de tratados relativos a derechos humanos*

Si quedase alguna duda de que la norma contenida en el artículo 23 constitucional al otorgarle jerarquía constitucional a los tratados relativos a los derechos humanos prohíbe e impide su denuncia por el Poder Ejecutivo, esta conclusión está confirmada expresamente en el contenido del debate y la aprobación de dicha norma por la Asamblea Nacional Constituyente en 1999.

Si bien la interpretación original no es absoluta dado el dinamismo que caracteriza la evolución de las sociedades y el carácter de las constituciones como instrumentos vivos (*living instrument*), sí constituye una herramienta útil y definitiva para identificar cuál fue la intención expresa de los diputados constituyentes al aprobar una disposición e incluso la intención de los silencios deliberados.

Del debate de la Asamblea Nacional Constituyente sobre el artículo 23 de la Constitución evidencia que los constituyentes tomaron la decisión de otorgarle la jerarquía constitucional a los tratados, pactos y convenciones relativos a derechos humanos, expresamente para que no existiera ninguna posibilidad de que estos pudieran ser denunciados ni derogados.

En efecto, originalmente el texto del artículo 23 propuesto contenía un segundo párrafo o aparte final, que establecía la posibilidad de que los tratados relativos a derechos humanos pudiesen ser denunciados por el Ejecutivo previa autorización parlamentaria por la mayoría calificada de las dos terceras partes de sus miembros:

> Estos tratados sólo podrán ser denunciados por el Ejecutivo Nacional cuando resulte procedente, previa aprobación de las dos terceras partes de la totalidad de los miembros (de cada una de las Cámaras) de la Asamblea Nacional.

En el debate constituyente relativo al artículo 23 se planteó expresamente la eliminación de este párrafo, debido a que si a los tratados relativos a derechos humanos se les estaba otorgando la "jerarquía constitucional", en consecuencia no podían ser denunciados por el Ejecutivo Nacional. En este debate se expresó además el "peligro" de que en un momento dado una mayoría parlamentaria extrema pudiera autorizar a un Presidente de la República a denunciar un tratado sobre derechos humanos, lo cual no solo era "contradictorio" con su jerarquía constitucional, sino que violaba el principio de progresividad. Veamos un resumen de este debate (con los resaltados nuestros), el cual nos permite ratificar la inconstitucionalidad de la denuncia hecha por el Gobierno de la República Bolivariana de Venezuela de la Convención Americana sobre Derechos Humanos y en este caso de la Carta de la OEA por violar su jerarquía y la consecuente rigidez constitucional de los tratados relativos a derechos humanos:

I. Primera discusión del artículo 23: Sesión del día 21 de octubre de 1999

EL SECRETARIO.- *(Lee):*

> *"Artículo 23.-* Los tratados, pactos y convenciones relativos a derechos humanos, en las condiciones de su vigencia, tienen jerarquía constitucional y prevalecen en el orden interno, en la medida en que contengan normas sobre su goce y ejercicio más favorables a las establecidas por esta Constitución y las leyes de la República.
>
> *Estos tratados sólo podrán ser denunciados por el Ejecutivo Nacional cuando resulte procedente, previa aprobación de las dos terceras partes*

de la totalidad de los miembros (de cada una de las Cámaras) de la Asamblea Nacional". [...]

CONSTITUYENTE VILLEGAS (VLADIMIR).-Ciudadano Presidente, colegas Constituyentes: Con respecto al artículo 23, quiero hacer una reflexión y quisiera escuchar también la opinión de otros constituyentes y, sobre todo, de los expertos en el tema, porque *tengo una preocupación con respecto a la segunda parte del artículo, donde se señala*:

> "...Estos tratados sólo podrán ser denunciados por el Ejecutivo Nacional cuando resulte procedente, previa aprobación de las dos terceras partes de la totalidad de los miembros (de cada una de las Cámaras) de la Asamblea Nacional".

Hay algunas organizaciones de Derechos Humanos del país y tengo esa preocupación también, que señalan lo peligroso de *este segunda parte, porque con una mayoría circunstancial, equis, con una mayoría de un partido político que gane unas elecciones, puede echarse atrás un convenio internacional en materia de derechos humanos y se pueden violentar derechos del ciudadano, producto precisamente de una mayoría circunstancial.*

En mi opinión y, por supuesto, respeto las opiniones que quizás van a tener otros miembros de la Constituyente, esto es *peligroso*. Diría que discutiéramos en torno a la conveniencia de eliminar esta segunda parte para no entrar a proponer directamente que establezcamos la irrenunciabilidad de los tratados y convenios en materia de derechos humanos.

Tengo esa preocupación, porque estoy seguro de que *en cualquier momento de nuestra etapa histórica pudiésemos tener una mayoría parlamentaria sumamente reaccionaria, enemiga de los derechos humanos, que pueda tratar de denunciar estos tratados sobre derechos humanos y hacer lo que están haciendo algunos gobernantes que se disfrazan de demócratas en América Latina, como en el caso de Perú,* por ejemplo, donde se denunció el tratado sobre la aplicación de la pena de muerte.

Los tratados en materia de derechos humanos creo que son avances de la humanidad, son logros colectivos e individuales y *me parece que son irrenunciables e indenunciables.* [...]

El constituyente Allan Brewer Carías defendió la jerarquía y rigidez constitucional de los tratados relativos a derechos humanos en el texto propuesto, con el argumento que en consecuencia estaban protegidos precisamente a través de esa mayoría parlamentaria calificada de las dos terceras partes:

CONSTITUYENTE BREWER CARÍAS (ALLAN).-

[...]

Luego, la segunda parte, es darle protección justamente a esos tratados en materia de Derechos Humanos. Desde el momento en que tienen jerarquía constitucional hay que tratar de darle la misma *rigidez constitucional*, y la forma es establecer esta mayoría de dos terceras partes, al menos para que puedan ser denunciados

De manera que insisto en esta norma y creo que le va a dar una gran progresividad a la protección de los derechos en el ordenamiento venezolano.

A continuación, en el debate se fue perfilando el apoyo a la propuesta de eliminar del aparte del artículo 23, como mecanismo para aclarar y asegurar que los tratados sobre derechos humanos no pudiesen nunca ser denunciados incluso con aprobación parlamentaria calificada, en virtud de su jerarquía constitucional otorgada en el encabezamiento de dicho artículo y el principio de progresividad:

EL PRESIDENTE.-Tiene la palabra el constituyente Aristóbulo Istúriz.

CONSTITUYENTE ISTÚRIZ (ARISTÓBULO).-Ciudadano Presidente: Creo que no es necesaria la explicación extraordinaria que hicieron los constituyentes Tarek Williams Saab y Allan Brewer Carías, para entender la importancia de este artículo.

En lo que ha planteado el constituyente Vladimir Villegas, que es el aparte, quisiera que hubiesen más explicaciones, porque si se mantiene es contradictorio con el artículo 19, que dice: "El Estado garantiza a toda persona el **principio de progresividad**, el ejercicio y goce irrenunciable de los derechos."

Si firmamos *un tratado de protección y defensa de los Derechos Humanos, evidentemente que es una conquista, y no podemos renunciar a ella. El carácter progresivo significa que debo ir más allá, no puedo retroceder, no puedo renunciar a él, y aquí la denuncia implica revocar, que significa renunciar a la conquista. Puedo firmar un tratado superior, lo que no puedo es renunciar a una conquista que he logrado en materia de Derechos Humanos.*

El carácter "irrenunciable" y el carácter "progresivo" chocan con este aparte de este artículo. [...]

CONSTITUYENTE VALERA (IRIS).-[...] Así mismo estoy de acuerdo con lo que ha propuesto el constituyente Vladimir Villegas que se le elimine el Aparte Único que tiene ese artículo. Es todo. [...]

CONSTITUYENTE VILLEGAS (VLADIMIR).-Ciudadano Presidente: Me siento interpretado en las intervenciones de los constituyentes Aristóbulo Istúriz e Iris Valera. […]

Al final de este primer debate sobre el artículo 23, su encabezado otorgándole la jerarquía constitucional a los tratados sobre derechos humanos quedó aprobado con algunas modificaciones, pero la decisión expresa de eliminar el aparte se tomaría más adelante: […]

"Los tratados, pactos y convenciones relativas a derechos humanos suscritos y ratificados por Venezuela tienen jerarquía constitucional y prevalecen en el orden interno en la medida en que contengan normas sobre su goce y ejercicio más favorables a las establecidas por esta Constitución y las leyes de la República y son de aplicación inmediata y directa por los tribunales y demás órganos del Poder Público. Queda igual el último párrafo."

EL PRESIDENTE.-Lea el último párrafo

EL SECRETARIO.-*(Lee):* "Estos tratados sólo podrán ser denunciados por el Ejecutivo Nacional cuando resulten procedentes, previa aprobación de las dos terceras partes de la totalidad de los miembros de cada una de las Cámaras de la Asamblea Nacional".

(En consideración. Cerrado el debate. Se vota. Aprobada)

Luego de la aprobación del Anteproyecto de Constitución en primera y en segunda discusión, se sometieron nuevamente a consideración algunos artículos, entre ellos, el artículo 23 a una Comisión Especial de Consenso. El informe de dicha Comisión Especial fue presentado para su aprobación por el propio Presidente de la Asamblea Nacional Constituyente, Luis Miquilena, quien en dicha oportunidad propuso eliminar por ser "contradictorio" del segundo aparte del artículo 23 que permitía la denuncia de los tratados sobre derechos humanos a pesar de su jerarquía constitucional en caso de autorización parlamentaria de las dos terceras partes. Lo relevante es que esa eliminación fue aprobada por la Asamblea Nacional Constituyente, con *decisión expresa de que los tratados, pactos y convenciones relativos a los derechos humanos no pueden ni tienen posibilidad de ser denunciados ni derogados:*

II. Modificaciones de la Comisión Especial de Consenso: Sesión del día lunes 15 de noviembre de 1999

Orden del Día

Único: Considerar las modificaciones que presenta la Comisión Especial de Consenso designada para los estudios de los artículos aprobados del anteproyecto de Constitución. […]

(Luego de la aprobación del Anteproyecto de Constitución en segunda discusión, se sometieron nuevamente a consideración algunos artículos, entre ellos, el artículo 23). […]

(EL PRESIDENTE): Está previsto que la sesión de hoy sea sin debate, una sesión para informarles a ustedes lo que estuvimos haciendo desde esta mañana, y podría ser relativamente corta. […]

La comisión designada por ustedes en el día de ayer se instaló en el salón que sirve de antesala a este Hemiciclo, desde la 9 de la mañana, y estuvo trabajando hasta este momento en que la suspendimos para esta plenaria. Abordamos algunos puntos sobre los cuales hubo consenso, y es efectivamente lo que vamos a dar a conocer a ustedes. […]

(EL PRESIDENTE): *En el artículo 23, se habla de los tratados, pactos y convenciones relativos a los derechos humanos, y a esos pactos sobre derechos humanos se les otorga en este artículo jerarquía constitucional.* Cito el artículo: "Los tratados, pactos y convenciones relativos a derechos humanos, suscritos y ratificados por Venezuela, tienen jerarquía constitucional, y prevalecen en el orden interno". *Pero, inmediatamente en el segundo párrafo del mismo artículo, dice lo siguiente: "Estos tratados sólo podrán ser denunciados por el Ejecutivo Nacional cuando resulte procedente, previa aprobación de las dos terceras partes de la totalidad* de los miembros de la Asamblea Nacional." Esto es una *contradicción,* porque *los tratados, pactos y convenciones relativos a los derechos humanos no pueden ser ni denunciados ni derogados por Venezuela. Entonces, se acordó eliminar el segundo párrafo, mantener la jerarquía constitucional de los tratados sobre derechos humanos, sin ninguna posibilidad de que podamos derogarlos ni denunciarlos.* […]

III. Aprobación de la modificación del artículo 23: Continuación de la Sesión Permanente de día lunes 15 de noviembre de 1999/ Reunión del día 16 de noviembre de 1999[2]

Orden del Día […]

5.- Informe que presenta la *Comisión Especial de Consenso designada para el estudio de los artículos y de las Disposiciones Transitorias aprobadas en el anteproyecto de Constitución.*

6.-Cierre de la sesión. […]

EL SECRETARIO.- (Lee):

Artículo 23.- Los tratados, pactos y convenciones relativos a derechos humanos suscritos y ratificados por Venezuela tienen jerarquía constitucional y prevalecen en el orden interno, en la medida en que contengan normas sobre su goce y ejercicio más favorables a las establecidas por esta Constitución y las leyes de la República, y son de aplicación inmediata y directa por los tribunales y demás órganos del Poder Público. Es todo, ciudadano Presidente.

EL PRESIDENTE.-*En este artículo se eliminó la última parte, que decía: "Estos tratados sólo podrán ser denunciados por el Ejecutivo Nacional". Ayer* dimos *la explicación.* Los ciudadanos constituyentes que estén por aprobar el artículo en los términos leídos se servirán manifestarlo con la señal de costumbre. (Pausa). Aprobado. (Resaltados y subrayados añadidos).

En consecuencia, es evidente que el objeto, propósito y razón del artículo 23 de la Constitución al otorgarle la jerarquía constitucional a los tratados, pactos y convenciones sobre derechos humanos, fue incorporarlos al bloque de la constitucionalidad en el derecho interno vinculando directamente a todos los órganos del poder público conforme al principio de progresividad; y en consecuencia, impedir que estos tratados pudiesen ser denunciados.

De allí que la denuncia de la Convención Americana sobre Derechos Humanos y ahora la Carta de la OEA por el Presidente de la República configura una violación directa de la Constitución, dado que éstos constituyen tratados relativos a derechos humanos y por tanto, de conformidad

---

2 Asamblea Nacional Constituyente. República de Venezuela. Gaceta Constituyente (Diario de Debates). Noviembre 1999-Enero 2000. Sesión ordinaria N° 25, de fecha 16 de noviembre de 1999, Imprenta del Congreso de la República. Caracas, Venezuela, pág. 16.

con el artículo 23 del Texto Fundamental, tienen jerarquía constitucional y por ello tienen las garantías de la supremacía y rigidez constitucional.

III. LA VIOLACIÓN DEL DERECHO CONSTITUCIONAL DE *PETICIÓN INTERNACIONAL*

El artículo 31 de la Constitución reconoce el derecho de toda persona de petición, tutela, protección o amparo internacional de sus derechos humanos, en los términos siguientes:

> Artículo 31. *Toda persona tiene derecho, en los términos establecidos por los tratados, pactos y convenciones sobre derechos humanos ratificados por la República, a dirigir peticiones o quejas ante los órganos internacionales creados para tales fines, con el objeto de solicitar el amparo a sus derechos humanos.*
>
> *El Estado* adoptará, conforme a procedimientos establecidos en esta Constitución y en la ley, las medidas que sean necesarias para dar *cumplimiento a las decisiones emanadas de los órganos internacionales previstos en este artículo.* (Resaltados nuestros).

En este caso, la denuncia de la Carta OEA constituye una grave violación a este derecho denominado de petición, tutela, protección o amparo internacional de los derechos humanos, reconocido en el artículo 31 constitucional, toda vez que imposibilita el acceso a los mecanismos residuales de protección de los derechos humanos con los que contaban todas las personas en Venezuela, incluso después de la entrada en vigor en fecha 10 de septiembre de 2013 de la también inconstitucional denuncia de la Convención Americana sobre Derechos Humanos. En efecto, de conformidad con la cláusula de denuncia contenida en dicha Convención, ésta tiene por efecto desligar al Estado Parte interesado de las obligaciones contenidas en ese tratado en lo que concierne a todo hecho que, pudiendo constituir una violación de esas obligaciones, haya sido cumplido por él *con anterioridad a la fecha en la cual la denuncia produce efecto* . Por lo cual, (i) *para los hechos ocurridos antes del 10 de septiembre de 2013,* siguen en vigor la Convención y tanto la competencia de la CIDH como la CorteIDH; pero (ii) *para los hechos ocurridos después del 10 de septiembre de 2013,* la protección internacional de los derechos humanos ante el sistema interamericano quedó concentrada en la CIDH, en virtud de ser éste precisamente un órgano principal de la Carta de la OEA.

De allí que bajo esas circunstancias, el derecho de petición individual consagrado en el artículo 31 de la Constitución, para los hechos ocurridos después del 10 de septiembre de 2013, se ejerce ante la CIDH bajo la Declaración Americana de los Derechos y Deberes del Hombre (1948) y otros instrumentos de derechos humanos, el Estatuto y el Reglamento de la CIDH, la cual tiene competencia no solo para conocer, tramitar y decidir los casos que le son planteados por personas bajo la jurisdicción del Estado venezolano, sino para adoptar igualmente medidas cautelares de protección y conceder audiencias sobre dichos casos. En este sentido basta comprobar la continuación del trabajo de la CIDH respecto a hechos ocurridos después de la entrada en vigor de la denuncia de la Convención Americana, que configuran violaciones de –los mismos- derechos pero ahora bajo la Declaración Americana, en los cuales dicho órganos ha recibido para iniciar su trámite o innumerables situaciones graves y de daños irreparables para las personas en las cuales ha expedido medidas cautelares de protección.

El derecho constitucional de petición internacional consiste en *el derecho de todas las personas a acceder a los órganos internacionales para que conozcan de las denuncias de violaciones a derechos humanos sobre las cuales tengan competencia y en su caso, para obtener de dichos órganos la protección efectiva.* El derecho, por tanto, no se limita formalmente al derecho de *acceder* a dichos órganos, sino se extiende al derecho a una tutela efectiva por parte de los órganos internacionales a los cuales se acceda. En este sentido, la norma prevista en el artículo 31 constitucional no se limita al mero conocimiento de los órganos internacionales, sino a la obligatoriedad del Estado a que dichas situaciones violatorias a derechos humanos sean reparadas de manera efectiva. Como lo hemos expuesto, la Carta de la OEA establece a la Comisión Interamericana de Derechos Humanos (CIDH), como un órgano principal de dicho tratado, para la promoción y defensa de los derechos humanos.

Este derecho convencional de petición internacional de las personas ante el sistema interamericano de protección de los derechos humanos, quedó "constitucionalizado" por disposición del artículo 31 del Texto Fundamental. Por lo cual, no puede pretenderse la eliminación del derecho de petición internacional mediante la denuncia por el Ejecutivo Nacional de la Carta de la OEA contenida en el acto impugnado.

La Carta de la OEA permite que a través de sus propósitos y concretamente a través de la CIDH pueda monitorear el cumplimiento por el Estado de las obligaciones internacionales en materia de Derechos Humanos. En el caso del Estado venezolano, luego de la entrada en vigor de la denuncia inconstitucional de la Convención Americana sobre Derechos Humanos, las obligaciones internacionales de respeto y garantía de los derechos humanos se fundamentan en la Carta de la OEA conjuntamente con la Declaración Americana de los Derechos y Deberes del Hombre, así como los demás tratados interamericanos.

Por lo cual, cuando las violaciones a los derechos humanos no son reparadas por los mecanismos de derecho interno, la jurisdicción nacional debe considerarse agotada conforme a las reglas y excepciones del derecho internacional y, en consecuencia, se habilita a las personas para acudir a la protección internacional de los derechos humanos. Este último mecanismo que ha sido denominado el "amparo internacional", Cappelletti lo concibió de amparo individual a nivel supranacional" el cual se ejerce con base en un "bill of rights transnacional" ante un organismo también transnacional (Corte Europea de Derechos Humanos). Gimeno Sendra emplea el término de "amparo internacional" para referirse a las reclamaciones individuales de las personas (víctimas) ante la Corte Europea de Derechos Humanos frente a las lesiones a sus derechos humanos o libertades fundamentales provenientes de los poderes públicos de los Estados integrados al Consejo de Europa y signatarios del Convenio Europeo sobre Derechos Humanos. En efecto, con ocasión de la entrada en vigencia del Protocolo Adicional No. 12, la Comisión y la Corte Europeas se habrán fusionado a finales de 1998 en un solo órgano denominado Tribunal (o Corte) Europeo de Derechos Humanos, al cual podrán acudir directamente las víctimas de violación de sus derechos humanos bajo el Convenio Europeo.

En este sentido, el artículo 112 de la Carta (art. 111 de la Carta Reformada por el Protocolo de Cartagena de Indias) dispone:

Habrá una *Comisión Interamericana de Derechos Humanos que tendrá como función principal la de promover la observancia y la defensa de los derechos humanos* y de servir como órgano consultivo de la Organización en esta materia.

Una convención interamericana sobre derechos humanos determinará la estructura, competencia y procedimiento de dicha Comisión, así como los de los otros órganos encargados de esa materia. (Resaltados añadidos).

Por su parte, el artículo 150 de la Carta dispone:

Mientras no entre en vigor la Convención Interamericana sobre Derechos Humanos a que se refiere el Capítulo XVIII (Capítulo XVI de la Carta reformada por el Protocolo de Cartagena de Indias), la actual Comisión Interamericana de Derechos Humanos velará por la observancia de tales derechos.

Como lo ha sostenido la CorteIDH, *"[E]stas normas atribuyen a la Comisión Interamericana la competencia de velar por los derechos humanos y estos derechos no son otros que los enunciados y definidos en la Declaración Americana*. Es lo que se deduce del artículo 1 del Estatuto de la Comisión, aprobado por la resolución N° 447 adoptada por la Asamblea

General de la OEA en su Noveno Período Ordinario de Sesiones, celebrado en La Paz, Bolivia, en octubre de 1979" (resaltados añadidos). El artículo 1 del Estatuto de la CIDH dispone que por "derechos humanos" en el caso de los Estados Miembros de la OEA que no sean parte de la Convención Americana sobre Derechos Humanos, se entienden los derechos consagrados en la Declaración Americana de los Derechos y Deberes del Hombre. Y los artículos 18, 19 y 20 del mismo Estatuto desarrollan estas atribuciones de la CIDH respecto de estos Estados.

La CorteIDH ha sostenido que a la luz de la Carta de la OEA y la evolución del derecho interamericano, la Declaración Americana es así fuente de verdaderas obligaciones internacionales, como lo han reconocido los Estados Miembros de la OEA:

> 42. La Asamblea General de la Organización *ha reconocido además, reiteradamente, que la Declaración Americana es una fuente de obligaciones internacionales para los Estados Miembros de la OEA.* Por ejemplo, en la resolución 314 (VII-0/77) del 22 de junio de 1977, encomendó a la Comisión Interamericana la elaboración de un estudio en el que "consigue la obligación de cumplir los compromisos adquiridos en la Declaración Americana de los Derechos y Deberes del Hombre". En la resolución 371 (VIII-0/78) del 1 de julio de 1978, la Asamblea General reafirmó "su compromiso de promover el cumplimiento de la Declaración Americana de los Derechos y Deberes del Hombre" y en la resolución 370 (VIII-0/78) del 1 de julio de 1978, se refirió a los "compromisos internacionales" de respetar los derechos del hombre "reconocidos por la Declaración Americana de los Derechos y Deberes del Hombre" por un Estado Miembro de la Organización.[…] (Resaltados añadidos). (Resaltados añadidos).

De allí que en el caso de la Carta de la OEA, la propia CorteIDH haya sostenido que este tratado se integra con la Declaración Americana de los Derechos y Deberes del Hombre, a los fines de *precisar el contenido de las verdaderas obligaciones internacionales en materia de derechos humanos de todos los Estados Miembros de las OEA*, pero especialmente para aquellos Estados que no son Parte de la Convención Americana sobre Derechos Humanos –como el caso de Venezuela luego de la entrada en vigor de su inconstitucional denuncia en 2013:

> 43. Puede considerarse entonces que, *a manera de interpretación autorizada, los Estados Miembros han entendido que la Declaración contiene y define aquellos derechos humanos esenciales a los que la Carta se refiere, de manera que no se puede interpretar y aplicar la Carta de la Organización en materia de derechos humanos, sin integrar las normas*

pertinentes de ella con las correspondientes disposiciones de la Declaración, como resulta de la práctica seguida por los órganos de la OEA. [...]

45. *Para los Estados Miembros de la Organización, la Declaración es el texto que determina cuáles son los derechos humanos a que se refiere la Carta.* De otra parte, los artículos 1.2.b) y 20 del Estatuto de la Comisión definen, igualmente, la competencia de la misma respecto de los derechos humanos enunciados en la Declaración. Es decir, *para estos Estados la Declaración Americana constituye, en lo pertinente y en relación con la Carta de la Organización, una fuente de obligaciones internacionales.*

46. Para los Estados Partes en la Convención la fuente concreta de sus obligaciones, en lo que respecta a la protección de los derechos humanos es, en principio, la propia Convención. Sin embargo hay que tener en cuenta que a la luz del artículo 29.d), no obstante que el instrumento principal que rige para los Estados Partes en la Convención es esta misma, no por ello se liberan de las obligaciones que derivan para ellos de la Declaración por el hecho de ser miembros de la OEA.

47. La circunstancia de que la Declaración no sea un tratado no lleva, entonces, a la conclusión de que carezca de efectos jurídicos, ni a la de que la Corte esté imposibilitada para interpretarla en el marco de lo precedentemente expuesto. (Resaltados añadidos).

En concreto, la CorteIDH ha reconocido que *la Carta de la OEA es un tratados concernientes a la protección de los derechos humanos en los Estados americanos, con base en lo cual afirmó su competencia consultiva para interpretarla* con base en el artículo 64.1:

44. Teniendo en cuenta que la Carta de la Organización y la Convención Americana son *tratados respecto de los cuales la Corte puede ejercer su competencia consultiva en virtud del artículo 64.1,* ésta puede interpretar la Declaración Americana y emitir sobre ella una opinión consultiva en el marco y dentro de los límites de su competencia, cuando ello sea necesario al interpretar tales instrumentos. (Resaltados añadidos).

Por ello es determinante los efectos regresivos y excluyentes de la protección internacional de los derechos humanos a través de la CIDH, una vez que entre en vigor la denuncia de la Carta de la OEA.

No obstante lo anterior, es importante dejar en claro, que

1) *Aun después que entre en vigor la denuncia de la Carta de la OEA, el Estado venezolano no queda desligado de las obligaciones internacionales bajo la Convención Americana sobre Derechos Humanos mientras estuvo en vigencia. Esta es sin lugar a dudas una de las "obligaciones emanadas de la presente Carta"[3] que debe cumplir el Estado para poder quedar desligado de la OEA;* **y**

2) La denuncia de la Carta de la OEA no tiene efectos retroactivos, por lo que a semejanza de las normas intertemporales de denuncia de la Convención Americana sobre Derechos Humanos[4], *la denuncia de la Carta no tendrá por efecto desligar a Venezuela como Estado Miembro de la OEA de las obligaciones de protección de los derechos humanos contenidas en dicha Carta en lo que concierne a todo hecho que, pudiendo constituir una violación de esas obligaciones, haya sido cumplido por él anteriormente a la fecha en la cual la denuncia produce efecto.*

3) Las obligaciones internacionales derivadas de otros tratados sobre derechos humanos del sistema interamericano de los cuales Venezuela sigue siendo un Estado Parte y por tanto están en vigor, igualmente deben considerarse "obligaciones emanadas de la presente Carta"[5] que debe cumplir el Estado para poder quedar desligado de la OEA. En efecto, a pesar de haber denunciado la Carta de la OEA –y la Convención Americana sobre Derechos Humanos-, Venezuela no se haya excluida por completo del sistema interamericano, ya que continúa siendo parte de una serie de órganos especializados y tratados interamericanos especialmente de derechos humanos que contienen obligaciones internacionales sustantivas e incluso reconocen competencias de la CIDH –y en su caso incluso de la CorteIDH- desde su ratificación:

   A) Convención Interamericana para Prevenir y Sancionar la Tortura (ratificado el 26-8-1991);

   B) Protocolo a la Convención Americana sobre Derechos Humanos relativo a la Abolición de la Pena de Muerte (ratificado el 9-7-1994);

---

3   Artículo 143, Carta de la OEA.

4   Artículo 78.2, CADH.

5   Artículo 143, Carta de la OEA.

C) Convención Interamericana para Prevenir, Sancionar y Erradicar la Violencia contra la Mujer "Convención de Belem Do Para" (ratificado el 3-2-1995); y

D) Convención Interamericana para la Eliminación de todas las formas de Discriminación contra las Personas con Discapacidad (ratificado el 28-9-2006).

En todo caso, por las razone antes expuestas, la denuncia de la Carta de la OEA contenida en el acto impugnado, constituye una franca violación al artículo 31 constitucional, al disminuir y en su caso excluir arbitrariamente el derecho de todas las personas a solicitar y obtener ante la Comisión Interamericana de Derechos Humanos la protección internacional efectiva ante la violación de los derechos reconocidos en Declaración Americana de los Derechos y Deberes del Hombre, -y demás instrumentos interamericanos en vigor.

Por lo tanto, el acto mediante el cual el Gobierno Venezolano denunció la Carta de la OEA, constituye una privación o exclusión del derecho de petición, tutela, amparo o protección internacional ante la Comisión Interamericana de Derechos Humanos, por lo cual, dicho acto configura una violación de dicho derecho consagrado en el artículo 31 de la Constitución.

IV. LA VIOLACIÓN DEL *PRINCIPIO DE PROGRESIVIDAD* DE LOS DERECHOS HUMANOS

El artículo 19 de la Constitución reconoce constitucionalmente el *principio de progresividad* de los derechos humanos, al establecer que:

El Estado garantizará a toda persona, *conforme al principio de progresividad* y sin discriminación alguna, el goce y ejercicio irrenunciable, indivisible e interdependiente de los derechos humanos. Su respeto y garantía son obligatorios para los órganos del Poder Público de conformidad con esta Constitución, con los tratados sobre derechos humanos suscritos y ratificados por la República y con las leyes que los desarrollen. (Resaltados nuestros).

Esta norma constitucional fundamental en materia de derechos humanos, producto de su evolución en el ámbito internacional, es una consecuencia de la norma a su vez consagrada en el artículo 2 constitucional, la cual consagra la preeminencia de los derechos humanos como Principio Fundamental de nuestro ordenamiento jurídico. Este principio conlleva la necesidad de interpretar y aplicar el ordenamiento jurídico del Estado Venezolano de conformidad con la *preeminencia de los derechos huma-*

nos, obteniendo como resultado un plexo de valores y normas que garanticen la vigencia de dicho principio fundamental. De esta manera, el *principio de progresividad* conlleva como contenido esencial, que el Estado debe adoptar siempre la conducta que más favorezca el respeto, la garantía y la protección de los derechos humanos. Al mismo tiempo, la progresividad conlleva la irreversibilidad de los derechos que han sido ya reconocidos como tales; es decir, que éstos una vez que han sido reconocidos como derechos inherentes a la persona humana, no pueden ser desconocidos ni disminuidos. Por ello la progresividad trae consigo la obligación del Estado de reconocer los derechos humanos; de mantener un crecimiento constante de éstos, tanto en lo referente al reconocimiento de nuevos derechos como en la ampliación de los ya existentes; y finalmente, de no restringir los derechos humanos ya existentes, en tanto que éstos son conquistas de la persona, y por tanto su principio general es no revertir ni disminuir un derecho ya reconocido.

El propio Preámbulo de la Constitución expresa que ella se adopta en "ejercicio de su poder originario representado por la Asamblea Nacional Constituyente mediante el voto libre y en referendo democrático" que estableció como propósito fundamental de la nueva Carta Fundamental "la garantía universal e indivisible de los derechos humanos". Además, como se evidenció del Diario de Debates de la Asamblea Nacional Constituyente, la aprobación del artículo 23 de la Constitución, relativo al otorgamiento de la jerarquía constitucional a los tratados relativos a derechos humanos, se hizo con el objeto y la intención deliberada de prohibirle e impedirle al Ejecutivo Nacional la denuncia de esos tratados, por la violación entre otros, al principio de progresividad en la materia.

En este sentido es importante añadir, que el principio de progresividad de los derechos humanos –como expusimos *supra*- encuentra fundamento no sólo en las normas constitucionales citadas, sino además en la citada Base Comicial Octava de la aprobación de la convocatoria a la Asamblea Nacional Constituyente, que expresamente dispuso que:

> Una vez instalada la Asamblea Nacional Constituyente, como poder originario que recoge la soberanía popular, deberá dictar sus propios estatutos de funcionamiento, *teniendo como límites los valores y principios* de nuestra historia republicana, así como *el cumplimiento de los tratados internacionales, acuerdos y compromisos válidamente suscritos por la República, el carácter progresivo de los derechos fundamentales del hombre* y las garantías democráticas dentro del más absoluto respeto de los compromisos asumidos. (Resaltados y subrayados nuestros).

Ello significa, como se dijo, que *los derechos consagrados por la Constitución no pueden ser posteriormente desconocidos ni disminuidos, ya que su naturaleza de ser "inherentes a la persona" una vez reconocida no puede ser revertida* (art. 22, Constitución).

De esta forma, la protección de los derechos humanos se plasma en un régimen que es susceptible de ampliación, mas no de restricción. Así, la mayoría de los tratados sobre derechos humanos incluyen una cláusula según la cual ninguna disposición convencional puede menoscabar la protección más amplia que puedan brindar otras normas de derecho interno o de derecho internacional.

En esta dirección, la Corte Interamericana de Derechos Humanos ha señalado que, *"si a una misma situación son aplicables la Convención Americana y otro tratado internacional, debe prevalecer la norma más favorable a la persona humana"*.

La Sala Constitucional del Tribunal Supremo de Venezuela, en su oportunidad al pronunciarse sobre las pautas interpretativas del *principio de progresividad* de los derechos humanos, ha reconocido que dicho principio se materializa a través de una estructura tridimensional, compuesta por (1) la obligación del Estado de permitir y promover el incremento del número de derechos humanos, (2) permitir y promover el crecimiento de la esfera de protección de dichos derechos, y finalmente, (3) fortalecer los mecanismos de tutela de dichos derechos. En este sentido, la Sala Constitucional estableció:

> El texto constitucional reconoce de manera expresa el principio de progresividad en la protección de los derechos humanos, según el cual, el Estado se encuentra en el deber de garantizar a toda persona natural o jurídica, sin discriminación de ninguna especie, el goce y ejercicio irrenunciable, indivisible e interdependiente de tales derechos. *Tal progresividad se materializa en el desenvolvimiento sostenido, con fuerza extensiva, del espectro de los derechos fundamentales en tres dimensiones básicas, a saber, en el incremento de su número, en el desarrollo de su contenido, y en el fortalecimiento de los mecanismos institucionales para su protección.* En este ámbito cobra relevancia la necesidad de que la creación, interpretación y aplicación de las diversas normas que componen el ordenamiento jurídico, se realice respetando el contenido de los derechos fundamentales. (Resaltados nuestros).

Por lo cual, conforme a la interpretación vinculante realizada por la Sala Constitucional en la citada sentencia, la Constitución prohíbe la regresividad de los derechos humanos, por lo que está vedada la reducción o la reducción de la esfera de protección de derechos humanos de las personas, y con más razón, la eliminación de los mecanismos internacionales existentes para su tutela.

Ahora bien, el acto del Gobierno Venezolano mediante el cual denunció ante la Secretaría General de la OEA la Carta de la OEA, constituye en una evidente *regresión de los derechos humanos y su protección internacional, en violación al principio de progresividad consagrado en el artículo 19 constitucional*, en virtud de que mediante dicho acto: (i) no sólo se eliminarían hacia el futuro y respecto de los hechos ocurridos con posterioridad a la entrada en vigor de la denuncia, las obligaciones internacionales de garantía y respeto de los derechos reconocidos en dicho instrumento internacional; sino que además, (ii) hacia el futuro y respecto de los hechos ocurridos con posterioridad, se eliminarían el derecho de todas las personas reconocido en dicho instrumento internacional (así como en la Declaración Americana de los Derechos y Deberes del Hombre, el Estatuto y el Reglamento de la CIDH y los demás tratados interamericanos vigentes sobre derechos humanos) de protección internacional de las violaciones de sus derechos humanos ante la Comisión Interamericana de Derechos Humanos, igualmente reconocido expresamente en el artículo 31 constitucional, conforme al cual, "[t]oda persona tiene derecho (…) a dirigir peticiones o quejas ante los órganos internacionales creados para tales fines, con el objeto de solicitar el amparo a sus derechos humanos".

Así la entrada en vigor de la denuncia de la Carta de la OEA despojaría a todas las personas, de forma inconstitucional del derecho protección internacional ante CIDH, removiendo respecto a los hechos futuros la potestad de protección internacional en casos relacionados a Venezuela, y por lo tanto, reduciendo el derecho de toda persona a acudir a los órganos de protección internacionales, y además, implicando una regresividad y debilitando de los mecanismos propios para la tutela de los derechos humanos.

En evidente por tanto, que la denuncia de la Carta de la OEA conlleva una regresividad (expresamente inconstitucional) al excluir y restringir las obligaciones internacionales del Estado Venezolano, de respeto, garantía y protección de los derechos reconocidos y que se derivan de dicho instrumento internacional, así como el derecho de protección ante la CIDH.

Por lo tanto, por las razones expuestas, el acto contenido en la denuncia de la Convención Americana sobre Derechos Humanos es inconstitucional, en virtud de que viola la garantía de la progresividad y no-regresividad de los derechos humanos, reconocida en el artículo 19 de la Constitución.

*

En conclusión, la *denuncia* de la Carta de la OEA ejecutada por el Presidente de la República Bolivariana de Venezuela, Nicolás Maduro Moros mediante comunicación de fecha 27 de abril de 2017, consignada en fecha 28 de abril de 2017 ante el Secretario General de la OEA, Luis Almagro, es manifiestamente inconstitucional en virtud de violar las normas y principios constitucionales relativos a la jerarquía y supremacía constitucional de los tratados sobre derechos humanos, el derecho de petición internacional para el amparo de los derechos humanos, los requisitos y límites constitucionales de los estados de excepción, los derechos humanos como principio rector de las relaciones internacionales del Estado Venezolano y la progresividad de los derechos humanos, consagrados en los artículos 23, 333, 339, 31,152 y 19, respectivamente, de la Constitución.

Las violaciones a la Constitución anteriormente analizadas causadas por la denuncia de la Carta de la OEA por el Presidente de la República de Venezuela, fueron recogidas de manera resumida en un Pronunciamiento realizado por la Academia de Ciencias Políticas y Sociales –de la cual formo parte como Individuo de Número- en fecha 4 de mayo de 2017, en el cual llamaba a la OEA a considerar este acto absolutamente nulo para no sentar el precedente de permitir que los gobernantes de turno actúen al margen de la Constitución de sus países retirándolos ilegítimamente de esa organización para privar a sus ciudadanos de sus derechos fundamentales; y así mismos instó al Presidente de la República a rectificar esta decisión y sin efecto la denuncia de la Carta de la OEA. Todo ello en los siguientes términos:

PRONUNCIAMIENTO SOBRE LA INCONSTITUCIONAL E ILEGÍTIMA DENUNCIA REALIZADA POR EL PRESIDENTE DE LA REPÚBLICA RESPECTO DE LA CARTA DE LA ORGANIZACIÓN DE ESTADOS AMERICANOS (OEA)

La Academia de Ciencias Políticas y Sociales condena la decisión del Presidente de la República, Nicolás Maduro Moros, contenida en comunicación de fecha 27 de mayo de 2017 entregada al Secretario General de la Organización, para iniciar el trámite de retiro de Venezuela de la Organización de Estados Americanos (OEA), mediante la denuncia de la Carta de dicha Organización, ya que se trata de una decisión violatoria de la Constitución de la República Bolivariana de Venezuela y de los compromisos internacionales adquiridos por el Estado:

1. La denuncia de la Carta de la OEA es violatoria de la Constitución, en virtud de que este instrumento internacional tiene "jerarquía

constitucional" por ser un tratado que contiene disposiciones fundamentales relativas a los derechos humanos (art. 23). La Carta de la OEA forma parte e integra el "bloque de la constitucionalidad", por lo que no se puede derogar ni denunciar (art. 333, Constitución) sino mediante la enmienda o la reforma de la propia Constitución.

2. La incompetencia del Presidente de la República para realizar esta denuncia está además desarrollada en los diarios de debate de la Asamblea Nacional Constituyente (sesión de fecha 16 de noviembre de 1999), en la discusión correspondiente al referido artículo 23, desde que en estas actas se constata la deliberación que condujo a la decisión expresa de eliminación absoluta de esta facultad presidencial, con el objetivo de impedir toda posibilidad de denuncia por parte del Ejecutivo Nacional de los Tratados en materia de derechos humanos.

3. La Comisión Interamericana de Derechos Humanos (CIDH) es uno de los "órganos principales" de la Carta de la OEA. Luego de la inconstitucional denuncia de la Convención Americana sobre Derechos Humanos –sobre la cual esta Academia se pronunció en rechazo mediante Pronunciamientos de fechas 14-5-2012 y 1-10-2013-, el derecho de toda persona a dirigir peticiones o quejas ante la Comisión Interamericana subsiste precisamente en virtud de que, siendo la CIDH un órgano principal de la Carta de la OEA, todos los Estados Miembros de esa Organización están sujetos a ella conforme a su Estatuto y Reglamento y los instrumentos de derechos humanos interamericanos vigentes. Este es igualmente un derecho constitucional expresamente consagrado en el artículo 31 de la Constitución, de dirigir quejas o peticiones a los organismos internacionales de derechos humanos creados por tratados, con el "objeto de solicitar el amparo a sus derechos humanos". Por lo cual, el desconocimiento o la disminución de ese derecho constituye una transgresión del principio de progresividad de los derechos humanos reconocidos en el artículo 19 del Texto Fundamental. Por lo cual, en virtud del mencionado principio de progresividad, el derecho de protección internacional de los derechos humanos ante la CIDH debe permanecer en vigor por haberse incorporado como derechos inherentes a la persona humana, conforme a nuestra Constitución (art. 22).

4. La denuncia de la Carta de la OEA es un hecho de graves repercusiones nacionales e internacionales, ya que afecta, además, todo un conjunto de instrumentos jurídicos, de organismos especializados interamericanos y de agencias interamericanas en las más variadas materias, que forman parte del ordenamiento jurídico de las naciones civilizadas y de la cooperación internacional. Por todo ello, la denuncia de la Carta de la OEA es asimismo violatoria de los prin-

cipios de actuación internacional de la República, particularmente los de "cooperación, respeto de los derechos humanos y solidaridad" consagrados en el artículo 152.

5. En virtud del carácter y jerarquía constitucional y los demás principios constitucionales aquí expuestos, ni el Presidente de la República ni la Asamblea Nacional podían ni pueden modificar libremente la Constitución en la materia de tratados relativos a los derechos humanos, ya que esta no puede ser derogada "por cualquier otro medio distinto al previsto en ella" (art. 333). En todo caso, conforme a la Base Comicial Octava aprobada en referendo por el pueblo de Venezuela en 15 de agosto de 1999, es un deber del poder constituyente y por ende con mayor razón del poder constituido, respetar con base en el principio de progresividad los derechos y compromisos internacionales contenidos en los pactos, convenciones y tratados vigentes en Venezuela.

6. En consecuencia, la denuncia de la Carta de la OEA por el Gobierno de la República Bolivariana de Venezuela configura una violación objetiva de la Constitución y un menoscabo de los derechos garantizados en ella, por lo cual dicho acto es "nulo", y "los funcionarios públicos y funcionarias públicas que lo ordenen o ejecuten incurren en responsabilidad penal, civil y administrativa, según los casos, sin que les sirvan de excusa órdenes superiores" (art. 25).

7. Llamamos la atención a la OEA y a sus Estados Miembros, para que rechacen la denuncia de la Carta de la OEA realizada por el Presidente de la República, pues ésta, al ser manifiestamente inconstitucional, debe ser considerada absolutamente nula. La OEA no debe sentar el precedente de permitir que los gobernantes de turno actúen al margen de la Constitución de sus países retirándolos ilegítimamente de esa organización para privar a sus ciudadanos de sus derechos fundamentales.

8. El Presidente de la República debe rectificar esta decisión, y así dejar sin efecto la denuncia de la Carta de la OEA, en beneficio de todas las personas bajo su jurisdicción y reparar así la grave inconstitucionalidad aquí denunciada.

V. LAS CONSECUENCIAS EN EL DERECHO INTERNACIONAL DE LA INCONSTITUCIONALIDAD MANIFIESTA DE LA DENUNCIA DE LA CARTA DE LA OEA

La denuncia tanto de la Convención Americana sobre Derechos Humanos como ahora de la Carta de la OEA, conforme hemos visto, configura una "violación manifiesta" de la Constitución como derecho interno de Venezuela.

En consecuencia, de conformidad con los principios generales de derecho internacional y de *ius cogens* codificados en la Convención de Viena sobre el Derecho de los Tratados (Convención de Viena), dicha denuncia debería tenerse por no presentada mientras se resuelve esta controversia.

A pesar de que el Estado venezolano no ha ratificado ese instrumento internacional, l-a Corte Internacional de Justicia y- específicamente la Corte Interamericana de Derechos Humanos respecto a Venezuela, ha establecido que sus principios y disposiciones le son aplicables en virtud de contener normas imperativas de *ius cogens* internacional.

En este sentido, conforme a los principios generales y de orden público de derecho internacional contenidos en la Convención de Viena, las graves violaciones constitucionales cometidas por el Presidente de Venezuela al denunciar la Carta de la OEA son "manifiestas" y "afectan una norma de importancia fundamental en el derecho interno" (art. 46.1) como es la Constitución. Precisamente, conforme expone a continuación, esta violación es "manifiestas", ya que "resulta objetivamente evidente para cualquier Estado que proceda en la materia conforme a la práctica usual y de buena fe" (art. 46.2).

En consecuencia, cualquiera de los Estados miembros de la OEA puede "formular una objeción" a esta denuncia realizada por Venezuela de la Carta de la OEA viciada de graves violaciones manifiestas a su Constitución, a fin de que se tenga por rechazada y no presentada dicha denuncia; y además, en su caso, cualquier Estado o el Secretario General o cualquiera de los órganos legitimados para ello , podrá solicitar a la Corte Interamericana de Derechos Humanos una *interpretación* de las disposiciones de la Carta de la OEA sobre su denuncia mediante el cumplimiento de las disposiciones de derecho interno que no sean manifiestamente violatorias de su Constitución. En efecto, siendo que la Carta de la OEA contiene disposiciones fundamentales sobre derechos humanos, conforme evidenciamos *supra,* este instrumento configura la categoría de "otros tratados concernientes a la protección de los derechos humanos en los Estados americanos" (art. 64, Convención Americana sobre Derechos Humanos). En efecto, la Comisión Interamericana de Derechos Humanos en su condición de órgano principal de la Carta de la OEA tiene "como función principal, la de promover la observancia y la defensa de los derechos humanos" (art. 106, Carta OEA) , para lo cual ejerce su jurisdicción sobre todos los Estados Miembros de la OEA, incluso de aquellos que no hayan ratificado la Convención Americana sobre Derechos Humanos o la hayan denunciado como es el caso de Venezuela, conforme a su Estatuto, su Reglamento y otros instrumentos como la Declaración Americana de los Derechos y Deberes del Hombre. Y precisamente con base en esas facultades de la Carta, el Estatuto y su Reglamento, la Comisión Interamericana de Derechos Humanos ejerce la protección internacional de los derechos humanos de las personas, en este caso bajo la jurisdicción de Venezuela, a través de sus diversos métodos de trabajo.

Por ello, no cabe duda alguna, que las disposiciones de la Carta de la OEA sobre derechos humanos la configuran como un tratado concerniente a la protección de los derechos humanos en los Estados americanos que pueden ser objeto de interpretación mediante opiniones consultivas por la Corte Interamericana de Derechos Humanos, o consultas que pueden realizarse a otros órganos consultivos de la Carta de la OEA como son el Comité Jurídico Interamericano y la propia CIDH.

En Caracas, a los 24 días del mes de mayo de 2017

NOTA DEL AUTOR

La democracia, como régimen político, es bien sabido que es mucho más que la sola elección de representantes mediante votación popular, o que la sola convocatoria a referendos. Además de ello, es un sistema político donde por sobre todo tiene que estar asegurado el control del ejercicio del Poder con base en el principio de separación de poderes, y en particular, por parte de un juez constitucional autónomo e independiente a quien corresponde impartir la justicia constitucional.

Por tanto, la sola elección de representantes sin que se asegure el control del ejercicio del Poder por parte de los jueces no es garantía de democracia, siendo demasiado conocidos en la historia contemporánea, particularmente durante la primera mitad del Siglo pasado, los casos de tiranos que usaron el voto de la mayoría para acceder al Poder y desde allí aplicar el autoritarismo para acabar con la propia democracia y con todos sus elementos, comenzando por el respeto a los derechos humanos.

Esa experiencia, que creíamos superada, lamentablemente la hemos visto repetirse más recientemente en América Latina, donde durante la primera década del presente siglo también emergieron regímenes autoritarios con base electoral, pero usando y manipulando fraudulentamente las previsiones constitucionales y los medios electorales, para apoderarse del Poder, violar la Constitución y destruir la democracia.

En todos esos casos, la técnica política fundamental empleada para la burla de la democracia, fue la de apoderarse de la Justicia y someterla al control por parte del Poder, aniquilando su independencia y autonomía, y por tanto, el propio principio de la separación de poderes.

Por ello, tal como lo precisó la *Carta Democrática Interamericana* adoptada en la Asamblea General de la Organización de Estados Americanos, en Lima, el 11 de septiembre de 2001: además de la celebración de elecciones periódicas, libres, justas y basadas en el sufragio universal y secreto, como expresión de la soberanía del pueblo, la democracia representativa contiene acumulativamente una serie de otros *elementos esen-*

ciales, sin los cuales no puede existir como régimen político, entre los cuales están, el respeto a los derechos humanos y las libertades fundamentales, el acceso al poder y su ejercicio con sujeción al Estado de derecho; el régimen plural de partidos y organizaciones políticas; y la necesaria existencia de la separación e independencia de los poderes públicos (artículo 3).

Además, la misma Carta definió que el ejercicio de la democracia, acumulativamente contiene estos otros componentes fundamentales, que son: la transparencia de las actividades gubernamentales; la probidad y la responsabilidad de los gobiernos en la gestión pública; el respeto por los derechos sociales y la libertad de expresión y de prensa; la subordinación constitucional de todas las instituciones del Estado a la autoridad civil legalmente constituida; y el respeto al Estado de derecho por todas las entidades y sectores de la sociedad (artículo 4).

La democracia, por tanto, como se dijo, es mucho más que las solas elecciones y votaciones, y entre sus elementos quizás el más esencial es el que se refiere a la separación e independencia de los Poderes Públicos, ya que el mismo es el que asegura que los otros elementos y componentes de la propia democracia puedan ser una realidad política[6].

En otros términos, sin control del poder no sólo no hay ni puede haber real democracia ni efectivo Estado de derecho, sino que no se puede lograr la efectiva vigencia de todos los mencionados factores esenciales de la democracia. Es decir, sólo controlando al Poder es que puede haber elecciones completamente libres y justas, y representatividad efectiva; sólo controlando al poder es que puede haber pluralismo político; sólo controlando al Poder es que puede haber efectiva participación democrática; sólo controlando al Poder es que puede asegurarse una efectiva transparencia en el ejercicio del gobierno, con exigencia de la rendición de cuentas por parte de los gobernantes; sólo controlando el Poder es que se puede asegurar un gobierno sometido a la Constitución y las leyes, es decir, un Estado de derecho; sólo controlando el Poder es que puede haber un efectivo acceso a la justicia y esta pueda funcionar con efectiva autonomía e independencia; y sólo controlando al Poder es que puede haber real y efectiva garantía de respeto a los derechos humanos.

---

6   Véase sobre la Carta Democrática Interamericana lo que expusimos en Allan R. Brewer-Carías, *La crisis de la democracia venezolana. La Carta Democrática Interamericana y los sucesos de abril de 2002*, Ediciones El Nacional, Caracas 2002. pp. 137 y ss.

En ese esquema, es obvio por tanto la importancia de la justicia constitucional que es la encargada de garantizar la supremacía constitucional y el cumplimiento de la Constitución por parte de todos los órganos del Estado: por una parte en cuando a la vigencia de los derechos fundamentales, y por la otra en cuanto al respeto de las respectivas funciones y poderes de los órganos del Estado.

Por ello, con razón se ha considerado a la justicia constitucional como el sustitutivo de la revolución, pues de no existir, el pueblo frente a la burla a la Constitución por parte de los poderes constituidos, no tendría otra salida que no fuera el ejercicio del derecho de rebelión o resistencia frente a los mismos.[7] Es decir, en el constitucionalismo moderno, la única forma de resolver los conflictos político-constitucionales entre el pueblo y los gobernantes, entre la soberanía popular y la supremacía constitucional e, incluso, entre los poderes constituidos, es precisamente mediante la decisión de tribunales constitucionales que impartiendo la justicia constitucional eviten la revolución o la rebelión, para lo cual tienen indispensablemente que ser autónomos e independientes.

Por ello, la justicia constitucional existe cuando hay un juez constitucional que controle el ejercicio del Poder o que ejerce su función independientemente del Poder; y, en cambio, simplemente no existe, cuando el juez constitucional está controlado por el Poder.

Bajo ese prisma, durante los últimos lustros, aparte del estudio sistemático y permanente que he venido realizando de las sentencias de la Sala Constitucional del Tribunal Supremo de Justicia, que es precisamente uno de los casos de jueces constitucionales sometidos al Poder,[8] he tenido

---

7. Véase en este sentido, Sylva Snowiss, *Judicial Review and the Law of the Constitution,* Yale University, 1990, p. 113.

8. Véase sobre las sentencias dictadas por la Sala Constitucional del Tribunal Supremo de Venezuela en los últimos lustros: Allan R. Brewer-Carías, *Crónica sobre la "in" justicia constitucional.* La Sala Constitucional y el autoritarismo en Venezuela, Colección Instituto de Derecho Público, Universidad Central de Venezuela, Nº 2, Caracas 2007; *Práctica y distorsión de la justicia constitucional en Venezuela (2008-2012),* Colección Justicia Nº 3, Acceso a la Justicia, Academia de Ciencias Políticas y Sociales, Universidad Metropolitana, Editorial Jurídica Venezolana, Caracas 2012; *El golpe a la democracia dado por la Sala Constitucional,* Colección Estudios Políticos Nº 8, Editorial Jurídica venezolana, Caracas 2014, 354 pp. ; segunda edición, (Con prólogo de Francisco Fernández Segado), Caracas 2015; *La ruina de la democracia. Algunas consecuencias. Venezuela 2015,* (Prólogo de Asdrúbal Aguiar), Colección Estudios Políticos, Nº 12, Editorial Jurídica Venezolana, Caracas 2015; y *Dictadura judicial y perversión del Estado de Derecho. La Sala Constitucional y la destrucción de la democracia en Venezuela,* (con presentaciones de Asdrúbal Aguiar,

ocasión de estudiar otras sentencias notorias de jueces constitucionales de otros países que, al contrario, muestran lo que es un juez constitucional controlando al Poder.

Como una muestra de esa relación entre la justicia constitucional con el ejercicio del Poder, recojo aquí entonces, quince comentarios jurisprudenciales sobre sentencias dictadas en los Estados Unidos, el Reino Unido, Honduras, Venezuela, República Dominicana, Nicaragua, Paraguay, El Salvador, y Suráfrica que he tenido la oportunidad de estudiar en los últimos años. Se trata de los comentarios a las siguientes sentencias:

Primero, la sentencia del Juez de Distrito del Distrito Oeste del Estado de Washington en los Estados Unidos de fecha 3 de febrero de 2017 (*State of Washington et al. v. Donald Trump et al.*), ratificada por sentencia de la Corte de Apelaciones del Noveno Circuito con sede en San Francisco de fecha 9 de febrero de 2017, dictadas en el proceso de control de constitucionalidad intentado por los Abogados Generales de los Estados de Washington y de Minnesota contra la Orden Ejecutiva del Presidente Donald J. Trump "para proteger la Nación de la entrada de terroristas extranjeros a los Estados Unidos" 82 Fed. Reg. 8.977" de fecha 27 de enero de 2017, en la cual se estableció, entre otras medidas restrictivas, una prohibición de viajar hacia los Estados Unidos a ciudadanos de siete países específicos. La sentencias, que fueron de carácter cautelar, otorgaron una medida de amparo cautelar contra la Orden Ejecutiva, suspendiendo sus efectos en todo el ámbito nacional de los Estados Unidos. [9]

Segundo, la sentencia del *caso Brexit* dictada por la Alta Corte de Justicia del Reino Unido el 3 de noviembre de 2016, ratificada por la Corte Suprema en sentencia de 24 de enero de 2017 *(Gina Miller* y otros contra el *Secretary of State for Exiting the European Union)*, al conocer de una acción popular de inconstitucionalidad intentada contra la decisión del Gobierno de la Primera Ministra Theresa May, de proceder a notificar,

---

José Ignacio Hernández, Jesús María Alvarado Andrade), Colección Estudios Políticos, Nº 13, Editorial Jurídica Venezolana International, Caracas 2016, 453 pp.; Segunda edición ampliada. New York-Caracas, 2016; Tercer Edición, Iustel, Madrid 2017; y *La consolidación de la tiranía judicial. El Juez Constitucional controlado por el Poder Ejecutivo asumiendo el Poder Absoluto,* Colección de Estudios Políticos No. 15, Editorial Jurídica Venezolana International, Caracas / New York 2017.

9. Texto publicado en "El caso *Brexit* ante los jueces constitucionales del reino Unido: Comentarios a la Sentencia de la Alta Corte de Justicia de 32 de noviembre de 2016, confirmada por el Tribunal Supremo en Sentencia de 24 de enero de 2017,"en *Revista de Administración Pública*, No. 202, Centro de Estudios Políticos y Constitucionales, Madrid, 2017, pp. 133-156.

conforme al artículo 50 del Tratado de la Unión Europea, de la salida del Reino Unido de la misma en cumplimiento de lo manifestado por el pueblo en el referendo que se efectuó sobre el tema el 23 de junio de 2016; rechazando la pretensión de la Corona (Poder Ejecutivo) de poder tomar esa decisión con base en sus poderes de prerrogativa, y exigiéndose en cambio, con base en el principio de la soberanía parlamentaria y en virtud del carácter de ley constitucional que tenía la Ley de las Comunidades Europeas de 1972, que dicha decisión fuera previamente aprobada por el Parlamento.[10]

Tercero, la sentencia dictada por la Corte Suprema de los Estados Unidos el 26 de junio de 2015, al decidir un *writ of certiorari* en varios casos judiciales (conocida sin embargo como *J. Obergefell v.Hudges*) (US 575_(2015), en la cual la Corte Suprema, partiendo del supuesto de que "no existe una unión tan profunda como el matrimonio," sin embargo revocó las sentencias que se habían dictado por la Corte de Apelaciones del Sexto Circuito en aplicación de las Leyes de los Estados de Ohio, Tennessee, Michigan y Kentucky que solo regulaban la posibilidad del matrimonio cuando era entre un hombre y una mujer, permitiendo entonces el matrimonio entre personas del mismo sexo.[11]

Cuarto, la sentencia interlocutoria dictada por el Juzgado de Letras de lo Contencioso Administrativo de Tegucigalpa, Honduras, el 27 de mayo de 2009, y las otras sentencias dictadas en ejecución de la misma, incluso por la Corte Suprema de Justicia, mediante la cual se decretó la suspensión de efectos del Decreto Ejecutivo N° PCM-05-2009 dictado por el Presidente de Honduras, José Manuel Zelaya, el 23 de marzo de 2009, mediante el cual había procedido a convocar una Asamblea Nacional Constituyente que no estaba regulada en el texto de la Constitución del país. El Presidente de la República, desconociendo la sentencia, insistió en llevar a cabo su propuesta, lo que en definitiva provocó su enjuiciamiento por desacato a la autoridad judicial, originándose un grave conflicto polí-

---

10. En curso de publicación en la *Revista de Administración Pública*, No. 202, Centro de Estudios Políticos y Constitucionales, Madrid, 2017

11. Texto publicado en Allan R. Brewer-Carías, "Un "Putsch Judicial": Comentarios explicativos de sentencia de la Corte Suprema de los Estados Unidos declarando la inconstitucionalidad de las leyes de cuatro Estados que regulaban el matrimonio como unión solo entre un hombre y una mujer," en *Revista Iberoamericana de Derecho Procesal Constitucional*, N° 24, Instituto Iberoamericano de Derecho Procesal Constitucional, Edit Porrúa, N° 24, julio-diciembre 2015, México, 2015, pp. 193-213; en *Revista Pensamiento Constitucional*, N° 20, Escuela de Posgrado, Maestría en Derecho Constitucional, Fondo Editorial Pontificia Universidad Católica del Perú, ISSN 1027-6769, Lima 2015, pp. 11-33; y en *Revista de Derecho Público*, N° 142, (Segundo semestre 2015, Editorial Jurídica Venezolana, Caracas 2015, pp. 219-236.

tico en el cual lamentablemente los militares encargados de la fase de ejecución de la orden judicial, desviaron su misión. [12]

Quinto, las sentencias dictadas por la Sala Político Administrativa de la Corte Suprema de Justicia de Venezuela el día 19 de enero de 1999 (Caso *Referendo Consultivo I* y Caso *Referendo Consultivo II)*, al decidir sendos recursos de interpretación de la norma reguladora del referendo consultivo en la Ley Orgánica del Sufragio y Participación Política, dos semanas antes de la toma de posesión del Presidente Hugo Chávez Frías (3 de febrero de 1999), pero luego del anuncio de su decisión de convocar una Asamblea Nacional Constituyente así no estuviese prevista en el texto de la Constitución de 1961. En las sentencias, lamentablemente, la Corte Suprema no resolvió expresamente lo que se le había solicitado interpretar que era determinar si se podía convocar una Asamblea Constituyente sin reformar previamente la Constitución a los efectos de regularla previamente. La ambigüedad de la sentencia, que permitía interpretaciones, llevó al Presidente de la República el mismo día de su toma de posesión a convocar mediante decreto la Asamblea Constituyente no prevista ni regulada en la Constitución de 1961, para que procediera a dictar una nueva Constitución; decreto que fue impugnado por razones de constitucionalidad, dando origen a diversas otras sentencias de la misma Corte Suprema que también se comentan, en las cuales trató en vano de limitar su propia creación. El resultado fue que la Asamblea Constituyente que en definitiva se eligió, asumió un carácter originario que el pueblo no le había dado, y que la propia Corte le había negado, dio un golpe de Estado interviniendo los poderes constituidos del Estado, y terminó con la propia Corte Suprema que le había dado nacimiento; y con ello, lamentablemente, selló la sentencia de muerte del propio Poder Judicial de la República, que desde entonces progresivamente pasó a estar controlado por el Poder. [13]

---

12. Véase Allan R. Brewer-Carías, "Reforma constitucional, Asamblea Nacional Constituyente y control judicial contencioso administrativo: El caso de Honduras (2009) y el precedente venezolano (1999)," en *Revista Aragonesa de Administración Pública,* N° 34, (junio 2009), Gobierno de Aragón, Zaragoza 2009, pp. 481-529; en *Revista Mexicana Statum Rei Romanae de Derecho Administrativo. Homenaje de Nuevo León a Jorge Fernández Ruiz,* Con. 3, Julio-Dic 2009, Asociación Mexicana de Derecho Administrativo, Facultad de Derecho y Criminología de la Universidad Autónoma de Nuevo León, Monterrey, México 2009, pp. 11-77; y en *Revista de la Facultad de Derecho,* N° 60-61, (2005-2009), Universidad Católica Andrés Bello, Caracas 2009, pp. 63-112

13. Véase Allan R. Brewer-Carías, "La configuración judicial del proceso constituyente en Venezuela de 1999 o de cómo el guardián de la Constitución abrió el camino para su violación y para su propia extinción", en *Revista Jurídica del Perú,* Año LVI, N° 68, 2006, pp. 55-130; y en *Revista de Derecho Público,* N° 77-80, Editorial Jurídica

Sexto, la sentencia N° 1.939 de 18 de diciembre de 2008 (Caso *Gustavo Álvarez Arias y otros*) dictada por la Sala Constitucional del Tribunal Supremo de Justicia de Venezuela, país que aun siendo Estado Miembro de la Convención Americana de Derechos Humanos y sujeto a la jurisdicción de Corte Interamericana de Derechos Humanos, sin embargo, declaró como inejecutable en Venezuela la sentencia de la Corte Interamericana de Derechos Humanos de fecha 5 de agosto de 2008 dictada en el caso de los ex-magistrados de la Corte Primera de lo Contencioso Administrativo (caso *Apitz Barbera y otros vs. Venezuela*), quienes habían sido destituidos de sus cargos en 2003, en violación de la Constitución y las leyes nacionales. Dicha sentencia se dictó en un proceso que fue iniciado por el propio Estado de Venezuela, a través de la Procuraduría General de la República que es un órgano dependiente del Poder Ejecutivo, mediante una acción de "control de constitucionalidad" de la referida sentencia de la Corte Interamericana que había condenado al Estado por violación de los derechos y garantías de los magistrados destituidos, acusando a dicha Corte de haber incurrido en usurpación de funciones, y exhortando al Poder Ejecutivo a denunciar la Convención Americana, lo que efectivamente ocurrió cuatro años después en 2013.[14]

Séptimo, la sentencia TC/0256/14 dictada por el Tribunal Constitucional de la República Dominicana el 4 de noviembre de 2014, mediante la cual declaró la inconstitucionalidad del "Instrumento de Aceptación de la Competencia de la Corte Interamericana de Derechos Humanos" dictado por el Presidente de la República en 1999, después de ratificada la Convención Americana de Derechos Humanos, con la cual el Tribunal buscó desligar al Estado de la jurisdicción de dicha Corte Interamericana pero sin que la Convención Americana se hubiese formalmente denunciado. La sentencia se vincula a las diferencias que habían surgido en la República

---

Venezolana, Caracas 1999, pp. 453-514. Véase igualmente los comentarios en el libro: *Poder constituyente originario y Asamblea Nacional* Constituyente (Comentarios sobre la interpretación jurisprudencial relativa a la naturaleza, la misión y los límites de la Asamblea Nacional Constituyente), Colección Estudios Jurídicos N° 72, Editorial Jurídica Venezolana, Caracas 1999,;

14. En Allan R. Brewer-Caías, "La interrelación entre los Tribunales Constitucionales de América Latina y la Corte Interamericana de Derechos Humanos, y la cuestión de la inejecutabilidad de sus decisiones en Venezuela," en *Gaceta Constitucional*. Análisis multidisciplinario de la jurisprudencia del Tribunal Constitucional, Gaceta Jurídica, Tomo 16 Año 2009, Lima 2009, pp. 17-48; en *Anuario Iberoamericano de Justicia Constitucional*, Centro de Estudios Políticos y Constitucionales, N° 13, Madrid 2009, pp. 99-136; y en Armin von Bogdandy, Flavia Piovesan y Mariela Morales Antonorzi (Coodinadores), *Direitos Humanos, Democracia e Integracao Jurídica na América do Sul*, Lumen Juris Editora, Rio de Janeiro 2010, pp. 661-701.

Dominicana con motivo de la sentencia de la Corte Interamericana de Derechos Humanos de 28 de agosto de 2014, dictada en el caso *Personas dominicanas y haitianas expulsadas vs. República Dominicana* (Excepciones Preliminares, Fondo, Reparaciones y Costas), que condenó al Estado con motivo de denuncias formuladas en relación con un contexto de discriminación de la población haitiana y de ascendencia haitiana en República Dominicana, que contradecía lo resuelto sobre nacionalidad y situación de los "extranjeros en tránsito" tanto por la Corte Suprema de Justicia en sentencia 14 de diciembre de 2005, como por el mismo Tribunal Constitucional en la sentencia TC/0168/13 de 23 de septiembre de 2013.[15]

Octavo, la sentencia de la Suprema Corte de Justicia de la República Dominicana de 24 de febrero de 1999 (Caso *Productos Avon, S.A.*), mediante la cual, al decidir sobre una acción de amparo que se había intentado contra diversas sentencias dictadas por el Juzgado de Trabajo del Distrito Nacional en contra de la accionante, reclamando protección de sus garantías judiciales con base en lo establecido en el artículo 25 de la Convención Americana de Derechos Humanos, que ya era parte del derecho interno de la República Dominicana, admitió la procedencia de las acciones de amparo de los derechos constitucionales aun cuando la misma no estuviese garantizada en la Constitución ni en las leyes, ejerciendo así el control de convencionalidad en el orden interno respecto de la materia de amparo.[16]

Noveno, la sentencia de la Sala Constitucional de la Corte Suprema de Justicia de Nicaragua, N° 504 de las cinco de la tarde del 19 de octubre de 2009, mediante la cual, al decidir una acción de amparo constitucional que se había intentado contra una decisión del Consejo Supremo Electoral, para lo cual carecía de competencia, resolvió "reformar" o "mutar" la Constitución, declarando inconstitucional e inaplicable el artículo 147, primer aparte a) de la propia Constitución, que prohibía la reelección presidencial, permitiendo así la reelección del Presidente Daniel Ortega.

---

15. En Allan R. Brewer-Caías, "El carácter vinculante de las sentencias de la Corte Interamericana de Derechos Humanos y su desprecio por los tribunales nacionales: los casos del Perú, Venezuela y de República Dominicana," en *Revista Iberoamericana de Derecho Procesal Constitucional*, N° 22, Julio diciembre 2014, Instituto Iberoamericano de Derecho Procesal Constitucional, Editorial Porrúa, México, 2014, pp. 77-119.

16. En Allan R. Brewer-Caías, "La admisión jurisprudencial de la acción de amparo, en ausencia de regulación constitucional o legal en la República Dominicana," en *Revista IIDH* N° 29, Enero-Junio 1999, San José de Rosta Rica, pp. 95-10; y en *Iudicium et vita, Jurisprudencia en Derechos Humanos*, N° 7, Edición Especial, Tomo I, San José, 2000, pp. 334-341.

Décimo, la sentencia de Sala Constitucional de la Corte Suprema de Justicia del Paraguay, A.I. N° 1553 de 25 de junio de 2012, mediante la cual desestimó, sin más trámite, la acción de inconstitucionalidad que había sido intentada por el Presidente de la República Fernando Lugo, contra la Resolución del Senado de ese país N° 878 de 21 de junio de 2012, mediante la cual se había iniciado un "juicio político" en su contra, del cual en definitiva salió separado de su cargo por decisión de las Cámaras Legislativas, por mal desempeño de sus funciones, habiendo sido sustituido entonces por el Vicepresidente.

Décimo primero, la sentencia de la Sala de lo Constitucional de la Corte Suprema de Justicia de El Salvador, N° 71-2012 de 23 de octubre de 2013, mediante la cual declaró la inconstitucionalidad del artículo 22f del Estatuto de la Corte Centroamericana de Justicia, y de los artículos colaterales de la Ordenanza de Procedimientos de la Corte Centroamericana de Justicia, que atribuían y regulaban la competencia de dicha Corte regional para resolver los conflictos entre los órganos de los Estados miembros, en un claro enfrentamiento con el Poder Ejecutivo y el Poder Legislativo, y en la cual reafirmó el principio de que la Sala de lo Constitucional no tiene quien lo controle. El origen del proceso estuvo en que un año antes, en 2012, la Corte Centroamericana habría anulado un fallo de la Sala Constitucional de la Corte Suprema, lo que produjo que posteriormente, la Sala Constitucional declarara la nulidad por inconstitucionalidad del fallo de dicha Corte Centroamericana.

Décimo segundo, la sentencia de la *High Court* de Suráfrica, de 22 de febrero de 2017 mediante la cual declaró inconstitucional e inválida la decisión adoptada por el Ministro de Relaciones Internacionales de Suráfrica de denunciar el Tratado de Roma que creó la Corte Penal Internacional, porque la misma había sido adoptada sin la previa aprobación del Parlamento; ordenando en consecuencia al Poder ejecutivo revocar la denuncia del Tratado. El origen remoto del proceso estuvo en la negativa del Gobierno en haber detenido en junio de 2015 al Presidente de Sudan, Sr. Omar Hassan Ahmad al- Bashir, quien estaba acusado por dicha Corte Penal Internacional de delitos de guerra, contra la humanidad y de genocidio.

Décimo tercero, las sentencias N° 155 a 158 de fines de marzo y principios de abril de 2017 de la Sala Constitucional del Tribunal Supremo de Justicia de Venezuela, mediante las cuales, a requerimiento de un diputado oficialista y por órdenes del Poder Ejecutivo, dicha Sala Constitucional terminó el proceso clausurando de hecho a la Asamblea Nacional, luego de cerca de cincuenta sentencias anteriores en el mismo sentido, desojando al pueblo de representación para ejercer su soberanía. La Sala

Constitucional, con dichas sentencias, consolidó la dictadura judicial que venía funcionando,[17] repartiendo en consecuencia, como despojos, los poderes y funciones de legislar y controlar de la Asamblea, asignando unos, al Poder Ejecutivo, y usurpando otros, las funciones parlamentarias, al asumirlas directa y abiertamente la propia Sala Constitucional.[18]

Décimo cuarto, las sentencias de la Sala Constitucional del mismo Tribunal Supremo de Justicia de Venezuela, Nº 378 de 31 de mayo de 2017 y Nº 455 de 12 de junio de 2017, mediante las cuales la misma avaló la inconstitucional y fraudulenta decisión del Presidente de la República convocando una Asamblea Nacional Constituyente, usurpando la soberanía popular y el poder constituyente originario del cual es único depositario el pueblo que le da el derecho exclusivo de convocar dicha Asamblea para reformar íntegramente el Estado y la Constitución, mediante un referendo de convocatoria.[19]

Y *Décimo quinto,* las sentencias dictadas por las Cortes Supremas de Costa Rica, Brasil y Chile en 2015, mediante las cuales, en ausencia de decisiones de los respectivos gobiernos, juzgaron sobre de autonomía e independencia del Poder Judicial en Venezuela, dictando medidas de protección a favor de ciudadanos venezolanos contra el Estado venezolano.[20]

Como el lector podrá apreciar, en la mayoría de los casos analizados el juez constitucional actuó como le correspondía constitucionalmente, con-

---

17 Véase Allan R. Brewer-Carías, *Dictadura judicial y perversión del Estado de Derecho. La Sala Constitucional y la destrucción de la democracia en Venezuela*, Colección Estudios Políticos, Nº 13, Editorial Jurídica Venezolana International, Segunda edición ampliada. New York-Caracas 2016. Edición española, Editorial IUSTEL, Madrid 2017.

18 Ponencia preparada para el *IX Congreso Nacional de Derecho Constitucional* del Perú, Asociación Peruana de Derecho Constitucional, Universidad San Ignacio de Loyola, Lima 24 a 26 de agosto de 2017. (Para el eje temático: *Tribunal Constitucional e impartición de justicia constitucional*). Véase en Véase Allan R. Brewer-Carías, *La consolidación de la tiranía judicial. El Juez Constitucional controlado por el Poder Ejecutivo asumiendo el Poder Absoluto*, Colección de Estudios Políticos No. 15, Editorial Jurídica Venezolana International, Caracas / New York 2017, pp. 209-231.

19. Véase Allan R. Brewer-Carías, *La inconstitucional convocatoria de una Asamblea Nacional Constituyente en fraude a la voluntad popular,* Editorial Jurídica Venezolana, Caracas 2017, pp. 123 -138.

20. Véase Allan R. Brewer-Carías, "Las Cortes Supremas de Costa Rica, Brasil y Chile condenan la falta de garantías judiciales en Venezuela," en *Revista de Derecho Público*, No. 143-144, (julio- diciembre 2015, Editorial Jurídica Venezolana, Caracas 2015, pp. 495-500.

trolando el ejercicio del Poder, en particular, enfrentándose al Poder Ejecutivo o al Poder Legislativo; en unos casos, actuó como guardián de la Constitución asegurando la vigencia y prevalencia de los derechos fundamentales; y en otros casos, lamentables, actuó sometido al Poder, incluso como su agente, para implantar el autoritarismo, aniquilar el funcionamiento de otros Poderes, usurpar sus funciones constitucionales e incluso usurpar la soberanía popular.

La diferencia en unos y otros casos, sin duda, está en el hecho de que no en todos los casos puede decirse que exista una efectiva justicia constitucional que pueda controlar al Poder y hacer prevalecer la Constitución frente a las violaciones que cometan los poderes constituidos. Como se ha dicho, no hay otra forma de que exista justicia constitucional sino cuando el juez constitucional goza de absoluta independencia y autonomía frente a todos los poderes del Estado, pues de lo contrario, si un tribunal constitucional está sujeto a la voluntad del Poder, en lugar de ser el guardián de la Constitución se convierte en el instrumento más atroz del autoritarismo, para asegurar su violación impune.

El mejor sistema de justicia constitucional, por tanto, en manos de un juez sometido al Poder, es letra muerta para los individuos y es un instrumento para el fraude a la Constitución. Por ello, y precisamente para garantizar esa autonomía e independencia, en todas las Constituciones donde se han establecido sistemas de justicia constitucional se han dispuesto, entre otros aspectos, mecanismos estrictos tendientes a lograr una elección de los miembros o magistrados de los tribunales constitucionales, de manera de neutralizar las influencias políticas no deseadas en una democracia.[21] Con ello se ha buscado asegurar, por la forma de selección de sus integrantes, que los poderes atribuidos a un órgano estatal de esta naturaleza, quien no tiene quien lo controle, no sean distorsionados y abusados.

Por ello, la pregunta de siempre frente a quien no tiene quien lo controle, en el sentido de ¿quién controla al custodio? (*Quis custodies ipso cus-*

---

21 Véase Allan R. Brewer-Carías, "The Question of Legitimacy: How to choose the Supreme Court Judges", en Ingolf Pernice, Julianne Kokott, Cheryl Sauders (eds), *The Future of the European Judicial System in Comparative Perspective*. 6th International ECLN Colloquium / IACL Round Table, Berlín, 2-4 November 2005, European Constitutional Law Network Series, Vol. 6, Nomos, Berlín 2006, pp. 153-182; y Allan R. Brewer-Carías "La cuestión de legitimidad: cómo escoger los jueces de las Cortes Supremas. La doctrina europea y el contraste latinoamericano," en *Estudios sobre el Estado Constitucional (2005-2006)*. Cuadernos de la Cátedra Fundacional Allan R. Brewer Carías de Derecho Público, Universidad Católica del Táchira, N° 9, Editorial Jurídica Venezolana. Caracas, 2007, pp. 125-161

todiem?), siempre hay que hacérsela aun cuando no tenga respuesta.[22] Y ello es importante en este caso, porque precisamente a los jueces constitucionales nadie puede controlarlos, siendo sus decisiones definitivas, de carácter imperativo, constituyendo la última palabra en el derecho interno sobre la aplicación e interpretación de la Constitución, sin vía alguna de revisión. Por ello, frente a la pregunta mencionada, en realidad, sólo una elección sabia de los miembros de las Cortes Constitucionales es la que puede evitar que en determinados momentos se clame por su respuesta.

Por ello, George Jellinek decía que la única garantía frente al guardián de la Constitución radica al final en su "conciencia moral,"[23] la cual en definitiva se forja por la condición de los propios miembros del tribunal constitucional. A ello se suma lo que observó Alexis de Tocqueville al analizar la Constitución Federal de los Estados Unidos, y el rol de la Corte Suprema, como Juez constitucional:

> "La paz, la prosperidad, y la existencia misma de la Unión están depositados en manos de siete Jueces Federales. Sin ellos, la Constitución sería letra muerta...,

No solo los Jueces federales deben ser buenos ciudadanos, y hombres con la información e integridad indispensables en todo magistrado, sino que deben ser hombres de Estado, suficientemente sabios para percibir los signos de su tiempo, sin miedo para afrontar obstáculos que puedan dominarse, no lentos en poder apartarse de la corriente cuando el oleaje amenaza con barrerlos junto con la supremacía de la Unión y la obediencia debida a sus leyes.

El Presidente, quien ejerce poderes limitados, puede fallar sin causar gran daño en el Estado. El Congreso puede errar sin que la Unión se destruya, porque el cuerpo electoral en el cual se origina puede provocar que se retracte en las decisiones cambiando sus miembros. Pero si la Corte Supre-

---

22 Véase Jorge Carpizo, *El Tribunal Constitucional y sus límites*, Grijley Ed., Lima 2009, pp. 44, 47, 51; Allan R. Brewer-Carías, "Quis Custodiet Ipsos Custodes: De la interpretación constitucional a la inconstitucionalidad de la interpretación", en *Revista de Derecho Público*, N° 105, Editorial Jurídica Venezolana, Caracas 2006, pp. 7-27; y en *VIII Congreso Nacional de derecho Constitucional, Perú*, Fondo Editorial 2005, Colegio de Abogados de Arequipa, Arequipa, septiembre 2005, pp. 463-489

23 Véase George Jellinek, *Ein Verfassungsgerichtshof fur Österreich*, Alfred Holder, Wien 1885, citado por Francisco Fernández Segado, "Algunas reflexiones generales en torno a los efectos de las sentencias de inconstitucionalidad y a la relatividad de ciertas fórmulas esterotipadas vinculadas a ellas," en *Anuario Iberoamericano de Justicia Constitucional*, Centro de Estudios Políticos y Constitucionales, N° 12, 2008, Madrid 2008, p. 196

ma alguna vez está integrada por hombres imprudentes y malos, la Unión caería en la anarquía y la guerra civil."[24]

Y eso es precisamente, a lo que puede conducir el Juez Constitucional cuando actúa no para controlar al Poder, sino sometido al Poder, y en consecuencia, despreciando la Constitución.

Este libro, al analizar los quince casos que hemos escogido, permite sin duda escindir claramente en qué casos el juez constitucional goza de autonomía e independencia, y en cuáles otros casos, el juez constitucional no es sino un instrumento más del Poder.

New York, junio de 2017

---

24 Véase Alexis de Tocqueville, *Democracy in America*, Chapter VIII "The Federal Constitution," (Trad. Henry Reeve, revisada y corregida en 1899), en http://xroads.virginia.edu/~HYPER/DETOC/1_ch08.htm Véase igualmente la referencia en Jorge Carpizo, *El Tribunal Constitucional y sus límites*, Grijley Ed., Lima 2009, pp. 46-48.

PRIMERA PARTE:

CONTROL DE CONSTITUCIONALIDAD Y JUSTICIA CAUTELAR EN LOS ESTADOS UNIDOS:

El caso de la Orden Ejecutiva sobre asuntos de inmigración de 27 de enero de 2017

El viernes 27 de enero de 2017, el Presidente de los Estados Unidos Donald J. Trump emitió un "Orden Ejecutiva para proteger la Nación de la entrada de terroristas extranjeros a los Estados Unidos" 82 Fed. Reg. 8.977.[25] Se trató de un acto ejecutivo de carácter reglamentario dictado conforme a los poderes que la Constitución y las leyes le otorgan al Jefe del Poder ejecutivo, y entre ellas, la *Immigration and Nationality Act* (INA), 8 U.S.C. 1101 *et seq.*, y la sección 301 del título 3 del *United States Code.*

Contra dicha Orden Ejecutiva se intentaron de inmediato diversas acciones judiciales buscando la protección de derechos fundamentales de las personas afectadas, mediante la declaración de su inconstitucionalidad, entre las cuales destacó la acción de invalidación por razones de constitucionalidad con petición de amparo constitucional (*Preliminary Injunction*) intentada por los Abogados Generales de dos Estados de la Unión norteamericana, los Estados de Washington y Minnesota, con solicitud de suspensión parcial de los efectos de la misma (en relación con las Secciones 3.c; 5.a; 5.b; 5.c; y 5.e), por ante el Juez de Federal de Distrito del Distrito Oeste del Estado del Estado de Washington.

Con la acción se formuló adicionalmente una petición para la emisión de una medida de amparo cautelar, una *Temporary Restraining Order*, la

---

25   Véase en https://www.whitehouse.gov/the-press-office/2017/01/27/executive-order-protecting-nation-foreign-terrorist-entry-united-states

cual en definitiva fue acordada por el Juez de Distrito mediante decisión del 3 de febrero de 2017, la cual fue ratificada por la Corte de Apelaciones del Noveno Circuito con sede en San Francisco, de fecha 9 de febrero de 2017 (*State of Washington et al. v. Donald Trump et al.*).

Nuestro propósito en este comentario es analizar las principales cuestiones jurídicas debatidas en el proceso hasta la ratificación en segunda instancia de la medida cautelar, y sus vicisitudes procesales, para lo cual nos referiremos antes a algunas líneas generales del control de constitucionalidad y de la protección judicial de los derechos fundamentales en los Estados Unidos.

I.   ASPECTOS DE LA JUSTICIA CONSTITUCIONAL EN LOS ESTADOS UNIDOS: CONTROL DE CONSTITUCIONALIDAD Y PROTECCIÓN O AMPARO A LOS DERECHOS FUNDAMENTALES

En los Estados Unidos, como es sabido, el control de constitucionalidad de las leyes y demás actos estatales, como es el caso de las Órdenes Ejecutivas dictadas por el Presidente, se ejerce por todos los tribunales mediante el denominado método difuso de control de constitucionalidad, que deriva del principio de la supremacía constitucional, y que tiene su fundamento en la "Cláusula de Supremacía" contenida en el artículo VI, Sección 2 de la Constitución. Dicho principio fue desarrollado a partir de 1803 en el conocido caso *Marbury vs. Madison* 3 US (1 Cranch) 137, (1803), en el cual el Juez John Marshall consideró que si la Constitución es la ley suprema de un país y como tal, prevalece sobre las otras leyes, ningún otro acto del Estado que sea contrario a la Constitución puede ser una ley efectiva y, al contrario, debe ser considerado como nulo. En sus propias palabras si la Constitución es "la ley fundamental y suprema de una nación... un acto del legislador que repugne a la Constitución es nulo." Por tanto, la supremacía de la Constitución implica que los actos que colidan con la misma son, en efecto, nulos, y como tales, así tienen que ser considerados por los tribunales, los cuales son, precisamente, los órganos estatales llamados a aplicar las leyes. [26]

Por ello, en los Estados Unidos, todos los tribunales deben en consecuencia decidir los casos concretos que están considerando, como se sostuvo en el mismo caso *Marbury vs. Madison 5 US* (1 Cranch), 137 (1803),

---

26   Véase sobre el sistema norteamericano de justicia constitucional en el marco del derecho comparado en Allan R. Brewer-Carías, *Judicial Review in Comparative Law*, Cambridge University Press, Cambridge 1989; *Judicial Review. Comparative Constitucional Law Essays, Lectures and Courses (1985-2011)*, Fundación de Derecho Público, Editorial Jurídica Venezolana, Caracas 2014.

"conforme a la Constitución desaplicando la ley inconstitucional" siendo esta "la verdadera esencia del deber judicial". En consecuencia, en el método difuso de control de la constitucionalidad, este rol corresponde a todos los jueces y no sólo a una Corte Suprema, y no debe ser sólo visto como un poder atribuido a los tribunales, sino como un deber de los mismos para decidir conforme a las reglas constitucionales, desaplicando las leyes contrarias a sus normas. [27]

Dicho control judicial de constitucionalidad en ningún caso es un control abstracto, sino que solo puede realizarse en un proceso en curso ante un tribunal, lo que implica que el control de constitucionalidad es siempre de carácter incidental, en el sentido de que la cuestión de inconstitucionalidad de una ley u oro acto estatal y su inaplicabilidad, se plantea en un caso o proceso concreto (*cases and controversies*), cualquiera sea su naturaleza, en el cual la aplicación o no de una norma concreta es considerada por el juez como relevante para la decisión del caso.

En consecuencia, en el método difuso de control de constitucionalidad, el *thema decidendum,* es decir, el objeto principal del proceso y de la decisión judicial no es la consideración abstracta de la constitucionalidad o inconstitucionalidad de la ley o acto ejecutivo o su aplicabilidad o inaplicabilidad, sino más bien, la decisión de un caso concreto por ejemplo, en materia civil, penal, administrativa, mercantil, laboral, de protección de algún derecho constitucional, etc., en el cual la cuestión de constitucionalidad es un aspecto incidental en el proceso que sólo debe ser considerada por el juez para resolver la aplicabilidad o no de una ley en la decisión del caso concreto, cuando surgen cuestiones relativas a su inconstitucionalidad.

Por eso la decisión del juez en materia de constitucionalidad en el método difuso solo tiene efecto *inter partes*, pudiendo alcanzar efectos generales *erga omnes* cuando el asunto llega por ejemplo a la Corte Suprema, en virtud del principio del principio del precedente (*stare decisis*).

Por otra parte, en el sistema judicial norteamericano, en cuanto a la protección efectiva de los derechos fundamentales, la misma se asegura mediante los remedios judiciales ordinarios del proceso o a través de remedios extraordinarios de equidad (como las *injunctions*), las cuales también se utilizan para la protección de cualquier tipo de derechos o intere-

---

27 En general sobre el método difuso de control de constitucionalidad véase Allan R. Brewer-Carías, "El método difuso de control de constitucionalidad de las leyes en el derecho venezolano", en Victor Bazán (coord.), *Derecho Procesal Constitucional Americano y Europeo*, Edit. Abeledo-Perrot, dos tomos, Buenos Aires, Rep. Argentina, 2010, Tomo I, pp. 671-690.

ses de las personas (*civil rights injunctions*). Estas *injunction* tienen su equivalente en los sistemas latinoamericanos, en las acciones o peticiones de amparo constitucional de los derechos fundamentales, en particular en los sistemas de amparo difuso que existen en la mayoría de los países de América Latina, donde todos los tribunales de primera instancia son competentes para conocer de las acciones de amparo. [28]

Al igual que en materia de amparo, las *injunctions* son también acciones que en principio son *in personam* por lo cual el accionante debe ser precisamente la persona agraviada, que tiene un interés personal en el caso y su resultado.[29] Por ello, para intentar una *injunction*, el demandante debe evidenciar daños actuales, sustanciales y graves o una posibilidad cierta de tales daños; es decir, un demandante no tendrá derecho a una *injunction*, cuando un daño en su contra no se evidencie como resultante de la actividad que se denuncia o se procura evitar.[30]

Sin embargo, de materia de protección de derechos humanos, en los Estados Unidos, algunos funcionarios públicos, y en particular a los *Attorney General* se los ha considerado con suficiente legitimación activa para intentar *injunctions*,[31] lo cual se generalizó después de la sentencia de la Suprema Corte en el caso *Brown v. Board of Education of Topeka* 347

---

28   Véase sobre los sistemas de protección judicial de los derechos fundamentales en el derecho comparado Allan R. Brewer-Carías, *Constitucional Protection Of Human Rights In Latin America. A Comparative Study of the Amparo Proceedings*, Cambridge University Press, New York, 2008; y *El Proceso de Amparo en el Derecho Constitucional Comparado de América Latina*, Colección Biblioteca Porrúa de Derecho Procesal Constitucional, Ed. Porrúa, México, 2016.

29   Véase Kevin Schroder *et al*, "Injunction," *Corpus Juris Secundum*, Thomson West, Vol. 43A, 2004; M. Glenn Abernathy and Barbara A. Perry, *Civil Liberties Under the Constitution*, University of South Carolina Press, 1993, p. 4. Véase el caso *Alabama Power Co. v. Alabama Elec. Co-op., Inc.*, 394 F.2d 672 (5° Cir. 1968), en John Bourdeau et al., "Injunctions," en Kevin Schroder, John Glenn and Maureen Placilla (Ed.), *Corpus Juris Secundum*, Vol. 43A, West 2004, p. 229.

30   Véase U.S. Boyle v. Landry, 401 U.S. 77, 91 S. Ct.758, 27 L. Ed. 2d 696 (1971), en John Bourdeau et al., "Injunctions," en Kevin Schroder, John Glenn and Maureen Placilla (Ed.), Corpus Juris Secundum, Vol. 43A, Thomson West, 2004, p. 66.

31   El Procurador General, por supuesto, ha tenido la legitimación requerida para la protección del interés general del Estado, por ejemplo, en el control del servicio de correos, como lo admitió la Corte Suprema en sentencia *In Re Debs*, 158 U.S. 565, 15 S. Ct. 900,39 L.Ed. 1092 (1895), siendo en tal caso la parte contra los miembros de un sindicato de trabajadores de ferrocarriles que amenazaban el funcionamiento de los trenes. Unos años antes, el Congreso, mediante la ley Sherman, contra los monopolios, atribuyó facultad al Procurador General para activar procesos de *injunctions* a fin de impedir restricciones al comercio.

U.S. 483 (1954); 349 U.S. 294 (1955), al declarar inconstitucional el sistema escolar dual ("separados pero iguales"). Después de esta sentencia y mediante la Ley de Derechos Civiles de 1957, el Congreso comenzó a autorizar al Procurador General para que interpusiera *injunctions* en protección de los derechos humanos, particularmente con el fin de implementar la Décima Quinta Enmienda al referirse, por ejemplo, al derecho de votar sin discriminaciones.[32] La consecuencia de estas reformas ha sido que el Procurador General, al representar los Estados Unidos, ha dejado de participar en procesos de derechos civiles como *amicus curie* solamente, y ha jugado un papel prominente incoando *injunctions* en protección de derechos civiles[33] procurando la protección por ejemplo, en materia de seguridad y salud públicas.[34]

El resultado final de la petición de *injunction*, luego de asegurarse el debido proceso y por tanto la participación en el juicio de los demandados, quienes tienen derecho a ser oídos,[35] es en todo caso una decisión judicial u orden dictada por el tribunal para la protección de los derechos amenazados o para la restitución del disfrute del derecho lesionado, la cual puede consistir, por ejemplo, en una decisión ordenando o previniendo una actuación o en una orden de hacer, no hacer o deshacer alguna

32 Véase lo señalado por Owen R. Fiss: "La iniciativa legislativa inmediatamente siguiente -la Ley de Derechos Civiles de 1.960- fue dispuesta en gran parte para perfeccionar las armas de *injunctions* del Procurador General en favor del derecho al sufragio. En cada una de las siguientes leyes sobre derechos civiles -las de 1.964 y 1.968- se repitió el mismo patrón: se autorizó al Procurador General para incoar medidas de *injunction* a fin de exigir el cumplimiento de una amplia gama de derechos – servicios públicos (p. ej. restaurantes), instalaciones estatales (p. ej. parques), escuelas públicas, empleos y vivienda " Véase Owen M. Fiss, *The Civil Rights Injunction*, Indiana University Press, Bloomington & London, 1978, p. 21.

33 Véase Owen M. Fiss and Doug Rendleman, *Injunctions,* Second Edition, University Casebook Series, The Foundation Press, Mineola, New York, 1984, p. 35.

34 Por eso, por ejemplo, los procedimientos de *injunctions* en casos del ejercicio ilegal de la medicina y de otras profesiones conexas han sido interpuestas por el Procurador General, una Comisión Estadal de Salud y un abogado del condado. v. por ejemplo *State ex rel. State Bd. Of Healing Arts v. Beyrle*, 269 Kan. 616, 7 P3d 1194 (2000), *Idem*, p. 276 ss.

35 De manera similar, respecto de las i*njunctions* definitivas, éstas solo pueden declararse si se libra compulsa de la demanda y se ha hecho citación del accionado. Véase por ejemplo, los casos: *U.S. v. Crusco*, 464 F.2d 1060, Cir. 1972*; Murphy v. Washington American League Baseball Club, Inc.*, 324 F2d. 394, D.C. Cir. 1963, en John Bourdeau *et al.*, "Injunctions," en Kevin Schroder, John Glenn and Maureen Placilla, *Corpus Juris Secundum*, Volumen 43A, Thomson West, 2004, p. 339.

acción.[36] Esto quiere decir que el mandamiento de amparo, como la *injunction* norteamericana,[37] es un decreto judicial de protección judicial de los derechos fundamentales.

En el juicio iniciado por los Estados de Washington y Minnesota contra Donald J. Trump y los otros altos funcionarios del Poder Ejecutivo con motivo de la Orden Ejecutiva sobre política de inmigración de 7 de enero de 2017, comenzó mediante la interposición de una acción cuyo objeto fue la declaratoria de invalidación de dicha Orden por los daños que causaba a dichos Estados y a derechos de sus residentes, solicitando su declaratoria de invalidez por inconstitucional; acción que además se acompañó de una petición de protección de derechos constitucionales que se consideraron violados, mediante una *preliminar injunction*, que como se dijo, es similar a una pretensión de amparo constitucional; a lo que se agregó una petición para que se dictase una medida cautelar, una *Temporary Restraining Order*, para suspender los efectos de la decisión impugnada mientras dura el juicio, en sentido equivalente a las peticiones de amparo cautelar en algunos derechos latinoamericanos.

II. LA ORDEN EJECUTIVA DEL PRESIDENTE DONALD J. TRUMP SOBRE MATERIA INMIGRATORIA Y SU IMPUGNACIÓN

La Orden Ejecutiva impugnada relativa a temas inmigratorios adoptada por el Presidente Donald J Trump el 27 de enero de 2017,[38] en una forma relativamente inconsulta con los Departamentos con responsabilidad en la materia en el Gobierno federal[39] tuvo como propósito, como lo indicó su

---

36 En la *injunction* de los Estados Unidos, la orden puede ser ejecutiva o preventiva de virtualmente cualquier tipo de acción (*Dawkins v. Walker*, 794 So. 2d 333, Ala. 2001; *Levin v. Barish*, 505 Pa. 514, 481 A.2d 1183, 1984) o puede ordenar a alguien que deshaga un ilícito o un daño (*State Game and Fish Com'n v. Sledge*, 344 Ark. 505, 42 S.W.3d 427, 2001). Es una orden judicial demandando a una persona a hacer o abstenerse de hacer determinados actos (*Skolnick v. Altheimer & Gray*, 191 Ill 2d 214, 246 Ill. Dec. 324, 730 N.E.2d 4, 2000), por cualquier periodo de tiempo independientemente de su propósito (*Sheridan County Elec. Co-op v. Ferguson*, 124 Mont. 543, 227 P.2d 597, 1951). *Idem*, p. 19.

37 Véase el caso *Nussbaum v. Hetzer*, 1, N.J. 171, 62 A. 2d 399 (1948). *Idem*, p. 19.

38 Véase el texto en https://www.whitehouse.gov/the-press-office/2017/01/27/executive-order-protecting-nation-foreign-terrorist-entry-united-states.

39 La Orden fue emitida, según reporto la prensa, sin la opinión legal del Departamento de *Homeland Security*. Véase lo expresado por John F. Kelly, Secretario de *Homeland Security*, en Michael D. Shear and Ron Nixon, "How a Rushed Order Ignited Global Confusion," en *The New York Times*, New York, 30 de enero de 2017, p. A1. Véase igualmente en Damian Paletta and Aruna Viswanatha, "Homeland Chief and Withe House Clash," en *The Wall Street Journal*, New York, 31 de enero de 2017, p.

Sección 1ª, destacar el rol crucial que tiene el procedimiento de emisión de visas para entrar en los Estados Unidos, el cual permite detectar personas con relaciones terroristas y así poder impedirles le entrada en los Estados Unidos. En dicha Sección se mencionó además el ataque terrorista ocurrido en Nueva York el 11 de septiembre de 2001, destacando que el sistema de control no funcionó efectivamente, como tampoco funcionaron las reformas que se introdujeron posteriores en el procedimiento, habiendo entrado al país personas con visas de visitantes, estudiantes o empleo o mediante programas de refugiados que resultaron implicadas en actos terroristas.

Frente a las condiciones de deterioro progresivo que sufren determinados países, el Presidente consideró que los Estados Unidos debían ser vigilantes en el proceso de emisión de visas para asegurar que a quienes se les aprueben no van a intentan hacer daño a los americanos y no tengan vínculos con el terrorismo; no debiendo los Estados Unidos admitir a quienes no apoyen la Constitución o que puedan pretender colocar ideologías violentas sobre la ley americana; ni a quienes realicen acciones de odio (como los asesinatos de "honor" y otras formas de violencia contra la mujer, o persecuciones religiosas), ni a quienes puedan oprimir a los americanos de cualquier raza, genero u orientación sexual.

Con base en lo anterior, el Presidente se refirió entonces como la política definida en la Orden Ejecutiva, la de "proteger a sus ciudadanos de los extranjeros que intenten cometer ataques terroristas en los Estados Unidos, y prevenir la admisión de extranjeros que intenten utilizar las leyes de inmigración americanas con propósitos malévolos" (Sección 2), estableciendo para ello una serie de medidas, entre ellas "la suspensión del otorgamiento de visas y otros beneficios de inmigración a nacionales de determinados países de particular preocupación" (Sección 3), ordenando a los órganos ejecutivos competentes la realización de las actividades administrativas y presentación de informes necesarios para ello, y proclamando entre otras medidas, en la Sección 3.c:

> "Que la entrada de extranjeros inmigrantes o no inmigrantes de los países indicados en la sección 217(a)(12) del INA, 8 U.S.C. 1187(a)(12), es perjudicial para los intereses de los Estados Unidos, y en consecuencia suspende la entrada en los Estados Unidos, como inmigrantes o no inmigrantes, a dichas personas por 90 días desde la fecha de esta Orden (ex-

---

A5. El Secretario Kelly igualmente ratificó ante el Congreso que la decisión había sido adoptada con extrema rapidez, y que debió haberse discutido con el Congreso. Véase Laura Meckler and Aruna Viswanatha, "Kelly Says Ban Was Rushed," en *The Wall Street Journal*, New York, 8 de febrero de 2017, p. A4.

cluyendo los extranjeros viajando con visas diplomáticas, visas de la Organización del Atlántico Norte, visas C-2, visas para viajes a las Naciones Unidas, y visas G-1, G-2, G-3, y G-4).

Esos países enumerados en dichos estatutos son: Irán, Iraq,[40] Libia, Somalia, Sudan, Siria y Yemen.

La misma Orden Ejecutiva, además de disponer la implementación de criterios uniformes de verificación en todos los programas de inmigración (Sección 4), también dispuso una "Reordenación del Programa de Admisión de Refugiados en los Estados Unidos para el año fiscal 2017" (Sección 5), ordenando la suspensión de dicho programa por 120 días (Sección 5.a), estableciendo de antemano que cuando se reasuma, deberá darse prioridad a personas perseguidas por motivos religiosos, cuando dicha religión sea minoritaria en el país de la nacionalidad (Sección 5.b).

En la Sección 5.e, en relación con esta suspensión temporal de entrada de refugiados, sin embargo, se autorizó a los *Secretaries of State* y *Homeland Security* para poder determinar conjuntamente, caso a caso y a su discreción, la admisión de refugiados cuando se considere que es en interés nacional, incluyendo cuando una persona es de una religión minoritaria en su país de nacionalidad y es perseguida, o cuando la persona está ya en tránsito y negarle la admisión podría causar una privación indebida.

El Presidente en la Orden Ejecutiva, además, proclamó conforme a la sección 212(f) de la INA, 8 U.S.C. 1182(f), que

"la entrada de nacionales de Siria como refugiados es prejudicial a los intereses de los Estados Unidos y en consecuencia suspende cualquier entrada de los mimos hasta que yo determine que suficientes cambios se han efectuado a la USRAP para asegurar que la admisión de refugiados de Siria es consistente con el interés nacional"(Sección 5.c).

La Orden Ejecutiva, dictada a los pocos días de la toma de posesión del Presidente, en cierta forma era el cumplimiento de una de las promesas electorales hechas durante la campaña presidencial de 2016, que no había dejado de originar polémicas.

---

40 Aún antes de que la Orden Ejecutiva fuese modificada, y estando suspendidos sus efectos por las decisiones judiciales cautelares, Iraq fue removido de la lista de los países vetados. Véase la información en Laura Meckler and Gordon Lubold, "U. S. Removes Iraq From Ban,", en *The Wall Street Journal*, New York, 2 de marzo de 2017, p. A6.

III. LAS PRIMERAS ACCIONES CONTRA LA ORDEN EJECUTIVA ANTE DIVERSAS CORTES FEDERALES DE DISTRITO

Dada la implementación inmediata de la Orden Ejecutiva, al comenzar a aplicarse lo que produjo fue confusión y caos durante todo el fin de semana del 28 y 29 de enero, particularmente en los principales aeropuertos de los Estados Unidos, donde fueron detenidos e incluso deportados muchos nacionales de los países vetados, incluso siendo residentes legales en el país o teniendo visa de entrada legalmente expedida. Como lo resumió la Corte de Apelaciones del Noveno Distrito con sede en San Francisco en su sentencia de 9 de febrero de 2017 (*State of Washington et al. v. Donald Trump et al.*), que se comenta más adelante:

"El impacto de la Orden Ejecutiva fue inmediato y extendido. Fue reportado que miles de visas fueron canceladas inmediatamente, cientos de viajeros con visas fueron impedidos de abordar aviones hacia los Estados Unidos, o les fue negada la entrada a su llegada, y algunos viajeros fueron detenidos."[41]

Diversas personas intentaron acciones judiciales de amparo ante los jueces locales buscando protección de los derechos de varios de los extranjeros detenidos y amenazados de deportación, a lo cual asistieron diversas asociaciones y organizaciones no gubernamentales de derechos humanos, y entre ellas, la *American Civil Liberties Union*.[42]

Esta actividad judicial originó que al día siguiente de dictada la Orden Ejecutiva, el sábado 28 de enero de 2017 en la noche, la Juez Ann Donnelly de la Corte Federal del Distrito Este de Nueva York, en Brooklyn, dictara una *temporary injunction* (amparo cautelar) en protección de los derechos al debido proceso e igualdad de unos nacionales iraquíes (Caso *Hameed Khalid Darwesh et al vs. Donald Trump et al*) detenidos en el aeropuerto J.F Kennedy en Nueva York, prohibiendo que fueran deportadas aquellas personas con solicitudes de refugiado que ya habían sido aprobadas, o titulares de visas válidas y otros individuos de Iraq, Siria,

---

41 Véase el texto en https://cdn.ca9.uscourts.gov/datastore/opinions/2017/02/09/17-35105.pdf.

42 Véase la información en *The New York Times*, New York, 28 de enero de 2017 en https://www.nytimes.com/2017/01/28/us/refugees-detained-at-us-airports-prompting-legal-challenges-to-trumps-immigration-order.html?_r=0; y en *The Wall Street Journal*, New York, 30 de enero de 2017, p. 5.

Irán, Sudan, Libia, Somalia y Yemen con autorización legal de entrada a los Estados Unidos.[43]

En sentido similar decidieron otras tres Cortes Federales de Distrito en otras partes de los Estados Unidos,[44] en las ciudades de Boston (Juez Allison D. Burroughs), Alexandria (Juez Leonie M. Berinkema) y Seattle (Juez Yhomas S. Zilly), no solo prohibiendo la deportación sino la detención de los extranjeros que tuviesen autorización de entrada en los Estados Unidos[45]

La consecuencia inmediata de esta actividad judicial en el Gobierno fue una enmienda realizada por el Consultor Jurídico de la Casa Blanca, que se reflejó en la precisión que hizo el *Department of Homeland Security* excluyendo de la aplicación de la Orden Ejecutiva a los tenedores de residencia permanente (*Green Card*) que estuviesen regresando al país.[46] Luego fue anunciada una segunda enmienda en el sentido de que la Orden no se aplicaría a los iraquíes que habían trabajado como intérpretes para los Estados Unidos.[47]

En todos los casos judiciales, las acciones intentadas plantearon la inconstitucionalidad de la Orden Ejecutiva, y si bien en los mismos se acordaron amparos cautelares, de orden temporal, ello fue mientras se desarrollaban los juicios en los cuales el Gobierno federal debía intervenir como demandado.

El lunes 30 de enero de 2017, la abogado Sally Yates, que había sido encargada de la Oficina del *Attorney General* de los Estados Unidos pues su titular había renunciado por el cambio de gobierno y no se había aprobado al sucesor en el Senado, consciente de la inconstitucionalidad que afectaba la Orden Ejecutiva,[48] instruyó a los servicios del Departamento

---

43 Véase en https://assets.documentcloud.org/documents/3437026/Darweesh-v-Trump-Order-on-Emergency-Motion-For.pdf.

44 Véase la información en *The Wall Steet Journal*, New York, New York, 30 de enero de 2017, p. 4.

45 Véase en Adam Liptak, "Rulings Blocking Parts of Trump's Order Are the First Step on a Long Legal path," en *The New York Times*, New York, 30 de enero de 2017, p. A10.

46 Véase Peter Baker, "Trump Modifies Ban On Migrants as Outcry Grows," en *The New York Times*, New York, 30 de enero de 2017, pp. A1 y A11.

47 Véase David Zucchino, "Visa Ban Is Amended to Allow Iraqi Interpreters Into US," en *The New York Times*, New York, 3 de febrero de 2017, p. A19.

48 La abogado Yates expresó que "Actualmente, no estoy convencida que la defensa de la Orden Ejecutiva sea consistente con mis responsabilidades, ni estoy convencida de que la Orden Ejecutiva sea legal.". Véase en Michael D. Shear, mark Landler, Matt

de Justicia que no defendieran la Orden Ejecutiva en las Cortes, lo que fue considerado por la Casa Blanca como una "traición al Departamento de Justicia" habiendo sido despedida por ello de su cargo, el mismo día 30 de enero.[49].

Ese mismo día, el Gobernador del Estado de Washington y el *Attorney General* del mismo, Bob Ferguson, anunciaron que intentarían una demanda judicial contra la Orden Ejecutiva con mayor amplitud que las que se habían intentado hasta el momento, buscando invalidarla a nivel nacional, por inconstitucional y violatoria de la ley federal, considerando que se trataba de un ataque frontal contra la fe musulmana que podía dañar los negocios y las personas en el Estado, anunciando que la demanda estaría acompañada de testimonios de grandes empresas como Amazon y Expedia, sobre el carácter dañoso de la orden del Presidente Trump.[50]

Adicionalmente, el *Attorney General* del Estado de Massachusetts anunció que se haría parte en el proceso que se había iniciado en Boston por la *American Civil Liberties Union*, alegando contra la Orden Ejecutiva daños contra las instituciones del Estado, incluyendo la Universidad de Massachusetts, donde estudiantes y profesores serían directamente afectados por la Orden, forzando a dichas instituciones a discriminar ilegalmente a las personas por su religión o por su país de origen.[51].

Adicionalmente, el Consejo de las Relaciones Americanas-Islámicas intentó otra demanda en el Estado de Virginia representando a 27 musulmanes residentes en los Estados Unidos que se consideraba serían afectados por la Orden Ejecutiva, calificándola como una "Orden de Exclusión de Musulmanes" citando lo que el Presidente Trump había definido como política durante su campaña para las primarias en su nominación como candidato presidencial, de que cerraría la inmigración musulmana en los Estados Unidos.[52]

Apuzzo and Eric Lichtblau, "Trump Fires Justice Chief who Defied Him," en *The New York Times*, New York, 31 de enero de 2017, pp. A1, A12.

49   Véase en Damian Paletta and Aruna Viswanatha, "President Outs Acting Justice Chief," en *The Wall Street Journal*, New York, 31 de enero de 2017, p. A1.

50   Véase Alexander Burns, "Legal Challenges Mount Against Travel Ban Ordered by Trump," en *The New York Times*, 31 de enero de 2017, pp. A8; y "How Washington State Banded Together to halt Trump's Travel Decree," en *The New York Times*, New York, 5 de febrero de 2017, pp. 13.

51   Véase Alexander Burns, "Legal Challenges Mount Against Travel Ban Ordered by Trump," en *The New York Times*, 31 de enero de 2017, pp. A8.

52   *Idem.*

IV. **LA DEMANDA INTENTADA POR EL ESTADO DE WASHINGTON CON-**
TRA LA ORDEN EJECUTIVA Y LA DECISIÓN CAUTELAR DE SUSPEN-
SIÓN DE SUS EFECTOS A NIVEL NACIONAL POR LA CORTE FEDERAL
DEL DISTRITO OESTE DEL ESTADO DE WASHINGTON DE 3 DE FE-
BRERO DE 2017

1. *La demanda del Estado de Washington a la cual se sumó el Estado*
   de Minnesota

Tal como se había anunciado, el mismo día 30 de enero de 2017, el Estado de Washington efectivamente intentó ante la Corte Federal del Distrito Oeste de Washington en Seattle, a cargo del Juez James Robart, una demanda contra "Donald J. Trump, en su carácter oficial de Presidente de los
Estados Unidos, el Departamento de *Homeland Security* de los Estados
Unidos, John F. Kelly, en su carácter oficial de Secretario del Departamento de *Homeland Security*, Tom Shannon, en su carácter oficial de
Secretario de Estado encargado, y los Estados Unidos de América" como
demandados, solicitando la invalidación de la antes identificada Orden Ejecutiva dictada por el Presidente Trump el 29 de enero de 2017, junto con una
petición de amparo (*injunctive relief*) buscando la suspensión de los efectos
de dicha Orden. Con fecha 1º de febrero de 2017, el Estado de Washington
modificó la demanda añadiendo a la misma como demandante, al Estado
de Minnesota.

Los argumentos formulados por la *Solicitor General* del Estado de
Washington, Noah G. Putcell, para solicitar la protección de la Corte respecto de las personas que vivían en el Estado y cuyas vidas estimó que
cambió de repente con la Orden Ejecutiva, estuvieron enfocados en relación con:

> "las personas que han estado aquí y de la noche a la mañana han perdi-
> do su derecho a viajar, su derecho a visitar sus familias, su derecho a in-
> vestigar, su derecho de hablar y dar conferencias alrededor del mundo. Y
> también personas que han vivido aquí por mucho tiempo y que por ca-
> sualidad estaban en el exterior al momento de la emisión de la Orden,
> que se adoptó sin aviso de ninguna clase, perdieron de repente su dere-
> cho a regresar a los Estados Unidos."[53]

Como lo resumió la Corte de Apelaciones del Noveno Circuito en su
decisión del 9 de febrero de 2017, que se comenta más adelante, para la

---

53   Véase en Adam Liptak, "The President has Much Power Over Immigration, but How
      Much?," en The *New York Times*, New York, 6 de febrero de 2017, p. A11.

solicitud de declaratoria parcial de inconstitucionalidad e legalidad de la Orden Ejecutiva:

"Washington alegó que la Orden Ejecutiva dejó varadas inconstitucional e ilegalmente en el exterior a residentes, separó sus familias, restringió sus viajes, y dañó a la economía del Estado y a las universidades públicas en violación de la Primera y Quinta Enmienda. la Ley de Inmigración Nacional, la Ley de reforma y reestructuración de Asuntos Exteriores, la Ley de Restauración de la Libertad Religiosa y la Ley de Procedimiento Administrativo. Washington también alegó que la Orden Ejecutiva no estaba en verdad destinada a proteger contra ataques terroristas por nacionales extranjeros, sino más bien estuvo destinada a establecer una "Prohibición Musulmana" como el Presidente afirmó que lo haría durante su campaña presidencial."

El mismo día de presentada la demanda, el Estado de Washington formuló una petición de emergencia para la emisión de una medida cautelar (*Temporary Restraining Order*) de suspensión de la aplicación de las secciones 3(c), 5(a)-(c), and 5(e) de la Orden Ejecutiva, con el objeto de preservar el *status quo* hasta que la Corte realizara la Audiencia para decidir sobre la moción de amparo (*preliminary injunction*.) que se formuló con la demanda. Posteriormente, el Juez Robart procedió a efectuar la audiencia respectiva, luego de la oposición del Gobierno Federal respecto de dicha medida, como consecuencia de lo cual pasó a dictar sentencia el 3 de febrero de 2917 (caso *Washington v. Trump*, N° C17-0141-JLR, 2017 WL 462040 (W.D. Wash. Feb. 3, 2017),[54] solo sobre la referida petición de la medida cautelar que intentaron los demandantes.[55]

2. *La decisión sobre la medida cautelar de amparo y su fundamento legal*

Para decidir la petición de medida cautelar (*Temporary Restraining Order*) formulada, el Juez comenzó por declarar su jurisdicción para conocer de la demanda contra los demandados federales, constatando que los Estados habían realizado los esfuerzos necesarios para contactarlos,

---

54   Véase en https://assets.documentcloud.org/documents/3446145/WA-Order.pdf

55   La Corte citó en apoyo sobre la naturaleza de la Orden Restrictiva Temporal la sentencia *Granny Goose Foods, Inc. v. Bhd. Of Teamsters &Auto Truck Drivers Local N° 70 of Alameda City*, 415 U.S. 423, 439 (1974); *Am. Honda Fin. Corp. v. Gilbert Imports, LLC*, N° CV-13-5015-EFS, 2013 WL 12120097, at *3 (E.D. Wash. Feb. 22, 2013), en la cual se estableció que "El propósito de la *Temporary Restraining Order* es preservar el *status quo* hasta que haya una oportunidad to realizar una audiencia en relación con la aplicación de la *preliminary injunction*...."

habiendo cumplido razonable y sustancialmente con el requerimiento establecido en la *Federal Rule of Civil Procedure* 65(b); habiendo dichos demandados comparecido y defendido su posición ante la Corte.

En cuanto a la medida cautelar solicitada, el Juez constató que los requisitos para dictarla eran los mismos que los exigidos para dictar una *preliminary injunction*,[56] considerando que la *Temporary Restraining Order,* como cualquier medida cautelar en los derechos latinoamericanos, es un "remedio extraordinario que solo puede acordarse cuando hay una clara evidencia de que el demandante es acreedor de tal medida,"[57] considerando además que los requisitos para acordar un *preliminary injunctive relief* son que la parte demandante haya demostrado:

> "(1) que es muy probable que triunfe en cuanto al mérito; (2) que es muy probable que sufra un daño irreparable en ausencia de remedio preliminar (3) que el balance de equidad se inclina a su favor; y 4) que la *injunction* es en interés público." [58]

Es decir, en otros términos, los mismos requisitos exigidos para dictar una medida cautelar en los derechos latinoamericanos, para lo cual el juez debe analizar, en primer término, *el fumus boni iuris* con el objeto de concretar la presunción grave de violación o amenaza de violación del derecho constitucional alegado por la parte quejosa y que lo vincula al caso concreto; y en segundo lugar, el *periculum in mora*, es decir, la convicción de que el derecho debe ser preservado o restituido de forma inmediata, ante el riesgo inminente de causar un perjuicio irreparable en la definitiva a la parte que alega la violación.

Por ello el Juez precisó como test alternativo, que una *preliminary injunction* es apropiada si "hay cuestiones serias envueltas en el mérito que se hayan planteado y que el balance de la privación se inclinen a favor del demandante," permitiendo por tanto la preservación del *status quo* cuando cuestiones complejas requieran ulterior inspección y deliberación.[59]. Sin embargo, admitió la Corte que la aproximación sobre las "cuestiones serias" envueltas en la petición apoyaban la decisión de la Corte para otorgar una medida cautelar (*Temporary Restraining Order*), "solo si el de-

---

56   Cita de la Corte: *New Motor Vehicle Bd. of Cal v. Orrin W. Fox Co.*, 434 U.S. 1345, 1347 n.2 (1977).

57   Cita de la Corte: *Winter v. Nat. Res. Def. Council, Inc.*, 555 U.S. 7, 24 (2008).

58   Cita de la Corte: *Stormans, Inc. v. Selecky*, 586 F.3d 1109, 1127 (9th Cir. 2009) (citing *Winter*, 555 U.S. at 20).

59   Cita de la Corte: *All. for the Wild Rockies v. Cottrell*, 632 F.3d 1127,1134-35 (9th Cir. 2011).

mandante también evidencia que existe una buena posibilidad de que se produzca un daño irreparable y de que la *injunction* es en interés público.[60] La parte requirente tiene la carga de la persuasión y debe mostrar claramente que tiene derecho a la protección."[61]

Partiendo de estos principios, la Corte consideró que los Estados demandantes habían satisfecho los estándares para otorgar la medida cautelar (*Temporary Restraining Order*), y que debía entonces otorgarla. En particular, consideró que los Estados había satisfecho los requisitos establecidos en el caso *Winter,* ya que habían demostrado que tenía buena probabilidad de triunfar en el mérito de la demanda que les daba derecho a protección; que los Estados muy probablemente, en ausencia de la medida cautelar, sufrirían daños irreparables; que el balance de lo discutido favorecía a los Estados; y que la medida cautelar era en interés público.

La Corte también encontró que los Estados habían satisfecho el test "alternativo" establecido en el caso *Cottrell*, porque habían establecido al menos cuestiones serias en relación con el mérito de su demanda y que el balance de los asuntos precisamente estaba a su favor. La Corte también consideró que como en el test del caso *Winter*, los Estados establecieron una buena probabilidad de que se ocasionaría un daño irreparable, y que la medida cautelar (*Temporary Restraining Order*), era en interés público.

Específicamente, a los efectos de otorgar la medida cautelar, en palabras de la decisión:

"la Corte encontró que los Estados han satisfecho la carga de demostrar que los mismos enfrentan un daño inmediato e irreparable como resultado de la firma e implementación de la Orden Ejecutiva. La Orden Ejecutiva afecta adversamente a los residentes de los Estados en áreas de empleo, educación, negocios, relaciones familiares y libertad de viajar. Estos daños se extienden a los Estados en virtud de sus roles como *parens patriae*[62] de los residentes que viven dentro de sus fronteras. Adicionalmente los Estados mismos están lesionados en virtud del daño que ha provocado la implementación de la Orden Ejecutiva en relación con las operaciones y misiones de sus universidades públicas y otras instituciones de alta educación, al igual que las lesiones a las operaciones, base impositiva y fondos públicos de los Estados. Estos daños son significan-

---

60   Cita de la Corte: *Id.* at 1135.

61   Cita de la Corte: *Winter*, 555 U.S. at 22.

62   Del latín: "padre de la nación," en el sentido del poder inherente que tiene la autoridad en un Estado de proteger a las personas que no pueden legalmente actuar en su propio interés.

tes y están en curso. En consecuencia, la Corte concluye que una *Temporary Restraining Order* contra los demandados federales es necesaria hasta que la Corte oiga y decida la demanda de los Estados sobre la *preliminary injunction* demandada."

Como consecuencia de esta decisión, la Corte ordenó a los demandados: "Donald J. Trump, en su carácter oficial de Presidente de los Estados Unidos, el Departamento de *Homeland Security* de los Estados Unidos, John F. Kelly, en su carácter oficial de Secretario del Departamento de *Homeland Security*, Tom Shannon, en su carácter oficial de Secretario de Estado encargado, y los Estados Unidos de América," que ellos mismos y sus respectivos "oficiales, agentes, sirvientes, empleados, abogados y personas actuando en concierto o participando con ellos," están obligados a no cumplir con las Secciones siguientes de la Orden Ejecutiva: Las Secciones 3.c, 5.a y 5.b, o que procedan con cualquier acción que priorice reclamos de refugiados basados en ciertas minorías religiosas; y las Secciones 5.c y 5.e en cuanto a que persiguen priorizar reclamos de refugiados basados en ciertas minorías religiosas.

El Juez aclaró en su decisión que en todo caso, la medida cautelar otorgada era de ámbito nacional, prohibiendo la aplicación de las Secciones mencionadas de la Orden Ejecutiva en todas las fronteras de los Estados Unidos y puertos de entrada hasta que se produzcan nuevas decisiones de la Corte. La Corte argumentó que aun cuando los demandados alegaron que la medida cautelar debía limitarse a los Estados demandantes, una implementación parcial de la Orden Ejecutiva "afectaría el principio constitucional de la Regla uniforme de Naturalización" y la instrucción del Congreso de que las leyes de inmigración de los Estados Unidos deben ser aplicadas uniformemente[63].

3. *La puntualización final de la sentencia, a manera de conclusión, sobre los poderes de los jueces federales en materia de control de constitucionalidad*

La sentencia del Juez de Distrito Robart concluyó con una serie de reflexiones sobre el tema de la importancia de la independencia judicial. El Juez dijo:

---

63   Cita de la Corte: *Texas v. United States*, 809 F.3d 134, 155 (5th Cir. 2015) (footnotes omitted) (quoting U.S. CONST. art. I, § 8, cl. 4 (emphasis added) and Immigration and Reform Control Act of 1986, Pub. L. N° 99-603, § 115(1), 100 Stat 3359, 3384 (emphasis added). An equally divided Supreme Court affirmed *Texas v. United States*, 809 F.3d 134, in *United States v. Texas*, — U.S, —136 S. Ct. 2271 (2016) (per curiam).

"Es fundamental para el trabajo de esta Corte el reconocimiento vigilante de que es solo una de las tres ramas iguales de nuestro gobierno federal. El trabajo de la Corte no es crear una política o juzgar la sabiduría de cualquier política particular promovida por las otras dos ramas.

Ese es el trabajo de las ramas legislativa y ejecutiva y de los ciudadanos de este país quienes ultimadamente ejercen el control democrático sobre esas ramas. El trabajo de la Judicatura y de esta Corte, está limitado a asegurar que las acciones adoptadas por las otras dos ramas se ajustan a las leyes de nuestro país, y aún más importante, a nuestra Constitución. La estrecha cuestión que esta Corte es llamada a considerar hoy es si es apropiado emitir una medida cautelar contra ciertas acciones adoptadas por el Ejecutivo en el contexto de esta especifica demanda. Aun cuando la cuestión es estrecha, la Corte es consciente del considerable impacto que su orden puede tener en relación con las partes ante ella, la rama ejecutiva de nuestro gobierno y los ciudadanos y residentes del país. La Corte concluye que las circunstancias que se han traído hoy son tales que debe intervenir para llenar su rol constitucional en nuestro gobierno tripartido. En consecuencia, la Corte concluye que el otorgamiento de la antes descrita medida cautelar es necesaria y, por tanto, se declara con lugar la petición de los Estados."

Debe mencionarse que en contraste con la decisión del Juez Robart, en otra demanda intentada ante la Corte de Distrito de Boston, el Juez Nathaniel M. Gorton negó una petición similar de suspender la aplicación de la Orden Ejecutiva.[64]

4. *Los ataques del Poder Ejecutivo contra el Juez de Distrito, la independencia judicial y la apelación.*

En todo caso, razón tenía el Juez Robart de formular las conclusiones antes destacadas, pues no pasaron horas antes de que en comunicado de la Casa Blanca se calificara la sentencia como "indignante,"[65] y de que el Presidente Trump argumenta que la sentencia "ponía en peligro la seguri-

---

64   Véase la información en Adam Liptak, "The President Has Much Power Over Immigration, but How Much?", en *The New York Times*, New York, 6 de febrero de 2017, p. A11.

65   Véase Nicholas Kulish, Caitlin Dockerson and Charlie Savage, "Judge Issues Interim halt to Travel Ban," en The *New York Times*, New York 4 de febrero de 2017, p. 1A.

dad de la nación," de manera que "si sucede algo en el país, cúlpenlo a él y al sistema judicial."[66] El Presidente llegó a afirmar que:

"La opinión de este llamado juez, que esencialmente elimina la aplicación de la ley de nuestro país, es ridícula y será revocada."[67]

Unos días después el Presidente comentó: "Si los Estados Unidos no ganan este caso como tan obviamente debe ganar, nunca podremos tener la seguridad a la cual tenemos derecho."[68] Y agregó: "Pero parece que las Cortes son tan políticas, y sería muy grande para nuestro sistema judicial si las mismas fueran capaces de leer los argumentos y hacer lo que es correcto."[69]

Los ataques del Presidente Trump al Juez Robart fueron altamente criticados, y sobre ellos, por ejemplo, el Gobernador del Estado de Washington, demandante en el caso, los calificó como rayando "debajo de la dignidad" de la Presidencia, lo que podría "llevar a América a una calamidad."[70] Incluso el Juez Neil Gorsuch, nominado por el propio Presidente Trump para Juez de la Corte Suprema, expresó que los ataques de Trump al juez Robart eran "desmoralizadores y desalentadores."[71] El Vicepresidente de los Estados Unidos, Mike Pence, sin embargo, defendió al Presidente argumentando que "tenía todo el derecho de criticar las otras dos

66 Véase Peter Baker, "Legal Showdown over Immigrants Test Presidency," en The New York Times, New York 6 de febrero de 2017, pp. A1, A10.

67 Véase en Mark Landeler, "Administration files an appeal of Travel Ruling," en en The New York Times, New York, 5 de febrero de 2017, pp. 1 y 12A; y Peter Baker, "Legal Showdown over Immigrants Test Presidency," en The New York Times, New York, 6 de febrero de 2017, pp. A1, A10. Véase sobre el ataque a los jueces por el Presidente el comentario del editorial "Mr. Trump Real Fear: The Courts,", en The New York Times, New York, 7 de febrero de 2017, p. A20.

68 Vease Beth Reinhard and Rebecca Balhaus, "Court Nominee Criticizes Trump's Attachs," en The Wall Steet Journal, 9 de febrero de2017, p. A14. Véase los comentarios sobre las críticas del Presidente Trump a los jueces en el Editorial "The Quiet Grandeur of the Courts," en The Wall Steet Journal, New York, 9 de febrero d e2017, p. A26.

69 Véase en Julie Hirschfeld Davis, "In Private, Supreme Court Choice Calls Trump's attack on Judiciary 'Demoralizing,'" en The New York Times, New York 9 de febrero de 2017, p. A16.

70 Véase en Mark Lander, "Administration files an appeal of Travel Ruling," en The New York Times, New York 5 de febrero de 2017, p.12.

71 Vease en Beth Reinhard and Rebecca Balhaus, "Court Nominee Criticizes Trump's Attacks," en The Wall Steet Journal, New York, 9 de febrero de2017, p. A1; en Julie Hirschfeld Davis, "Court Pick Says Trump's Censure is 'Demoralizing'", en The New York Times, New York 5 de febrero de 2017, p. A1.

ramas del gobierno. Y nosotros tenemos una larga tradición sobre ello en este país."[72]

La sentencia del Juez de Distrito de Washington, cuyo cumplimento fue inmediato por parte de los Departamentos del gobierno, fue apelada por el Gobierno federal el día sábado 4 de febrero de 2017, y el caso pasó a conocimiento de la Corte de Apelaciones del Noveno Circuito en San Francisco, la cual negó el domingo 5 de febrero de 2017 una solicitud urgente presentada por el Departamento de Justicia para que se restablecieran de forma inmediata los efectos de la Orden Ejecutiva.[73]

El argumento del Gobierno federal fue que el Juez Robart en definitiva cuestionaba el poder del Presidente en materia de seguridad nacional y, en particular, en materia de inmigración que conforme a la Constitución y a la ley federal es muy amplio,[74] no teniendo los jueces en la materia la herramientas necesarias para decidir, ya que "las Cortes no tienen acceso a información clasificada acerca de las amenazas de organizaciones terroristas operando en determinadas naciones, sus esfuerzos por infiltrar los Estados Unidos, o las fallas del proceso de veto [al ingreso de extranjeros]."[75] El Departamento de Justicia basó su argumentó en la extensión del poder del Presidente en esta materia, cuando actúa, como en este caso, con autorización del Congreso, lo que lo coloca, citando el caso *Youngstown Sheet & Tube Co v. Sawyer*, 1952, en el "ápex de su poder."

Los abogados del Estado de Washington, si bien aceptaron la extensión del poder presidencial para negarle la entrada a extranjeros al territorio americano cuando ello sea perjudicial a los intereses de los Estados Unidos, argumentaron sin embargo que dicho poder, por amplio que fuera, no podía ejercerse discriminando por raza, sexo, nacionalidad, lugar de nacimiento o lugar de residencia, que son las limitaciones establecidas en la ley en materia de otorgamiento de visas; y que la Orden violaba la Pri-

---

72 Vease en Peter Baker, "Legal Showdown over Immigrants Test Presidency," en The *New York Times,* New York 6 de febrero de 2017, p. A10.

73 Vease Devlin Barrett and Brent Kendall, "Appellate Standoff Looms Over Ban," en *The Wall Steet Journal,* 6 de febrero de2017, p. A1; y Peter Baker, "Legal Showdown over Immigrants Test Presidency," en *The New York Times,* New York 6 de febrero de 2017, p. A1.

74 Véase en Adam Liptak, "A look at the Case Stands, en The *New York Times,* New York, 6 de febrero de 2017, p. A10

75 Véase la información en Adam Liptak "The President has Much Power Over Immigration, but How Much?", en *The New York Times,* New York, 6 de febrero de 2017, p. A11.

mera Enmienda en materia de libertad religiosa al establecer previsiones para refugiados favoreciendo religiones minoritarias; en definitiva, "inclinando la escala en favor de refugiados cristianos a cuesta de musulmanes," lo cual fue rechazado por la Administración Federal en sus argumentos.[76]

Ante la Corte de Apelaciones también se hicieron parte más de cien empresas tecnológicas oponiéndose a la Orden Ejecutiva por considerar que violaba la Constitución y que afectaba sus actividades;[77] e igualmente formularon alegatos sobre la inconstitucionalidad de la Orden Ejecutiva, los *Attorney General* de quince Estados, entre ellos de Hawai, Distrito de Columbia, New York, California, Massachusetts y Virginia, alegando que la misma "causaba daños a los Estados, incluyendo sus instituciones como las universidades públicas, las empresas que sostienen nuestras economías y a nuestros residentes."[78]

El procedimiento rápido y urgente se desarrolló ante la Corte de Apelaciones del Noveno Circuito, integrada por los Jueces de Circuito William C. Canby, Richard R. Clifton, y Michelle T. Friedland, ante los cuales el 7 de febrero de 2017 las partes presentaron sus argumentos en audiencia pública.[79]

El Presidente Trump, quien vio por televisión el debate ante la Corte de Apelaciones, se refirió a ello en un discurso ante la Asociación de Jefes de Alcaldías de Ciudades, diciendo que había "oído cosas que no podía creer," agregando que "yo nunca quisiera llamar a una Corte parcializada, de manera que no voy a llamar a la Corte parcializada," agregando que no se iba a referir a los "comentarios formulados en la audiencia por un cierto juez." Agregó en su discurso, leyendo parte de la ley que le otorga potestad constitucional para determinar quién puede entrar en el país, que "un

---

76   *Idem.*

77   Vease Greg Bensinger and Rachel King, "Tech CEOs Take Stand vs. Trump," en *The Wall Steet Journal*, New York, 7 de febrero de2017, p. B1.

78   Véase la información en Adam Liptak "Justice Department says a Ban on Travel is Vital to Safety," en *The New York Times*, New York, 7 de febrero de 2017, pp. A1, A10. Sobre el rol que asumieron los *Attorney Generals* de los Estados controlados por los Demócratas, véase Alexander Burns, "Democrats Appear to Find a Bulwark Against Trump: Attorney General," en *The New York Times*, New York, 7 de febrero de 2017, pp. A9, A10.

79   Véase un resumen en Devlin Barret, Brent Kendall and Aruna Viswanatha, "Judges Grill Lawyers on Travel Ban," *The Wall Steet Journal*, New York, 8 de febrero de2017, p. A1, A4; y en Adam Liptak, "Judges Question Government Case for Travel ban," en *The New York Times*, New York, 8 de febrero de 2017, pp. A1, A15.

mal estudiante de bachillerato podría entender esto; cualquiera podría entender esto," concluyendo que "es realmente increíble para mí que tengamos un caso en una corte que se está tomando tanto tiempo... Digamos simplemente que ellos están interpretando las cosas en forma diferente a probablemente el 100% de las personas en esta sala." [80]

En ese ambiente polémico, la Corte de Apelaciones dictó sentencia el día 9 de febrero sobre la petición del Gobierno federal de revocación de la medida cautelar que había acordado el Juez de Distrito seis días antes, declarando sin lugar la apelación y ratificando la medida cautelar.

IV. LA CONFIRMACIÓN DE LA MEDIDA CAUTELAR DE SUSPENSIÓN DE EFECTOS DE LA ORDEN EJECUTIVA POR PARTE DE LA CORTE DE APELACIONES DEL NOVENO CIRCUITO POR SENTENCIA DE 9 DE FEBRERO DE 2017

En efecto, la Corte de Apelaciones del Noveno Circuito con sede en San Francisco, emitió con fecha 9 de febrero de 2017 la sentencia en el caso N° 17-35105 (Estado de Washington, Estado de Minnesota, Plaintiffs-Appellees v. Donald J. Trump, Presidente de los Estados Unidos; *U.S. Department Of Homeland Security*; Rex W. Tlllerson, *Secretary of State*; John F. Kelly, *Secretary of the Department of Homeland Security*; *United States Of America, Defendants-Appellants"*) sobre la moción de que permaneciera vigente la orden emitida por la Corte de Distrito del Distrito Oeste de Washington, James L. Robart, Juez de Distrito. [81]

Para dictar la sentencia y considerar la moción del Gobierno federal de revocación de la medida cautelar dictada en primera instancia, la Corte de Apelaciones precisó que debía considerar diversos factores:

"incluyendo si el Gobierno ha demostrado que tiene probabilidades de tener éxito en el mérito de la apelación, el grado de privación causada por la medida cautelar o su permanencia, y el interés público en el otorgamiento o la negativa de la solicitud."

Concluyendo, luego del estudio de las evidencias que se presentaron ante la Corte, que:

"Gobierno no ha demostrado que tiene probabilidades de tener éxito en el mérito de la apelación, ni ha demostrado que de no revocarse la medi-

---

80   Vease Beth Reinhard and Rebecca Balhaus, "Court Nominee Criticizes Trump's Attacks," en *The Wall Steet Journal*, New York, 9 de febrero de2017, p. A4.

81   Véase el texto de la sentencia en http://cdn.ca9.uscourts.gov/datastore/opinions/2017/02/09/17-35105.pdf.

da cautelar podría causar algún daño irreparable, por lo que resolvemos negar la solicitud de emergencia de revocarla."

Para decidir, la Corte de Apelaciones resolvió varios aspectos de orden procesal, sobre su propia competencia, sobre la legitimación activa de los Estados demandantes, y sobre la posibilidad del control judicial de la propia Orden Ejecutiva.

1. *La reafirmación de su propia competencia por la Corte de Apelaciones*

Los Estados demandantes argumentaron ante la Corte de Apelaciones que la misma carecía de jurisdicción respecto de la moción del Gobierno de revocar la medida cautelar, por considerar que la apelación del Gobierno era extemporánea, por prematura, ya que normalmente las *Temporary Restraining Orders* no son apelables.[82]

La Corte de Apelaciones, sin embargo, consideró que sí era posible revisar una medida cautelar (*Temporary Restraining Orders*) si "la misma posee las cualidades de una *preliminary injunction*."[83] Esta regla, según la Corte, requiere ordinariamente que el apelante demuestre que la medida cautelar ha sido fuertemente cuestionada en un procedimiento entre partes ante la Corte Distrital y que la misma está o va a estar en aplicación por un período mayor a los 14 días indicados en las normas de procedimiento federal (*Federal Rule of Civil Procedure* 65(b)).

En esta materia, la Corte de Apelaciones consideró que en las extraordinarias circunstancias del caso, la orden cautelar de la Corte de Distrito tenía la cualidad de una *preliminary injunction* apealable, ya que las partes habían impugnado vigorosamente ante la misma, tanto por escrito como oralmente, las bases legales de la orden; no teniendo dicha medida cautelar ninguna fecha de expiración, previéndose en consecuencia que la misma tendría una duración de más de 14 días, particularmente por no haberse fijado alguna audiencia para conocer de la petición de la *preliminary injunction*.

Por ello, en vista de los argumentos del Gobierno sobre la urgencia de la decisión, la Corte de Apelaciones afirmó su competencia, considerando que el período de la medida cautelar era lo suficientemente largo como

---

82 Cita de la Corte de Apelaciones: *See Bennett v. Medtronic, Inc.*, 285 F.3d 801. 804 (9th Cir. 2002).

83 Cita de la Corte de Apelaciones: *Serv. Emps. Int 7 Union v. Nat 7 Union of Healthcare Workers*, 598 F.3d 1061. 1067 (9th Cir. 2010).

para considerar que la misma tenía las cualidades de una *"reviewable preliminary injunction."*[84]

2. *La decisión sobre la legitimación activa de los Estados para demandar en este caso*

El Gobierno federal, por su parte, alegó que la Corte de Distrito había carecido de materia sobre la cual decidir, porque los Estados no tenían la legitimación necesaria para demandar. Sobre ello, la Corte de Apelaciones consideró que tenía la obligación independiente de decidir sobre su jurisdicción,[85] considerando que en el caso, los Estados habían probado suficiente legitimación, al menos en la fase preliminar del procedimiento.

En esta materia, la Corte de Apelaciones consideró que el Artículo III, sección 2 de la Constitución permite a los tribunales federales considerar solo "Casos" y "Controversias," indicando, como se decidió en el caso Massachusetts v. EPA, 549 U.S. 497, 516 (2007), que

> "esas palabras reducen la competencia de las cortes federales solo respecto de cuestiones presentadas en un proceso entre partes y en una forma considerada históricamente como capaz de ser resuelta en un proceso judicial."[86]

La Corte de Apelaciones recordó, además, que "la legitimación es una parte esencial e inmodificable del requisito del caso-o-controversia"[87] agregando que "la esencia de la cuestión sobre legitimación" es que "el demandante tenga suficiente interés personal en el resultado de la controversia" para asegurar que las partes estarán realmente confrontadas y sus argumentos legales estarán bien afilados.[88]

Para establecer la legitimación conforme al artículo III de la Constitución, la Corte consideró que el demandante debía demostrar "que ha sufrido un daño concreto y particularizado que debe ser actual o inminente,

---

84   La Corte de apelaciones aclaró que esta consideración no prejuzgaba sobre la jurisdicción en apelación sobre el mérito. Cita de la Corte: *See Nat'l Indus... Inc. v. Republic Nat'l Life Ins. Co.*, 677 F.2d 1258, 1262 (9th Cir. 1982).

85   Cita de la Corte de Apelaciones: *Arbaugh* v. *Y & H Corp.*, 546 U.S. 500, 514 (2006), and we consider the Government's argument de novo, *see, e.g., Hajro* v. *U.S. Citizenship & Immigration Servs.*, 811 F.3d 1086, 1098 (9th Cir. 2016).

86   Cita de la Corte de Apelaciones: *Id.* (quoting *Flast* v. *Cohen*, 392 U.S. 83, 95 (1968)).

87   Cita de la Corte de Apelaciones: *Lujan* v. *Defs. of Wildlife*. 504 U.S. 555, 560 (1992).

88   Cita de la Corte de Apelaciones: *Massachusetts,* 549 U.S. at 517 (quoting *Baker v. Carr,* 369 U.S. 186, 204 (1962)).

que la lesión sea fácilmente atribuible al demandado, y que sea probable que una decisión favorable pueda compensar la lesión."[89] Además, consideró la Corte que en virtud de que la legitimación es "una parte indispensable del caso del demandante" debe "estar soportada en la misma forma como cualquier otra materia en la cual el demandante tenga la carga de la prueba, con la manera y grado de evidencia requerido en los estadios sucesivos del litigio."[90]

En relación con el caso concreto, en la fase preliminar en la cual se encontraba, la Corte entonces concluyó que los Estados podían basarse en los alegatos contenidos en su demanda o en cualquier otra evidencia que sometieron en apoyo de la moción de *Temporary Restraining Order* (medida cautelar) solicitada a los efectos de lograr esa carga. Con esos alegatos y evidencias, los Estados debían "mostrar claramente cada uno de los elementos de su legitimación."[91]

Ahora bien, con base en lo anterior, la Corte de Apelaciones apreció que los Estados en el caso "habían argumentado que la Orden Ejecutiva causaba una lesión concreta y particularizada a sus universidades públicas, las cuales las partes no cuestionaron que eran ramas de los Estados conforme a la ley estadal," [92] agregando que:

"Específicamente, los Estados alegan que la misión de enseñanza e investigación de sus universidades están lesionadas por los efectos que la Orden Ejecutiva produce en los profesores y estudiantes que son nacionales de los siete países afectados. Esos estudiantes y profesores no pueden viajar para investigar, para colaboración académica, o por razones personales, y sus familias en el extranjero no pueden viajar a visitarlos. Algunos se han quedado varados fuera del país, impedidos completamente de regresar a la universidad. Las escuelas no pueden considerar atractivos a candidatos a estudiantes y no pueden contratar profesores de los siete países afectados, como lo han hecho en el pasado.

---

89   Cita de la Corte de Apelaciones: *Id.* (citing *Lujan,* 504 U.S. at 560-61).

90   Cita de la Corte de Apelaciones: *Id.* (citing *Lujan,* 504 U.S. at 560-61).

91   Cita de la Corte de Apelaciones: *Townley v. Miller,* 722 F.3d 1128, 1133 (9th Cir. 2013). La Corte de Apelaciones agregó en su cita que su decisión en *Townley* se refirió a una moción para una *preliminary injunction*, pero los estándares legales aplicables a las *Temporary Restraining Order* y a las *preliminary injunctions* son "sustancialmente idénticas." *Stuhlbarg Int'l Sales Co., Inc. v. John D. Brush & Co., Inc.,* 240 F.3d 832, 839 n.7 (9th Cir. 2001).

92   Cita de la Corte de Apelaciones: *See, e.g., Hontz v. State,* 714 P.2d 1176, 1180 (Wash. 1986) (en banc); *Univ. of Minn. v. Raygor,* 620 N.W.2d 680, 683 (Minn. 2001).

De acuerdo a las declaraciones presentadas por los Estados, por ejemplo, a dos profesores visitantes que tenían planeado permanecer algún tiempo en la Universidad del Estado de Washington, no les fue permitido entrar en los Estados Unidos; y uno fue informado que no podía obtener visa. Similarmente, la Universidad de Washington estaba en el proceso de patrocinar las visas para tres potenciales empleados de los países incluidos por la Orden Ejecutiva, pero no han podido entrar en los Estados Unidos. La Universidad de Washington también patrocinó a dos internos de medicina y ciencias quienes han sido impedidos por la Orden Ejecutiva de venir a la Universidad de Washington. La Universidad de Washington ha incurrido ya en gastos por las aplicaciones de las visas para esos internos y perderá su inversión si ellos no fueran admitidos. Ambas escuelas tienen una misión de "compromiso global" y han confiado en tales estudiantes, académicos visitantes, y profesores para avanzar en sus fines educacionales. Estudiantes y profesores en la universidad pública de Minnesota están en similar situación restrictiva de viajar por razones académicas y personales".

Teniendo en cuenta lo anterior, la Corte de Apelaciones consideró que bajo la doctrina de la "*third-party standing*," dichas lesiones a las universidades estadales les otorgaba a los Estados legitimación para reivindicar los derechos de los estudiantes, académicos y profesores afectados por la Orden Ejecutiva, citando el caso *Singleton v. Wulff*, 428 U.S. 106, 114- 16 (1976). En este caso se explica que la doctrina "*third-party standing*" es permitida cuando los intereses de la tercera parte están "indisolublemente unidos a la actividad que el litigante busca perseguir;" cuando el litigante está "completamente o muy cerca, como efectivo proponente del derecho" como la tercera parte, o cuando la tercera parte es menos capaz de reivindicar sus propios derechos. En apoyo a lo expresado ,la Corte de Apelaciones citó estos casos: "Los vendedores, por ejemplo, "han sido uniformemente permitidos a resistir esfuerzos para restringir sus operaciones actuando como abogados de los derechos de terceras partes que buscan acceso a sus mercados o funciones," *Craig v. Boren*, 429 U.S. 190, 195 (1976); los doctores han sido permitidos para reivindicar los derechos de sus pacientes, *Griswold v. Connecticut*, 381 U.S. 479 (1965); y organizaciones de defensa como la NAACP (National Association for the Advancement of Colored People) han sido permitidas para reivindicar los derechos constitucionales de sus miembros, *NAACP v. Alabama*, 357 U.S. 449 (1958).

Pero la Corte de Apelaciones considero más relevante para los propósitos de su decisión, la cita de los casos en los cuales las escuelas habían sido permitidas para reivindicar los derechos de sus estudiantes: *Runyon v. McCrary,* 427 U.S. 160,175 & n. 13 (1976), donde se argumentó que "es claro que las escuelas tienen legitimación para reivindicar estos argumentos [reivindicando los derechos de libre asociación, derechos de privacidad, y el "derecho de los padres de dirigir la educación de sus hijos"] en beneficio de sus clientes; el caso *Pierce v. Soc'y of Sisters,* 268 U.S. 510, 536 (1925), donde se permitió a una escuela reivindicar "el derecho de los padres a escoger donde sus hijos van a recibir un entrenamiento mental y religioso y el derecho del hijo de influenciar en la escogencia de la escuela por los padres"; el caso *Parks Sch. of Bus., Inc. v. Symington,* 51 F.3d 1480, 1487-88 (9th Cir. 1995), citando a *Pierce,* rechazando el argumento de que la escuela demandante no tenía suficiente legitimación para reivindicar las demandas de discriminación contra sus estudiantes minoritarios. [93]."

Como en esos casos, la Corte de Apelaciones apreció entonces que:

"los intereses de las universidades de los Estados aquí están en línea con los de sus estudiantes. El éxito educacional de los estudiantes está "indisolublemente unido" en la capacidad de las universidades de enseñarlos *Singleton,* 428 U.S. at 115. Y la reputación de las universidades depende del éxito de las investigaciones de sus profesores. En consecuencia, como operadores de las universidades estadales, los Estados pueden reivindicar no solo sus propios derechos en lo que estén afectados por la Orden Ejecutiva, sino también pueden reivindicar los derechos de sus estudiantes y de los profesores."

Por lo que concluyó sobre el tema de la legitimación activa, disponiendo que:

"los Estados han alegado daños a sus intereses de propiedad trazables hasta la Orden Ejecutiva. La necesaria conexión puede establecerse a lo sumo en dos pasos lógicos: (1) la Orden Ejecutiva impide a los nacionales de los siete países entrar a Washington y Minnesota; (2) como resultado, algunas personas no podrán ingresar a las universidades como profesores, algunas no podrán realizar investigaciones, y a algunas no se les permitirá que regresen si se van. Y no tenemos dificultad en concluir que las lesiones a los Estados serán compensadas si pueden obtener la medida que han solicitado, sobre una declaración de que la Orden Ejecutiva viola la Constitución y un amparo exceptuando su aplicación. El Go-

---

93   Cita de la Corte de Apelaciones: *Ohio Ass 'n of Indep. Sch.* **v.** *Goff,* 92 F.3d 419,422 (6th Cir. 1996) (citando casos similares).

bierno no argumentó en otra forma. En consecuencia sostenemos que los Estados tienen legitimación."[94]

3. *Sobre el poder de las Cortes Federales para controlar la constitucionalidad de los actos ejecutivos*

En el caso, el Gobierno federal cuestionó la competencia de la Corte Distrital de suspender la aplicación de la Orden Ejecutiva alegando que el Presidente tenía "una autoridad no controlable para suspender la admisión de cualquier clase de extranjeros." Sobre ello, la Corte de Apelaciones destacó que el Gobierno no solamente argumentó que las Cortes deben tener una deferencia sustancial respecto de las decisiones en materia de política de inmigración y de seguridad nacional que corresponden a las ramas políticas del gobierno, lo que es un principio incontrovertido bien fundado en la jurisprudencia de los Estados Unidos,[95] sino que había tomado la posición de afirmar que

> "las decisiones del Presidente sobre política de inmigración, particularmente cuando están motivadas en preocupaciones de seguridad nacional, son irrevisables (*unreviewable*), incluso si dichas acciones potencialmente contravienen derechos y protecciones constitucionales. El Gobierno en efecto argumenta que se viola la separación de poderes cuando la judicatura conoce de una cuestión de constitucionalidad contra acciones ejecutivas como en este caso."

Sobre este alegato del Gobierno, la Corte de Apelaciones expresó que "no hay precedentes para apoyar ese argumento de irrevisabilidad, siendo el mismo más bien contrario a la estructura fundamental de nuestra democracia constitucional," citando el caso *Boumediene v. Bush,* 553 U.S. 723, 765 (2008), en el cual se rechazó la idea de que, incluso mediante ley del Congreso, el Congreso y el Ejecutivo puedan llegar a eliminar la jurisdic-

---

94 Cita de la Corte de Apelaciones: "Los Estados han reivindicado otros intereses de propiedad y también han presentado una teoría alternativa de legitimación basada en su habilidad de defender los intereses de sus ciudadanos como *parens patriae.* En virtud de que hemos concluido que los derechos de propiedad de los Estados como operadores de sus universidades públicas son suficientes para apoyar su legitimación, no necesitamos llegar a esos argumentos."

95 Cita de la Corte de Apelaciones: *See, e.g., Cardenas* v. *United States.* 826 F.3d 1164, 1169 (9th Cir. 2016) (reconociendo que "el poder de expulsar o excluir a extranjeros es una atribución soberana fundamental ejercida por los departamentos políticos del Gobierno ampliamente inmune a control judicial" (citando *Fiallo v. Bell,* 430 U.S. 787, 792 (1977))); *see also Holder* **v.** *Humanitarian Law Project,* 561 U.S. 1, 33-34 (2010).

ción de habeas corpus de las cortes federales en relación con los comba-
tiente enemigos, porque las "ramas políticas" del gobierno carecen "del
poder de cambiar *on or of*" la Constitución a su voluntad."

Al contrario, la Corte de Apelaciones sostuvo que en el sistema norteamericano, el rol de la rama judicial es interpretar la ley, que es un deber
que en algunas ocasiones requiere "la resolución de litigios cuestionando
la autoridad constitucional de algunas de las tres ramas;"[96] y por ello, dijo
la Corte de Apelaciones, que sus jueces precisamente estaban llamados a
cumplir este deber en este caso.

Así, consideró la Corte que si bien la jurisprudencia desde hace tiempo
había aconsejado deferencia respecto de las ramas políticas del gobierno
en materia de inmigración y seguridad nacional, en ningún caso, ni la
Corte Suprema no la Corte han sostenido que las cortes carecen de autoridad para revisar las acciones ejecutivas en esas áreas, para verificar que
cumplen con la Constitución.

Al contrario, constató la Corte de Apelaciones, que la Corte Suprema
repetida y explícitamente ha rechazado toda noción de que las ramas políticas tienen autoridad irrevisable en materia de inmigración o que no están
sujetas a la Constitución cuando definen su política en ese contexto, citando el caso *Zadvydas v. Davis,* 533 U.S. 678, 695 (2001), en el cual se
enfatizó que ese poder de las ramas políticas en materia de inmigración,
"está sujeto a importantes limitaciones constitucionales;" el caso *Chadha,*
462 U.S. at 940-41, en el cual se rechazó el argumento de que el Congreso
"tenga "autoridad irrevisable en materia de regulación de extranjeros "y se
afirmó que las cortes pueden revisar "si el Congreso ha seguido un medio
constitucional permitido para implementar tal poder."[97] En otras palabras,

---

96 Cita de la Corte de Apelaciones: *Zivotofsky* ex rel. *Zivotofsky* v. *Clinton,* 566 U.S.
    189, 196 (2012) (quoting *INS* v. *Chadha,* 462 U.S. 919, 943 (1983)),"

97 Cita de la Corte de Apelaciones: *See also, e.g., Galvan v. Press,* 347 U.S. 522, 530
    (1954) (reafirmando el amplio poder del Congreso en materia de inmigración, pero
    observando que "en la aplicación de esas políticas, la Rama Ejecutiva del Gobierno
    debe respetar las salvaguardas procedimentales del debido proceso; el caso *Yamataya
    v. Fisher,* 189 U.S. 86,100-01 (1903) (reafirmando en el contexto de decidir un cues-
    tionamiento constitucional a una política de inmigración, que "esta Corte nunca ha
    sostenido, ni debe entenderse ahora que pueda sostener, que funcionarios de la admi-
    nistración, puedan ignorar los principios fundamentales inherentes al "*due process of
    law*" tal como se entendió al momento de la adopción de la Constitución, cuando eje-
    cuten las previsiones de leyes que se refieran a la libertad de las personas;" y el caso
    Chae Chan Ping v. United States, 130 U.S. 581, 604 (1889), en el cual se sostuvo
    que "el poder de declarar la guerra, hacer tratados ...o admitir personas de otras na-
    ciones a la ciudadanía, son todos poderes soberanos, restringidos en su ejercicio solo

dijo la Corte de Apelaciones citando el caso *American-Arab Anti-Discrimination Comm. v. Reno*, 70 F.3d 1045, 1056 (9th Cir. 1995), "nuestra Corte ha dicho clara que "aun cuando algunas clasificaciones de extranjeros están estrechamente conectadas con materias de política exterior y seguridad nacional," las cortes "pueden y deben revisar argumentos de política exterior que con frecuencia se ofrecen como justificativos de acciones legislativas y ejecutivas cuando hay derechos constitucionales involucrados."

En relación con el caso *Kleindienst v. Mandel*, 408 U.S. 753 (1972), citado por el Gobierno, la Corte de Apelaciones consideró que el mismo no conducía a ninguna conclusión diferente. La cita del caso por parte del Gobierno fue en relación con la frase de que "cuando el Ejecutivo ejerce su autoridad en materia de inmigración sobre la base de una razón de buena fe, las cortes[no] deben ver detrás del ejercicio de esa discreción."

A juicio de la Corte de Apelaciones, sin embargo, el Gobierno omitió porciones de las cita para dejar implícito que ese estándar rige en materia de control judicial respecto de *todos* los casos de ejercicio de autoridad ejecutiva en materia de inmigración. De hecho, dijo la Corte, el estándar del caso *Mandel* se aplica a las demandas cuestionando una decisión oficial de la rama ejecutiva para emitir o negar una visa a un individuo con base en la aplicación de un standard enumerado por el Congreso en relación con hechos particulares presentados para la aplicación de esa visa. El presente caso, en contraste, consideró la Corte de Apelaciones que no se trataba de la aplicación de una política del Congreso específicamente enumerada respecto de hechos particulares en una aplicación individual para una visa. En realidad, dijo la Corte, los Estados estaban cuestionando la *promulgación* por el Presidente de una nueva política inmigratoria; y esos procesos de adopción de política al más alto nivel de las ramas políticas del gobierno no están sujetos claramente al estándar del caso *Mandel*. Al contrario, agregó la Corte, como se dejó claro en los casos *Zadvydas* y *Chadha*, las cortes pueden y deben controlar los cuestionamientos constitucionales formulados contra la sustancia e implementación de las políticas de inmigración [98]

Agregó la Corte de Apelaciones que esto no es menos cierto cuando el cuestionamiento de acciones en materia de inmigración origina preocupa-

---

por la Constitución misma y las consideraciones de políticas públicas y justicia que controlan, más menos, la conducta de todas las naciones civilizadas."

98   Cita de la Corte de Apelaciones: *Zadvydas*, 533 U.S. at 695; *Chadha*, 462 U.S. at 940-41.

ciones de seguridad nacional, citando el caso *Ex parte Quirin,* 317 U.S. 1,19(1942), en el cual se sostuvo que las cortes tienen el deber "en tiempo de guerra al igual que en tiempo de paz, de preservar sin problemas las salvaguardas constitucionales de libertad civil;", y el caso *Ex parte Milligan,* 71 U.S. 2, 120-21 (1866) en el cual se sostuvo que "la Constitución de los Estados Unidos es la ley para los gobernantes y el pueblo, igual en la guerra y en la paz... bajo cualquier circunstancia."

De ello concluyó la Corte de Apelaciones indicando que era consciente de la deferencia debida a las ramas políticas, considerando que era particularmente apropiada respecto de asuntos de seguridad nacional y relaciones exteriores dada la capacidad relativa institucional, el acceso a la información y la experticia de las cortes.[99] . Sin embargo, "las cortes no son impotentes para revisar las "acciones" de las ramas políticas respecto de materias de seguridad nacional."[100] Al contrario, dijo la Corte de Apelaciones, aun cuando aconsejando deferencia a las determinaciones en materia de seguridad nacional de las ramas políticas, la Corte Suprema ha indicado claramente que "la autoridad y experticia del Gobierno en tales materias no elimina la propia obligación de la Corte de asegurar la protección que la Constitución otorga a los individuos" incluso en tiempos de guerra;[101] citando al efecto el caso *United States v. Robel,* 389 U.S. 258, 264 (1967), en el cual se sostuvo que "la defensa nacional no puede ser considerada un fin en sí misma, justificando cualquier ejercicio del poder de legislar para lograr tal objetivo... Sería en efecto irónico si, en el nombre de la defensa nacional, pudiéramos sancionar la subversión de una de esas libertades que hacen que valga la pena la defensa de la nación"; y el caso *Zemel v. Rusk,* 381 U.S. 1, 17 (1965), en el cual se sostuvo que "simplemente porque una ley se refiera a las relaciones exteriores, [ello no significa que] pueda otorgar al Ejecutivo una total e irrestricta libertad de escogencia."

Y en efecto, en su análisis, la Corte de Apelaciones continuó indicando que, "las cortes federales en forma rutinaria revisan la constitucionalidad - e incluso invalidan – de acciones adoptadas por el Ejecutivo para promover la seguridad nacional, y eso lo han hecho incluso en tiempos de conflictos, citando el caso *Boumediene,* 553 U.S. 723, en el cual se invalidó una ley federal que pretendía quitarle a las cortes federales jurisdicción en

---

99   Cita de la Corte de Apelaciones: *Humanitarian Law Project,* 561 U.S. at 33- 34.

100 Cita de la Corte de Apelaciones: *Alperin* v. *Vatican Bank,* 410 F.3d 532, 559 n.17 (9th Cir. 2005).

101 Cita de la Corte de Apelaciones: *Humanitarian Law Project,* 561 U.S. at 34 (quoting *id.* at 61 (Breyer, J., dissenting)).

relación con peticiones de habeas corpus presentadas por no-ciudadanos que estaban detenidos como "combatientes enemigos" después de haber sido capturados en Afganistán o en otras partes, y acusados de haber autorizado, planificado, cometido o ayudado en los ataques terroristas del 11 de septiembre de 2001; el caso *Aptheker v. Sec'y of State*, 378 U.S. 500 (1964), en el cual se consideró inconstitucional una ley, a pesar de las preocupaciones de seguridad nacional, que negaba pasaportes a americanos miembros del Partido Comunista; el caso *Ex parte Endo*, 323 U.S. 283 (1944), en el cual se declaró inconstitucional la detención de un americano leal y respetuoso de la ley de origen japonés, durante la Segunda Guerra Mundial, afirmando la corte federal su jurisdicción para conocer de una petición de habeas corpus formulada por tal persona.

En fin, dijo la Corte de Apelaciones, como lo advirtieron varios jueces de la Corte Suprema en el caso *Hamdi v. Rumsfeld*, 542 U.S. 507 (2004): "En cualquier poder que la Constitución de los Estados Unidos prevea para el Ejecutivo en sus relaciones con otras naciones o con organizaciones enemigas en tiempo de conflicto, cuando las libertades individuales estén envueltas, lo más seguro es que se prevea un rol para todos las tres ramas [del gobierno]."[102]

De allí la conclusión de la Corte de Apelaciones en materia de control de constitucionalidad de la acción ejecutiva:

> "a pesar de que las cortes deban considerable deferencia a las determinaciones de política en materia de inmigración y de seguridad nacional, está fuera de toda duda que la judicatura federal retiene la autoridad para decidir sobre los cuestionamientos constitucionales que se formulen en relación con las acciones ejecutivas."

4. *Las otras cuestiones consideradas por la Corte de Apelaciones y la ratificación de la medida cautelar de suspensión de efectos de la Orden Ejecutiva con efectos a nivel nacional*

Durante el procedimiento, el Gobierno argumentó que con la medida cautelar había sufrido una lesión institucional por haberse erosionado la separación de poderes, argumento que la Corte de Apelaciones consideró como referido a una lesión que no podía considerarse como "irreparable," pues podía reivindicarse en el curso del litigio, como un tema para la decisión de fondo.[103]

---

102 Cita de la Corte de Apelaciones: *Id.* at 536 (*plurality opinion*).

103 Cita de la Corte de Apelaciones: *Texas v. United States,* 787 F.3d 733, 767-68 (5th Cir. 2015).

En contraste con esta falla procesal, la Corte de Apelaciones estimó que los Estados sí habían ofrecido una amplia evidencia de que si los efectos de la Orden Ejecutiva se restablecían, incluso temporalmente, ello sí lesionaría sustancialmente y en forma irreparable a los Estados y a muchas otras partes interesadas en el proceso, en los casos denunciados por los Estados por ejemplo, respecto de la prohibición de viajar a los empleados y estudiantes de las universidades, a la separación de las familias y a la permanencia de residentes de los Estados en el exterior, considerándolas como lesiones permanentes e irreparables, citando en apoyo lo resuelto en el caso *Melendres v. Arpaio*, 695 F.3d 990, 1002 (9th Cir. 2012), en el cual se decidió que "está bien establecido que la privación de derechos constitucionales incuestionablemente constituye un daño irreparable."[104]

Por otra parte, debe mencionarse que la Corte de Apelaciones, además de referirse a los argumentos de los demandantes sobre la probable violación de la Primera Enmienda en materia de discriminación sobre libertad religiosa, considerando en esa materia era más bien un tema para ser decidido en la decisión del fondo de la controversia, analizó los argumentos de los Estados sobre violación de la Quinta Enmienda que garantiza el *due process of law*, en el sentido de que no se había garantizado a los afectados el derecho a ser oídos y a argumentar. Sobre ello, la Corte de Apelaciones consideró que en general, el Gobierno no había mostrado evidencia de que la Orden Ejecutiva había previsto lo que la garantía del debido proceso requiere, como es "la notificación y una audiencia anterior a que se restrinja a un individuo la habilidad de viajar."

Al contrario, como observó la Corte de Apelaciones, lo que el Gobierno argumentó fue que casi todos los individuos afectados por la Orden Ejecutiva no tenían derechos conforme a la *Due Process Clause*, sobre lo cual la Corte de Apelaciones consideró que en el estado en el cual se encontraba el procedimiento, era al Gobierno al que le correspondía la carga de la prueba de mostrar a la Corte que tenía probabilidades de prevalecer frente a los alegatos de los Estados en sus reclamaciones sobre violaciones al debido proceso,[105] lo que la Corte consideró no había hecho.

Además, la Corte precisó que las protecciones procesales establecidas en la Quinta Enmienda en materia de debido proceso no se limitaban a los ciudadanos, sino que también se aplicaban "a todas las personas en los

---

104 Cita de la Corte de Apelaciones: (quoting *Elrod v. Burns, All* U.S. 347,373 (1976))).

105 Cita de la Corte de Apelaciones: *Lair* v. *Bullock*, 697 F.3d 1200, 1203 (9th Cir. 2012) (quoting *Nken* v. *Holder*, 556 U.S. 418,426 (2009)).

Estados Unidos incluyendo a los extranjeros" independientemente "de que su permanencia fuera legal, ilegal, temporal o permanente,"[106] considerando que dichos derechos se aplican también a ciertos extranjeros que intentan reentrar en los Estados Unidos después de viajar hacia el exterior. [107]

Sobre ello, la Corte también consideró que el Gobierno tampoco había mostrado ningún argumento positivo sobre que el reclamo de los Estados en materia de debido proceso en el procedimiento, podía fallar. En particular, consideró la Corte de Apelaciones que el Gobierno no había presentado argumentos que contradijeran que a los residentes permanentes legales no se les había asegurado sus derechos al debido proceso cuando intentaban regresar a los Estados Unidos, al tener derecho a una audiencia sobre los cargos que se les puedan formular para poder excluirlos.

Sobre esta materia, la Corte de Apelaciones hizo mención especial a que el Gobierno había presentado en juicio, junto con sus argumentos, una copia de una "Guía de aplicación" relativa a la Orden Ejecutiva que fue emitida siete días después de su publicación, firmada por el Consultor Jurídico de la Casa Blanca, Donald F. McGahan II, en la cual se indicaba que las Secciones 3.c y 3.e de la Orden, no se aplicarían a los residentes permanentes. Sobre esta supuesta modificación de la Orden Ejecutiva, la Corte de Apelaciones consideró que en el estadio en el que se encontraba el procedimiento, no podía confiar en el argumento del Gobierno de que la Orden Ejecutiva supuestamente ya no se aplicaba a los residentes permanentes, destacando que sobre ello que:

> "el Gobierno no había ofrecido ningún apoyo legal (*authority*) estableciendo que el Consultor Jurídico de la Casa Blanca tiene el poder para emitir una orden de enmienda que sustituya la Orden Ejecutiva firmada por el Presidente que ha sido cuestionada por los Estados, siendo ello muy improbable que pueda ocurrir."

Se trataba, efectivamente, de una violación del clásico principio de la jerarquía de las normas, tan conocido en los ordenamientos jurídicos iberoamericanos, según el cual "ningún acto administrativo podrá violar lo establecido en otro de superior jerarquía," como por ejemplo así lo indica el artículo 13 de la Ley de Procedimientos Administrativos de Venezuela,

---

106 Cita de la Corte de Apelaciones: *Zadvydas* v. *Davis,* 533 U.S. 678, 693 (2001).
107 Cita de la Corte de Apelaciones: *Landon v. Plasencia,* 459 U.S. 21, 33-34 (1982).

siguiendo en general la orientación de la inicial Ley de procedimientos Administrativos de España emitida en los años cincuenta. [108]

Pero la Corte de Apelaciones fue más allá, e indicó que en este caso, el Gobierno tampoco había establecido que

"la interpretación del Consultor Jurídico de la Casa Blanca era vinculante respecto de todos los funcionarios responsables de la rama ejecutiva para aplicar la Orden Ejecutiva. El Consultor Jurídico de la Casa Blanca no es el Presidente, y no se conoce que esté en la cadena de mando de algún Departamento del Ejecutivo. Más aún, en vista del cambio de interpretación del Gobierno de la Orden Ejecutiva, no podemos decir que la actual interpretación del Consultor de la Casa Blanca, incluso si fuera autoritativa y vinculante, persistiría una vez transcurrida la fase inmediata de este procedimiento. En esta decisión, en consecuencia, no podemos concluir que el Gobierno ha demostrado que sea '*absolutamente claro* que la alegada conducta errada no pueda razonablemente esperarse que se repita.'"[109].

La esencia del razonamiento, en todo caso, aparte de las consideraciones procesales, se basó en otro de los principios universales de la conducta de los funcionarios de la Administración Pública, y es el principio de la competencia, que siempre tiene que ser establecida en texto legal expreso. [110]

Otra cuestión considerada y resuelta por la Corte de Apelaciones, fue el cuestionamiento efectuado por el Gobierno respecto del ámbito de aplicación de la medida cautelar apelada que había emitido el Juez de Distrito. El Gobierno consideró que aún si los Estados podían mostrar en juicio que tendrían probabilidades de triunfar, el Juez de Distrito había errado al haber extendido los efectos de la *Temporary Restraining Order* a extranjeros que no eran residentes permanentes, y además, con efectos a nivel

---

108 Véase por todos, Allan R. Brewer-Carías, *Principios del procedimiento administrativo* (Prólogo de Eduardo García de Enterría), Editorial Civitas, Madrid 1990; *Principios del procedimiento administrativo en América Latina*, Universidad del Rosario, Colegio Mayor de Nuestra Señora del Rosario, Editorial Legis, Bogotá 2003, p. 24.

109 Cita de la Corte de Apelaciones; *Friends of the Earth, Inc., v. Laidlaw Envtl. Servs., Inc.,* 528 U.S. 167, 189 (2000) (*emphasis added*).

110 Véase igualmente por todos, Allan R. Brewer-Carías, Allan R. Brewer-Carías, *Principios del procedimiento administrativo* (Prólogo de Eduardo García de Enterría), Editorial Civitas, Madrid 1990; *Principios del procedimiento administrativo en América Latina*, Universidad del Rosario, Colegio Mayor de Nuestra Señora del Rosario, Editorial Legis, Bogotá 2003, pp. 186 ss.

nacional, más allá del territorio de los Estados de Washington y Minnesota que fueron los demandantes.

El alegato fue desestimado por la Corte de Apelaciones con base en los siguientes argumentos. Primero, en cuanto al alegato del Gobierno de limitar la medida cautelar solo a los residentes permanentes, y a la categoría adicional que se incluyó en el mencionado memorándum del Consultor Jurídico de la Casa Blanca referida a "los extranjeros que habían sido previamente admitidos en los Estados Unidos, que estaban temporalmente fuera y ahora desean regresar en el futuro a los Estados Unidos," la Corte consideró de entrada que esas modificaciones omitían el caso de los extranjeros que están en los Estados Unidos en forma ilegal, y que sin embargo también tienen derechos del debido proceso,[111] y el caso de reclamos de ciudadanos que tienen interés en viajar al extranjero en una específica capacidad de no-ciudadano.[112]

Segundo, la Corte de Apelaciones también desestimó la petición del Gobierno federal de que se limitara geográficamente el ámbito de aplicación de la medida cautelar, destacando que el Juez de Distrito había argumentado correctamente que una fragmentación de la política inmigratoria en el territorio del país sería contraria al requerimiento constitucional y legal de la aplicación uniforme de la ley y de la política en materia inmigratoria.[113] Si bien en esta materia la Corte de Apelaciones no consideró que en el estado en el cual se encontraba el procedimiento era necesario llegara a esa misma posición, estimó que el Gobierno no había establecido que el punto de vista contrario podría prevalecer. Consideró la Corte que, incluso, aún si considerase que la limitación el ámbito geográfico de la *injunction* fuera deseable, el Gobierno no había propuesto ninguna forma alternativa viable para la medida cautelar, que tomase en cuenta los múltiples puertos de entrada a la nación y el sistema interconectado de tránsito que pueda proteger los derechos propios de los Estados demandantes, solo aplicando la medida a las fronteras de los mismos.

Pero, agregó la Corte, incluso si se pudiera considerar que la *Temporary Restraining Order* pudiera ser excesiva en algunos aspectos,[114] no

---

111 Cita de la Corte de Apelaciones *Zadvydas,* 533 U.S. at 693.

112 Cita de la Corte de Apelaciones: *Din,* 135 S. Ct. at 2139 (Kennedy, J., concurring in judgment); *id.* at 2142 (Breyer, J., dissenting).

113 Cita de la Corte de Apelaciones: *Texas* v. *United States,* 809 F.3d 134, 187-88 (5th Cir. 2015), *aff'd by an equally divided Court,* 136 S. Ct. 2271 (2016).

114 Cita de la Corte de Apelaciones: *United States* v. *Nat'l Treasury Emps. Union,* 513 U.S. 454, 479 (1995) (declining to rewrite a statute to eliminate constitutional de-

era el rol de la Corte el tratar de reescribir la Orden Ejecutiva, considerando que eran las ramas políticas del gobierno las que estaban mucho mejor
equipadas para adoptar las distinciones apropiadas, por lo que consideró
que, por ahora, era suficiente concluir que el Gobierno había fracasado en
establecer que tenía probabilidades de triunfar en sus argumentos sobre
debido proceso formulados en la apelación.

Con base todos los argumentos antes analizados, la Corte de Apelaciones en definitiva desestimó los alegatos del Gobierno, negó la apelación
que se había formulado contra la medida cautelar de protección o amparo
que había dictado unos días antes el Juez de Distrito Robart, rechazando la
moción de emergencia formulada para revocarla, ratificando en consecuencia la suspensión de efectos de la Orden Ejecutiva impugnada a nivel
nacional.

Para ello, en definitiva la Corte de Apelaciones consideró que el Gobierno no había probado en forma alguna que la revocación de la medida
era necesaria para evitar algún perjuicio irreparable, expresando que aun
cuando podía coincidir con que "el interés del Gobierno en combatir el
terrorismo es un objetivo urgente del más alto orden;"[115] en el caso, el
Gobierno no había hecho nada más sino reiterar tal hecho, de manera que
a pesar de los requerimientos del Juez de Distrito y de la propia Corte de
que explicara la urgente necesidad de restablecer los efectos de la Orden
Ejecutiva de manera inmediata, el Gobierno no había sometido evidencia
alguna para contradecir los argumentos de los Estados, de que con la orden del Juez de Distrito lo que se había logrado era solo devolver a la
nación temporalmente a la posición que había ocupado en muchos de los
años precedentes.

La Corte reiteró además en su sentencia, que el Gobierno no aportó
evidencia alguna de que algún extranjero de los países nombrados en la
Orden Ejecutiva hubiera perpetrado algún ataque terrorista en los Estados
Unidos; y antes que presentar evidencia para explicar la necesidad de la
Orden Ejecutiva, el Gobierno lo que había hecho fue adoptar la posición
de que las cortes no podían revisar sus decisiones en forma alguna, con lo
cual la Corte de Apelaciones no estuvo de acuerdo, y rechazó, como se
analizó anteriormente.

---

fects); cf *Aptheker* v. *Sec'y of State,* 378 U.S. 500, 516 (1964) (invalidating a re-
striction on freedom of travel despite the existence of constitutional applications).

115 Cita de la Corte de Apelaciones: *Holder v. Humanitarian Law Project,* 561 U.S. 1,
28 (2010).

***

Una vez conocida la decisión de la Corte de Apelaciones del Noveno Circuito en San Francisco, de nuevo se produjo una inusitada reacción pública por parte del Presidente de Estados Unidos, quien calificó la decisión como una "decisión política"[116] y "vergonzosa," [117] expresando en general que "nuestro sistema legal está roto,"[118] y, en forma amenazante, que "los veremos en la Corte. La seguridad de nuestra nación está en peligro."[119] No precisó, sin embargo, en cuál Corte y a quién vería, siendo improbable en ese momento hacia el futuro, que el Gobierno efectivamente recurriera en justicia el asunto ante la Corte Suprema.[120]

Y ello quedó confirmado con la comunicación formulada por el Departamento de Justicia ante la Corte de Apelaciones el 17 de febrero de 2017, en el sentido de que el Gobierno en lugar de continuar con el litigio, pensaba reformular la Orden Ejecutiva y por tanto, no buscaría que se realizara ninguna audiencia adicional en el juicio, de manera que la Corte no tenía razones adicionales para considerar la versión que había sido objeto de litigio.[121] Quedó evidenciada, así, la efectividad de la justicia cautelar

---

116 Véase en Adam Liptak, "Judges Refuse to Reinstate Travel ban," en *The New York Times*, New York, 10 de febrero de 2017, p. A1.

117 Véase en Rebecca Ballhaus and Carol E. Lee, "Trump Eyes New Order on Travel,"en *The Wall Street Journal*, New York, 11 de febrero de 2017, p. A1.

118 Véase en Julie Hirschfeld Davis, "Misleading New Claim On a Rush of Refugees,""en *The New York Times*, New York, 12 de febrero de 2017, p. 15.

119 Véase en Devlin Barrett and Brent Kendall, "Court Deals Fresh Blow to Trump, en *The Wall Street Journal*, New York, 10 de febrero de 2017, p. A1u.

120 Véase por ejemplo el comentario de Adam Liptak, "After the Ruling, and the Tweet, What Come Next?" en *The New York Times*, New York, 11 de febrero de 2017, p. A8.

121 Lo expresado ante la Corte de Apelaciones por el Departamento de Justicia fue que "el Presidente tiene la intención en un futuro cercano de rescindir la Orden y reemplazarla con una nueva Orden Ejecutiva sustancialmente revisada, para eliminar lo que la Corte de Apelaciones erróneamente pensó que causaba preocupaciones constitucionales. Procediendo en esta forma, el Presidente despejará el camino para la protección inmediata del país, en lugar de continuar un *potentially time-consuming litigation*." El Departamento de Justicia solicitó entonces a la Corte esperar la nueva Orden anunciada para la siguiente semana para dejar sin efecto su decisión, lo que en todo caso quedó a juicio de la misma. Véase la información en Adam Lipak, "Justice Dept. Drops Travel ban Case, but Says a New Order Is Coming," en *The New York Times*, New York, 17 de febrero de 2017, p. A16; y en Brent Kendall and Laura Meckler, "Revamp of Migration Order Looms," en *The wall Street Journal*, New York, 17 de febrero de 2017, p. A4.

de amparo como mecanismo adecuado para la protección inmediata de derechos fundamentales.

En todo caso, la justicia cautelar no concluyó su operación con las decisiones del Juez de Distrito de Washington y de la Corte de Apelaciones del Noveno Circuito de San Francisco, sino que continuó manifestándose en otras decisiones de otras Cortes federales de Distrito, como la adoptada en Alexandria, en el Estado de Virginia, el 13 de febrero de 2017, donde la Juez Leonie Brinkema del Distrito Este de dicho Estado, dictó sentencia en el caso *Tareq Aqel Momammed Aziz et al. Vs. Donald Trump*, adoptando una *preliminary injunction* contra la Orden Ejecutiva, pero limitada, suspendiendo sus efectos solo respecto de los residentes del Estado de Virginia.[122]

Lo anterior solo muestra las vicisitudes iniciales de un litigio iniciado en el marco de la justicia constitucional en los Estados Unidos por unos Estados de la Unión norteamericana, los Estados de Washington y de Minnesota contra una Orden Ejecutiva dictada por el Presidente de los Estados Unidos el 27 de enero de 2017, en una materia tan sensible en ese país como es el régimen de la inmigración y de los inmigrantes, que por los argumentos y documentos que se analizaron en las sentencias, aparentemente fue adoptada a la carrera, y sin las necesarias consultas previas con los Departamentos del Gobierno involucrados en su implementación y aplicación; lo que en definitiva ocasionó la decisión de sustituir y reescribir la Orden.[123]

---

122 La Juez había dictado una *Temporary Restraining Order* el 8 de febrero de 2017 en relación con residentes en el Estado de Virginia afectados en el aeropuerto de Dulles, cerca de Washington (véase la decisión en https://www.justice4all.org/wp-content/uploads/2017/01/TRO-order-signed.pdf), habiendo posteriormente dictado el 13 de febrero de 2017 una *preliminary injunction* (véase en http://www.leagle.com/decision/In%20FDCO%2020170214D23/AZIZ%20v.%20TRUMP). Lo más importante de esta decisión, al contrario de la sentencia dictada por el Juez de Distrito del Estado de Washington, es que la Juez si apreció la denuncia de la "*Muslim ban*" considerada por el Juez de Washington que tocaba intereses sensitivos, concluyendo, como lo comentó el profesor Eric Posner de la Chicago University Law School, que "el Presidente actuó con ánimo contra los Musulmanes cuando dictó la prohibición de viajar" para lo cual la Corte entre otras apreció como evidencia dañosa, las afirmaciones [de Trump] durante la campaña presidencial llamando a la prohibición, musulmana que todavía está en la web" y las entrevistas que le hicieron a Trump. Véase Eric Posner, "Judges v. President: We All Lose?" en *The New York Times*, New York, 16 de febrero de 2017, p. A27.

123 Ello lo confirmó el propio Presidente Donald J. Trump en la muy publicitada rueda de prensa que dio el 16 de febrero de 2017, en la cual al argumentar que el Gobierno habían caído en una *bad Court* y que lo que habían obtenido había sido una *very bad*

En todo caso, resulta alarmante para cualquier estudioso del derecho público, constatar cómo en el caso, además, por los problemas que originó la aplicación de la Orden Ejecutiva, a los pocos días el Gobierno pretendió modificarla, pero no como correspondía que era mediante una modificación por parte del Presidente o mediante la emisión por éste de una nueva Orden Ejecutiva, sino como lo advirtió la Corte de Apelaciones del Noveno Circuito, por un funcionario incompetente como era el Consultor Jurídico de la Casa Blanca, que incluso no forma parte de ninguno de los Departamentos del Gobierno encargados de aplicarla.

No es de extrañar, por tanto, que el proceso iniciado por dos de los Estados de la Unión contra la Orden Ejecutiva, en su fase más preliminar, hubiera terminado con una medida de amparo cautelar (*Temporary Restraining Order*) en protección de los derechos de los residentes no solo de los Estados demandantes y de sus derechos de propiedad, sino con ámbito general respecto de todas las personas afectadas, y que fue dictada con carácter de *preliminary injunction* (amparo), como fue la decisión adoptada por el Juez de Distrito del Distrito Oeste del Estado de Washington el 3 de febrero de 2017, ratificada por la Corte de Apelaciones del Noveno Circuito en San Francisco[124] de 9 de febrero de 2017, que son las que hemos comentado en las líneas precedentes.

New York, 17 de febrero de 2017.

---

decision, emitiría una nueva orden. Véase en Reuters, "Donald Trump to replace travel ban order for seven Muslim-majority countries 'in near future'," en *The Telegraph*, 16 de febrero de 2017, en http://www.telegraph.co.uk/news/2017/02/16/donald-trump-replace-travel-ban-order-seven-muslim-majority/.

124 Véase los comentarios generales a las sentencias en el editorial "Trump's Judicial Debacle," en *The New York Times*, New York, 11 de febrero de 2017, p. A12; y en David B. Rivkin Jr. and Lee A. Casey, "The Ninth Circuit Ignores Precedent and Treatens National Security," en *The Wall Street Journal*, New York, 11 de febrero de 2017, p. A13.

SEGUNDA PARTE:

EL CASO "BREXIT" Y LA SOBERANÍA PARLAMENTARIA ANTE LOS JUECES CONSTITUCIONALES DEL REINO UNIDO:

La imposición al Gobierno de la necesaria aprobación del Parlamento para la salida del Reino Unido de la Unión Europea, en las sentencias de la Alta Corte de Justicia y del Tribunal Supremo de noviembre de 2016 y de enero de 2017

Una de las decisiones más importantes adoptadas en materia constitucional por los tribunales del Reino Unido ha sido la que la Alta Corte de Justicia dictó el 3 de noviembre de 2016, ratificada por la Corte Suprema del Reino Unido el 24 de enero de 2017, en relación con el *caso "Brexit,"* es decir, con la salida del Reino Unido de la Unión Europea como consecuencia del referendo que se realizó sobre el tema el 23 de junio de 2016; decisión política que, por lo demás, quizás sea, a su vez, la más importante decisión adoptada hasta ahora en el marco del proceso de la integración regional de Europa, el cual ha sido siempre un proceso político que se ha desarrollado, desde el inicio, de la mano del derecho constitucional.[125]

Nuestra intención, en esta nota, es dar cuenta del contenido más relevante de dichas decisiones a la luz de los principios del constitucionalismo contemporáneo, en particular en materia de separación de poderes, en lo

---

125 Véase Allan R. Brewer-Carías, "Constitutional Implications of Regional Economic Integration" (General Report, XV International Congress of Comparative Law, International Academy of Comparative Law, Bristol September 1998), en Allan R. Brewer-Carías, *Études de Droit Public Comparé*, Bruillant, Brusselles, pp. 453-522. Véase igualmente Allan R. Brewer-Carías, *Las implicaciones constitucionales de la integración económica regional*, Cuadernos de la Cátedra Allan R. Brewer-Carías de Derecho Público, Universidad Católica del Táchira, Editorial Jurídica Venezolana, Caracas 1998.

que se refiere a las relaciones entre el Parlamento y el Ejecutivo, conforme a los principios de la soberanía parlamentaria y de los límites a los poderes de prerrogativa de la Corona en materia de regulación.

I. ALGUNOS PRINCIPIOS DEL CONSTITUCIONALISMO BRITÁNICO

Si bien es cierto que el Reino Unido no tiene una Constitución que se pueda encontrar completa en un documento escrito, adoptada por el pueblo conforme a los principios derivados del constitucionalismo moderno,[126] ello no significa que no tenga una Constitución ni que carezca de derecho constitucional. Al contrario,

"el Reino Unido tiene su propia forma de derecho constitucional, tal como se reconoce en cada una de las jurisdicciones de sus cuatro naciones constituyentes. Parte de dicho derecho está escrito en forma de leyes que tienen particular importancia constitucional; y otra parte se refleja en reglas legales fundamentales reconocidas por el Parlamento y los tribunales. Se trata de reglas legales establecidas y bien reconocidas que regulan el ejercicio del poder público y que distribuyen la autoridad para adoptar decisiones entre las diferentes entidades en el Estado y definen el ámbito de sus respectivos poderes."[127]

Lo anterior no es algo que haya sido dicho en algún escrito o libro de derecho constitucional del Reino Unido o de derecho constitucional comparado, sino que fue lo expresado por la Alta Corte de Justicia (*High Court of Justice, Queen's Bench Division, Divisional Court*) del Reino Unido, en su sentencia del 3 de noviembre de 2016 dictada en el caso *Gina Miller* y otros contra el *Secretary of State for Exiting the European Union,*[128] para decidir precisamente una cuestión de orden constitucional, que no fue otra sino determinar en el orden constitucional de la Gran Bretaña si el Gobierno tiene o no posibilidad, ejerciendo sus poderes ejecutivos (*Crown's prerrogative powers*) y sin la intervención y decisión previa del Parlamento, de decidir notificar a la Unión Europea conforme al artículo 50 del Tratado de la misma, la decisión de la salida del Reino Unido

---

126 Véase Allan R. Brewer-Carías, *Principios del Estado de Derecho. Aproximación Histórica,* Cuadernos de la Cátedra Mezerhane sobre democracia, Estado de derecho y derechos humanos, Miami Dade College, Editorial Jurídica Venezolana International, Miami 2016, pp. 38 ss.

127 Caso *Gina Miller* y otros contra el *Secretary of State for Exiting the European Union* ((Case No: CO/3809/2016 and CO/3281/2016). Véase el texto de la sentencia en: https://www.judiciary.gov.uk/judgments/r-miller-v-secretary-of-state-for-exiting-the-european-union-accessible/.

128 *Idem.*

de dicha Unión, en cumplimiento de la recomendación popular expresada en el referendo del 23 de junio de 2016. Dicho referendo se realizó conforme a la Ley que fue aprobada por el Parlamento en 2015 (*European Union Referendum Act 2015*), sobre la cuestión de si el Reino Unido debía quedarse o salir de la Unión Europea,[129] habiendo sido la respuesta popular dada, como es sabido, que el Reino Unido debía salirse de la misma.

Para decidir la cuestión constitucional planteada, la Alta Corte constató que en el Reino Unido, como democracia constitucional que es, los órganos del Estado están sometidos a reglas de derecho, es decir, al "*rule of law*" (Estado de derecho), teniendo en consecuencia los tribunales del Reino Unido, en palabras de la propia Corte, un:

> "deber constitucional que es fundamental al Estado democrático de derecho de imponer las reglas de derecho constitucional de la misma manera como los tribunales imponen otras leyes."

Esta declaración por la Alta Corte, es sin duda, uno de los más claros reconocimientos por parte de órganos judiciales británicos, de la existencia de una Jurisdicción Constitucional en el Reino Unido,130 con base en lo cual la Alta Corte ejerciendo poderes de control de constitucionalidad (Judicial Review), constató que para decidir el caso concreto, había sido requerida precisamente para:

> "aplicar el derecho constitucional del Reino Unido para determinar si la Corona tiene poderes de prerrogativa (*prerrogative powers*) para notificar bajo el artículo 50 del Tratado de la Unión Europea, e iniciar el procedimiento de salida de la Unión Europea."

Con todo ello quedó, por tanto, fuera de toda duda, que el Reino Unido tiene una Constitución, como norma suprema que se impone frente a los actos estatales, y que los tribunales tienen competencia para controlar la constitucionalidad de los actos estatales.[131]

---

129 Véase en http://www.legislation.gov.uk/ukpga/2015/36/contents/enacted/data.htm. La pregunta formulada en el referendo fue: "*Should the United Kingdom remain a member of the European Union or leave the European Union?*".

130 A ello me anticipaba hace unos años al estudiar la situación de las cortes constitucionales en el derecho constitucional comparado. Véase Allan R. Brewer-Carías, *Constitucional Courts as Positive Legislators in Comparative Law*, Cambridge University Press, New York 2010, p. 25.

131 Algo que unas décadas atrás no era comúnmente aceptado. Véase Allan R. Brewer-Carías, *Judicial Review in Comparative Law*, Cambridge University Press, Cambridge 1989.

II. EL CASO "BREXIT"

El caso *Gina Miller* y otros contra el *Secretary of State for Exiting the European Union* que se desarrolló ante la Alta Corte fue, por tanto, un típico proceso constitucional o de control de la constitucionalidad de la acción del Gobierno,[132] en este caso de orden preventivo ante el anuncio oficial del Gobierno británico, hecho público luego del reacomodo gubernamental provocado por el resultado del referendo, de que se procedería a notificar a la Unión Europea la salida del Reino Unido de la misma.

En el proceso, la Alta Corte, para decidir, se basó en la consideración de que la *European Communities Act* de 1972 (Ley ECA de 1972),[133] mediante la cual se le dio efectos al derecho comunitario en el sistema legal nacional del Reino Unido, era una ley constitucional a la cual estaba sometido en Gobierno, el cual no la podía modificar en forma alguna mediante el ejercicio de los poderes de prerrogativa de la Corona.

El rango constitucional de dicha ley (constitutional statute), según la Alta Corte, fue confirmado en su momento por la House of Lords en el caso *R v Secretary of State for Transport, ex p. Factortame Ltd* [1990] 2 AC 85, considerando que la Ley ECA de 1972 estaba vigente mientras permaneciera en el libro de leyes (statute book), para dar efecto directo y prevalente al derecho de la Unión Europea sobre la legislación primaria doméstica o nacional. Es decir, en virtud de la Ley ECA de 1972, los tribunales nacionales dan pleno efecto al derecho de la Unión Europea como parte del derecho interno que los mismos aplican.

Tal como lo expresó Lawton LJ en el caso *Thoburn v Sunderland City Council* [2003] QB 151 (DC) at [62], citado en la sentencia: "Es posible que nunca haya habido una ley que haya tenido un efecto tan profundo en tantas dimensiones en nuestra vida diaria," considerando a la Ley ECA de 1972:

> "como una ley constitucional *(constitutional statute)* que tiene tal importancia en nuestro sistema legal que no está sujeta al amplio principio de derogación implícita por parte de alguna legislación posterior. Su importancia es de tal naturaleza que solo puede ser derogada o reformada conforme a las disposiciones expresas de su texto, mediante una ley subsecuente o como necesaria implicación de sus propias previsiones. En

---

132 Véase en general sobre los procesos constitucionales: Allan R. Brewer-Carías, *Derecho Procesal Constitucional. Instrumentos para la Justicia Constitucional*, Editorial Jurídica Venezolana International, 2015.

133 Véase en http://www.legislation.gov.uk/ukpga/1972/68/contents.

sentido similar, la Ley ECA 1972 fue descrita por Lord Neuberger of Abbotsbury PSC and Lord Mance JSC en *R (Buckinghamshire County Council)* v *Secretary of State for Transport* [2014] UKSC 3; [2014] 1 WI.R 324. at [207], como una entre varios instrumentos constitucionales."

Dicha Ley del Parlamento, de rango constitucional, que selló el proceso de incorporación del Reino Unido a las Comunidades Europeas, la cual se materializó el 1 de enero de 1973, se sancionó como consecuencia de la condición establecida en el derecho comunitario, de que para que el mismo fuera incorporado en el derecho interno, debía ser aprobado mediante legislación primaria en cada Estado. Como lo afirmó la Alta Corte en su sentencia,

> "La Corona no hubiera podido ratificar la incorporación del Reino Unido a las Comunidades Europeas conforme al Tratado de las Comunidades sin que el Parlamento hubiese sancionado una legislación para ello. Una legislación del Parlamento era necesaria para dar efectos al derecho de la Unión Europea en el derecho interno de la jurisdicción del Reino Unido, tal como era requerido por esos Tratados y era necesario para dar efectos en el derecho interno a los derechos y obligaciones derivadas del derecho de la Unión Europea."

El proceso constitucional desarrollado ante la Alta Corte, cuestionando la posibilidad de que el Gobierno solo decidiera la salida del Reino Unido de la Unión Europea, se inició por una ciudadana británica mediante el ejercicio de una acción equivalente a la denominada acción popular de constitucionalidad en los derechos hispanoamericanos,[134] intentada precisamente contra dicha pretensión del Gobierno de formular la mencionada notificación, cuya legitimación activa fue expresamente reconocida por el tribunal, considerando que la misma correspondía a cualquier persona en el Reino Unido o con ciudadanía británica, quienes podrían ver sus derechos afectados sí la notificación de abandonar la Unión Europea se realizaba. Además de la recurrente en el proceso concurrieron otras personas y abogados planteando entre otras, cuestiones relativas a la soberanía par-

---

134 Véase Allan R. Brewer-Carías, "Acción popular de inconstitucionalidad," en Eduardo Ferrer Mac-Gregor, Fabiola Martínez Ramírez, Giovanni A. Figueroa Mejía (Coordinadores), *Diccionario de derecho procesal constitucional y convencional*, Poder Judicial de la Federación, Consejo de la Judicatura Federal, Universidad Nacional Autónoma de México, Instituto de Investigaciones Jurídicas, Serie Doctrina Jurídica, N° 692, pp. 232-233. Algo que unas décadas atrás no era comúnmente aceptado. Véase Allan R. Brewer-Carías, *Judicial Review in Comparative Law*, Cambridge University Press, Cambridge 1989.

lamentaria; al impacto de la decisión respecto del derecho a la libre circulación conforme al derecho de la Unión europea, de ciudadanos británicos viviendo en otros países miembros de la Unión teniendo allí acceso a servicios públicos; y a cómo quedaría afectado el status de inmigración de personas residenciadas en el Reino Unido como resultado de la notificación conforme al artículo 50.

La defensa del caso se aceptó que lo llevara el Secretario de Estado para la salida del Reino Unido de la Unión Europea, considerándoselo como el órgano apropiado para actuar en nombre del Gobierno en representación de la Corona, cubriendo así la acción por cualquier otro ministro del gobierno.

III. LA CUESTIÓN CONSTITUCIONAL PLANTEADA

La cuestión que plantearon los recurrentes ante la Alta Corte fue que conforme

"a un principio fundamental de la Constitución del Reino Unido, los poderes de prerrogativa de la Corona no pueden ser utilizados por el gobierno ejecutivo para disminuir o eliminar derechos conferidos por ley, sea conferidos por el *common law* o por leyes (*statutes*), salvo que el Parlamento le haya otorgado expresamente autoridad a la Corona o en forma implícita conforme a los términos de un Acto del Parlamento, para disminuir o derogar esos derechos."

Los recurrentes argumentaron además, que no es posible encontrar palabra alguna expresa o implícita en la Ley ECA de 1972 o en alguna otra legislación subsecuente relacionada con la Unión Europea, mediante la cual el Parlamento le hubiera conferido dicha autoridad al Ejecutivo papa iniciar el proceso de poner término al Tratado de la Unión Europea; y que el Parlamento no dio autoridad alguna a la Corona, mediante la Ley del referendo de 2015, para enviar la notificación a que se refiere el artículo 50 del Tratado de la Unión Europea.

Se trató, en resumen, como lo calificó la sentencia, de una "cuestión puramente legal" (a pure question of law), que se consideró como completamente justiciable conforme a la Constitución del Reino Unido (justiciable under the UK constitution), la cual, por supuesto, nada tenía que ver con el mérito o demérito de la decisión de dejar la Unión Europea, lo que el Tribunal consideró que era un "tema político" (a political issue)135 que quedaba fuera de su competencia.

La cuestión justiciable, como deriva de los planteamientos de los recurrentes, fue en definitiva la de determinar si conforme al derecho constitucional del Reino Unido, el Gobierno en ejercicio de sus poderes de prerrogativa de la Corona y sin intervención del Parlamento, podía formular conforme al mencionado artículo 50 del Tratado de la Unión Europea, la notificación oficial de la decisión gubernamental de salir de la misma; partiendo para ello del supuesto, que había sido aceptado por las partes que ni la Ley del Referendo de la Unión Europea de 2015, ni ningún otro Acto del Parlamento, le había conferido al Gobierno autoridad legal alguna distinta de los poderes de prerrogativa de la Corona, que le pudiera permitir formular la notificación conforme al artículo 50.

Por otra parte, la Corte también precisó que el régimen que rige el proceso comunitario europeo para que un Estado pueda salirse de la Unión Europea, implica que una vez que un Estado notifique su decisión conforme al artículo 50 del Tratado de la Unión, se abre un período de dos años a los efectos de que se negocie un acuerdo de retiro. Dicha notificación, conforme lo aceptó el Gobierno en el proceso, no puede estar condicionada, por lo que no puede formularse sujetándola por ejemplo a la aprobación del Parlamento. La consecuencia de la notificación conforme al artículo 50, una vez que se complete el proceso de salida de un Estado de la Unión Europea, como lo advirtió la Corte, es la inevitable pérdida para los ciudadanos británicos de algunos derechos consagrados en el derecho de la Unión Europea, que precisamente fueron incorporados en el derecho interno del Reino Unido mediante la mencionada Ley ECA de 1972.

IV. LOS PRINCIPIOS CONSTITUCIONALES DEL REINO UNIDO CONSIDERADOS

Para decidir el caso, la Alta Corte analizó los "principios constitucionales" del Reino Unido, destacando lo que calificó como la regla más fundamental de su Constitución (*UK's constitution*), que es que el Parlamento es soberano, y como tal, puede sancionar y derogar cualquier ley a su elección (*that Parliament is sovereign and can make and unmake any law it chooses*); siendo un aspecto de dicho principio de la soberanía del

---

135 La Corte agregó que su decisión que la misma "no tiene injerencia *en* la política gubernamental, porque la política gubernamental no es ley. La política a ser aplicada por el gobierno ejecutivo y el mérito o demérito de la salida son materias de juicio político a ser resueltas a través de un proceso político."

Parlamento, establecido desde hace cientos de años, que la Corona – o sea el Gobierno – no puede ejercer poderes de prerrogativa para derogar la legislación sancionada por el Parlamento.

La Corte consideró este principio como de suma importancia al analizar el contexto de la regla general sobre la cual el Gobierno buscó fundamentar su argumento en el caso, que fue la competencia ejecutiva, en ejecución de los poderes de prerrogativa de la Corona, para la conducción de las relaciones internacionales y la suscripción o denuncia de tratados, materias que fueron consideradas que caían dentro del ámbito de dichos poderes de prerrogativa.

Conforme lo consideró la Alta Corte, esa regla general efectivamente existe, pero solo con efectos en el ámbito internacional, no teniendo el ejercicio de dicha prerrogativa efecto alguno en el derecho interno establecido en la legislación sancionada por el Parlamento. Citando lo explicado por Lord Oliver of Aylmerton es su presentación en el Tin Council case, J.H. *Rayner (Mincing Lane) Ltd* v *Department of Trade and Industry* [1990] 2 AC 418, at 499E-500D, la Alta Corte consideró que:

> "como principio del derecho constitucional del Reino Unido, la Prorrogativa Real, a pesar de que permite hacer tratados sin la intervención del Parlamento, no se extiende a la posibilidad de alterar la ley, o a conferir derechos a los individuos, o a privarlos de los derechos que gozan en el derecho interno."

De ello Lord Oliver of Aylmerton concluyó con su afirmación principista de que "un tratado no es parte del derecho inglés salvo que haya sido incorporado en el derecho interno mediante legislación."

Por ello, para decidir, la Alta Corte constató -lo que el Gobierno aceptó y argumentó en forma positiva-, que si se formula la notificación conforme al artículo 50, ello inevitablemente tiene efectos cambiantes en el derecho interno, en el sentido de que las disposiciones del derecho de la Unión Europea que el Parlamento hizo parte del derecho interno con la sanción de la Ley de 1972, en su momento cesarán de tener efectos.

Para contrarrestar este argumento, el principal alegato del Gobierno en el caso fue que debía presumirse que el Parlamento, cuando sancionó la Ley ECA de 1972, tuvo la intención de considerar que la Corona retendría sus poderes de prerrogativa para decidir sobre la salida del Reino Unido de los Tratados de la Comunidad Europea (ahora el Tratado de la Unión Europea), y de considerar que la Corona tendría el poder de escoger si el derecho de la Unión Europea debía continuar o no teniendo efectos en ámbito del derecho interno del Reino Unido. La Alta Corte, en su sentencia, no aceptó este argumento, considerando al contrario que no había nada en el texto de la Ley ECA de 1972 que lo fundamentara, desechándolo y aceptando los argumentos de los recurrentes, tanto con base en el propio lenguaje utilizado por el Parlamento en dicha Ley, como en el principio constitucional fundamental de la soberanía del Parlamento, y en la ausencia de poder alguno de la Corona para cambiar la ley interna en ejercicio de sus poderes de prerrogativa.

Con base en estos argumentos, la Alta Corte de Justicia en su sentencia, decidió que el Gobierno en el Reino Unido no tiene el poder basado en la prerrogativa de la Corona para formular la notificación prevista en el artículo 50 del Tratado de la Unión Europea, para que el Reino Unido salga o se retire de la Unión Europea.

V. UNA LECCIÓN SOBRE EL DERECHO CONSTITUCIONAL DEL REINO UNIDO

Aparte de la importancia que la decisión de la Alta Corte de Justicia del Reino Unido tiene para el derecho comunitario europeo y para el futuro de la Unión Europea, la sentencia del 3 de noviembre de 2016 tiene una importancia muy significativa para los estudiosos del derecho constitucional, particularmente en el derecho continental e iberoamericano, pues la misma es en sí misma, como hemos indicado, una clara lección sobre el derecho constitucional contemporáneo del el Reino Unido, en particular en relación con las reglas que rigen las relaciones entre los poderes legislativo y ejecutivo, establecidas con base en los principios constitucionales de la soberanía parlamentaria y de los poderes de prerrogativa de la Corona.

1. *Sobre el principio de la soberanía del Parlamento del Reino Unido*

Y en efecto, como lo argumentó el Alto Tribunal, la regla más fundamental del derecho constitucional del Reino Unido es el principio de la soberanía del Parlamento, es decir, de "la Corona en Parlamento" que es el soberano, de manera que la legislación sancionada "por la Corona con el consentimiento de ambas Cámaras del Parlamento es suprema."

Como consecuencia de ello, el Parlamento es quien puede sancionar la legislación primaria del Reino Unido y cambiar las leyes en la forma que decida, no existiendo ley alguna que sea superior a la legislación primaria, con la sola excepción de aquellos casos en los cuales el propio Parlamento ha hecho previsión expresa de que así sea; como precisamente es el caso de la Ley ECA de 1972 mediante la cual se confirió precedencia al derecho de la Unión Europea sobre los actos del Parlamento.

Pero incluso en esos casos, el Parlamento permanece siendo soberano y supremo, y tiene todo el poder para remover cualquier autoridad o jerarquía dada a otras leyes mediante legislación primaria anterior.

En resumen, concluyó la Corte, "el Parlamento tiene el poder de derogar la Ley ECA de 1972, si así lo resuelve," pasando a repasar los principios doctrinales de siempre sobre el derecho constitucional británico, comenzando por lo que consideró la doctrina líder contenida en el libro del jurista constitucional profesor A.V. Dicey, *An Introduction to the Law of the Constitution*, donde explicó que el principio de la soberanía parlamentaria significa que el parlamento tiene:

> "el derecho de hacer y deshacer cualquier ley; y además, que ninguna persona o entidad está reconocida por la ley ... como teniendo el derecho de derogar o dejar de lado la legislación del Parlamento."[136]

A juico de la Alta Corte, esto significa, entre otras cosas, que no puede decirse que una ley sea invalida porque sea opuesta a la opinión del electorado, ya que como principio legal:

> "Los jueces no conocen en forma alguna acerca los deseos del pueblo, excepto cuando esos deseos estén expresados en una Ley del Parlamento, y nunca la validez de una ley podrá ser cuestionada basada en que fue sancionada o ha permanecido en vigencia en contraposición a los deseos de los electores."[137]

Este principio de la Soberanía parlamentaria, como lo afirmó la Alta Corte, ha sido reconocido en muchas casos líderes de la más alta autoridad judicial, por lo cual, como constituye un principio aceptado, se limitó a citar la presentación de Lord Bingham of Cornhill en *R (Jackson) v Attorney General* [2005] UK HI. 56; [2006] 1 AC 262 at para., en el cual expresó que la "piedra angular de la Constitución británica ... es la supremacía de la Corona en Parlamento..."

2. *Sobre el tema de los límites de los poderes de prerrogativa de la Corona*

En cuanto a los poderes de la Corona conforme a su prerrogativa (con frecuencia llamados "prerrogativa real"), la Corte se refirió a su extensión, considerando que esos "poderes de prerrogativa constituyen el residuo, en materia de autoridad legal que se ha dejado en manos de la Corona," ci-

---

136 Cita de la Corte: "p. 38 of the 8th edition, 1915, the last edition by Dicey himself; and see chapter 1 generally."
137 Cita de la Corte: "*ibid.* pp. 57 and 72."

tando en apoyo lo afirmado por Lord Re in *Burmah Oil Co (Burma Trading) Ltd* v *Lord Advocate* [1965] AC 75, at 101:

"La prerrogativa es en realidad una reliquia de un tiempo pasado, que no se ha perdido por desuso, pero que es solo disponible en relación con un caso que no se ha convertido en ley (*statute*)."

En relación con dicha prerrogativa, la Corte consideró que un aspecto importante del principio de la soberanía parlamentaria es que la legislación primaria no está sujeta a poder ser suplantada por la Corona mediante el ejercicio de sus poderes de prerrogativa; agregando, además, que los "límites constitucionales" a dichos poderes son incluso más extensos, considerando que la Corona tiene esos poderes de prerrogativa solo cuando los mismos están reconocidos por el *common law* y su ejercicio solo produce efectos dentro de límites reconocidos por el mismo. Fuera de esos límites, la Corona no tiene poder para alterar leyes, sea que las mismas estén contenidas en el *common law* o en la legislación.

Esta subordinación de la Corona, y en particular del Gobierno ejecutivo a la ley, afirmó la Corte, es el fundamento del Estado de derecho en el Reino Unido (is the foundation of the rule of law in the United Kingdom), que tiene sus raíces establecidas mucho antes de la guerra entre la Corona y el Parlamento en el siglo XVII, y que fue definitivamente confirmada, tal como ha sido reconocido desde entonces, en el acuerdo al cual se llegó luego de la Gloriosa Revolución de 1688.[138]

En apoyo de esta apreciación, la Corte entonces citó lo que Sir Edward Coke refirió como su opinión y la de los jueces reconocidos de la época, sobre el *The Case of Proclamations* (1610) 12 Co, Rep. 74, en el sentido de que "el Rey con su proclamación o mediante otras vías no puede cambiar parte alguna del common law, ni de las leyes (statute law) ni de las costumbres del Reino," y que "el Rey no tiene prerrogativa alguna, salvo la que la legislación (law of the land) le otorga."

Esto, a juicio de la Alta Corte, fue confirmado en las dos primeras partes de la sección 1ª del Bill of Rights de 1688, así:

---

138 Véase los comentarios que sobre ello hicimos en Allan R. Brewer-Carías, *Reflexiones sobre la revolución norteamericana (1776), la revolución francesa (1789) y la revolución hispanoamericana (1810-1830) y sus aportes al constitucionalismo moderno*, 2ª Edición Ampliada, Serie Derecho Administrativo Nº 2, Universidad Externado de Colombia, Editorial Jurídica Venezolana, Bogotá 2008.

"Poderes de suspensión: Que el pretendido poder de suspender las leyes o la ejecución de las leyes por autoridad real, sin el consentimiento del Parlamento, es ilegal.

"Poder de dispensar posteriormente: Que el pretendido poder de dispensar respecto de las leyes o de la ejecución de las leyes por autoridad real como ha sido asumido y ejercido antes, es ilegal."

Esta posición legal, como lo recordó la Alta Corte, fue resumida por el Privy Council, en el caso *The Zamora* [1916] 2 AC 77, at 90, así:

"La idea de que el Rey en Consejo, o incluso cualquier rama del Ejecutivo, tiene el poder para prescribir o alterar la ley que debe ser aplicada por los tribunales de derecho en este país, está fuera de armonía con los principios de nuestra Constitución. Es cierto que de acuerdo con muchas leyes modernas, varias ramas del Ejecutivo tienen el poder de hacer reglas con fuerza de ley, pero todas esas reglas derivan su validez de la ley (*statute*) que otorgó dicho poder, y no del órgano ejecutivo que las dicta. Nadie puede cuestionar que la prerrogativa incluye cualquier poder para prescribir o alterar la ley que debe ser aplicada por los Tribunales del *Common Law* o de Equidad…"

La Alta Corte consideró estos principios como generalmente aceptados, estimando innecesario explicarlos con mayor detalle, con base en lo cual fue que analizó el tema de los poderes de la Corona para hacer y deshacer tratados, con efectos reducidos en el ámbito internacional, y sin efectos en el derecho interno, como antes se explicó.

VI. LA INTERPRETACIÓN CONSTITUCIONAL Y EL CONTROL DE CONSTITUCIONALIDAD

Con ello, la Corte pasó a ejercer su control de constitucionalidad sobre la pretensión del Ejecutivo de formular la notificación prevista en el artículo 50 del Tratado de la Unión Europea, considerada como una ley constitucional, sin intervención del Parlamento, para lo cual la Corte fijó una serie de criterios sobre interpretación constitucional.

El primero fue el clásico de la presunción de constitucionalidad de los actos del Parlamento, en el sentido de que cuando hay principios constitucionales fuertes, se presume que "el Parlamento legisla en conformidad con los mismos, y no para socavarlos," citando en apoyo múltiples decisiones judiciales, por ejemplo, considerando que hay una fuerte presunción contra la afirmación de que el Parlamento haya tenido la intención de dar efecto retroactivo a alguna previsión legal, incluso si el lenguaje usado en la ley pueda hacer pensar que se trataba de crear dicho efecto; así como en cuanto a los efectos territoriales de las leyes. También hay una fuerte presunción de que el Parlamento no puede intentar limitar el acceso a los tribunales ordinarios para determinadas disputas.[139] La Alta Corte continuó su argumento indicando que:

"Todas estas presunciones podrían ser eliminadas por el Parlamento si así lo decide, pero mientras más fuerte es el principio constitucional, más fuerte es la presunción de que el Parlamento no intentó revocarlo, y más fuerte será el material requerido, en términos de lenguaje expreso o de clara implicación necesaria, antes de que se pueda propiamente deducir que efectivamente lo intentó. En sentido similar, mientras más fuerte sea el principio constitucional, más fácilmente se puede deducir que las palabras usadas por el Parlamento estaban destinadas a desarrollar el sentido que refleja el principio."

Este argumento interpretativo era importante, a juicio del Alta Corte, porque el Secretario de Estado en su argumento, al interpretar la Ley ECA de 1972, dejando fuera parte de los antecedentes constitucionales mencionados, argumentó que eran los recurrentes quienes tenían que identificar el lenguaje expreso en la Ley que le eliminaba a la Corona su prerrogativa en relación con la conducción de las relaciones internacionales en nombre del Reino Unido. Es decir, el Secretario de Estado formuló su defensa alegando que era necesario encontrar en la Ley ECA de 1972, un lenguaje expreso y en todo caso claro, antes de que pudiera deducirse que el Parlamento tuvo la intención de remover el poder de prerrogativa de la Corona para tomar los pasos necesarios para sacar al Reino Unido de las Comunidades Europeas y del Tratado de la Unión Europea.

Para formular esta argumento, a juicio de la Corte, el Secretario de Estado, al analizar la Ley ECA de 1972, no le dio valor alguno al principio constitucional de que, excepto cuando el Parlamento legisle lo contrario,

---

139 Citas de la Corte: "see, for example, *Anisminic Ltd v Foreign Compensation Commission* [1969] 1 AC 147. Another example, debated at some length at the hearing, is the principle of legality, i.e. the presumption that Parliament does not intend to legislate in a way which would defeat fundamental human rights: see R v *Secretary of State for the Home Department, ex p. Pierson* [1998] AC 539 at 573G, 575B-G (Lord Browne-Wilkinson) and *R v Secretary of State for the Home Department, ex p. Simms* [2000] 1 AC 115, 131D-G (Lord Hoffmann). see, for example, *Anisminic Ltd v Foreign Compensation Commission* [1969] 1 AC 147. Another example, debated at some length at the hearing, is the principle of legality, i.e. the presumption that Parliament does not intend to legislate in a way which would defeat fundamental human rights: see R v *Secretary of State for the Home Department, ex p. Pierson* [1998] AC 539 at 573G, 575B-G (Lord Browne-Wilkinson) and *R v Secretary of State for the Home Department, ex p. Simms* [2000] 1 AC 115, 131D-G (Lord Hoffmann)."

la Corona ejerciendo sus poderes de prerrogativa, no debe tener poder para variar la legislación (the law of the land).

La Alta Corte, en consecuencia desestimó los argumentos del Secretario de Estado con base en dos principios constitucionales.

Primero, el principio de que la Corona no puede hacer uso de sus poderes de prerrogativa para alterar la legislación doméstica, el cual, a juicio de la Alta Corte, es producto de una fuerte tradición constitucional en el Reino Unido y de las democracias que siguen la tradición.[140] El principio evolucionó a través de la gran lucha antes mencionada que aseguró la soberanía parlamentaria y restringió los poderes de prerrogativa de la Corona. Por ello, consideró la Alta Corte que habría sido sorprendente, a la luz de esa tradición, que el Parlamento como cuerpo soberano conforme a la Constitución, hubiera tenido la intención de abandonar la continuada existencia de los derechos que introdujo en el derecho interno al poner en vigor la Ley ECA de 1971, dejándolo a la escogencia de la Corona en ejercicio de sus poderes de prerrogativa, en el sentido de permitir que los Tratados de la Comunidad pudieran continuar aplicándose o sacar al Reino Unido de ellos. Agregó la Alta Corte, cómo Lord Browne-Wilkinson lo expresó en *R* v *Secretary of State for the Home Department, ex p. Fire Brigades Union* [1995] 2 AC 513 at 552E, que:

> "Corresponde al Parlamento, no al Ejecutivo, derogar la legislación. La historia constitucional de este país es la historia de la sujeción de los poderes de prerrogativa de la Corona a los superiores poderes de la legislatura democráticamente electa como cuerpo soberano."

En este contexto, la Alta Corte también consideró que era relevante tener en cuenta el profundo efecto que el Parlamento quiso que la sanción de la Ley ECA 1972 tuviera en el derecho interno, lo que precisamente condujo a se identifique como una ley con un especial significado constitucional (*statute of special constitutional significance*), por lo cual, por los profundos y extendidos cambios legales que produjo, es especialmente improbable que el Parlamento hubiera tenido la intención de dejar su existencia en las manos de la Corona a través del ejercicio de sus poderes de prerrogativa. Habiendo el Parlamento tomado el paso mayor de establecer el efecto directo y prevalente del derecho de la Unión Europea en el sistema legal nacional, sancionado la Ley ECA de 1972 como legislación primaria, no es plausible suponer que tuvo la intención de que la Corona

---

140   Cita de la Corte: "see for example the New Zealand decision in *Fitzgerald v Muldoon* [1976] 2 NZLR 615 at 622).'

pudiera, a través de su propia acción unilateral bajo sus poderes de prerrogativa, eliminar dicho efecto.

Incluso, precisó la Alta Corte, que la Ley ECA de 1972, como ley constitucional, es de tal naturaleza, que se considera que el Parlamento la exceptuó de la aplicación de la doctrina usual de la derogación implícita mediante la sanción de legislación posterior que fuera inconsistente con la misma.[141] Al contrario, la Ley solo puede ser derogada en alguna parte, solo si el Parlamento expresa en una forma clara en una legislación posterior tal derogatoria, es decir, que eso es lo que quiere hacer. La Alta Corte concluyó afirmando que:

> "si desde que la Ley ECA de 1972 se sancionó como ley constitucional de gran importancia, el Parlamento ha indicado que debe quedar exento de derogaciones casuales implícitas por el mismo Parlamento, mucho menos puede pensarse que el Parlamento tuvo la intención de que sus efectos legales pudieran ser eliminados por la Corona a través de sus poderes de prerrogativa."

El segundo principio constitucional al que se refirió la Corte para decidir, fue el antes mencionado de que los poderes de prerrogativa de la Corona solo operan en el plano internacional, y que esos poderes no tienen efectos en el derecho interno, siendo un principio aceptado por los tribunales que este es un campo de acción dejado a la Corona sin la interferencia del Parlamento. Pero la justificación para una presunción de no-interferencia con los poderes de prerrogativa de la Corona en la conducción de las asuntos internacionales, consideró la Alta Corte que está sustancialmente reducida en un caso como el decidido en la sentencia, en el cual el Secretario de Estado al contrario, mantuvo que él podía, mediante el ejercicio de los poderes de prerrogativa de la Corona, introducir cambios mayores en la legislación interna, lo cual fue rechazado por la Corte.

De allí la conclusión de la Alta Corte al interpretar la Ley ECA de 1972 a la luz de los antecedentes constitucionales antes mencionados, que la intención del Parlamento al sancionar dicha Ley e introducir el derecho de la Unión Europea en el derecho interno, fue que ello no pudiera ser deshecho por la Corona mediante el ejercicio de sus poderes de prerrogativa. Es decir, que con la sanción de la Ley ECA de 1972, la Corona no tiene poder de prerrogativa alguno para decidir la salida de del Reino Unido de los Tratados de la Comunidad y afectar los derechos de los ciudadanos derivados de los mismos, efectuando la notificación establecida

---

141 Cita de la Corte: "see *Thohurn v Sunderland City Council,* at [60]-[64], and section 2(4) of the ECA 1972."

en el artículo 50 del Tratado de la Unión Europea; rechazando en consecuencia los argumentos del Secretario de Estado

Por último, la Alta Corte se refirió a la Ley del Referendo de la Unión Europea de 2015, estando de acuerdo con el hecho de que el Secretario de Estado no haya argumentado que la misma supuestamente le daba un poder estatutario a la Corona para efectuar la notificación conforme al artículo 50 del Tratado de la Unión Europea, pues de haberlo hecho erro era insostenible en materia de interpretación legal.

Dicha Ley del Referendo de 2015 tiene que ser interpretada a juicio de la Alta Corte, a la luz de los principios constitucionales básicos de la soberanía parlamentaria y de la democracia representativa que se aplican en el Reino Unido, lo que la llevó a la conclusión de que "un referéndum en cualquier materia solo puede tener efectos de recomendación para los legisladores en el Parlamento, excepto cuando un lenguaje claro en contrario se use en la legislación sobre el referendo en cuestión," lo que no se encuentra en el texto de la Ley del Referendo de 2015.

Incluso, en el caso del referendo de 2015, la Alta Corte recordó que la Ley respectiva:

> "fue adoptada sobre la base de un documento claro enviado a los parlamentarios de que el referendo tendría solo efectos de recomendación. Incluso, el Parlamento debió haber apreciado que el referendo estaba destinado solo a ser consultivo, ya que el resultado de un voto en el referendo a favor de la salida de la Unión Europea hubiera inevitablemente dejado para futura decisión muy importantes cuestiones relativas con la implementación legal de dicha salida de la Unión Europea."

En todo caso, concluyó la Alta Corte en su sentencia, en que "no cuestionaba la importancia del referendo como evento político, cuya significación tendrá que ser considerada y tomada en cuenta en otra parte," decidiendo finalmente que "el Secretario de Estado no tiene poder conforme a la prerrogativa der la Corona, para formular la notificación conforme al artículo 50 del Tratado de la Unión Europea para la salida del Reino Unido de la misma."

VII. LA CONFIRMACIÓN DE LA DECISIÓN DE LA ALTA CORTE DE JUSTICIA POR LA CORTE SUPREMA DEL REINO UNIDO

La sentencia de la Alta Corte de Justicia del 3 de noviembre de 2016, luego de haber sido apelada por el Gobierno, fue confirmada por la Corte Suprema del Reino Unido en sentencia dictada con una mayoría de 8 a 3, el 24 de febrero de 2016 (Caso: *R (on the application of Miller an anot-*

her) v Secretary of State for Exiting the European Union) ([2017 UKSC 5) (UKSC 2016/0196),[142] ratificando que en el caso, se requiere de un Acto del Parlamento que autorice a los Ministros para poder enviar la notificación de la decisión del retiro del Reino Unido de la Unión Europea.

Debe indicarse que con posterioridad a la decisión de la Alta Corte del 3 de noviembre de 2016, y de haberse intentado la apelación, el 7 de diciembre de 2016, la Cámara de los Comunes adoptó una resolución llamando a los ministros a enviar para el 31 de marzo de 2017, conforme al artículo 50 de los Tratados, la notificación respectiva sobre el retiro del Reino Unido de la Unión Europea. Ello sin embargo, a juicio de la Corte Suprema, con lo que estuvo de acuerdo el Gobierno en el proceso, fue solo un acto político que no afectó en forma alguna las cuestiones que surgieron de las apelaciones en el proceso.

Entre esas cuestiones, la principal que se consideró para la decisión de alzada, fue la consideración por la Corte Suprema, de que los términos de la Ley ECA de 1972, que dio efectos a la membresía del Reino Unido en la Unión Europea, son inconsistentes con la pretensión de ejercicio de cualquier poder por parte de los Ministros de sacar al Reino Unido de los Tratados de la Unión Europea, sin la autorización previa del Parlamento

A juicio del Tribunal, la sección 2 de la Ley ECA de 1972 autorizó un proceso dinámico a través del cual el derecho de la Unión Europea se convirtió en fuente del derecho del Reino Unido, con aplicación preferente sobre todas las otras fuentes de derecho nacionales del mismo, incluyendo las leyes (*statutes*). Por tanto, mientras la Ley ECA de 1972 permanezca en vigencia, sus efectos son los de constituir al derecho de la Unión Europea como una fuente independiente y prevalente en el derecho nacional. Con la misma, estimó la Corte Suprema, se produjo una transferencia parcial de poderes de legislar (*law-making powers*), de asignación de competencias legislativas por el Parlamento a las instituciones de la Unión Europea, salvo y hasta cuando el Parlamento decida otra cosa. Ello implica que la ley interna en el Reino Unido cambiará si el mismo deja de ser un Estado miembro de los Tratados de la Unión Europea, y que los derechos derivados del derecho comunitario de los que gozan los residentes del Reino Unido, se verán afectados.

---

142 Véase el texto de la sentencia en https://www.supremecourt.uk/cases/docs/uksc-2016-0196-judgment.pdf Véase la información de prensa sobre la sentencia en https://www.supremecourt.uk/cases/docs/uksc-2016-0196-press-summary.pdf.

La Corte Suprema analizó el argumento del Gobierno de que la Ley ECA de 1972 no había excluido el poder de los ministros de poder sacar al Reino Unido de los Tratados de la Unión Europea, y que la sección 2 de la Ley prevé el ejercicio de tal poder al dar efecto al derecho de la Unión Europea solo y hasta que el poder de decidir la salida no sea ejercido. Sin embargo, la Corte Suprema indicó que hay una vital diferencia entre las variaciones que puedan producirse en el derecho del Reino Unido como resultado de los cambios en el derecho de la Unión Europea, y las variaciones que se pueden producir como resultado de la salida de los Tratados de la Unión Europea. En este último caso, si se presenta la notificación respectiva, el efecto inevitable sería en realidad, un cambio fundamental en el marco constitucional del Reino Unido, pues ello significaría la eliminación de las fuentes del derecho de la Unión Europea en el orden interno.

A juicio de la Corte Suprema, un cambio de tal naturaleza en la constitución del Reino Unido, requiere que sea efectuado a través de legislación parlamentaria. Además, el hecho de la salida del Reino Unido de la Unión Europea implica la eliminación de algunos derechos domésticos de los que gozan los residentes en el Reino Unido, lo que hace que sea imposible que el Gobierno pueda decidir la salida de los Tratados de la Unión Europea sin la autorización previa del Parlamento.

Por supuesto, el Parlamento, cuando sancionó la Ley ECA de 1972, pudo haber autorizado a los ministros para decidir la salida del Reino Unido de los Tratados de la Unión Europea, para lo cual, sin embargo, hubieran tenido que prever con claridad dicha posibilidad en el texto expreso de la Ley, lo cual no ocurrió. Al contrario, no solo no hay palabras claras sobre ello, sino que las previsiones de la propia Ley ECA de 1972, indican que los ministros no tienen tal poder. Y el hecho de que los ministros sean responsables ante el Parlamento por sus acciones, no es ninguna respuesta constitucional útil para resolver el tema planteado, particularmente si el poder para actuar no existe, y si la decisión vaciaría irrevocablemente al propio Parlamento de poder actuar.[143]

En todo caso, a juicio de la Corte Suprema, la legislación subsecuente relacionada con la Unión Europea dictada con posterioridad a 1972, incluyendo la introducción de controles parlamentarios en relación con las decisiones adoptadas por los ministros a nivel de la Unión Europea, en relación con las competencias de la misma o en su proceso de elaboración

---

143 Cita de la Corte: "The Supreme Court of the United Kingdom Parliament Square London SW1P 3BD T: 020 7960 1886/1887 F: 020 7960 1901 www.supreme-court.uk."

de normas comunitarias, aun cuando no para presentar la notificación revista en el artículo 50 de los Tratados, son completamente consistentes con la asunción por el Parlamento de que de que no hay poder alguno para decidir la salida del Reino Unido de los Tratados sin una ley (*statute*) autorizándola.

Por último, la Corte Suprema en su sentencia, también se refirió al referendo de 2016, considerando que si bien fue un evento de gran importancia política, su significado legal fue el establecido por el Parlamento en la Ley autorizando su realización, y en la Ley simplemente se previó su realización, pero no se especificaron sus consecuencias. En consecuencia, consideró la Corte Suprema que los cambios en la ley que requiera la implementación del resultado del referendo solo pueden efectuarse en la única forma permitida por la constitución del Reino Unido, que es mediante legislación.

La conclusión de todo este proceso constitucional desarrollado ante los órganos con competencia para ejercer la Jurisdicción Constitucional en el Reino Unido fue, por tanto, que la salida del mismo de los Tratados de la Unión Europea, sólo puede resolverse mediante una ley del Parlamento que así lo decida, no teniendo efecto jurídico constitucional alguno la recomendación política expresada en el referendo de 2016.

Ese fue el criterio expresado en sus sentencias, tanto por la Alta Corte de Justicia como la Corte Suprema del Reino Unido, en un proceso de control de constitucionalidad, rechazando la posibilidad de que el Ejecutivo pudiera tener competencia alguna para tomar esa decisión sin la autorización previa del Parlamento.

VIII. LA DESESTIMACIÓN DE LOS ALEGATOS SOBRE *DEVOLUTION* EN RELACIÓN CON LA CUESTIÓN DE LA INJERENCIA DE IRLANDA DEL NORTE, ESCOCIA Y GALES EN LA DECISIÓN SOBRE EL "BREXIT"

Por último, debe mencionarse que si bien en el caso desarrollado en primera instancia ante la *High Court* el tema debatido en la materia fue solo la de determinar si para la salida del Reino Unido de la Unión Europea era necesaria o no la intervención previa del Parlamento de Westminster, que autorizara al Gobierno para proceder en tal sentido, ello analizó sin referencia alguna a si los Parlamentos de las diversas naciones que componen el Reino Unido también debían decidir algo al respecto.

Este último tema, sin embargo, si se planteó en segunda instancia ante la Corte Suprema, mediante diversos planteamientos referidos, entre otros, por el *Attorney General* de Irlanda del Norte, y otros formulados en intervenciones por el *Lord Advocate* del Gobierno de Escocia y el *Counsel*

General de Gales, por el Gobierno de Gales, en los cuales se formularon como cuestiones adicionales ante la Corte, la determinar si conforme a los poderes que legalmente han sido descentralizados (*statutorily devolved*) [144] a las naciones del Reino Unido, también se requería para la salida del Reino Unido de la Unión Europea, de una consulta o acuerdo de las legislaturas descentralizadas (*devolved legislatures*) antes de que el Gobierno pudiese formular la notificación prevista en el Tratado de la Unión Europea, como una restricción al poder del Gobierno.

Estas *"devolution issues,"* como las denominó la Corte Suprema, le exigieron considerar si en los términos del *Northern Ireland Act* 1998 ('NIA'), [145] y de los acuerdos asociados con el mismo (*Belfast Agreement* y *British-Irish Agreement*), se requería de una legislación primaria y del consentimiento de la *Northern Ireland Assembly* y/o del pueblo de Irlanda del Norte antes que la notificación fuera formulada, lo cual consideró la Corte Suprema partiendo del supuesto de que

> "Conforme a cada *devolution settlements* en Irlanda del Norte, Escocia y Gales las legislaturas descentralizadas (*devolved legislatures*) tienen la responsabilidad de cumplir con el derecho de la Unión Europea, existiendo una convención constitucional ('*the Sewel Convention'*) que impone que el Parlamento del Reino Unido normalmente no ejerce sus poderes para legislar en relación con las materias descentralizadas (*devolved matters*) sin el acuerdo de las legislaturas descentralizadas."

En relación con estas *devolution issues*, la Corte Suprema fue precisa en considerar que cuando se establecieron esas restricciones relativas a la Unión Europea en el *Northern Ireland Act* y en las otras *devolution Acts*, el Parlamento se basó en la asunción de que el Reino Unido permanecería como miembro de la Unión Europea, siendo ello consistente con considerar que solo le corresponde el Parlamento determinar esa permanencia. Pero al imponerse dichas restricciones mediante la *devolution legislation* otorgándosele poder a las *devolved institutions* de observar e implementar el derecho de la Unión Europea, ello no implicó que el Reino Unido debía permanecer como miembro de la Unión Europea. En el Reino Unido, a

---

144 Sobre el concepto británico de *devolution* en el marco general de la regionalización / descentralización políticas, véase Allan R. Brewer-Carías, "Regionalization in Economic Matters in Comparative Law," en *Rapports Generaux au IX Congrés International de Droit Comparé, Teherán 1974*, Bruselas 1977, pp. 669-696; "La descentralización territorial: Autonomía territorial y regionalización política", en *Revista de Estudios de la Vida Local*, N° 218, Instituto de Estudios de Administración Local, Madrid, abril-junio 1983, pp. 209-232.

145 Véase en http://www.legislation.gov.uk/ukpga/1998/47/contents.

juicio de la Corte Suprema, las relaciones con la Unión Europea como en otras materias relativas a las relaciones exteriores, están reservadas al Gobierno del reino Unido o exceptuadas en el caso de Escocia e Irlanda del Norte, y no fueron descentralizadas en el caso de Gales, [146] por lo que consideró que las legislaturas descentralizadas no tienen una competencia legislativa paralela alguna en relación con la salida del Reino Unido de la Unión Europea.

La Corte Suprema, precisó además que en el caso de Irlanda del Norte, lo que las previsiones del *Belfast Agreement* de 1998[147] lo que dieron al pueblo de Irlanda del Norte fue el derecho de determinar si dicha nación permanecía siendo parte del Reino Unido o si pasaban a ser parte de una Irlanda unida, no existiendo en ninguna ley constitucional de Irlanda del Norte nada que pudiera significar requerir el consentimiento de la mayoría del pueblo de Irlanda del Norte para la decisión sobre la salida del Reino Unido de la Unión Europea.

En cuanto a la mencionada *Sewel Convention*, [148] la Corte Suprema precisó que la misma, a la cual le reconoció la característica de convención constitucional, fue adoptada como un mecanismo para establecer una relación de cooperación entre el Parlamento del reino Unido y los parlamentos nacionales (*devolved institutions*), en particular en casos de competencias legislativas superpuestas. En virtud de que el Parlamento de Westminster se había reservado en cada uno de los convenios de descentralización (*devolution settlements*) su derecho de legislar en las materias que caen bajo la competencia de las legislaturas descentralizadas, mediante la *Sewel Convention* lo que se previó fue solo que "el Parlamento del Reino Unido, no procedería normalmente a legislar sobre las materias descentralizadas (*devolved matters*) excepto con el acuerdo de las legislaturas descentralizadas."

De ello, la Corte Suprema concluyó en definitiva que no habiendo sido las relaciones entre el Reino Unido y la Unión Europea una materia que hubiese sido descentralizada, los parlamentos nacionales no tenían derecho de veto legal alguno respecto de la decisión de la salida del Reino

---

146 Cita de la Corte: "see section 30(1) of, and paragraph 7(1) of Schedule 5 to, the Scotland Act 1998; section 108(4) of, and Part 1 of Schedule 7 to, the Government of Wales Act 2006; and section 4(1) of, and paragraph 3 of Schedule 2 to, the NI Act. 130."

147 Véase en https://www.gov.uk/government/uploads/system/uploads/attachment_data/file/136652/agreement.pdf.

148 Véase enhttp://researchbriefings.parliament.uk/ResearchBriefing/Su-mmary/SN020-84#fullreport.

Unido de la Unión Europea, como lo reconocieron en el proceso los abogados de Escocia y Gales, lo que igualmente aplicó al caso de Irlanda del Norte, desechando los *devolution issues* presentados en segunda instancia, declarando en consecuencia que no se requiere del consentimiento de las legislaturas de Irlanda del Norte, Escocia y Gales para que el Parlamento sancione la ley respectiva exigida para autorizar al Gobierno para formular la notificación sobre la salida del reino Unido de la Unión Europea.

Madrid / New York, 24 de enero de 2017

TERCERA PARTE:

UN "PUTSCH JUDICIAL" Y EL MATRIMONIO ENTRE PERSONAS DEL MISMO SEXO:

Comentarios explicativos de sentencia de la Corte Suprema de los Estados Unidos de 2015 declarando la inconstitucionalidad de las leyes de cuatro Estados que regulaban el matrimonio como unión solo entre un hombre y una mujer

I. LA SENTENCIA, LA NOCIÓN DEL MATRIMONIO Y LAS CARENCIAS CONSTITUCIONALES

El título del presente comentario (*Putsch Judicial*) no es mío. Fue el que utilizó el Juez Scalia, en su Voto disidente, para calificar la sentencia dictada por la Corte Suprema de los Estados Unidos, el 26 de junio de 2015, dictada en *writ of certiorari* en los casos *James Obergefell, et. al., Petitioners 14–556 V. Richard Hodges, Director, Ohio Department Of Health, et al.; Valeria Tanco, et al., Petitioners 14–562 V. Bill Haslam, Governor of Tennessee, et al.; April Deboer, et al., Petitioners 14–571 V. Rick Snyder, Governor of Michigan, et al.; And Gregory Bourke, et al., Petitioners 14–574 V. Steve Beshear, Governor of Kentucky*, (conocida como *J. Obergefell v.Hudges*) (US 575_(2015).[149]

En dicha sentencia, partiendo del supuesto de que "no existe una unión tan profunda como el matrimonio," la Corte revocó las sentencias que se habían dictado por la *United States Court of Appeals for the Sixth Circuit*, en aplicación de las leyes de los Estados de Ohio, Tennessee, Michigan y

---

149 Véase el texto en http://www.supremecourt.gov/opinions/14pdf/14-556_3204.pdf . El editorial del *The New York Times*, consideró que con el calificativo el Juez Scalia se había burlado ("*mocked*") de la sentencia. Véase *The New York Times*, New York, June 27, 2015, p. A20.

Kentucky que solo regulaban la posibilidad del matrimonio cuando era entre un hombre y una mujer. [150]

Para dictar su decisión, la Corte Suprema consideró que la Constitución de 1787 "no permite que los Estados prohíban a las parejas del mismo sexo contraer matrimonio en los mismos términos y condiciones acordadas a las parejas de sexos contrarios," acogiendo así la petición de los peticionarios que eran catorce parejas del mismo sexo y dos hombres cuyas parejas habían fallecido, desechando la argumentación de los funcionarios demandados (todos encargados de ejecutar las leyes impugnadas de inconstitucionalidad) y considerando que los mismos habían "violado la Enmienda Catorce de la Constitución, al negarle a quienes reclamaban "dignidad igual a los ojos de la ley," "su derecho a casarse o a que sus matrimonios fueran legales en otros Estados, que le daban reconocimiento total;" todo partiendo de la base de que la "dignidad igual a los ojos de la ley," era un derecho que les otorgaba la Constitución,

El Juez Scalia, como se ha dicho, calificó la sentencia en su Voto disidente, como "un golpe de Estado judicial," (*judicial Putsch*), pues con ella, cinco jueces que formaron la mayoría de la Corte, en definitiva concluyeron:

"que cada Estado violó la Constitución durante todos los 135 años entre la ratificación de la Enmienda Catorce y la permisión en Massachusetts del matrimonio del mismo sexo en 2003. Ellos han descubierto en la Enmienda Catorce un "derecho fundamental" ignorado por cada persona viva al tiempo de la ratificación, y por casi todo el mundo desde entonces. Ellos ven lo que menos importantes mentes jurídicas – mentes como Thomas Cooley, John Marshall Harlan, Oliver Wendell Holmes, Jr., Learned Hand, Louis Brandeis, William Howard Taft, Benjamin Cardozo, Hugo Black, Felix Frankfurter, Robert Jackson, and Henry Friendly— no pudieron ver. Ellos están seguros que el pueblo ratificó la Enmienda Catorce para otorgarles a ellos el poder de eliminar temas del

---

150. Véase sobre la sentencia: Allan R. Brewer-Carías, "Un "Putsch Judicial": Comentarios explicativos de sentencia de la Corte Suprema de los Estados Unidos declarando la inconstitucionalidad de las leyes de cuatro Estados que regulaban el matrimonio como unión solo entre un hombre y una mujer," en *Revista Iberoamericana de Derecho Procesal Constitucional,* N° 24, Instituto Iberoamericano de Derecho Procesal Constitucional, Edit Porrúa, N° 24, julio-diciembre 2015, México, 2015, pp. 193-213; en *Revista Pensamiento Constitucional,* N° 20, Escuela de Posgrado, Maestría en Derecho Constitucional, Fondo Editorial Pontificia Universidad Católica del Perú, ISSN 1027-6769, Lima 2015, pp. 11-33; y en *Revista de Derecho Público,* N° 142, (Segundo semestre 2015, Editorial Jurídica Venezolana, Caracas 2015, pp. 219-236.

proceso democrático cuando ello deriva de su "razonado juicio." Estos jueces saben que limitar el matrimonio a un hombre y una mujer es contrario a la razón; ellos saben que una institución tan vieja como el gobierno mismo, y aceptada por todas las Naciones en la historia hasta hace quince años, no puede ser apoyada por otra cosa que no sea la ignorancia o el prejuicio. Y están dispuestos a decir, que cualquier ciudadano que no esté de acuerdo con ello, que se refiera a lo que fue hasta hace quince años el juicio unánime de todas las generaciones y todas las sociedades, es contrario a la Constitución."

Como lo reafirmó el Chief Justice Roberts también en su Voto disidente al cual se unieron los Jueces Scalia y Thomas: "como la mayoría lo reconoce, el matrimonio "ha existido por milenios y a través de las civilizaciones," y siempre se ha referido "a una sola relación: la unión entre un hombre y una mujer," lo que consideró que no es una "coincidencia histórica," en el sentido de que:

"El matrimonio no surgió como consecuencia de un movimiento político, de un descubrimiento, de una enfermedad, de una guerra, de una doctrina religiosa, o de cualquier otra fuerza de la historia mundial – y ciertamente no como resultado de una decisión prehistórica de excluir a los homosexuales y lesbianas. Surgió de la naturaleza de las cosas para satisfacer la necesidad vital de asegurar que los hijos fueran concebidos por una madre y un padre comprometidos a levantarlos en condiciones estables durante la vida de su relación."

Por su parte, en cuanto al concepto de matrimonio, el Juez Alito, en su Voto disidente destacó sobre la concepción del matrimonio utilizada en la sentencia, que en la misma se sostiene que "el propósito fundamental del matrimonio es el promover el bienestar de los que se casan"; el de "dar satisfacción emocional y promesas de apoyo en tiempos de necesidad" y que "beneficiando a las personas que escogen casarse, el matrimonio beneficia indirectamente a la sociedad porque las personas que viven una vida en relación estable, satisfactoria y de soporte hace mejores ciudadanos." Es por estas razones, según expresó el mismo Juez Alito, que el argumento de la Corte fue que:

"los Estados promueven y formalizan el matrimonio, confieren especiales beneficios a las personas casadas, y también les imponen obligaciones especiales. Este entendimiento de las razones de los Estados para reconocer el matrimonio es lo que permite a la mayoría argumentar que el matrimonio del mismo sexo sirve a los objetivos de los Estados en la misma forma que los matrimonios de sexos opuestos. Este entendimiento del matrimonio, que se enfoca casi enteramente en la felicidad de las personas que escogen casarse, es hoy compartida por muchas personas, pero no es la tradicional. Por milenios, el matrimonio fue indisolublemente unido a una sola cosa que solo las parejas de sexo opuesto pueden hacer: procrear."

Ahora bien, la Constitución de los Estados Unidos de 1787, como sucede con todas las antiguas muy antiguas o que contienen declaraciones muy escuetas de derechos fundamentales, nada dispuso en materia de matrimonio, ni como derecho de las personas ni como institución social protegida por el Estado; y ello, a pesar de que como lo observó Alexis de Tocqueville cuando vistó Norteamérica en 1835, "no hay país en el mundo donde el lazo del matrimonio sea tan respetado como en América," (*Democracy in America* 309 (H. Reeve transl., rev. ed. 1990; citado en la sentencia). La palabra "*marriage*" incluso, no es utilizada en ninguna de sus normas.

Esto, al contrario de lo que sucede en Constituciones más modernas, como por ejemplo la de Venezuela, cuyo artículo 77 dispone en los términos antes mencionados que destacaron el Chief Justice Roberts y el Juez Alito en sus Voto disidentes, que "se protege el matrimonio entre *un hombre y una mujer*, fundado en el libre consentimiento y en la igualdad absoluta de los derechos y deberes de los cónyuges," agregándose que "las uniones estables de hecho entre *un hombre y una mujer* que cumplan los requisitos establecidos en la ley producirán los mismos efectos que el matrimonio." Sobre esta norma debo recordar que el proyecto de Constitución que se sometió a la consideración de la Asamblea Nacional Constituyente en la sesión del 26 de octubre de 1999, cuando tuvo lugar la primera discusión del texto constitucional, no contenía referencia alguna a que el matrimonio es una relación entre un "hombre y una mujer," habiendo sido aprobada la norma sin dicha precisión. Como consideré y considero que el matrimonio es una institución que sólo puede ocurrir entre un hombre y una mujer (otras relaciones entre personas de un mismo sexo pueden ser reconocidas y protegidas, pero no por ello, se tienen que llamar "matrimonio"), al finalizar la referida sesión de la Asamblea, consigné mi *Voto Salvado* con el siguiente texto:

"Salvo mi voto por considerar que no debió eliminarse, al protegerse el matrimonio, la referencia al "hombre y la mujer" que traía la redacción original pues ya no parece ser obvio, en el mundo moderno, que los matrimonios sólo deban existir entre hombre y mujer."[151]

En la segunda discusión del proyecto se adoptó el texto finalmente sancionado, pudiendo decirse entonces que el tema del matrimonio como institución protegida por el Estado que sólo puede ocurrir entre un hombre y una mujer, está expresamente regulado en la Constitución, por lo que no hay forma de interpretar sus previsiones en cuanto al matrimonio que no sea como una unión entre hombre y mujer, no pudiendo abarcar uniones de personas del mismo sexo.

En la Constitución de los Estados Unidos, en contraste, como lo expresó el Chief Justice Roberts, en Voto disidente:

"nada dice en sí misma sobre el matrimonio, y los Redactores en consecuencia asignaron a los Estados "todo el tema de las relaciones domésticas entre esposo y esposa" Windsor, 570 U. S., at ___ (slip op., at 17) (quoting *In re Burrus*, 136 U. S. 586, 593–594 (1890)). No hay discusión sobre el hecho de que cada Estado en su fundación – y todos los Estados a través de nuestra historia hasta hace una docena de años – definió el matrimonio en la forma tradicional, biológicamente fundada. Los cuatro Estados en estos casos son típicos. Sus leyes, antes y después han considerado el matrimonio como la unión entre un hombre y una mujer."

Y el hecho de que la Constitución nada regule en materia de matrimonio, significa que conforme al sistema federal de los Estados Unidos, el régimen del mismo corresponde ser establecido exclusivamente por los Estados. Por eso son las leyes de los Estados las que siempre han regulado el matrimonio.

Ahora bien, en cuanto a la Enmienda IV que se ha considerado violada por las leyes de los Estados que han establecido el matrimonio entre hombre y mujer, en la misma, en su parágrafo primero, lo que se indica es que:

"[…].Ningún Estado podrá hacer o imponer cualquier ley que pueda reducir los privilegios e inmunidades de los ciudadanos de los Estados Unidos; ni Estado alguno podrá privar a cualquier persona de su vida, libertad o propiedad, sin un debido proceso legal; ni negar a cualquier persona dentro de su jurisdicción protección igual de las leyes." [152]

---

151 Véase en Allan R. Brewer-Carías, *Asamblea Constituyente y Proceso Constituyente (1999), Tratado de Derecho Constitucional, Tomo VI*, Editorial Jurídica Venezolana, Caracas, 2013, pp. 680-681.

152 *Fourteenth Amendment, 1* (1868): "No State shall make or enforce any law which shall abridge the privileges or immunities of citizens of the United States; nor shall

Esta es la norma constitucional que la Corte Suprema, en su sentencia, consideró violada al negarse a los peticionarios el derecho a casarse, para lo cual la Corte limitó su decisión a dos cuestiones: primero, presentada en los casos de Michigan y Kentucky sobre si la Enmienda Catorce requiere a que el Estado celebre matrimonio entre dos personas del mismo sexo; y segundo, presentada en los casos de los Estados de Ohio, Tennessee y de nuevo Kentucky, si la Enmienda Catorce requiere que el Estado reconozca el matrimonio del mismo sexo celebrado y realizado en un Estado que si otorgue ese derecho.

La sentencia fue dictada con el respaldo de cinco votos, bajo la opinión del Juez Kennedy, a la cual se sumaron los jueces Ginsburg, Breyer, Sotomayor, y Kagan, y los siguientes Votos disidentes: el del Chief Justice Roberts, al cual se sumaron los Jueces Scalia y Thomas; el del Juez Scalia, al cual se sumó el Juez Thomas; El del Juez Thomas, al cual se sumó el Juez Scalia; y el del Juez Alito, al cual se sumaron los Jueces Scalia y Thomas.

Estas notas están destinadas a explicar las razones de la Corte Suprema al dictar su decisión, considerando la sentencia en particular desde el punto de vista del poder de la misma para controlar la constitucionalidad de las leyes (*judicial review*), sin entrar realmente en la discusión sobre el fondo decidido. Y ello, primero, en el mismo sentido que lo expresó el Juez Scalia en su Voto disidente, la sustancia de la sentencia en materia de matrimonio no es hoy lo importante, pues las leyes de los Estados pueden regular el tema como lo estimen las Legislaturas, reconociendo el matrimonio cualquier vínculo sexual, lo cual puede tener efectos sociales adversos como otras leyes controversiales. Lo importante en realidad, es saber quién es el que rige al ciudadano. Como lo expresó el Juez Scalia:

> "La decisión de hoy dice que mi Gobernante, y el Gobernante de 320 millones de americanos de costa a costa es una mayoría de los nueve jueces de la Corte Suprema. La decisión es estos casos, es la última extensión de hecho –y la última extensión que uno pueda imaginar – del poder que la Corte reclama para crear "libertades" que ni la Constitución ni sus Enmiendas siquiera mencionan. Esta práctica de control de constitucionalidad por un comité no electo de nueve, siempre acompañada (como es hoy) de extravagantes admiraciones de libertad, le roba al Pueblo la libertad más importante que está en la Declaración de Independen-

---

any State deprive any person of life, liberty, or property, without due process of law; nor deny to any person within its jurisdiction the equal protection of the laws."

cia y venció en la Revolución de 1776: la libertad de gobernarse a sí mismo."

Igualmente, nuestros comentarios van en el sentido que expresó el Juez Alito en su también Voto disidente, en el sentido de que:

"La decisión de hoy tendrá un efecto fundamental en esta Corte y en su habilidad de sostener el Estado de derecho. Si una simple mayoría de Jueces puede inventar un nuevo derecho e imponer ese derecho en el resto del país, el único límite real a lo que futuras mayorías podrán hacer, es su solo sentido sobre lo que esos con poder político e influencia cultural estarán dispuestos a tolerar. Incluso los entusiastas soportes del matrimonio del mismo sexo se preocuparán sobre el ámbito del poder que la mayoría de hoy reclama. La decisión de hoy muestra que décadas de intentos de restricción de los abusos de la autoridad de esta Corte han fracasado. Una lección que alguien va a sacar de la decisión de hoy es que predicar sobre el método apropiado de interpretación de la Constitución o de las virtudes del auto control y humildad judicial no pueden competir con la tentación de lograr lo que es visto por todos los medios prácticos como un final noble. Yo no tengo dudas que mis colegas en la mayoría ven sinceramente en la Constitución una visión de libertad que coincide con las de ellos mismos. Pero esta sinceridad es motivo de preocupación y no de seguridad. Lo que es evidente es lo hondo y quizás irremediable corrupción de nuestra concepción de cultura jurídica sobre interpretación constitucional.

Por ello el Juez Alito expresó que aparte de que la decisión adoptada iba a ser celebrada y lamentada conforme a la propia visión sobre matrimonio del mismo sexo que tuvieran los americanos, "de lo que tendrían que preocuparse es de lo pretende el clamor de poder de la mayoría."

La sentencia se fundamentó básicamente en la noción de "libertad" que se establece en la Enmienda Catorce de la Constitución, la cual conforme se expresó en la primera frase de la sentencia, "incluye ciertos derechos específicos que permiten a las personas, dentro del reino de la legalidad, definir y expresar su identidad," partiendo de la base de que los peticionarios en estos casos buscaban "encontrar esa libertad al casarse con alguien de su mismo sexo y tener un matrimonio considerado como legal en los mismos términos y condiciones como el matrimonio entre personas de sexo opuesto."

II. LA DISCUSIÓN SOBRE EL TEMA DEL MATRIMONIO DE PAREJAS DEL MISMO SEXO

Después de constatar cómo desde finales del siglo XX hubo desarrollos culturales y políticos sustanciales que condujeron a personas del mismo sexo a llevar una vida más abierta y pública y a establecer familia, y destacar las discusiones que se originaron sobre ello tanto en el sector público como privado, con un cambio de actitud más tolerante en la materia, el tema de los derechos de los homosexuales y lesbianas llegó a las cortes de justicia, habiendo la Corte Suprema decidido muchos casos de importancia (*Bowers v. Hardwick*, 478 U. S. 186 (1986); *Romer v. Evans*, 517 U. S. 620 (1996); Lawrence v. Texas, 539 U. S. 558, 575; *Baehr v. Lewin*, 74 Haw. 530, 852 P. 2d 44)

Aun cuando ninguna de esas decisiones ordenó que fuera permitido el matrimonio entre personas del mismo sexo, algunos Estados tuvieron preocupación sobre sus implicancias, y reafirmaron en sus propias leyes que el matrimonio se define como la unión entre parejas de sexo opuesto; e incluso en 1996 se dictó una ley federal, *Defense of Marriage Act (DOMA), 110 Stat. 2419*, que definió al matrimonio a los efectos de todas las leyes federales "solo como la unión entre un hombre y una mujer como esposo y esposa."1 U. S. C. §7. Otras discusiones siguieron, y en el Estado de Massachusettes, su Corte Suprema en 2003 sostuvo que la Constitución del Estado garantizaba el derecho de las parejas del mismo sexo de casarse (*Goodridge v. Department of Public Health*, 440 Mass. 309, 798 N. E. 2d 941 (2003). Otros Estado, igualmente, mediante legislación o decisiones judiciales reconocieron el mismo derecho; y la Corte Suprema en *United States v. Windsor*, 570 U. S. ___ (2013), otorgó derechos matrimoniales a parejas del mismo sexo, invalidando la *Defense of Marriage Act (DOMA)*.

Además, con excepción de las sentencias sometidas a revisión en la sentencia, numerosas sentencias de las Cortes de Apelaciones, de las Cortes de Distrito y de las Cortes Supremas de los Estados en los últimos años han sostenido que excluir a parejas del mismo sexo de matrimonio viola la Constitución, y que debería permitirse que las mismas se casaran. En todo los Estados de la Unión en la materia al dictarse la sentencia estaban divididos.

III. LA ENMIENDA CATORCE, LA LIBERTAD Y LA IDENTIFICACIÓN DE LOS "DERECHOS FUNDAMENTALES"

Para decidir, la Corte Suprema se refirió a la llamada *Due Process Clause* de la Enmienda Catorce que establece que ningún Estado podrá "privar a cualquier persona de su vida, libertad o propiedad, sin un debido proceso legal", estando incluidas dentro de las libertades fundamentales los derechos enumerados en el *Bill of Rights* (*Duncan v. Louisiana,* 391 U. S. 145, 147– 149 (1968); y además, las elecciones personales centrales a la dignidad individual y autonomía, incluso las escogencias íntimas que definen la identidad personal y las creencias (por ejemplo, Eisenstadt v. Baird, 405 U. S. 438, 453 (1972); *Griswold v. Connecticut*, 381 U. S. 479, 484–486 (1965).

De esa enumeración escueta de las libertades esenciales de las personas garantizadas en la Constitución, en una enumeración (vida, libertad y propiedad) que provienen de los trabajos de John Locke del siglo XVII, la Corte Suprema ha venido estableciendo lo que ha definido como los "derechos fundamentales," cuya "enumeración y protección" conforme se expresa en la sentencia que comentamos, "es una parte permanente del deber judicial de interpretar la Constitución" reconociendo, sin embargo, que "esa responsabilidad no ha sido reducida a fórmula alguna" (*Poe v. Ullman*, 367 U. S. 497, 542 (1961) (Harlan, J., dissenting).

Al contrario, sigue la sentencia, requiere de los tribunales "decisiones razonadas para identificar intereses de las personas que son tan fundamentales que el Estado les otorga protección," proceso que "guía muchas de las otras consideraciones relevantes en el análisis de otras previsiones constitucionales que establecen principios extensivos en lugar de requerimientos específicos." Según la Corte,

> "ese método respeta nuestra historia y aprende de ella sin permitir que el pasado solo regule el presente. La naturaleza de la injusticia es que nosotros no siempre podremos verla en nuestro propio tiempo. Las generaciones que escribieron y ratificaron el Bill of Rights y la Enmienda Catorce no presumieron saber la extensión de la libertad en todas sus dimensiones, y así encomendaron a las futuras generaciones una carta protegiendo el derecho de todas las personas de gozar la libertad como conozcamos su significado. Cuando nuevas percepciones revelan discordancias entre las protecciones centrales de la Constitución y una inusual crítica legal, la libertad debe ser expresada."

Pero como lo observó el Juez Thomas en su Voto disidente suscrito también por el Juez Scalia, al analizar el concepto de "libertad" incorporado en la Enmienda Catorce, "desde bastante antes de 1787, libertad ha sido entendida como libertad en relación con la acción gubernamental, no como derecho a beneficios. Los redactores crearon nuestra Constitución para preservar ese entendimiento de libertad. Sin embargo, la mayoría invoca nuestra Constitución en el nombre de una "libertad" que los Redactores no hubieran reconocido, en detrimento de la libertad que ellos buscaron proteger." Y continuó el Juez Thomas en su Voto disidente, expresando que sea que se defina "libertad" como derecho de locomoción o como libertad respecto de la acción del gobierno, en estos casos los peticionarios no pueden reclamar violación de su libertad, porque no han sido encarcelados o físicamente molestados por los Estados por participar en relaciones del mismo sexo, ni sus vidas han sido restringidas. Lo que ha sucedido es que los Estados se han negado a otorgarles beneficios gubernamentales, y su reclamo se basa en que tienen derecho a privilegios y beneficios que existen solo por la regulación gubernamental.

En orientación similar, como lo precisó el Chief Justice Roberts en su Voto disidente, la Corte Suprema de los Estados Unidos ha interpretado la *Due Process Clause* para incluir componentes

"substantivos" que protegen ciertos intereses de libertad contra privaciones por parte del Estado "independientemente del proceso que se prevea." Reno v. Flores, 507 U. S. 292, 302 (1993). La teoría es que algunas libertades están "de tal manera enraizadas en las tradiciones y conciencia de nuestro pueblo que han de tener rango constitucional" y por tanto no pueden ser privadas sin una convincente justificación. *Snyder v. Massachusetts*, 291. Permitir que jueces federales no-electos seleccionen cuales derechos no enumerados son los que deben tener rango de "fundamentales" – y anular leyes estadales sobre la base de esa determinación – levanta preocupaciones obvias sobre el papel judicial. Nuestros precedentes en consecuencia han insistido que los jueces "deben tener un gran cuidado" en identificar derechos fundamentales implícitos, y "menos que la libertad protegida por la *Due Process Clause* sea sutilmente transformada en la preferencia política de los miembros de esta Corte" *Washington v. Glucksberg*, 521 U. S. 702, 720 (1997)."

En definitiva, como también lo precisó el Chief Justice Roberts en su voto disidente, para evitar el:

"error salvado de convertir preferencias personales en mandatos constitucionales, nuestros modernos casos de debido proceso sustantivos insisten en la necesidad de "auto-control judicial." *Collins v. Harker Heights*, 503 U. S. 115, 125 (1992). Nuestros precedentes han requerido que un derecho fundamental implícito sea "muy hondamente enraizado en la historia y tradición de esta Nación" y que "implícito, en el concepto de libertad ordenada, es que ni la libertad ni la justicia existirían si fuese sacrificado." *Glucksberg*, 521 U. S., at 720–721."

Concluyendo más adelante el Chief Justice Roberts en su Voto disidente que "El propósito de insistir en que los derechos fundamentales implícitos tengan raíces en la historia y la tradición de nuestro pueblo es para asegurar que cuando jueces no electos anulan una ley sancionada democráticamente, lo hacen basados en algo más que sus propias creencias. La Corte hoy no sólo repasó la completa historia y tradiciones de nuestro país, sino que la repudió activamente, prefiriendo vivir solo en los pesados días de aquí y ahora."

Sobre el mismo tema de la utilización del término "libertad" utilizado en la Enmienda catorce para fundar la sentencia el Juez Alito en su Voto disidente, expresó que

"La Constitución nada dice sobre el derecho de matrimonio del mismo sexo, pero la Corte sostiene que el término "libertad" en la Cláusula del debido Proceso de la Enmienda Cuarta comprende este derecho. Nuestra Nación fue fundada sobre el principio de que toda persona tiene un inalienable derecho a la libertad, pero la libertad es un término de muchos significados. Para los liberales clásicos, puede incluir los derechos económicos ahora limitados por las regulaciones gubernamentales. Para los demócratas sociales, puede incluir el derecho a una variedad de beneficios gubernamentales. Para la mayoría de hoy, tiene un significado postmoderno particular. Para evitar que Jueces no electos impusieran al pueblo Americano su visión personal de la libertad, la Corte ha sostenido que la "libertad" en la Cláusula de Debido proceso debe ser entendida para proteger no solo esos derechos que están "hondamente enraizados en la historia y tradición de esta Nación" *Washington v. Glucksberg*, 521 U. S. 701, 720–721 (1997). Y está fuera de toda disputa que el derecho al matrimonio del mismo sexo no está entre esos derechos. Véase *United States v. Windsor*, 570 U. S. ___, ___ (2013) (ALITO, J., dissenting) (slip op., at 7). En efecto, "En este país, ningún Estado ha permitido el matrimonio del mismo sexo hasta que la Corte Suprema de Justicia de Massachusetts sostuvo en 2003 que limitar el matrimonio a parejas de sexo opuesto violaba la Constitución del Estado. See *Goodridge v. Department of Public Health*, 440 Mass. 309, 798 N. E. 2d 941.

Ni el derecho al matrimonio del mismo sexo está hondamente enraizado en las tradiciones de otras Naciones. Ningún país permitió el matrimonio de parejas del mismo sexo hasta que los Países Bajos lo hizo en 2000. "Lo que [esos que argumentan a favor de un derecho constitucional al matrimonio de mismo sexo] buscan, en consecuencia, no es la protección de un derecho hondamente enraizado sino el reconocimiento de un muy nuevo derecho, y buscan esta innovación no del órgano legislativo electo por el pueblo, sino de jueces no electos. Enfrentado a tal exigencia, los jueces tienen que tener tanto caución como humildad." Id., at ___ (slip op., at 7–8) (footnote omitted). Para la mayoría de hoy, no importa que el derecho al matrimonio del mismo sexo carezca de hondas raíces e incluso sea contario a la larga tradición establecida. Los Jueces en la mayoría reclaman la autoridad para conferir protección constitucional sobre tal derecho simplemente porque ellos creen que es fundamental."

IV. LA DIFICULTAD DE IDENTIFICAR LOS DERECHOS FUNDAMENTALES

En todo caso, debe recordarse que la tarea de la Corte Suprema de los Estados Unidos, particularmente en materia de identificar los derechos sociales como derechos fundamentales no ha sido fácil, particularmente porque como se ha dicho, la Constitución de 1787 y sus Enmiendas, solo contienen una escueta declaración constitucional de derechos. [153]

Una pieza esencial para el desarrollo de esa labor, ha sido, sin embargo, la previsión de la Enmienda Novena de la Constitución, incorporada en 1791, conforme a la cual:

"La inclusión de ciertos derechos en la Constitución no se interpretará en el sentido de denegar o restringir otros derechos que se haya reservado el pueblo."[154]

Esta importante cláusula abierta de la declaración de derechos, que confirma el carácter declarativo y no constitutivo de la enumeración constitucional, le ha permitido a la Corte Suprema identificar y proteger derechos constitucionales no declarados expresamente en el texto constitucional, considerados como inherentes a la persona humana. Clausulas abiertas de este tipo, siguiendo el sentido de la Enmienda Novena, se incorporaron posteriormente en casi todas las Constituciones de América Latina.

En todo caso, con este tipo de cláusulas, el listado de derechos constitucionales no se agota con los enumerados en el texto, así sean escuetos, sino que abarca todos aquellos inherentes a las personas y a la dignidad humana.

Esta fue la orientación de la argumentación de la Corte Suprema de los Estados Unidos en el caso *Griswold v. Connecticut* decidido el 7 de junio de 1965 (381 U.S. 479; 85 S. Ct. 1678; 14 L. Ed. 2d 510; 1965), en el cual el Juez Goldberg, al expresar la opinión de la Corte en relación con la

---

153 Véase Allan R. Brewer-Carías, "Sobre la justiciabilidad de los derechos sociales" en ponencia presentada el *II Congreso Internacional sobre "Los Derechos Económicos y Sociales y su exigibilidad en el Estado Social y Democrático de Derecho"*, organizado por el Tribunal Constitucional de la República Dominicana, Santo Domingo, 26-29 de noviembre 2014

154 Ninth Amendment: (1791) *"The enumeration in the Constitution, of certain rights, shall not be constructed to deny or disparage others retained by the people"*.

declaración de inconstitucionalidad de una Ley del Estado de Connecticut sobre control de natalidad, por considerar que la misma violaba el derecho a la privacidad en el matrimonio, indicó:

"La Enmienda IX muestra la convicción de los autores de la Constitución de que existen derechos fundamentales que no están expresamente enumerados en las primeras ocho Enmiendas y la intención de que la lista de derechos incluidos allí no debe tenerse como exhaustiva…

Toda la estructura de la Constitución y de sus propósitos que claramente inspiran sus garantías específicas demuestra que los derechos a la privacidad marital y a casarse y levantar una familia son de un similar orden y magnitud que los derechos fundamentales específicamente protegidos. Aun cuando la Constitución no se refiere con muchas palabras respecto del derecho a la privacidad en el matrimonio, no puedo creer que la misma no ofrezca protección a esos derechos fundamentales. El hecho de que no haya una particular previsión en la Constitución que prohíba explícitamente al Estado el perturbar la relación tradicional de la familia – una relación tan vieja y fundamental como nuestra civilización entera - , con seguridad no implica que el Gobierno tenga el poder para ello. En cambio, como la Enmienda IX lo reconoce expresamente, hay derechos fundamentales personales como éste, que son protegidos frente restricciones por el Gobierno, aun cuando no esté mencionado específicamente en la Constitución."

En otros casos, en los mismos Estados Unidos, otros derechos no expresamente regulados en la Constitución, como por ejemplo el derecho a la educación, sin embargo no han encontrado una aproximación garantista como la indicada, ni ha sido considerado como un derecho fundamental, salvo por la vía de garantizar la igualdad y no discriminación en el disfrute del derecho.

En efecto, ese fue el meollo del caso *Brown v. Board of Education of Topeka*, 347 EE.UU. 483 (1954) con el cual puede decirse que en los Estados Unidos comenzó el proceso de mutación de la Constitución en materia de derechos fundamentales, particularmente teniendo en cuenta que la Constitución de los Estados Unidos de 1789 y las primeras diez Enmiendas de 1791 no establecieron el principio de igualdad, y que la Enmienda Catorce (1868) sólo estableció una cláusula de igualdad ante la ley, que hasta la década de 1950 tuvo un significado diferente.

Este proceso convirtió a la Corte, como lo han afirmado Laurence Claus y Richard S. Kay en "el legislador más poderoso de la nación"[155], habiendo utilizado para tal fin, viejos pero renovados medios de protección, particularmente las *injunctions* de equidad para garantizar la protección de derechos en uno de los desarrollos más notables en el derecho constitucional contemporáneo, que ha producido cambios que sólo años antes hubiera sido imposible imaginar. Esos medios judiciales de protección se comenzaron a utilizar ampliamente, precisamente en el caso *Brown v. Board of Education of Topeka*, en el cual la Corte Suprema sostuvo que la segregación racial en la educación pública era una negación de la "protección igual ante las leyes," y que en virtud de la Enmienda XIV, ningún Estado, dentro de su jurisdicción, podría negarla a persona alguna. Para adoptar su decisión, la Corte tuvo que responder a varios interrogantes que se formuló para comprobar si la segregación era inconstitucional, como por ejemplo, si la orden judicial que debía emitir debía ordenar que los niños afroamericanos "fueran inmediatamente admitidos en las escuelas de su propia elección; o si el juez, en el ejercicio de sus poderes para imponer la igualdad, debía "permitir un ajuste gradual efectivo" para lograr sistemas unitarios.[156] Con el tiempo, dichas aproximaciones llevaron a la Corte Suprema en mayo de 1954, a declarar la segregación racial como incompatible con la Enmienda XIV, dictando en mayo de 1955 la sentencia definitiva del caso, dos años y medio después de haber oído los alegatos iniciales.[157]

El resultado del proceso fue un cambio radical en relación con el tema de la discriminación en el sistema educativo, lo que a la vez fue básicamente un cambio en el propio significado de la Enmienda XIV, con respecto a lo cual el *Chief Justice* Warren de la Corte Suprema argumentó en el caso, que:

"Al abordar este problema no podemos retroceder a 1868 cuando se adoptó la Enmienda, o incluso a 1896, cuando el caso *Plessy v. Ferguson* fue escrito. Debemos tener en cuenta la educación pública a la luz de su

---

155 Véase Laurence Claus & Richard S. Kay, "Constitutional Courts as Positive Legislators in the United States," en Allan R. Brewer-Carías, *Constitutional Courts as Positive legislators*, Cambridge University Press, New York, 2011 pp. 815 ss. Argumentan estos autores que eventualmente, "la ley de la libertad y de la igualdad en los Estados Unidos es ahora, en gran medida, y en última instancia, creada y formada por el Tribunal Supremo," en *Idem*.

156 *Brown v. Bd. of Educ.*, 345 U.S. 972, 972 (1953). Véase en Laurence Claus & Richard S. Kay, *loc. cit., Idem*.

157 *Idem.*

pleno desarrollo y su actual lugar en la vida estadounidense en toda la Nación. Sólo de esta manera se puede determinar si la segregación en las escuelas públicas priva a estos demandantes de igualdad ante las leyes".

Esta afirmación llevó al propio Warren a concluir entonces,

"Que en el ámbito de la educación pública la doctrina de "separados pero iguales" no tiene lugar. Instalaciones educativas separadas son inherentemente desiguales. Por lo tanto, sostenemos que los demandantes, y otros en situación similar a partir de quienes se han interpuesto las acciones, son por razón de la segregación por la cual interpusieron el reclamo, privados de la igualdad ante las leyes garantizada por la Enmienda Decimocuarta."[158]

Pero en contraste con la protección a sistema educativo basada en la aplicación del principio y derecho a la igualdad y no discriminación que resultó del caso *Brown v. Board of Education of Topeka,* el derecho a la educación en sí mismo, como antes se dijo, no ha sido considerado en los Estados Unidos como un derecho fundamental. Por ejemplo, en el caso *San Antonio Independent School District et al. v. Rodriguez et al.*, de 1.973, decidió que la educación, si bien "es uno de los más importantes servicios prestados por el Estado" (como se declaró en *Brown v. Board of Education*), no está dentro de la limitada categoría de derechos reconocida por esta Corte como garantizada por la Constitución" Con base en ello, la Corte Suprema negó a dicho derecho la cualidad de "derecho fundamental", insistiendo que "la educación, no obstante su indiscutida importancia, no es un derecho al que se reconoce, explícita o implícitamente, protección por la constitución."[159]

Al resolver el caso, la Corte Suprema se refirió a otra decisión anterior emitida en el caso *Dandridge v. Williams*, 397 U.S. 471 (1970), donde tratando otras materias de asistencia social pública, sentenció que:

"No es terreno de esta Corte el crear derechos constitucionales sustanciales a título de garantizar la igualdad de las leyes. De allí que la clave para descubrir si la educación es "fundamental" no se encontrará en comparaciones sobre la significación social relativa de la educación, con la subsistencia o la vivienda. Ni tampoco se encontrará al sopesar si la educación es tan importante como el derecho a movilizarse. Más bien, la

---

158 *Idem.*
159 411 U.S. 1; 93 S. Ct. 1278; 36 L. Ed. 2d 16; (1973), del 21 de marzo de 1.973. En *Idem.*

respuesta yace en determinar si existe un derecho a la educación, explícita o implícitamente, garantizado por la Constitución. [160]

En apoyo del antes mencionado caso *San Antonio Independent School District et al. v. Rodriguez et al.*, la Corte también se refirió a otro caso - *Lindsay v. Normet*, 405 U.S. 56 (1972)- dictado solo un año antes y en el cual reiteró "que la importancia social no es el determinante crítico para sujetar la legislación estadal a examen estricto," negando rango constitucional al derecho a tener una vivienda, disponiendo que sin denigrar de "la importancia de una vivienda decente, segura e higiénica," el hecho es que "la Constitución no dispone de medios judiciales para cada anomalía social o económica," siendo la materia de atribución legislativa y no judicial. [161]

Por consiguiente, el elemento clave para que los derechos humanos sean materia de protección constitucional - también en los Estados Unidos - es el rango o reconocimiento constitucional que tengan como derechos, independientemente de la posibilidad que sean además regulados por las leyes.

V. SOBRE EL DERECHO A CASARSE COMO DERECHO FUNDAMENTAL, EL DERECHO A ESCOGER PAREJA, Y SU RELACIÓN CON LA PROTECCIÓN DE LA FAMILIA

Con todos estos antecedente, para decidir la cuestión planteada sobre el derecho de los peticionarios al reconocimiento del derecho al matrimonio de las parejas del mismo sexo, la Corte Suprema para desentrañarlo no acudió a la Enmienda Novena, como en los casos antes mencionados, sino de la Enmienda Catorce, para lo cual comenzó por reconocer que desde mucho tiempo atrás, había sostenido que el derecho a casarse está protegido por la Constitución, citando muchos casos judiciales. Entre los caos citado, se refirió al caso *Loving v. Virginia*, 388 U. S. 1, 12 (1967), mediante el cual la Corte invalidó prohibiciones de matrimonios interraciales, sosteniendo unánimemente que el matrimonio es "uno de los derechos personales vitales esenciales para el logro ordenado de la felicidad de los hombres libres."

La Corte precisó sin embargo, que no podía negarse que los casos citados en su sentencia describiendo el derecho a casarse, todos se referían a relaciones entre parejas de sexo opuesto, pues como muchas instituciones "hizo asunciones definidas en el mundo y en el tiempo de los cuales es

---

160 En *Idem.*

161 En *Idem.*

parte." Y además, en la sentencia del caso *Baker v. Nelson,* 409 U. S. 810, de 1972, al referiré a la competencia de los Estados, la Corte afirmó que la exclusión del matrimonio de parejas del mismo sexo no planteaba una cuestión federal sustantiva.

En todo caso, luego de analizar todos los precedentes jurisprudenciales, la Corte concluyó que ello la compelía "a la conclusión de que las parejas del mismo sexo podían ejercer su derecho a casarse"; ya que "los cuatro principios y tradiciones que serían discutidos demuestran que las razones por las que el matrimonio es fundamental conforme a la Constitución se aplican con igual fuerza a las parejas del mismo sexo."

Esos cuatro principios que la Corte analizó en su sentencia, son: primero, el derecho a escoger pareja, segundo, el carácter de derecho fundamental del matrimonio, tercero, su vinculación con otros derechos de la familia, y cuarto el derecho al matrimonio de parejas del mismo sexo como parte del derecho a casarse

La *primera premisa* que la Corte analizó de sus precedentes fue el derecho a escoger pareja, que se considera como un derecho fundamental que no puede ser restringido por el Estado. Sobre el mismo, en síntesis la sentencia decidió que:

> "el derecho personal a la escogencia en relación con el matrimonio como derecho inherente en el concepto de autonomía individual. Fue esa conexión permanente entre matrimonio y la libertad por la que [la sentencia] *Loving* invalidó la prohibición de matrimonio interracial conforme a la *Due Process Clause. See* 388 U. S., at 12." […] "Como las escogencias relativas a la contracepción, las relaciones familiares, la procreación, y la crianza de los hijos, todos los cuales están protegidos por la Constitución, las decisiones concernientes al matrimonio están entre las más íntimas que un individuo puede tomar." […] "Efectivamente, la Corte ha notado que sería contradictorio "reconocer el derecho a la privacidad en relación con materias de la vida familiar y no respecto de la decisión de entrar en la relación que es la fundación de la familia en nuestra sociedad" *Zablocki*, supra, at 386."

> "La naturaleza del matrimonio es que, a través de su promesa duradera, dos personas juntas pueden encontrar otras libertades, como las de expresión, intimidad y espiritualidad. Esto es cierto para todas las personas, sea cual fuere su orientación sexual. See *Windsor,* 570 U. S., at." ___ – .

El *segundo principio* que destacó la Corte de su jurisprudencia es que el derecho a casarse es fundamental porque soporta la unión de dos personas como ninguna otra en su importancia de dedicación individual. Este punto, dijo la Corte fue central en *Griswold v. Connecticut*, en la cual se sostuvo que la Constitución protege el derecho de las parejas casadas al uso de contraceptivos (381 U. S., at 485); sugiriendo que el matrimonio es un derecho "tan viejo como el Bill of Rights."

Pero como lo observó el Chief Justice Roberts en su voto salvado, lo cierto es que la competencia para regular este derecho a casarse, conforme al sistema federal, es de los Estados, de manera que

> "el derecho fundamental a casarse no incluye el derecho a hacer que un Estado cambie su definición del matrimonio. Y la decisión del Estado de mantener el significado del matrimonio que ha persistido en toda cultura a través de la historia de la humanidad difícilmente puede ser llamada irracional. En breve, nuestra Constitución no sanciona ninguna teoría del matrimonio. El pueblo de un Estado es libre de extender el matrimonio para incluir parejas del mismo sexo, o para retener la definición histórica. Hoy, sin embargo, la Corte adopta el extraordinario paso de ordenarle a cada Estado que licencie y reconozca el matrimonio del mismo sexo."

De lo anterior quedará pendiente, como lo observó el mismo Roberts, determinar "si los Estados podrán retener la definición del matrimonio "como unión entre dos personas" Cf. *Brown v. Buhman*, 947 F. Supp. 2d 1170 (Utah 2013), appeal pending, N° 14- 4117 (CA10)." "Aun cuando la mayoría insertó erráticamente el adjetivo "dos" en varias partes, no dio razón alguna sobre el porqué del elemento dos personas debe ser preservado en la esencia de la definición del matrimonio, al tiempo que el elemento hombre y mujer, no. En efecto, desde el punto de vista de la historia y tradición, un salto del matrimonio de sexos opuestos al matrimonio del mismo sexo, es mucho más grande que de una unión de dos personas a uniones plurales, las cuales tienen hondas raíces en algunas culturas alrededor del mundo;" destacando cómo "el razonamiento de la mayoría se podría aplicar con igual fuerza para reclamar un derecho fundamental al matrimonio plural."

La *tercera base* para proteger el derecho a casarse de acuerdo con el razonamiento de la Corte, es la salvaguarda de los hijos y de la familia, de lo que deriva sentido con los derechos relacionados de crianza, procreación y educación; considerando además que el matrimonio permite la importante permanencia y estabilidad para los mejores intereses de los hijos, agregando que: "Como todas las partes coinciden, muchas parejas del mismo sexo dan hogar afectuoso y cultivado hogar a sus hijos, sean biológicos o adoptados. Y cientos de miles de hijos están siendo en el presente levantados por dichas parejas." De allí concluyo la Corte en consecuencia, que "excluir a las parejas del mismo sexo del matrimonio choca con la premisa central del derecho a casarse," y que "sin el reconocimiento, estabilidad y predictibilidad que ofrece el matrimonio, sus hijos sufren el estigma de saber que sus familias son en cierta forma menos," siendo en todo caso "el derecho a casarse menos significativo para esos que no quieren o no pueden tener hijos."

VI. LA LIBERTAD Y EL RECONOCIMIENTO DEL DERECHO DE LAS PAREJAS DEL MISMO SEXO A CASARSE

De las tres premisas anteriores, al reconocer la Corte la importancia del matrimonio en la historia y sociedad norteamericana, concluyó afirmando que por la misma razón "que las parejas prometen apoyarse mutuamente, igualmente la sociedad acepta apoyar las parejas, ofreciéndoles el reconocimiento simbólico y los beneficios materiales para proteger y sostener su unión;" enumerando entre la lista de derechos, beneficios y responsabilidades gubernamentales relativos al estatus marital, la propiedad, el derecho de herencia y propiedad, la sucesión, los privilegios de los esposos en materia de pruebas, el acceso a hospitales, las decisiones adoptadas por las autoridades médicas, los derechos de adopción, los derechos y beneficios de los sobrevivientes, certificados de nacimiento y de defunción, la reglas de ética profesional, las restricciones de financiamiento de campañas, los beneficios de compensación laboral, seguro de salud y reglas de custodia, apoyo y visita de los hijos.

Sobre este principio, concluyó la Corte, que "no hay diferencia entre el mismo sexo o sexos opuestos," en cambio mediante su exclusión de esta institución a las parejas de un mismo sexo se les niega la constelación de beneficios que los Estados vinculan al matrimonio," y que "la limitación del matrimonio solo a las parejas de sexos opuestos, si bien pudo haber sido vista como natural y justa," ahora "es manifiesta su inconsistencia con el significado central del derecho a casarse como derecho fundamental." Y así, decidió la Corte que "Con ese conocimiento tiene que venir el reconocimiento que las leyes que excluyen a las parejas del mismo sexo del derecho al matrimonio imponen un estigma y una injuria del tipo que está prohibido en nuestra Carta básica."

Los demandados, sin embargo, argumentaron que los peticionarios en definitiva, no buscaban el ejercicio del derecho a casarse sino más bien, un inexistente "derecho al matrimonio del mismo sexo," ante lo cual la Corte, al repasar los antecedentes decidió que en el caso *Loving* no se demandó sobre "un derecho al matrimonio interracial"; que en *Turner* no se demandó el "derecho de los prisioneros de casarse," y que en Zablocki no se demandó acerca de un "derecho de los padres con deberes de apoyo no pagados a sus hijos, de casarse." Al contrario observó la Corte que en cada caso "se peticionó sobre el derecho de casarse en su sentido comprensivo, preguntando si había suficiente justificación para excluir las clases relevantes de derecho." Y según la Corte

"ese principio se aplica aquí. Si los derechos fueran definidos por quien los ejerció en el pasado, entonces practicas usuales pueden servir como sus propias justificaciones continuadas y nuevos grupos no podrían invocar derechos otrora negados. Esta Corte ha rechazado esa aproximación, tanto respecto del derecho a casarse como de los derechos de los homosexuales y lesbianas. Véase *Loving* 388 U. S., at 12; *Lawrence*, 539 U. S., at 566–567. El derecho a casarse es fundamental como tema de historia y tradición, pero los derechos no solo provienen de fuentes antiguas. Los mismos surgen, también, de un entendimiento mejor informado sobre cómo los imperativos constitucionales definen la libertad que permanece urgente en nuestra propia era. Bajo la Constitución, las parejas del mismo sexo buscan en el matrimonio el mismo tratamiento legal que las parejas de sexos opuestos, y negarles dicho derecho sería ridiculizar sus elecciones y disminuir su personalidad."

De todo lo anterior, la Corte concluyó considerando que "el derecho a casarse de las parejas del mismo sexo que es parte de la libertad prometida en la Enmienda Catorce, también deriva de la garantía de dicha Enmienda sobre protección igual por las leyes" con la cual la anterior está profundamente conectada," llegando a la conclusión de que:

"el derecho a casarse es un derecho fundamental inherente a la libertad de las personas, y bajo las Cláusulas del Debido Proceso y de Igual Protección de la Enmienda Catorce las parejas del mismo sexo no puedes ser privadas del derecho fundamental de casarse. La Corte ahora sostiene que las parejas del mismo sexo pueden ejercer el derecho fundamental de casarse. Esa libertad no se les puede negar más."

Y como consecuencia de esta declaración, la Corte decidió que el caso *Baker v. Nelson*, "debe ser y ahora es revocado (*overruled*)" y que las leyes estadales impugnadas por los peticionarios en estos casos, son ahora consideradas inválidas en cuanto a que excluyen a las parejas del mismo sexo del matrimonio civil en los mismos términos y condiciones de las parejas de sexo opuesto."

Cuando se lee la sentencia cuidadosamente, cuyo solo fundamento para llegar a esta conclusión fue solo el concepto de libertad y trato igual por la ley, pero sin utilizar ni una sola vez la palabra discriminación, uno entiende el porqué de la convicción expresada por el Chief Justice Roberts, al expresar en su Voto disidente que "la verdad es que la decisión de hoy se apoya en nada más que las propias convicciones de la mayoría, de que a las parejas del mismo sexo debe permitírseles casarse porque ellos así lo quieren, y que "negarles ese derecho sería ridiculizar su elección y disminuir su personalidad.""

VII. CRÍTICAS DE LOS PROPIOS JUECES AL ACTIVISMO JUDICIAL EN RELACIÓN CON LOS DERECHOS FUNDAMENTALES

Los jueces que formaron la mayoría, en todo caso, estaban consciente del significado de la sentencia que estaban dictando y de su incidencia sobre los principios del control de constitucionalidad de las leyes. Por ello, luego de decidir el fondo, argumentaron que "Por supuesto, la Constitución establece que la democracia es el proceso apropiado para los cambios, pero siempre que ese proceso no reduzca los derechos fundamentales," agregando que a finales del pasado Período, la pluralidad de esta Corte reafirmó la importancia del principio democrático en *Schuette v. BAMN*, 572 U. S. ___ (2014), destacando que "el derecho de los ciudadanos a debatir, de manera que puedan aprender y decidir, y entonces, a través del proceso político, actuar en concierto y tratar de configurar el curso de su propio tiempo. " Id., at ___ – ___ (slip op., at 15–16).

Y en efecto, es lo más frecuente que sea a través de la democracia que la libertad sea preservada y protegida en nuestras vidas. Pero como *Schuette* también dijo: "la libertad asegurada por la Constitución consiste, en una de sus dimensiones esenciales, en el derecho del individuo a no ser lesionado por el ejercicio ilegal del poder gubernamental." Id., at ___ (slip op., at 15). En consecuencia, cuando los derechos de las personas son violados "la Constitución requiere reparación por las Cortes," a pesar del valor más general del proceso decisorio democrático. Id., at ___ (slip op., at 17). Esto es verdad incluso cuando la protección de derechos individuales afecte temas que sean de la mayor importancia y sensibilidad." Y todo eso dicho para concluir que:

"La dinámica de nuestro sistema constitucional es que las necesidades individuales no esperan la acción legislativa antes de afirmar un derecho fundamental. Las cortes de la nación están abiertas para los individuos agraviados que vienen directamente ante ellas a reclamar su propia parte personal en nuestra carta básica. Un individuo puede invocar un derecho para su protección constitucional cuando él o ella ha sido lesionado, incluso si el público en general no está de acuerdo e incluso si el legislador se niega a actuar."

Sin embargo, como lo destacó el Chief Justice Roberts en su Voto disidente, al constatar, que el matrimonio de parejas del mismo sexo había tenido aceptación en once Estados y el Distrito de Columbia, donde se habían aprobado leyes para permitirlo, que ello no correspondía ser hecho por la Corte, porque:

"esta Corte no es una legislatura. Sea que el matrimonio del mismo sexo sea una buena idea ello debería estar fuera de nuestra preocupación. Bajo la Constitución, los jueces tienen el poder de decir que es la ley, no qué es lo que debe ser. El pueblo que ratificó la Constitución no autorizó a las cortes a ejercer ni la fuerza ni la voluntad sino solo juicio." *The Federalist* N° 78, p. 465 (C. Rossiter ed. 1961) (A. Hamilton) (capitalization altered).

Y de allí, el Chief Justice Roberts en su Voto disidente concluyó, afirmando que no tenía otra opción que disentir, y que:

"para quienes creen en el gobierno de las leyes, no de los hombres, la aproximación mayoritaria es hondamente desmoralizadora. Quienes apoyan el matrimonio del mismo sexo han obtenido un éxito considerable persuadiendo a sus conciudadanos – a través del proceso democrático – que acogiera sus puntos de vista. Ello terminó hoy. Cinco abogados cerraron el debate y sancionaron su propia visión del matrimonio como materia de derecho constitucional" Robándole este tema al pueblo, producirá para muchos una nube sobre el matrimonio del mismo sexo, provocando un dramático cambio social mucho más difícil de aceptar."

"La decisión de la mayoría es un acto de voluntad, no de juicio legal. El derecho que anuncia no tiene base en la Constitución ni en los precedentes de esta Corte. La mayoría expresamente renuncia a la "cautela" judicial y omite incluso una pretendida humildad, basándose abiertamente en el deseo de rehacer la sociedad de acuerdo con su propia percepción en la "naturaleza de la injusticia." […] Como resultado, la Corte invalida las leyes matrimoniales de más de la mitad de los Estados y ordena la transformación de una institución social que ha formado la base de la sociedad humana por milenios, desde los Kalahari *Bushmen* y el *Han* Chino, los Cartagineses y los Aztecas. ¿Quién creemos nosotros que somos? Puede ser tentador para los Jueces confundir nuestras propias preferencias con los requerimientos de la ley. Pero como esta Corte ha sido recordada a través de la historia, la Constitución "es hecha para personas de visiones fundamentalmente diferentes." *Lochner v. New York*, 198 U. S. 45, 76 (1905) (Holmes, J., dissenting). En consecuencia, "no le concierne a las cortes las percepciones o las políticas de la legislación." Id., at 69 (Harlan, J., dissenting). La mayoría de hoy desprecia esta concepción controlada del rol judicial. Y toma para sí una cuestión que la Constitución deja al pueblo, en un momento cuando el pueblo está comprometido en vibrantes debates en tal cuestión. Y responde a tal cuestión basado no en principios neutrales de derecho constitucional, sino en su propio "apreciación de que es la libertad y qué debe ser."

Por lo anterior, el Juez Scalia concluyó en su Voto disidente, suscrito también por el Juez Thomas, diciendo que "Un sistema de gobierno que hace del Pueblo un subordinado de un comité de nueve abogados no merece llamarse como una democracia;" y el Chief Justice Roberts, en su Voto disidente precisó que "Si yo fuera un legislador, yo podría ciertamente considerar esa visión como una materia de política social. Pero como juez, y como materia de derecho constitucional, encuentro insostenible la posición de la mayoría."

Por eso precisó que su Voto disidente no se refería si a su juicio la institución del matrimonio debía ser cambiada e incluir a las parejas del mismo sexo, sino en realidad, era sobre "nuestra república democrática," y sobre si "la decisión debe quedar en manos del pueblo actuando a través de sus representantes electos, o en manos de cinco abogados que tienen el encargo que los autoriza a resolver disputas legales de acuerdo con la ley," concluyendo que "la Constitución no deja dudas sobre la respuesta." Por ello, concluyó su Voto disidente, expresándoles a todos los que celebren la sentencia, que lo hagan por todo lo que ella implica en cuanto a lo logrado, a la oportunidad por nuevas expresiones de compromiso con una pareja, y a la disponibilidad de nuevos beneficios, "pero no celebren la Constitución" pues "No tiene nada que hacer con ello."

***

El tema decidido por la Corte Suprema de los Estados Unidos, al declarar el derecho constitucional de las parejas del mismo sexo a casarse como derecho fundamental, en todo caso, se resolvió con base en los principios de libertad y de igualdad ante la Ley expresados en la Enmienda Catorce; y quizás le faltó a la Corte recurrir también a la cláusula abierta de los derechos contenida en la Enmienda Novena de la Constitución. Con la decisión adoptada, en consecuencia, se equiparó en cuanto a su régimen legal, a las uniones de parejas del mismo sexo con el matrimonio entre un hombre y una mujer, garantizando igualdad en cuanto al tratamiento y beneficios gubernamentales que pudieran tener. Eso en definitiva fue lo que demandaron los peticionarios, como lo resumió la Corte, en el sentido de:

"encontrar esa libertad en casarse con alguien de su mismo sexo y tener su matrimonio considerado como legal en los mismos términos y condiciones como el matrimonio entre personas de sexo opuesto."

Ello también podía haberse resuelto, en el sentido de la equiparación en cuanto a los términos y condiciones, sin necesidad de cambiar la definición de "matrimonio." Como por ejemplo lo resolvió el texto mismo de la Constitución de Venezuela respecto del matrimonio y de las uniones estables, cuando luego de regular el "matrimonio entre hombre y mujer," agregó que "las uniones estables de hecho entre un hombre y una mujer [...] producirán los mismos efectos que el matrimonio" (art. 77). Para ello no había que llamar "matrimonio" lo que no era, pero la igualdad en el tratamiento de los derechos si se estableció. Lo mismo quizás debió haber ocurrido en materia de uniones de personas del mismo sexo. Con base en la cláusula de igual tratamiento bajo la ley, y de libertad entendida como el libre desenvolvimiento de la personalidad, se pudo haber extendido a las parejas del mismo sexo todos los beneficios legales y regulaciones gubernamentales relativos al matrimonio entre personas de sexo opuesto, sin necesidad de considerarlas ni calificarlas como "matrimonio," cambiando una institución ciertamente milenaria.

La igualdad de tratamiento legal entre el marimono entre hombre y mujer y el matrimonio entre parejas del mismo sexo también se estableció por ejemplo en España, mediante la Ley 13/2005 de 1 de julio de 2005 que reformó el artículo 44 el Código Civil, mediante el agregado, luego de la previsión del mismo que establece que "El hombre y la mujer tienen derecho a contraer matrimonio conforme a las disposiciones de este Código," de un párrafo que dispone que: "El matrimonio tendrá los mismos requisitos y efectos cuando ambos contrayentes sean del mismo o de diferente sexo."

La equiparación en todo caso es básica, sobre todo, porque a pesar de que se hable de "matrimonio" y con ello se busque abarcar bajo una misma denominación legal tanto al matrimonio entre un hombre y una mujer como a la unión de parejas del mismo sexo, sigue habiendo una diferencia sustancial e imposible de superar, y es que precisamente, en el primer caso, se trata de una relación entre un hombre y una mujer, quienes entre ellas pueden procrear; y en el segundo caso, es una relación entre personas del mismo sexo, quienes entre ellas no pueden procrear. Precisamente porque esta diferencia que deriva de la naturaleza de las cosas no puede dejar de existir, ni siquiera en caso de inseminación artificial y menos de transexualidad, la Corte Suprema de los Estados Unidos en la sentencia que hemos comentado no utilizó en sus razonamientos, ni una sola vez, la palabra "discriminación."

Sobre el tema central de la posibilidad de procrear, sin embargo, lo único que dijo la Corte es que ello es sólo uno de los muchos aspectos del derecho constitucional a casarse, reconociendo por supuesto que las parejas de un hombre y una mujer que no pueden o no quieren procrear hijos, no podrían estar excluidas del derecho al matrimonio, ni las leyes de los Estados podrían condicionar el matrimonio de un hombre y de una mujer a la capacidad de procreación.

Pero el tema de la posibilidad y necesidad de procreación es importante destacarlo, porque ello es precisamente lo que distingue las características de la discusión pública sobre el tema del matrimonio de personas del mismo sexo en los Estados Unidos, de otros casos de restricción de derechos que sí entran en el marco de la discriminación, aunque se quiera poner todo en una misma cesta,[162] y que durante decenas de años han dominado la discusión pública en los Estados Unidos. Ha sido el caso, por ejemplo, de temas que han sido resueltos por la Corte Suprema, como por ejemplo sobre la discriminación racial, la discriminación de los homosexuales o la discriminación de las mujeres, y que en la cultura norteamericana ha contribuido a superar otras discriminaciones culturales, como la que excluía la aspiración de católicos, afroamericanos o mujeres a ser electos como Presidente de los Estados Unidos, lo cual por los hechos ya se encuentra superado.

Por eso, el tema constitucional *decidendum* en la sentencia de la Corte Suprema aceptando el derecho a casarse en matrimonio a parejas del mismo sexo no fue el de discriminación, porque ninguna de las leyes de los Estados declaradas inválidas en realidad discriminaba, por exclusión, la unión de personas del mismo sexo; simplemente no las regulaba porque se consideraba, en el concepto histórico y universal, que el matrimonio es sólo posible entre un hombre y una mujer. La sentencia, por ello, para decidir y satisfacer la demanda de los peticionarios, de "encontrar esa libertad en casarse con alguien de su mismo sexo y tener un matrimonio considerado como legal en los mismos términos y condiciones como el matrimonio entre personas de sexo opuesto," se basó en los principios de libertad e igual trato ante la ley. Para ello, por supuesto, la Corte Suprema le dio al concepto de "libertad," la concepción amplia que hoy tiene en el mundo contemporáneo, como derecho al libre desenvolvimiento de la personalidad, tal como se deduce de la sentencia, al expresar que negarles a las parejas del mismo sexo que busquen en el matrimonio el mismo tratamiento legal que las parejas de sexos opuestos, significa "disminuir su personalidad."

---

162 Véase por ejemplo el reportaje de David Leonhardt y Alicia Parlapiano, "A March Toward Acceptance When Civil Rigts Is the Topic," *The New York Times*, New York, June 30, 2015, p. A#.

De nuevo, quizás en Constituciones redactadas en tiempos más modernos, el Juez Constitucional hubiese tenido una tarea más fácil para encontrar en el concepto de "libertad" la idea del derecho al "libre desenvolvimiento de la personalidad," como es el caso de la Constitución de Venezuela, en la cual desde 1961 se incorporó una norma con la cual se abre la declaración de derechos, que expresa: que "Toda persona tiene derecho al libre desenvolvimiento de su personalidad, sin más limitaciones que las que derivan del derecho de los demás y del orden público y social" (art. 43 Constitución 1961; artículo 20 Constitución 1999).

Con dicha norma, como se explicó la Exposición de Motivos de la Constitución de 1961, se sustituyó "el enunciado tradicional de que todos pueden hacer lo que no perjudique a otro y nadie está obligado a hacer lo que la ley no ordene ni impedido de ejecutar lo que ella no prohíba," que es precisamente, el enunciado tradicional de "libertad."

New York, 30 de junio de 2015

CUARTA PARTE:

EL JUEZ CONSTITUCIONAL EN HONDURAS ENTRE LA SUPREMACÍA CONSTITUCIONAL Y LA SOBERANÍA POPULAR

El control y rechazo judicial a la propuesta del Presidente de Honduras de 2009 de convocar una Asamblea Nacional Constituyente no prevista ni regulada en la Constitución

El 23 de marzo de 2009, el Presidente de Honduras, José Manuel Zelaya, mediante Decreto Ejecutivo N° PCM-05-2009, procedió a convocar una Asamblea Nacional Constituyente que no estaba regulada en la Constitución del país. El Decreto de convocatoria fue sometido a control judicial constitucional por ante los órganos de la Jurisdicción Contencioso Administrativa, habiendo el Juzgado de Letras de lo Contencioso Administrativo de Tegucigalpa, mediante sentencia interlocutoria del día 27 de mayo de 2009, decretado la suspensión de efectos del acto impugnado.

El Presidente de la República insistió en llevar a cabo su propuesta, y ello le costó el cargo por desacato a la autoridad judicial, en un grave conflicto político que interesó a toda la América, que lamentablemente desvió la intervención de los militares en la fase de ejecución de la orden judicial.[163]

---

163. Véase sobre el caso: Allan R. Brewer-Carías, "Reforma constitucional, Asamblea Nacional Constituyente y control judicial contencioso administrativo: El caso de Honduras (2009) y el precedente venezolano (1999)," en *Revista Aragonesa de Administración Pública,* N°34, (junio 2009), Gobierno de Aragón, Zaragoza 2009, pp. 481-529; en *Revista Mexicana Statum Rei Romanae de Derecho Administrativo. Homenaje de Nuevo León a Jorge Fernández Ruiz,* Con. 3, Julio-Dic 2009, Asociación Mexicana de Derecho Administrativo, Facultad de Derecho y Criminología de la Universidad Autónoma de Nuevo León, Monterrey, México 2009, pp. 11-77; y en

En todo caso, en cuanto a lo que originó el proceso constitucional, fue un intento fallido de repetir en Honduras el desarrollo de un proceso constituyente mediante un mecanismo no regulado en la Constitución siguiendo los pasos que se habían dado en Venezuela en 1999 por falta de decisión por parte del Juez Constitucional de hacer prevalecer la Constitución y controlar el ejercicio del poder (como se analiza más adelante en este libro); proceso constituyente que en Honduras afortunadamente no se pudo realizar, precisamente porque al contrario, los jueces constitucionales sí resolvieron hacer prevalecer la Constitución y enfrentarse al poder.

I. EL CONTEXTO CONSTITUCIONAL DEL CONFLICTO JUDICIAL: SUPREMACÍA CONSTITUCIONAL, SOBERANÍA POPULAR, REFORMAS CONSTITUCIONALES Y CLÁUSULAS PÉTREAS

En efecto, los mecanismos para la reforma de la Constitución en una sociedad democrática constituyen una de las piezas esenciales del Estado Constitucional, del Estado de derecho y de la democracia constitucional,[164] pues al ser establecidos en la propia Constitución, la soberanía popular queda perfectamente juridificada; es decir, sujeta a limitaciones en cuanto a su manifestación determinadas no por los órganos del Estado mismo, sino al funcionamiento de la propia democracia y a la manifestación de dicha soberanía popular al sancionar la Constitución.

Por ello, si bien en la generalidad de las Constituciones, como por ejemplo ocurría en la de Honduras, se proclama que "la soberanía corresponde al pueblo del cual emanan todos los poderes del Estado," sin embargo, le imponen al propio pueblo, en su ejercicio, la observancia de las propias disposiciones constitucionales. Como decía el artículo 2 de la Constitución de Honduras: si bien del pueblo "emanan todos los Poderes del Estado", los mismos sólo "se ejercen por representación."

En esta forma, a la soberanía popular en las Constituciones se la ha dotado de un carácter jurídico y no sólo fáctico, lo que por supuesto no implica que se haga de la Constitución una fuente de la soberanía misma. El pueblo es el soberano y, como tal, es el que ha juridificado, al adoptar la

---

Revista de la Facultad de Derecho, N°. 60-61, (2005-2009), Universidad Católica Andrés Bello, Caracas 2009, pp. 63-112.

164 Véase lo expuesto en Allan R. Brewer-Carías, "La reforma constitucional en una sociedad democrática" (Conferencia dictada en el acto de presentación del libro *Visión y análisis comparativo de reformas constitucionales en Iberoamérica,* Senado de la República Dominicana, Santo Domingo 12 de julio 2006), en *Estudios sobre el Estado constitucional (2005-2006),* Editorial Jurídica Venezolana, Caracas, 2007, pp. 709-712.

Constitución, el ejercicio de su propia soberanía, otorgando además, a la misma de carácter supremo. En el Estado constitucional, por tanto, es el pueblo el que se autolimita a través de la Constitución adoptada como norma suprema para ejercer la soberanía; de manera que la Constitución normativiza su ejercicio.

Pero sin duda, la soberanía, a pesar de ser dotada en las Constituciones de ese carácter jurídico, en definitiva resulta ser un concepto político o una cuestión de hecho, cuyo ejercicio en una sociedad democrática tiene que tender a fundamentarse en el consenso político, para lograr que sea precisamente la expresión del pueblo. En otras palabras, el ejercicio de la soberanía popular en un Estado constitucional de derecho, nunca puede consistir en la imposición de la voluntad de una fracción sobre la otra. Tiene que buscar responder al consenso político, que por supuesto es cambiante, como también es cambiante el juego de las relaciones sociales y políticas.

La clave del éxito de las Constituciones, como normas dotadas de supremacía, en cualquier sociedad democrática es, precisamente, llegar a ser el resultado del consenso o de un pacto de toda una sociedad –y no de voluntades circunstanciales- y, además, poder prever en sus normas tanto la forma de materialización de los cambios constitucionales, como los mecanismos que permitan garantizar, en su momento, que la voluntad popular no vaya a ser suplantada.

Por eso, la normativización de la soberanía popular, más que una limitación impuesta por el propio pueblo a su manifestación, es una garantía para que al pueblo pueda asegurársele la libre determinación de decidir su futuro. Por eso es que decimos que la juridificación de la soberanía popular implica su autolimitación procedimental, mediante el establecimiento de normas que aseguren efectivamente la formación de la voluntad soberana; normas precisamente como la que estaban en 2009 en el artículo 373 de la Constitución de Honduras donde se precisaba que una reforma constitucional sólo puede aprobarse cuando dos Legislaturas diferentes y subsecuentes la aprobaran mediante voto calificado.

En general, por tanto, los procedimientos para la reforma constitucional establecidos en las Constituciones constituyen una limitación adjetiva, auto impuesta, para asegurar la manifestación de la voluntad popular; lo que sin embargo no excluye la posibilidad de que como lo regulan muchas Constituciones, también se establezcan limitaciones de orden material, como cláusulas pétreas que buscan limitar el propio contenido de la voluntad popular, restringiendo su facultad de cambiar determinados principios e, incluso, sistemas políticos. Por ello el artículo 374 de la Constitución de Honduras disponía que no eran reformables los artículos constitucionales que se referían "a la forma de gobierno, al territorio nacional, al período presidencial, a la prohibición para ser nuevamente Presidente de la República, el ciudadano que lo haya desempeñado bajo cualquier título y referente a quienes no pueden ser Presidente de la República por el período subsiguiente."

En todo caso, los mecanismos de reforma constitucional deben ser regulados en las Constituciones en forma tal que asegurando la manifestación de la voluntad popular (que en el caso de Honduras sólo era a través de sus representantes), a la vez permita que se realicen los cambios necesarios que exige cualquier sociedad democrática.

Se trata, siempre, de la búsqueda del equilibrio entre soberanía popular y supremacía constitucional, que son los principios que siempre están presentes en toda reforma constitucional: Por una parte, está la supremacía constitucional, que implica que la Constitución es la ley de leyes, que obliga por igual a gobernantes y gobernados, prescribiendo los mecanismos para la reforma constitucional como límites a los poderes constituidos y al propio pueblo; y por la otra, está la soberanía popular que faculta al pueblo, como titular de la soberanía, el ejercicio del poder constituyente para modificar el Estado constitucional, su organización y la propia Constitución, en la forma prescrita en ella misma.

El primero, el principio de la supremacía constitucional, es un concepto jurídico; y el segundo, el de la soberanía popular, es un concepto político (aunque juridificado); y en torno a ambos es que gira el poder constituyente, es decir, el poder de reformar la Constitución que siempre debe resultar de un punto de equilibrio entre ambos principios. Ni la supremacía constitucional puede impedir el ejercicio de la soberanía por el pueblo, ni este pueda expresarse al margen de la Constitución. En esta forma, en el equilibrio entre ambos principios, que es el equilibrio entre el derecho y los hechos, o entre el derecho y la política, es cómo el poder constituyente debe manifestarse en un Estado constitucional y democrático de derecho. Es decir, la reforma constitucional debe resultar del equilibrio previsto en la Constitución entre soberanía popular y supremacía constitucional, como juridificación del poder constituyente, para hacerlo operativo desde el punto de vista democrático.

Por todo lo anterior, puede decirse que la reforma de la Constitución o el poder de reforma constitucional, es un poder jurídico que descansa en un acto de autolimitación del poder constituyente el cual fija en el texto constitucional los mecanismos de actuación de ese poder de revisión. Por ello el artículo 375 de la Constitución de Honduras declaraba enfáticamente que ella en caso alguno perdía su vigencia ni dejaba de cumplirse "cuando fuere modificada por cualquier otro medio y procedimiento distintos del que ella mismo dispone."

Lo importante a destacar, en todo caso, es que esta juridificación o fijación jurídica no implica que la soberanía nacional, como poder constituyente, desaparezca. En realidad puede decirse que por la propia autolimitación constitucionalmente establecida, una vez regulado el poder constituyente en la Constitución, el mismo entra en un estado latente pero teniendo siempre la posibilidad de manifestarse cuando sea requerido, conforme al procedimiento que el mismo pueblo ha instituido en el texto constitucional.

Por ello la importancia que tiene para el Estado constitucional democrático de derecho que esta juridificación del poder constituyente sea, en definitiva, un instrumento para el fortalecimiento de la democracia. Se trata de la previsión, en forma de normas, de los mecanismos pacíficos y racionales para que el pueblo adopte en un momento y circunstancias determinadas el orden político y jurídico apropiado para sus fines esenciales. De allí la posibilidad misma de plantear el mecanismo constitucional de la Asamblea Constituyente para la reforma de la Constitución, pero para ello, obviamente, el mismo tiene que ser previamente juridificado.

En todo caso, cualquiera que sea el procedimiento constitucionalmente establecido para la reforma constitucional, el mismo debe garantizar la manifestación democrática de la voluntad popular en el marco constitucional, y evitar que por la fuerza o por la expresión de mayorías circunstanciales se imponga la voluntad de una facción del pueblo sobre las otras. La historia, por lo demás, enseña que nada que se imponga a una sociedad por la fuerza perdura; ni nada que pretenda basarse en la imposición de la voluntad de una facción de la sociedad aplastando o excluyendo a las otras, perdura.

Una reforma constitucional, por tanto, para que perdure, por sobre todo tiene que ser un instrumento para la inclusión, el consenso y la conciliación. Es cierto que a veces ha sido el resultado de un armisticio después de alguna guerra fratricida, como tantos ejemplos nos muestra la historia; en otros casos, ha sido el resultado de un pacto para evitar la confrontación, como también nos lo muestra la historia reciente. Pero en todo caso, debe ser un instrumento de conciliación, que permita no sólo adaptar las Constituciones a las exigencias políticas de los tiempos contemporáneos, sino que las mismas sean efectivamente la manifestación de la voluntad popular. Ese es el reto que todo país tiene al plantearse el tema de la reforma constitucional, cuya asunción tiene que garantizar la perdurabilidad de la democracia, perfeccionándola para todos.

En el caso de Honduras, la Constitución vigente en 2009 era de los pocos textos constitucionales latinoamericanos que establecía mecanismos relativamente sencillos para su reforma, excluyendo la intervención del pueblo en el procedimiento de reforma, lo que al contrario, en la mayoría de los países latinoamericanos se requiere expresamente mediante la aprobación de las reformas por referendo. En efecto, en Honduras, de acuerdo con el artículo 373 de la Constitución vigente en 2009, la adopción de las reformas constitucionales correspondía al Congreso, como cuerpo de la representación del pueblo, al cual este le asignó el carácter de poder constituyente derivado, pudiendo en tal carácter decretar dichas reformas en sesiones ordinarias, aun cuando con el voto de los dos tercios de la totalidad de sus miembros. Ese es el primer elemento de rigidez constitucional que se establecía en la Constitución, seguido de otro y es que las reformas adoptadas sólo podían entrar en vigencia una vez que fueran ratificadas por la subsiguiente legislatura ordinaria, por igual número de votos. En consecuencia, en Honduras, en 2009, no había otro mecanismo para reformar la Constitución que no fuera el Congreso mediante el procedimiento especial mencionado, lo que implicaba la necesidad de lograr consensos entre los representantes del pueblo, mediante voto calificado, ni siquiera una sola vez, sino dos veces: primero por el Congreso que sancionara inicialmente la reforma y segundo, por el nuevo Congreso electo subsecuentemente.

Esta forma relativamente sencilla del procedimiento de reforma constitucional, por otra parte, tenía como contrapartida la inclusión en la Constitución de una sustancial cláusula pétrea referida a diversos aspectos constitucionales sustantivos que no podían reformarse en la forma prevista. Es el caso mencionado del artículo 374 de la Constitución de Honduras vigente en 2009, el cual disponía que no eran reformables mediante el mencionado procedimiento de reforma constitucional "los artículos constitucionales que se refieren a la forma de gobierno, al territorio nacional, al período presidencial, a la prohibición para ser nuevamente Presidente de la República, el ciudadano que lo haya desempeñado bajo cualquier título y referente a quienes no pueden ser Presidente de la República por el período subsiguiente."

Una norma de este tipo, como se dijo, no es frecuente en América Latina,[165] y quizás es sólo comparable con las previsiones de la Constitución

---

165 Véase Allan R. Brewer-Carías, "Modelos de revisión constitucional en América Latina", en *Boletín de la Academia de Ciencias Políticas y Sociales*, enero-diciembre

de Guatemala donde también se establece en el artículo 281 de la Constitución que "en ningún caso podrán reformarse los artículos 140 (independencia del Estado y al sistema de gobierno), 141 (soberanía popular), 165, inciso g) (desconocimiento del mandato del Presidente después de vencido su período constitucional), 186 (prohibiciones para optar a cargos de Presidente y Vicepresidente) y 187 (prohibición de reelección), ni en forma alguna toda cuestión que se refiera a la forma republicana de gobierno, al principio de no reelección para el ejercicio de la Presidencia de la República, ni restársele efectividad o vigencia a los artículos que estatuyen alternabilidad en el ejercicio de la Presidencia de la República, así como tampoco dejárseles en suspenso o de cualquier otra manera de variar o modificar su contenido".

En otros países las cláusulas pétreas son más limitadas, como sucede por ejemplo en El Salvador, donde el artículo 248 constitucional dispone que: "No podrán reformarse en ningún caso los artículos de esta Constitución que se refieren a la forma y sistema de gobierno, al territorio de la República y a la alternabilidad en el ejercicio de la Presidencia de la República". En sentido similar, aun cuando sin referencia al principio de la alternabilidad, el artículo 119 de la Constitución de República Dominicana declaraba que: "Ninguna reforma podrá versar sobre la forma de Gobierno, que deberá ser siempre civil, republicano, democrático y representativo". En otros casos, como en la Constitución del Brasil, lo que se establece es que no se puede abolir determinadas instituciones o principios, pero ello no impide la reforma de los artículos que las consagran. En tal sentido, el artículo 60 § 4, establece que: "No será objeto de deliberación la propuesta de enmienda tendiente a abolir: I. La forma federal del Estado; II. El voto directo, secreto, universal y periódico; III. La separación de los Poderes; IV. Los derechos y garantías individuales".

En el artículo 137 de la Constitución de Cuba también se ha establecido una cláusula pétrea respecto del "sistema político, económico y social, cuyo carácter irrevocable lo establece el artículo 3 del Capítulo I, y la prohibición de negociar acuerdos bajo agresión, amenaza o coerción de una potencia extranjera". Además, en la reforma constitucional de junio de 2002, la Asamblea Nacional del Poder Popular añadió al texto constitucional otra cláusula pétrea con el siguiente texto:

"Disposición Especial. El pueblo de Cuba, casi en su totalidad, expresó entre los días 15 y 18 de junio del 2002, su más decidido apoyo al pro-

2003, N° 141, Caracas 2004. pp. 115-156; y en Walter Carnota y Patricio Marianello (Directores), *Derechos Fundamentales, Derecho Constitucional y Procesal Constitucional,* Editorial San Marcos, Lima 2008, pp. 210-251.

yecto de reforma constitucional propuesto por las organizaciones de masas en asamblea extraordinaria de todas sus direcciones nacionales que había tenido lugar el día 10 del propio mes de junio, en el cual se ratifica en todas sus partes la Constitución de la República y se propone que el carácter socialista y el sistema político y social contenido en ella sean declarados irrevocables, como digna y categórica respuesta a las exigencias y amenazas del gobierno imperialista de los Estado Unidos el 20 de mayo de 2002".

Estas cláusulas pétreas, por otra parte, en algunas Constituciones se regulan, aun cuando no en la forma tan clara y precisa de los ejemplos mencionados, sino que se deducen la forma de redacción de las propias disposiciones constitucionales, como sucede por ejemplo, en el artículo 1 de la Constitución de Venezuela de 1999 cuando declara que la República "*es irrevocablemente* libre e independiente…"; cuando el artículo 5 que declara que "la soberanía reside *intransferiblemente* en el pueblo", o cuando el artículo 6 prescribe que el gobierno de la República "y de las entidades políticas que la componen *es y será siempre* democrático, participativo, electivo, descentralizado, alternativo, responsable, pluralista y de mandatos revocables."[166]

Otra cláusula pétrea incluso puede identificase como consecuencia de la previsión del principio de la progresividad en materia de derechos humanos, como lo establece el artículo 19 de la Constitución de Venezuela, lo que implica que las normas que prevén la protección constitucional de los derechos inherentes a la persona humana, nunca podrían reformarse para reducir el ámbito de protección de los mismos.

La diferencia entre las previsiones para la reforma constitucional y las cláusulas pétreas establecidas en muchas de las Constituciones latinoamericanas con las establecidas en la Constitución de Honduras vigente en 2009, es que en todo caso, en esta última estaba prevista la consecuencia de la violación de las normas constitucionales en la materia. Por ejemplo, en materia de limitación a la reelección presidencial que se preveía en la Constitución y la mencionada cláusula pétrea que declaraba como no reformable la norma del artículo 239 que disponía que "el ciudadano que haya desempeñado la titularidad del Poder Ejecutivo no podrá ser Presidente o Designado", era ella misma la que disponía la consecuencia de su violación al prever que "*El que quebrante esta disposición o proponga su*

---

166 Véase sobre el principio de la alternabilidad republicana en Venezuela, en Allan R. Brewer-Carías, "El Juez Constitucional vs. La alternabilidad Republicana.(La reelección continua e indefinida)", en *Revista de Derecho Público*, N° 117, Editorial Jurídica Venezolana, Caracas 2009, pp. 205 ss.

reforma, así como aquellos que *lo apoyen directa o indirectamente*, cesarán de inmediato en el desempeño de sus respectivos cargos, y quedarán inhabilitados por diez años para el ejercicio de toda función pública."

Además, el artículo 4 de la misma Constitución después de declarar que "la forma de gobierno es republicana, democrática y representativa" agregaba que "la alternabilidad en el ejercicio de la Presidencia de la República es obligatoria," disponiendo que "La infracción de esta norma constituye delito de traición a la Patria." Llegaba tan lejos la Constitución de Honduras en esta materia que preveía en su artículo 42,5 como una de las causales de la pérdida de "la calidad de ciudadano", el hecho de "incitar, promover o apoyar el continuismo o la reelección del Presidente de la República."

Ese fue el contexto jurídico constitucional en el cual el Presidente José Manuel Zelaya comenzó a plantear la posibilidad de proceder a convocar una Asamblea Nacional Constituyente como mecanismo de reforma constitucional no previsto ni regulado en la Constitución (entre otros aspectos para incluir la reelección indefinida del Presidente de la República), sin duda, tratando de seguir los pasos diseñados en el precedente que se había desarrollado en Venezuela en 1999, donde por falta de decisión del juez constitucional, forzando la realización de un "referendo consultivo" (no vinculante) sobre el mismo tema de la convocatoria de una Asamblea Constituyente, una vez realizada la consulta se puso en juego el conflicto entre soberanía popular y supremacía constitucional, tácticamente prevaleciendo la primera a través de interpretaciones constitucionales tortuosas, [167] que dieron origen a una Asamblea Constituyente que en definitiva comenzó por dar un golpe de Estado contra la Constitución y los poderes constituidos, [168] en nombre de la soberanía popular que asumió y usurpó.

II. LA PROPUESTA DEL PRESIDENTE DE HONDURAS EN 2009, PARA LA REALIZACIÓN DE UNA CONSULTA POPULAR SOBRE LA CONVOCATORIA DE UNA ASAMBLEA NACIONAL CONSTITUYENTE Y SU SUSPENSIÓN POR LA JURISDICCIÓN CONTENCIOSO ADMINISTRATIVA

El precedente venezolano de 1999 de convocatoria de un referendo consultivo sobre la convocatoria de una Asamblea Nacional Constituyente

---

167 Véase Allan R. Brewer-Carías, *Golpe de Estado y proceso constituyente en Venezuela*,-Universidad nacional Autónoma de México, 2012.

168 Véase Allan R. Brewer-Carías, "La configuración judicial del proceso constituyente o de cómo el guardián de la Constitución abrió el camino para su violación y para su propia extinción", en *Revista de Derecho Público*, Nº 78-80, Editorial Jurídica Venezolana, Caracas 1999, pp. 55-73.

no prevista en la Constitución, para reformarla, se siguió a la letra en 2007 por el presidente Rafael Correa en Ecuador, donde se recurrió a la misma fórmula, haciéndose prevalecer la expresión de la voluntad popular mediante una simple consulta, aún manifestada sin asidero constitucional, conduciendo a la Asamblea Constituyente a la asunción del Poder total del Estado, salvo el del Presidente de la República, no sólo para redactar una nueva Constitución sino para intervenir y controlar todos los otros poderes del Estado.[169] En Ecuador, sin embargo, no hubo intervención judicial para dilucidar la convocatoria a la Asamblea Constituyente no prevista en la Constitución, habiéndose abstenido insólitamente el Tribunal Constitucional de intervenir, quedado el conflicto constitucional reducido a una lucha de poder entre el Congreso y el Tribunal Electoral. Luego de ser electa, la Asamblea Constituyente declaró inmunes de control judicial todos sus actos y otros actos estatales, rompiendo de raíz la base del Estado de Derecho.

En todo caso, esa modalidad de convocatoria de una consulta popular para obtener la opinión del pueblo sobre la convocatoria de una Asamblea Nacional Constituyente no prevista en la Constitución como mecanismo de reforma constitucional, para con base en la expresión popular poder convocarla, forzando la prevalencia de la soberanía popular sobre la supremacía constitucional, fue también lo que quiso imponer en Honduras el Presidente José Manuel Zelaya en 2009, con la diferencia de que en ese país, los tribunales de la jurisdicción contencioso administrativa efectivamente sí asumieron su función, y funcionaron y decidieron como contralores de la constitucionalidad y legalidad de las actuaciones del Presidente de la República, llegando a suspender los efectos de los actos ejecutivos dictados en la materia.[170]

---

169 Véase lo expresado sobre este proceso en Allan R. Brewer-Carías, "El inicio del proceso constituyente en Ecuador en 2007 y las lecciones de la experiencia venezolana de 1999," texto de la Videoconferencia dada el 19 de abril de 2007 desde la Universidad de Columbia, Nueva York, al Programa de Postgrados de Jurisprudencia, Universidad San Francisco de Quito, 19 abril 2007.

170 Para la narración de los hechos y actos estatales adoptados en este caso, así como las diversas decisiones y actuaciones judiciales realizadas por la Jurisdicción contencioso administrativa y la Corte Suprema de Honduras, hemos partido exclusivamente, del estudio del contenido de las copias de las actas procesales respectivas. Véase *Expediente Zelaya*, Documentos, *El Nacional*, Caracas.

1. *El Decreto Ejecutivo N° PCM-05-2009, de marzo de 2009, convocando a una consulta popular sobre una Asamblea Nacional Constituyente y su impugnación en vía contencioso administrativa*

En efecto, el 24 de marzo del 2009, en cadena televisiva y de radio, el Presidente de Honduras anunció que en Consejo de Ministros del día anterior (23 de marzo de 2009), se había emitido un Decreto Ejecutivo N° PCM-05-2009, en el cual se había ordenado realizar una "amplia consulta popular" para que la ciudadanía hondureña pudiera expresar libremente su acuerdo o no con la convocatoria a una Asamblea Nacional Constituyente, a los efectos de dictar y aprobar una nueva Constitución política, disponiendo que el ente que estaría a cargo de la ejecución del Decreto sería el Instituto Nacional de Estadística (INE), previendo la realización de la consulta para el último domingo del mes de junio del 2009.

El texto de la consulta popular que el Presidente de la República proponía, en lo que en definitiva era un "referendo consultivo," consistía en la siguiente pregunta:

> "¿Está usted de acuerdo que en las elecciones generales del 2009, se instale una cuarta urna para decidir sobre la convocatoria a una Asamblea Nacional Constituyente que apruebe una nueva Constitución Política?"

Este Decreto N° PCM-005-2009, según se afirmó en el primer "Considerando" del Decreto N° PCM-019-2009 de fecha 26 de mayo de 2009, *nunca se llegó a publicar* por el Poder Ejecutivo en el *Diario Oficial*, "por razones de mérito y oportunidad." Por ello se lo consideró como un *acto administrativo tácito de carácter general emitido por el Poder Ejecutivo* que había sido ampliamente publicitado, aun cuando no formalmente publicado en el *Diario Oficial*, que es el requisito para que cualquier acto de efectos generales pueda producir efectos (artículo 255 de la Constitución y artículo 32 de la Ley de Procedimiento Administrativo).

En todo caso, en virtud de que la publicitada propuesta presidencial se apartaba de lo que la Constitución de Honduras establecía en materia de reforma constitucional, el 8 de mayo de 2009, dos fiscales del Ministerio Público, órgano constitucional al cual corresponde ser garante de la Constitución, presentaron ante el Juzgado de Letras de lo Contencioso Administrativo de Tegucigalpa (Municipio del Distrito Central), una demanda ordinaria contencioso administrativa "contra el Estado de Honduras," de declaratoria de ilegalidad y la nulidad del *"acto administrativo tácito de carácter general emitido por el Poder Ejecutivo"* y que estaba contenido en el mencionado Decreto Ejecutivo N° PCM-05-2009, por considerar que el mismo no estaba ajustado a derecho.

Los Fiscales solicitaron además, ante el mismo Juzgado contencioso administrativo, como medida cautelar, que suspendiera los efectos del acto impugnado.

En el proceso (Orden de ingreso N° 151-2009), el Estado de Honduras estuvo representado por la Procuradora General de la República, quien actuó en el proceso.

2. *La suspensión de efectos del Decreto Ejecutivo N° PCM-05-2009, de 23 de marzo de 2009 decretada por el juez contencioso administrativo*

El Artículo 121 de la Ley de la Jurisdicción de lo Contencioso Administrativo prescribe que procede la suspensión de efectos de los actos administrativos impugnados en vía contencioso administrativa, cuando "la ejecución hubiere de ocasionar daños o perjuicios de reparación imposible o difícil," por lo que con base en dicha norma, en el libelo de la demanda que originó el juicio, la parte demandante, es decir, el Ministerio Público, solicitó ante el Juez contencioso administrativo que dictase una medida cautelar incidental de suspensión de los efectos del acto administrativo impugnado, lo que efectivamente fue decidido por el Juzgado el 27 de mayo de 2009 mediante sentencia interlocutoria de suspensión del acto impugnado (es decir, del Decreto presidencial N° PCM-05-2009 de 23 de marzo de 2009).

Para dictar dicha sentencia interlocutoria, el Juez contencioso administrativo apreció la solicitud del Ministerio Público que se fundamentaba en la consideración de que el acto administrativo impugnado era "de gran impacto que ocasionaría daños y perjuicios de reparación imposible al sistema democrático del país *en franca violación a la Constitución de la República y demás leyes,* así como perjuicios económicos, por ejecutar acciones de la dimensión de una consulta a nivel nacional, y por perjuicios graves a la sociedad de difícil reparación a todas las instituciones del poder ejecutivo, y se prohíba a todas las empresas privadas que estén ejerciendo contratos para la ejecución del decreto."

Y además, en su sentencia el Juez agregó que la parte demandada, es decir, el Estado de Honduras representado por la Procuradora General de la República, al devolver la vista, había reconocido que el Juzgado tenía la potestad de suspender actos administrativos, y había indicado que el acto impugnado, de ser ciertas las imputaciones sobre el mismo, "constituye grave infracción al ordenamiento jurídico, que lesiona intereses del Estado de Honduras y de la generalidad del pueblo hondureño, ocasionando un daño al Estado de Honduras de reparación imposible, así como de las erogaciones económicas ya que el poder ejecutivo ha publicitado por medios de comunicación privados para el cometido del acto administrativo impugnado, y que generan gastos cuantiosos para la administración pública, los que tienden a incrementarse cada día." Es decir, ambas partes en el proceso contencioso administrativo, representantes de instituciones fundamentales del Estado, estuvieron contestes con los poderes del juez contencioso administrativo sobre la suspensión de los efectos del acto impugnado, y con que dicho Juez, de acuerdo con la Ley de la Jurisdicción, emitiera la sentencia que correspondiera.

Por su parte, el Juez Titular del Juzgado contencioso administrativo para decidir la incidencia de suspensión de efectos del Decreto presidencial impugnado, consideró que cuando se resuelven solicitudes de esta naturaleza, "se ha de tomar en consideración que la tutela judicial no será efectiva, si al pronunciarse la sentencia definitiva, resulta difícil o prácticamente imposible la satisfacción de la pretensión contenida en la demanda," considerando entonces que la correcta decisión de solicitud que se le había formulado, exigía conforme a la más clásica técnica judicial en materia de medidas cautelares:

"la ponderación y armonización de dos principios en pugna, por un lado, el de la efectiva tutela judicial, y, por otro, el de la eficacia de la acción administrativa, esto por la presunción de legitimidad del acto impugnado, principios que buscan evitar que con la ejecución del acto impugnado se causen perjuicios de difícil o imposible reparación, de no decretarse la suspensión del acto que se impugna, por lo que al decretar la suspensión de los efectos de un determinado acto impugnado lo que se busca es prever que al momento de emitirse un fallo definitivo sea meramente declarativo e ineficaz con respecto a las pretensiones del demandante."

Con base en lo anterior, el Juez en su sentencia interlocutoria de suspensión, teniendo en cuenta que ambas partes en el proceso habían estado contestes sobre sus facultades legales en materia contencioso administrativa para decidir sobre la revisión, suspensión y nulidad de actos administrativos; y considerando "que el Estado de Honduras es un Estado de Derecho, por lo que sus actuaciones están sometidas únicamente al imperio de la Constitución de la República y las leyes," decidió que era "procedente decretar la suspensión del acto administrativo tácito objeto de revisión en el presente juicio por considerar que su implementación redundaría en daños de carácter económico, político y sociales que serían de imposible reparación para el Estado de Honduras."

Esa decisión la adoptó el Juez contencioso administrativo en aplicación de los artículos 5, 80, 82, 90, 245, 303, 304 y 305 de la Constitución de la República; artículos 1,11, 40 y 137 de la Ley de Organización y Atribuciones de los Tribunales; artículos 1,2; 3, 7, 13 letra b), 101, 120, 121, 122, 125, 129, 132 y 134 de la Ley de la Jurisdicción de lo Contencioso Administrativo; artículos 130, 131, 134, 138, 141 y 142 del Código de Procedimientos Civiles; y artículos 9, 15 y 16 de la Ley del Ministerio Público; y además, en aplicación del Oficio número SCSJ-3623-88 y Acuerdo número 03-98 de la Honorable Corte Suprema de Justicia.

La consecuencia de declarar con lugar la cuestión incidental de suspensión de los efectos del acto impugnado, que era el acto administrativo tácito de carácter general impugnado contenido en el Decreto Ejecutivo N° PCM-05-2009 del 23 de marzo del 2009, tal como lo habían solicitado los Fiscales del Ministerio Público demandantes, fue además, la orden judicial de suspensión de "cualquier tipo de publicidad sobre lo establecido en el mismo" y, en general, "del procedimiento de consulta a los ciudadanos por parte del Poder Ejecutivo a través del Presidente Constitucional de la República, o cualquiera de las instituciones que componen la estructura administrativa del Poder Ejecutivo."

Por tanto, el objetivo de la decisión cautelar de suspensión de efectos del acto administrativo impugnado fue que el Presidente de la República y, en general, todos los órganos del Poder Ejecutivo se abstuvieran de realizar actividad alguna relativa a la propuesta presidencial de consulta popular a los ciudadanos sobre el tema de una Asamblea Nacional Constituyente no prevista en la Constitución. Para asegurar el cumplimiento de la sentencia, el Juez en su decisión, mandó notificarla "al Señor Presidente Constitucional de la República a través del Señor Secretario de Estado en el Despacho Presidencial, para su conocimiento y cumplimiento inmediato, haciéndole las prevenciones establecidas en el artículo 101 de la Ley de la Jurisdicción de lo Contencioso Administrativo de no cumplir la misma."

3. *La "reedición" del acto administrativo impugnado mediante Decreto Ejecutivo N° PCM-19-2009, de mayo de 2009, convocando a una "encuesta nacional de opinión" sobre una Asamblea Nacional Constituyente*

La anterior decisión del Juez contencioso administrativa, como se dijo, fue dictada el día 27 de mayo de 2009 suspendiendo los efectos del acto administrativo tácito contendido en el Decreto ejecutivo N° PCM-05-2009 de 24 de marzo de 2009 (nunca publicado), que ordenaba la realización de una consulta popular no autorizada en la Constitución.

Sin embargo, y quizás sabiendo el Presidente de la República que la decisión del Tribunal Contencioso Administrativo iba a ser dictada suspendiendo los efectos de su PCM-05-2009 de 23 de marzo de 2009, el cual como se dijo nunca fue publicado en el *Diario Oficial* "por razones de mérito y oportunidad"(es decir, deliberadamente); el día anterior a la sentencia, es decir, el 26 de mayo de 2009, el Presidente de la República en Consejo de Ministros emitió un "nuevo" Decreto Ejecutivo N° PCM-19-2009, el cual tampoco fue publicado en el Diario Oficial *La Gaceta* sino un mes después, es decir, el día 25 de Junio de 2009 (N° 31.945), mediante el cual se decidió anular y dejar "sin ningún valor y efecto" el Decreto PCM-05-2009 que ordenaba una consulta popular, a partir de su emisión; y que como se dijo había sido el acto impugnado y cuya suspensión de efectos era inminente. Ello, por supuesto era contradictorio: si un acto no publicado en el Diario oficial como lo decía uno de los Considerandos del decreto no surtía efectos, no parecía lógico que en el mismo decreto se resolviese "dejar sin efectos" un acto que supuestamente no había surtido efectos.

En todo caso, en lugar del Decreto de 23 de marzo de 2009 que se revocaba y, en concreto en lugar de la "consulta popular" que entonces se había ordenado, mediante un nuevo Decreto N° PCM-20-2009 dictado el mismo día 26 de mayo de 2009 (publicado también un mes después en el Diario Oficial *La Gaceta* N° 31.945 del 25 de junio de 2009), el Presidente había dispuesto que se realizase, no una consulta popular, sino *una encuesta nacional de opinión*," que se debía llevar a cabo el 28 de junio de 1999, en la cual debía formularse una pregunta similar en su forma a la antes propuesta para la "consulta popular, pero sustancialmente distinta, de si:

> "¿Está usted de acuerdo que en las elecciones generales del 2009, se instale una cuarta urna en la cual el pueblo decida la convocatoria a una Asamblea Nacional Constituyente? Si___ No____ ".

En el nuevo Decreto, que se calificó como "de ejecución inmediata" aun cuando debía publicarse en el *Diario Oficial* (artículo 5), además, se instruía "a todas las dependencias y órganos de la Administración pública, Secretarias de Estado, Instituciones Descentralizadas y Desconcentradas, para que se incorporasen y ejecutasen activamente, "todas las tareas que le sean asignadas para la realización del proyecto denominado "Encuesta de Opinión Pública convocatoria Asamblea Nacional Constituyente," considerando que según el referido Decreto, ello constituía, "una actividad oficial del Gobierno."

La diferencia era notoria: antes lo que se buscaba era que el pueblo, con una respuesta afirmativa a la pregunta de la "consulta popular," decidiera *"sobre la convocatoria a una Asamblea Nacional Constituyente que apruebe una nueva Constitución Política"*; ahora lo que se buscaba era que el pueblo con una respuesta afirmativa a la pregunta de una "encuesta nacional de opinión," decidiera *"la convocatoria a una Asamblea Nacional Constituyente."* El efecto de la manifestación popular era, por tanto, radicalmente distinto, y lo que aparentemente era una propuesta para una "consulta popular" y luego para una "encuesta de opinión," se había convertido en una propuesta para un referendo decisorio tendiente a lograr una "decisión" popular al margen de la Constitución. Tal como ocurrió en Venezuela en febrero de 1999, cuando el Presidente de la República, utilizando la vía de un "referendo consultivo" previsto en una ley, propuso la formulación de una pregunta que era más bien la de un referendo decisorio no previsto en ley alguna, con el cual se pretendía modificar la Constitución.[171]

El nuevo Decreto N° PCM-20-2009, por otra parte, contenía una extensa motivación entre otros, en los Artículos 2 y 5,1 de la Constitución, en los cuales se disponía que la soberanía corresponde al pueblo del cual emanan todos los Poderes del Estado, agregando que "el Gobierno debe sustentarse en el principio de la democracia participativa del cual se deriva la integración nacional, que implica participación de todos los sectores políticos en la administración pública, a fin de asegurar y fortalecer el progreso de Honduras basado en la estabilidad política y en la coalición nacional." En los considerandos del Decreto se afirmaba igualmente que "la sociedad hondureña ha experimentado cambios sustanciales y significativos en los últimos veintisiete años, cambios que demandan un nuevo marco constitucional para adecuarlo a la realidad nacional, como una legítima aspiración de la sociedad." Por último, en el decreto se afirmó que había sido en virtud de diversas solicitudes de ciudadanos en forma individual o por medio de sectores y grupos sociales organizados del país, que el Poder Ejecutivo, había "decidido convocar a la ciudadanía en general para que emita su opinión y formule propuestas de solución a problemas colectivos que les afecte; como ser la instalación de una cuarta urna que permita un eficaz ejercicio de su derecho."

Dos días después de este Decreto N° PCM-19-2009, en fecha 29 de mayo del 2009, el Presidente de la República, mediante cadena nacional informo al pueblo Hondureño a través del entonces Secretario de Estado

---

171. Véase en Allan R. Brewer-Carías, *Asamblea Constituyente y Ordenamiento... cit.*, pp. 180 ss.

en el Despacho de la Defensa Nacional, Dr. Edmundo Orellana Mercado, que el Presidente constitucional en Consejo de Ministros, había aprobado otro acuerdo ejecutivo N° 027-2009, en el cual se ordenaba se llevase a la práctica una "encuesta nacional de opinión," bajo la responsabilidad del Instituto Nacional de Estadística (INE), y en este, se ordenaba a las Fuerzas Armadas de Honduras, que apoyasen con sus medios logísticos y demás recursos necesarios al Instituto Nacional de Estadística (INE), estableciendo que dicho acuerdo ejecutivo entraba en vigencia a partir de su fecha (29/05/09).

Estos Decretos, son de los que en el derecho administrativo se conocen como "reedición" de los actos administrativos dictados después de que han sido impugnados en vía contencioso administrativa y, en este caso, en la víspera de que se suspendieran judicialmente sus efectos, por otros actos administrativos que en definitiva perseguían objetivos similares, lo que está proscrito en materia contencioso administrativa, pues constituye una burla a los poderes de control de la jurisdicción.

4. *La aclaratoria de la sentencia del Juez contencioso administrativo de suspensión de efectos del Decreto presidencial impugnado*

El mismo día del anuncio presidencial del decreto N° PCM-27-2009, el 29 de mayo de 2009, los abogados del Ministerio Público que actuaban como parte demandante en el proceso contencioso administrativo (parte incidentista) solicitaron aclaratoria de la sentencia interlocutoria de suspensión de efectos que se había dictado, y el Juez Titular, al constatar sus propios poderes como los de todos los jueces de la Jurisdicción contencioso administrativa para adoptar "cuantas medidas sean necesarias para satisfacer totalmente lo resuelto en los fallos que emitan, esto, a fin de asegurar el estricto cumplimiento de lo ordenado en los mismos, para la ejecución de la tutela judicial efectiva, y no se evadan a través de otros actos administrativos, las disposiciones contenidas en sus fallos", consideró "que de haberse emitido, o de emitirse acto administrativo que contravenga o venga a contravenir lo dispuesto en la sentencia interlocutoria de fecha 27 de Mayo del 2009, sería para evadir lo ordenado en la misma, así como el mandato judicial mismo, por lo que cualquier decisión administrativa dictada en este sentido es improcedente, por no poder evadirse el mandamiento judicial a través de actos administrativos." Como consecuencia, resolvió aclarar en sentencia de 29 de mayo de 2009, que

"La Sentencia Interlocutoria de fecha 27 de mayo del 2009 en el sentido que los efectos de la suspensión ordenada, del acto tácito de carácter general que contiene el Decreto Ejecutivo número PCM-05-2009 de fecha 23 de marzo del 2009, incluye a cualquier otro acto administrativo de carácter general o particular, que se haya emitido o se emita, ya sea expreso o tácito, por su publicación o falta de publicación en el Diario Oficial *La Gaceta*, que conlleve al mismo fin del acto administrativo tácito de carácter general que ha sido suspendido, así como cualquier cambio de denominación en el procedimiento de consulta o interrogatorio, que implique evadir el cumplimiento de la sentencia interlocutoria que se aclara."

Es decir, el juez contencioso administrativo censuró, conforme a lo previsto en los Artículos 82, 84, 132 y 134 de la Ley de la Jurisdicción de lo Contencioso Administrativo; y en el artículo 195 del Código de Procedimientos Civiles, cualquier tipo de "reedición" o novación administrativa que pudiera permitir burlar los efectos de la decisión judicial de suspensión de efectos de la "consulta popular" que había sido ordenada por el Presidente de la República, cualquiera que fuese la "forma" que se le pretendiera dar.

5. *La inadmisibilidad de la acción de amparo intentada por el Presidente de la República contra la decisión del Juez contencioso administrativo suspendiendo los efectos de sus decretos sobre la convocatoria de una Constituyente*

Contra las decisiones del Juzgado de Letras de lo Contenciosos Administrativo, es decir, contra la sentencia interlocutoria de 27 de mayo de 2009 y su aclaración de 29 de mayo de 2009, que declaró con lugar la cuestión incidental de suspensión de efectos del Decreto Ejecutivo impugnado, y prohibió cualquier tipo de publicidad sobre el procedimiento de consulta a los ciudadanos por parte del Poder Ejecutivo que comprometa la estructura administrativa del Poder Ejecutivo y cualquier otro que se emita aunque cambie de denominación, el Presidente Constitucional de la República en su condición de Titular del Poder Ejecutivo, representado por un abogado, intentó acción de amparo por ante la Corte de Apelaciones de lo Contencioso Administrativo en Tegucigalpa.

Esa Corte, en sentencia de 16 de junio de 2009, consideró que siendo el proceso contencioso administrativo desarrollado ante el Juzgado de Letras, un proceso en el cual las partes eran el Ministerio Público como demandante, y el Estado de Honduras como demandado, la acción de amparo que pudiera intentarse contra las decisiones dictadas en el proceso sólo podían ser interpuestas por las partes interesadas en el mismo; de lo que concluyó resolviendo que "siendo el demandado, el Estado de Honduras, resulta obvio que quien interpone el amparo carece de legitimación para ejercer la presente acción, puesto que constitucionalmente el representante legal del Estado es la Procuraduría General de la República, quien no ha interpuesto recurso alguno y por ende ha consentido la sentencia y la aclaración recurrida."

De ello concluyó la Corte de Apelaciones que en el caso sometido a su consideración, la acción de amparo intentada resultaba inadmisible, lo que ocurre "cuando los actos hayan sido consentidos por el agraviado y se entenderán que han sido consentidos por el agraviado, cuando no se hubieren ejercitado, dentro de los términos legales, los recursos o acciones;" resolviendo entonces, en nombre del Estado de Honduras, rechazar de plano la demanda de amparo por considerarla inadmisible, en aplicación de los artículos 183, 228, 303, 304, 321, 322 y 323 de la Constitución de la República; 41, 44, 46 numeral 3 y párrafo ultimo de la Ley Sobre la Justicia Constitucional.

6. *La conminación judicial al Presidente de la República para que acatara las decisiones de la Jurisdicción contencioso administrativa*

A los efectos de dar cumplimiento a la sentencia interlocutoria antes referida, en fecha 3 de Junio de 2009, el Juzgado de Letras de la Jurisdicción de lo Contencioso Administrativo, libró una primera comunicación judicial dirigida al Presidente de la República, a través del Secretario de Estado en el Despacho de la Presidencia, para que adoptase las medidas que procedieran y practicase lo exigido en cumplimiento de la sentencia interlocutoria dictada.

Posteriormente, uno de los abogados del Ministerio Público, con fecha 18 de junio de 2009, solicitó al Juzgado de Letras Contencioso Administrativo, que nuevamente librara comunicaciones judiciales dirigidas al Presidente de la República y al secretario de Estado de la Presidencia, a efecto de que informasen ante el Juzgado sobre las medidas que hubiesen adoptado para dar estricto cumplimiento a la sentencia interlocutoria de 27 de mayo de 2009 y su aclaratoria de fecha 29 de mayo de 2009, y asimismo para que se abstuviesen de realizar actos de carácter general o particular distintos a lo ordenado en la antes mencionada sentencia interlocutoria y su respectiva aclaratoria.

Acorde con ello, el Juez titular del Juzgado de Letras de lo Contencioso Administrativo, en la misma fecha 18 de junio de 2009, libró sendas comunicaciones judiciales dirigidas Presidente de la República y al Secretario de Estado en el Despacho de la Presidencia, requiriéndoles que informasen sobre las medidas que hubiesen adoptado para dar estricto cumplimiento a la sentencia interlocutoria antes mencionada, y para que se abstuviesen de realizar actos generales y particulares contrarios a la misma, "haciéndole la advertencia que de verificarse el incumplimiento de la sentencia interlocutoria y su respectiva aclaratoria antes mencionadas, se le hace la advertencia de lo establecido en el artículo 349 del Código Penal, sin perjuicio de la responsabilidad civil en que incurriere por los daños y perjuicios que causare a los interesados; asimismo, de infringir lo dispuesto en la sentencia interlocutoria y su respectiva aclaratoria antes mencionadas, este Juzgado le aplicará multa que se hará efectiva mediante el procedimiento de apremio, la que no podrá ser menor de quinientos lempiras (Lps. 500.00), ni mayor de cinco mil lempiras (Lps. 5,000.00)." El informe que se solicitaba, conforme a las notificaciones judiciales, debía ser rendido "bajo su personal y directa responsabilidad ante este Juzgado en el plazo máximo e improrrogable de cinco (5) días hábiles siguientes a recibida la presente, comunicación, advirtiéndole que de no hacerlo así en el plazo señalado, este Juzgado le impondrá multa por cantidad no inferior a los doscientos lempiras (Lps. 200.00), ni superior a los dos mil lempiras (Lps. 2,000.00)."

Luego, el mismo día 18 de junio de 2009, el Juez libró una tercera comunicación judicial dirigida al Presidente de la República, a través de la Secretaría General del Despacho Presidencial, a fin que dentro del plazo de cinco (5) días, informara al órgano jurisdiccional que medidas había adoptado para dar cumplimiento a la sentencia interlocutoria y su respectiva aclaración.

Ninguna de las comunicaciones anteriores fue respondida por el Presidente de la República ni por funcionario alguno del Poder Ejecutivo.

IV. **EL DESACATO PRESIDENCIAL A LAS MEDIDAS CAUTELARES DE LA JURISDICCIÓN CONTENCIOSO ADMINISTRATIVA Y SUS CONSECUENCIAS**

A pesar de las precisas órdenes judiciales emanadas del Juzgado de lo contencioso administrativo, que prohibían al Presidente de la República realizar actos generales y particulares contrarios a la decisión de suspensión de efectos del Decreto presidencial sobre la consulta popular sobre la Asamblea Constituyente, éste continuó con su proyecto de realizar la "encuesta de opinión" prohibida judicialmente.

1. *El desacato presidencial a cumplir las órdenes judiciales y el decomiso del material destinado a la realización de la encuesta de opinión*

El Juzgado de Letras Contencioso Administrativo, en atención al requerimiento formulado por el Fiscal General de la República en el cual denunció el desacato por parte del Poder Ejecutivo de las órdenes judiciales, con fecha 26 de junio de 2009 dictó una nueva decisión judicial orde-nando a las Fuerzas Armadas de Honduras, por medio del Jefe del Estado Mayor Conjunto, "el *inmediato decomiso* de toda la documentación y material necesario y relacionado con la encuesta de opinión que el Poder Ejecutivo, en *abierta violación a la orden emanada de este Juzgado*, pre-tende realizar el día domingo 28 de junio de dos mil nueve."

Para adoptar esta decisión judicial, el Juez se había previamente dirigi-do al Jefe del Estado Mayor Conjunto de las Fuerzas Armadas de Hondu-ras solicitándole información sobre el cumplimiento de lo ordenado por el Juzgado, a lo que las Fuerzas Armadas habían respondido el 24 de junio de 2009, informándole "que han acatado lo ordenado en la misma."

La decisión judicial de decomiso antes indicada se adoptó luego de que el Juez expresara, *primero,* que en virtud de la decisión judicial de fecha 27 de mayo de 2009, se había ordenado la suspensión de "toda actividad tendiente a realizar cualquier tipo de consulta o encuesta de opinión con el objetivo de instalar una cuarta urna en las elecciones generales de no-viembre próximo para convocar a una Asamblea Nacional Constituyente; *lo que conlleva inexorablemente la derogatoria de la Constitución de la República;" segundo,* "con el objeto de dar cumplimiento a la suspensión decretada mediante el fallo supra indicado se libraron las correspondientes comunicaciones judiciales a efecto de dar conocimiento a distintas institu-ciones, entre ellas la Presidencia de la República, a que se *abstuviesen de continuar realizando actividades orientadas a la realización de cualquier consulta o encuesta de opinión*;" y *tercero,* "que a pesar de lo anterior, el Poder Ejecutivo, en pleno *desconocimiento del fallo judicial, ha conti-nuado con el intento de realizar la encuesta de opinión* programada para el próximo domingo 28 de los corrientes."

El Juez contencioso administrativo para ordenar el decomiso de toda la documentación y material necesario y relacionado con la encuesta de opi-nión que el Poder Ejecutivo pretendía realizar "en abierta violación a la orden emanada de este Juzgado," partió de lo dispuesto en el artículo 304 de la Constitución, que atribuye a los "órganos jurisdiccionales aplicar las leyes a casos concretos; juzgar y ejecutar lo juzgado."

Consideró, además, que conforme a la previsión del artículo 274 de la Constitución, las Fuerzas Armadas "están sujetas a las disposiciones de su Ley Constitutiva y a las demás leyes y reglamentos que regulen su fun-cionamiento," y conforme al artículo 1 de la Ley Constitutiva de las Fuer-zas Armadas, estas se instituyen para, entre otras cosas, "defender el im-perio de la Constitución." Con base en lo anterior; consideró que "siendo que la celebración de la Encuesta de Opinión tiene como propósito final mancillar la Constitución de la República; las Fuerzas Armadas de Honduras, en apego a las disposiciones anteriormente relacionadas, son la institución llamada a su defensa evitando la consumación de tal propósito," resolviendo de acuerdo con los artículos 272,304 y 274 de la Constitución de la República; 1, 132 y de la Ley de la Jurisdicción Contencioso Administrativo; 1 de la Ley Constitutiva de las Fuerzas Armadas,

PRIMERO: Ordenar a las Fuerzas Armadas de Honduras, por medio del Jefe del Estado Mayor Conjunto, el *inmediato decomiso* de toda la documentación y material necesario y relacionado con la *encuesta de opinión que el poder ejecutivo, en abierta violación a la orden emanada de este juzgado, pretende realizar el día domingo 28 de junio de dos mil nueve.* Asimismo se le ordena a las Fuerzas Armadas de Honduras, que dichos documentos y material relacionado, por constituir una amenaza flagrante a la Constitución de la República, sea incinerado de forma inmediata.

A los efectos de que se realizase la medida ordenada, el Juez habilitó todos los días y horas inhábiles, bajo la coordinación técnica y legal de la Fiscalía General de la República; exigiéndose a todos los funcionarios y empleados de las diferentes Secretarías de Estado, entes descentralizados y desconcentrados, brindar toda la colaboración necesaria a fin de que las Fuerzas Armadas de Honduras pudiesen realizar de forma oportuna y eficiente el decomiso del material destinado a ser usado en la Encuesta de Opinión mencionada. A tal efecto, además, el juez facultó a las Fuerzas Armadas de Honduras, con el propósito del efectivo cumplimiento de lo ordenado, a utilizar los bienes e instalaciones de las instituciones del Estado, que considerase necesarias, en especial, las telecomunicaciones."

2. *La destitución del Jefe del Estado Mayor Conjunto de las Fuerzas Armadas por el Presidente de la Republica, por cumplir lo ordenado por la Jurisdicción Contencioso Administrativa, y la suspensión de sus efectos del acto de destitución por la Sala Constitucional de la Corte Suprema*

El mismo día 24 de junio de 2009, al acatar el Jefe del Estado Mayor Conjunto de las Fuerzas Armadas y proceder a decomisar el material destinado a la realización de la encuesta de opinión prohibida por el Juez contencioso administrativa, que se consideraba violatoria de la Constitución, el Presidente de la República mediante resolución, procedió a separar al señor Romeo Orlando Vásquez Velásquez de su cargo de Jefe del Estado Mayor Conjunto de las Fuerzas Armadas De Honduras.

Tanto el General Vásquez Velásquez, mediante abogado, como el Fiscal Especial para la Defensa de la Constitución Rene Mauricio Aceituno Ulloa actuando a favor de *los intereses generales de la sociedad y del orden jurídico constitucional*, interpusieron sendos recursos de amparo contra la resolución presidencial mencionada, por ante la Sala Constitucional de la Corte Suprema de Justicia (Registro Nos. 881 y 883-09), la cual luego de acumular los recursos, en fecha 25 de junio de 2009 decidió con base en lo establecido en el artículo 40 de la Ley Constitutiva de las Fuerzas Armadas, contenida en el decreto 39-2001, de fecha 30 de abril del 2001, que es la Ley Especializada y aplicable en el caso; en los artículos 183, 245, 278, 280, 303, 313 atribución 5ta, 316, 321 y 323 de la Constitución de la República; en el artículo 8 de la Declaración Universal de los Derechos Humanos; en los artículos 8 y 25 de la Convención Americana sobre Derechos Humanos; en los artículos 1, 2, 4, 5, 7, 9 numeral 3 letra a), 41, 43, 44, 45, 48, 49, 59 numeral 1), 119, 124 y demás aplicables de la Ley Sobre Justicia Constitucional; a admitir los recursos de amparo de mérito, y "decretar bajo la responsabilidad de los recurrentes la suspensión provisional del acto reclamado," ordenando "a la autoridad recurrida la inmediata remisión de los antecedentes formados al efecto o en su defecto el correspondiente informe dentro del plazo de un (01) día." La Sala Constitucional, además, mandó que se diera "inmediato cumplimiento a lo ordenado" en la providencia que se ordenó comunicar al Presidente de la República.

3. *La vía de hecho presidencial y el nuevo desacato a las órdenes judiciales*

El día 25 de junio de 2009, el Presidente de la República, junto a varias personas, entre ellos funcionarios del Poder Ejecutivo, después de haber realizado un pronunciamiento público en las instalaciones de la Casa de Gobierno y que fue de conocimiento general a través de los diferentes medios de comunicación, anunciando qua él tenía que realizar una misión, le pidió a la gente que se encontraba reunida en el lugar que lo acompañara, y se trasladó a las instalaciones de la base área "Hernán Acosta Mejía", lugar del cual el Presidente de la República, desacatando de nuevo las decisiones judiciales, retiró 814 cajas que contenían el material que sería utilizado para realizar la encuesta de opinión, que había ordenado realizar a nivel nacional el día domingo 28 de junio del 2009, y que había sido prohibida por el Poder Judicial.

4. *La acusación fiscal contra el Presidente de la República por diversos delitos por ante la Corte Suprema de Justicia*

Con motivo de todos los desacatos presidenciales ante las decisiones judiciales, y la actuación del Presidente de la república en contra de la Constitución, el día 25 de junio de 2009, el Fiscal General de la República, "en representación de los más altos intereses generales de la Sociedad Hondureña," compareció ante la Corte Suprema de Justicia, formulando requerimiento fiscal en contra del Presidente de la República José Manuel Zelaya Rosales, a quien lo acusó como responsable, a título de autor, de los delitos contra la forma de gobierno, traición a la patria, abuso de autoridad y usurpación de funciones, en perjuicio de la administración pública y el Estado de Honduras, solicitando se librase contra él orden de captura, y luego de que se le comunicasen los hechos que se le imputaban, se le recibiera su declaración de imputado, se le suspendiera en el ejercicio del cargo, y se autorizase allanamiento de morada.

Las diversas actuaciones descritas por el Fiscal General ante la Corte, y atribuidas al Presidente de la República, consideró que se subsumían en los siguientes tipos penales:

Primero, en el delito contra la Forma de Gobierno tipificado en el artículo 328,3 del Código Penal a cuyo efecto el Fiscal General consideró que si bien es cierto, el Gobierno debe sustentarse en el principio de la democracia participativa, los únicos mecanismos de consulta a los ciudadanos en el ordenamiento de Honduras son el referéndum y el plebiscito, correspondiendo exclusivamente al Congreso Nacional conocer de los mismos y discutir las peticiones, las cuales deben ser aprobadas mediante decreto con el voto afirmativo de las dos terceras partes de la totalidad de sus miembros, en el cual se deben determinar los extremos de la consulta, correspondiendo al Tribunal Supremo Electoral la convocatoria correspondiente, siendo dicho órgano y no el Poder Ejecutivo, el único ente legitimado para convocar, organizar y dirigir las consultas a los ciudadanos (artículo 5 de la Constitución).

El Fiscal General consideró que siendo el tipo penal un delito de peligro abstracto y de mera actividad, basta la sola realización de actos encaminados fuera de las vías legales a cualesquiera de los fines estipulados en el artículo 328 del Código Penal, para que se configure el ilícito penal enunciado; siendo la publicidad difundida a través de los diferentes medios de comunicación, promoviendo la convocatoria para la consulta popular o encuesta de opinión popular, actuaciones que caen dentro del supuesto de la norma penal sustantiva, lesionando la Segundad Interior del Estado como bien jurídico, objeto de protección, al constituir un acto encaminado fuera de las vías legales tendiente a despojar en parte las facultades que la constitución le atribuye al Congreso Nacional y al Tribunal Supremo Electoral.

Segundo, en el delito de Traición a la Patria, que el Fiscal General consideró tipificado en la Constitución de la República, derivado de los intentos de realizar reformas constitucionales contrariando lo dispuesto en los artículos 2, 4, 5, párrafo séptimo, 373 y 374; y estimó como dirigido a "afectar las bases constitucionales de la unidad del Estado como un Ente político, acciones que se consuman a través de actos encaminados fuera de las vías legales a despojar en parte las facultades atribuidas a los Poderes legalmente constituidos, indicando que ese era el caso concreto el Presidente de la República José Manuel Zelaya, quien, estimó

> "suplantó la soberanía popular, la cual se ejerce en este País por representación de conformidad a lo que establece la norma constitucional, donde la soberanía corresponde al pueblo del cual emanan todos los Poderes del Estado, asimismo arrogándose facultades que nunca las tuvo en virtud que las mismas son de competencia del Congreso Nacional, en virtud de que a través de la emisión de tres decretos ejecutivos, convoco a la ciudadanía Hondureña a participar en una encuesta de opinión popular para que "el pueblo decida la convocatoria a una Asamblea Nacional Constituyente."

En tal sentido, consideró el Fiscal General que el hecho de convocar a una Asamblea Nacional Constituyente, "es evidente que con la misma se pretende derogar la actual Constitución," y conforme a los artículos 373, 374 y 375 de la Constitución, "bajo ninguna circunstancia se podrá dictar y aprobar una nueva constitución porque esta traería consigo *la reforma de artículos pétreos*, mismos que no podrán reformarse en ningún caso," todo lo cual configura una "conducta contraria a derecho por parte del Ciudadano Presidente de la República, suplantando al Poder Legislativo a convocado a la Ciudadanía Hondureña a la encuesta de opinión."

Tercero, en el delito de Abuso de Autoridad regulado en el artículo 349,1 del Código Penal y que sanciona al funcionario o empleado público "que se niegue a dar el debido cumplimiento a órdenes, sentencias, providencias, acuerdos o decretos dictados por autoridades judiciales o administrativas dentro de los límites de sus respectivas competencias y con las formalidades legales..." En este caso, consideró el Fiscal General que se reúnen los elementos objetivos de este tipo penal, "en vista de que el Ciudadano Presidente de la República en flagrante omisión a los apercibimientos emanados a través de las comunicaciones libradas por el Juzgado de lo Contencioso Administrativo," incumplió con las disposiciones contenidas relativas a la ejecución de la sentencia, y a pesar de haber sido apercibido, hizo caso omiso, y "con pleno conocimiento y voluntad, procedió a realizar actos contrarios a la sentencia dictada."

Cuarto, en el tipo penal de Usurpación de Funciones conforme el artículo 354 del Código Penal, ya que conforme al artículo 15, numeral 5 y 8 de la Ley Electoral y de las Organizaciones Políticas, es atribución del Tribunal Supremo Electoral, organizar dirigir, administrar y vigilar los procesos electorales y consultas populares; así como convocar a elecciones, referéndums y plebiscitos; y además, conforme al artículo 5, quinto párrafo de la Constitución, "corresponde únicamente al Tribunal Supremo Electoral, convocar, organizar y dirigir las consultas a los ciudadanos señalados en los párrafos anteriores" En el caso, consideró el Fiscal General que el hecho del Presidente de la República de emitir tres decretos, "referentes a la realización de una consulta, llamada posteriormente encuesta de opinión," cuyo objetivo era "consultar si las personas estaban de acuerdo con la instalación de una cuarta urna en las elecciones generales para decidir si se convoca a una Asamblea Nacional Constituyente que emita una nueva Constitución de la República," lo que era atribución exclusiva del Tribunal Supremo Electoral.

El Fiscal General, además, destacó que en la gama de delitos imputados, el Presidente de la República además "vulneró el principio de legalidad el cual se encuentra descrito en el artículo 321 Constitución de la República, que establece: "Los servidores del Estado no tienen más facultades que las que expresamente les confiere la ley..." ejerciendo arbitrariamente la función pública con desviación y abuso de poder.

Con fundamento en lo que expuso ante la Corte Suprema de Justicia, el Fiscal General consideró que debido a la alta investidura que como alto Funcionario del Estado ostentaba el presidente "y existiendo un peligro de fuga por la gravedad de la pena que pueda imponérsele" como resultado del proceso, solicitó se ordenase el allanamiento de Morada para la aprehensión del acusado José Manuel Zelaya Rosales. El Fiscal General, además, para evitar la impunidad y en virtud de que conforme al artículo 33 de la Ley de la Administración Pública los Secretarios de Estado son colaboradores del Presidente de la República, y teniendo el titular de la Secretaria de Estado en los Despachos de Seguridad a través de la Policía Nacional, la facultad legal de hacer efectivas las órdenes de captura emanadas de autoridad competente, debido al conflicto de intereses y al temor fundado que tenía el Ministerio Público que no se le diera cumplimento a la orden Judicial, solicitó de la Corte Suprema que se instruyera a las Fuerzas Armadas de Honduras a través del Jefe del Estado Mayor Conjunto, la facultad de hacer que se cumplan los mandatos de la constitución, las leyes y Reglamentos le imponen a las Fuerzas Armadas, y procedieran hacer efectiva la orden de captura del acusado Presidente.

Con fecha 26 de junio de 2009, conforme a lo alegado y solicitado por el Fiscal General, la Corte Suprema de Justicia resolvió y en consecuencia se dirigió al Jefe del Estado Mayor Conjunto de las Fuerzas Armadas, General de División, Romeo Vásquez Velásquez, ordenando la captura del Presidente de la República de Honduras, José Manuel Zelaya Rosales, "a quien se le supone responsable de los delitos de: *contra la forma de gobierno, traición a la patria, abuso de autoridad y usurpación de funciones* en perjuicio de la Administración Pública y del Estado de Honduras." La Corte Suprema también se dirigió en la misma fecha, al Estado Mayor Conjunto de las Fuerzas Armadas de Honduras, ordenando proceder en el momento pertinente al allanamiento de la vivienda del Presidente de la República de Honduras, José Manuel Zelaya Rosales,

> "entre las seis de la mañana y las seis de la tarde y ponerlo a la orden de la autoridad correspondiente por suponerlo responsable de la comisión de los hechos delictivos: CONTRA LA FORMA DE GOBIERNO, TRAICIÓN A LA PATRIA, ABUSO DE AUTORIDAD Y USURPACIÓN DE FUNCIONES en perjuicio de la Administración Publica y del Estado de Honduras, lo anterior a raíz del requerimiento fiscal presentado en esta Corte por parte del Ministerio Publico."

El día 28 de junio de 2009, sin embargo, la orden judicial no fue ejecutada tal como se ordenó judicialmente, y el Presidente Zelaya después de haber sido detenido en su residencia durante la noche, fue ilegalmente extrañado del país y un avión lo trasladó a Costa Rica, indudablemente en violación de lo previsto en los artículos 81 y 102 de la Constitución.

Al día siguiente, 29 de junio de 2009, la Corte Suprema de Justicia, consideró que como era "de público y notorio conocimiento que el ciudadano José Manuel Zelaya Rosales, ha dejado de ostentar la condición de Presidente Constitucional de la República," carácter por el cual había sido presentado el Requerimiento Fiscal ante el Supremo Tribunal de Justicia, para que se le siguiese el procedimiento establecido en la normativa procesal penal que regula el enjuiciamiento criminal para los más altos funcionarios del Estado; al haber dejado el Presidente Zelaya de ostentar la condición de alto funcionario del Estado, consideró la Corte que entonces no era procedente seguir su enjuiciamiento de conformidad a los artículos 414, 415, 416, 417 del Código Procesal Penal, debiéndose en consecuencia, conocerse por la vía del procedimiento penal ordinario, "a fin de garantizarle así las reglas propias del debido proceso al imputado." Como consecuencia, resolvió, además de tener por presentado el Requerimiento

Fiscal junto con los documentos que se acompañaron, remitirlo al Juzgado de Letras Unificado de lo Penal de Tegucigalpa, Francisco Morazán, para que se continuase con el procedimiento ordinario establecido en el Código Procesal Penal.

En esta decisión, la Corte Suprema, sin embargo, no suministró fundamento jurídico alguno ni indicó con base en qué acto jurídico el Presidente Zelaya el día 28 de junio había "dejado de ostentar la condición de Presidente Constitucional de la República;" limitándose a decir que ello era de "de público y notorio conocimiento."

Lo que había ocurrido, en realidad, era que había sido expatriado (eso era quizás lo público y notorio) en forma inconstitucional, pero no por ello habría dejado de ser Presidente Constitucional. En este aspecto, el tema que habría quedado pendiente de resolver es si, para el caso de que el Presidente expatriado llegase a regresar al país, si debería continuar ser procesado por la Corte Suprema de Justicia, en virtud de su condición de Presidente, y no por parte de un tribunal penal ordinario como ex funcionario.

V. EL JUEZ CONTENCIOSO ADMINISTRATIVO COMO JUEZ CONSTITUCIONAL Y LA DEFENSA DE LA DEMOCRACIA

En Honduras, sin la menor duda, el Juzgado de Letras Contencioso Administrativo con sede en Tegucigalpa, al ejercer el control de la constitucionalidad e ilegalidad sobre los actos administrativos dictados por el Presidente de la república relativos a la consulta popular sobre la convocatoria de una Asamblea Nacional Constituyente, actuó como juez constitucional, ejerciendo las competencias que le asigna la Ley 29/1998 reguladora de la Jurisdicción Contencioso Administrativa; competencia de control que, lamentablemente y comparando, aún por la vía del recurso contencioso administrativo de interpretación, la Sala Político Administrativa de la Corte Suprema de Venezuela actuando como juez contencioso administrativo diez años antes se abstuvo de ejercer, cuando le tocó resolver sobre la misma inconstitucional situación de la convocatoria de un referendo consultivo por el Presidente de la República sin estar previsto este mecanismo de reforma constitucional en el texto de la Constitución.

De las previsiones constitucionales tanto en Honduras como en Venezuela, en efecto, el ejercicio de la justicia constitucional corresponde conforme a la Constitución, no sólo a la Jurisdicción Constitucional que en ambos países ejercen las Salas Constitucionales del Supremo Tribunal, sino a la Jurisdicción Contencioso Administrativa, al ejercer su competencia de anulación de los actos administrativos de efectos generales o particulares contrarios a derecho, es decir, contrarios a la Constitución, a las leyes o a las demás fuentes del derecho administrativo[172]. Es decir, todos los jueces contencioso administrativos, conforme al artículo 259 de la Constitución de Venezuela y a la Ley reguladora de la Jurisdicción Contencioso Administrativa en Honduras, tienen potestad para declarar la nulidad de los actos administrativos, no sólo por ilegalidad sino por inconstitucionalidad, ejerciendo la justicia constitucional.

En consecuencia, con base en estos poderes del juez contencioso administrativo de actuar como juez constitucional, controlando la constitucionalidad y legalidad de las actuaciones del Poder Ejecutivo, fue que se desarrolló en Honduras el proceso judicial contencioso administrativo contra los decretos presidenciales de marzo-mayo de 2009 para la convocatoria de una consulta popular o encuesta de opinión que encubrían una propuesta de referendo "decisorio" sobre la convocatoria de una Asamblea Nacional Constituyente, y que condujeron finalmente a la orden de detención y a la orden de enjuiciamiento del Presidente de la República, José Manuel Zelaya, entre otros hechos y actos, por desacato a las decisiones del Poder Judicial.

El control judicial desarrollado por la Jurisdicción Contencioso Administrativa, en todo caso, puede decirse que fue un proceso de defensa de la democracia. Por ello contrasta el hecho de que al ejercerse el control de los actos del Presidente de la República dictados en violación de la Constitución y sobre las vías de hecho en que incurrió contrarias al Poder Judicial y al ordenamiento jurídico de Honduras, en ninguna de las actas procesales fundamentales del proceso se haya usado la palabra "democracia." Sin embargo, en un Estado Constitucional, la defensa de la Constitución es siempre defensa de la democracia entendida como el régimen político que busca asegurar que el ejercicio del poder público por el pueblo, como titular que es de la soberanía, se haga en la forma prescrita en la Constitución, tanto en forma indirecta a través de representantes electos (democracia representativa), como en forma directa manifestando su voluntad para la toma de decisiones mediante referendo (democracia directa).

Para asegurar que el ejercicio de ese poder no sea ni abusivo ni arbitrario, el propio pueblo lo somete a límites establecidos tanto en la Constitución del Estado que él mismo ha adoptado como norma suprema, como en la legislación que deben sancionar sus representantes en los órganos del Estado. La Constitución y las leyes contienen, así, los límites que el propio

---

172 Véase Allan R. Brewer–Carías, *La Justicia Constitucional*, Universidad Nacional Autónoma de México, México 2007, pp. 447 ss.; t *La Justicia Contencioso administrativa*, Tomo VII, *Instituciones Políticas y Constitucionales*, Editorial Jurídica Venezolana, Caracas –San Cristóbal 1996, pp. 26 ss.

pueblo se impone a sí mismo y a sus representantes para ejercer el poder público, por lo que todo control respecto de la sumisión de los órganos del Estado a la Constitución, es un control de defensa a la propia democracia. Por ello, el Estado que se organiza en una Constitución adoptada en una sociedad democrática, es esencialmente un Estado sometido a controles.

Para garantizar ese Estado y la propia democracia es que se establece un sistema que permita la posibilidad de controlar el ejercicio del poder, de manera que los propios órganos que ejercen el poder en el Estado puedan, mediante su división y distribución, frenar el ejercicio mismo del poder, y así los diversos poderes del Estado puedan limitarse mutuamente. Por ello la existencia de sistemas de justicia constitucional y justicia contencioso administrativa desarrollado en todos los países democráticos.

En Honduras, sin duda, funcionaron los controles, y las actividades del Presidente Zelaya violatorias de la Constitución, fueron controladas por los tribunales de la Jurisdicción Contencioso Administrativa actuando como jueces constitucionales, los cuales demostraron tener una autonomía e independencia que muchas jurisdicciones de otros países podrían envidiar.

En este caso, fue dicha Jurisdicción la que defendió la Constitución y la democracia; y persiguió el desacato a sus decisiones, las cuales estando ajustadas a derecho, fueron las que condujeron a la Corte Suprema de Justicia a ordenar el procesamiento del Presidente, quien por levantarse en contra de la Constitución perdió su cargo.

Lamentablemente, al final, como se dijo, la orden judicial dada a las Fuerzas Armadas por la Corte Suprema, no fue ejecutada como había sido ordenado, y el Presidente Zelaya fue ilegalmente extrañado del país en violación de lo previsto en los artículos 81 y 102 de la Constitución, con las consecuencias internacionales conocidas.

New York, Julio 2009

QUINTA PARTE:

EL JUEZ CONSTITUCIONAL ABSTENIÉNDOSE DE ENFRENTAR AL PODER PARA HACER PREVALECER LA CONSTITUCIÓN, Y LA IRRUPCIÓN DE UNA ASAMBLEA CONSTITUYENTE NO PREVISTA EN LA CONSTITUCIÓN

El caso de la Asamblea Nacional Constituyente de Venezuela de 1999 convocada como consecuencia de una ambigua sentencia de la Corte Suprema de Justicia actuando como juez constitucional

La Constitución de Venezuela de 30 de diciembre de 1999 fue elaborada por la Asamblea Nacional Constituyente convocada por el Presidente de la República, Hugo Chávez Frías, luego de que la Sala Político Administrativa de la Corte Suprema de Justicia, mediante sendas sentencias de 19 de enero de 1999 (Caso *Referendo Consultivo I* y Caso *Referendo Consultivo II)*, dictadas como juez constitucional[173], diera lugar a que se procediera mediante *referéndum consultivo,* para que el pueblo pudiera "crear" dicha instancia política no prevista ni regulada en la Constitución de 1961, y se procediera a dictar una nueva Constitución.

---

173. Véase el texto de las sentencias y los comentarios a la mismas en Allan R. Brewer-Carías, *Poder Constituyente Originario y Asamblea Nacional Constituyente,* Caracas, 1999, pp. 15 a 114. Véase también en .*Revista de Derecho Público,* no 78-80, Editorial Jurídica Venezolana, Caracas 1999, pp. 55-73; y en *Bases Constitucionales de la Supranacionalidad*, Tribunal Supremo de Justicia, Colección de Estudios Jurídicos, Caracas, 2002, pp. 19-36. Véase los comentarios a dichas sentencias en Allan R. Brewer-Carías, "La configuración judicial del proceso constituyente o de cómo el guardián de la Constitución abrió el camino para su violación y para su propia extinción", en *Idem.* pp. 453 ss.; y en Allan R. Brewer-Carías, *Asamblea Constituyente y Ordenamiento Constitucional,* Academia de Ciencias Políticas y Sociales, Caracas 1999, pp. 151 ss.

Con estas sentencia dictadas por la Sala Político Administrativa actuando como juez constitucional porque al interpretar la norma de la Ley Orgánica del Sufragio y Participación Política sobre el referéndum consultivo interpretó el artículo 4 de la Constitución que regula soberanía popular, por su contenido ambiguo, pues en las mismas no se decidió con precisión lo que se le había consultado, lo que provocaron fue que se "interpretaran" como la supuesta solución al conflicto constitucional existente, dando lugar como consecuencia de un "referendo consultivo," a la subsecuente convocatoria, elección y constitución de una Asamblea Nacional. [174] Ello, sin embargo, ocurrió en democracia y sin ruptura constitucional a la usanza tradicional, dándose así inicio formalmente a un proceso constituyente, el cual, a pesar de los esfuerzos que posteriormente haría la propia Corte Suprema para corregir su falta, desbordó los límites que intentó ponerle, y permitió que una Asamblea Constituyente asumiera un carácter originario que el pueblo no le había dado, y que la propia Corte le había negado, diera un golpe de Estado interviniendo los poderes constituidos del Estado, y terminara con la propia Corte Suprema que le había dado nacimiento. Las sentencias de 19 de enero de 1999, por tanto, fueron la primera página de la sentencia de muerte del propio Poder Judicial de la República.

Después de las elecciones de 1998, sin duda, Venezuela se encontraba en medio de un conflicto político-constitucional que solo podía resolverse por la fuerza o por el juez constitucional; conflicto derivado, precisamente, del dilema entre, por una parte, la necesidad de que la soberanía popular se manifestase para propiciar los inevitables y necesarios cambios político-constitucionales exigidos por la crisis terminal del sistema de Estado centralizado de partidos y, por la otra, la supremacía constitucional que exigía someterse a los procedimientos de reforma y enmienda prescritos en la Constitución de 1961.

La ocasión para resolver el conflicto la tuvo la Corte Suprema de Justicia con motivo de sendos recursos de interpretación que se presentaron ante su Sala Político-Administrativa, a los efectos de decidir si era consti-

---

174. Véase sobre este proceso: Allan R. Brewer-Carías, "La configuración judicial del proceso constituyente en Venezuela de 1999 o de cómo el guardián de la Constitución abrió el camino para su violación y para su propia extinción", en *Revista Jurídica del Perú*, Año LVI, N° 68, 2006, pp. 55-130; y en *Revista de Derecho Público*, N° 77-80, Editorial Jurídica Venezolana, Caracas 1999, pp. 453-514. Véase igualmente los comentarios en el libro: *Poder constituyente originario y Asamblea Nacional Constituyente* (Comentarios sobre la interpretación jurisprudencial relativa a la naturaleza, la misión y los límites de la Asamblea Nacional Constituyente), Colección Estudios Jurídicos N° 72, Editorial Jurídica Venezolana, Caracas 1999.

tucionalmente posible pasar a la convocatoria y elección de una Asamblea Nacional Constituyente, como consecuencia de un referendo consultivo a tal fin efectuado conforme al artículo 181 de la Ley Orgánica del Sufragio y Participación Política, sin la previa reforma de la Constitución que regulara dicha Asamblea, como poder constituyente instituido.

La Corte Suprema de Justicia en las sentencias dictadas el 19-1-99[175], si bien desde el punto de vista jurídico no resolvió abierta y claramente el conflicto[176], desde el punto de vista político dejó establecidos diversos argumentos que desatarían fuerzas constituyentes que por más esfuerzos posteriores que la Corte haría por controlarlas, no sólo no lo lograría sino que pagaría con su propia existencia la ambigüedad inicial. Las presentes notas tienen por objeto, precisamente, analizar las sentencias dictadas por de la Corte Suprema que configuraron el proceso constituyente desde las del 19 de enero de 1999 hasta la del 16 de octubre de 1999.

I. LA BANDERA ELECTORAL (1998) DE LA CONVOCATORIA DE LA ASAMBLEA CONSTITUYENTE Y LOS OBSTÁCULOS CONSTITUCIONALES PARA ELLO

En efecto, durante la campaña electoral presidencial de 1998, el entonces candidato Hugo Chávez Frías propuso al electorado como su fundamental propuesta política sobre el Estado, la convocatoria de una Asamblea Nacional Constituyente para "refundar el Estado", la cual, sin embargo, no estaba prevista en la Constitución de 1961 como un procedimiento válido para la reforma constitucional. La Constitución, en realidad sólo establecía expresamente dos mecanismos para su revisión, que eran la "enmienda" y la "reforma general."[177] Una Asamblea Constituyente cuando no es producto de un golpe de Estado o una ruptura fáctica del orden constitucional, para poder ser convocada tiene que estar regulada consti-

---

175. Véanse los textos en Allan R. Brewer-Carías, *Poder Constituyente Originario y Asamblea Nacional Constituyente, cit.,* pp. 25 a 53 y en esta *Revista,* pp. 56 a 73.

176. Véase en sentido coincidente, Lolymar Hernández Camargo, *La Teoría del Poder Constituyente. Un caso de estudio: el proceso constituyente venezolano de 1999,* UCAT, San Cristóbal, 2000, pp. 54, 56, 59.

177 Véase sobre estas previsiones Allan R. Brewer-Carías, "Los procedimientos de revisión constitucional en Venezuela" en *Boletín de la Academia de Ciencias Políticas y Sociales,* N° 134, Caracas 1997, pp. 169-222; y en Eduardo Rozo Acuña (Coord.), *I Procedimenti di revisione costituzionale nel Diritto Comparato,* Atti del Convegno Internazionale organizzato dalla Facoltà di Giurisprudenza di Urbino, 23-24 aprile 1997, a cargo del Prof., Università Degli Studi di Urbino, pubblicazioni della Facoltà di Giurisprudenza e della Facoltá di Scienze Politiche, Urbino, Italia, 1999, pp. 137-181.

tucionalmente como mecanismo para la reforma de la Constitución, como a partir de la Constitución de 1999 se estableció expresamente en Venezuela. En 1998, por tanto, ante la propuesta del entonces Presidente electo Hugo Chávez Frías sobre la Asamblea Constituyente, el problema era cómo elegirla.

Sobre ello, a comienzos de 1999, precisamente el mismo día en el que se publicaron las sentencias que comentamos, expresamos lo siguiente:

"El reto que tenemos los venezolanos hacia el futuro, incluyendo el presidente electo Hugo Chávez Frías y su futuro gobierno, por tanto, no es resolver si vamos o no a tener una Asamblea Constituyente en el futuro próximo, sino cómo la vamos a realizar. Las elecciones de noviembre y diciembre de 1998 iniciaron el proceso, pero el dilema es el mismo de siempre: ¿la vamos a convocar violando la Constitución o la vamos a convocar respetando la Constitución? En el pasado, por la fuerza, siempre hemos optado por la primera vía; en el momento presente, con la globalización democrática que caracteriza al mundo contemporáneo y con el desarrollo político de nuestro propio pueblo, no habría derecho a que el nuevo gobierno y los partidos tradicionales, por su incomprensión, también nos lleven a tomar la vía del desprecio a la Constitución, precisamente, la "fulana Constitución," como se la ha calificado recientemente.

Las fuerzas políticas tradicionales representadas en el Congreso tienen que aceptar que el sistema político iniciado en los años cuarenta, sencillamente terminó, y tienen que entender que el precio que tienen que pagar por mantener la democracia, consecuencia de su incomprensión pasada, es reformar de inmediato la Constitución para establecer el régimen de la Asamblea Constituyente, en la cual, sin duda, nuevamente perderán cuotas de poder.

Pero las nuevas fuerzas políticas también representadas en el Congreso, y el presidente electo Hugo Chávez Frías, también tienen que entender que la Constitución no está muerta, que es el único conjunto normativo que rige a todos los venezolanos y que su violación por la cúpula del poder lo único que lograría sería abrir el camino a la anarquía.

Los venezolanos de comienzos del siglo XXI no nos merecemos una ruptura constitucional y tenemos que exigir que la inevitable y necesaria Asamblea Constituyente se convoque y elija lo más pronto posible, pero mediante un régimen establecido constitucionalmente, pues no hay otra forma que no sea mediante una reforma de la Constitución para establecer la forma de la Asamblea (unicameral o no), el número de sus integrantes, las condiciones y forma de su elección y postulación (uninominal o no) su rol democrático y su relación con los principios republicanos y de la democracia representativa, incluyendo, la separación de los Poderes Públicos.

Ninguna otra autoridad o poder del Estado puede establecer ese régimen y menos aún puede ser el resultado de una consulta popular o referéndum consultivo. Este, para lo único que sirve es para obtener un mandato popular que habría que actualizar constitucionalmente, mediante una reforma del Texto Fundamental. De lo contrario sería como si se pretendiera establecer la pena de muerte, prohibida en el artículo 51 de la Constitución, mediante un simple "referéndum consultivo." Si éste se realizase, lo único que significaría sería la expresión de una voluntad popular que habría de plasmarse en la reforma constitucional del artículo 51 de la Constitución, pero no podría nunca considerarse, en sí mismo, como una reforma a la Constitución.

Lo mismo sucede con el tema de la Asamblea Constituyente: la elección de Hugo Chávez Frías puede considerarse como la expresión de una voluntad popular pro constituyente que debe plasmarse en la Constitución mediante su reforma específica. Por ello, si el 23 de enero próximo el Congreso inicia la reforma específica de la Constitución para establecer el régimen de la Constituyente, para cuando se realice el referéndum consultivo prometido por el Presidente electo (60 días después del 15 de febrero, es decir, el 15 de abril) podría en realidad realizarse el referéndum aprobatorio de la reforma constitucional que regule la Constituyente y procederse a su convocatoria.

Esta es una fórmula para resolver el tema de la constitucionalización de la Asamblea Constituyente, la cual es indispensable para poder convocarla democráticamente, es decir, en el marco de la Constitución, conforme a la cual fue electo presidente Hugo Chávez Frías y se juramentará próximamente en su cargo."[178]

Por tanto, a comienzos de 1999, aún bajo la vigencia de la Constitución de 1961, la única forma de poder convocar una Asamblea Constituyente en Venezuela, era reformando la Constitución para regularla, y si no se reformaba la Constitución, era si ello resultaba de alguna interpretación judicial que se hiciese de la Constitución por parte de la Corte Suprema de Justicia, como juez constitucional, para precisamente, evitar que ocurriera una confrontación fáctica entre el principio de la soberanía popular y el principio de la supremacía constitucional. Y ello fue lo que se pretendió obtener mediante el ejercicio, en 1998, de dos recursos de interpretación sobre los alcances del "referendo consultivo" que entonces sólo estaba

---

178 Véase Allan R. Brewer-Carías, (sobre la Asamblea Constituyente) "Necesaria e inevitable,", en *El Universal*, Caracas, 19-01-1999, p. 1-14.

previsto en la Ley Orgánica del Sufragio y Participación Política de 1998, que fueron interpuestos por ante la Sala Político Administrativa (Contencioso-administrativa) de la antigua Corte Suprema de Justicia en 1998, de los cuales sin embargo, y lamentablemente, no resultó decisión judicial expresa alguna.

Para diciembre de 1998, por tanto, la Corte Suprema conocía de sendos recursos de interpretación, lo que dio motivo al ejercicio de una fuerte presión política indebida por parte del Presidente electo y sus seguidores ante la Corte,[179] de manera que antes de que la Corte decidiera y resolviera el conflicto, el Presidente electo fue quien optó públicamente por la vía de convocar la Asamblea Constituyente apenas asumiera la Presidencia de la República, el 2 de febrero de 1999, sin necesidad de reformar previamente la Constitución de 1961 para regularla.

La propuesta presidencial, en todo caso, consistía en utilizar ilegítimamente la vía de un referendo consultivo previsto en una ley para convertirlo en un "referendo decisorio," en fraude a la Constitución. En 1999, por ello, indicábamos que:

> "La convocatoria a dicha Asamblea Constituyente, sin estar prevista en la Constitución, siempre consideramos que no sería otra cosa que un desconocimiento de la Constitución de 1961. En efecto, el referéndum consultivo que prevé el artículo 181 de la Ley Orgánica del Sufragio es un medio de participación popular de carácter consultivo y no de orden decisorio. Es evidente que una consulta al pueblo nunca podría considerarse inconstitucional, pues es una manifestación de la democracia. Pero pretender que mediante una consulta popular pudiera crearse un órgano constitucional, como la Asamblea Constituyente, establecerse su régimen y que pudiera proceder a realizar la reforma constitucional eso si podía considerarse inconstitucional, pues ello implicaría reformar la Constitución, y para ello, habría que seguir ineludiblemente el procedimiento pautado en el artículo 246 que exige la actuación del Poder Constituyente Instituido que implica, incluso, que la reforma sancionada se someta a un referéndum aprobatorio. Sustituir todo ello por un referéndum consultivo podía considerarse como una violación de la Constitución.

> El referéndum consultivo, en realidad, sólo es eso, una consulta que se traduce en la manifestación de un mandato político que debe ser seguido

---

179 Véase las críticas que expresamos en su momento a las presiones presidenciales al Poder Judicial, en Allan R. Brewer-Carías, "Expresiones de Chávez atentan contra independencia del Poder Judicial," en *Cambio*. Mérida, 14 de febrero 1999, p. 3; y en *Frontera*. Mérida, 14 de febrero 1999, p. 3-A.

por los órganos constitucionales para reformar la Constitución y regular lo que la consulta popular propone. Pero pretender que con la sola consulta popular se pudiera crear un nuevo Poder Constituyente de reforma, podía significar el desconocimiento de la Constitución y la apertura del camino de la anarquía.

El problema constitucional que estaba planteado, sin embargo, sólo podía ser resuelto por la Corte Suprema de Justicia, y así ocurrió con las mencionadas sentencias del 19-01-99."[180]

Pero lamentablemente ocurrió con las dos mencionadas sentencias de la Corte Suprema, el 19 de enero de 1999, publicadas dos semanas antes de que el Presidente electo tomara posesión de su cargo, en las cuales la Corte Suprema, sin resolver expresamente lo que se le había solicitado interpretar, sin embargo se refirió ampliamente al derecho constitucional a la participación política y glosó también ampliamente, aún cuando en forma teórica, la doctrina constitucional sobre el poder constituyente, desencadenando así el proceso que luego no pudo ni contener ni limitar, costándole como se dijo, su propia existencia.

El resultado de todo ese proceso fue, en consecuencia, que para comienzos de 1999, por la falta de disposición del liderazgo político mayoritario del Congreso que también había sido electo en noviembre de 1998 en asumir el proceso de cambio constitucional[181], la convocatoria de la Asamblea Nacional Constituyente quedó en manos y bajo el exclusivo liderazgo del Presidente electo.

Y fue entonces con motivo de su toma de posesión de la Presidencia de la Presidencia de la República el 2 de enero de 1999, cuando entonces se inició la batalla legal por encauzar el proceso constituyente dentro del marco de la constitucionalidad, de manera que la necesaria convocatoria de la Asamblea se hiciese sin la ruptura constitucional que había caracterizado las Asambleas Constituyentes en toda nuestra historia.

La Constitución venezolana de 1961, como se dijo, no preveía la posibilidad de convocar una Asamblea Constituyente para reformar la Constitución y recomponer el sistema político democrático. Por ello, en diciembre de 1998 y en enero de 1999, después de la elección del Presidente Chávez, el debate político no fue realmente sobre si se convocaba o no la Asamblea Constituyente, sino sobre la forma de hacerlo: o se reformaba

---

180 Véase en Véase en Allan R. Brewer-Carías, *Asamblea Constituyente y Ordenamiento... cit.*, pp. 181-182.

181. Véase lo expuesto en Allan R. Brewer-Carías, *Asamblea Constituyente y Ordenamiento... cit.*, pp. 78 y ss.

previamente la Constitución, para regularla y luego elegirla, o se convocaba sin regularla previamente en la Constitución, apelando a la soberanía popular[182]. Se trataba, en definitiva de un conflicto constitucional entre supremacía constitucional y soberanía popular que había que resolver[183], y sólo el juez constitucional podía hacerlo pero en este caso no lo hizo, habiendo emitido una sentencia ambigua que dio para todo tipo de interpretaciones.

Es decir, en los casos, no la interpretación constitucional requerida, habiendo enunciado el juez contencioso administrativo a ejercer su función interpretativa, de lo cual resultó que, en definitiva, la ruptura constitucional o golpe de Estado en Venezuela la terminó dando la propia Asamblea Nacional Constituyente una vez que fue electa el 25 de julio de 1999, al irrumpir desde el mismo momento de su constitución el 8 de agosto de 1999, contra la Constitución de 1961[184], interviniendo los poderes constituidos sin autoridad alguna para ello, incluyendo la propia Corte Suprema que le había dado nacimiento, la cual también terminó siendo eliminada.

II. EL DILEMA ENTRE SOBERANÍA POPULAR Y SUPREMACÍA CONSTITUCIONAL Y LA OMISIÓN DEL JUEZ CONSTITUCIONAL EN RESOLVERLO

En todo caso, en el dilema que existía en ese momento político entre supremacía constitucional y soberanía popular, la solución del mismo en medio de la crisis política existente, como hemos dicho, sólo podría resultar de una interpretación constitucional que diera la Corte Suprema; y ello fue, precisamente, lo que se concretó en las sentencias mencionadas del 19 de enero de 1999. De ellas, se dedujo que se podía convocar un *referéndum consultivo* sobre la Constituyente, la cual en definitiva se podía

---

182. Sobre los problemas jurídicos que precedieron a la conformación de la Asamblea Nacional Constituyente, véase Hildegard Rondón de Sansó, *Análisis de la Constitución venezolana de 1999,* Editorial Ex Libris, Caracas, 2001, pp. 3-23.

183. Véase en Allan R. Brewer-Carías, *Asamblea Constituyente y Ordenamiento... cit.*, pp. 153 a 227; Allan R. Brewer-Carías, "El desequilibrio entre soberanía popular y supremacía constitucional y la salida constituyente en Venezuela en 1999, en la *Revista Anuario Iberoamericano de Justicia Constitucional*, N° 3, 1999, Centro de Estudios Políticos y Constitucionales, Madrid 2000, pp. 31-56. Sobre el Poder constituyente y la soberanía popular, véase Ricardo Combellas, *Derecho Constitucional: una introducción al estudio de la Constitución de la República Bolivariana de Venezuela,* Mc Graw Hill, Caracas, 2001, pp. 6 y ss.

184. Véase en general, Allan R. Brewer-Carías, *Golpe de Estado y Proceso Constituyente en Venezuela,* UNAM, México 2002.

crear mediante la sola voluntad popular al margen de la Constitución de 1961[185].

El dilema que enfrentó la Corte Suprema consistió entonces en dilucidar cuál principio de los dos que constituyen los dos pilares fundamentales que rigen al Estado Constitucional, debía prevalecer: o el principio democrático representativo o el principio de la supremacía constitucional, lo que en todo caso exigía que se mantuviera el equilibrio entre ambos[186]. En ese dilema, si la Corte se atenía al sólo principio democrático de democracia representativa que está a la base del Estado constitucional, el pueblo soberano sólo podía manifestarse como poder constituyente instituido mediante los mecanismos de modificación constitucional previstos en la Constitución (art. 246). Sin embargo, de acuerdo con el criterio expresado por la Corte Suprema de Justicia en su mencionada sentencia Caso *Referendo Consultivo I*:

> "Si la Constitución, como norma suprema y fundamental puede prever y organizar sus propios procesos de transformación y cambio..., *el principio democrático quedaría convertido en una mera declaración retórica...*"

Es decir, para que el principio democrático no fuera una mera declaración retórica, los procesos de cambio o transformación constitucional no debían quedar reducidos a los que se preveían en la Constitución como norma suprema y fundamental.

Pero si la Corte se atenía al otro principio del constitucionalismo moderno, el de la supremacía constitucional, es decir, el necesario respeto de la Constitución adoptada por el pueblo soberano que obliga y se impone por igual, como lo dijo la Corte, tanto a los gobernantes (poderes constituidos) como a los gobernados (poder constituyente), toda modificación de la voluntad popular plasmada en la Constitución sólo podía realizarse a través de los mecanismos de reforma o enmienda que establecía la misma Constitución que era, precisamente, obra de la soberanía popular.

---

185. Véase el texto de las sentencias en Allan R. Brewer-Carías, *Poder Constituyente Originario y Asamblea Nacional Constituyente, op. cit.,* pp. 25 a 53; y en esta *Revista,* pp. 56 a 73; véanse los comentarios a dichas sentencias en ese mismo libro, pp. 55 a 114 y en Allan R. Brewer-Carías, *Asamblea Constituyente y Ordenamiento Constitucional, op. cit.,* pp. 153 a 228.

186. Véase los comentarios sobre el dilema en Lolymar Hernández Camargo, *La Teoría del Poder Constituyente. Un caso de estudio: el proceso constituyente venezolano de 1999,* UCAT, San Cristóbal, 2000, pp. 53 y ss.; Claudia Nikken, *La Cour Suprême de Justice et la Constitution vénézuélienne du 23 Janvier 1961.* Thése Docteur de l'Université Panthéon Assas, (Paris II), Paris 2001, pp. 366 y ss.

Sin embargo, también de acuerdo al criterio expresado por la Corte Suprema de Justicia, en la referida sentencia Caso *Referendo Consultivo I,*

> "Si se estima que para preservar la soberanía popular, es al pueblo a quien corresponderá siempre, como titular del poder constituyente, realizar y aprobar cualquier modificación de la Constitución,... *la que se verá corrosivamente afectada será la idea de supremacía.*"

Es decir, para que el principio de la supremacía constitucional no se viera corrosivamente afectado, las modificaciones a la Constitución sólo la podía realizar el pueblo a través de los mecanismos previstos en la propia Constitución.

Era claro, por tanto, cual era el dilema abierto desde el punto de vista constitucional en ese momento histórico de Venezuela: o la soberanía popular era pura retórica si no podía manifestarse directamente fuera del marco de la Constitución; o la supremacía constitucional se veía corrosivamente afectada si se permitía que el pueblo soberano, como titular del poder constituyente, pudiera modificar la Constitución fuera de sus normas.

La solución del dilema podía ser relativamente fácil en una situación de hecho o de ruptura constitucional: el pueblo, como poder constituyente puede manifestarse siempre, particularmente porque no existe el principio de la supremacía constitucional al haber sido roto el hilo constitucional.

Ello sin embargo, no ocurría así en un proceso constituyente de derecho sometido a una Constitución. En efecto, no estando el país, a comienzos de 1999, en una situación de hecho sino de vigencia del orden constitucional del texto de 1961, el dilema planteado entre soberanía popular y supremacía constitucional, frente a un proceso de cambio político incontenible como el que se estaba produciendo, no podía tener una solución que derivase de la sola discusión jurídica, sino que necesaria y básicamente tenía que tener una solución de carácter político, pero guiada por el órgano del Estado constitucional, al que correspondía la Jurisdicción constitucional, es decir, a la Corte Suprema de Justicia.

En todo caso, en la discusión jurídica que se había abierto en el país, para enfrentar el mismo dilema, habían quedado claras dos posiciones:

Por una parte, la de quienes sostenían y sostuvimos que derivado del principio de la supremacía constitucional, en el Estado constitucional democrático de derecho representativo la Constitución establece los mecanismos para su revisión (reforma y enmienda); y al no regular a la Asamblea Constituyente como medio para la reforma, para que ésta pudiera convocarse debía previamente crearse y establecerse su régimen en el texto constitucional, mediante una reforma constitucional que le diese *status* constitucional.

Por otra parte, la de quienes sostenían, encabezados por el Presidente de la República, que derivado del principio de que la soberanía reside en el pueblo, la consulta popular sobre la convocatoria y régimen de la Asamblea Constituyente, como manifestación de dicha soberanía popular declarada por el pueblo como poder constituyente originario mediante referendo, era suficiente para que la misma se convocara y eligiera, y acometiera la reforma constitucional sin necesidad de que previamente se efectuase una reforma constitucional para regularla. Se trata, en definitiva, del debate sobre el poder constituyente en el Estado constitucional democrático representativo que intermitentemente ha dominado la discusión constitucional en todos los Estados modernos, y que siempre ha estado en la precisa frontera que existe entre los hechos y el derecho.

La Sala Político Administrativa de la Corte Suprema de Justicia, como se ha dicho, en la misma fecha 19 de abril de 1999 resolvió en sendas sentencias dos recursos de interpretación (*Referéndum Consultivo I*, Ponente: Humberto J. La Roche y *Referéndum Consultivo II*, Ponente: Héctor Paradisi) sobre el artículo 181 de la Ley Orgánica del Sufragio y Participación Política en concordancia con el artículo 4º de la Constitución, en relación con la posibilidad de una consulta popular (referendo consultivo) sobre la convocatoria de la Asamblea Nacional Constituyente en los cuales se solicitó a la Corte, como petitorio final:

"Determine qué sentido debe atribuirse a las referidas normas, en cuanto a la posibilidad real o no de llevar a cabo dicha convocatoria a una Asamblea Constituyente."

Con relación al fondo del asunto objeto del recurso de interpretación, conforme lo resumió la sentencia *Referéndum Consultivo I*, los directivos de la Fundación recurrente plantearon lo siguiente:

"Existen dos posiciones en cuanto a la forma como deba convocarse la Asamblea Constituyente: Una Primera, propuesta por el Presidente Electo (la cual ha sido señalada ya anteriormente), quien considera que basta la convocatoria del referendo previsto en el artículo 181 de la LOSPP, para convocar la Asamblea Constituyente, en base al principio de soberanía contenido en el artículo 4 de la Constitución de la República que reconoce al pueblo como constituyente primario, y; una segunda que considera que el soberano también tiene a su vez una normativa prevista en la Constitución Nacional, que debe respetar para producir un referendo, en razón de que el artículo 4 de la Constitución de la República refiere su soberanía a los poderes constituidos, y que por lo tanto hace falta una reforma puntual de la Constitución de la República que cree la figura de la Asamblea Constituyente para llevar a cabo dicha convocatoria".

Concluyeron los solicitantes señalando que:

"Sin pronunciarnos por ninguna de las dos posiciones antes enuncia-das, consideramos que la propuesta del Presidente Electo se basa tanto en el artículo 181 de la LOSPP, como en el artículo 4 de la Constitución (...) por lo que no sería lógico pronunciarse en relación a la viabilidad consti-tucional de esta propuesta interpretando sólo el primero de estos artículos (...) sino que debe incluirse forzosamente la interpretación también del artículo 4 de la Constitución de la República tal y como lo estamos soli-citando."

La Sala Político Administrativa, al decidir sobre su competencia para conocer del recurso de interpretación que le fue interpuesto, en la senten-cia Caso *Referendo Consultivo I* precisó el alcance del recurso, conforme a su propio criterio, en los términos siguientes:

"Se ha interpuesto recurso de interpretación en relación con los artícu-los 181 de la Ley Orgánica del Sufragio y de Partición Política y 4 de la Constitución de la República, a los fines de que la Sala emita pronun-ciamiento acerca del alcance de la primera de las normas invocadas, en el sentido de precisar si, a través de un referendo consultivo, se puede determinar *la existencia de voluntad popu*lar para una futura reforma constitucional y, en caso afirmativo, si ese mecanismo legal de participa-ción puede servir de fundamento a los efectos de convocar a una Asam-blea Constituyente, de manera tal que se respete el ordenamiento consti-tucional vigente."

Luego, en la misma sentencia, la Corte precisó la doble cuestión que ya hemos señalado y que estaba planteada en el recurso de interpretación:

"Si la Constitución, como norma suprema y fundamental puede prever y organizar sus propios procesos de transformación y cambio, en cuyo caso, el principio democrático quedaría convertido en una mera declara-ción retórica, o si se estima que, para preservar la soberanía popular, es al pueblo a quien corresponderá siempre, como titular del Poder Consti-tuyente, realizar y aprobar cualquier modificación de la Constitución, en cuyo supuesto la que se verá corrosivamente afectada será la idea de su-premacía."

Precisamente por ello, a pesar de que el recurso de interpretación se in-terpuso conforme al artículo 234 de la Ley Orgánica del Sufragio y Parti-cipación Política respecto del artículo 181 de la misma Ley Orgánica, en virtud de que los recurrentes exigieron que la interpretación solicitada debía implicar su adecuación al artículo 4 de la Constitución, la Corte precisó que en todo caso de interpretación de una ley, como acto de "ejecución directa de la Constitución", debía atenderse "en un todo a los principios fundamentales del orden jurídico vigente", debiendo tenerse en cuenta y conciliando la decisión "con el orden constitucional".

Es decir, la Corte consideró que "en nuestro Estado constitucional de derecho, fundado en la supremacía del estatuto constitucional" la interpretación de la ley y de la Constitución:

"Conducen a una interpretación constitucional -que no interpretación de la Constitución- en virtud de la cual se determina el alcance de la norma jurídica a partir de los principios y valores constitucionales, incluso más allá del texto positivo de ésta."

La Corte Suprema, en consecuencia, en este caso fijó la técnica interpretativa que utilizaría para resolver la cuestión planteada: interpretar el ordenamiento jurídico, más que interpretar la Ley Orgánica aisladamente, "combinando principios, valores y métodos en orden a integrar los textos en el proceso de aplicación del derecho".

En todo caso, en la sentencia *Referéndum Consultivo I*, después de realizar algunas citas doctrinales genéricas, la Corte precisó el dilema que tenía que resolver, así:

"El asunto planteado es el dilema de si la propia Constitución, le es dado regular sus propios procesos de modificación y de reforma o si se considera que la soberanía corresponde directamente al pueblo, como titular del poder constituyente, reordenando al Estado. En el primer caso estaríamos en presencia del poder constituido. En el segundo, el poder constituyente tendría carácter absoluto e ilimitado."

De este dilema concluyó la Corte señalando que:

"Pareciera ocioso indicar que la idea de supremacía deja de tener sentido cuando se considera que poder constituyente y poder constituido se identifican y que el poder constituyente es creado por la Constitución, en lugar de considerarse a la Constitución como obra del poder constituyente."

La verdad es que de estos párrafos no se entiende constitucionalmente la conclusión del dilema entre soberanía popular y supremacía constitucional que planteó la Corte, pues la Constitución siempre es la obra del poder constituyente que la ha sancionado; y fue ese poder constituyente el que organizó políticamente a la sociedad prescribiendo un régimen democrático representativo, en el cual el pueblo sólo podría actuar mediante sus

representantes conforme a la Constitución que es obra del poder constituyente.

Este, el poder constituyente, al dictar la Constitución, era el que ha resuelto subsumirse en el marco de una Constitución otorgándole supremacía y prescribiendo la forma de su modificación, la cual no se verifica en
forma alguna, por los poderes constituidos, sino por el poder constituyente
instituido en la propia Constitución de 1961, que se manifiesta finalmente
mediante un referendo aprobatorio de la reforma constitucional (art. 246
de la Constitución), que implicaba la manifestación directa y final del
pueblo soberano. No era acertado, por tanto, como lo hizo la Corte en la
sentencia, confundir el poder constituyente instituido de reforma de la
Constitución con los poderes constituidos, los cuales no podían reformarla
en ningún caso.

Pero al final, en la decisión Caso *Referendo Consultivo I*, que la Corte
Suprema adoptó "de conformidad con el orden constitucional vigente
(Preámbulo, artículo 4 y artículo 50), artículos 234 de la Ley Orgánica del
Sufragio y Participación Política y 42 ordinal 24 de la Ley Orgánica de la
Corte Suprema de Justicia", lo que la Corte hizo fue formular esta decla-
ración:

> "La interpretación que debe atribuirse al artículo 181 de la Ley Orgá-
> nica del Sufragio y Participación Política, respecto del alcance del refe-
> rendo consultivo que consagra, en cuanto se refiere al caso concreto ob-
> jeto del recurso que encabeza las presentes actuaciones, es que: a través
> del mismo puede ser consultado el parecer del cuerpo electoral sobre
> cualquier decisión de especial trascendencia nacional distinto a los ex-
> presamente excluidos por la propia Ley Orgánica del Sufragio y Partici-
> pación Política en su artículo 185, incluyendo la relativa a la convocato-
> ria de una Asamblea Constituyente."

Es decir, la Corte Suprema de Justicia en esta sentencia, muy lamentablemente, no sólo no resolvió de manera expresa el dilema constitucional
que se le había planteado y que ella misma había identificado, sino que se
limitó sólo a decidir que conforme al artículo 181 de la Ley Orgánica del
Sufragio y Participación Política, en efecto, sí se podía realizar un referendo consultivo, para consultar el parecer del cuerpo electoral sobre la
convocatoria de una Asamblea Constituyente.

La verdad es que para decidir eso no era necesario producir tan extensa
decisión, ni argumentar demasiado jurídicamente, integrando el ordenamiento jurídico, incluso la Constitución, pues era evidente que la convocatoria de una Asamblea Constituyente era y es una materia de especial
trascendencia nacional conforme a lo indicado en el artículo 181 de la Ley

Orgánica del Sufragio y Participación Política. En consecuencia, nada nuevo dijo la Corte y menos aún resolvió y decidió en forma precisa y clara sobre el asunto que le había sido planteado, es decir, en definitiva, si para convocar la Asamblea Constituyente bastaba el referendo consultivo o era necesario, además, reformar previamente la Constitución.

En realidad, sobre este asunto, tanto en la sentencia Caso *Referendo Consultivo I* como en la Caso *Referendo Consultivo II*, la Sala llegó a la conclusión de que una vez efectuado un referendo consultivo conforme al artículo 181 de la Ley Orgánica del Sufragio y Participación Política,

> "Aún cuando el resultado de la decisión popular adquiera vigencia inmediata, *su eficacia sólo procedería* cuando, mediante los *mecanismos legales establecidos se de cumplimiento a la modificación jurídica aprobada*. Todo ello siguiendo procedimientos ordinarios previstos en el orden jurídico vigente, a través de los órganos del Poder Público *competentes* en cada caso. Dichos órganos estarán en la *obligación de proceder* en ese sentido."

De este párrafo, sin duda, surgía una perplejidad en el sentido de que lo que derivaba de la afirmación de la Corte Suprema, era que una consulta popular sobre la convocatoria a una Asamblea Constituyente no bastaba para efectivamente convocarla y reunirla. La consulta popular sólo sería un mandato político obligatorio, conforme al criterio de la Corte, para que los órganos del Poder Público *competentes* pudieran proceder a efectuar las modificaciones jurídicas derivadas de la consulta popular, siguiendo los procedimientos ordinarios previstos en el orden jurídico vigente, tanto constitucional como legal. Sólo después de que estas modificaciones se efectuasen, conforme al criterio de la Corte, que no podían ser otras que no fueran las de una revisión constitucional (reforma o enmienda), era que la consulta popular sería efectiva.

El tema de los órganos del Poder Público *competentes* para implementar los resultados de la consulta popular, por supuesto, entonces se convertía en crucial, pues de acuerdo con la Constitución, que es parte del "orden jurídico vigente", el único órgano del Poder Público competente para efectuar las modificaciones necesarias al ordenamiento jurídico para establecer el régimen jurídico de la Asamblea Constituyente, era el poder constituyente instituido (Reforma constitucional), que combinaba la participación de los diputados y senadores y de las Cámaras Legislativas, con la participación del pueblo vía referendo aprobatorio conforme a los artículos 245 y 246 de la Constitución de 1961.

Es decir, lejos de decidir con precisión la cuestión constitucional planteada respecto de la posibilidad constitucional de la convocatoria de una

Asamblea Constituyente y de la necesidad o no de reformar previamente la Constitución, tanto la sentencia Caso *Referendo Consultivo I* como la Caso *Referendo Consultivo II,* dentro de su imprecisión y ambigüedad, dejaron abierta la discusión constitucional.

Como ya lo hemos analizado detenidamente con anterioridad y, además, en otro lugar[187], la Corte Suprema de Justicia, al dictar su nada precisa y más bien ambigua decisión del 19 de enero de 1999[188], abrió la vía jurídico-judicial para la convocatoria de un referendo consultivo para que el pueblo se pronunciara sobre la convocatoria de una Asamblea Nacional Constituyente, sin que esta institución estuviese prevista en la Constitución de 1961, vigente en ese momento, como un mecanismo de revisión constitucional[189].

Con esta decisión, la Corte Suprema no sólo sentó las bases para el inicio del proceso constituyente venezolano de 1999, sino que dio comienzo al proceso que condujo al golpe de Estado perpetrado por la Asamblea Constituyente y, casi un año después, a que los nuevos titulares del Poder Público decretaran su propia extinción.

Esa sentencia, en medio de su ambigüedad, a pesar de estar plagada de citas de todo tipo, de libros viejos y nuevos, sin mucho concierto, de consideraciones generales sobre el significado del poder constituyente originario y derivado, totalmente innecesarias, salvo para originar confusión e interpretaciones variadas; y de precisiones sobre el derecho ciudadano a la participación política como inherente a la persona humana; no llegó a resolver lo esencial de la interpretación que le había sido requerida.

A la Corte se le había consultado mediante un recurso de interpretación en relación con las normas sobre referendos de la Ley Orgánica del Sufragio y de Participación Política, sobre si para convocar una Asamblea Constituyente era o no necesario reformar previamente la Constitución de 1961, para regularla en su texto. La Corte Suprema, sin embargo, sólo dijo que se podía consultar al pueblo, mediante referendo, sobre la convocatoria de una Asamblea Constituyente, pero nada dijo sobre si para convocar-

---

187. Véase Allan Brewer-Carías, *Poder Constituyente Originario y Asamblea Nacional Constituyente,* Caracas 1999.

188. Véase el texto íntegro de la sentencia en *idem,* pp. 25 a 53 y en esta *Revista,* pp. 56 a 73.

189. Véase Jesús María Casal, "La apertura de la Constitución al proceso político", en *Constitución y Constitucionalismo Hoy,* Fundación Manuel García-Pelayo, Caracas 2000, pp. 127 y ss.

la debía o no previamente reformarse la Constitución de 1961 para regular dicha institución en la misma.

La ausencia de decisión de la Corte, sin embargo, como hemos dicho, en la práctica fue suplida por los titulares de primera página de los diarios nacionales de los días 20 de enero de 1999 y siguientes, los cuales fueron los que abrieron efectiva e insólitamente dicha vía hacia el proceso constituyente, al "informar" en grandes letras que supuestamente, la Corte Suprema de Justicia había decidido que se podía proceder a convocar una Asamblea Nacional Constituyente para revisar la Constitución, sin necesidad de reformar previamente la Constitución de 1961, que la regulara[190].

En ese momento, la euforia de los que de ello derivaron un "triunfo" jurídico[191], y la incredulidad y duda de otros, que no encontraban la "decisión" que anunciaba la prensa en el texto de la sentencia, impidieron precisar con exactitud el contenido de la misma. La verdad es que, como lo advertimos en su momento[192], eso no había sido lo que había decidido la

---

190. *El Nacional*, Caracas 21-01-99, p. A-4 y D-1; *El Universal*, Caracas 21-01-99, p. 1-2 y 1-3; *El Universal*, Caracas 20-01-99, p. 1-15. El titular de primera página del diario *El Nacional* del 20-01-99 rezó así: "CSJ, considera procedente realizar un referéndum para convocar la Constituyente"; el titular del cuerpo de *Política* del mismo diario, del 21-01-99, rezó así: "No es necesario reformar la Constitución para convocar el referéndum" y el del día 22-01-99 rezó así: "La Corte Suprema no alberga dudas sobre la viabilidad de la Constituyente". Véase los comentarios coincidentes de Lolymar Hernández Camargo, *La Teoría del Poder Constituyente, cit.*, p. 63.

191. Ello se deducía de la propia Exposición de Motivos del Decreto Nº 3 del 02-02-99 del Presidente de la República convocando al referendo consultivo sobre la Asamblea Nacional Constituyente en la se dijo que:

"b) La Corte Suprema de Justicia, en sus decisiones del 19 de enero de 1999, ha establecido que para realizar el cambio que el país exige, es el Poder Constituyente, como poder soberano previo y total, el que puede, en todo momento, modificar y transformar el ordenamiento constitucional, de acuerdo con el principio de la soberanía popular consagrado en el artículo 4 de la Carta Fundamental;

c) El referendo previsto en la Ley Orgánica del Sufragio y Participación Política, es un mecanismo democrático a través del cual se manifiesta el poder originario del pueblo para convocar una Asamblea Nacional Constituyente y un derecho inherente a la persona humana no enumerado, cuyo ejercicio se fundamenta en el artículo 50 del Texto Fundamental y que, ese derecho de participación, se aplica no sólo durante elecciones periódicas y de manera permanente a través del funcionamiento de las instituciones representativas, sino también en momentos de transformación institucional que marcan la vida de la Nación y la historia de la sociedad". (*Gaceta Oficial* Nº 36.634 de 02-02-99).

192. Véase Allan R. Brewer-Carías, *Poder Constituyente Originario y Asamblea Nacional Constituyente, cit.*, pp. 66 y ss. Véase además, lo expuesto en Allan R. Brewer-

Corte Suprema de Justicia en las sentencias de su Sala Político Administrativa del 19 de enero de 1999. La Corte, en efecto, como hemos dicho anteriormente, debía decidir un recurso de interpretación de las normas de la Ley Orgánica del Sufragio y Participación Política sobre referendos, en el cual se le habían formulado *dos preguntas* muy precisas: *primera,* si se podía convocar un referendo relativo a una consulta popular sobre la convocatoria de una Asamblea Nacional Constituyente; y *segunda,* si se podía convocar dicha Asamblea para dictar una nueva Constitución, sin que se reformarse previamente la Constitución de 1961, la cual no preveía la existencia de dicha Asamblea.

La Corte, como ya lo hemos analizado anteriormente, resolvió claramente sólo la primera pregunta, pero simplemente, *no se pronunció sobre la segunda.*

Esto lo confirmó *ex post facto* con claridad, la magistrado Hildegard Rondón de Sansó en su voto salvado a la sentencia de la Corte Plena de 14-10-99 (Caso *Impugnación del Decreto de la Asamblea Nacional Constituyente de Regulación de las Funciones del Poder Legislativo*) al afirmar que en aquella sentencia de 19-01-99, la Sala:

> "Únicamente se limitó a establecer la posibilidad de consulta al cuerpo electoral sobre la convocatoria a una Asamblea Nacional Constituyente sin reformar la Constitución."

Es decir, la sentencia se limitó a señalar que para realizar un referendo sobre el tema no era necesario reformar previamente la Constitución; pero la Sala no se pronunció sobre si luego de realizada la consulta refrendaria, para poder convocar efectivamente la Asamblea Nacional Constituyente, que no estaba regulada en norma alguna, como mecanismo para la revisión constitucional, debía o no reformarse la Constitución de 1961 precisamente para regularla en ella como uno de dichos mecanismos.

Esta carencia, como se dijo, la suplió la "opinión pública" manifestada en los mencionados titulares de prensa antes mencionados, que seguramente se redactaron con él animo de querer expresar lo que en criterio de los periodistas debió haber sido lo que debía haber decidido la sentencia, que no lo fue. En todo caso, la prensa interpretó así lo que podía considerarse que opinaba y esperaba la mayoría opinante del país, pues de lo contrario, quizás en ese momento el país se encaminaba a un conflicto abierto de orden constitucional: la convocatoria de una Asamblea Nacional Cons-

---

Carías, *Golpe de Estado y proceso constituyente en Venezuela,* UNAM, México 2002, pp. 85 y ss.

tituyente, como lo quería y había prometido el recién electo Presidente de la República y como lo había formulado en su voluntarista Decreto N° 3 de 2 de febrero de 1999, sin que la Constitución vigente para el momento (la de 1961) previera tal Asamblea y permitiera tal convocatoria. Ello hubiera constituido, en sí mismo, el golpe de Estado.

Por tanto, a pesar de que la sentencia no resolvió el problema jurídico que se le planteó, al suplir la opinión pública esa falsa, ninguna duda política quedó en la práctica, dejando entonces de tener mayor sentido todo planteamiento sobre la posibilidad constitucional o no, no sólo de la convocatoria al referendo consultivo sobre la Asamblea Nacional Constituyente, sino de su elección posterior para dictar una nueva Constitución en sustitución de la de 1961. La decisión de la Corte Suprema, sin decirlo, contribuyó a resolver fácticamente la controversia y así cesó del debate constitucional en tal sentido, pasando la controversia constitucional a otros terrenos.

III. LA APERTURA DE LA "CAJA DE PANDORA"[193] CONSTITUYENTE POR LA CORTE SUPREMA DE JUSTICIA

Como se ha dicho, si bien en las decisiones de las sentencias Caso *Referendo Consultivo I* y Caso *Referendo Consultivo II,* la Corte Suprema no resolvió definitivamente la discusión constitucional, sino que la dejó abierta, si debe señalarse que en la parte motiva de la sentencia Caso *Referendo Consultivo I,* la Corte hizo una serie de consideraciones sobre el poder constituyente y las revisiones constitucionales que tocaron aspectos esenciales del constitucionalismo y que permitían vaticinar una posición jurídica futura en caso de nuevos conflictos, por lo cual estimamos necesario estudiarlas.

En *primer lugar*, la Corte Suprema trató el tema de la democracia directa. En efecto, al referirse al artículo 4° de la Constitución lo interpretó conforme a lo que consagraba, que no era otra cosa que el principio de la democracia representativa conforme al cual el pueblo soberano solo puede actuar mediante sus representantes electos. Pero frente a este principio constitucional, la Corte, en su sentencia, se refirió sin embargo al principio de la democracia directa, señalando que:

---

193. De Pandora se dice que fue "la primera mujer, según el mito griego, que abrió una caja que contenía todos los males y estos se derramaron sobre la tierra", *Diccionario de la Lengua Española,* Real Academia Española, Vigésima segunda edición, Tomo 2, Madrid 2001, p. 1664. Y la "Caja de Pandora" se define como la "acción o decisión de la que, de manera imprevista, derivan consecuencias desastrosas", *idem,* Tomo 1, p. 391.

"Un sistema participativo, por el contrario, consideraría que el pueblo retiene siempre la soberanía ya que, si bien puede ejercerla a través de sus representantes, también puede por sí mismo hacer valer su voluntad frente al Estado. Indudablemente quien posee un poder y puede ejercerlo delegándolo, con ello no agota su potestad, sobre todo cuando la misma es originaria, al punto que la propia Constitución lo reconoce.

De esta apreciación sobre la democracia directa, que la sentencia confundió con democracia participativa, que contrasta con el principio de la democracia representativa que adoptaba la Constitución, la Corte continuó su argumentación sobre la posibilidad que tenía el pueblo de manifestarse directamente y no a través de representantes, en la forma siguiente:

De allí que el titular del poder (soberanía) tiene implícitamente la facultad de hacerla valer *sobre aspectos para los cuales no haya efectuado su delegación.* La Constitución ha previsto a través de sufragio la designación popular de los órganos de representación; pero no ha enumerado los casos en los cuales esta potestad puede directamente manifestarse.

Ahora bien, no puede negarse la posibilidad de tal manifestación si se estima que ella, por reconocimiento constitucional, radica en el ciudadano y sólo cuando la misma se destina a la realización de funciones del Estado específicamente consagrados en el texto fundamental (funciones públicas), se ejerce a través de los delegatarios. De allí que, la posibilidad de delegar la soberanía mediante el sufragio en los representantes populares, no constituye un impedimento para *su ejercicio directo en las materias en las cuales no existe previsión expresa de la norma sobre el ejercicio de la soberanía a través de representantes.* Conserva así el pueblo su potestad originaria para casos como el de ser consultado en torno a materias objeto de un referendo.

Conforme a este razonamiento de la Corte, resultaba entonces, sin duda, la posibilidad de efectuar un referendo consultivo sobre la convocatoria de una Asamblea Constituyente; pero no resulta posibilidad alguna de que mediante una consulta se pudiera "crear" y regular con rango constitucional y convocar una Asamblea Constituyente no prevista ni regulada en la propia Constitución, que acometiera la reforma constitucional, pues, precisamente, era la Constitución *la que regulaba expresamente* que la reforma constitucional debía realizarse por el poder constituyente instituido[194] mediante la participación de representantes electos integrantes de las

_____

194. De lo contrario ocurriría un fraude constitucional que, como lo definió G. Liet Veaux, ocurre cuando se produce la revisión de las cláusulas de revisión de la Constitución, con el fin de crear un nuevo órgano de revisión encargado de dictar una nueva

Cámaras Legislativas y la aprobación de la misma por el pueblo mediante un referendo aprobatorio (art. 146 de la Constitución). Precisamente, en este supuesto de reforma de la Constitución estábamos en presencia de un caso en el cual, conforme lo indicó la sentencia, el pueblo soberano, al sancionar la Constitución mediante sus representantes, reguló *expressis verbis* la forma para la realización de la reforma constitucional a través de sus delegados y de un referendo aprobatorio.

De manera que en este caso, conforme a lo que señaló la Corte, si bien la consulta popular sobre la convocatoria de una Asamblea Constituyente podía hacerse; sin embargo, la misma, si se convocaba, no tenía autoridad constitucional para reformar la Constitución, pues en forma expresa ésta regulaba cómo podía reformarse por el poder constituyente instituido.

Se insiste, conforme al criterio de la Corte, la soberanía popular podría manifestarse directamente "cuando *no existe previsión expresa* de la norma sobre el ejercicio de la soberanía a través de representantes"; por lo que, en sentido contrario, cuando existía previsión expresa de la norma constitucional sobre el ejercicio de la soberanía a través de representantes, no podría manifestarse directamente dicha soberanía popular.

Precisamente en relación con la reforma constitucional, el artículo 246 establecía *en forma expresa* cómo había de manifestarse la soberanía popular a tales efectos, previendo la participación de los representantes electos (Senadores y Diputados) que integraban las Cámaras Legislativas y la participación directa del pueblo soberano mediante un referendo aprobatorio de la reforma constitucional.

Por tanto, en esta parte de la motivación de la sentencia Caso *Referendo Consultivo I*, lejos de deducirse que se podría modificar la Constitución vía una Asamblea Constituyente no prevista en la misma como consecuencia de una consulta popular, en realidad resulta todo lo contrario.

Conforme a la Constitución, el pueblo, mediante sus representantes constituyentes, en 1961 había determinado que la reforma general de dicho texto sólo se podía hacer en un proceso constituyente instituido, donde el pueblo tenía que manifestarse en dos formas: primero, mediante sus representantes, en el Congreso; y segundo, mediante un referendo aprobatorio de la nueva Constitución.

Constitución; en "La fraude à la Constitution", *Revue du Droit Public*, París 1943, p. 143. *Cfr.* Claudia Nikken, *La Cour Suprême de Justice et la Constitution... cit.*, p. 385.

La consecuencia de ello era que todo intento de efectuar una reforma constitucional apartándose del procedimiento constituyente antes indicado, constituía una violación de la voluntad popular expresada en la Constitución. Esta no admitía que se pudiera reformar trastocándose la voluntad popular.

Un referendo aprobatorio, como el que regulaba en la Constitución, después que el Congreso -que estaba constituido por representantes electos popularmente- adoptase la reforma constitucional, no podía ser sustituido en forma alguna por un referendo consultivo, que no era más que eso, una consulta regulada en la Ley Orgánica del Sufragio (art. 181). Nadie, ni siquiera poder constituido alguno, tenía el poder conforme a la Constitución, para transformar un referendo consultivo establecido en una Ley, en un procedimiento de reforma constitucional.

En tal sentido es que se había planteado que mediante un referendo consultivo convocado conforme a la Ley Orgánica del Sufragio, se podría consultar al pueblo sobre si quería o no una Asamblea Constituyente para reformular el sistema político y sancionar una nueva Constitución, pero quedaba pendiente el tema de que si la consulta arrojaba una votación favorable, ello podía o no bastar para convocarla y atribuirle el poder constituyente. Siempre consideramos que ello no era posible constitucionalmente, pues para que la soberanía popular manifestada en un referendo consultivo se materializase en la convocatoria de una Asamblea Constituyente, el régimen de la Constituyente tenía necesariamente que estar consagrado con rango constitucional. Es decir, sólo la Constitución o una norma de rango constitucional podría establecer, por ejemplo, el carácter de dicha Asamblea (unicameral o bicameral); la forma de elección (uninominal, plurinominal, por cooptación, por representación corporativa); las condiciones de elegibilidad de los constituyentistas; las condiciones de postulación de los mismos (por firmas abiertas, por partidos políticos, por grupos de electores); la duración de su mandato; y sus funciones y poderes, particularmente en relación con los poderes constituidos (Congreso, Corte Suprema de Justicia, Poder Ejecutivo, Poderes estadales, Poderes municipales).

En nuestro criterio, por tanto, siempre consideramos que no bastaba un referendo consultivo para que pudiera convocarse una Asamblea Constituyente, pues el régimen de la misma no podía ser establecido por los poderes constituidos, ni por Ley del Congreso, ni por Decreto Ejecutivo.

El referendo consultivo lo que significaba era, sólo, la manifestación de voluntad del pueblo dirigida al poder constituyente instituido para que pudiera proceder a regular la Constituyente en la Constitución, y poder convocarla. Por consiguiente, el poder constituyente instituido -como consecuencia de dicho mandato- debía ser el encargado de reformar la Constitución para regular la Constituyente, conforme al procedimiento previsto en el artículo 246; reforma que debía someterse a referendo aprobatorio.

En consecuencia, consideramos que todo intento de convocar una Asamblea Constituyente, basado en una consulta popular (referendo consultivo), sin que interviniera la representación popular recién electa constituida en el Congreso, y sin que interviniera el pueblo mediante un referendo aprobatorio como poder constituyente instituido, de acuerdo con la Constitución, era una violación de la misma y, en consecuencia, del derecho ciudadano a su supremacía constitucional.

Esto, incluso, derivaba de los propios razonamientos de las sentencias Caso *Referendo Consultivo I y II*. En efecto, como se ha dicho, la sentencia Caso *Referendo Consultivo I* precisó con claridad, sobre el referendo consultivo regulado en el artículo 181 de la Ley Orgánica del Sufragio y Participación Política, que:

> Aun cuando el resultado de la decisión popular adquiere *vigencia inmediata*, (se refiere a la voluntad popular manifestada a través de la consulta), *su eficacia sólo procedería cuando, mediante los mecanismos legales establecidos,* se dé cumplimiento a la modificación jurídica aprobada.

Es decir, la consulta popular debía considerarse en forma inmediata como la manifestación del pueblo (vigencia), pero conforme al criterio de la Corte, ello no bastaba para considerar que tenía eficacia si la consulta conducía a una reforma del ordenamiento jurídico, en cuyo caso, la eficacia de la manifestación de la voluntad popular sólo se producía cuando mediante los mecanismos legales o constitucionales se diere cumplimiento a la modificación jurídica aprobada en el referendo consultivo. Un ejemplo aclara el planteamiento formulado por la Corte: imaginémonos que hubiera podido convocarse a un referendo consultivo sobre el establecimiento de la pena de muerte en el país; ello tendría vigencia inmediata, como consulta popular, pero no tendría efectividad sino hasta tanto el poder constituyente instituido reformase el artículo 58 de la Constitución que no sólo regulaba el derecho a la vida como inviolable, sino que prohibía el establecimiento de la pena de muerte. En este sentido, la eficacia del referendo consultivo solo procedía cuando se hiciese la reforma constitucional; como lo dijo la Corte:

Siguiendo los procedimientos ordinarios previstos en el orden jurídico vigente, a través de los órganos del Poder Público *competentes* en cada caso. Dichos órganos estarán en la obligación de proceder en ese sentido.

Por supuesto, las modificaciones al orden jurídico para hacer eficaz la voluntad popular manifestada en el referendo, sólo podían adoptarse por los órganos del Poder Público que tuvieran constitucional y legalmente *competencia* para hacer las reformas. Dicha competencia, en ningún caso podía derivar del propio referendo consultivo, a menos que se persiguiera delegar el poder constituyente originario en un órgano de los poderes constituidos, lo que hubiera sido atentatorio con el principio democrático de la soberanía popular.

En la sentencia Caso *Referendo Consultivo II,* como ya se ha dicho, se insistió en este mismo argumento, pero específicamente referido al referendo consultivo sobre la convocatoria a una Asamblea Constituyente, al destacarse que ello tenía especial trascendencia nacional:

> En la medida en que los resultados de una consulta popular como la que se pretende, sería factor decisivo para que los órganos *competentes* del Poder Público Nacional diseñen los mecanismos de convocatoria y operatividad de una Asamblea a los fines propuestos; o para que, previamente, tomen la iniciativa de enmienda o de reforma que incluya la figura de una Asamblea de esta naturaleza.

En esta decisión, sin embargo, se abrieron dos posibilidades concretas para que el referendo sobre la Asamblea Constituyente adquiriera eficacia. En primer lugar, que los órganos competentes del Poder Público Nacional diseñasen los mecanismos de convocatoria y operatividad de una Asamblea a los fines propuestos. En este caso, por supuesto, lo importante era determinar si algún órgano del Poder Público Nacional (Ejecutivo o Legislativo) tenía *competencia* para "diseñar los mecanismos de convocatoria y operatividad de una Asamblea Constituyente" a los fines de reformar la Constitución. La respuesta evidentemente que era negativa, pues conforme al ordenamiento jurídico vigente, ningún órgano del Poder Público tenía competencia para ello y menos aún cuando los mecanismos de convocatoria de una Asamblea Constituyente sin duda comportaban modificaciones a la Constitución. Este era el caso, por ejemplo, del establecimiento de un sistema puramente uninominal para la elección de los constituyentes, lo que implicaba la reforma del artículo 113 de la Constitución de 1961, que consagraba el derecho político a la representación proporcional de las minorías.

Pero en segundo lugar, la sentencia Caso *Referendo Consultivo II* planteó la alternativa, como consecuencia de la consulta popular sobre la convocatoria de la Asamblea Constituyente, de que previamente los órganos del Poder Público Nacional (se refería al Congreso) tomasen la iniciativa de enmienda o de reforma de la Constitución que incluyera la figura de la Asamblea Constituyente.

No se olvide que conforme al mencionado artículo 246 de la Constitución de 1961, la reforma constitucional una vez sancionada por las Cámaras como cuerpos colegisladores, se debía aprobar mediante referendo aprobatorio. Ninguna norma autorizaba en la Constitución, a cambiar dicho régimen por un referendo consultivo, cuyo texto -el de la consulta- se formulase sin una sanción previa por los representantes del pueblo en el Congreso, y que fuera producto de la sola voluntad del Ejecutivo Nacional.

Nada, por tanto, impedía que se convocara a un referendo consultivo para consultar al pueblo sobre el tema de la convocatoria a una Constituyente; en cambio, la Constitución nada regulaba para que una reforma constitucional sólo se derivase de una consulta popular, sin que su texto hubiera sido discutido y sancionado por las Cámaras que integraban el Congreso y luego sancionado mediante referendo aprobatorio.

La Corte Suprema de Justicia, sin embargo, señaló que las normas constitucionales relativas a la reforma constitucional no ataban al poder constituyente manifestado mediante un referendo consultivo, de lo que derivaba la posibilidad de que mediante este se pudiera estructurar otra vía para la reforma de la Constitución, mediante una Asamblea Constituyente, no prevista expresamente en ella.

Para llegar a esta conclusión, la Corte Suprema de Justicia, en la sentencia Caso *Referendo Consultivo I,* dedicó un Capítulo (V) a la "técnica interpretativa de la Ley Orgánica del Sufragio y Participación Política", cuyo artículo 181 había sido objeto del recurso de interpretación intentado. Conforme al criterio de la Corte:

> Ello se circunscribe a determinar si de conformidad con dicha norma, puede convocarse a un referendo consultivo, a los fines de determinar si corresponde a la voluntad popular que se convoque a Asamblea Constituyente.

Al precisar sus consideraciones sobre este tema, la Corte puntualizó que el "análisis interpretativo" que hacía, "versa sobre la convocatoria a referendo" y nada más; precisando que la interpretación que realizó no versaba ni se refería "a consulta plebiscitaria", sobre lo cual agregó:

> En realidad, si bien ambas figuras tienden a confundirse teóricamente, mientras el referendo se refiere a un texto o proyecto, el plebiscito tiende

a ratificar la confianza en un hombre o gobernante (*Cfr*. Leclerq, Claude, *Institutions Politiques et Droit Constitutionnels*, París 3 ème Edition, pág. 137).

La Corte, en esta forma, deslindó los conceptos y precisó el mecanismo de participación política que regulaba el artículo 181 de la Ley Orgánica del Sufragio y Participación Política, que quedaba reducido a un referendo consultivo que, como se ha dicho antes, tenía por objeto consultar la opinión del pueblo sobre una decisión que, por supuesto, normalmente estaba plasmada en un proyecto por escrito. Por eso, la Corte señaló que el referendo consultivo se refería a un texto o proyecto, que era el que debía someterse a consulta.

En cuanto al plebiscito, no sólo se traducía en un voto de confianza "a un hombre o gobernante" como lo dijo la Corte, sino que su carácter nunca era consultivo sino decisorio; con el plebiscito se le pedía al pueblo que decidiera; con el referendo consultivo se le pedía al pueblo su opinión sobre una decisión que debía adoptar el órgano del Poder Público que formulaba la consulta. Hechas estas precisiones y analizado el artículo 181 de la Ley Orgánica del Sufragio y Participación Política, la Corte concluyó señalando que de dicha norma se desprendía:

> La consagración jurídica de la figura del referendo consultivo como mecanismo llamado a canalizar la participación popular en los asuntos públicos nacionales.

Al constatar que la duda planteada por los solicitantes del recurso de interpretación "viene fundamentalmente referida al aspecto sustancial del referendo consultivo"; con el objeto de determinar:

> Si la materia objeto del mismo podría estar referida a la voluntad popular de reformar la Constitución mediante la convocatoria de una Asamblea Constituyente.

Y luego de analizar las materias que conforme al artículo 181 de la Ley Orgánica del Sufragio y Participación Política no pueden someterse a referendo, la Corte concluyó señalando que:

> El principio general en materia de participación democrática radica en que la globalidad de los asuntos de especial trascendencia nacional puede ser consultado a través de este mecanismo.

Sin embargo, a renglón seguido, la Corte hizo el razonamiento ya referido anteriormente en varias oportunidades, de que el resultado del referendo consultivo *no tenía efectos de inmediato*, sino:

Sólo procedería cuando, mediante los mecanismos legales establecidos, se dé cumplimiento a la modificación jurídica aprobada.

Es decir, el referendo consultivo sobre la convocatoria de una Asamblea Constituyente podía hacerse y adquiría vigencia, pero no era eficaz para reformar la Constitución sino una vez regulada dicha Asamblea en la propia Constitución o en otro instrumento acorde con la consulta popular como mecanismo político del poder constituyente instituido para hacer la reforma general.

Si bien el razonamiento lógico de la sentencia conducía a la primera conclusión, la misma podía interpretarse también en el segundo sentido, dada la consideración que hizo sobre la distinción entre poder constituyente y poderes constituidos.

Pero en *segundo lugar,* la Corte Suprema en su decisión también hizo una serie de precisiones sobre el poder constituyente y los poderes constituidos, lo que daría origen a nuevas discusiones jurídicas posteriores.

En efecto, en su sentencia Caso *Referendo Consultivo I* señaló lo siguiente:

> El poder constituyente originario se entiende como potestad primigenia de la comunidad política para darse una organización jurídica y constitucional. En este orden de motivos, la idea del poder constituyente presupone la vida nacional como unidad de existencia y de decisión. Cuando se trata del gobierno ordinario, en cualquiera de las tres ramas en que se distribuye su funcionamiento, estamos en presencia del poder constituido. En cambio, lo que organiza, limita y regula normativamente la acción de los poderes constituidos es función del poder constituyente. Este no debe confundirse con la competencia establecida por la Constitución para la reforma de alguna de sus cláusulas. La competencia de cambiar preceptos no esenciales de la Constitución, conforme a lo previsto en su mismo texto, es poder constituyente instituido o constituido, y aun cuando tenga carácter extraoficial, está limitado y regulado, a diferencia del poder constituyente originario, que es previo y superior al régimen jurídico establecido.

Se refirió así la Corte, en su sentencia, uno de los conceptos esenciales del constitucionalismo moderno, el del poder constituyente originario el cual, a decir verdad, en los Estados constitucionales estables solo se manifiesta una vez, al constituirse el Estado como "potestad primigenia de la comunidad política para darse una organización jurídica y constitucional". Así concebido, el poder constituyente originario es *supra leges* y queda *legibus solutus*, fuera de toda limitación. Es un hecho que preexiste al derecho que dicho poder crea y ordena en una Constitución.

Sin embargo, este poder constituyente originario, en el mundo contemporáneo es una mera representación histórica. Ese fue por ejemplo, el que asumieron las Asambleas coloniales norteamericanas para crear, *ex novo,* Estados soberanos y ese fue el que asumió la Asamblea Nacional francesa con la Revolución, para transformar radicalmente el Estado francés. Así también actuó el Congreso General de las Provincias de Venezuela, cuando organizó la Confederación de Estados de Venezuela en 1811 y antes, así fueron las manifestaciones de los Cabildos Capitales de las Provincias de la Capitanía General de Venezuela que adoptaron las Constituciones Provinciales.

Pero una vez constituidos los Estados modernos, el poder constituyente originario, así concebido, difícilmente aparece de nuevo, salvo que sea como manifestación *fáctica,* producto de una revolución y, por tanto, de situaciones de hecho y de rupturas constitucionales. Las Constituciones, en cambio, lo que reglan es el poder constituyente instituido o derivado, expresando la voluntad popular hacia futuro sobre cómo es que se puede reformar la propia Constitución, por ejemplo, a través de los procedimientos de reforma y de enmiendas.

Distintos al poder constituyente originario y al poder constituyente instituido, son los poderes constituidos; estos son el producto de la voluntad del poder constituyente manifestada a través de la Asamblea, están sometidos esencialmente a la Constitución y no pueden modificarla.

Ahora bien, en cuanto al poder constituyente instituido, es decir, el poder de modificar la Constitución, este es el resultado constitucional de la tensión que deriva de los dos principios señalados que son pilares del Estado Constitucional, ya comentados: el principio de la democracia representativa y el principio de la supremacía constitucional, y que se encuentran insertos en el constitucionalismo desde la primera Constitución de la República francesa de 1791, que estableció:

> La Asamblea nacional constituyente declara que la Nación tiene el derecho imprescriptibles de cambiar su Constitución; sin embargo, considerando que es más conforme con el interés nacional usar solamente, por los medios expresados en la propia Constitución, del derecho de reformar los artículos que, según la experiencia, se estime deben ser cambia-

dos, decreta que se procederá a ello por medio de una Asamblea de revisión en la forma siguiente...[195].

En consecuencia, es de la esencia del constitucionalismo moderno tanto el concepto de poder constituyente originario como el de poder constituyente instituido para reformar la Constitución, distintos al de los poderes constituidos, los cuales no pueden reformar la Constitución y se encuentran sometidos a ésta. Por ello, tenía razón la Corte Suprema cuando en la sentencia Caso *Referendo Consultivo I* expresó que:

> En este sentido, se observa que el hecho de estar enmarcado históricamente el Poder Constituyente en la normativa constitucional, no basta para entenderlo subrogado permanentemente al Poder Constituido.

Pretender lo contrario, o sea, que las facultades absolutas e ilimitadas que en un sistema democrático corresponden por definición a la soberanía popular puedan ser definitivamente abdicados en los órganos representativos constituidos, equivaldría, en palabras de Berlia: "que los elegidos dejan de ser los representantes de la nación soberana para convertirse en los representantes soberanos de la nación". (*Cfr.* Berlia, G. "De la compétence Constituante" en *Revue de droit public,* 1945, p. 353, citado por Pedro De Vega en *La reforma constitucional y la problemática del poder constituyente*, Editorial Tecnos, Madrid, 1985, p. 231).

De ello resulta, por tanto, que el poder constituyente tanto originario como instituido no pueden quedar subrogados a los poderes constituidos; y que si bien el poder constituyente originario corresponde al pueblo, éste es el que, como tal, tiene facultades absolutas e ilimitadas; no así sus representantes electos en una Asamblea Constituyente, los cuales no pueden confundirse con el propio pueblo soberano, ni la Asamblea Constituyente puede ser confundida en forma alguna con el poder constituyente originario, ni nunca podría ser "soberana".

Por último, en *tercer lugar*, en el Capítulo de la sentencia Caso *Referendo Consultivo I* relativo a la "técnica interpretativa de la Ley Orgánica del Sufragio y Participación Política", la Corte Suprema entró a hacer algunas consideraciones sobre la reforma constitucional confundiendo, lamentablemente, el poder constituyente instituido con los poderes constituidos. En efecto, la Corte señaló:

> Nuestra Carta Magna, no sólo predica la naturaleza popular de la soberanía sino que además se dirige a limitar los mecanismos de reforma

---

195. Art. Primero, Título VII, Véase en Jacques Godechot (ed), *Les Constitutions de la France, depuis* 1789, París 1979, pp. 65-66.

constitucional que se atribuyen a los Poderes Constituidos, en función de constituyente derivado.

Así, cuando los artículos 245 al 249 de la Constitución consagran los mecanismos de enmienda y reforma general, está regulando los procedimientos conforme a los cuales el Congreso de la República puede modificar la Constitución. Y es por tanto, a ese Poder Constituido y no al Poder Constituyente, que se dirige la previsión de inviolabilidad contemplada en el artículo 250 *ejusdem*.

De allí, que cuando los poderes constituidos propendan a derogar la Carta Magna a través de "cualquier otro medio distinto del que ella dispone" y, en consecuencia, infrinjan el límite que constitucionalmente se ha establecido para modificar la Constitución, aparecería como aplicable la consecuencia jurídica prevista en la disposición transcrita en relación con la responsabilidad de los mismos, y en modo alguno perdería vigencia el Texto Fundamental.

Ante estas afirmaciones debe dejarse muy claramente establecido que conforme a la Constitución de 1961, era incorrecto decir que la reforma constitucional se atribuía a "los poderes constituidos, en función de poder constituyente derivado".

Al contrario, en la Constitución de 1961 se distinguía con toda precisión, entre los poderes constituidos (de los cuales formaban parte, en particular, a nivel nacional, el Congreso o a nivel estadal, las Asambleas Legislativas), y el poder constituyente instituido para la reforma constitucional que no se podía confundir con aquellos. Una cosa era constatar que algunos poderes constituidos, en alguna forma, participaran en el poder constituyente instituido de reforma constitucional; y otra es decir que el poder constituyente instituido de reforma constitucional se atribuía a los poderes constituidos, lo cual no era correcto.

En efecto, el poder constituyente instituido para la reforma constitucional, conforme al artículo 246 de la Constitución de 1961, funcionaba como un proceso complejo, con la participación de las siguientes instituciones: los representantes populares electos; las Cámaras Legislativas Nacionales; y el pueblo directamente mediante referendo aprobatorio.

Así, en la reforma constitucional, por ejemplo, *primero,* debían participar los miembros del Congreso, es decir, los Senadores y Diputados electos. Eran estos, a título de representantes populares individualmente considerados, los que podían tener la iniciativa para la reforma constitucional, siempre que sumasen al menos una tercera parte de los miembros del Congreso. En sentido similar la iniciativa de la reforma también podía partir de los diputados de las Asambleas Legislativas, considerados individualmente como representantes populares, siempre que adoptasen acuerdos en cada Asamblea, con no menos de dos discusiones, por la mayoría absoluta de los miembros de cada Asamblea, y siempre que se manifiestas en la mayoría absoluta de las Asambleas Legislativas.

Segundo, en el poder constituyente instituido también debían participar las Cámaras Legislativas, es decir, el Senado y la Cámara de Diputados, las cuales, en sesión conjunta convocada con tres días de anticipación por lo menos, debían pronunciarse sobre la procedencia de la iniciativa, la cual sólo era admitida por el voto favorable de las dos terceras partes de los presentes;

Tercero, una vez admitida la iniciativa, el proyecto respectivo se debía comenzar a discutir en la Cámara señalada por el Congreso, y se debía tramitar con la participación, en el proceso constituyente instituido, de las dos Cámaras, según el procedimiento establecido en la Constitución para la formación de las leyes, quedando excluidos los procedimientos de urgencia; y

Cuarto, por último, en el poder constituyente instituido para la reforma constitucional, también debía participar el pueblo soberano, al cual debía someterse el proyecto de reforma constitucional sancionado para que mediante referendo aprobatorio, se pronunciase en favor o en contra de la reforma, de manera que la nueva Constitución se declaraba sancionada si era aprobada por la mayoría de los sufragantes de la República.

Como se puede apreciar, por tanto, no es cierto que la Constitución de 1961 atribuyera al Congreso de la República (poder constituido) la potestad de poder modificar la Constitución; y tampoco es cierto que la reforma constitucional se atribuía a los poderes constituidos, en función de constituyente derivado; al contrario, se atribuía al poder constituyente instituido en cuya formación participaban, en un acto complejo, tanto los representantes electos popularmente considerados individualmente, como las Cámaras Legislativas Nacionales y el pueblo soberano mediante referendo aprobatorio.

Siendo errada la premisa de la cual había partido la Corte al confundir el poder constituyente instituido para la reforma constitucional con los poderes constituidos, en nuestro criterio, era igualmente errada la apreciación que formuló en el sentido de que el artículo 250 de la Constitución de 1961 sobre la inviolabilidad de la Constitución, solo estaba dirigido a los poderes constituidos y no al poder constituyente. Al contrario, mientras la Constitución estuviese vigente, el artículo 250 se aplicaba al poder constituyente instituido para la reforma constitucional y era, conforme a los principios de la democracia representativa y de la supremacía constitucional, un freno a la aparición del poder constituyente originario, que solo podría manifestarse *de facto.*

Sin embargo, la Corte Suprema, en su sentencia Caso *Referendo Consultivo II,* continuó en su línea de razonamiento sobre el poder constituyente originario, no limitado y absoluto, señalando lo siguiente:

> Sin embargo, en ningún caso podría considerarse al poder constituyente originario incluido en esa disposición (art. 250), que lo haría nugatorio, por no estar expresamente previsto como medio de cambio constitucional. Es inmanente a su naturaleza de poder soberano, ilimitado y principalmente originario, el no estar regulado por las normas jurídicas que hayan podido derivar de los poderes constituidos, aún cuando éstos ejerzan de manera extraordinaria la función constituyente.

Esta, indudablemente, es la tesis recogida por el propio constituyente de 1961, el cual, consagró normas reguladoras de la reforma o enmienda de la Constitución dirigidas al Poder Constituido y a un tiempo, incluso desde el Preámbulo, la consagración de la democracia como sistema político de la nación, sin soslayar, coherentemente, el reconocimiento de la soberanía radicada directamente en el pueblo.

Ello conduce a una conclusión: la soberanía popular se convierte en supremacía de la Constitución cuando aquélla, dentro de los mecanismos jurídicos de participación, decida ejercerla.

Tres aspectos deben destacarse de estos párrafos de la sentencia.

En *primer lugar,* la afirmación de que el poder constituyente no estaba regulado por las normas jurídicas que hubieran podido emanar de los poderes constituidos. Ello es evidente y entendemos que nadie lo niega, pues sería contrario al principio de la soberanía popular. Sin embargo, una cosa es que el poder constituyente originario no este sometido a las normas jurídicas que puedan emanar de los poderes constituidos y otra es que el poder constituyente no esté sometido a su propia obra, que es la Constitución. Lo primero nadie lo refuta, pero lo segundo es totalmente refutable pues sería contrario al principio de la supremacía constitucional. Una vez que en un país, el poder constituyente sanciona una Constitución, la constitucionalización del Estado y del orden jurídico implica que el texto es supremo y que, como lo afirmó la Corte en la misma sentencia "obliga tanto a los gobernantes como a los gobernados a someterse a ella" y los gobernados son, precisamente, el pueblo soberano que al sancionar la Constitución se autolimita y se somete a su propia norma. Como también lo dijo la Corte en el párrafo antes transcrito, es la soberanía popular la que se convierte en supremacía constitucional cuando aquélla lo decida a través de los mecanismos de participación previstos en el ordenamiento jurídico.

En consecuencia, no es cierto que en la Constitución de 1961, las normas reguladoras de la reforma constitucional estuviesen sólo "dirigidas al poder constituido". Constituían, sin duda, manifestaciones de la rigidez constitucional que proscribía que la Constitución pudiera ser modificada mediante la legislación ordinaria adoptada por las Cámaras Legislativas como poder constituido, pero no podía decirse que sólo estaban dirigidas a los poderes constituidos. Al contrario, esencialmente regulaban al poder constituyente instituido y constituían una autolimitación que el poder constituyente originario se había impuesto.

Por ello, insistimos, la conclusión que se formuló en el último de los párrafos transcritos de la sentencia es precisamente la manifestación de la autolimitación mencionada del poder constituyente originario: la soberanía popular (poder constituyente originario) se convierte en supremacía de la Constitución cuando aquélla (soberanía popular, poder constituyente originario) dentro de los mecanismos jurídicos de participación, decida ejercerla (la soberanía popular).

Y así, efectivamente, cuando se sancionó la Constitución de 1961 el Congreso constituyente en representación de la soberanía popular, decidió ejercerla, y convertir el proceso de reforma constitucional, en supremacía constitucional.

En *segundo lugar,* debe mencionarse, de nuevo, la afirmación de la Corte de que los poderes constituidos pueden ejercer "de manera extraordinaria la función constituyente". Ello, se insiste, es incorrecto. De acuerdo con la Constitución de 1961, las Cámaras Legislativas como poderes constituidos, jamás ejercían ni ordinaria ni extraordinariamente la función constituyente. Participaban en el poder constituyente instituido, como también participaba el pueblo soberano al aprobar mediante referendo aprobatorio la reforma constitucional. Pero de allí a atribuirle a los poderes constituidos la función constituyente, había una gran distancia.

En *tercer lugar,* debe destacarse la referencia que hizo la Corte al Preámbulo de la Constitución, como consagratorio de la democracia como sistema político de la Nación, con el reconocimiento de que la soberanía radicaba directamente en el pueblo. Ello llevó a la sentencia a dedicarle un Capítulo (VI) al "Preámbulo de la Constitución", particularmente por lo que se refiere a la declaración relativa al orden democrático "como único e irrenunciable medio de asegurar los derechos y la dignidad de los ciudadanos". El Preámbulo, sin duda, constituía expresión de un "proyecto político nacional", que era el de la democracia representativa que estaba plasmado en el artículo 4 del Texto constitucional de 1961, la cual siempre debía conciliarse con el principio de la supremacía constitucional que informaba todo el articulado de la Constitución.

Finalmente, de nuevo, debe hacerse particular referencia al último párrafo de la cita anterior de la sentencia, Caso *Referendo Consultivo I*, donde se afirmó, con razón, que "la soberanía popular se convierte en supremacía de la Constitución cuando aquélla, dentro de los mecanismos jurídicos de participación, decida ejercerla".

De ello deriva, en *primer lugar*, el principio de autolimitación del poder constituyente originario cuando adopta la Constitución, y convierte la soberanía popular en supremacía constitucional, lo que implica que el pueblo soberano debe también regirse por la Constitución que él mismo ha adoptado. En consecuencia, la Constitución de 1961 regía incluso para el pueblo, que era quien se había impuesto la autolimitación de que la misma fuera reformada, con su directa participación (referendo aprobatorio), en el poder constituyente instituido.

Pero en *segundo lugar,* el mencionado párrafo de la sentencia permitía que en caso de que la soberanía popular se manifestase mediante los mecanismos jurídicos de participación, como un referendo consultivo, a través del mismo pudiera instituirse otra forma de reforma constitucional, cediendo allí el principio de la supremacía constitucional frente a la soberanía popular.

Este, en definitiva, fue el punto medular de la solución política que el máximo órgano jurisdiccional busco darle al conflicto que estaba planteado entre soberanía popular y supremacía constitucional: aún cuando la Constitución no regulaba expresamente la Asamblea Constituyente como poder constituyente instituido para la reforma constitucional, la misma podía ser convocada como resultado de una consulta popular realizada mediante referendo consultivo regulado en la Ley Orgánica del Sufragio y Participación Política; convirtiéndose entonces la soberanía popular, de nuevo, en supremacía constitucional.

Por último, en *cuarto lugar*, en el Capítulo VII de la sentencia Caso *Referendo Consultivo I*, la Corte se refirió al "derecho a la participación" a los efectos de considerar que conforme al artículo 50 de la Constitución de 1961, el derecho a la consulta popular sobre la convocatoria al pueblo para una Asamblea Constituyente, era un derecho no enumerado o implícito, inherente a la persona humana[196].

Esta conclusión de la Corte derivó de la integración de la laguna constitucional originada en la no enumeración expresa de tal derecho, considerando en general, que:

> El referendo previsto en la Ley Orgánica del Sufragio y Participación Política, es un derecho inherente a la persona humana no enumerado, cuyo ejercicio se fundamenta en el artículo 50 de la Constitución.

Por ello, sin duda, para que quedase reconocido el derecho a la participación y para realizar un referendo consultivo conforme al artículo 181 de la Ley Orgánica del Sufragio, no era necesario realizar reforma constitucional alguna.

Ahora bien, la Corte, en su sentencia, al considerar el referendo como un derecho inherente a la persona humana, señaló que:

> Ello es aplicable, no sólo desde el punto de vista metodológico sino también ontológicamente, ya que si se considerara que el derecho al referendo constitucional depende de la reforma de la Constitución vigente, el mismo estaría supeditado a la voluntad del poder constituido, lo que pondría a éste por encima del poder soberano. La falta de tal derecho en la Carta Fundamental tiene que interpretarse como laguna de la Constitución, pues no podría admitirse que el poder soberano haya renunciado *ab initio* al ejercicio de un poder que es obra de su propia decisión política.

De este párrafo, sin embargo, de nuevo surge la observación que ya hemos efectuado: la reforma constitucional prevista en la Constitución no se atribuía al poder constituido como impropiamente se afirmó en la sentencia, sino al poder constituyente instituido en cuya conformación participaban los representantes y las Cámaras Legislativas, pero también participaba el pueblo directamente mediante referendo aprobatorio.

Por lo demás, y salvo esta precisión, la conclusión del párrafo es evidente: conforme al criterio de la Corte no era necesaria reforma constitucional alguna para que se pudiera reconocer como derecho constitucional

---

196. Claudia Nikken argumentó, con razón, que considerar que el referendo consultivo es un derecho inherente a la persona humana se tradujo por un artificio que sirvió para justificar que la Corte Suprema de Justicia admitiese que se trataba de una vía de ejercicio del poder constituyente, en *La Cour Suprême de Justice et la Constitution...cit.*, p. 376. *Cfr.* M.E. Lares, *Contribution à l'étude du processus constituant vénézuélien de 1999*, OEA de droit public interne, Université Panthéon Sorbonne (Paris I), Paris 1999, p. 47.

al referendo o la consulta popular sobre la convocatoria al pueblo para una Asamblea Constituyente. En realidad, ese no era el problema; este resultaba de la secuela de la consulta popular.

Ahora bien, si la mayoría (que había que determinar si era sobre los electores inscritos en el Registro Electoral o los votantes efectivos) la obtenía él "si" para la convocatoria a la Asamblea Constituyente, como lo dijo la Corte en las dos sentencias analizadas, ello tenía "vigencia inmediata" en cuanto a mandato popular obligatorio para los órganos del Estado. Ese mandato popular, sin embargo, en sí mismo no tenía eficacia, como lo afirmó la Corte en la sentencia Caso *Referendo Consultivo I,* sino:

> Cuando, mediante los mecanismos legales establecidos, se dé cumplimiento a la modificación jurídica aprobada. Todo ello siguiendo *procedimientos ordinarios previstos en el orden jurídico vigente,* a través de los órganos del Poder Público *competentes* en cada caso.

He aquí el problema jurídico que quedaba por resolver y que dependía de la forma cómo se hiciera la consulta popular o de la manera cómo se manifestara la voluntad popular. Una vez que el pueblo, mediante el referendo consultivo, se manifestare a favor de la convocatoria de una Asamblea Constituyente, venía ineludiblemente la tarea de establecer formalmente el régimen de la misma por los órganos del Poder Público Nacional *con competencia* para ello, los cuales debían, obligatoriamente, mediante los mecanismos legales *establecidos,* dar cumplimiento a la modificación jurídica aprobada en el referendo.

Sin embargo, en el ordenamiento constitucional y legal que estaba vigente no había atribución de competencia alguna, a órgano alguno del Poder Público Nacional, para establecer el régimen de una Asamblea Constituyente con poder para reformar la Constitución de 1961 por una vía distinta a la de los artículos 245 y 246 de la misma.

Ese régimen no podía establecerse ni por una Ley del Congreso ni por un Decreto del Presidente de la República, salvo que en la consulta popular se preguntase expresamente sobre los diversos elementos que configuraban dicho régimen (carácter, número de miembros, forma de elección, condiciones de elegibilidad, duración, mandato acorde con la Constitución vigente) y sobre el órgano del Poder Público que debía regular la Constituyente. Sin embargo, en dicho régimen no se podían establecer condiciones de elegibilidad de los constituyentes distintos a los previstos en el artículo 112 de la Constitución; ni un sistema electoral totalmente uninominal, por ejemplo, que no garantizase el derecho a la representación proporcional de las minorías, como lo preveía el artículo 113 de la Constitución.

Para establecer un régimen de esa naturaleza, indudablemente que en la Constitución de 1961, la competencia la tenía el poder constituyente instituido para la reforma constitucional conforme al artículo 246 de la Constitución.

Precisamente, por este escollo jurídico, quizás, la sentencia Caso *Referendo Consultivo II,* expresamente se refirió a las dos vías que se abrían para hacer efectivo el referendo consultivo sobre la convocatoria a una Asamblea Constituyente:

> La *primera*, era que "los órganos *competentes* del Poder Público Nacional diseñen los mecanismos de convocatoria y operatividad de una Asamblea Constituyente", por supuesto, conforme a los términos de la consulta. Para que esta primera vía fuera factible, tenía que existir en el ordenamiento jurídico la atribución de *competencia* a algún órgano del Poder Público Nacional para establecer el régimen de una Constituyente para modificar la Constitución en una forma distinta a la prevista en los artículos 245 y 246 de la Constitución, y esa atribución no existía. La única posibilidad que quedaba, sin embargo, desde el punto de vista jurídico-constitucional, era que en la propia consulta popular no sólo se formularan las preguntas sobre el régimen de la Constituyente, sino se inquiriera al pueblo sobre el órgano del Poder Público que debía formalizar ese régimen, y siempre que el mismo no implicara modificaciones a la Constitución que estaba vigente.

> La *segunda*, como alternativa, era que previamente a la convocatoria efectiva de la Asamblea Constituyente, los órganos del Poder Público Nacional "tomen la iniciativa de enmienda o de reforma que incluya la figura de una Asamblea Constituyente"; lo cual resultaba necesario si el régimen de la Constituyente implicaba reformas a la misma Constitución (por ejemplo, conforme a lo señalado, a los artículos 112 y 113).

La Corte, en definitiva, lo que resolvió fue la constitucionalidad del referendo consultivo sobre la convocatoria de una Asamblea Constituyente, pero no resolvió expresamente la constitucionalidad de su convocatoria sin que se estableciera previamente su régimen mediante una reforma constitucional. Textualmente expresó una de dichas sentencias, al interpretar el artículo 181 de la Ley Orgánica del Sufragio y Participación Política que fue la norma que constituyó el fundamento del Decreto, lo siguiente:

Se desprende así del texto aludido (Art. 181 LOSPP), la consagración jurídica de la figura del *referendo consultivo* como mecanismo llamado a canalizar la participación popular en los asuntos públicos nacionales. De allí que la regla se dirija fundamentalmente a establecer las distintas modalidades para la iniciativa en la convocatoria de la *consulta* popular. (Sentencia Caso *Referendo Consultivo I* del 19-1-99, Ponencia del Magistrado Humberto J. La Roche)

En dicha sentencia se expresó, además, lo siguiente, a propósito del referendo consultivo:

> A través del mismo puede ser *consultado el parecer* del cuerpo electoral sobre cualquier decisión de especial trascendencia nacional distinto a los expresamente excluidos por la Ley Orgánica del Sufragio y Participación Política, en su artículo 185, incluyendo la relativa a la convocatoria a una Asamblea Constituyente.

La otra sentencia de la Sala, de la misma fecha, señaló lo siguiente:

> Sí es procedente convocar a un referendo, en la forma prevista en el artículo 181 de la Ley Orgánica del Sufragio y de Participación Política *para consultar* la opinión mayoritaria respecto de la posible convocatoria a una Asamblea Constituyente, en los términos expuestos en este fallo". (Caso *Referendo Consultivo II* del 19-1-99, Ponencia del Magistrado Héctor Paradisi)

Sin embargo, todos los argumentos de la motivación de las sentencias apuntaban a que, dependiendo de cómo se hiciera la consulta popular, se legitimase posteriormente el instrumento político de la Asamblea Constituyente convocada para reformar la Constitución, incluso sin que se produjese una reforma constitucional previa[197].

El paso inicial para dilucidar la situación, con el cual se abrió el proceso constituyente, como se dijo, lo dio el Presidente de la República, Hugo Chávez Frías, el día 2 de febrero de 1999, día de la toma de posesión de su cargo, lo que ocurrió sólo semanas después de la publicación de las sentencias comentadas de la Corte Suprema de Justicia. Con dicha sentencia, en definitiva se abrió el camino para la estructuración de una tercera vía para reformar la Constitución de 1961, distinta a la Reforma General y

---

197. La Corte Suprema de Justicia, en definitiva, como lo dijo Claudia Nikken, validó, de entrada, la decisión de iniciativa presidencial del Presidente electo, en *La Cour Suprême de Justice et la Constitution...*, *cit.*, p. 363.

la Enmienda previstas en sus artículos 245 y 246, como consecuencia de una consulta popular para convocar una Asamblea Constituyente[198].

IV. LA CONVOCATORIA AL REFERÉNDUM SOBRE LA ASAMBLEA CONS-TITUYENTE Y LOS INTENTOS DE SECUESTRO DEL DERECHO A LA PARTICIPACIÓN POPULAR

Las sentencias de 19 de enero de 1999, en todo caso, fueron las que dieron pie para que el Presidente de la República, sin autorización constitucional alguna, en lo que fue su primer acto de gobierno dictado al tomar posesión de su cargo, el 2 de febrero de 1999, emitiera un Decreto convocando un "referendo consultivo" en el cual pretendía que el pueblo no sólo lo autorizara a convocar la Asamblea Constituyente sino que lo autorizara a él mismo y sólo él para definir la composición, el régimen, la duración y la misión de la Asamblea[199]. Se pretendía, así, que se produjera un referendo ciego sobre una Asamblea Constituyente que nadie sabía cómo se iba a elegir, quién la conformaría, cuáles eran sus poderes, cuál era su misión o su duración. Así se pretendió confiscar el derecho a la participación política, cuyo reconocimiento judicial había sido precisamente, lo que había abierto la vía hacia el referendo consultivo sobre la Constituyente.

Por ello, la discusión sobre si era necesaria o no una reforma constitucional previa para convocar la Asamblea Constituyente, sin duda, después de las sentencias de enero de 1999, había cesado, habiéndose trasladado a otros dos aspectos: primero, sobre quién debía tomar la iniciativa de convocar al *referéndum consultivo* sobre la convocatoria de la Asamblea Constituyente: el Congreso o el Presidente de la República; y cuál debía ser el texto de la consulta popular para que el régimen de la Constituyente fuera el producto del Poder Constituyente Originario, es decir, de la manifestación de voluntad del pueblo mediante el ejercicio del derecho a la participación política a través de la consulta popular.

Pronto estos aspectos de la discusión serían enfrentados: el Presidente de la República, el día 02 de febrero de 1999, como se dijo, dictó el Decreto N° 3 mediante el cual tomó la iniciativa de decretar "la realización de un referendo para que el pueblo se pronuncie sobre la convocatoria de una Asamblea Nacional Constituyente" (art. 1). En esta forma, el primer

---

198. Sobre el referendum consultivo previsto en la Ley Orgánica del Sufragio y Participación Política como una ventana abierta para la convocatoria de una Asamblea Constituyente, véase Alfonso Rivas Quintero, *Derecho Constitucional*, Paredes Editores, Valencia-Venezuela, 2002, pp. 95 y ss.

199. Véase el texto del Decreto en *Gaceta Oficial* N° 36.634 de 02-02-99.

aspecto de la discusión había sido resuelto, y el Congreso ni siquiera tuvo tiempo de comenzar a discutir el tema. Es decir, el Presidente de la República asumió la iniciativa de convocar al referendo.

Pero el segundo punto de la discusión no fue resuelto, pues conforme al criterio de las sentencias de la Corte Suprema de Justicia, el Poder Constituyente Originario (el pueblo) para crear una Asamblea Constituyente con el objeto de reformar la Constitución, mediante un *referéndum consultivo,* debía pronunciarse sobre los diversos aspectos que debían configurar el régimen de la Asamblea Constituyente. Sin embargo, el Decreto N° 3 del 02-09-99 no satisfizo estas exigencias y, al contrario, omitió toda referencia al régimen de la Constituyente, sustituyendo este aspecto por una solicitud al pueblo de delegación al propio Presidente de la República para regular, él sólo, "las bases del proceso comicial" en el que se debían elegir los integrantes de la Asamblea Nacional Constituyente[200].

En efecto, la primera pregunta que se proponía en el artículo 3° del Decreto, decía:

> PRIMERA: *¿Convoca usted* una Asamblea Nacional Constituyente con el propósito de transformar el Estado y crear un nuevo ordenamiento jurídico que permita el funcionamiento efectivo de una democracia social y participativa?.

Por supuesto, en cuanto a la forma cómo se formuló la pregunta, lejos de ser una consulta al pueblo sobre una decisión que luego debía adoptar un órgano del Poder Público, conllevaba a que se pretendiera que fuera el mismo pueblo el que adoptase la decisión directamente; es decir, el que decidiera. La pregunta era *¿Convoca usted* una Asamblea Nacional Constituyente.....?; lo que significaba que responder con un "sí", era decidir convocar la Asamblea. No se trataba de dar un voto favorable para que se la convocara conforme a un texto o proyecto que estableciera su régimen y que también debía ser objeto de la consulta, como lo dijo la Corte Suprema en las sentencias de 19-1-99, sino convocarla directamente.

Por tanto, con la pregunta lo que se perseguía era que fuera el pueblo, directamente mediante referendo decisorio o plebiscitario, el que convocara la Asamblea Nacional Constituyente, pero sin que dicho órgano existiera, pues no estaba previsto en parte alguna y ni siquiera su creación se derivaba de la propia pregunta al pueblo; y sin que siquiera se estableciera

---

200. Véase los comentarios críticos a este Decreto en Allan R. Brewer-Carías, *Asamblea Constituyente y Ordenamiento Constitucional, op. cit.,* pp. 229 a 254.

la mayoría requerida para que la supuesta decisión de convocarla fuera considerada adoptada. Pero lo más grave de todo era que al momento de votar no sólo no existía la institución que se pretendía convocar, sino que no se sabía cuál podía ser su régimen o configuración.

Es decir, se le pretendía pedir al pueblo *que convocara* una institución que no existía pues no había sido creada y ni siquiera esbozada en un proyecto, lo que viciaba el acto en su objeto, por ser de imposible ejecución como lo establece el Artículo 19, ordinal 3° la Ley Orgánica de Procedimientos Administrativos. Simplemente nadie puede convocar una institución que no existe y eso es lo que se pretendía con la primera pregunta del Artículo 3° del Decreto. Por ello, en este caso, se desfiguraba así la noción de referendo consultivo, en abierta violación de la Ley Orgánica del Sufragio y Participación Política.

En cuanto a la forma como también se formuló la segunda pregunta para el referendo, en el artículo 3°, decía:

SEGUNDA: *¿Autoriza usted* al Presidente de la República para que mediante un acto de gobierno fije, oída la opinión de los sectores políticos, sociales y económicos, las bases del proceso comicial en el cual se elegirán los integrantes de la Asamblea Nacional Constituyente?

En este caso, se preguntaba *¿Autoriza usted* al Presidente de la República...?, por lo que tampoco se estaba en presencia de un referendo consultivo, sino de un referendo también decisorio, por "autorizatorio", que tampoco preveía ni regulaba el ordenamiento jurídico.

En ese caso, responder con un "sí" significaba autorizar al Presidente de la República para que hiciera algo para lo cual no tenía competencia constitucional, sin que el pueblo siquiera le fijase algunos parámetros de actuación; lo que equivalía a hacerlo supuestamente depositario del poder constituyente originario, cuya expresión a través de una Asamblea Constituyente quedaba a su completa discreción "oída la opinión de los sectores políticos, sociales y económicos" innominados y escogidos también a su arbitrio.

En relación con esta segunda pregunta del Artículo 3° del Decreto, debe señalarse que debiendo tratarse de un referendo consultivo, conforme a la interpretación que le dio la Sala Político Administrativa de la Corte Suprema de Justicia al Artículo 182 de la Ley Orgánica del Sufragio y Participación Política, el texto de la pregunta debió contener los elementos necesarios y fundamentales para poder configurar, como producto de la soberanía popular, el régimen de la Asamblea Constituyente para poder convocarla.

Al contrario, se pretendía que el pueblo *autorizase* al Presidente de la República para que mediante un "acto de gobierno" (término erróneamente utilizado, según la doctrina sentada por la Corte Suprema) fuera el que fijase "las bases del proceso comicial en el cual se elegirán los integrantes de la Asamblea Nacional Constituyente", lo cual, además, desde el punto de vista lógico conforme a la pregunta, debía hacer *después de ser autorizado* por el referendo. Se pretendía así, que mediante un referendo decisorio no previsto en la Ley, el pueblo soberano renunciase a su derecho a participar y delegase o transfiriera al Presidente de la República, sólo, sin siquiera la participación del Consejo de Ministros, para que éste fuera el que fijase posteriormente al referendo, "las bases del proceso comicial" para elegir a los integrantes de la Asamblea Constituyente que constituía parte del régimen de la misma, es decir, las condiciones de elegibilidad, la forma de postulación y las condiciones para la elección. Con ello se pretendía trasladar el poder constituyente al Presidente de la República lo cual era inconstitucional, por no tener competencia para ello.

Pero volviendo a la primera pregunta prevista en el artículo 3 del Decreto N° 3, al someterse a decisión del pueblo el convocar la Asamblea Nacional Constituyente, se precisaba que el objeto o propósito que tendría la que se convocara, si resultaba un "sí" mayoritario (sin saberse en qué proporción), sería la de *"transformar el Estado* y *crear un nuevo ordenamiento jurídico* que permitiera el funcionamiento de una democracia social y participativa".

De acuerdo con esta pregunta, por tanto, la Asamblea Constituyente que se pretendía convocar popularmente, tenía una misión distinta a la Asamblea Constituyente que conforme a la sentencia de la Corte Suprema del 19-01-99 podía resultar de un referendo consultivo, como un mecanismo para reformar la Constitución distinto a los regulados en los artículos 245 y 246 de la Constitución de 1961. La misión de la Asamblea Constituyente producto del derecho a la participación, conforme a esas sentencias, era reformar la Constitución, por lo que mientras eso no ocurriera, continuaba vigente la Constitución de 1961 y con ella, el régimen de funcionamiento del Estado que ella establecía, es decir, del Poder Público conforme a la forma del Estado federal y a la separación orgánica de poderes. Ambas sentencias lo habían expresado sin que pudiera quedar duda alguna sobre su sentido, ni pretenderse que eran párrafos inexistente en ellas. Así, en la decisión de la Corte Suprema del 19-01-1999 (Caso *Referendo Consultivo I*) en la que fue ponente el Magistrado Humberto J. La Roche, se estatuyó:

> Aún cuando el resultado de la decisión popular adquiera vigencia inmediata, su eficacia sólo procedería cuando, mediante los mecanismos

legales establecidos, se dé cumplimiento a la modificación jurídica aprobada. Todo ello siguiendo procedimientos ordinarios previstos en el orden jurídico vigente, a través de los órganos del Poder público competentes en cada caso. Dichos órganos estarán en la obligación de proceder en ese sentido.

Por su parte, la sentencia Caso *Referendo Consultivo II* de la misma fecha cuyo ponente fue el Magistrado Héctor Paradisi, concluyó:

> Ciertamente que el asunto que se debate en el presente caso, tiene una especial trascendencia nacional, en la medida en que los resultados de una consulta popular como la que se pretende, *sería factor decisivo para que los Órganos competentes del Poder Público Nacional diseñen los mecanismos de convocatoria y operatividad de una Asamblea a los fines propuestos; o para que previamente, tomen la iniciativa de enmienda o de reforma que incluya la figura de una Asamblea de esta naturaleza.*

En consecuencia, era totalmente incompatible con una Asamblea Constituyente cuyo mandato era reformar la Constitución, la Primera Pregunta del artículo 3° del Decreto N° 3 que pretendía que el pueblo, mediante referendo decisorio, convocara una Asamblea Nacional Constituyente pura y simplemente "con el propósito de transformar el Estado y crear un nuevo ordenamiento jurídico".

Ahora bien, el Decreto N° 3, como acto administrativo que era, fue objeto de impugnación mediante diversas acciones contencioso administrativas de nulidad por inconstitucionalidad e ilegalidad que se ejercieron por ante la Corte Suprema de Justicia en Sala Político Administrativa. Dichas acciones, sin embargo, fueron declaradas inadmisibles por el Juzgado de Sustanciación de la Sala considerando que el Decreto del Presidente de la República convocando la realización del referendo, *no era un acto administrativo recurrible* por ante la jurisdicción contencioso-administrativa, en virtud de que no producía "efectos externos". La Sala consideró que se trataba de una simple "solicitud" formulada por el Presidente ante el Consejo Nacional Electoral, órgano que conforme al artículo 184 de la misma Ley Orgánica del Sufragio y Participación Política, era al que correspondía poner fin al procedimiento administrativo correspondiente relativo a la convocatoria de los referendos. Es decir, era el que con su decisión de fijar la fecha de realización del mismo, una vez verificada que la "solicitud" cumplía con los requisitos legales, ponía fin a la vía administrativa y, en consecuencia, era el que podía ser revisado jurisdiccionalmente mediante un recurso contencioso electoral[201].

Independientemente de las críticas u observaciones que se podían formular a las decisiones del Juzgado de Sustanciación, al considerar que un Decreto presidencial de convocatoria de un referendo ordenando además las preguntas que debían formularse, no tenía efectos jurídicos "externos"; la consecuencia de la decisión fue entonces, y conforme con la doctrina sentada por el Juzgado de Sustanciación, la introducción por los interesados de sendas acciones de nulidad (con los mismos argumentos de derecho) pero esta vez contra la Resolución N° 990217-32 del Consejo Nacional Electoral de 17-02-99 dictada en conformidad con el mismo Decreto N° 3 del Presidente de la República, que a su vez había reproducido íntegramente su texto y había fijado la realización del referendo para el día 25-04-99. Una de dichas acciones de nulidad, fue la decidida por la Sala Político Administrativa de la Corte Suprema de Justicia en sentencia de 18-03-99, mediante la cual el Supremo Tribunal, conforme a lo antes dicho, anuló la Segunda Pregunta de la convocatoria al referendo[202].

En efecto, el acto administrativo dictado por el Consejo Nacional Electoral el 17 de febrero de 1999, contenido en la Resolución N° 990217-32[203], conforme a lo decidido por el Presidente de la República en el Decreto N° 3 antes mencionado, había resuelto:

> *Primero:* Convocar para el día 25 de abril del año en curso, el referendo para que el pueblo se pronuncie sobre la convocatoria de una Asamblea Nacional Constituyente, *de conformidad con el Decreto N° 3 de fecha 2 de febrero de 1999 de fecha 02-02-99,* dictado por el Presidente de la República, en Consejo de Ministros.

Este acto administrativo,[204] ante todo, estaba viciado en su causa al fundamentarse en el mencionado Decreto N° 3 de 02-02-99, el cual, al

---

201. El primero de los autos del Juzgado de Sustanciación, en el sentido indicado, fue dictado el 02-03-99.

202. Véase el texto de la sentencia en Allan R. Brewer-Carías, *Poder Constituyente Originario y Asamblea Nacional Constituyente,* Caracas 1999, pp. 169 a 185 y en esta *Revista,* pp. 73 a 83.

203. Véase Allan R. Brewer-Carías, "Comentarios sobre la inconstitucional convocatoria a referendo sobre una Asamblea Nacional Constituyente efectuada por el Consejo Nacional Electoral en febrero de 1999", *Revista Política y Gobierno,* FUNEDA Vol. I, N° 1, Caracas, Enero-Junio 1999, pp. 29 a 92.

204. Curiosamente dicha Resolución no fue publicada en la *Gaceta Oficial.* La referencia a la misma sólo aparece en las Resoluciones del Consejo Nacional Electoral de marzo de 1999 publicadas en *Gaceta Oficial* N° 36.669 de 25-03-99.

igual que la Resolución, era ilegal e inconstitucional pues violaba los artículos 3, 4, 50, 117 y 139 de la Constitución y los artículos 181 y 184 de la Ley Orgánica del Sufragio y Participación Política; estaba viciado de desviación de poder; era ineficaz y de imposible ejecución, lo que lo hacía nulo conforme al artículo 19, ordinal 3° de la Ley Orgánica de Procedimientos Administrativos; y, en definitiva, por configurarse, en sí mismo, como un instrumento que podía conducir a un fraude a la Constitución.

En efecto, la Resolución del Consejo Nacional Electoral, al ordenar que se realizase el referendo "de conformidad con el Decreto N° 3 de fecha 02-02-99", es decir, tomando en consideración las bases establecidas en el mismo, no convocaba en realidad un referendo consultivo, que era el único que autorizaban los artículos 181 y siguientes de la Ley Orgánica del Sufragio y Participación Política, sino que desviando los poderes que derivaban de lo dispuesto en dichas normas, y contrariándolas, tanto el Presidente de la República en Consejo de Ministros como el Consejo Nacional Electoral, en definitiva, se habían valido de las normas que regulaban la figura del referendo consultivo en dicha Ley, pero para convocar un referendo decisorio, autorizatorio o plebiscitario, cuando ello no estaba autorizado en la Ley Orgánica del Sufragio y Participación Política[205].

Con motivo de la impugnación en vía contencioso administrativa de dicha Resolución del Consejo Supremo Electoral, en sentencia de la misma Sala Político Administrativa de la Corte Suprema de fecha 18 de marzo de 1999 (Caso *Gerardo Blyde*), anuló la segunda pregunta que pretendía delegar en el Presidente dictar el Estatuto de la Constituyente contenida en el Decreto N° 3 y en la consecuencial Resolución del Consejo Nacional Electoral N° 990217-32 del 17 de febrero de 1999[206], considerando que ello violaba el derecho a la participación política de los ciudadanos al excluirlas del mecanismo del *referéndum consultivo*[207]. La Corte Suprema en dicha sentencia (Ponente Magistrado Hermes Harting), exigió, así, que también se sometiera a consulta popular el propio "estatuto" de la Asam-

---

205. Véase el texto del recurso de inconstitucionalidad que interpusimos ante la Corte Suprema en Allan R. Brewer-Carías, *Asamblea Constituyente y Ordenamiento Constitucional, op. cit.,* pp. 255 a 321.

206. Véase los comentarios en Allan R. Brewer-Carías, "Comentarios sobre la inconstitucional convocatoria a Referéndum sobre una Asamblea Nacional Constituyente efectuada por el Consejo Nacional Electoral en febrero de 1999", en *Revista Política y Gobierno,* FUNEDA, Vol. I, N° 1, Caracas, Enero-Junio 1999, pp. 29 a 92.

207. Véase los comentarios a la sentencia y el texto de la misma, así como de su aclaratoria, en Allan R. Brewer-Carías, *Poder Constituyente Originario y Asamblea.... op. cit.,* pp. 117 a 217 y en esta Revista, pp. 73 a 85.

blea Constituyente (sistema de elección, número de miembros, misión, régimen y duración), para que el pueblo, se pronunciara sobre ello.

En efecto, en la sentencia, la Sala declaró *con lugar* el recurso que se había interpuesto contra la mencionada Resolución del Consejo Nacional Electoral y, en consecuencia, *anuló* la segunda pregunta destinada al *referendo* convocado, contenida en dicha Resolución[208]. Los argumentos en los cuales que se basó la Sala Político Administrativa fueron que dado que la pregunta del referéndum era "sobre la conveniencia de instalar una Asamblea Nacional Constituyente", de acuerdo al derecho a la participación política que conforme a sus anteriores sentencias del 19-1-99, habían permitido que mediante un referendo consultivo se originase el mecanismo de la Asamblea Constituyente para reformar la Constitución; debía necesariamente procederse "a consultarse sobre aquellas reglas fundamentales que detallen su organización y régimen general". En consecuencia, al haber ignorado la pregunta segunda tales postulados, y al pretender delegar, en el ciudadano Presidente de la República, la fijación de las bases del proceso comicial por el que se elegirán los integrantes de la Asamblea Nacional Constituyente, la Corte Suprema concluyó considerando que dicha pregunta segunda era inconstitucional,

> por vulneración del derecho a la participación política implícito en el artículo 50 de la Constitución de la República, como derecho inherente a la persona humana, y así expresamente se declara.

En definitiva, sobre si debía o no garantizarse el derecho a la participación política en la formulación del "estatuto" de la Asamblea Nacional Constituyente (las llamadas bases comiciales), que el Presidente de la República había querido confiscar, al pretender que el pueblo le "delegara la potestad de formular, él solo, exclusivamente, dichas "bases", la Corte Suprema de Justicia en la sentencia del 18 de marzo de 1999, rechazó tal pretensión presidencial, anulando la Resolución N° 990217-32 de 17 de febrero de 1999 del Consejo Supremo Electoral que reproducía las preguntas que el Presidente había formulado; o sea, consideró indirectamente que el Decreto del Presidente había sido inconstitucional como lo habíamos alegado y, en definitiva, ordenó que las mismas bases comiciales debían someterse a la consulta popular, y debían ser aprobadas por el pueblo.

En todo caso, la decisión de la Sala Político Administrativa obligó tanto al Presidente de la República como al Consejo Nacional Electoral a

---

208. Véase el texto de la sentencia en Allan R. Brewer-Carías, *Poder Constituyente Originario y Asamblea Nacional Constituyente*, Caracas 1999, pp. 169 a 185.

reelaborar la segunda pregunta del *referéndum*, en la cual se enumeraron las *bases comiciales* que regulaban el estatuto de la Asamblea, que debían someterse a la consulta popular[209]. En cuanto al Presidente, éste, anticipándose quizás a lo que quizás ya sabía que venía en dicha decisión judicial, una semana antes tuvo el cuidado de emitir un nuevo acto administrativo[210] el cual, sin la menor duda, también era un Decreto (aun cuando sin ese nombre y sin número)[211] mediante el cual ordenó publicar en *Gaceta Oficial* una propuesta del Ejecutivo Nacional fijando las bases de la convocatoria de la Asamblea Nacional Constituyente, para ser *sometida para la aprobación del pueblo en el referendo* convocado.

Con este Decreto, sin duda, el Presidente sin decirlo expresamente, había modificado el Decreto N° 3 de 02 de febrero de 1999, eliminando entonces la segunda pregunta que buscaba que se le delegara la fijación de las bases comiciales. Reconoció, así, el Presidente de la República el error constitucional que había cometido, como se había denunciado; y ello obligaba, por tanto, al Consejo Nacional Electoral a modificar la Resolución N° 990217-32 del 17-02-99, a los efectos de *incorporar a las preguntas del referendo* los elementos contenidos en las bases mencionadas que conformaban el régimen o estatuto de la Constituyente, y permitir así, al pueblo, ejercer su derecho a la participación.

El Presidente de la República, en esta forma, acogió las objeciones fundamentales que se le habían y que habíamos formulado respecto del Decreto N° 3 y de la Resolución del Consejo Nacional Electoral en cuanto a la no inclusión en las preguntas contenidas en dichos actos administrativos, de las bases del régimen de la Constituyente. Correspondía después al Consejo Nacional Electoral, modificar la Resolución N° 990217-32 del 17-02-99 para que, con la autorización de la Sala Político Administrativa de la Corte Suprema de Justicia conforme al artículo 239 de la Ley Orgá-

---

209. Véase el texto de las bases propuestas por el Presidente en la "Orden" de 10-3-99 publicada en la *Gaceta Oficial* N° 36.660 de 12-03-99 y las Resoluciones del Consejo Nacional Electoral N° 990323-70 y 990323-71 de 23-03-99 (*Gaceta Oficial* N° 36.669 de 25-03-99) y N° 990324-72 de 24-03-99 (*Gaceta Oficial* N° 36.672 de 30-03-99).

210. Véase el "Aviso Oficial" publicado en *G.O.* N° 36.658 de 10-03-99, que contiene la "orden" de: *Publicación de la propuesta del Ejecutivo Nacional que fija las bases de la convocatoria de la Asamblea Nacional Constituyente, analizada en el Consejo de Ministros del 9 de marzo de 1999, la cual será sometida para la aprobación del pueblo en el referéndum convocado por el Consejo Nacional Electoral a celebrarse el 25 de abril de 1999.*

211. En los términos de los artículos 14 y 15 de la Ley Orgánica de Procedimientos Administrativos.

nica del Sufragio y Participación Política, se incorporase a las preguntas del referendo el régimen de la Constituyente, en la forma de consulta popular.

Por otra parte, debe destacarse que en la sentencia de 18-3-99, además, la Sala Político Administrativa argumentó y decidió que el referendo regulado en el artículo 181 de la Ley Orgánica del Sufragio y Participación Política, era un referendo eminentemente consultivo, es decir, que tenía por objeto conocer la opinión o el parecer del pueblo sobre determinada cuestión o texto, y que, por tanto, con fundamento en dicha norma no se podía convocar un referendo autorizatorio y, por supuesto, tampoco un referendo decisorio.

Por ello, incluso, la Corte, al resolver y declarar la nulidad de la pregunta segunda del referendo, se refirió a la pregunta primera contenida en la Resolución que había sido impugnada, aún cuando la misma no había sido objeto de impugnación por el recurrente. Sin embargo, la Corte consideró que era:

> Menester referirse a la primera de las preguntas formuladas que deberán responder los votantes, a fin de fijar el marco referencial e interpretativo bajo el cual ha de estudiarse la segunda pregunta;

> y, en consecuencia, la interpretó acorde con la Constitución, derivando que en la misma -a pesar de su redacción- no se estaba convocando a un referendo decisorio, sino eminentemente consultivo.

Es decir, la Corte estableció clara y expresamente, a pesar de la forma de redacción de la misma, su carácter propio de un referendo consultivo. Señaló así la Corte, en relación con la primera pregunta, que:

> Esa primera cuestión está dirigida a indagar sobre la convocatoria a una Asamblea Nacional Constituyente... Con tal iniciativa se pretende, entonces, *conocer la opinión* de los electores en cuanto a una materia, ciertamente, de especial trascendencia nacional: la conveniencia de convocar una Asamblea Nacional Constituyente;

Es decir, a pesar de que la pregunta, como estaba formulada: *¿Convoca Ud.* una Asamblea Nacional Constituyente...? implicaba un referendo decisorio; la Corte Suprema lo interpretó en el sentido de que el mismo era sólo de carácter consultivo, destinado a indagar o conocer la opinión de los votantes sobre la conveniencia o no de convocar la Asamblea Constituyente.

Por ello, la Corte insistió en que conforme a sus anteriores sentencias del 19-1-99, (Caso *Referendo Consultivo I y II*), lo que se podía realizar conforme a la Ley Orgánica del Sufragio, era un referendo para ser "consultado el parecer del cuerpo electoral sobre cualquier decisión de especial trascendencia nacional", por lo que concluyó señalando que:

Es perfectamente compatible con la anterior concepción *el interrogar al soberano si está de acuerdo* con la convocatoria a una Asamblea Nacional Constituyente...

Más adelante, al analizar sus anteriores sentencias del 19-1-99, la Corte señaló que ese:

Ejercicio de soberanía no delegado encuentra su cauce precisamente en los mecanismos de participación política directa, el *referendo consultivo*, entre otros, como manifestación concreta que permite conocer de primera mano, *cuál es la opinión del* cuerpo consultado respecto a determinadas materias de evidente trascendencia nacional.

Por ello, en otra parte de la decisión, al hacer referencia a la anterior sentencia del 19-1-99 (Casos *Referendo Consultivos I y II*), la Corte señaló que:

Se circunscribió a determinar si de conformidad con el artículo 181 de la Ley Orgánica del Sufragio y Participación Política puede convocarse a un referendo consultivo, a los fines de determinar si corresponde a la voluntad popular que se convoque a Asamblea Constituyente.

En tal sentido, insistió la Corte en su sentencia:

Que un mecanismo de consulta directo, llamado a resolver sobre materias que no han sido previamente delegadas en representantes, debe preservar, mantener y defender como principal valor, el ser fiel expresión de la verdadera voluntad popular.

De ello concluyó la Corte en que:

Entonces, es indispensable, que formulada la pregunta sobre la conveniencia de instalar una Asamblea Nacional Constituyente, proceda a consultarse sobre aquellas reglas fundamentales que detallen su organización y régimen general.

Pero además, sobre el carácter consultivo del referendo regulado en el artículo 181 de la Ley Orgánica del Sufragio, la Sala Político Administrativa en su sentencia del 18-3-99, insistió en lo siguiente:

El pronunciamiento de la Sala en fecha 19 de enero de 1999, se circunscribió a determinar si de conformidad con el artículo 181 de la Ley Orgánica del Sufragio y Participación Política puede convocarse a un referendo consultivo, a los fines de determinar si corresponde a la voluntad popular que se convoque a Asamblea Constituyente. En aquella oportunidad la Sala se pronunció, dentro del análisis interpretativo solicitado, diferenciando la figura de referendo contenida en el precepto de la Ley electoral, del mecanismo de consulta plebiscitaria, estableciendo que el primero se refiere a la consulta sobre un texto o proyecto, en tanto que el segundo, esto es, el plebiscito, tiende a ratificar la confianza en un hombre o gobernante; y concluyó:

Se desprende así del texto aludido (artículo 181), la consagración jurídica de la figura del referendo consultivo como mecanismo llamado a canalizar la participación popular en los asuntos públicos nacionales. De allí que la regla se dirija fundamentalmente a establecer las distintas modalidades para la iniciativa en la convocatoria de la consulta popular.

Retomando, entonces, esta apreciación inicial en cuando a la naturaleza de la figura consagrada en la norma antes aludida, reitera la Sala, que dicho mecanismo reviste un *carácter eminentemente consultivo*, a diferencia de otras modalidades bajo las cuales se presentan consultas de tipo autorizatorio dirigidas a delegar en determinado funcionario o persona la realización de específicas tareas y gestiones.

Precisamente, por ello, por estar, "claro entonces el carácter consultivo del referendo previsto en el artículo 181 de la Ley Orgánica del Sufragio y Participación Política", la Corte Suprema al:

Dilucidar si la estructura de la segunda pregunta del Referendo fijado por el Consejo Nacional Electoral, por iniciativa del Presidente de la República, se ajusta o no a la figura consagrada legalmente,

concluyó señalando con toda precisión que:

Para la Sala, no cabe duda, que el planteamiento contenido en la cuestión segunda *no responde al referendo consultivo* que utiliza de fundamento.

En relación con dicho asunto, la Corte concluyó respecto de la mencionada segunda pregunta que:

Es evidente que, en modo alguno, se está sometiendo al criterio de los electores el examen sobre una materia determinada y específica, por el contrario lo que se persigue es que se delegue en una sola persona, la decisión sobre ese asunto, lo cual escapa al mecanismo consagrado en el artículo 181 de la Ley Orgánica del Sufragio y Participación Política, y así se declara.

De lo anterior deriva, por tanto, el carácter eminentemente consultivo del referendo regulado en los artículos 181 y siguientes de la Ley Orgánica del Sufragio y Participación Política, por lo cual no era posible conforme a dicha norma, convocar un referendo ni decisorio ni autorizatorio, sino solo consultivo.

Por ello, precisamente, la Corte anuló la segunda pregunta formulada para el referendo, que regulaba una consulta autorizatoria; y por ello, también, interpretó la primera pregunta redactada en la forma de un referendo decisorio, señalando que sólo podía tratarse de una consulta destinada a "indagar" el parecer o la opinión del pueblo sobre la convocatoria a una Asamblea Constituyente, en el sentido de "interrogar al Soberano si está de acuerdo con la convocatoria" de la misma, lo que, significaba que, conforme al criterio de la Corte, a pesar de la redacción de la primera pregunta, nunca podía derivarse de una respuesta afirmativa de la misma, que se estaba convocando dicha Asamblea.

V. LOS INTENTOS DE LA CORTE SUPREMA POR RECOGER LOS "DEMONIOS CONSTITUYENTES" DESATADOS. Y SU INEFECTIVIDAD EN DEFINIRLE LÍMITES DE LA ASAMBLEA NACIONAL CONSTITUYENTE CONVOCADA CON FUNDAMENTO EN EL REFERENDO CONSULTIVO

La Sala Político Administrativa de la Corte Suprema, además de haber dejado claramente establecido el carácter eminentemente consultivo del referendo regulado en los artículos 181 y siguientes de la Ley Orgánica del Sufragio y Participación Política, en su sentencia del 18-3-99 intentó precisar con toda claridad los límites de la Asamblea Constituyente que se podía convocar con fundamento en dicha norma y de acuerdo al derecho a la participación política que deriva del artículo 50 de la Constitución; y ello lo hizo al interpretar la pregunta primera del referendo convocado.

En efecto, la Sala en la misma sentencia que comentamos, dijo que:

La circunstancia de la posibilidad, por vía de ese mecanismo (referendo consultivo) convocado conforme a la Ley Orgánica del Sufragio de celebración de una Asamblea Constituyente, *no significa, en modo alguno, por estar precisamente vinculada su estructuración al propio espíritu de la Constitución vigente, bajo cuyos términos se producirá su celebración, la alteración de los principios fundamentales del Estado Democrático de Derecho.*

De ello se derivan los siguientes postulados en relación con la Asamblea Constituyente cuya celebración se convocó como resultado de un referendo consultivo del 25 de abril de 1999, y cuyos miembros se eligieron el 25 de julio de 1999:

En *primer lugar,* que la estructuración de la misma estaba vinculada al propio espíritu de la Constitución de 1961. Es decir, que la misma era resultado de la interpretación de la Constitución de 1961 y su estructuración tenía que responder al propio espíritu de dicho texto. La Asamblea, por tanto, no estaba autorizada para apartarse del texto de la Constitución de 1961 y mucho menos para violarlo.

En *segundo lugar,* que durante el funcionamiento y la celebración de la Asamblea Constituyente, seguía en vigor la Constitución de 1961, texto que limitaba la actuación de la Asamblea Nacional Constituyente en el sentido de que no podía ser desconocido por la Asamblea.

En *tercer lugar*, que la celebración de la Asamblea Constituyente no significaba, en modo alguno, la alteración de los principios fundamentales del Estado democrático de derecho, es decir, de la organización del Poder Público tal como estaba regulado en la Constitución, tanto en su división vertical (Poder Nacional, Estadal y Municipal), como en la separación orgánica de poderes que existía en esos tres niveles, entre los órganos del Poder Legislativo, del Poder Ejecutivo y del Poder Judicial.

Lo anterior significaba entonces, que de acuerdo al criterio de la Corte Suprema, la Asamblea Constituyente cuyos miembros fueron electos como consecuencia del referendo consultivo del 25 de abril de 1999, no podía en forma alguna, durante su celebración y funcionamiento, desconocer, apartarse, suspender o derogar norma alguna de la Constitución de 1961.

Conforme a este postulado, la Sala Político Administrativa interpretó la forma genérica y ambigua del texto de la primera pregunta del referendo, precisando la "finalidad" o misión de la Asamblea en la siguiente forma:

En cuanto al cometido de "la transformación del Estado" a que se refería la primera pregunta*,* la Sala señaló que ello era:

En base a la primacía del ciudadano, lo cual equivale a la consagración de los derechos humanos como norte fundamental del nuevo Texto Constitucional;

y en cuanto a la creación de "un nuevo ordenamiento jurídico", como cometido de la Asamblea, ello era con el objeto de:

Que consolide el Estado de derecho a través de un mecanismo que permita la práctica de una democracia social y participativa, debiendo la *nueva Constitución* satisfacer las expectativas del pueblo, y al mismo tiempo cumplir los requerimientos del derecho constitucional democrático, lo cual implica, esencialmente, el mantenimiento de los principios fundamentales del Estado democrático de derecho, con sus diferentes estructuras de poder y sus cometidos específicos.

De lo anterior se derivaba, por tanto, que la misión y finalidad esencial de la Asamblea Nacional Constituyente cuyos miembros fueron electos el 25 de julio de 1999, era producir un nuevo texto constitucional donde se reflejase la transformación del Estado y se creare un nuevo ordenamiento jurídico; es decir, que esa misión era para reflejarla en una nueva Constitución; y que en el cumplimiento de esa tarea de proyectar un nuevo texto constitucional, la Asamblea Constituyente debía darle primacía al ciudadano; consagrar los derechos humanos como norte del nuevo texto constitucional; consolidar el Estado de derecho a través de un mecanismo que permitiera la práctica de una democracia social y participativa; satisfacer los requerimientos del derecho constitucional democrático; y mantener los principios fundamentales del Estado democrático de derecho, con sus diferentes estructuras de poder y sus cometidos específicos, lo que no era otra cosa que la distribución vertical del Poder Público (descentralización política y federalismo) y la separación orgánica de poderes.

En este sentido, la sentencia de la Sala reiteró que la futura Constitución, es decir,

> El establecimiento de este naciente orden jurídico-político deberá responder -conforme al sentido que se infiere de la redacción de la pregunta- a que el texto constitucional respete, y aún estimule, el desarrollo de aquellos valores que insufla una "democracia social y participativa", en virtud del principio de progresividad a que está sometida la materia.

En consecuencia, la misión y los cometidos indicados en la primera pregunta del referendo consultivo, sólo estaban destinados a guiar la actuación de la Asamblea Nacional Constituyente en la elaboración del nuevo texto constitucional, como límites a la misma y, en ningún caso, podían dar origen a poderes de la Asamblea, durante su funcionamiento, que pudieran afectar o alterar las regulaciones de la Constitución de 1961. Por ello la Corte fue enfática al señalar que:

> Es la Constitución vigente (1961) la que permite la preservación del Estado de derecho y la actuación de la Asamblea Nacional Constituyente, en caso de que la voluntad popular sea expresada en tal sentido en la respectiva consulta.

Es decir, lo que había permitido la creación y actuación de la Asamblea Nacional Constituyente convocada como consecuencia de un referendo consultivo efectuado el 25 de abril de 1999, era la Constitución que en ese momento estaba vigente, de 1961, la cual, además, permitía la preservación del Estado de derecho. Dicha Constitución de 1961, por tanto, no perdía vigencia alguna durante la actuación de la Asamblea Nacional Constituyente, la cual debía encontrar en dicho texto el límite de su actuación, lo que significaba que los poderes constituidos, durante el funcionamiento de la Asamblea, debían continuar actuando conforme a la Constitución que estaba vigente, no pudiendo la Asamblea ni disolverlos ni asumir directamente sus competencias constitucionales. En consecuencia, la Asamblea Constituyente convocada en esta forma no podía legislar, ni gobernar, ni juzgar, funciones que sólo correspondían a las Cámaras Legislativas, al Presidente de la República y sus Ministros y a la Corte Suprema de Justicia y demás Tribunales de la República, respectivamente. Al final, sin embargo hizo todo eso, sin constitucional autoridad alguna.

Como lo precisó la misma Corte Suprema de Justicia en Sala Político Administrativa en la "aclaratoria" a la referida sentencia del 18-3-99, dictada el 23-3-99[212], calificando la afirmación como una "interpretación vinculante":

> La Asamblea Nacional Constituyente, *por estar vinculada al propio espíritu de la Constitución vigente* (1961), está limitada por los principios fundamentales del Estado democrático de derecho.

La Asamblea Nacional Constituyente cuya convocatoria se había permitido realizar por las interpretaciones de la Corte Suprema de Justicia, conforme a las sucesivas decisiones de esta, por tanto, comenzaba a ser definida como una institución limitada, sometida a la Constitución de 1961 cuya interpretación le había dado origen, y sin posibilidad de tener el carácter de poder constituyente originario, el cual en democracia sólo el pueblo lo puede ejercer.

Ahora bien, una vez dictada la sentencia de 18-03-1999, anulándola segunda pregunta del artículo 3º del Decreto presidencial Nº 3 del 02-02-99 que ya había sido derogada por el acto administrativo (Decreto sin número) dictado por el propio Presidente de la República, en Consejo de Ministros el 10-03-99; sin embargo, la misma pregunta antes había sido reproducida en la Resolución del Consejo Nacional Electoral que fue el acto impugnado en el juicio de nulidad que concluyó con la sentencia de la Corte Suprema del 18-03-99, y fue la que fue anulada por la Corte, con la orden al Consejo de reformular dicha pregunta, examinando las mencionadas

---

212. Véase el texto en Allan R. Brewer-Carías, *Poder Constituyente Originario y Asamblea Nacional Constituyente,* Caracas 1999, pp. 186 a 188 y en esta *Revista,* pp. 83 a 85.

bases y decidiendo sobre su incorporación a las preguntas del referendo consultivo.

En tal sentido, y en cumplimiento al mandato judicial recibido, el Consejo Nacional Electoral, en nuestro criterio, debió haber examinado cada una de las referidas bases. Pero no lo hizo, y reprodujo literalmente la nueva propuesta del Presidente de la República, incurriendo en nuevas inconstitucionalidades.

En efecto, en las mencionadas *bases comiciales,* el Consejo Nacional Electoral había incorporado la base octava tal como venía (Décima) de la propuesta presidencial[213], en la cual se había incluido una frase que calificaba a la Asamblea "como poder originario que recoge la soberanía popular".

Debe destacarse que ello, a su vez, había sido objeto de impugnación ante la Sala, siendo *anulada dicha frase* por la propia Corte mediante una nueva sentencia del 13 de abril de 1999[214], dictada en ejecución de la anterior, en la cual la Corte precisó que una Asamblea Constituyente electa en el marco del Estado de derecho regulado en la Constitución de 1961, no podía tener los poderes de una Asamblea Constituyente originaria, como los que pretendía el Presidente en su proyecto[215].

Pero ello, por supuesto, no fue pacíficamente aceptado. La Asamblea que debía convocarse e integrarse conforme a los criterios de la Corte Suprema era para reformar la Constitución de 1961, la cual quedaría derogada cuando se aprobara por referéndum el nuevo texto constitucional. Pero mientras ello ocurriera, el tema de discusión era si la Asamblea podía adoptar "actos constitucionales", o actos constituyentes al margen de la Constitución de 1961 que era la que estaba en vigencia y la que, conforme

---

213. *Décimo:* Una vez instalada la Asamblea Nacional Constituyente, *como poder originario que recoge la soberanía popular,* deberá dictar sus propios estatutos de funcionamiento, teniendo como límites los valores y principios de nuestra historia republicana, así como el cumplimiento de los tratados internacionales acuerdos y compromisos válidamente suscritos por la República, el carácter progresivo de los derechos fundamentales del hombre y las garantías democráticas dentro del más absoluto respeto de los compromisos asumidos.

214. Véase el texto de la sentencia en Allan R. Brewer-Carías, *Poder Constituyente Originario y Asamblea... op. cit.,* pp. 190 a 198, y en esta *Revista,* pp. 85 a 90.

215. Véase sobre las Bases comiciales propuestas por el Presidente de la República y la decisión de la Corte Suprema ordenando se reformulase la Base Comicial Octava, que comtemplaba el carácter originario de la Asamblea Nacional Constituyente, véase Alfonso Rivas Quintero, *Derecho Constitucional,* Paredes Editores, Valencia-Venezuela, 2002, pp. 98 y ss., 104 y ss.

a la doctrina de la Corte Suprema, le había podido dar nacimiento. En otras palabras, como hemos dicho, se trataba de determinar si la Asamblea tendría carácter de poder constituyente "originario" o si sería un órgano que sólo tendría la misión de elaborar una nueva Constitución como resultaba de las bases comiciales sometidas a aprobación popular el 25-04-99.

Debe señalarse que a pesar de lo poco precisa que fue la Sala Político Administrativa en su decisión de 19-01-99, algunos de los Magistrados que la habían adoptado intentaron precisar, *ex post facto*, en pleno funcionamiento de la Asamblea Nacional Constituyente que ya había sido electa en julio de 1999, en sendos Votos Salvados que presentaron a la sentencia de la Corte Suprema en Sala Plena de 14-10-99 (Caso *Impugnación del Decreto de la Asamblea Constituyente de Regulación de las funciones del Poder Legislativo*), que en la mencionada sentencia de enero de 1999 y en otras posteriores, nada se había dicho sobre un pretendido carácter de poder constituyente originario de la Asamblea Constituyente cuya consulta refrendaria se había autorizado judicialmente.

En su voto salvado a la sentencia, el magistrado Hermes Harting señaló, en efecto, que las sentencias de 18-03-99, 23-03-99 y 13-04-99, las cuales en su criterio no contradecían la sentencia de 19-01-99, en relación con los poderes de la Asamblea, que:

> Patentizan la naturaleza de la Asamblea Nacional Constituyente como procedimiento o mecanismo extra-constitucional, *limitado exclusivamente* a la redacción de una nueva Constitución, y cuya *derivación de la Constitución de 1961* lo vincula infragablemente al cumplimiento de los requerimientos del derecho constitucional democrático.

La magistrado Hildegard Rondón de Sansó, por su parte, también en voto salvado, al calificar a la sentencia del 19-01-99 como "el punto de partida de todo el proceso constituyente" -y así había sido-, consideró que la sentencia había reconocido que:

> El deseo de lo que se denominara "el soberano" de transformaciones básicas del sistema, podría canalizarse en una modalidad diferente a la prevista en la Constitución vigente, como lo es la manifestación mayoritaria de su voluntad de cambio, a través de un referendo.

Pero las más importantes precisiones sobre el significado de lo que lo que había sido realmente decidido en esta materia en la sentencia del 19-01-99, (Caso *Referendo Consultivo I*), provinieron del Magistrado ponente de la misma, Humberto J. La Roche, quien consideró que las citas y referencias que a la sentencia de la cual había sido Ponente, que se hacían en la sentencia de la Sala Plena del 14-10-99, habían tergiversado el contenido de aquélla, pretendiendo utilizársela indebidamente como fundamento de este fallo. Señaló el magistrado La Roche que:

La confusión reside esencialmente no sólo en considerarla en su verdadero contexto sino en atribuir a la Asamblea Nacional Constituyente el *poder soberano que reside en el pueblo y sólo en este*, el cual, aunque puede ejercerlo a través de representantes ordinarios como el Congreso de la República, o extraordinarios como la Asamblea Nacional Constituyente, *jamás se desprende de él* o en otros términos, identificando las nociones de poder constituyente y Asamblea Constituyente….

El magistrado La Roche, en esta misma línea, insistió en lo siguiente:

Conviene observar que precisamente, siendo el pueblo el titular de la soberanía en el marco del Estado democrático de derecho, su poder -el constituyente- es el único verdaderamente originario. En consecuencia, tanto los poderes constituidos ordinarios como incluso la propia Asamblea Constituyente -poder constituido extraordinario- está conformada por quienes también determine el soberano, reflejo del Poder Público derivado o delegado.

Estas precisiones que hizo el magistrado La Roche en octubre de 1999, en realidad, eran las que hubiera necesitado el texto mismo de la primigenia sentencia de 19 de enero de 1999, y que debían haber estado incorporadas en su texto, en aquél momento antes de que se abriera la "Caja de Pandora" constituyente. Si allí se hubiese expresado esta posición con claridad por el propio magistrado La Roche, quien había sido su ponente el 19-01-99, el país se hubiera ahorrado múltiples controversias interpretativas y desviaciones sobre el proceso constituyente. Pero diez meses después ya era demasiado tarde, pues ya la Asamblea Nacional Constituyente había dado el golpe de Estado al intervenir todos los poderes constituidos violando la Constitución de 1961. En todo caso, era tan tarde que el magistrado La Roche tuvo que conformarse con salvar su voto a la sentencia citada de la Corte en Pleno de 14-10-99, lamentablemente en relación con uso, con interpretaciones diferentes, que se habían hecho de la sentencia de la cual había sido ponente el 19-01-99, cuya imprecisión había sido la causa de la misma. En su Voto Salvado, en efecto, el magistrado La Roche señaló lo siguiente en torno al criterio expuesto en la sentencia de 14-10-99, que no compartía, sobre el pretendido carácter de poder constituyente originario de la Asamblea Nacional Constituyente:

A los fines de concluir que la Asamblea Nacional Constituyente es un órgano superior al régimen constitucional vigente, dado su pretendido carácter originario, el fallo del que se disiente cita de manera reiterada la referida sentencia de la Sala Político Administrativa de fecha 19 de enero de 1999. No obstante las facultades y la naturaleza jurídica que en la nombrada decisión de la Sala se consideran inmanentes al poder constituyente, esto es, *al pueblo* como máximo soberano, la sentencia de la Corte en Pleno *las atribuye al órgano elegido* por ese soberano como su representante para ejercer el máximo poder de organización político-jurídica, lo cual es, a todas luces diferente.

Por supuesto que se trataba de asuntos diferentes, pero ello no había quedando claro del texto de la sentencia de 19-01-99; si ese poder constituyente originario correspondía únicamente al pueblo, y nunca a una Asamblea Constituyente integrada por representantes electos del pueblo, como lo expresó el magistrado La Roche en el 14 de octubre de 1999, hubiera quedado expreso en su Ponencia del 19-01-99, la discusión sobre el carácter de poder constituyente originario de la Asamblea Nacional Constituyente, jamás se hubiera planteado en los términos que dominaron la discusión en el país.

Pero no fue así; al contrario, desde el momento en el cual que se dictó la sentencia del 19-01-99 de la Sala Político Administrativa, la discusión sobre ese supuesto carácter de poder constituyente originario y soberano de la propia Asamblea Nacional Constituyente, que defendía con ardor desafiante el Presidente de la República, se había abierto. La creación de la Asamblea como consecuencia de la sentencia, en todo caso, abría el camino del proceso constituyente sin necesidad de reformar la Constitución. El propio Presidente de la República, por ello, realizó intentos por otorgarle a la Asamblea Nacional Constituyente algún poder constituyente de carácter originario.

Como se ha dicho, el Consejo Supremo Electoral, mediante Resolución N° 990323-71 de 23 de marzo de 1999[216], en cumplimiento de la sentencia de la Corte Suprema de Justicia de 18 de marzo de 1999 antes indicada, resolvió establecer las "bases comiciales para el referendo consultivo sobre la convocatoria de la Asamblea Nacional Constituyente a Celebrarse el 25 de abril de 1999", las cuales, en definitiva eran el "estatuto" de la Asamblea que debía someterse a la votación en el referendo. Por ello, el Consejo, sumiso como siempre a la voluntad presidencial, como se dijo, copió las "bases" que el Presidente había publicado días antes[217],

---

216. *Gaceta Oficial* N° 36.669 de 25-03-99. Véase los comentarios en Allan R. Brewer-Carías, *Golpe de Estado y Proceso Constituyente en Venezuela*, UNAM, México 2002, pp. 155 y ss.

217. "Propuestas del Ejecutivo Nacional", *Gaceta Oficial* N° 36.660 de 12-03-99. Véase los comentarios en Allan R. Brewer-Carías, *Golpe de Estado y Proceso Constituyente en Venezuela*, UNAM, México 2002 en nota 117, pp. 147 y ss.

anticipándose a la sentencia de la Corte, entre las cuales se establecía el carácter de la Asamblea Nacional Constituyente, *como poder originario que recoge la soberanía popular".*

Con esta propuesta de "base comicial" que, como se dijo, recogía en su totalidad lo que el Presidente de la República había propuesto y publicado, por supuesto se volvía a plantear la discusión sobre el "tema pendiente" del carácter de poder constituyente originario o derivado de la Asamblea Nacional Constituyente que se iba a elegir.

La referida "base comicial" que pretendía atribuir a la Asamblea Nacional Constituyente carácter de "poder constituyente originario", como se dijo, fue cuestionada ante la Corte Suprema de Justicia, Sala Político-Administrativa, y este alto Tribunal, mediante sentencia de fecha 13 de abril de 1999[218] declaró inconstitucional la frase "como poder originario que recoge la soberanía popular" ordenando su eliminación de las "bases" con fundamento en los siguientes argumentos:

> Resulta incontestable que el contenido de la base comicial identificada bajo el literal octavo -reproducida en la Resolución N° 990323-71 del 23 de marzo de 1999, e incorporada posteriormente a la segunda pregunta del Referendo Consultivo, por remisión ordenada en la Resolución N° 990324-72 del 24 de marzo de 1999, ambas dictadas por el Consejo Nacional Electoral-, y específicamente en lo referente a calificar la Asamblea Nacional Constituyente *como poder originario que recoge la soberanía popular, está en franca contradicción con los principios y criterios vertidos en la sentencia pronunciada por esta Sala el 18 de marzo de 1999, y su aclaratoria del 23 de marzo de 1999*, citados anteriormente, induciendo a error al electorado y a los propios integrantes de la Asamblea Nacional Constituyente, si el soberano se manifestase afirmativamente acerca de su celebración, en lo atinente en su alcance y límites.

La Corte Suprema de Justicia advertía, así, que una frase de ese tipo no sólo podía inducir a error a los electores, quienes podían pensar que votando afirmativamente en el referendo podían estar atribuyéndole a la Asamblea Nacional Constituyente el poder soberano que sólo puede tener el propio pueblo, no siendo la soberanía delegable; sino que también podía inducir a error a los propios miembros de la Asamblea Nacional Constituyente que resultasen electos si el referendo aprobaba las bases comiciales, quienes podían llegar a pensar que la Asamblea podía ser detenta-

---

218. Véase los comentarios en Allan R. Brewer-Carías, *Golpe de Estado y Proceso Constituyente en Venezuela,* UNAM, México 2002, pp. 162 y ss. y en esta *Revista,* pp. 85 a 90.

dora de un poder constituyente originario, sin sujeción a norma alguna, lo cual no era correcto constitucionalmente hablando.

Precisamente para evitar que se produjera tal error, la Corte Suprema había ordenado que se quitara de la "base comicial octava" impugnada la expresión cuestionada de que supuestamente la Asamblea podía considerarse "como poder originario que recoge la soberanía popular".

No podía entonces haber duda alguna sobre el tema, el cual había sido resuelto expresamente por la Corte Suprema en dicha sentencia, la cual, además había sido dictada en ejecución de la sentencia de fecha 18 de marzo de 1999. La Sala Político-Administrativa determinó con precisión el carácter *no originario* de la Asamblea eliminando la referida frase, teniendo como base para ello los postulados señalados en esta última decisión, en la cual precisó, además, la misión y finalidad de la Asamblea Nacional Constituyente, y determinó la necesaria vigencia de la Constitución de 1961 durante la actuación de la misma. Sobre esto, tampoco podía haber duda alguna, quedando expresado por la Corte, en la citada decisión del 18-03-99, como ya hemos indicado, lo siguiente:

> La circunstancia de la posibilidad, por vía de ese mecanismo, de celebración de una Asamblea Nacional Constituyente, no significa, en modo alguno, por estar precisamente vinculada su estructuración al propio espíritu de la *Constitución vigente,* bajo cuyos términos se producirá su celebración, la alteración de los principios fundamentales del Estado democrático de derecho.

Así mismo, la Sala señaló que:

> Es la *Constitución vigente la que permite* la preservación del Estado de derecho y *la actuación de la Asamblea Nacional Constituyente*, en caso de que la voluntad popular sea expresada en tal sentido en la respectiva consulta.

Por tanto, la Asamblea Nacional Constituyente se debía configurar como un instrumento de revisión constitucional y nada más, cuyo producto (la nueva Constitución), incluso, sólo podía entrar en vigencia cuando posteriormente fuera aprobada por el pueblo en referendo. La Asamblea, por tanto, ni siquiera tenía potestad para poner en vigencia la nueva Constitución, precisamente porque no tenía carácter de poder constituyente originario, quedando sujeta a la Constitución de 1961, por lo cual no podía afectar el funcionamiento de los órganos constitucionales constituidos del Poder Público.

Como consecuencia de la decisión de fecha 13 de abril de 1999, la Corte Suprema de Justicia ordenó al Consejo Supremo Electoral, la publicación del nuevo contenido de la "base comicial octava", el cual, con la corrección impuesta por la Corte se publicó mediante Aviso Oficial; sólo cuatro días antes de la fecha del referendo[219].

En el referendo del 25 de abril de 1999, por tanto, resultó aprobado el texto de la "base comicial octava", *con la corrección anotada*, en la siguiente forma:

> *Octava:* Una vez instalada la Asamblea Nacional Constituyente, ésta deberá dictar sus propios estatutos de funcionamiento, teniendo como límites los valores y principios de nuestra historia republicana, así como el cumplimiento de los tratados internacionales, acuerdos y compromisos válidamente suscritos por la República, el carácter progresivo de los derechos fundamentales del hombre y las garantías democráticas dentro del más absoluto respeto de los compromisos asumidos".

Pero conforme a lo decidido por la Corte Suprema de Justicia, en Sala Político Administrativa, en otra sentencia posterior, la N° 639 de 3 de junio de 1999 dictada con motivo de la impugnación de la "base comicial tercera" indicada en la Resolución N° 990323-70 de 23 de marzo de 1999 del Consejo Supremo Electoral; una vez aprobadas en referendo, las bases comiciales pasaron a ser "una decisión del cuerpo electoral que aprobó convocar a una Asamblea Nacional Constituyente".

Conforme a este criterio, las bases comiciales debían considerarse como una manifestación del pueblo, al aprobarlas en el referendo, en ejercicio de su soberanía. Se trataba de una materia que había sido objeto de una consulta popular y que había sido aprobada por el pueblo. Como tal decisión del pueblo, la Corte, en esta sentencia, consideró inadmisible la acción de nulidad que había sido intentada contra la mencionada "base comicial", por considerar que "la misma ha sido asumida como una decisión propia del cuerpo electoral, en ejercicio del poder constituyente". Esa "expresión popular" a juicio de la Corte, se había traducido "en una decisión de obligatorio e inmediato cumplimiento", pues poseía "validez suprema", situándose el ejercicio del poder constituyente originario sólo en el pueblo, al aprobar en el referendo las referidas bases comiciales.

En efecto, la Corte estimó que el pueblo, como "cuerpo electoral", al expresarse en el referendo, había actuado como "poder constituyente", por supuesto de carácter originario, capaz de adoptar decisiones con "validez suprema".

---

219. *Gaceta Oficial* N° 36.684 de 21-04-99.

Estas bases comiciales, por tanto, se podían considerar como de rango constitucional, al haber emanado directamente de la voluntad del pueblo expresada mediante referendo. Por ello, la Corte Suprema de Justicia en Sala Plena, en sentencia del 14 de octubre de 1999, dictada con motivo de la impugnación del Decreto de la Asamblea Nacional Constituyente de Regulación de las Funciones del Poder Legislativo, al analizar los mecanismos de reforma constitucional previstos en la Constitución de 1961 (arts. 245 y 246) e invocar lo que la propia Corte ya había resuelto en Sala Político Administrativa, en la sentencia de 19 de enero de 1999, con motivo de la interpretación del artículo 181 de la Ley Orgánica del Sufragio y Participación Política, sobre el referendo consultivo sobre la Asamblea Constituyente, dijo que la Corte Suprema:

> Arribó a la conclusión de que en ejercicio del derecho de participación a través de referendo, *se podía consultar al pueblo sobre la convocatoria a la Asamblea Nacional Constituyente*. Según se desprende de las citadas sentencias existe un *tercer mecanismo constitucional para modificar la Constitución*. Tal mecanismo no es otro que el de la convocatoria, por parte del pueblo -quien detenta la soberanía y no la pierde por el hecho de delegarla- a una Asamblea Nacional Constituyente. La Asamblea Nacional Constituyente electa el 25 de junio de 1999, tiene definido su régimen fundamental en las preguntas y bases comiciales consultadas en el referendo del 25 de abril de 1999. Esas bases por haber sido aprobadas en ejercicio de la soberanía popular son de *similar rango y naturaleza que la Constitución*.

En esta forma, la Corte Suprema reconoció rango constitucional similar al de la Constitución de 1961, al contenido de las bases comiciales que se aprobaron por referendo el 25 de abril de 1999, donde se regulaba una Asamblea Nacional Constituyente expresamente *sin carácter de poder constituyente originario*, la cual ni siquiera podía poner en vigencia la nueva Constitución que sancionara, sino que ésta debía ser aprobada por el propio pueblo mediante referendo, quien se había reservado ese poder originario.

Ahora bien, conforme a dichas bases comiciales con validez suprema, el Consejo Supremo Electoral, sin embargo, dictó las "Normas para la Elección de Representantes a la Asamblea Nacional Constituyente"[220] mediante Resolución Nº 990519-154 de 19 de mayo de 1999, en la cual partió del *falso supuesto* de:

---

220. *Gaceta Oficial* Nº 36.707 de 24-05-99.

Que las bases comiciales contenidas en la Resolución N° 990323-71 de fecha 23 de marzo de 1999 y publicada en *Gaceta Oficial de la República de Venezuela* N° 36.669 de fecha 25 de marzo de 1999, contenidas en la segunda pregunta del Referendo Consultivo Nacional, celebrado el 25 de abril de 1999, *quedaron aprobadas por el soberano*.

Esta afirmación, en realidad, era completamente falsa, por lo que el Consejo Supremo Electoral, con esta Resolución, le mintió al país, pues en el referendo consultivo no se aprobaron las bases comiciales tal como aparecieron publicadas en la *Gaceta Oficial* de 25 de marzo de 1999, ya que la Corte Suprema de Justicia en Sala Político Administrativa, en su sentencia de fecha 13 de abril de 1999, antes comentada, había introducido la corrección de anular y eliminar una frase de la base comicial octava, precisamente la que rezaba "como poder originario que recoge la soberanía popular".

Como consecuencia de ello, las bases comiciales que se habían aprobado en el referendo del 25-04-99 habían sido las "corregidas", publicadas en la *Gaceta Oficial* N° 36.684 del 21-04-99, cuatro días antes de su realización, y no las publicadas en la *Gaceta Oficial* N° 36.669 del 25-03-99, como con toda falsedad, rayana en la mala fe, lo afirmó el Consejo Nacional Electoral en su Resolución comentada del 19-5-99.

En todo caso, tan no se concebía a la Asamblea Nacional Constituyente como un poder constituyente originario que sólo puede corresponder al pueblo, que en la base comicial novena, como se dijo, se indicó expresamente que la Constitución que elaborara la Asamblea Nacional Constituyente, para entrar en vigencia también debía ser aprobada por el pueblo mediante referendo aprobatorio. Es decir, fue voluntad del pueblo, manifestada expresamente en el referendo de 25 de abril de 1999 como poder constituyente originario, la que prescribió que tal poder constituyente originario continuara en el pueblo, disponiendo que sólo el pueblo podía poner en vigencia la nueva Constitución, no otorgándole tal potestad a la Asamblea, la cual, en consecuencia, sólo quedó como poder constituyente derivado aún cuando de carácter extraordinario, con la sola misión de elaborar un texto constitucional en el cual se plasmara la transformación del Estado y se creara un nuevo ordenamiento jurídico que permitiera el funcionamiento efectivo de una democracia social y participativa, como lo señalaba la pregunta primera del referendo del 25 de abril de 1999, que luego de sancionado por la Asamblea, para que entrara en vigencia, debía ser aprobado por el pueblo mediante referendo.

Pero la discusión del tema del poder constituyente originario como atributo de la Asamblea Nacional Constituyente puede decirse que no llegó a cesar, a pesar de las decisiones de la Corte Suprema. En efecto, incluso debe destacarse la nueva inconstitucionalidad derivada del desacato del Consejo Nacional Electoral en cumplir la orden judicial que derivaba de la anulación de la Resolución N° 990217-32 en relación al carácter "originario" de la Asamblea.

En efecto, el Consejo Nacional Electoral, como consecuencia de la anulación parcial de su Resolución N° 990217-32 por la Corte Suprema de Justicia, dictó una nueva Resolución, N° 990323-70 de 23 de marzo de 1999, en la cual, materialmente, reprodujo las bases fijadas por el Presidente de la República para la realización del referendo, tal como se habían publicado[221].

Como se señaló, el abogado Gerardo Blyde había acudido de nuevo a la Sala Político Administrativa solicitando la ejecución de la sentencia anulatoria del 18-3-99, con fundamento, entre otros aspectos, en que la base comicial décima propuesta por el Ejecutivo, y reproducida por el Consejo Nacional Electoral, desacataba el fallo de la Corte del 18 de marzo de 1999, cuando le atribuía "carácter originario" a la futura Asamblea Nacional Constituyente.

La Sala Político Administrativa, en respuesta a este requerimiento, dictó la sentencia de 13 de abril de 1999 (Ponencia del Magistrado Hermes Harting)[222], en la cual observó que ciertamente, el Consejo Nacional Electoral había omitido pronunciamiento expreso acerca del examen que debió haber efectuado, de acuerdo a la orden contenida en la citada sentencia, y que originó la Resolución N° 990323-70 del 23 de marzo de 1999, tanto de la mencionada base, como de la establecida en el literal undécimo, de la referida "propuesta" del Ejecutivo Nacional.

Agregó la Sala:

> Sin embargo, la circunstancia de haber dictado dicho ente, el mismo 23 de marzo de 1999, la Resolución N° 990323-71, a través de la cual estableció las bases comiciales para el referendo consultivo a celebrarse el 25 de abril de 1999, incluyendo literalmente el contenido de las referidas bases, modificando únicamente su numeración, a saber: literales octavo y noveno, revela, a juicio de esta Sala, la conformidad del órgano electoral,

---

221. Véase los comentarios en Allan R. Brewer-Carías, *Golpe de Estado y Proceso Constituyente en Venezuela*, UNAM, México 2002, en nota N° 118, pp. 150 y ss. y en esta *Revista*, pp. 85 a 90.

222. Véase el texto en Allan R. Brewer-Carías, *Poder Constituyente Originario y Asamblea Nacional Constituyente*, Caracas 1999, pp. 190 a 198.

vale decir, la aceptación implícita de aquellas proposiciones, tal y como fueron presentadas por el Ejecutivo Nacional.

Ahora bien, la base comicial designada bajo el literal octavo reza textualmente:

Una vez instalada la Asamblea Nacional Constituyente, *como poder originario que recoge la soberanía popular,* deberá dictar sus propios estatutos de funcionamiento, teniendo como límites los valores y principios de nuestra historia republicana, así como el cumplimiento de los tratados internacionales, acuerdos y compromisos válidamente suscritos por la República, el carácter progresivo de los derechos fundamentales del hombre y las garantías democráticas dentro del más absoluto respeto de los compromisos asumidos.

Sobre este particular, en la sentencia dictada por esta Sala el 18 de marzo de 1999 se expresó con *meridiana claridad* que la Asamblea Constituyente a ser convocada, "... no significa, en modo alguno, por estar precisamente vinculada su estructuración al propio espíritu de la Constitución vigente, bajo cuyos términos se producirá su celebración, la alteración de los principios fundamentales del Estado democrático de derecho...", y que "...En consecuencia, es la Constitución vigente la que permite la preservación del Estado de derecho y la actuación de la Asamblea Nacional Constituyente, en caso de que la voluntad popular sea expresada en tal sentido en la respectiva consulta....

A su vez, en el fallo aclaratorio del 23 de marzo de 1999, emanado de esta Sala, se ratificó claramente la naturaleza vinculante de tal criterio interpretativo, referido a la primera pregunta del referendo consultivo nacional 1999, y cuyo contenido debía fijar el marco referencial y alcance de la segunda pregunta del mismo.

Por todo lo anterior, la Corte Suprema consideró que resultaba incontestable que el contenido de la base comicial identificada bajo el numeral octavo -reproducida en la Resolución N° 990323-71 del 23 de marzo de 1999, e incorporada posteriormente a la segunda pregunta del referendo consultivo, por remisión ordenada en la Resolución N° 990324-72 del 24 de marzo de 1999, ambas dictadas por el Consejo Nacional Electoral-, y específicamente, en lo referente a calificar la Asamblea Nacional Constituyente *"como poder originario que recoge la soberanía popular",* estaba en franca "contradicción con los principios y criterios" vertidos en la sentencia pronunciada por esta Sala el 18 de marzo de 1999, y su aclaratoria del 23 de marzo de 1999.

Induciendo a error al electorado y a los propios integrantes de la Asamblea Nacional Constituyente, si el soberano se manifestase afirmativamente acerca de su celebración, en lo atinente a su alcance y límites.

En consecuencia de lo anterior, la Sala Político-Administrativa concluyó su sentencia del 13 de abril de 1999, resolviendo, en ejecución de su precedente sentencia fechada 18 de marzo de 1999, la eliminación de la frase *"como poder originario que recoge la soberanía popular"*, y, por tanto, corrigiendo el texto de la base comicial octava, en la forma siguiente:

Se reformula la base comicial *octava* para el referendo consultivo sobre la convocatoria de la Asamblea Nacional Constituyente a realizarse el 25 de abril de 1999, en los términos siguientes:

Octavo: Una vez instalada la Asamblea Nacional Constituyente, ésta deberá dictar sus propios estatutos de funcionamiento, teniendo como límites los valores y principios de nuestra historia republicana, así como el cumplimiento de los tratados internacionales, acuerdos y compromisos válidamente suscritos por la República, el carácter progresivo de los derechos fundamentales del hombre y las garantías democráticas dentro del más absoluto respeto de los compromisos asumidos.

Quedó en esta forma abierto el proceso constituyente en el país, mediante la celebración del referendo consultivo que se efectuó el 25 de abril de 1999, en el cual se consultó al pueblo sobre la convocatoria de una Asamblea Nacional Constituyente, con una misión y unos límites específicos fijados por el mismo pueblo al responder afirmativamente a las preguntas y las bases comiciales que conforman su estatuto. En dicho referendo, votaron 4.137.509 de los 11.022.936 electores registrados con una abstención electoral del 62.2%. La votación *"sí"* representó un 92,4% y la votación "no" un 7,6%[223].

Conforme a las bases comiciales, la Asamblea Nacional Constituyente fue electa el 25 de julio de 1999 y quedaba sometida a las normas supraconstitucionales que derivaban del *poder constituyente originario* (el pueblo) que se había expresado en el referendo consultivo del 25 de abril de 1999. Durante su funcionamiento debió respetar la vigencia de la Constitución de 1961, la cual sólo debió perder dicha vigencia cuando el pueblo soberano, es decir, el poder constituyente originario se pronunciara aprobando, mediante posterior referendo aprobatorio, la nueva Constitución

---

223. Véase José E. Molina V. y Carmen Pérez Baralt, "Procesos Electorales. Venezuela, abril, julio y diciembre de 1999" en *Boletín Electoral Latinoamericano,* CAPEL-IIDH, N° XXII, julio-dic. 1999, San José, 2000, pp. 61 y ss.

que elaborase la Asamblea, tal como se precisó en la base comicial novena del referendo de 25 de abril de 1999.

VI. LOS INTENTOS TARDÍOS DE LA CORTE SUPREMA EN PRETENDER SOMETER EL PROCESO CONSTITUYENTE A LA CONSTITUCIÓN DE 1961

Lo anterior significaba entonces, que de acuerdo al criterio de la Corte Suprema, la Asamblea Constituyente cuyos miembros se eligieron como consecuencia del *Referéndum Consultivo* del 25 de abril de 1999, no podía en forma alguna durante su celebración y funcionamiento, desconocer, apartarse, suspender o derogar norma alguna de la Constitución de 1961.

Conforme a este postulado, la Sala Político Administrativa interpretó la forma genérica y ambigua del texto de la *Primera Pregunta del Referéndum,* precisando la "finalidad" o misión de la Asamblea en la siguiente forma:

En cuanto al cometido de "la transformación del Estado" a que se refiere la *Primera Pregunta,* la Sala señaló que ello era:

en base a (*sic*) la primacía del ciudadano, lo cual equivale a la consagración de los derechos humanos como norte fundamental del *nuevo Texto Constitucional*;

y en cuanto a la creación de "un nuevo ordenamiento jurídico", como cometido de la Asamblea, ello era con el objeto de:

que consolide el Estado de Derecho a través de un mecanismo que permita la práctica de una Democracia Social y Participativa, debiendo la *nueva Constitución* satisfacer las expectativas del pueblo, y al mismo tiempo cumplir los requerimientos del Derecho Constitucional Democrático, lo cual implica, esencialmente, el mantenimiento de los principios fundamentales del Estado Democrático de Derecho, con sus diferentes estructuras de poder y sus cometidos específicos.

De lo anterior se derivaba, por tanto, que la misión y finalidad esencial de la Asamblea Nacional Constituyente cuyos miembros fueron electos el 25 de julio de 1999, *era producir un nuevo texto constitucional donde se reflejase la transformación del Estado y se crease un nuevo ordenamiento jurídico;* es decir, que esa misión era para reflejarla en una nueva Constitución; y que en el cumplimiento de esa tarea de proyectar un nuevo texto constitucional, la Asamblea Constituyente debía darle primacía al ciudadano; consagrar los derechos humanos como norte del nuevo texto constitucional; consolidar el Estado de Derecho a través de un mecanismo que permitiera la práctica de una democracia social y participativa; satisfacer los requerimientos del Derecho Constitucional Democrático; y mantener los principios fundamentales del Estado Democrático de Derecho, con sus diferentes estructuras de poder y sus cometidos específicos, lo que no es otra cosa que la distribución vertical del Poder Público (descentralización política y federalismo) y la separación orgánica de poderes.

En este sentido, la sentencia de la Sala reiteró que la futura Constitución, es decir,

> el establecimiento de este naciente orden jurídico-político deberá responder -conforme al sentido que se infiere de la redacción de la pregunta- a que el texto constitucional respete, y aún estimule, el desarrollo de aquellos valores que insufla una "Democracia Social y Participativa", en virtud del principio de progresividad a que está sometida la materia.

En consecuencia, la misión y los cometidos indicados en la *Primera Pregunta* del *Referéndum Consultivo*, sólo estaban destinados a guiar la actuación de la Asamblea Nacional Constituyente en la elaboración del nuevo texto constitucional, como límites a la misma, y en ningún caso podían dar origen a poderes de la Asamblea, durante su funcionamiento, que pudieran afectar o alterar las regulaciones de la Constitución de 1961. Por ello la Corte fue enfática al señalar que:

> es la Constitución vigente la que permite la preservación del Estado de Derecho y la actuación de la Asamblea Nacional Constituyente, en caso de que la voluntad popular sea expresada en tal sentido en la respectiva consulta.

Es decir, lo que permitió la actuación de la Asamblea Nacional Constituyente convocada como consecuencia del *Referéndum Consultivo* efectuado el 25 de abril de 1999, fue la Constitución de 1961, la cual además, permitía la preservación del Estado de Derecho. Dicha Constitución de 1961, por tanto, no perdía vigencia alguna durante la actuación de la Asamblea Nacional Constituyente, la cual encontraba en dicho texto el límite de su actuación, lo que significaba que los Poderes Constituidos, durante el funcionamiento de la Asamblea, debían continuar actuando conforme a la Constitución de 1961, no pudiendo la Asamblea ni disolverlos ni asumir directamente sus competencias constitucionales. En consecuencia, la Asamblea Constituyente convocada en esta forma no podía legislar, ni gobernar, ni juzgar, funciones que sólo correspondían a las Cámaras Legislativas, al Presidente de la República y sus Ministros y a la Corte Suprema de Justicia y demás Tribunales de la República, respectivamente.

Como resultó de las decisiones de la Corte Suprema de Justicia antes indicadas, el proceso constituyente venezolano, al contrario de lo que sucedió con todas las experiencias constituyentes del pasado en la historia política de país, no fue producto de una ruptura constitucional con ocasión de una guerra, un golpe de Estado o una Revolución, sino de la interpretación dada por el máximo Tribunal de la República a la Constitución de 1961 y de la voluntad popular expresada, como *Poder Constituyente Originario,* en el *Referéndum Consultivo* del 25 de abril de 1999. La ruptura constitucional la provocó la propia Asamblea nacional Constituyente al violar la Constitución de 1961, al asumir poderes constituyentes originarios, violando las bases comiciales que, como lo había resuelto la Corte Suprema, tenían rango supraconstitucional.

La Corte Suprema de Justicia en otra sentencia del 21 de julio de 1999 con ocasión de resolver un recurso de interpretación intentado por los Candidatos Nacionales a la Asamblea Nacional Constituyente (Caso: *Alberto Franceschi, Jorge Olavarría y Gerardo Blyde*), acerca del régimen jurídico que regía el proceso electoral, había destacado el carácter *de jure* del proceso constituyente, señalado que:

> Lo novedoso -y por ello extraordinario- del proceso constituyente venezolano actual, es que el mismo no surgió como consecuencia de un suceso fáctico (guerra civil, golpe de estado, revolución, etc.), sino que, por el contrario, fue concebido como un "Proceso Constituyente de Iure" esto es, que se trata de un proceso enmarcado dentro del actual sistema jurídico venezolano[224].

La consecuencia de lo anterior estaba en que la Asamblea Nacional Constituyente no sólo derivó "de un proceso que se ha desarrollado dentro del actual marco del ordenamiento constitucional y legal", sino que en su actuación estaba sometida al orden jurídico establecido por la voluntad popular en el *Referéndum* del 25 de abril de 1999, expresada en el conjunto de normas que derivaron de las preguntas del *Referéndum* y de las *Bases Comiciales* aprobadas en el mismo, y que la misma Corte Suprema de Justicia en la sentencia antes mencionada "por su peculiaridad e importancia", catalogó "como *normas de un rango especial*"; y en anterior sentencia del 3 de junio de 1999 (Caso *Celia María Colón de González*)[225] consideró como una "expresión popular" que "se tradujo en una *decisión de obligatorio cumplimiento, pues posee, validez suprema*", es decir, de rango supraconstitucional. Dicha sentencia se cita, además, en la de 17 de

---

224. Véase el texto en esta *Revista,* pp. 104 a 110.
225. Véase el texto en esta *Revista,* pp. 90 a 93.

junio de 1999 en la cual se declaró *sin lugar* el recurso contencioso administrativo de anulación que había sido ejercido por un conjunto de ciudadanos contra un artículo de la Resolución N° 990519-154 del 19-05-99 del Consejo Nacional Electoral, que había negado la posibilidad de incluir símbolos, signos, siglas o colores que identificasen a los candidatos a la Asamblea Nacional Constituyente postulados por organizaciones políticas[226].

La Asamblea Nacional Constituyente que se eligió el 25 de julio de 1999, en consecuencia, estaba sometida a las normas (Bases Comiciales) aprobadas en el *Referéndum Consultivo* del 25 de abril de 1999, que eran de obligatorio cumplimiento y de rango y validez suprema (supraconstitucional), como manifestación del poder constituyente originario que sólo corresponde al pueblo, conforme a las cuales no sólo se precisó la misión de la Asamblea, sino sus límites.

Sobre ello se pronunció además, la Corte Suprema de Justicia, como se ha señalado, en sus decisiones de 17 de junio de 1999[227]; y luego, la Sala Constitucional del Tribunal Supremo de Justicia, en sentencia N° 6 de 27 de enero de 2000, la cual señaló que las bases comiciales referidas "que fijaron los límites de actuación de la Asamblea Nacional Constituyente, son de similar rango y naturaleza que la Constitución, como la cúspide de las normas del proceso constituyente", y además, que eran "supraconstitucionales respecto de la Constitución de 1961, lo cual no quiere decir que la Constitución estaba sujeta a estos, sino que se trataba de un ordenamiento no vinculado con las normas que rigen el Poder Constituyente"[228].

VII. DE CÓMO LA ASAMBLEA NACIONAL CONSTITUYENTE ASUMIÓ EL CONTROL TOTAL DEL PODER, HACIENDO CASO OMISO A LAS DOCTRINAS DE LA CORTE SUPREMA QUE HABÍAN FUNDAMENTADO SU PROPIA CREACIÓN

Entre las bases comiciales establecidas y aprobadas en el referéndum consultivo del 25 de abril de 1999, en la *Base Comicial Tercera* se reguló el sistema para la elección de 131 constituyentes así: 104 constituyentes distribuidos en las 24 circunscripciones regionales correspondientes a las entidades políticas del territorio (Estados y Distrito Federal), 24 constitu-

---

226. Véase el texto en esta *Revista,* pp. 104 a 110.

227. Véase el texto de esas sentencias en Allan R. Brewer-Carías, *Poder Constituyente Originario y Asamblea... op. cit.,* pp. 221 y ss., y en esta *Revista,* pp. 93 a 104.

228. Caso: *Milagros Gómes y otros.* Véase en *Revista de Derecho Público,* N° 81, Caracas, 2000, p. 82.

yentes en la circunscripción nacional, y 3 constituyentes en representación de los pueblos indígenas, que en Venezuela son muy exiguos desde el punto de vista de la población y presencia en la dinámica social. Conforme a tal sistema, el día 25 de julio de 1999 se eligieron los miembros de la Asamblea Nacional Constituyente, resultando la Asamblea dominada por los 125 constituyentes electos con el directo y abierto del apoyo del Presidente Chávez, quedando configurada la "oposición" con sólo 6 constituyentes. Una Asamblea Constituyente conformada por una mayoría de esa naturaleza, por supuesto, impidió toda posibilidad de que se convirtiera en un instrumento válido de diálogo, conciliación política y negociación. Fue, en realidad, un instrumento político de imposición por un grupo que la dominaba, al resto de la sociedad, de sus propias ideas, con exclusión total respecto de los otros grupos. Fue, además, un instrumento para lograr el control total del poder por los que conformaban la mayoría y que habían sido electos constituyentes gracias al apoyo y a la campaña del propio Presidente de la República. En la Asamblea, dichos constituyentes estuvieron a su servicio y al diseño de cuantos mecanismos sirvieron para el control del poder por parte de los nuevos actores políticos que habían aparecido en escena de la mano del Presidente Chávez, en medio del más terrible deterioro de los partidos políticos tradicionales, que materialmente desaparecieron de la escena política durante el proceso constituyente.

La Asamblea se instaló el 3 de agosto de 1999, teniendo su primera sesión plenaria formal el día 8 de agosto de 1999, en la cual se discutió su *Estatuto de Funcionamiento*, tal como lo exigía la *Base Comicial Octava* del *referéndum del 25 de abril de 1999*.

En dicha primera sesión plenaria, por supuesto, se planteó de nuevo la discusión sobre el pretendido carácter de poder originario de la Asamblea, en cual había sido descartado por la doctrina de la Corte Suprema de Justicia que le había dado nacimiento[229].El único poder constituyente originario en el proceso constituyente era la manifestación popular del *referéndum del 25 de abril de 1999*, la cual adquirió rango supra constitucional[230], por lo que la Asamblea tenía los límites contenidos en las *bases comiciales* del mismo, a los cuales estaba sometida.

---

229. Véase los textos en Allan R. Brewer-Carías, *Debate Constituyente, (Aportes a la Asamblea Nacional Constituyente),* Tomo I, (8 agosto-8 septiembre 1999), Caracas, 1999, pp. 15 a 39. Así mismo, en *Gaceta Constituyente (Diario de Debates),* Asamblea Nacional Constituyente, (agosto-septiembre 1999), Caracas, 1999, pp. 6 a 13 de la sesión del 07-08-99.

230. Véase la sentencia de la Sala Constitucional N° 6 de 25-01-2000, *Revista de Derecho Público,* N° 81, Caracas, 2000, pp. 81-82.

Sin embargo, prevaleció el criterio de la mayoría que quedó plasmada, contra toda la doctrina jurisprudencial de la Corte Suprema, en el artículo 1° de los Estatutos con el siguiente texto:

> *Artículo 1. Naturaleza y misión. La asamblea nacional constituyente es la depositaria de la voluntad popular y expresión de su Soberanía con las atribuciones del Poder Originario para reorganizar el Estado Venezolano y crear un nuevo ordenamiento jurídico democrático.* La Asamblea, en uso de las atribuciones que le son inherentes, podrá limitar o decidir la cesación de las actividades de las autoridades que conforman el Poder Público.
>
> Su objetivo será transformar el Estado y crear un nuevo ordenamiento jurídico que garantice la existencia efectiva de la democracia social y participativa.
>
> *Parágrafo Primero*: Todos los organismos del Poder Público quedan subordinados a la Asamblea Nacional Constituyente, y están en la obligación de cumplir y hacer cumplir los actos jurídicos estatales que emita dicha Asamblea Nacional.
>
> *Parágrafo Segundo*: La Constitución de 1961 y el resto del ordenamiento jurídico imperante, mantendrán su vigencia en todo aquello que no colida o sea contradictorio con los actos jurídicos y demás decisiones de la Asamblea Nacional Constituyente[231].

En esta forma, la Asamblea se auto atribuyó carácter de "Poder Originario", asignándose a sí misma la atribución de poder "limitar o decidir la cesación de las actividades de las autoridades que conforman el Poder Público", desvinculando dichas decisiones de la elaboración del Proyecto de Constitución. Como consecuencia de ello resolvió que "todos los organismos del Poder Público quedaban subordinados a la Asamblea" y en consecuencia, que estaban en la obligación de cumplir y hacer cumplir los "actos jurídicos estatales" que emitiera[232].

La Asamblea, además, se auto atribuyó potestades públicas por encima de la Constitución de 1961, la cual formalmente continuó vigente durante

---

231. Véase en *Gaceta Constituyente (Diario de Debates)*, agosto-sep. 1999, pp. 144 de la sesión del 07-08-99. Véase el texto, además, en *Gaceta Oficial* N° 36.786 de 14-09-99.

232. Véase Julio C. Fernández Toro, "Comentarios sobre los poderes de control político de la Asamblea Nacional previstos en la Constitución de 1999 sobre la actuación de los órganos de los otros poderes nacionales", en *Revista de Derecho Constitucional*, N° 6 (enero-diciembre). Editorial Sherwood, Caracas, 2002, pp. 89-103.

su funcionamiento, pero sólo en todo aquello que no colidiera o fuera contrario con los actos jurídicos y demás decisiones de la Asamblea Nacional Constituyente. Se produjo, así, un golpe de Estado contra la Constitución de 1961, la cual fue desconocida por la Asamblea[233].

Posteriormente, la Sala Constitucional del Tribunal Supremo de Justicia, producto ella misma de los actos constituyentes de la Asamblea Constituyente, elaboraría la teoría necesaria para justificar la inconstitucionalidad, basándose en la doctrina del régimen de transitoriedad constitucional en una etapa previa a la entrada en vigencia de la Constitución de 1999, la cual al decir de la Sala, habría comenzado "el 25 de abril de 1999, con la finalidad no sólo de discutir y aprobar una nueva Constitución, por medio de la Asamblea Nacional Constituyente, sino que según la Pregunta Primera del Referéndum Consultivo, la Asamblea se convirtió en un órgano para transformar el Estado y crear un nuevo ordenamiento jurídico que permitiera el funcionamiento efectivo de una democracia social y participativa". La Sala Constitucional, de esta manera, *ex post facto*, justificó la reorganización de todos los Poderes Públicos que asumió la Asamblea el 12 de agosto de 1999 en violación de lo establecido en la Constitución de 1999, la cual, sin embargo, continuaba vigente[234]. La Sala Constitucional fue más precisa en cuanto a esta coexistencia de la Constitución de 1999 con actos de la Asamblea Nacional Constituyente que la violaban, al señalar en sentencia de 12 de diciembre de 2000, lo siguiente:

A partir de la aprobación de las bases comiciales y la instalación de la Asamblea Nacional Constituyente surge una situación inédita en el constitucionalismo nacional. En una primera fase, hasta la promulgación de la actual Constitución, sin ruptura constitucional de ninguna especie, siguió vigente la Constitución de la República de Venezuela de 1961, coexistiendo con los actos que dictó la Asamblea Nacional Constituyente, en lo que contrariaren a dicha Constitución, adquirieron la categoría de actos constitucionales, ya que es el pueblo soberano, por medio de sus representantes, quien deroga puntualmente disposiciones constitucionales, creando así un régimen doble, donde como ya lo ha señalado esta Sala, coexistía la Constitución de 1961 con los actos constituyentes[235].

233. Véase Allan R. Brewer-Carías, *Golpe de Estado y Proceso Constituyente en Venezuela*, UNAM, México, 2002.

234. Véase las sentencias de 28 de marzo de 2000 y N° 1560 de 19 de julio de 2001, en *Revista de Derecho Público,* N° 85-88, 2001.

235. Sentencia N° 1562 de la Sala Constitucional de 12-12-2000, *Revista de Derecho Público,* N° 84, Caracas, 2000.

La consecuencia de esta doctrina fue la consideración de que los actos de la Asamblea Nacional Constituyente no estaban sujetos a la Constitución de 1961[236], y de que tenían "carácter supra-constitucional"[237], por lo que la coexistencia de la Constitución de 1999 con actos constituyentes afectó el funcionamiento del Estado, y los derechos de los titulares de los órganos constituidos. En efecto, no debe olvidarse que en diciembre de 1998, conforme a lo establecido en la Constitución de 1961, el Presidente de la República, H. Chávez, había sido electo, así como los senadores y diputados al Congreso Nacional. También habían sido electos los gobernadores de los 23 Estados y los diputados de las Asambleas Legislativas estadales, así como los Alcaldes Municipales y los miembros de los Concejos Municipales de los 338 Municipios del país. Es decir, todos los titulares de los poderes públicos regulados en la Constitución, habían sido electos popularmente. Los otros titulares de los poderes públicos no electos, como los Magistrados de la Corte Suprema de Justicia, el Fiscal General de la República, el Contralor General de la República y los miembros del Consejo Supremo Electoral, habían sido designados por el Congreso Nacional, como lo establecía la Constitución.

Por tanto, cuando se eligió e integró en julio de 1999 a la Asamblea Nacional Constituyente, en paralelo estaban funcionando los poderes públicos constituidos, los cuales tenían misiones distintas. La Asamblea había sido electa, conforme al referendo de abril de 1999, para diseñar la reforma del Estado y un nuevo ordenamiento para hacer efectiva la democracia social y participativa, lo cual debía elaborar y someter a la aprobación popular por un referendo final.

La Asamblea Constituyente no había sido electa para gobernar ni para sustituir ni intervenir los poderes constituidos, ni para violar la Constitución. No tenía carácter de poder constituyente originario, como expresamente lo había resuelto la Corte Suprema de Justicia.

Sin embargo, como se dijo, en su primera decisión, que fue la aprobación de su Estatuto de Funcionamiento, la Asamblea Constituyente, dominada por la mayoría que respaldaba al Presidente y que había sido electa para su respaldo, se auto-proclamó como "poder constituyente originario", auto-atribuyéndose la facultad de "limitar o decidir la cesación de las actividades de las autoridades que conforman el Poder Público" y estable-

236. Véase sentencia N° 6 de la Sala Constitucional de 27-01-2000, *Revista de Derecho Público*, N° 81, Caracas, 2000, p. 95-96.

237. Véase sentencia de la Sala Penal del Tribunal Supremo de 30-05-2000, *Revista de Derecho Público*, N° 82, Caracas, 2000, p. 151.

ciendo que "todos los organismos del Poder Público quedan subordinados a la Asamblea Nacional Constituyente y están en la obligación de cumplir y hacer cumplir los actos jurídicos estatales que emita la Asamblea"[238]. Ese carácter de poder constituyente originario le sería reconocido posteriormente, validando las decisiones, por la Sala Constitucional designada por la propia Asamblea Constituyente[239].

En esta forma, la Asamblea Nacional Constituyente se auto proclamó como un super-poder estatal, contrariando lo dispuesto en el estatuto de su elección contenido en las bases aprobadas en el referendo de abril de 1999 y violando la Constitución de 1961, al amparo de la cual y de su interpretación, había sido electa. La Asamblea Nacional Constituyente que funcionó entre julio de 1999 y enero de 2000, por tanto, usurpó el poder público y violó la Constitución de 1961. En definitiva, dio un golpe de Estado, el cual como se dijo, fue justificado posteriormente por la Sala Constitucional del Tribunal Supremo, al señalar expresamente que la Asamblea Nacional Constituyente había ejercido un poder constituyente originario[240], el cual, al contrario le había sido negado por la Corte Suprema de Justicia en 1999.

VIII. LA ASAMBLEA NACIONAL CONSTITUYENTE COMO INSTRUMENTO POLÍTICO PARA EL ASALTO AL PODER

En efecto, durante el primer período de su funcionamiento, entre agosto y septiembre de 1999, la Asamblea, lejos de conciliar y buscar conformar un nuevo pacto político de la sociedad, se dedicó a intervenir los poderes constituidos que habían sido electos en diciembre de 1998 y que estaban en funcionamiento conforme a la Constitución en ese entonces vigente de 1961. Así, en agosto de 1999, la Asamblea decretó la reorganización de todos los poderes públicos; decretó la intervención del Poder Judicial creando una Comisión de Emergencia Judicial que lesionó la autonomía e independencia de los jueces; decretó la regulación de las funciones del Poder Legislativo, eliminando tanto al Senado como a la

---

238. Véase Allan R. Brewer-Carías, *Golpe de Estado y Proceso Constituyente en Venezuela, cit.*, pp. 207 y ss.

239. Véase sentencia N° 179 de la Sala Constitucional de 28-03-2000, *Revista de Derecho Público*, N° 81, Caracas, 2000, pp. 82-86.

240. La Sala Constitucional como se dijo, reconoció el "poder originario" de la Asamblea Nacional Constituyente y la "naturaleza constitucional" de los actos de la misma "por ser creación originaria de derecho". Véase por ejemplo, sentencia N° 4 de 26-01-2000, *Revista de Derecho Público,* N° 81, Caracas, 2000, p. 93-95 y sentencia N° 1563 de 13-12-2000 en *Revista de Derecho Público*, N° 84, Caracas, 2000.

Cámara de Diputados y a las Asambleas Legislativas. Además, intervino a los Concejos Municipales, suspendiendo, incluso, las elecciones municipales[241].

El primer período de funcionamiento de la Asamblea, por tanto, fue un período de confrontación y conflictividad política entre los poderes públicos y los diversos sectores políticos del país. El proceso constituyente, en esta etapa inicial, no fue un vehículo para el diálogo y la consolidación de la paz ni un instrumento para evitar el conflicto. Al contrario, fue un mecanismo de confrontación, conflicto y aplastamiento de toda oposición o disidencia y de apoderamiento de todas las instancias del poder. El proceso constituyente, por tanto, antes de ser un instrumento para la reducción del conflicto, acentuó la confrontación y contribuyó al dominio exclusivo del poder por parte de un solo partido político, el de gobierno, que respondía a las instrucciones del Presidente de la República. En definitiva, el proceso constituyente se utilizó para acabar con la clase política que había dominado la escena en las décadas anteriores.

En la primera etapa de su funcionamiento, como se dijo, la Asamblea pretendió asumir el rol de poder constituyente originario, reorganizando e interviniendo los Poderes Públicos, violando con ello las previsiones de la Constitución de 1961. El asalto al poder se evidenció en los siguientes actos y actuaciones:

En *primer lugar*, el 09-09-99, la Asamblea resolvió ratificar al Presidente de la República en su cargo "para el cual fue electo democráticamente el pasado 6 de diciembre de 1998", decretando recibir la juramentación del Presidente[242]. Nos abstuvimos de votar dicha propuesta, pues consideramos que la legitimidad del Presidente estaba fuera de discusión, no teniendo la Asamblea nada que decidir respecto del gesto del Presidente de poner su cargo a la orden de la Asamblea[243].

---

241. Véase Allan R. Brewer-Carías, *Golpe de Estado y Proceso Constituyente en Venezuela, cit.*, pp. 213 y ss.

242. Véase en *Gaceta Constituyente, cit.*, p. 3 de la sesión del 09-08-99.

243. Véase nuestra posición en Allan R. Brewer-Carías, *Debate Constituyente,* Tomo I, *op cit.*, pp. 41 y 42; y en *Gaceta Constituyente, cit.* pp. 3 y 4 de la sesión del 09-08-99.

En *segundo lugar*, el 12-08-99, la Asamblea decretó la reorganización de todos los órganos del Poder Público, decisión respecto de la cual argumentamos oralmente sobre su improcedencia y salvamos nuestro voto, razonándolo negativamente[244].

En *tercer lugar*, el 19-08-99, la Asamblea decretó la reorganización del Poder Judicial, sobre lo cual manifestamos nuestro acuerdo con que la Asamblea debía *motorizar* las reformas inmediatas e indispensables en el Poder Judicial, pero argumentamos oralmente y en voto negativo razonado, en contra de la forma de la intervención, que lesionaba la autonomía e independencia del Poder Judicial, con la creación de una Comisión de Emergencia Judicial que suplantara los órganos regulares de la Justicia[245].

En general, sin embargo, a pesar del texto del Decreto de la Asamblea, las medidas respectivas conforme a las reformas legislativas en la materia que habían sido aprobadas en 1998, se adoptaron por los órganos del Consejo de la Judicatura con el impulso político de la Comisión..

En *cuarto lugar*, el 25-08-99, la Asamblea dictó el Decreto de regulación de las funciones del Poder Legislativo, decisión mediante la cual materialmente se declaraba la cesación de las Cámaras Legislativas (Senado y Cámara de Diputados), cuyos miembros habían sido electos en noviembre de 1998, y se atribuía la potestad legislativa a la Comisión Delegada y a la propia Asamblea. Nos opusimos a este Decreto por considerarlo inconstitucional, por violar las *bases comiciales del referéndum del 25 de abril de 1999*, tanto oralmente como en el voto salvado negativo que razonamos por escrito[246]. Con posterioridad, sin embargo, y con la intermediación de la Iglesia Católica, el 9-9-99 la directiva de la Asamblea llegó a un acuerdo con la directiva del Congreso, con el cual, de hecho, se dejó sin efecto el contenido del Decreto, siguiendo el Congreso funcionando formal, aún cuando precariamente, conforme al régimen de la Constitución de 1961[247].

---

244. Véase en Allan R. Brewer-Carías, *Debate Constituyente*, Tomo I, *op. cit.*, pp. 43 a 56; y en *Gaceta Constituyente, op. cit.*, pp. 2 a 4 de la sesión del 12-08-99. Véase el texto del Decreto en *Gaceta Oficial* N° 36.764 de 13-08-99.

245. Véase en Allan R. Brewer-Carías, *Debate Constituyente*, Tomo I, *op. cit.*, pp. 57 a 73; y en *Gaceta Constituyente, op. cit.*, pp. 17 a 22 de la sesión del 18-08-99. Véase el texto del Decreto en *Gaceta Oficial* N° 36.782 de 08-09-99.

246. Véase en Allan R. Brewer-Carías, *Debate Constituyente*, Tomo I, *op. cit.*, pp. 75 a 113; y en *Gaceta Constituyente, op. cit.*, pp. 12 a 13 y 27 a 30 de la sesión del 25-08-99 y pp. 16 a 19 de la sesión del 30-08-99. Véase el texto del Decreto en *Gaceta Oficial* N° 36.772 de 26-08-99.

247. Véase el texto del Acuerdo en *El Nacional*, Caracas, 10-9-99, p. D-4.

En *quinto lugar*, el 26-08-99, la Asamblea decretó la suspensión de las elecciones municipales, que debían convocarse en el segundo semestre de 1999, a lo cual nos opusimos, no porque políticamente no debían suspenderse, con lo cual estábamos de acuerdo, sino porque para ello era necesario reformar la Ley Orgánica del Sufragio, lo que sólo correspondía a las Cámaras Legislativas. Argumentamos nuestra posición oralmente y salvamos por escrito nuestro voto negativo, razonándolo[248].

En consecuencia, durante el primer mes de funcionamiento de la Asamblea puede decirse que la primera etapa de la misma se dedicó a la intervención de los Poderes Constituidos, irrumpiendo contra la Constitución de 1961 que no había sido derogada ni sustituida, sin que en las Plenarias de la Asamblea se hubiese prestado fundamental atención a la elaboración del Proyecto de Constitución. Por tanto, la Asamblea Nacional Constituyente de 1999, en las relaciones de poder, lejos de constituir un instrumento de conciliación e inclusión, fue un instrumento de exclusión y control hegemónico del poder. En efecto, el asalto y control hegemónico del poder por el grupo político que controlaba la Asamblea Nacional Constituyente y que respondía a la voluntad del Presidente de la República, no sólo se comenzó a realizar durante los primeros meses de funcionamiento de la Asamblea, violándose la Constitución vigente de 1961, sino también al final, luego de aprobado popularmente el nuevo texto constitucional el 15 de diciembre de 1999, violándose esta vez, el nuevo texto aprobado.

Incluso, durante los 5 meses de funcionamiento que tuvo la Asamblea en la segunda mitad de 1999, puede decirse que todo el debate político del país, giró en torno a la misma. La Asamblea se había constituido en el centro del poder, el Presidente la calificaba de "soberanísima" y la Corte Suprema de Justicia, al decidir sendos recursos de inconstitucionalidad contra actos de la Asamblea Constituyente de intervención de los poderes públicos constituidos, incluso del propio Poder Judicial, en una sentencia del 14 de octubre de 1999, que fue su propia sentencia de muerte, la Corte Suprema llegó a reconoció casi supuestos poderes "supraconstitucionales" a la Asamblea[249].

Como se ha dicho, violando abiertamente tanto la Constitución de 1961, que la Corte Suprema había considerado que continuaba vigente y que de-

248. Véase en Allan R. Brewer-Carías, *Debate Constituyente*, Tomo I, *op. cit.*, pp. 115 a 122; y en *Gaceta Constituyente, op. cit.*, pp. 7 a 8, 11, 13 y 14. Véase el texto en *Gaceta Oficial* Nº 36.776 de 31-08-99.

249. Véase las referencias en Allan R. Brewer-Carías. *Golpe de Estado y Proceso Constituyente en Venezuela, op. cit.*, p. 233 y ss.

bía ser respetada por la Asamblea Nacional Constituyente (sentencia del 18 de marzo de 1999); como el contenido de la sentencia de la propia Corte Suprema que consideró que la Asamblea no podía tener carácter "originario" (sentencia del 13 de abril de 1999); así como la voluntad popular expresada como efectivo y único poder constituyente originario en el referendo consultivo del 25 de abril de 1999, según el criterio de la misma Corte Suprema; la Asamblea Nacional Constituyente se declaró a sí misma como poder constituyente originario y con potestad para apartarse de la Constitución de 1961 vigente en ese momento (derogarla, suspenderla, violarla) y para intervenir todos los Poderes constituidos pudiendo cesar el mandato popular de los mismos.

A partir de ese momento comenzó en el país un sistemático proceso de ruptura del orden constitucional, mediante la emisión de actos constituyentes, que lamentablemente luego fueron reconocidos como de rango constitucional, primero, por la propia antigua Corte Suprema de Justicia hasta que fue cesada, víctima de su debilidad y, luego, por el Tribunal Supremo de Justicia creado y dominado por el nuevo poder.

Todos los actos constituyentes o constitucionales dictados por la Asamblea Nacional Constituyente, por supuesto, tuvieron como fundamento su propio Estatuto, dictado por ella misma, en el cual la Asamblea, ilegítimamente, se había auto-atribuido el carácter de poder constituyente originario; y nunca las bases comiciales aprobadas popularmente, que eran las únicas que podían tener rango constitucional e, incluso, supra-constitucional.

En primer lugar, fue la antigua Corte Suprema de Justicia, en una confusa sentencia del 14-10-99 (Caso *Impugnación del Decreto de la Asamblea Nacional Constituyente de Regulación de las Funciones del Poder Legislativo*)[250] la cual cambiando el criterio sustentado en la sentencia de la Sala Político Administrativa de 18-03-99, desligó a la Asamblea de las previsiones de la Constitución de 1961, permitiendo que aquélla pudiera desconocerla, con lo que ilegítimamente "legitimó" el golpe de Estado que la Asamblea había dado al desconocer la Constitución de 1961.

---

250 Véase el texto en esta Revista pp. 111 a 132.

IX. LA SUMISIÓN DE LA CORTE SUPREMA AL PODER CONSTITUYENTE DE LA ASAMBLEA Y SU MUERTE FINAL A MANOS DE LA ASAMBLEA QUE HABÍA AYUDADO A CREAR

Con fundamento, entonces, en este pretendido carácter de poder constituyente originario que la Asamblea Nacional Constituyente había asumido en su propio Estatuto, sin fundamento en las bases comiciales del referendo del 25-4-99 que le había dado origen; y que luego, el Tribunal Supremo de Justicia en su Sala Constitucional se había encargado de otorgarle, olvidándose de sus funciones de juez constitucional; la Asamblea irrumpió contra el orden constitucional mediante diversos actos constituyentes que consolidaron el golpe de Estado contra la Constitución de 1961, que estaba vigente; y todo con la anuencia del nuevo Tribunal Supremo de Justicia.

Entre los actos constituyentes que dictó estuvo el "Decreto de Regulación de las Funciones del Poder Legislativo", evidentemente contrario a lo que regulaba la Constitución de 1961, mediante el cual se eliminaba al Congreso y a las Asambleas Legislativas de los Estados; se cambiaba la estructura del Parlamento de bicameral a unicameral, y se intervenía la autonomía e independencia de los órganos del Poder Público que regulaba la Constitución).

Dicho Decreto fue impugnado ante la Corte Suprema de Justicia por el Presidente de la Cámara de Diputados, y está en Sala Plena, y con ponencia del Magistrado Iván Rincón Urdaneta, en sentencia de fecha 14 de octubre de 1999 (Caso *H. Capriles Radonski, Decreto de Reorganización del Poder Legislativo)* resolvió el recurso declarando "improcedente la acción de nulidad intentada".

La Corte, con esta sentencia, se plegó al nuevo poder, avaló los desaguisados constitucionales que había cometido la Asamblea y, con ello firmó su sentencia de muerte y la remoción de sus integrantes con excepción, por supuesto, del magistrado Urdaneta, Presidente ponente, quien luego siguió de presidente del nuevo Tribunal Supremo de Justicia.

En la sentencia, luego de unas confusas argumentaciones basadas en citas bibliográficas que, por supuesto incluyeron al Abate Sièyes, sobre el poder constituyente en la teoría y práctica políticas de la historia universal; y sobre la distinción entre el poder constituyente y los poderes constituidos, la Corte Suprema, en esta sentencia, concluyó observando que:

> El poder constituyente no puede ejercerlo por sí mismo el pueblo, por lo que la elaboración de la Constitución recae en un cuerpo integrado por sus representantes, que se denomina Asamblea Constituyente, cuyos títu-

los de legitimidad derivan de la relación directa que exista entre ella y el pueblo.

Con este "descubrimiento" la Corte lo que hizo fue observar que la Asamblea Nacional Constituyente electa el 25 de julio de 1999 tenía como límites las bases comiciales aprobadas por el poder constituyente originario (el pueblo) mediante referendo, bases a las cuales la Corte, en la misma sentencia, le había reconocido "similar rango y naturaleza que la Constitución", y en las cuales se encomendó a la Asamblea "la elaboración de la Constitución", mas no su adopción o puesta en vigencia, que se reservó el pueblo como poder constituyente originario mediante referendo aprobatorio en la base comicial novena.

Sin embargo, en la misma sentencia, la Corte Suprema pasó de reconocerle a las bases comiciales "similar rango y naturaleza que la Constitución" (de 1961), a otorgarle rango "supraconstitucional". La Corte, en efecto, en la sentencia, luego de constatar las denuncias de inconstitucionalidad del Decreto impugnado, señaló:

> Como puede observarse, la pregunta N° 1 del referendo consultivo nacional aprobado el 25 de abril de 1999 y la base comicial octava del mismo referendo, *consagra la supraconstitucionalidad de sus prescripciones*, ya que en ningún momento remite a la Constitución de 1961 sino a la tradición de la cultura...

Por supuesto, en esta línea de razonamiento, la Corte Suprema se encontraba con el escollo de la sentencia del 13 de abril de 1999, de la Sala Político Administrativa de la propia Corte Suprema, que había ordenado eliminar de la base comicial octava, para evitar toda confusión, toda referencia al pretendido carácter originario del poder constituyente que ejercía la Asamblea, pero dijo lo siguiente:

Si bien la sentencia de la Corte Suprema de Justicia en Sala Político Administrativa de fecha 13 de abril de 1999, excluyó de la base comicial octava "como poder constituyente originario que recoge la soberanía popular", es claro que la Asamblea Nacional Constituyente, no es un poder derivado, pues su función de sancionar una nueva Constitución implica el ejercicio del poder constituyente, el cual no puede estar sujeto a los límites del orden jurídico establecido, incluyendo la Constitución vigente.

De lo anterior resulta una contradicción abierta de criterios. La Corte reconocía que la sentencia de 13 de abril había dejado claro que la Asamblea Nacional Constituyente *no era un poder constituyente originario* (que sólo el pueblo lo es), lo que conducía entonces a considerarla como un poder constituyente "derivado", regulado por el pueblo en las bases comiciales a las cuales le reconoció rango "supraconstitucional". La Corte dijo, en definitiva, que la Asamblea no era ni poder constituyente originario ni poder constituyente derivado. Entonces, ¿de qué se trataba? Si toda la bibliografía citada en la sentencia establecía esta dicotomía, debía ser una cosa o la otra, pero lo que no podía era no ser alguna de las dos.

La inconsistencia de la sentencia, en todo caso, condujo a la Corte Suprema, luego de citar párrafos sueltos de la antigua sentencia del 19 de enero de 1999, a cambiar su propio criterio establecido en la sentencia del 13 de abril de 1999 sobre la ausencia del carácter originario del poder constituyente otorgado a la Asamblea.

Debe señalarse que es cierto que la Asamblea no tenía más límites que los establecidos en las bases comiciales para sancionar una nueva Constitución; pero sólo para eso es que ello implicaba el ejercicio del poder constituyente: para elaborar el texto de una nueva Constitución la cual no se podía poner en vigencia con la sola voluntad de la Asamblea, porque ésta no tenía poder constituyente para ello. Por eso, las comparaciones que hizo la Corte en su sentencia, con el proceso de la Asamblea Constituyente de Colombia de 1991, eran totalmente impertinentes, pues en ese país, al contrario de lo que sucedió en Venezuela, la Constitución sí fue puesta en vigencia por la Asamblea Constituyente, sin aprobación popular. En Venezuela, al contrario, el pueblo como poder constituyente originario, en las bases comiciales mencionadas se reservó la potestad de aprobar la Constitución mediante referendo aprobatorio posterior.

Sin embargo, incluso contrariando sus propias palabras (que la función de la Asamblea era "sancionar una nueva Constitución") la Corte Suprema en la sentencia, le atribuyó otras tareas (indefinidas) a la Asamblea así:

> El cambio constitucional dirigido a la supresión de la Constitución *vigente*, es un proceso que, como tal, no se limita a la sanción de la nueva Constitución, sino al interregno durante el cual, la Asamblea Nacional Constituyente actúa dentro del contexto jurídico donde rige, transitoriamente, la Constitución anterior...

Es decir, la Corte contradictoriamente reconoció en la sentencia la "vigencia" de la Constitución de 1961, así fuera "transitoriamente" hasta que se aprobara la nueva Constitución mediante referendo, y agregó luego, sin embargo, que:

> El hecho de que la supresión de la Constitución actual se produce sólo cuando es refrendada y sancionada por el pueblo la Constitución nueva, el tiempo de vigencia de la primera no puede impedir ni obstaculizar el cumplimiento de la función de la Asamblea Nacional Constituyente que

es la creación de un nuevo ordenamiento jurídico a que se refiere la pregunta N° 1 del referendo consultivo nacional del 25 de abril de 1999. Si el cambio constitucional es un proceso, que se inicia con dicho referendo y si este proceso implica forzosamente la coexistencia de poderes (del poder constituido y la Asamblea Nacional Constituyente), los Estatutos de Funcionamiento de ésta, basados, como se ha dicho, en normas presupuestas o supraconstitucionales, deben definir el modo de esta coexistencia, siendo la Constitución de 1961, el límite del poder constituido, pero no el criterio de solución de las controversias que puedan ocurrir entre ambos poderes.

Es decir, la Corte Suprema cambió el criterio que había sentado en la sentencia del 18 de marzo de 1999, según el cual la Constitución de 1961 era un marco límite de la Asamblea cuya elección debía aprobarse por el referendo del 25 de abril de 1999; y pasó a señalar, ya en medio del proceso constituyente, que esa misma Constitución de 1961 sólo era un límite a la actuación "de los poderes constituidos", pero no de la propia Asamblea Nacional Constituyente, cuya actuación pasaba a estar regulada por su Estatuto de Funcionamiento, que ella misma se había dictado, auto-atribuyéndose "poder constituyente originario".

Como conclusión de estas contradicciones, sin más, la Corte Suprema, en su sentencia del 14 de octubre de 1999, afirmó que la pretensión de nulidad del "Decreto de Regulación de las Funciones del Poder Legislativo", al violar la Constitución de 1961, era "improcedente":

> Pues el fundamento del acto impugnado no puede ser la Constitución vigente, desde que la soberanía popular se convierte, a través de la Asamblea Nacional Constituyente, en supremacía de la Constitución, por razón del carácter representativo del poder constituyente, es decir, como mecanismo jurídico de producción originaria del nuevo régimen constitucional de la República, así se declara.

Con esta confusa declaración, de la que podía deducirse cualquier cosa por quien quiera que la lea, la Corte Suprema cambió los criterios que dieron origen al mismo proceso constituyente, sentados por la misma Corte y, en definitiva, decretó su futura extinción. Sólo pasaron algo más de dos meses para que fuera cerrada y extinguida por la propia Asamblea Nacional Constituyente, precisamente en ejercicio de los "poderes" que la misma Corte le atribuyó a partir de esta sentencia.

Esta sentencia de la Corte en Pleno, en todo caso, fue objeto de severas críticas por parte de los siguientes Magistrados que salvaron su voto: Hermes Harting, quien había sido ponente de las sentencias de 18-03-99, 23-03-99 y 13-04-99 de la Sala Político Administrativa; Hildegard Rondón de Sansó; Belén Ramírez Landaeta; Héctor Grisanti Luciani, y Humberto J. La Roche, quien había sido el ponente de la sentencia inicial del proceso constituyente de 19-01-99.

El magistrado Harting insistió en la tesis de que la Asamblea Nacional Constituyente se había originado "en función de la Constitución de 1961, fuente de su nacimiento", por lo que estaba sujeta a la Constitución, lo que implicaba:

> El no poder ejercer la Asamblea Nacional Constituyente potestades correspondientes a los Poderes del Estado, ni realizar actuaciones atribuidas específicamente a estos por la Constitución y las Leyes, ni siquiera invocando circunstancias excepcionales.

Sobre este mismo tema, la magistrado Hildegard Rondón de Sansó también fue precisa al afirmar que la Asamblea Nacional Constituyente

> Está -ante todo- sujeta al sistema de la Constitución de 1961, al orden vigente y a las bases comiciales en el ejercicio y límites de su competencia.

Por ello, la magistrado Sansó consideró que la sentencia de 14-10-99 había tergiversado la base comicial octava al considerar que la Asamblea estaba exonerada del bloque normativo de la Constitución de 1961; afirmando que:

> La posición supraconstitucional de la Asamblea Nacional Constituyente radica en la facultad de erigir instituciones futuras, diferentes del texto constitucional vigente: no en la facultad de violar las normas que rigen el sistema dentro del cual opera.

La magistrado Sansó también denunció el "flagrante desconocimiento" que evidenció la sentencia de un Acuerdo que había adoptado la Corte en Pleno, días antes, el 23-08-99, en el cual la Corte declaró que:

> Se mantiene firme en su convicción de que dicha Asamblea no nació de un gobierno de facto, sino que surgió en un sistema de *iure* mediante un procedimiento al cual ella misma ha dado su respaldo.

Ahora bien, la acción de nulidad del Decreto que reguló la reorganización del Poder Legislativo se había fundamentado, entre otros aspectos, en la violación de la base comicial octava que la sentencia consideró como de rango y naturaleza constitucional e, incluso, supraconstitucional. Al declarar improcedente la acción sólo indicando que el Decreto no estaba sometido a la Constitución de 1961, pero sin confrontar su texto con la base comicial octava, la Corte en Pleno incurrió en denegación de justicia o quizás en absolución de la instancia, lo que fue destacado por los magistrados Humberto J. La Roche e Hildegard Rondón de Sansó en sus votos salvados.

La sentencia, en todo caso, fue dictada con un apresuramiento inconcebible; como lo destacó en su voto salvado la magistrada Belén Ramírez Landaeta:

> La sentencia fue reformada y a menos de media hora de su distribución -violando el Reglamento de Reuniones de la Corte Suprema de Justicia en Pleno dictado por la Corte Suprema de Justicia en fecha 26 de noviembre de 1996- fue votada sin derecho a examinar, con la cordura requerida, el contenido de la misma.

Ello condujo, conforme al criterio de la magistrado Ramírez, a un "fallo lleno de errores, tanto formales como conceptuales" en cuya emisión, la Corte no ejerció "la virtud de la prudencia" ni tomó en cuenta la trascendencia que la decisión tenía "para el país y para la historia".

El apresuramiento por complacer al nuevo poder hizo a la Corte incurrir en los desafortunados desaguisados que sus propios Magistrados denunciaron en los votos salvados.

Por último, los magistrados Héctor Grisanti Luciani, Humberto J. La Roche y Belén Ramírez Landaeta, quienes también salvaron su voto, destacaron la omisión del fallo en considerar el contenido del Acuerdo que había sido firmado entre representantes del Congreso y de la Asamblea Nacional Constituyente el 09-09-99, mediante el cual materialmente se había dejado sin efecto la médula del Decreto impugnado, estableciéndose un sistema de cohabitación o coexistencia pacífica de las dos instituciones.

En todo caso, con el "Decreto de Regulación de las funciones del Poder Legislativo" se materializó jurídicamente el golpe de Estado dado por la Asamblea Nacional Constituyente, al violar la Constitución de 1961, extinguir un órgano constitucional constituido y electo como era el Congreso, intervenir sus funciones legislativas, limitar la autonomía de los Estados y Municipios y lesionar la autonomía de las Contralorías. La Asamblea Nacional Constituyente, como lo destacó la magistrado Rondón de Sansó en su voto salvado a la sentencia de la Corte en Pleno del 14-10-99, ciertamente había nacido a raíz de la sentencia de 19-01-99 como una Asamblea sometida a un "régimen de iure". Por ello, al usurpar la autoridad del Congreso y violar la Constitución, la Asamblea Nacional Constituyente se constituyó a sí misma en un órgano bajo régimen de facto, actuando como una Asamblea de facto, al margen de la Constitución.

En esta forma, a partir de ese momento en adelante, se sucedieron diversos actos constituyentes que significaron la violación sistemática de la Constitución de 1961 y luego, de la propia Constitución de 1999.

Entre esos actos, también debe destacarse el adoptado el fecha 19 de agosto de 1999, cuando le tocó su turno al Poder Judicial, incluida la propia Corte Suprema de Justicia, mediante el cual la Asamblea Nacional Constituyente resolvió declarar "al Poder Judicial en emergencia" (art. 1°), creando una Comisión de Emergencia Judicial, que asumió el proceso de intervención [251].

Este Decreto tuvo la misma fundamentación que los anteriores: el ejercicio del poder constituyente originario supuestamente otorgado por éste a la Asamblea mediante referendo; el artículo 1° del Estatuto de Funcionamiento de la propia Asamblea y el artículo único del Decreto de la Asamblea que declaró la reorganización de todos los Poderes Públicos constituidos. Es decir, el fundamento del Decreto fue el que la propia Asamblea Constituyente se había construido a la medida, sin vínculo alguno con las normas supraconstitucionales como eran las bases comiciales aprobadas en el referendo consultivo del 25 de abril de 1999 [252].

En todo caso, el Decreto de Reorganización del Poder Judicial fue aprobado, atribuyendo a la Comisión de Emergencia Judicial amplias facultades de intervención del Poder Judicial, las cuales pueden resumirse así:

1. La proposición a la Asamblea de las medidas necesarias para la reorganización del Poder Judicial y "la ejecución de las aprobadas por la Asamblea de conformidad con su Estatuto de Funcionamiento" (art. 3,1).

2. La evaluación del desempeño de la Corte Suprema de Justicia (arts. 3,3 y 4).

---

251. *Gaceta Oficial* N° 36.772 de 25-08-99 reimpreso en *Gaceta Oficial* N° 36.782 de 08-09-99

252. En el debate ante la Asamblea, expusimos nuestra opinión y las objeciones a la forma como se procedía a la intervención de la justicia, señalando que: "Si bien la Asamblea Nacional Constituyente debe ser la instancia política para motorizar las reformas inmediatas al Poder Judicial, y para propender a la renovación de la Judicatura, ello no lo puede hacer directamente sustituyendo los órganos con competencia legal para ello, sino instruyendo, vigilando y haciendo el seguimiento de sus propuestas. De lo contrario, corremos el grave riesgo de desencadenar iniciativas indeseadas por violación de los Tratados Internacionales que obligan al Estado Venezolano a proteger la independencia judicial, la cual lejos de salvaguardarse, se lesiona abiertamente con el Proyecto de Decreto". Véase Allan R. Brewer-Carías, *Debate Constituyente*, Tomo I, *op. cit.* p. 73.

3. La instrucción al Consejo de la Judicatura para la ejecución de sus decisiones (art. 3,4). Tanto el Consejo de la Judicatura como el Inspector General de Tribunales estaban obligados a acatar las instrucciones de la Comisión (art. 5), y la Comisión tenía la facultad de proponer a la Asamblea la sustitución de los Consejeros y del Inspector General de Tribunales (art. 5).

4. La destitución de cualquier funcionario judicial que obstaculizare su actividad o incumpliera sus instrucciones (art. 5).

5. La suspensión en forma inmediata a los funcionarios judiciales que tuvieran procedimientos iniciados por causas de corrupción (art. 6) y la destitución, también en forma inmediata, de jueces y funcionarios judiciales en caso de retardo judicial, de revocación de sus sentencias, de incumplimiento grave de sus obligaciones o que poseyeran signos de riqueza de procedencia no demostrada (art. 7).

6. La designación, a criterio de la Comisión, de suplentes o conjueces para sustituir a los jueces destituidos o suspendidos (art. 8).

El Decreto estableció que los jueces destituidos o suspendidos por la Comisión podían "apelar" de la decisión ante la Asamblea Nacional Constituyente (art. 9), con lo cual se pretendía convertir a la Asamblea en un órgano de alzada en el procedimiento administrativo.

Además, el Decreto destinó un conjunto de normas para regular la selección de jueces mediante evaluaciones y concursos públicos que, por supuesto, no se realizaron (art. 10 a 24).

En todo caso, la declaratoria de Emergencia Judicial tendría vigencia hasta que se sancionara la nueva Constitución (art. 32), sin embargo, fue prorrogada de hecho por más de un año, por la falta del Tribunal Supremo de Justicia en asumir el gobierno judicial conforme a la competencia que le asignó la nueva Constitución de 1999 (art. 267). El Tribunal Supremo de Justicia, a partir de enero de 2000, fue así complaciente con la forma irregular de intervención del Poder Judicial, y se abstuvo deliberadamente de asumir sus propias funciones.

Con posterioridad a la aprobación del Decreto de Reorganización del Poder Judicial, se emitió por la Junta Directiva de la Asamblea otro Decreto complementario de la intervención del Poder Judicial denominado "Decreto de Medidas Cautelares Urgentes de Protección al Sistema Judicial". El mismo ni siquiera fue aprobado por la Asamblea, ni publicado en *Gaceta Oficial*, sino que fue dictado por la "Junta Directiva de la Asamblea Nacional Constituyente y la Comisión de Emergencia Judicial autorizadas por la Asamblea en una sesión extraordinaria del 7 de octubre de

1999". O sea, la Asamblea se permitió, incluso, "delegar" en su Junta Directiva el supuesto poder constituyente originario que había asumido, hecho clandestino del cual no tuvieron conocimiento ni siquiera los mismos constituyentes. En todo caso, lo insólito de esta "delegación" fue que la fecha de emisión del Decreto fue el mismo día 7 de octubre de 1999, y ese mismo día fue reformado[253], razón por la cual no se entiende el porqué de tal delegación ni el por qué no fue sometido a la consideración de la plenaria de la Asamblea para su adopción por ella.

En este Decreto, en todo caso, se ordenó la inmediata suspensión de jueces contra quienes pesaran siete denuncias o más, o que tuvieran averiguaciones penales abiertas (art. 1), siendo el objeto inmediato de la suspensión, como medida cautelar, la separación del cargo de los jueces y su sometimiento a procedimientos disciplinarios (art. 3). El Decreto ordenaba, además, la incorporación de los suplentes de los jueces suspendidos (art. 2). Por otra parte, el Decreto ordenó la suspensión de los Inspectores de Tribunales por conductas omisivas (art. 4) y facultó a la Inspectoría General de Tribunales para la designación de inspectores interinos (art. 5). Por último, el Decreto facultó a la Comisión de Emergencia Judicial -el mismo órgano que participó en su adopción- para extender las medidas dictadas a otras situaciones graves (art. 9). Este Decreto de medidas cautelares, sin embargo, reguló un recurso contra las medidas ante la Sala Plena de la Corte Suprema de Justicia (art. 10), buscando garantizar de alguna manera el derecho a la defensa que había sido olvidado en el Decreto anterior.

Contra las medidas que al efecto dictaron los órganos comisionados para ello, se recurrió ante la Sala Político Administrativa del Tribunal Supremo de Justicia, que había sido creado por la propia Asamblea Nacional Constituyente luego de extinguir la antigua Corte Suprema de Justicia. Esta Sala en fecha 24 de marzo de 2000, dictó la sentencia N° 659, (Caso *Rosario Nouel*), en la cual declaró que:

> La Comisión de Emergencia Judicial, la Sala Administrativa del extinto Consejo de la Judicatura, así como la Inspectoría General de Tribunales ejercieron una competencia que les fue atribuida por la Asamblea Nacional Constituyente, y en consecuencia su competencia emanó de una *voluntad soberana.*

Esta vez fue la Sala Político Administrativa del nuevo y renovado Tribunal Supremo, que había sido creado el 22-12-99 por la propia Asamblea Nacional Constituyente en el Decreto sobre el "Régimen de Transición de

---

253. *Gaceta Oficial* N° 36.825 de 09-11-99.

los Poderes Públicos", la que en esta sentencia le atribuyó a las decisiones de la Asamblea, carácter de "voluntad soberana", es decir, directamente reconoció a la Asamblea la supuesta titularidad de la soberanía, lo que no tenía sentido, pues la única "voluntad soberana" que podía haber en el régimen constitucional era la que emanaba del pueblo, único titular de la soberanía, mediante el sufragio (elecciones) o votaciones (referenda).

En todo caso, con fundamento en estos Decretos se produjo la intervención del Poder Judicial, se destituyeron y suspendieron jueces, con precaria garantía al derecho a la defensa, se designaron suplentes e interinos sin sistema alguno de selección que no fuera la voluntad del designante, con lo cual, el Poder Judicial quedó signado por la provisionalidad, con su secuela de dependencia respecto del nuevo Poder, sin que se hubiera realizado concurso alguno para la selección de jueces[254].

El Decreto de Medidas Cautelares de Protección al Sistema Judicial fue impugnado por inconstitucionalidad ante la Corte Suprema de Justicia el 19 de noviembre de 1999, habiéndose decidido la causa por el nuevo Tribunal Supremo de Justicia, pero en Sala Constitucional, mediante sentencia del 2 de noviembre de 2000 N° 1320, (Caso *Gisela Aranda Hermida*), en la cual al declarar la inadmisibilidad de la acción, consideró que el Decreto era:

> Un producto del proceso constituyente recientemente vivido en Venezuela y que se encuentra dentro de los denominados actos constituyentes, respecto de los cuales esta misma Sala ha dejado sentado en anteriores oportunidades con fundamento en algunas sentencias pronunciadas por al entonces Corte Suprema de Justicia en Pleno- que, al tener "(...) su régimen fundamental en las preguntas y Bases Comiciales consultadas en el Referendo del 25 de abril de 1999", tales actos "(...) son para el ordenamiento que rige el proceso constituyente, 'de similar rango y naturaleza que la Constitución' como la cúspide de las normas del Proceso Constituyente", concluyendo así que, "(...) habiendo sido asimilado el rango de las Bases Comiciales con el más alto escalafón de la jerarquía normativa en el proceso constituyente, es esta Sala Constitucional el Tribunal competente para decidir las acciones intentadas contra los actos de ejecución de dichas Bases...

---

254. Casi dos años después, en agosto de 2001, Magistrados del Tribunal Supremo de Justicia admitían que más del 90% de los jueces de la República eran provisionales. Véase *El Universal*, Caracas 15-08-01, p. 1-4. En mayo de 2001 otros Magistrados del Tribunal Supremo reconocían el fracaso de la llamada "emergencia judicial". Véase *El Universal,* Caracas 30-05-01, p. 1-4.

Se destaca de esta sentencia la insólita decisión de atribuir carácter de "acto constituyente" de igual rango y naturaleza que la Constitución, no ya a una decisión de la Asamblea Nacional Constituyente, sino de su Junta Directiva y de una Comisión creada por la Asamblea. La complacencia al nuevo poder no encontró límites.

Por último, también como parte de la intervención del Poder Judicial, la Asamblea Nacional Constituyente, esta vez "en uso a la atribución a que se contrae el artículo 1° del Estatuto de Funcionamiento de la Asamblea y en conformidad con el artículo 1° del Decreto de Reorganización del Poder Judicial del 25 de agosto de 1999", dictó otro Decreto que confirió facultades a la Comisión de Emergencia Judicial "hasta el 16 de diciembre del presente año" (1999) para reglamentar el plan de evaluación de los jueces, determinar la permanencia o sustitución de los mismos y el régimen de selección y concursos (art. único)[255].

El resultado de toda esta intervención del Poder Judicial fue la designación indiscriminada de "nuevos" jueces sin concursos, muchos de los cuales quedaron dependientes del nuevo Poder que los había designado.

Pero lo más lamentable de todo este asalto al Poder Judicial, llevado a cabo por la Asamblea nacional Constituyente, con el cómplice silencio de la Corte Suprema, fue el Acuerdo adoptado por la propia Corte Suprema de Justicia de 23-08-99 y lo que produjo materialmente su "autodisolución".

En efecto, la Corte Suprema de Justicia, en fecha 23 de agosto de 1999, y con motivo de la decisión de la Asamblea de intervenir el Poder Judicial, adoptó un desafortunado Acuerdo[256], elaborado con ponencia de la magistrado Hildegard Rondón de Sansó, en el cual "fijó posición" ante el Decreto de Reorganización del Poder Judicial dictado por la Asamblea Nacional Constituyente; y sobre la designación de uno de sus propios magistrados (Alirio Abreu Burelli) como integrante de la ilegítima Comisión de Emergencia Judicial; con lo cual, como lo expresó la magistrado Cecilia Sosa Gómez, quien hasta ese momento presidía la Corte Suprema, al salvar su voto: "Estimo que al acatar el Decreto de la Asamblea Nacional Constituyente, la Corte Suprema de Justicia se autodisuelve".

Y así ocurrió, de hecho, tres meses después.

---

255. *Gaceta Oficial* N° 36.832 de 18-11-99.

256. Véanse nuestros comentarios sobre el Acuerdo en Allan R. Brewer-Carías, *Debate Constituyente,* Tomo I, *op. cit.,* pp. 141 y ss. Véanse además, los comentarios de Lolymar Hernández Camargo, *La Teoría del Poder Constituyente, cit,* pp. 75 y ss.

En efecto, en el Acuerdo, la Corte, sin duda ingenuamente y en un último intento de detener la avalancha inconstitucional que había provocado con sus imprecisiones, ratificó su "convicción" sobre el hecho de que la Asamblea Nacional Constituyente no había nacido "de un gobierno de *facto*, sino que surgió en un sistema de *iure* mediante un procedimiento al cual ella ha dado su respaldo"; y procedió a evaluar el Decreto "independientemente de los vicios que puedan afectarlo", lo cual resultaba a todas luces extraño, por sólo decir lo menos. No es concebible que un Tribunal Supremo que es juez constitucional pueda "evaluar" un acto estatal que sospecha viciado, independientemente de sus vicios, no pudiendo un Tribunal Supremo desdoblarse así, acomodaticiamente.

En todo caso, de esa "acéptica" evaluación, la Corte Suprema captó el compromiso de la Asamblea Nacional Constituyente de proceder de inmediato, a través de la citada Comisión, a la revisión de los expedientes de los jueces y a su evaluación. Consideró, además, la Corte, que la ejecución del proceso de reorganización judicial debía respetar los principios fundamentales del derecho a la defensa, de la racionalidad y proporcionalidad de las decisiones y de la independencia y autonomía del Poder Judicial, lo cual precisamente no se había hecho ni se garantizaba en el Decreto que evaluaba, ofreciendo sin embargo, "su contribución para el objetivo fundamental perseguido por el Decreto", para lo cual, aunque parezca mentira, autorizó al magistrado Abreu Burelli para integrar la Comisión, lo cual también, en forma increíble, fue aceptado por éste.

De nuevo, el lenguaje impreciso y ambiguo utilizado en el Acuerdo condujo a que varios Magistrados salvaran su voto. El magistrado Héctor Paradisi León estimó que el pronunciamiento de la Corte no respondía al ejercicio de sus atribuciones, dada las "motivaciones altamente políticas" del Decreto. El magistrado Hermes Harting consideró contradictorio el Acuerdo, pues el Decreto de la Asamblea "transgrede derechos como el ser juzgado por sus jueces naturales y la garantía del debido proceso" al atribuir a la Comisión de Reorganización Judicial, en desmedro de las atribuidas a la Corte Suprema de Justicia y al Consejo de la Judicatura. Similares contradicciones identificó el magistrado Héctor Grisanti Luciani. Finalmente, la magistrado Cecilia Sosa Gómez denunció la incoherencia del Acuerdo, al estimar que "Pretende convalidar el Decreto de la Asamblea dirigido directamente a desconocer el Estado de Derecho en el cual ha nacido".

Denunció, además, la Magistrada Sosa la contradicción del Acuerdo, pues al:

Respaldar el contenido del Decreto de Emergencia Judicial dictado por la Asamblea, (la Corte) desconoce rotundamente no sólo el contenido de sus sentencias sino los límites demarcados en las bases comiciales que gobiernan el funcionamiento de la Asamblea y el ordenamiento constitucional y legal, enteramente vigente y cuya garantía ha sido confiada a este Alto Tribunal.

Consideró, además, que la Corte, con el Acuerdo:

Reniega su propia jurisprudencia, que fijó la competencia de la Asamblea Nacional Constituyente, y, consecuentemente, ha mostrado su fragilidad y debilidad ante el Poder Político y, deberá su precaria permanencia al Presidente de la República, que magnánimamente no ha ordenado su disolución.

La magistrado Sosa, sin duda, tenía claro el panorama futuro de la Corte, cuyos magistrados fueron removidos tres meses después por la propia Asamblea Nacional Constituyente. Por ello, denunció, además, que con el Acuerdo, la Corte había permitido que la Asamblea enervara las facultades que el pueblo soberano:

Donde reside el único y verdadero poder originario", confirió a la Asamblea, pues a la Asamblea no se la había autorizado "para intervenir o sustituir los poderes constituidos, erigiéndose en una suerte de "super-poder" donde se concentran todas las potestades públicas.

Consideró que ello lo había logrado la Asamblea "con el respaldo del Acuerdo" cuyo contenido deploró.

Advirtió la magistrado Sosa que la Corte, "mediante un artilugio jurídico", se había sometido "a los designios de la Asamblea, aceptando que ella pueda sustituirse a la Corte Suprema de Justicia y al Poder Judicial, a través de una falsa colaboración". La Asamblea "no está por encima de la Constitución que le permitió existir" -dijo-, por lo que la Magistrado disidente denunció que con el Decreto, la Asamblea:

Se arrogó atribuciones del poder constituido, y olvidó que debe responder sólo a lo que el pueblo soberano le autorizó…; …ha violentado con esta actuación -validada por la Corte- esa Constitución, desconociendo abierta y flagrantemente sus postulados. Y, sin una Constitución simplemente no hay Democracia… con ese Decreto la Asamblea Nacional Constituyente rompió el equilibrio de esa Democracia.

La verdad es que ya lo había roto con anterioridad al haber perpetrado el golpe de Estado del cual el Decreto era una manifestación más, pero no la única. Finalmente, la magistrado Sosa denunció que más que "sumisión al Estado de Derecho", la Corte con el Acuerdo, había declarado su "sumisión a la Asamblea Nacional Constituyente"; y con ello, en definitiva su disolución, como en efecto ocurrió tres meses después. Por último, la magistrado Sosa hizo esta definitiva afirmación, que patentizó la actuación de la Corte:

> El miedo a desaparecer como Magistrados y el ansia de colaborar con una mayoría que se ha arrogado todos los poderes fue más grande que la dignidad y la defensa de los valores fundamentales que el Derecho y la Democracia imponen a la Corte Suprema de Justicia.

Basta glosar este voto salvado, tremendamente crítico, para entender la naturaleza del acto de sumisión de la Corte Suprema de Justicia a la Asamblea Nacional Constituyente. La magistrado Sosa, el mismo día del Acuerdo, renunció a su condición de Magistrado; y poco tiempo después, como se dijo, la mayoría de los otros Magistrados fueron sacados inmisericordemente de sus cargos, por el nuevo poder que ellos contribuyeron a entronizar, y del cual fueron sus primeras víctimas.

Como resulta de todo lo anteriormente expuesto, el proceso constituyente venezolano de 1999, institucionalmente comenzó a raíz de la ambigua sentencia de la Sala Político Administrativa de la Corte Suprema de Justicia de 19 de enero de 1999, en la cual fundamentándose en la consideración del derecho a la participación política como un derecho inherente a la persona humana, el Supremo Tribunal abrió la vía para que mediante referendo, la soberanía popular se manifestara para establecer un tercer mecanismo de revisión constitucional, distinto a la reforma y a la enmienda que regulaba la Constitución de 1961, consistente en la elección de una Asamblea Nacional Constituyente que cumpliera tal tarea.

Las sentencias de la Sala Político Administrativa que siguieron a las de enero, de marzo y abril de 1999[257], dejaron claramente sentado el criterio de que la Asamblea Nacional Constituyente, que se originaría del referendo del 25-4-99, surgía al calor de la interpretación de la Constitución de 1961, quedando sometida a la misma y a las bases comiciales (estatuto de la Constituyente) que se aprobaran en el referendo. Estas bases comiciales, como manifestación de la voluntad popular, es decir, del pueblo como soberano poder constituyente originario, adquirieron entonces rango constitucional (naturaleza igual y similar a la Constitución).

---

257. Véase en Allan R. Brewer-Carías, *Poder Constituyente Originario y Asamblea Nacional Constituyente, cit.*, pp. 25 a 55; 169-198; 223 a 250.

La Asamblea Nacional Constituyente, así, se configuraba como un instrumento para la revisión constitucional y nada más. Se trataba de un poder constituido que, aunque extraordinario, no podía usurpar la autoridad de los poderes constituidos ordinarios (los regulados en la Constitución de 1961) y, por supuesto, no podría tener carácter alguno de "poder constituyente originario" que sólo tiene el pueblo.

El intento del Presidente de la República y del Consejo Supremo Electoral de pretender incorporar a las bases comiciales una expresión que buscaba atribuir a la Asamblea algún poder constituyente originario en la base comicial octava, fue debidamente frustrado por la Sala Político Administrativa de la Corte Suprema de Justicia en la sentencia de 18-3-99, en la cual ordenó eliminar de la base comicial octava la frase que calificaba a la Asamblea "como poder originario que recoge la soberanía popular".

En todo caso, las imprecisiones y ambigüedades de las sentencias de la Sala, comenzando por las de 19-1-99, habrían de costarle caro, porque apenas se instaló la Asamblea Nacional Constituyente electa el 25-7-99, al aprobar su Estatuto de Funcionamiento, como se ha dicho, se autoatribuyó el carácter de "depositaria de la voluntad popular y expresión de su soberanía, con las atribuciones del poder originario".

Atrás quedaron los esfuerzos imprecisos de la Sala Político Administrativa. Con esta decisión se produjo un golpe de Estado, es decir, la asunción por un órgano constitucional de la potestad de desconocer la Constitución que en ese momento estaba vigente; auto atribuyéndose la facultad, supuestamente:

> En uso de las atribuciones que se le son inherentes, para limitar o decidir la cesación de las actividades de las autoridades que conformen el Poder Público.

De poder constituido extraordinario, la Asamblea decidió convertirse a sí misma en poder constituyente originario, usurpándoselo al pueblo, violentando su voluntad expresada en la Constitución que estaba vigente de 1961. En esta forma, se autoatribuyó el poder de desconocerla y violarla a su antojo y medida, al someter a todos los órganos del poder constituido ordinario a su voluntad. Precisamente fue por ello que en el Estatuto de Funcionamiento, la Asamblea dispuso que:

> Todos los organismos del Poder Público quedan sometidos a la Asamblea Nacional Constituyente, y están en la obligación de cumplir y hacer cumplir los actos jurídicos estatales que emita dicha Asamblea.

En cuanto a la Constitución de 1961, que era el texto vigente, como se ha dicho, la Asamblea resolvió que la misma, así como el resto del ordenamiento jurídico imperante:

Mantendrán su vigencia en todo aquello que no colida o sea contradictorio con los actos jurídicos y demás decisiones de la Asamblea Nacional Constituyente.

La Asamblea así, se autoatribuyó potestad constituyente para modificar la Constitución de 1961, no mediante la elaboración de un nuevo proyecto de Constitución que luego debía ser aprobado por el pueblo mediante referendo, sino directa e inmediatamente durante su funcionamiento mediante los llamados actos constituyentes, todo lo cual violaba las bases comiciales que habían sido aprobadas por el referendo, que habían dado origen a la propia Asamblea, a las que luego la Corte Suprema le atribuiría carácter supraconstitucional.

Con la aprobación del Estatuto de Funcionamiento, como hemos dicho, sin duda, la Asamblea dio un golpe de Estado contra la Constitución, desconociéndola, lo cual la Corte Suprema de Justicia no fue capaz de corregir. La Corte, quizás, creyó que podía salvarse de la guillotina constituyente, y como siempre sucede en estos procesos, fue la primera cabeza que rodó.

La Corte Suprema de Justicia, en efecto, fue llamada a pronunciarse sobra la violación, por el Decreto de regulación de las funciones del Poder Legislativo dictado por la Asamblea Nacional Constituyente, de las bases comiciales que se habían aprobado en el referendo del 25-4-99; pero la Corte en un acto de denegación de justicia, se abstuvo de considerar tal violación. Esta técnica de avestruz se produjo con la sentencia de la Corte Plena del 14-10-99, que lejos de corregir la usurpación de autoridad realizada por la Asamblea, "legitimó" la inconstitucionalidad.

Por ello, en los actos constituyentes posteriores, la Asamblea Nacional Constituyente siempre invocaría, precisamente, esta sentencia para ejercer sus pretendidos poderes de desconocer la Constitución. En todo caso, el primero de estos actos fue, también precisamente, el acto constituyente del 22-12-99, que destituyó a los propios Magistrados de la Corte Suprema de Justicia, que eliminó a la propia Corte y que creó, en su lugar, un Tribunal Supremo de Justicia, con nuevas Salas, designando a su gusto a los nuevos Magistrados. Muy pocos de la antiguos Magistrados de la Corte Suprema de Justicia aparecieron en el nuevo Tribunal Supremo de Justicia, pero uno que sí apareció seguro fue el Magistrado Presidente, Iván Rincón, ponente de la desafortunada sentencia de la Corte Plena del 14-10-99.

En todo caso, posteriormente, sería el Tribunal Supremo de Justicia creado el 22-12-99 por la propia Asamblea Nacional Constituyente e integrado por Magistrados afectos al nuevo poder, el que convalidaría todas las actuaciones de la Asamblea Nacional Constituyente adoptadas al margen y desconociendo la Constitución de 1961, admitiendo una supuesta "supremacía de la Asamblea Nacional Constituyente como poder constituyente".

En efecto, la sentencia N° 4 de 26-01-00 (Caso *Impugnación del Decreto de Régimen de Transición del Poder Público*), en esta forma, la Sala Constitucional del nuevo Tribunal Supremo de Justicia declaró improcedente el recurso, señalando expresamente que:

> Dado el *carácter originario del poder* conferido por el pueblo de Venezuela a la Asamblea Nacional Constituyente, mediante la pregunta N° 1 y la base comicial octava del referido referendo consultivo nacional, aprobado el 25 de abril de 1999, y por tanto, *la no sujeción de este poder al texto constitucional* vigente para la época...

Posteriormente, el mismo Tribunal Supremo de Justicia en la misma Sala Constitucional consideró los actos de la Asamblea Nacional Constituyente como de naturaleza "supraconstitucional". Así lo señaló en la sentencia de 21-01-00 con motivo de otra impugnación del Decreto sobre "Régimen de Transición del Poder Público"; y de nuevo en otra sentencia con el mismo objeto de 20-06-00 (Caso *Mario Pesci Feltri*), en la cual la Sala Constitucional señaló que:

> Las normas sancionadas por la Asamblea Nacional Constituyente tienen un fundamento supraconstitucional respecto de la Constitución de 1961 y constitucional respecto de la de 1999.

Hasta ese momento, lo que se había considerado como de carácter supraconstitucional era únicamente la voluntad popular expresada en el referendo del 25-4-99; ahora, el Tribunal Supremo "equiparaba" los actos de la Asamblea, que era un órgano representativo del pueblo, a los del propio pueblo y reconociéndole tal igual carácter, se derivaba, entonces, que la Asamblea podía modificar la propia voluntad popular, lo cual era una aberración constitucional.

La misma Sala Constitucional, posteriormente, agregó lo siguiente al considerar la denuncia de violación por el "Decreto de Régimen de Transición del Poder Público", de la Asamblea, del artículo 262 de la Constitución de 1999:

> Esta Sala una vez más sostiene que la Asamblea Nacional Constituyente, como órgano del poder originario y en ejercicio de la competencia que es

inherente a la organicidad de ese poder originario, podía dentro de la segunda etapa de transitoriedad antes referida -además de dictar, abrogar, derogar o modificar normas-, disponer la integración provisional de las nuevas estructuras políticas creadas por el nuevo Texto Fundamental, en aquello no definido de manera expresa por dicho cuerpo de normas.

Posteriormente, la misma Sala Constitucional del Tribunal Supremo consolidó el carácter de "poder constituyente originario" de la Asamblea Nacional al dictar la sentencia N° 180 de 23 de marzo de 2000 (Caso *Allan R. Brewer-Carías y otros, impugnación del Estatuto Electoral del Poder Público*), en el cual señaló entre otros aspectos, bajo la ponencia del magistrado Jesús Eduardo Cabrera, lo siguiente:

> Desde el 25 de abril de 1999, comenzó un régimen transitorio cuya finalidad no sólo era discutir y aprobar una nueva Constitución, por medio de la Asamblea Nacional Constituyente sino que según la pregunta 1° del Referendo Consultivo, la Asamblea se convirtió en un órgano con potestad para transformar el Estado y crear un nuevo ordenamiento jurídico que permitiera el funcionamiento efectivo de una democracia social y participativa. Ese régimen transitorio finalizó con la aprobación de la Constitución de la República Bolivariana de Venezuela, pero dentro de este devenir, la Asamblea Nacional Constituyente decretó, el 12 de agosto de 1999 (publicado en la *Gaceta Oficial* de la República de Venezuela N° 36.764, del 13 de agosto de 1999) la reorganización de todos los Poderes Públicos y reformó las funciones del Poder Legislativo.

Durante este régimen transitorio, estuvo vigente la Constitución de la República de Venezuela de 1961, en lo que no colidiese con el régimen jurídico que creaba la Asamblea, ya que ésta ejercía en forma originaria el poder constituyente, por ser emanación del pueblo soberano, y por tanto, no existía norma superior preestablecido por encima de sus determinaciones, lo cual fue reconocido por sentencia de fecha 14 de octubre de 1999, emanada de la Sala Plena de la extinta Corte Suprema de Justicia. Así, las normas sancionadas por la Asamblea Nacional Constituyente tuvieron un fundamento supraconstitucional con respecto a la Constitución de la República de Venezuela de 1961, y conforman un sistema de rango equivalente a la Constitución, pero de vigencia determinada, con respecto a la Constitución que elaboraba. Tal sistema, nacido de un poder constituyente e indivisible, situado por encima de las ramas del Poder Público, está destinado a regir toda la transitoriedad, hasta el momento en que los Poderes Públicos sean electos e inicien el ejercicio de sus competencias; es decir, que su teleología, consiste en "*la implantación efectiva de la organización y funcionamiento de las instituciones previstas en la Constitución aprobada*" (artículo 3 del decreto que creó el Régimen de Transición del Poder

Público, publicado con anterioridad a la entrada en vigencia de la Constitución de 1999).

Así, progresivamente, el juez constitucional, de "guardián de la Constitución", que debía ser, primero representado en la Corte Suprema de Justicia por su ingenuidad al abrir la "Caja de Pandora" constituyente y llegar a someterse a la propia Asamblea Nacional Constituyente; y luego, representado en el nuevo Tribunal Supremo de Justicia, creado por dicha Asamblea cuando extinguió a la Corte Suprema, y que ha sido el instrumento para la consolidación del autoritarismo; pasó a ser el amanuense de la Constitución del guardián, y durará en sus funciones hasta que le sirva y no le estorbe.

Caracas, julio 1999 / julio 2002

SEXTA PARTE:

EL JUEZ CONSTITUCIONAL CONTRA LA CORTE INTERAMERICANA DE DERECHOS HUMANOS: TRES SENTENCIAS

El ejercicio por parte del juez constitucional en Venezuela, de un "control de constitucionalidad" respecto de las sentencias de la Corte Interamericana de Derechos Humanos para declararlas inejecutables, y para exhortar al Poder Ejecutivo a denunciar la Convención Americana de Derechos Humanos

PRIMERA SENTENCIA (Caso: MAGISTRADOS DE LA CORTE PRIMERA DE LO CONTENCIOSO ADMINISTRATIVO):

Sentencia de la Sala Constitucional Nº 1.939 de 18 de diciembre de 2008 (Caso *Gustavo Álvarez Arias y otros – Estado venezolano - vs. Corte Interamericana de Derechos Humanos*) que declaró inejecutable en Venezuela la sentencia de 5 de agosto de 2008 de la Corte Interamericana (caso *Apitz Barbera y otros ("Corte Primera de lo Contencioso Administrativo" vs. Venezuela*)), condenando al Estado por violación de los derechos de los exmagistrados destituidos de sus cargos en 2003, en violación de la Constitución y las leyes y las previsiones de la Convención Americana de Derechos Humanos.

La Sala Constitucional del Tribunal Supremo de Justicia de Venezuela aun siendo el Estado Venezolano parte de la Convención Americana de Derechos Humanos y sujeto a la jurisdicción de Corte Interamericana de Derechos Humanos, mediante sentencia N° 1.939 de 18 de diciembre de 2008 (Caso *Gustavo Álvarez Arias y otros*) declaró inejecutable en Venezuela la sentencia de la Corte Interamericana de Derechos Humanos de fecha 5 de agosto de 2008, que había sido dictada en el caso de los exmagistrados de la Corte Primera de lo Contencioso Administrativo (*Apitz Barbera y otros ("Corte Primera de lo Contencioso Administrativo" vs.*

Venezuela), quienes habían sido destituidos de sus cargos en 2003, en violación de la Constitución y las leyes. [258]

La sentencia de la Sala Constitucional se dictó en un proceso que fue iniciado por abogados del Estado, es decir, de la Procuraduría General de la República que es órgano dependiente del Ejecutivo Nacional, en contra de la sentencia de la Corte Interamericana que había sido dictada condenando al Estado, conforme a la petición que había sido formulada por la Comisión Interamericana de Derechos Humanos a petición de dichos ex magistrados la Corte Primera de lo Contencioso Administrativo. La Corte Interamericana, en su sentencia, decidió que el Estado Venezolano había violado las garantías judiciales de los magistrados establecidas en la Convención Americana, al haberlos destituido de sus cargos, condenando en consecuencia al Estado a pagar las compensaciones prescritas, a reincorporarlos en sus cargos o en cargos similares, y a publicar el fallo en la prensa venezolana.[259]

Esta decisión, adoptada por un Juez Constitucional sometido al Poder en el marco de un régimen autoritario, puede decirse que es la culminación de un proceso jurisprudencial que dicho Juez Constitucional había venido desarrollando, que comenzó con el desconocimiento del rango supra constitucional de los tratados internacionales que establece el artículo 23 de la Constitución, y que precisamente culminó con desconocimiento de las decisiones de un tribunal internacional, como es la Corte Interamericana de Derechos Humanos, que fue creada por la Convención Americana de Derechos Humanos ratificada por Venezuela en 1977, país que también reconoció la jurisdicción de la Corte Interamericana en 1981.

---

258. En sobre la sentencia: Allan R. Brewer-Caías, "La interrelación entre los Tribunales Constitucionales de América Latina y la Corte Interamericana de Derechos Humanos, y la cuestión de la inejecutabilidad de sus decisiones en Venezuela," en *Gaceta Constitucional. Análisis multidisciplinario de la jurisprudencia del Tribunal Constitucional*, Gaceta Jurídica, Tomo 16 Año 2009, Lima 2009, pp. 17-48; en *Anuario Iberoamericano de Justicia Constitucional*, Centro de Estudios Políticos y Constitucionales, N° 13, Madrid 2009, pp. 99-136; y en Armin von Bogdandy, Flavia Piovesan y Mariela Morales Antonorzi (Coodinadores), *Direitos Humanos, Democracia e Integracao Jurídica na América do Sul*, Lumen Juris Editora, Rio de Janeiro 2010, pp. 661-701.

259. Ver página www.corteidh.or.cr. Excepción Preliminar, Fondo, Reparaciones y Costas, Serie C N° 182.

I. LA JERARQUÍA SUPRA CONSTITUCIONAL DE LOS TRATADOS INTERNACIONALES EN MATERIA DE DERECHOS HUMANOS Y SU DESCONOCIMIENTO POR LA SALA CONSTITUCIONAL

Siguiendo una tendencia universal contemporánea, que ha permitido a los tribunales constitucionales la aplicación directa de los tratados internacionales en materia de derechos humanos para su protección, ampliando progresivamente el elenco de los mismos, en el propio texto de las Constituciones se ha venido progresivamente reconociendo en forma expresa el rango normativo de los referidos tratados, de manera que en la actualidad pueden distinguirse cuatro rangos diversos reconocidos en el derecho interno, rango supra constitucional, rango constitucional, rango supra legal o rango legal.[260]

En el caso de la Constitución venezolana se ha considerado que el rango otorgado a dichos tratados en materia de derechos humanos ha sido el rango *supra constitucional,* es decir, un rango superior respecto de las propias normas constitucionales, los cuales deben prevalecer sobre las mismas en caso de regulaciones más favorables a su ejercicio.

En efecto, como es sabido, el artículo 23 de la Constitución de 1999 dispone lo siguiente:

> Artículo 23. Los tratados, pactos y convenciones relativos a derechos humanos, suscritos y ratificados por Venezuela, tienen jerarquía constitucional y prevalecen en el orden interno, en la medida en que contengan normas sobre su goce y ejercicio más favorables a las establecidas en esta Constitución y en las leyes de la República, y son de aplicación inmediata y directa por los tribunales y demás órganos del Poder Público.

Este artículo de la Constitución, sin duda, es uno de los más importantes en materia de derechos humanos[261], ya que además, establece la apli-

---

260 En relación con esta clasificación general, véase: Rodolfo E. Piza R., *Derecho internacional de los derechos humanos: La Convención Americana*, San José 1989; y Carlos Ayala Corao, "La jerarquía de los instrumentos internacionales sobre derechos humanos", en *El nuevo derecho constitucional latinoamericano, IV Congreso venezolano de Derecho constitucional*, Vol. II, Caracas 1996 y *La jerarquía constitucional de los tratados sobre derechos humanos y sus consecuencias*, México, 2003; Humberto Henderson, "Los tratados internacionales de derechos humanos en el orden interno: la importancia del principio *pro homine*", en *Revista IIDH,* Instituto Interamericano de Derechos Humanos, N° 39, San José 2004, pp. 71 y ss. Véase también, Allan R. Brewer-Carías, *Mecanismos nacionales de protección de los derechos humanos, Instituto Internacional de Derechos Humanos*, San José, 2004, pp. 62 y ss.

261 La incorporación de este artículo en el texto de la Constitución, se hizo a propuesta nuestra. Véase Allan R. Brewer-Carías, *Debate Constituyente, (Aportes a la Asam-*

cación inmediata y directa de dichos tratados por los tribunales y demás autoridades del país. Su inclusión en la Constitución, sin duda, fue un avance significativo en la construcción del esquema de protección de los derechos humanos, que se aplicó por los tribunales declarando la prevalencia de las normas de Convención Americana de Derechos Humanos en relación con normas constitucionales y legales, antes de que la Sala Constitucional comenzara a dictar decisión restrictiva.

Fue el caso, por ejemplo, del derecho a la revisión judicial de sentencias, a la apelación o derecho a la segunda instancia que en materia contencioso administrativa se excluía en la derogada Ley Orgánica de la Corte Suprema de Justicia de 1976,[262] respecto de la impugnación de actos administrativos emanados de institutos autónomos o Administraciones independientes'. En esos casos se establecía una competencia de única instancia de la Corte Primera de lo Contencioso Administrativa, sin apelación ante la Sala Político Administrativa de la Corte Suprema. La Constitución de 1999 solo reguló como derecho constitucional el derecho de apelación en materia de juicios penales a favor de la persona declarada culpable (art. 40,1); por lo que en el mencionado caso de juicios contencioso administrativos, no existía una garantía constitucional expresa a la apelación, habiendo sido siempre declarada inadmisible la apelación contra las decisiones de única instancia de la Corte Primera de lo Contencioso.

Sin embargo, después de la entrada en vigencia de la Constitución de 1999, al ejercerse recursos de apelación contra decisiones de la Corte Primera de lo Contencioso Administrativa para ante la Sala Político Administrativa del Tribunal Supremo, alegándose la inconstitucionalidad de la norma de la Ley Orgánica que limitaba el derecho de apelación en ciertos casos, la Corte Primera, en ejercicio del control difuso de constitucionalidad, comenzó a admitir la apelación basándose en que el derecho de apelar las decisiones judiciales ante el tribunal superior se establece en el artículo 8,2,h de la Convención Americana de Derechos Humanos, la cual se consideró como formando parte del derecho constitucional interno del país. El tema finalmente también llegó a decisión por la Sala Constitucional del Tribunal Supremo, la cual en 2000 resolvió reconocer y declarar con fundamento en la disposición prevista en el artículo 23 de la Constitución:

---

blea Nacional Constituyente), Fundación de Derecho Público, Caracas 1999, pp. 88 y ss. y 111 y ss.

262 Véase los comentarios en Allan R. Brewer-Carías y Josefina Calcaño de Temeltas, *Ley Orgánica de la Corte Suprema de Justicia*, Editorial Jurídica Venezolana, Caracas 1978.

"que el artículo 8, numerales 1 y 2 (literal h), de la Convención America-na sobre Derechos Humanos, forma parte del ordenamiento constitu-cional de Venezuela; que las disposiciones que contiene, declaratorias del derecho a recurrir del fallo, son más favorables, en lo que concierne al goce y ejercicio del citado derecho, que la prevista en el artículo 49, numeral 1, de dicha Constitución; y que son de aplicación inmediata y directa por los tribunales y demás órganos del Poder Público"[263].

Sin embargo, desafortunadamente, la clara disposición constitucional del artículo 23, tres años después, fue interpretada por la Sala Constitu-cional del Tribunal Supremo de Justicia, en una forma abiertamente con-traria a este precedente, al texto de la norma y a lo que fue la intención del constituyente.

En efecto, en la sentencia N° 1.492 del 7 de julio de 2003,[264] al decidir una acción popular de inconstitucionalidad intentada contra varias normas del Código Penal contentivas de normas llamadas "leyes de desacato" por violación de la libertad de expresión y, en particular, de lo dispuesto en

---

263 Sentencia N° 87 del 13 de marzo de 2000, Caso *C.A. Electricidad del Centro (Ele-centro) y otra vs. Superintendencia para la Promoción y Protección de la Libre Competencia. (Procompetencia)*, en *Revista de Derecho Público*, N° 81, Editorial Ju-rídica Venezolana, Caracas 2000, pp. 157. La Sala Constitucional incluso resolvió el caso estableciendo una interpretación obligatoria, que exigía la re-redacción de la Ley Orgánica, disponiendo lo siguiente: "En consecuencia, visto que el último apar-te, primer párrafo, del artículo 185 de la Ley Orgánica de la Corte Suprema de Justi-cia, dispone lo siguiente: "Contra las decisiones que dicto dicho Tribunal en los asun-tos señalados en los ordinales 1 al 4 de este artículo no se oirá recurso alguno"; visto que la citada disposición es incompatible con las contenidas en el artículo 8, numera-les 1 y 2 (literal h), de la Convención Americana sobre Derechos Humanos, las cua-les están provistas de jerarquía constitucional y son de aplicación preferente; visto que el segundo aparte del artículo 334 de la Constitución de la República establece lo siguiente: "En caso de incompatibilidad entre esta Constitución y una ley u otra nor-ma jurídica, se aplicarán las disposiciones constitucionales, correspondiendo a los tribunales en cualquier causa, aun de oficio, decidir lo conducente", ésta Sala acuerda dejar sin aplicación la disposición transcrita, contenida en el último aparte, primer párrafo, del artículo 185 de la Ley Orgánica en referencia, debiendo aplicarse en su lugar, en el caso de la sentencia que se pronuncie, de ser el caso, sobre el recurso contencioso administrativo de anulación interpuesto por la parte actora ante la Corte Primera de lo Contencioso Administrativo (expediente N° 99-22167), la disposición prevista en el último aparte, segundo párrafo, del artículo 185 *eiusdem*, y la cual es del tenor siguiente: 'Contra las sentencias definitivas que dicte el mismo Tribunal ... podrá interponerse apelación dentro del término de cinco días, ante la Corte Suprema de Justicia (rectius: Tribunal Supremo de Justicia)'. Así se decide." *Idem*, p. 158.

264 Véase en *Revista de Derecho Público*, N° 93-96, Editorial Jurídica Venezolana, Caracas 2003, pp. 136 y ss.

tratados y convenciones internacionales, la Sala Constitucional de dicho Tribunal Supremo, resolvió que siendo la misma el máximo y último intérprete de la Constitución, "al incorporarse las normas sustantivas sobre derechos humanos, contenidas en los Convenios, Pactos y Tratados Internacionales a la jerarquía constitucional...a la efectos del derecho interno es esta Sala Constitucional [la] que determina el contenido y alcance de las normas y principios constitucionales (artículo 335 constitucional), entre las cuales se encuentran las de los Tratados, Pactos y Convenciones suscritos y ratificados legalmente por Venezuela, relativos a derechos humanos." En esta forma, la Sala Constitucional concluyó su decisión señalando que "es la Sala Constitucional quien determina cuáles normas sobre derechos humanos de esos tratados, pactos y convenios, prevalecen en el orden interno; al igual que cuáles derechos humanos no contemplados en los citados instrumentos internacionales tienen vigencia en Venezuela," limitando así el poder general de los jueces al ejercer el control difuso de la constitucionalidad, de poder aplicar directamente y dar prevalencia en el orden interno a las normas de la Convención Americana.

Finalmente, en la sentencia mencionada al inicio N° 1.939 de 18 de diciembre de 2008 (Caso *Gustavo Álvarez Arias y otros*) la Sala Constitucional al declarar inejecutable la sentencia de la Corte Interamericana de Derechos Humanos, de fecha 5 de agosto de 2008, dictada en el caso de los ex-magistrados de la Corte Primera de lo Contencioso Administrativo (*Apitz Barbera y otros ("Corte Primera de lo Contencioso Administrativo") vs. Venezuela*), resolvió definitivamente que

> "el citado artículo 23 de la Constitución no otorga a los tratados internacionales sobre derechos humanos rango "*supraconstitucional*", por lo que, en caso de antinomia o contradicción entre una disposición de la Carta Fundamental y una norma de un pacto internacional, correspondería al Poder Judicial determinar cuál sería la aplicable, tomando en consideración tanto lo dispuesto en la citada norma como en la jurisprudencia de esta Sala Constitucional del Tribunal Supremo de Justicia, atendiendo al contenido de los artículos 7, 266.6, 334, 335, 336.11 *eiusdem* y el fallo número 1077/2000 de esta Sala."

A los efectos de fundamentar su decisión, y rechazar la existencia de valores superiores no moldeables por el proyecto político autoritario, la Sala aclaró los siguientes conceptos:

> "Sobre este tema, la sentencia de esta Sala N° 1309/2001, entre otras, aclara que el derecho es una teoría normativa puesta al servicio de la política que subyace tras el proyecto axiológico de la Constitución y que la interpretación debe comprometerse, si se quiere mantener la supremacía

de la Carta Fundamental cuando se ejerce la jurisdicción constitucional atribuida a los jueces, con la mejor teoría política que subyace tras el sistema que se interpreta o se integra y con la moralidad institucional que le sirve de base axiológica (*interpretatio favor Constitutione*). Agrega el fallo citado: "en este orden de ideas, los estándares para dirimir el conflicto entre los principios y las normas deben ser compatibles con el proyecto político de la Constitución (Estado Democrático y Social de Derecho y de Justicia) y no deben afectar la vigencia de dicho proyecto con elecciones interpretativas ideológicas que privilegien los derechos individuales a ultranza o que acojan la primacía del orden jurídico internacional sobre el derecho nacional en detrimento de la soberanía del Estado".

Concluyó la sentencia indicando que "no puede ponerse un sistema de principios supuestamente absoluto y suprahistórico por encima de la Constitución" y que son inaceptables las teorías que pretenden limitar "so pretexto de valideces universales, la soberanía y la autodeterminación nacional". En el mismo sentido, la sentencia de esta Sala N° 1265/2008 estableció que en caso de evidenciarse una contradicción entre la Constitución y una convención o tratado internacional, "deben prevalecer las normas constitucionales que privilegien el interés general y el bien común, debiendo aplicarse las disposiciones que privilegien los intereses colectivos (…) sobre los intereses particulares…" [265]

En esta forma, la Sala Constitucional en el Venezuela dispuso una ilegítima mutación constitucional, reformando el artículo 23 de la Constitución al eliminar el carácter supranacional de la Convención Americana de Derechos Humanos en los casos en los cuales contenga previsiones más favorables al goce y ejercicio de derechos humanos respecto de las que están previstas en la propia Constitución.

Debe advertirse que esa fue una de las propuestas de reforma que se formularon por el "Consejo Presidencial para la Reforma de la Constitución," designado por el Presidente de la República Hogo Chávez,[266] en su informe de junio de 2007,[267] en el cual en relación con el artículo 23 de la

---

265 Véase en http://www.tsj.gov.ve/decisiones/scon/Diciembre/1939-181208-2008-08-1572.html.

266 Véase Decreto N° 5138 de 17-01-2007, *Gaceta Oficial* N° 38.607 de 18-01-2007.

267 El documento circuló en junio de 2007 con el título Consejo Presidencial para la Reforma de la Constitución de la República Bolivariana de Venezuela, "Modificaciones propuestas". El texto completo fue publicado como Proyecto de Reforma Constitucional. Versión atribuida al Consejo Presidencial para la reforma de la Constitución de la república Bolivariana de Venezuela, Editorial Atenea, Caracas 01 de julio de 2007, 146 pp.

Constitución, se buscaba eliminaba totalmente la jerarquía constitucional de las previsiones de los tratados internacionales de derechos humanos y su prevalencia sobre el orden interno, formulándose la norma sólo en el sentido de que: "los tratados, pactos y convenciones relativos a derechos humanos, suscritos y ratificados por Venezuela, mientras se mantenga vigentes, forma parte del orden interno, y son de aplicación inmediata y directa por los órganos del Poder Público".

Esa propuesta de reforma constitucional que afortunadamente no llegó a cristalizar, pues fue rechazada por el pueblo mediante referendo, era un duro golpe al principio de la progresividad en la protección de los derechos que se recoge en el artículo 19 de la Constitución, que no permite regresiones en la protección de los mismos.[268] Sin embargo, lo que no pudo hacer el régimen autoritario mediante una reforma constitucional, la cual al final fue rechazada por el pueblo, lo hizo la Sala Constitucional del Tribunal Supremo en su larga carrera al servicio del autoritarismo.[269]

II. LA OBLIGATORIEDAD DE LAS DECISIONES DE LA CORTE INTERAMERICANA DE DERECHOS HUMANOS Y LA DECLARATORIA DE SU "INEJECUTABILIDAD" POR REGÍMENES AUTORITARIOS

Pero además del desconocimiento del rango supra constitucional de la Convención Americana de Derechos Humanos, la Sala Constitucional en la sentencia indicada desconoció las decisiones de la Corte Interamericana de Derechos Humanos, declarándolas inejecutables, contrariando el régimen internacional de los tratados.

En el caso de la Convención Americana de Derechos Humanos una vez que los Estados Partes han reconocido la jurisdicción de la Corte Interamericana de Derechos Humanos, conforme al artículo 68.1 de la Convención, los mismos "se comprometen a cumplir la decisión de la Corte en todo caso en que sean partes."

Como lo señaló la Corte Interamericana de Derechos Humanos en la decisión del Caso *Castillo Petruzzi*, sobre "Cumplimiento de sentencia"

---

268 Véase esta proyectada reforma constitucional Allan R. Brewer-Carías, *Hacia la consolidación de un Estado Socialista, Centralizado, Policial y Militarista. Comentarios sobre el sentido y alcance de las propuestas de reforma constitucional 2007*, Colección Textos Legislativos, N° 42, Editorial Jurídica Venezolana, Caracas 2007, pp. 122 y ss.

269 Véase entre otros aspectos, los contenidos en el libro Allan R. Brewer-Carías, *Crónica sobre la "In" Justicia Constitucional. La Sala Constitucional y el autoritarismo en Venezuela*, Colección Instituto de Derecho Público, Universidad Central de Venezuela, N° 2, Caracas 2007.

del 7 de noviembre de 1999 (Serie C, núm. 59), "Las obligaciones convencionales de los Estados parte vinculan a todos los poderes y órganos del Estado," (par. 3) agregando "Que esta obligación corresponde a un principio básico del derecho de la responsabilidad internacional del Estado, respaldado por la jurisprudencia internacional, según el cual los Estados deben cumplir sus obligaciones convencionales de buena fe (*pacta sunt servanda*) y, como ya ha señalado esta Corte, no pueden por razones de orden interno dejar de asumir la responsabilidad internacional ya establecida." (par. 4).[270]

No han faltado Estados, sin embargo, que se hayan rebelado contra las decisiones de la Corte Interamericana y hayan pretendido eludir su responsabilidad en el cumplimiento de las mismas. Esa sentencia de la Corte Interamericana es prueba de ello, dictada precisamente con motivo de la ejecución de la sentencia del Caso *Castillo Petruzzi* del de 30 de mayo de 1999 (Serie C, núm. 52), en la cual la Corte Interamericana declaró que el Estado peruano había violado los artículos 20; 7.5; 9; 8.1; 8.2.b,c,d y f; 8.2.h; 8.5; 25; 7.6; 5; 1.1 y 2, declarando además "la invalidez, por ser incompatible con la Convención, del proceso en contra de los señores Jaime Francisco Sebastián Castillo Petruzzi" y otros, ordenando "que se les garantice un nuevo juicio con la plena observancia del debido proceso legal," y además, "al Estado adoptar las medidas apropiadas para reformar las normas que han sido declaradas violatoria de la Convención Americana sobre Derechos Humanos en la presente sentencia y asegurar el goce de los derechos consagrados en la Convención Americana sobre derechos Humanos a todas las personas que se encuentran bajo su jurisdicción, sin excepción alguna."[271]

En relación con esa decisión de la Corte Interamericana, según informa la sentencia que comentamos N° 1.939 de la Sala Constitucional del Tribunal Supremo de Venezuela de 18 de diciembre de 2008 (Caso *Abogados Gustavo Álvarez Arias y otros*), en la cual también se declaró inejecutable una sentencia de la Corte Interamericana de Derechos Humanos, la Sala Plena del Consejo Supremo de Justicia Militar del Perú se negó a ejecutar el fallo, considerando entre otras cosas:

> "que el poder judicial "es autónomo y en el ejercicio de sus funciones sus miembros no dependen de ninguna autoridad administrativa, lo que

---

270 Sergio García Ramírez (Coord.), *La Jurisprudencia de la Corte Interamericana de Derechos Humanos*, Universidad Nacional Autónoma de México, Corte Interamericana de Derechos Humanos, México, 2001, pp. 628-629.

271 *Idem*, pp. 626-628.

demuestra un clamoroso desconocimiento de la Legislación Peruana en la materia"; que "pretenden desconocer la Constitución Política del Perú y sujetarla a la Convención Americana sobre Derechos Humanos en la interpretación que los jueces de dicha Corte efectúan *ad-libitum* en esa sentencia"; que el fallo cuestionado, dictado por el Tribunal Supremo Militar Especial, adquirió la fuerza de la cosa juzgada, "no pudiendo por lo tanto ser materia de un nuevo juzgamiento por constituir una infracción al precepto constitucional"; que "en el hipotético caso que la sentencia dictada por la Corte Interamericana fuera ejecutada en los términos y condiciones que contiene, existiría un imposible jurídico para darle cumplimiento bajo las exigencias impuestas por dicha jurisdicción supranacional", pues "sería requisito ineludible que previamente fuera modificada la Constitución" y que "la aceptación y ejecución de la sentencia de la Corte en este tema, pondría en grave riesgo la seguridad interna de la República." [272]

Precisamente frente a esta declaratoria por la Sala Plena del Consejo Supremo de Justicia Militar del Perú sobre la inejecutabilidad del fallo de 30 de mayo de 1999 de la Corte Interamericana de Derechos Humanos en el Perú, fue que la misma Corte Interamericana dictó el fallo subsiguiente, antes indicado, de 7 de noviembre de 1999, declarando que "el Estado tiene el deber de dar pronto cumplimiento a la sentencia de 30 de mayo de 1999 dictada por la Corte Interamericana en el caso *Castillo Petruzzi y otros*."[273] Ello ocurrió durante el régimen autoritario que tuvo el Perú en la época del Presidente Fujimori, y que condujo a que dos meses después de dictarse la sentencia de la Corte Interamericana del 30 de mayo de 1999, el Congreso del Perú aprobase el 8 de julio de 1999 el retiro del reconocimiento de la competencia contenciosa de la Corte, lo que se depositó al día siguiente en la Secretaría General de la OEA/ Este retiro fue declarado inadmisible por la propia Corte Interamericana, en la sentencia del caso *Ivcher Bronstein* de 24 de septiembre de 1999, considerando que un "Estado parte sólo puede sustraerse a la competencia de la Corte mediante la denuncia del tratado como un todo."[274]

---

272 Véase en http://www.tsj.gov.ve/decisiones/scon/Diciembre/1939-181208-2008-08-1572.html.

273 Sergio García Ramírez (Coord.), *La Jurisprudencia de la Corte Interamericana de Derechos Humanos,* Universidad Nacional Autónoma de México, Corte Interamericana de Derechos Humanos, México, 2001, p. 629.

274 *Idem*, pp. 769-771. En todo caso, posteriormente en 2001 Perú derogó la Resolución de julio de 1999, restableciéndose a plenitud la competencia de la Corte interamericana para el Estado.

En el caso de Venezuela, la Sala Constitucional del Tribunal Supremo también declarado como inejecutable en la mencionada decisión N° 1.939 de 18 de diciembre de 2008 (Caso *Abogados Gustavo Álvarez Arias y otros*), la sentencia de la Corte Interamericana de Derechos Humanos Primera de 5 de agosto de 2008 en el caso *Apitz Barbera y otros ("Corte Primera de lo Contencioso Administrativo") vs. Venezuela,* en la cual como se ha dicho, decidió que el Estado Venezolano había violado las garantías judiciales establecidas en la Convención Americana de los jueces de la Corte Primera de lo Contencioso Administrativo que habían sido destituidos, condenando al Estado a pagar las compensaciones prescritas, a reincorporarlos en sus cargos o en cargos similares y a publicar el fallo en la prensa venezolana.[275]

En su sentencia, además de declarar inejecutable dicho fallo, la Sala Constitucional solicitó al Ejecutivo Nacional que denunciara la Convención Americana de Derechos Humanos, acusando a la Corte Interamericana de haber usurpado el poder del Tribunal Supremo.

El tema como se ha dicho, ya lo había adelantado la Sala Constitucional en su conocida sentencia N° 1.942 de 15 de julio de 2003 (Caso: *Impugnación de artículos del Código Penal, Leyes de desacato*),[276] en la cual al referirse a los Tribunales Internacionales "comenzó declarando en general, que en Venezuela "por encima del Tribunal Supremo de Justicia y a los efectos del artículo 7 constitucional, no existe órgano jurisdiccional alguno, a menos que la Constitución o la ley así lo señale, y que aun en este último supuesto, la decisión que se contradiga con las normas constitucionales venezolanas, carece de aplicación en el país, y así se declara."

En esa decisión, la Sala continuó distinguiendo respecto de los Tribunales Internacionales, aquellos de carácter supranacional como los de integración, basados en los artículos 73 y 153 de la Constitución que "contemplan la posibilidad que puedan transferirse competencias venezolanas a órganos supranacionales, a los que se reconoce que puedan inmiscuirse en la soberanía nacional;"[277] de aquellos de carácter Multinaciona-

---

275 Véase en www.corteidh.or.cr. Excepción Preliminar, Fondo, Reparaciones y Costas, Serie C, N° 182.

276 Véase en *Revista de Derecho Público*, N° 93-96, Editorial Jurídica Venezolana, Caracas 2003, pp. 136 ss.

277 En este caso de tribunales creados en el marco de un proceso de integración supranacional, la Sala puntualizó que "Distinto es el caso de los acuerdos sobre integración donde la soberanía estatal ha sido delegada, total o parcialmente, para construir una soberanía global o de segundo grado, en la cual la de los Estados miembros se di-

les y Transnacionales "que nacen porque varias naciones, en determinadas áreas, escogen un tribunal u organismo común que dirime los litigios entre ellos, o entre los países u organismos signatarios y los particulares nacionales de esos países signatarios," considerando que en estos casos "no se trata de organismos que están por encima de los Estados Soberanos, sino que están a su mismo nivel." En esta última categoría clasificó precisamente a la Corte Interamericana de Derechos Humanos, considerando que en estos casos, "un fallo violatorio de la Constitución de la República Bolivariana de Venezuela se haría inejecutable en el país. Ello podría dar lugar a una reclamación internacional contra el Estado, pero la decisión se haría inejecutable en el país, en este caso, en Venezuela." La Sala, insistió en esta doctrina señalando que:

> "Mientras existan estados soberanos, sujetos a Constituciones que les crean el marco jurídico dentro de sus límites territoriales y donde los órganos de administración de justicia ejercen la función jurisdiccional dentro de ese Estado, las sentencias de la justicia supranacional o transnacional para ser ejecutadas dentro del Estado, tendrán que adaptarse a su Constitución. Pretender en el país lo contrario sería que Venezuela renunciara a la soberanía."[278]

De esta afirmación resultó la otra afirmación general de la Sala Constitucional de que fuera de los casos de procesos de integración supranacional, "la soberanía nacional no puede sufrir distensión alguna por mandato del artículo 1 constitucional, que establece como derechos *irrenunciables* de la Nación: la independencia, la libertad, la soberanía, la integridad territorial, la inmunidad y la autodeterminación nacional. Dichos derechos constitucionales son irrenunciables, no están sujetos a ser relajados, excepto que la propia Carta Fundamental lo señale, conjuntamente con los mecanismos que lo hagan posible, tales como los contemplados en los artículos 73 y 336.5 constitucionales, por ejemplo."[279]

Esta doctrina fue la que precisamente se aplicó en la sentencia N° 1.939 de 18 de diciembre de 2008, en la cual la Sala Constitucional se

---

suelve en aras de una unidad superior. No obstante, incluso mientras subsista un espacio de soberanía estatal en el curso de un proceso de integración y una Constitución que la garantice, las normas dictadas por los órganos legislativos y judiciales comunitarios no podrían vulnerar dicha área constitucional, a menos que se trate de una decisión general aplicable por igual a todos los Estados miembros, como pieza del proceso mismo de integración." *Idem*, p. 140.

278 *Idem*, p. 139.

279 *Idem*, p. 138.

apoyó expresamente en una extensa cita de dicha sentencia 1.942 de 15 de julio de 2003.

III. LA BIZARRA ACCIÓN DE "CONTROL DE CONSTITUCIONALIDAD" DE LAS SENTENCIAS DE LA CORTE INTERAMERICANA

La sentencia N° 1.939 de 18 de diciembre de 2008, en efecto, la dictó la Sala Constitucional con motivo de una extraña e inexistente "acción de control de la constitucionalidad" sobre sentencias de la Corte Interamericana formulada por abogados de la Procuraduría General de la República, que tuvo por objeto:

> "la interpretación acerca de la conformidad constitucional del fallo de la Corte Interamericana de Derechos Humanos, de fecha 5 de agosto de 2008," en el caso de los ex-magistrados de la Corte Primera de lo Contencioso Administrativo (*Apitz Barbera y otros ("Corte Primera de lo Contencioso Administrativo") vs. Venezuela*).

Lo primero que destaca de este asunto, es que quien peticionó ante la Sala Constitucional fue el propio Estado internacionalmente obligado a ejecutar las sentencia internacionales a través de la Procuraduría General de la República, y la petición se formuló a través de un curiosa "acción de control constitucional" para la interpretación de la conformidad con la Constitución de la misma, no prevista en el ordenamiento jurídico.

La fundamentación básica de la acción interpuesta por el Estado fue que las decisiones de los "órganos internacionales de protección de los derechos humanos no son de obligatorio cumplimiento y son inaplicables si violan la Constitución," ya que lo contrario "sería subvertir el orden constitucional y atentaría contra la soberanía del Estado," denunciando ante la Sala que la sentencia de la Corte Interamericana de Derechos Humanos violaba

> "la supremacía de la Constitución y su obligatoria sujeción violentando el principio de autonomía del poder judicial, pues la misma llama al desconocimiento de los procedimientos legalmente establecidos para el establecimiento de medidas y sanciones contra aquellas actuaciones desplegadas por los jueces que contraríen el principio postulado esencial de su deber como jueces de la República."

El Estado en su petición ante su propia Sala Constitucional, además, alegó que:

> "la sentencia de manera ligera dispone que los accionantes no fueron juzgados por un juez imparcial, -no obstante señalar previamente que no fue debidamente comprobada tal parcialidad- y que por el supuesto he-

cho de no existir un procedimiento idóneo previsto en el ordenamiento jurídico venezolano para investigar y sancionar la conducta denunciada por los Ex Magistrados, entonces concluye que no solo tales ciudadanos no incurrieron en motivo alguno que justifique su destitución".

Y concluyó afirmando que el fallo de la Corte Interamericana era inaceptable y de imposible ejecución por parte del propio Estado peticionante.

La Sala Constitucional, para decidir, obviamente tuvo que comenzar por encuadrar la acción propuesta por el Estado, "deduciendo" que la misma no pretendía "la nulidad" del fallo de la Corte Interamericana "por lo que el recurso de nulidad como mecanismo de control concentrado de la constitucionalidad no resulta el idóneo." Tampoco consideró la Sala que se trataba de "una colisión de leyes, pues de lo que se trata es de una presunta controversia entre la Constitución y la ejecución de una decisión dictada por un organismo internacional fundamentada en normas contenidas en una Convención de rango constitucional, lo que excede los límites de ese especial recurso."

En virtud de ello, la Sala simplemente concluyó que de lo que se trataba era de una petición "dirigida a que se aclare una duda razonable en cuanto a la ejecución de un fallo dictado por la Corte Interamericana de Derechos Humanos, que condenó a la República Bolivariana de Venezuela a la reincorporación de unos jueces y al pago de sumas de dinero," considerando entonces que se trataba de una "acción de interpretación constitucional" que la propia Sala constitucional creó en Venezuela, a los efectos de la interpretación abstracta de normas constitucionales a partir de su sentencia de 22 de septiembre de 2000 (caso *Servio Tulio León*).[280]

A tal efecto, la Sala consideró que era competente para decidir la acción interpuesta, al estimar que lo que peticionaban los representantes del Estado en su acción, era una decisión "sobre el alcance e inteligencia de la ejecución de una decisión dictada por un organismo internacional con base en un tratado de jerarquía constitucional, ante la presunta antinomia entre esta Convención Internacional y la Constitución Nacional," estimando al efecto, que el propio Estado tenía la legitimación necesaria para intentar la acción ya que el fallo de la Corte Interamericana había ordenado la reincorporación en sus cargos de unos ex magistrados, había condenado a la República al pago de cantidades de dinero y había ordenado la publicación del fallo.

---

280 Véase *Revista de Derecho Público*, N° 83, Editorial Jurídica Venezolana, Caracas 2000, pp. 247 ss.

El Estado, por tanto, de acuerdo a la Sala Constitucional tenía interés en que se dictase "una sentencia mero declarativa en la cual se establezca el verdadero sentido y alcance de la señalada ejecución con relación al Poder Judicial venezolano en cuanto al funcionamiento, vigilancia y control de los tribunales."

IV. LA ACUSACIÓN DE "USURPACIÓN DE FUNCIONES" POR PARTE DE LA CORTE INTERAMERICANA Y LA DECLARATORIA DE INEJECUTABILIDAD DE SUS SENTENCIAS EN VENEZUELA

A los efectos de adoptar su decisión, la Sala reconoció el rango constitucional de la Convención Americana sobre Derechos Humanos conforme al artículo 23 de la Constitución (ratificada en 1977), y consideró que el Estado, desde 1981 había reconocido expresamente las competencias de la Comisión Interamericana y de la Corte Interamericana de Derechos Humanos, respectivamente.

Sin embargo, precisó que la Corte Interamericana de Derechos Humanos no podía "pretender excluir o desconocer el ordenamiento constitucional interno," pues "la Convención coadyuva o complementa el texto fundamental que, en el caso de nuestro país, es *la norma suprema y el fundamento del ordenamiento jurídico*" (artículo 7 constitucional).

La Sala para decidir, consideró que la Corte Interamericana, para dictar su fallo, además de haberse contradicho[281] al constatar la supuesta violación de los derechos o libertades protegidos por la Convención:

"dictó pautas de carácter obligatorio sobre gobierno y administración del Poder Judicial que son competencia exclusiva y excluyente del Tribunal Supremo de Justicia y estableció directrices para el Poder Legislativo, en materia de carrera judicial y responsabilidad de los jueces, violentando la soberanía del Estado venezolano en la organización de los

---

281 La Sala Constitucional consideró que la Corte Interamericana decidió que la omisión de la Asamblea Nacional de dictar el Código de Ética del Juez o Jueza Venezolano, "ha influido en el presente caso, puesto que las víctimas fueron juzgadas por un órgano excepcional que no tiene una estabilidad definida y cuyos miembros pueden ser nombrados o removidos sin procedimientos previamente establecidos y a la sola discreción del TSJ," pero luego sorprendentemente, en ese mismo párrafo [147] y de manera contradictoria, afirma que no se pudo comprobar que la Comisión de Emergencia y Reestructuración del Poder Judicial haya incurrido en desviación de poder o que fuera presionada directamente por el Ejecutivo Nacional para destituir a los mencionados ex jueces y luego concluye en el cardinal 6 del Capítulo X que "no ha quedado establecido que el Poder Judicial en su conjunto carezca de independencia".

poderes públicos y en la selección de sus funcionarios, lo cual resulta inadmisible."

La Sala consideró entonces que la Corte Interamericana "al no limitarse a ordenar una indemnización por la supuesta violación de derechos, utilizó el fallo analizado para intervenir inaceptablemente en el gobierno y administración judicial que corresponde con carácter excluyente al Tribunal Supremo de Justicia, de conformidad con la Constitución de 1999," haciendo mención expresa a los artículos 254, 255 y 267.

Además, estimó la Sala Constitucional que la Corte Interamericana "equipara de forma absoluta los derechos de los jueces titulares y los provisorios, lo cual es absolutamente inaceptable y contrario a derecho," reconociendo que respecto de los últimos (citando su sentencia N° 00673-2008), sin estabilidad alguna, están a regidos por la Comisión de Funcionamiento y Reestructuración del Sistema Judicial," como un órgano creado con carácter transitorio hasta tanto sea creada la jurisdicción disciplinaria."

Pero ello no impedía, de acuerdo con la Sala Constitucional que se pueda "remover directamente a un funcionario de carácter provisorio o temporal, sin que opere alguna causa disciplinaria" por parte de la "Comisión Judicial del Tribunal Supremo de Justicia," en forma completamente "discrecional."

Además, destacó la Sala, la "sentencia cuestionada" de la Corte Interamericana "pretende desconocer la firmeza de decisiones administrativas y judiciales que han adquirido la fuerza de la cosa juzgada, al ordenar la reincorporación de los jueces destituidos." En este punto, la Sala recurrió como precedente para considerar que la sentencia de la Corte Interamericana de Derechos Humanos era inejecutable en Venezuela, a la decisión antes señalada de 1999 de la Sala Plena del Consejo Supremo de Justicia Militar del Perú, que consideró inejecutable la sentencia de la Corte Interamericana de 30 de mayo de 1999, dictada en el caso *Castillo Petruzzi y otro*.

En sentido similar, la Sala Constitucional venezolana concluyó que:

"En este caso, estima la Sala que la ejecución de la sentencia de la Corte Interamericana de Derechos Humanos del 5 de agosto de 2008, afectaría principios y valores esenciales del orden constitucional de la República Bolivariana de Venezuela y pudiera conllevar a un caos institucional en el marco del sistema de justicia, al pretender modificar la autonomía del Poder Judicial constitucionalmente previsto y el sistema disciplinario instaurado legislativamente, así como también pretende la reincorporación de los hoy ex jueces de la Corte Primera de lo Contencioso Administrativo por supuesta parcialidad de la Comisión de Funcionamiento y Reestructuración del Poder Judicial, cuando la misma ha actuado durante varios años en miles de casos, procurando la depuración del Poder Judicial en el marco de la actividad disciplinaria de los jueces. Igualmente, el fallo de la Corte Interamericana de Derechos Humanos pretende desconocer la firmeza de las decisiones de destitución que recayeron sobre los ex jueces de la Corte Primera de lo Contencioso Administrativo que se deriva de la falta de ejercicio de los recursos administrativos o judiciales, o de la declaratoria de improcedencia de los recursos ejercidos por parte de las autoridades administrativas y judiciales competentes."

Por todo lo anterior, la Sala Constitucional del Tribunal Supremo de Venezuela, a petición del propio Estado venezolano declaró entonces "inejecutable el fallo de la Corte Interamericana de Derechos Humanos, de fecha 5 de agosto de 2008, en la que se ordenó la reincorporación en el cargo de los ex-magistrados de la Corte Primera de lo Contencioso Administrativo Ana María Ruggeri Cova, Perkins Rocha Contreras y Juan Carlos Apitz B.; con fundamento en los artículos 7, 23, 25, 138, 156.32, el Capítulo III del Título V de la Constitución de la República y la jurisprudencia parcialmente transcrita de las Salas Constitucional y Político Administrativa. Así se decide." Esto, acompañado de la afirmación de que la sala Constitucional, por "notoriedad judicial" ya sabía que el Tribunal Supremo había nombrado a otras personas como magistrados de la Corte Primera.

Pero no se quedó allí la Sala Constitucional, sino en una evidente usurpación de poderes, ya que las relaciones internacionales es materia exclusiva del Poder Ejecutivo, solicitó instó:

"al Ejecutivo Nacional proceda a denunciar esta Convención, ante la evidente usurpación de funciones en que ha incurrido la Corte Interamericana de los Derechos Humanos con el fallo objeto de la presente decisión; y el hecho de que tal actuación se fundamenta institucional y competencialmente en el aludido Tratado."

Finalmente, la Sala Constitucional instó a "la Asamblea Nacional para que proceda a dictar el Código de Ética del Juez y la Jueza Venezolanos, en los términos aludidos en la sentencia de esta Sala Constitucional N° 1048 del 18 de mayo de 2006."

Y así concluyó el proceso desarrollado por el Estado venezolano de desligarse de la Convención Americana sobre Derechos Humanos, y de la jurisdicción de la Corte Interamericana de Derechos Humanos, utilizando para ello a su propio Tribunal Supremo de Justicia el cual, sujeto al control del Poder, ha resultado ser el principal instrumento para la consolidación del autoritarismo en Venezuela.[282]

Debe recordarse en efecto, que en esta materia la Sala Constitucional también ha dispuesto una ilegítima mutación constitucional, reformando el artículo 23 de la Constitución en la forma cómo se pretendía en 2007 en la antes mencionada propuesta del "Consejo Presidencial para la Reforma de la Constitución," designado por el Presidente de la República, al buscar agregar al artículo 23 de la Constitución, también en forma regresiva, que "corresponde a los tribunales de la República conocer de las violaciones sobre las materias reguladas en dichos Tratados", con lo que se buscaba establecer una prohibición constitucional para que la Corte Interamericana de Derechos Humanos pudiera conocer de las violaciones de la Convención Americana de Derechos Humanos. Es decir, con una norma de este tipo, Venezuela hubiera quedado excluida constitucionalmente de la jurisdicción de dicha Corte internacional y del sistema interamericano de protección de los derechos humanos.[283]

En esta materia, también, lo que no pudo hacer el régimen autoritario mediante una reforma constitucional, la cual al final fue rechazada por el pueblo, lo hizo la Sala Constitucional del Tribunal Supremo en su larga carrera al servicio del autoritarismo.

Madrid, marzo de 2009.

---

282 Véase Allan R. Brewer-Carias, "La progresiva y sistemática demolición institucional de la autonomía e independencia del Poder Judicial en Venezuela 1999-2004," en *XXX Jornadas J.M Domínguez Escovar, Estado de derecho, Administración de justicia y derechos humanos*, Instituto de Estudios Jurídicos del Estado Lara, Barquisimeto, 2005, pp. 33-174; "La justicia sometida al poder (La ausencia de independencia y autonomía de los jueces en Venezuela por la interminable emergencia del Poder Judicial (1999-2006))," en *Cuestiones Internacionales. Anuario Jurídico Villanueva 2007*, Centro Universitario Villanueva, Marcial Pons, Madrid, 2007, pp. 25-57; "Quis Custodiet ipsos Custodes: De la interpretación constitucional a la inconstitucionalidad de la interpretación", en *VIII Congreso Nacional de derecho Constitucional*, Perú, Fondo Editorial 2005, Colegio de Abogados de Arequipa, Arequipa, Septiembre 2005, pp. 463-489; y *Crónica de la "In" Justicia Constitucional. La Sala Constitucional y el autoritarismo en Venezuela*, Caracas 2007.

283 Véase sobre esta proyectada reforma constitucional Allan R. Brewer-Carías, *Hacia la consolidación de un Estado Socialista, Centralizado, Policial y Militarista. Comentarios sobre el sentido y alcance de las propuestas de reforma constitucional 2007*, Colección Textos Legislativos, N° 42, Editorial Jurídica Venezolana, Caracas 2007, p. 122.

SEGUNDA SENTENCIA (Caso LEOPOLDO LÓPEZ):

Sentencia de la Sala Constitucional Nº 1547 de fecha 17 de octubre de 2011 (Caso *Estado Venezolano vs. Corte Interamericana de Derechos Humanos*), mediante la cual al conocer de una "acción innominada de control de constitucionalidad" declaró inejecutable en Venezuela la sentencia de la Corte Interamericana de Derechos Humanos dictada en el 1º de septiembre de 2011 (caso *Leopoldo López vs. Estado de Venezuela)*, condenando al Estado por haberle cercenado sus derechos políticos en violación de la Convención Americana de Derechos Humanos. [284]

Una de las características fundamentales de la Justicia Constitucional, o del derecho procesal constitucional contemporáneo, es que los Tribunales, como garantes de la Constitución, no sólo tienen que estar sometidos, como todos los órganos del Estado, a las propias previsiones de la Constitución, sino que deben ejercer sus competencias ceñidos a las establecidas en la misma o en las leyes, cuando a ellas remita la Constitución para la determinación de la competencia.

En particular, la competencia de la Jurisdicción Constitucional en materia de control concentrado de la constitucionalidad siempre ha sido considerada como de derecho estricto que tiene que estar establecida expresamente en la Constitución, y no puede ser deducida por vía de interpretación. Es decir, la Jurisdicción Constitucional no puede ser creadora de su propia competencia, pues ello desquiciaría los cimientos del Estado de derecho, convirtiendo al juez constitucional en poder constituyente. [285]

En el caso de Venezuela, la Sala Constitucional del Tribunal Supremo, como Jurisdicción Constitucional, tiene asignadas las competencias que se enumeran en el artículo 336 de la Constitución y en el artículo 25 de la Ley Orgánica del Tribunal Supremo de Justicia de 2010, no estando prevista en ninguna de esas normas una supuesta competencia para someter a

---

284 Véase Allan R. Brewer-Carías, "El ilegítimo "control de constitucionalidad" de las sentencias de la Corte Interamericana de Derechos Humanos por parte de la Sala Constitucional del Tribunal Supremo de Justicia de Venezuela: el caso *Leopoldo López vs. Venezuela, Septiembre 2011,"* en *Revista de Derecho Público*, Nº 128 (octubre-diciembre 2011), Editorial Jurídica Venezolana, Caracas 2011, pp. 227-250.

285 Véase en general, Allan R. Brewer-Carías, *Constitutional Courts as Positive Legislators in Comparative Law*, Cambridge University Press, New York 2011.

control de constitucionalidad, mediante el ejercicio ante ella de una acción e incluso de oficio, de las sentencias de la Corte Interamericana de Derechos Humanos. Aparte de que ello sería contrario a la Convención Americana de Derechos Humanos, que es de obligatorio cumplimiento mientras el Estado no la denuncie, es contrario al propio texto de la Constitución venezolana que en su artículo 31 prevé como obligación del propio Estado el adoptar, conforme a los procedimientos establecidos en la Constitución y en la ley, "las medidas que sean necesarias para dar cumplimiento a las decisiones emanadas de los órganos internacionales" de protección de derechos humanos.

Sin embargo, la Sala Constitucional del Tribunal Supremo de Justicia mediante sentencia N° 1547 de fecha 17 de octubre de 2011 (Caso *Estado Venezolano vs. Corte Interamericana de Derechos Humanos*),[286] procedió a conocer de una "acción innominada de control de constitucionalidad" de la sentencia de la Corte Interamericana de Derechos Humanos dictada en el 1° de septiembre de 2011 (caso *Leopoldo López vs. Estado de Venezuela)*, que no existe en el ordenamiento constitucional venezolano, ejercida por el Procurador General de la República, condenada en la sentencia.

Dicha sentencia de la Corte Interamericana de Derechos Humanos, por lo demás, había decidido, conforme a la Convención Americana de Derechos Humanos (art. 32.2), que la restricción al derecho pasivo al sufragio (derecho a ser elegido) que se le había impuesto al Sr. Leopoldo López por la Contraloría General de la República de Venezuela mediante una decisión administrativa, no judicial, era contraria a la Convención, pues dichas restricciones a derechos políticos sólo pueden establecerse mediante imposición de una condena dictada mediante sentencia judicial, con las debidas garantías del debido proceso.

En efecto, el derecho político a ser electo del Sr. Leopoldo López le había sido violado por la Contraloría General de la República, al esta dictar autos de responsabilidad administrativa contra el mismo aplicando el artículo 105 de la Ley Orgánica de la Contraloría General de la República y del Sistema Nacional de Control Fiscal, imponiéndole mediante actos administrativos la "pena" de inhabilitación política como ex funcionario que es, sancionándolo de manera de restringirle su derecho político al sufragio pasivo que, al contrario, sólo puede ser restringido, acorde con la Constitución (art. 65) y a la Convención Americana de Derechos Huma-

---

286 Véase en http://www.tsj.gov.ve/decisiones/scon/Octubre/1547-171011-2011-11-1130.htmll.

nos (art. 32.2), mediante sentencia judicial que imponga una condena penal.

En tal virtud, el Sr. López recurrió mediante denuncia ante la Comisión Interamericana de Derechos Humanos, para ante la Corte Interamericana de Derechos Humanos, denunciando su derecho, resultando la decisión de ésta última condenando al Estado venezolano por violación de dicho derecho al ejercicio pasivo al sufragio en perjuicio del Sr. Leopoldo López, ordenando la revocatoria de las decisiones de la Contraloría General de la República y de otros órganos del Estado que le impedían ejercer su derecho político a ser electo por la inhabilitación política que le había sido impuesta administrativamente.

Debe decirse que ya la Sala Constitucional del Tribunal Supremo, con anterioridad, y en franca violación de la Constitución, ya había resuelto en su sentencia N° 1265 de 5 de agosto de 2008[287] (caso *Ziomara Del Socorro Lucena Guédez vs. Contralor General de la República*), que el artículo 105 de la Ley Orgánica de la Contraloría General de la República no era violatorio de la Constitución ni de la Convención Americana de Derechos Humanos, admitiendo que mediante ley se podían establecer sanciones administrativas de inhabilitación política contra ex funcionarios, impidiéndoles ejercer su derecho político a ser electos, como era el caso de las decisiones dictadas por la Contraloría General de la República.

En todo caso, frente a la decisión de la Corte Interamericana de Derechos Humanos de condena al Estado Venezolano por violación del derecho político del Sr. Leopoldo López, el Procurador General de la República, como abogado del propio Estado condenado, recurrió ante la Sala Constitucional del Tribunal Supremo solicitándole la revisión judicial por control de constitucionalidad de la misma, de lo cual resultó la sentencia mencionada N° 1547 de 17 de octubre de 2011 de la Sala Constitucional mediante la cual decidió conocer de una "acción innominada de control de la constitucionalidad" de la sentencia de la Corte Interamericana, y declarar que la sentencia dictada por la misma en protección del Sr. López era "inejecutable" en Venezuela, ratificando así la violación de su derecho constitucional a ser electo, y que le impedía ejercer su derecho a ser electo y ejercer funciones públicas representativas.

Todo esto ha originado una bizarra situación de violación de derechos políticos por parte de los órganos del Estado venezolano, incluyendo la Sala Constitucional del Tribunal Supremo, y de formal desconocimiento de las sentencias dictadas por le Corte Interamericana de Derechos Hu-

---

287 Véase en http://www.tsj.gov.ve:80/decisiones/scon/Agosto/1265-050808-051853.htm.

manos contra el Estado, a requerimiento del abogado del propio Estado condenado, al declararlas como "inejecutables" en el país.

I. LA PROTECCIÓN DEL EJERCICIO DEL DERECHO POLÍTICO AL SUFRAGIO PASIVO POR PARTE DE LA CORTE INTERAMERICANA DE DERECHOS HUMANOS

En efecto, la Contraloría General de la República de Venezuela, con ocasión de diversas averiguaciones administrativas abiertas contra el Sr. Leopoldo López Mendoza, quien había sido Alcalde de uno de los Municipios de la capital de la República (Chacao), de conformidad con el artículo 105 de la Ley Orgánica de la Contraloría le impuso diversas sanciones administrativas, y entre ellas, la de inhabilitación para el ejercicio de cargos públicos, afectándole en esa forma su derecho constitucional a ser electo para cargos de elección popular.

El Sr. López presentó denuncia de violación de diversos de sus derechos fundamentales ante la Comisión Interamericana de Derechos Humanos, y esta posteriormente presentó formal demanda contra el Estado Venezolano, denunciando la violación, entre otros, del derecho de ser electo del Sr. Leopoldo López, quien estimó le había sido infligido por la Contraloría General de la República al imponerle sanciones de inhabilitación en aplicación del artículo 105 de la Ley Orgánica de la Contraloría, y con ocasión de un procedimiento administrativo de averiguaciones administrativas, las cuales le habían impedido a dicho ciudadano registrar su candidatura para cargos de elección popular.

La Corte Interamericana de Derechos Humanos, con fecha 1 de septiembre de 2011 dictó sentencia (caso *López Mendoza vs. Venezuela*) (Fondo, Reparaciones y Costas), en la cual, entre las múltiples violaciones denunciadas, se refirió específicamente a la violación del derecho político a ser electo, para lo cual pasó a determinar

> "si las sanciones de inhabilitación impuestas al señor López Mendoza por decisión de un órgano administrativo y la consiguiente imposibilidad de que registrara su candidatura para cargos de elección popular" eran o no compatibles con la Convención Americana de derechos Humanos" (Párr. 104).

A tal efecto, la Corte Interamericana constató que el artículo 23.1 de la Convención establece que todos los ciudadanos deben gozar de los siguientes derechos y oportunidades, los cuales deben ser garantizados por el Estado en condiciones de igualdad:

"i)   a la participación en la dirección de los asuntos públicos, directamente o por representantes libremente elegidos;

ii)   a votar y a ser elegido en elecciones periódicas auténticas, realizadas por sufragio universal e igual y por voto secreto que garantice la libre expresión de los electores, y

iii) a acceder a las funciones públicas de su país"(Párr. 106).

Estos derechos, como todos los que consagra la Convención, es bueno
recordarlo, al decir de la Sala Constitucional del Tribunal Supremo de
Venezuela, conforman:

"una declaración de principios, derechos y deberes de corte clásico que
da preeminencia a los derechos individuales, civiles y políticos dentro de
un régimen de democracia formal. Obviamente, como tal, es un texto que
contiene una enumeración de libertades de corte liberal que son valiosas
para garantizar un régimen que se oponga a las dictaduras que han azota-
do nuestros países iberoamericanos desde su independencia."[288]

Por otra parte, la Corte Interamericana precisó que en artículo 23.2 de
la Convención es el que determina cuáles son las causales que permiten
restringir los derechos antes indicados reconocidos en el artículo 23.1, así
como, en su caso, los requisitos que deben cumplirse para que proceda tal
restricción.

Ahora bien, en el caso sometido a su consideración, que se refería "a
una restricción impuesta por vía de sanción," la CIDH consideró que debería tratarse de una "condena, por juez competente, en proceso penal,"
estimando que en el caso:

"ninguno de esos requisitos se ha cumplido, pues el órgano que impuso
dichas sanciones no era un "juez competente", no hubo "condena" y las
sanciones no se aplicaron como resultado de un "proceso penal," en el
que tendrían que haberse respetado las garantías judiciales consagradas
en el artículo 8 de la Convención Americana" (Párr. 107).

---

288 Véase sentencia N° 1265/2008 dictada el 5 de agosto de 2008, en
http://www.tsj.gov.ve:80/decisiones/scon/Agosto/1265-050808-05-1853.htm. La Sala, sin embargo, en la misma sentencia se lamentaba que en la Convención no había
"norma alguna sobre derechos sociales (solo hay una declaración de principios acerca
de su desarrollo progresivo en el artículo 26), ni tampoco tiene previsión sobre un
modelo distinto al demócrata liberal, como lo es la democracia participativa, ni contempla un tipo de Estado que en lugar de construir sus instituciones en torno al individuo, privilegie la sociedad en su conjunto, dando lugar a un Estado social de derecho y de justicia." *Idem*.

La Corte Interamericana, en su decisión, reiteró su criterio de que "el ejercicio efectivo de los derechos políticos constituye un fin en sí mismo y, a la vez, un medio fundamental que las sociedades democráticas tienen para garantizar los demás derechos humanos previstos en la Convención y que sus titulares," es decir, los ciudadanos, no sólo deben gozar de derechos, sino también de "oportunidades;" término este último que implica, al decir de la Corte Interamericana, "la obligación de garantizar con medidas positivas que toda persona que formalmente sea titular de derechos políticos tenga la oportunidad real para ejercerlos." En el caso decidido en la sentencia, la Corte Interamericana precisamente consideró que "si bien el señor López Mendoza ha podido ejercer otros derechos políticos, está plenamente probado que se le ha privado del sufragio pasivo, es decir, del derecho a ser elegido" (Párr. 108).

Fue en virtud de los anteriores argumentos que la Corte Interamericana determinó que el Estado venezolano violó los artículos 23.1.b y 23.2 en relación con el artículo 1.1 de la Convención Americana, en perjuicio de Leopoldo López Mendoza (Párr. 109), concluyendo que:

> "el Estado es responsable por la violación del derecho a ser elegido, establecido en los artículos 23.1.b y 23.2, en relación con la obligación de respetar y garantizar los derechos, establecida en el artículo 1.1 de la Convención Americana sobre Derechos Humanos, en perjuicio del señor López Mendoza, en los términos del párrafo 109 de la presente Sentencia" (Párr. 249).

Por otra parte, la Comisión Interamericana había solicitado la Corte Interamericana que se ordenase al Estado el adoptar las medidas necesarias para reestablecer los derechos políticos del señor Leopoldo López Mendoza (Párr. 214), sobre lo cual sus representantes solicitaron la restitución plena en el ejercicio de su "derecho político a ser electo" según el artículo 23 de la Convención, a fin de poder presentarse "como candidato en las elecciones que se celebren en la República Bolivariana de Venezuela," solicitando además, que se dejasen sin efecto "las decisiones de inhabilitación dictadas por la Contraloría General de la República y por las distintas ramas del Poder Público Nacional "en el marco de las inhabilitaciones políticas administrativas;" y que se requiriera al Estado que el Consejo Nacional Electoral permitiera la su inscripción y postulación electoral para cualquier proceso de elecciones a celebrarse en Venezuela (Párr. 214).

Sobre esto, y en virtud de considerar que en el caso se habían violado los artículos 23.1.b, 23.2 y 8.1, en relación con los artículos 1.1 y 2 de la

Convención Americana (*supra* párrs. 109, 149, 205 y 206), la CIDH declaró que:

"el Estado, a través de los órganos competentes, y particularmente del Consejo Nacional Electoral (CNE), debe asegurar que las sanciones de inhabilitación no constituyan impedimento para la postulación del señor López Mendoza en el evento de que desee inscribirse como candidato en procesos electorales a celebrarse con posterioridad a la emisión de la presente Sentencia (Párr. 217).

Consecuencialmente, la CIDH declaró que el Estado debía "dejar sin efecto las Resoluciones Nos. 01-00-000206 de 24 de agosto de 2005 y 01-00-000235 de 26 de septiembre de 2005 emitidas por el Contralor General de la República (*supra* párrs. 58 y 81), mediante las cuales se declaró la inhabilitación para el ejercicio de funciones públicas del señor López Mendoza por un período de 3 y 6 años, respectivamente" (Párr. 218), concluyendo en la parte final del fallo, con las siguientes dos disposiciones:

"2. El Estado, a través de los órganos competentes, y particularmente del Consejo Nacional Electoral (CNE), debe asegurar que las sanciones de inhabilitación no constituyan impedimento para la postulación del señor López Mendoza en el evento de que desee inscribirse como candidato en procesos electorales a celebrarse con posterioridad a la emisión de la presente Sentencia, en los términos del párrafo 217 del presente Fallo;"

"3. El Estado debe dejar sin efecto las Resoluciones Nos. 01-00-000206 de 24 de agosto de 2005 y 01-00-000235 de 26 de septiembre de 2005 emitidas por el Contralor General de la República, en los términos del párrafo 218 del presente Fallo."

II. SOBRE LA "ACCIÓN INNOMINADA DE CONTROL DE CONSTITUCIONALIDAD" DE LAS SENTENCIAS DE LA CORTE INTERAMERICANA DE DERECHOS HUMANOS Y SU TRÁMITE

Contra la antes mencionada sentencia dictada por la Corte Interamericana de Derechos Humanos el 1 de septiembre de 2011, algo más de tres semanas después, el día 26 de septiembre de 2011, el Procurador General de la República, actuando en representación del Estado Venezolano, interpuso ante la Sala Constitucional del Tribunal Supremo de Justicia lo que denominó como una "acción innominada de control de constitucionalidad," la cual la Sala, sin competencia alguna para ello y en franca violación de la Constitución, pasó a conocer de inmediato, decidiéndola en sólo veinte días mediante sentencia N° 1547 (Caso *Estado Venezolano vs. Cor-*

te Interamericana de Derechos Humanos) de fecha 17 de octubre de 2011.[289]

El Procurador General de la República, al intentar la acción, justificó la supuesta competencia de la Sala Constitucional en su carácter de "garante de la supremacía y efectividad de las normas y principios constitucionales" (Arts. 266.1, 334, 335 y 336 de la Constitución, el artículo 32 de la Ley Orgánica del Tribunal Supremo de Justicia), considerando básicamente que la República, ante una decisión de la Corte Interamericana de Derechos Humanos, no podía dejar de realizar "el examen de constitucionalidad en cuanto a la aplicación de los fallos dictados por esa Corte y sus efectos en el país," considerando en general que las decisiones de dicha Corte Interamericana sólo pueden tener "ejecutoriedad en Venezuela," en la medida que "el contenido de las mismas cumplan el examen de constitucionalidad y no menoscaben en forma alguna directa o indirectamente el Texto Constitucional;" es decir, que dichas decisiones "para tener ejecución en Venezuela deben estar conformes con el Texto Fundamental."

Luego de analizar la sentencia de la Corte Interamericana, y referirse al carácter de los derechos políticos como limitables; y a la competencia de la Contraloría General de la República, conforme al artículo 105 de su Ley Orgánica, para garantizar una "Administración recta, honesta, transparente en el manejo de los asuntos públicos, dotada de eficiencia y eficacia en la actividad administrativa en general, y especialmente en los servicios públicos" y para imponer "la sanción de suspensión, destitución e inhabilitación para el ejercicio de funciones públicas;" la Sala pasó a considerar que lo que le Contraloría le había impuesto al Sr. Leopoldo López había sido una "inhabilitación administrativa" y no una inhabilitación política que se "corresponde con las sanciones que pueden ser impuestas por un juez penal, como pena accesoria a la de presidio (artículo 13 del Código Penal);" y que las decisiones adoptadas por la Corte Interamericana con ordenes dirigidas a órganos del Estado "se traduce en una injerencia en las funciones propias de los poderes públicos," estimando que la Corte Interamericana no puede "valerse o considerarse instancias superiores ni magnánimas a las autoridades nacionales, con lo cual pretendan obviar y desconocer el ordenamiento jurídico interno, todo ello en razón de supuestamente ser los garantes plenos y omnipotentes de los derechos humanos en el hemisferio americano": y en fin, estimar que la sentencia de la Corte Interamericana de Derechos Humanos desconocía "la lucha del Estado venezolano contra la corrupción y la aplicación de la Conven-

---

289 Véase en http://www.tsj.gov.ve/decisiones/scon/Octubre/1547-171011-2011-11-1130.html.

ción Interamericana contra la Corrupción, ratificada por Venezuela el 2 de junio de 1997 y la Convención de las Naciones Unidas contra la Corrupción, ratificada el 2 de febrero de 2009." Después de todo ello, el Procurador General de la República consideró que la mencionada sentencia de la Corte Interamericana transgredía el ordenamiento jurídico venezolano, pues desconocía:

> "la supremacía de la Constitución y su obligatoria sujeción, violentando el principio de autonomía de los poderes públicos, dado que la misma desconoce abiertamente los procedimientos y actos legalmente dictados por órganos legítimamente constituidos, para el establecimiento de medidas y sanciones contra aquellas actuaciones desplegadas por la Contraloría General de la República que contraríen el principio y postulado esencial de su deber como órgano contralor, que tienen como fin último garantizar la ética como principio fundamental en el ejercicio de las funciones públicas."

Como consecuencia de ello, el Procurador General de la República solicitó de la Sala Constitucional que admitiera lo que llamó la "acción innominada de control de constitucionalidad", a los efectos de que la Sala declarase "inejecutable e inconstitucional la sentencia de la Corte Interamericana de Derechos Humanos del 1 de septiembre de 2011."

Sobre esta "nueva" acción propuesta por el Procurador para el control de constitucionalidad de sentencias dictadas en contra del Estado por la Corte Interamericana, la Sala Constitucional aclaró en su sentencia que el Procurador no pretendía que se declarase "la nulidad" ni de la Convención Americana de Derechos Humanos ni del fallo de la Corte Interamericana de Derechos Humanos, aclarando por ello, la propia Sala, que por tanto, la "acción innominada intentada" no era un "recurso de nulidad como mecanismo de control concentrado de la constitucionalidad" el cual consideró la Sala que no resultaba idóneo.

La Sala, por otra parte, también descartó que se tratase de una acción de "colisión de leyes,"

> "pues de lo que se trata es de una presunta controversia entre la Constitución y la ejecución de una decisión dictada por un organismo internacional fundamentada en normas contenidas en una Convención de rango constitucional, lo que excede los límites de ese especial recurso, pues la presunta colisión estaría situada en el plano de dos normas de rango constitucional."

Luego de descartar esas hipótesis de acciones de nulidad o de colisión de leyes, y precisar que de lo que se trataba con la acción intentada era determinar la "controversia entre la Constitución y la ejecución de una decisión dictada por un organismo internacional," concluyó, en definitiva, que de lo que se trataba era de una acción mediante la cual se pretendía:

"ejercer un "control innominado de constitucionalidad", por existir una aparente antinomia entre la Constitución de la República Bolivariana de Venezuela, la Convención Interamericana de Derechos Humanos, la Convención Americana contra la Corrupción y la Convención de las Naciones Unidas contra la Corrupción, producto de la pretendida ejecución del fallo dictado el 1 de septiembre de 2011, por la Corte Interamericana de Derechos Humanos (CIDH), que condenó a la República Bolivariana de Venezuela a la habilitación para ejercer cargos públicos al ciudadano Leopoldo López Mendoza."

Es bien sabido en el mundo de la justicia constitucional, que el juez constitucional como todo órgano del Estado está, ante todo, sometido a la Constitución, por lo que debe ceñirse a ella no sólo en la emisión de sus sentencias, sino en el ejercicio de sus propias competencias. Para que el juez constitucional sea garante de la Constitución tiene que ejercer las competencias que la Constitución le atribuye, pues de lo contrario si ejerciera competencias distintas estaría actuando como Poder Constituyente, modificando la propia Constitución, en violación a la misma. Eso es precisamente lo que ha ocurrido en este caso, al "inventar" la Sala Constitucional una nueva acción para el control de constitucionalidad, siguiendo la orientación que ya había sentado en otros casos, como cuando "inventó" la acción autónoma y directa de interpretación abstracta de la Constitución mediante sentencia N° 1077 de 22 de septiembre de 2000 (Caso: *Servio Tulio León*)[290] lo cual por lo demás cita con frecuencia en su sentencia. En aquella ocasión y en esta la Sala Constitucional actuó como poder constituyente al margen de la Constitución.[291]

Ahora bien, en el caso concreto, identificado el objeto de la acción "innominada" que intentó el Estado Venezolano ante la Sala Constitucional, la misma consideró que le correspondía en "su condición de último interprete de la Constitución," realizar "el debido control de esas normas

---

290 Véase en *Revista de Derecho Público*, N° 83, Editorial Jurídica Venezolana, Caracas 2000, pp. 247 ss.

291 Véase Daniela Urosa M, Maggi, *La Sala Constitucional del Tribunal Supremo de Justicia como Legislador Positivo,* Academia de Ciencias Políticas y Sociales, Serie Estudios N° 96, Caracas 2011. Véase nuestro "Prólogo" a dicho libro, "Los tribunales constitucionales como legisladores positivos. Una aproximación comparativa," pp. 9-70.

de rango constitucional" y ponderar "si con la ejecución del fallo de la CIDH se verifica tal confrontación."

Para determinar el "alcance" de esta "acción de control constitucional" la Sala Constitucional recordó, por otra parte, que ya lo había hecho en anterior oportunidad, al "conocer sobre la conformidad constitucional" del fallo de la Corte Interamericana de Derechos Humanos (CIDH) en sentencia N° 1939 de 18 de diciembre de 2008 (caso: *Estado Venezolano vs. Corte Interamericana de derechos Humanos, caso Magistrados de la Corte Primera de lo Contencioso Administrativo*),[292] mediante la cual "asumió la competencia con base en la sentencia 1077/2000 y según lo dispuesto en el cardinal 23 del artículo 5 de la Ley Orgánica del Tribunal Supremo de Justicia de 2004."[293]

Ahora bien, en virtud de que esta previsión legal atributiva de competencia desapareció de la nueva Ley Orgánica del Tribunal Supremo de Justicia de 2010, lo que significaba que "la argumentación de la Sala Constitucional para asumir la competencia para conocer de la conformidad constitucional de un fallo dictado por la Corte Interamericana de Derechos Humanos," había "sufrido un cambio" al no estar incluida en dicha previsión atributiva de competencia en el artículo 25 de la nueva Ley Orgánica, la Sala, en ausencia de una previsión legal expresa que contemplase "esta modalidad de control concentrado de la constitucionalidad," pasó a:

"invocar la sentencia N° 1077/2000, la cual sí prevé esta razón de procedencia de interpretación constitucional, a los efectos de determinar el alcance e inteligencia de la ejecución de una decisión dictada por un organismo internacional con base en un tratado de jerarquía constitucional, ante la presunta antinomia entre la Convención Interamericana de Derechos Humanos y la Constitución Nacional."

Debe recordarse que la mencionada sentencia "invocada" N° 1077/2000, fue la dictada en 22 de septiembre de 2000 (Caso *Servio Tulio León Briceño*) en la cual, la Sala, sin competencia constitucional ni legal

---

292 Véase en *Revista de Derecho Público,* N° 116, Editorial Jurídica venezolana, Caracas 2008, pp. 88 ss.

293 En dicha norma de la Ley de 2004 se disponía como competencia de la Sala: *"Conocer de las controversias que pudieran suscitarse con motivo de la interpretación y ejecución de los Tratados, Convenios o Acuerdos Internacionales suscritos y ratificados por la República. La sentencia dictada deberá ajustarse a los principios de justicia internacionalmente reconocidos y será de obligatorio cumplimiento por parte del Estado venezolano".*

alguna, y sólo como resultado de la función interpretativa que el artículo 335 de la Constitución le atribuye, "inventó" la existencia de un recurso autónomo de interpretación abstracta de la Constitución.[294]

Por ello, la Sala en este caso hizo la "invocación" a dicha sentencia, pasando luego comentar la competencia establecida en el artículo 335 de la Constitución, la cual en realidad, es una competencia que se atribuye al todo el Tribunal Supremo de Justicia, en todas sus Salas – y no sólo a la Sala Constitucional – , que es la competencia general de garantizar "la supremacía y efectividad de las normas y principios constitucionales," para lo cual el Tribunal Supremo en su totalidad - y no sólo la Sala Constitucional – se lo define como "el máximo y último intérprete de la Constitución" correspondiéndole velar "por su uniforme interpretación y aplicación."

De manera que recordando la "invención" de ese recurso autónomo de interpretación abstracta de la Constitución, la Sala pasó a constatar, sin embargo, que el Legislador había eliminado la previsión antes indicada establecida en el artículo 5.23 de la Ley Orgánica del Tribunal Supremo de Justicia de 2004 que la Sala también había "invocado" para decidir el caso mencionado de la inejecución de la sentencia de la Corte Interamericana condenando al Estado por violación de los derechos de los magistrados de la Corte Primera de lo Contencioso Administrativo; y desconociendo esa expresa voluntad del Legislador de eliminar dicha norma del ordenamiento jurídico, pasó a constatar que el propio Legislador no había "dictado las normas adjetivas que permitan la adecuada implementación de las *decisiones emanadas de los órganos internacionales*" de conformidad con lo previsto en el artículo 31 constitucional (en su único aparte)," afirmando entonces *de oficio*, que:

---

294 Véase sobre esta sentencia los comentarios en Marianella Villegas Salazar, "Comentarios sobre el recurso de interpretación constitucional en la jurisprudencia de la Sala Constitucional," en *Revista de Derecho Público*, N° 84, Editorial Jurídica Venezolana, Caracas 2000, pp. 417 ss.; y Allan R. Brewer-Carías, "Le recours d'interprétation abstrait de la Constitution au Vénézuéla", en *Le renouveau du droit constitutionnel, Mélanges en l'honneur de Louis Favoreu*, Dalloz, Paris, 2007, pp. 61-70, y *"Quis Custodiet Ipsos Custodes*: De la interpretación constitucional a la inconstitucionalidad de la interpretación," en *Revista de Derecho Público*, N° 105, Editorial Jurídica Venezolana, Caracas 2006, pp. 7-27, y en *VIII Congreso Nacional de derecho Constitucional, Perú*, Fondo Editorial 2005, Colegio de Abogados de Arequipa, Arequipa, septiembre 2005, pp. 463-489. Este último trabajo fue también recogido en el libro Allan R. Brewer-Carías, *Crónica sobre la "In" Justicia Constitucional. La Sala Constitucional y el autoritarismo en Venezuela*, Colección Instituto de Derecho Público. Universidad Central de Venezuela, N° 2, Editorial Jurídica Venezolana, Caracas 2007, pp. 47-79.

"el Estado (y, en concreto, la Asamblea Nacional) ha incurrido en una omisión *de dictar las normas o medidas indispensables para garantizar el cumplimiento de esta Constitución...*", a tenor de lo previsto en el artículo 336.7 *eiusdem* en concordancia con lo pautado en la Disposición Transitoria Sexta del mismo texto fundamental."

Es decir, la Sala Constitucional, no sólo desconoció la voluntad del Legislador en eliminar una norma del ordenamiento jurídico, sino que calificó dicha decisión como una "omisión de la Asamblea Nacional de dictar las normas necesarias para dar cumplimiento a las decisiones de los organismos internacionales y/o para resolver las controversias que podrían presentarse en su ejecución," siendo la consecuencia de ello, la declaratoria de la Sala, de oficio, de asumir la competencia, que ni la Constitución ni la ley le atribuyen:

"para verificar la conformidad constitucional del fallo emitido por la Corte Interamericana de Derechos Humanos, control constitucional que implica lógicamente un "control de convencionalidad" (o de confrontación entre normas internas y tratados integrantes del sistema constitucional venezolano), lo cual debe realizar en esta oportunidad esta Sala Constitucional, incluso de oficio; y así se decide."

En esta forma quedó formalizada por voluntad de la Sala, la "invención" de una nueva modalidad de control de constitucionalidad, la cual puede tener su origen en una acción pero que la Sala declaró que también podría ejercer *de oficio*. No es esta, sin embargo, la primera vez que la Sala Constitucional muta la Constitución específicamente en materia de justicia constitucional.[295]

En cuanto a la "acción" intentada por el Procurador en este caso, la Sala Constitucional la admitió pura y simplemente, pasando a disponer que como no se trataba de una "demanda" de interpretación de normas o principios del sistema constitucional (artículo 25.17 de la Ley Orgánica del Tribunal Supremo de Justicia), "sino de una modalidad innominada de control concentrado que requiere de la interpretación para determinar la conformidad constitucional de un fallo", la Sala, con fundamento en el

---

295 Véase Allan R. Brewer-Carías, "La ilegítima mutación de la constitución por el juez constitucional: la inconstitucional ampliación y modificación de su propia competencia en materia de control de constitucionalidad. Trabajo elaborado para el *Libro Homenaje a Josefina Calcaño de Temeltas*. Fundación de Estudios de Derecho Administrativo (FUNEDA), Caracas 2009, pp. 319-362; "La ilegítima mutación de la Constitución por el juez constitucional y la demolición del Estado de derecho en Venezuela.", en *Revista de Derecho Político*, N° 75-76, Homenaje a Manuel García Pelayo, Universidad Nacional de Educación a Distancia, Madrid, 2009, pp. 291-325.

artículo 98 de la Ley Orgánica del Tribunal Supremo de Justicia, en concordancia con el párrafo primero del artículo 145 *eiusdem*, determinó que "al tratarse de una cuestión de mero derecho," la causa no requería de sustanciación, ignorando incluso el escrito presentado por el Sr. López, entrando a decidir la causa "sin trámite y sin fijar audiencia oral para escuchar a los interesados ya que no requiere el examen de ningún hecho," incluso, "omitiéndose asimismo la notificación a la Fiscalía General de la República, la Defensoría del Pueblo y los terceros interesados," todo ello, a juicio de la Sala, "en razón de la necesidad de impartir celeridad al pronunciamiento por la inminencia de procesos de naturaleza electoral, los cuales podrían ser afectados por la exigencia de ejecución de la sentencia objeto de análisis." La violación al debido proceso y a la necesaria contradicción del proceso constitucional fue evidente, sólo explicable por la urgencia de decidir y complacer al poder.

Quedó en esta forma "formalizada" en la jurisprudencia de la Sala Constitucional en Venezuela, actuando como Jurisdicción Constitucional, y sin tener competencia constitucional alguna para ello, la existencia de una "acción innominada de control de constitucionalidad" destinada a revisar las sentencias de la Corte Interamericana de Derechos Humanos. Es decir, el Estado venezolano, con esta sentencia, estableció un control de las sentencias que la Corte Interamericana pueda dictar contra el mismo Estado condenándolo por violación de derechos humanos, cuya ejecución en relación con el Estado condenado, queda a su sola voluntad, determinada por su Tribunal Supremo de Justicia a su propia solicitud (del Estado condenado) a través del Procurador General de la Republica. Se trata, en definitiva, de un absurdo sistema de justicia en el cual el condenado en una decisión judicial es quien determina si la condena que se le ha impuesto es o no ejecutable. Eso es la antítesis de la justicia.

III. EL TEMA DE LA JERARQUÍA CONSTITUCIONAL DE LOS TRATADOS SOBRE DERECHOS HUMANOS, LA NEGACIÓN DEL PODER DE LOS JUECES A DECIDIR SU APLICACIÓN PREFERENTE, Y EL MONOPOLIO DEL CONTROL DE CONSTITUCIONALIDAD ASUMIDO POR LA SALA RESPECTO DE LAS DECISIONES DE LA CORTE INTERAMERICANA.

La Sala Constitucional del Tribunal Supremo en fecha 17 de octubre de 2011, en franca violación de la Constitución, pasó a conocer de inmediato la "acción innominada intentada por el Procurador General de la República en nombre del Estado condenado, la cual fue decidida en sólo veinte días mediante sentencia N° 1547 (Caso *Estado Venezolano vs. Cor-*

te Interamericana de Derechos Humanos),[296] en la cual entre las "motivaciones para decidir," la Sala pasó a analizar la sentencia de la Corte Interamericana de Derechos Humanos de 1 de septiembre de 2011, en la cual, como se dijo, la Corte Interamericana declaró responsable internacionalmente al Estado "por haber presuntamente vulnerado el derecho político a ser elegido (sufragio pasivo) del ciudadano Leopoldo López Mendoza con base en unas sanciones de inhabilitación de tres (3) y seis (6) años para el ejercicio de funciones públicas que le fueron impuestas por el Contralor General de la República;" y en la cual la Corte Interamericana resolvió el caso "mediante la aplicación de lo dispuesto por el artículo 23 de la Convención Americana, porque se trata de sanciones que impusieron una restricción al derecho a ser elegido, sin ajustarse a los requisitos aplicables de conformidad con el párrafo 2 del mismo, relacionado con *"una condena, por juez competente, en proceso penal"* (destacado de la Sala).

Entre los primeros párrafos de la sentencia de la Corte Interamericana que se sometió a revisión judicial, la Sala Constitucional destacó lo siguiente sobre el rango constitucional y la fuerza obligatoria de los Convenios internacionales en materia de derechos humanos en el derecho interno, como lo indica el artículo 23 de la Constitución,[297] y la obligación de los jueces de ejercer el control de convencionalidad para asegurar su aplicación, en el cual la Corte Interamericana dijo:

"Pero cuando un Estado es parte de un tratado internacional como la Convención Americana, todos sus órganos, incluidos sus jueces y demás órganos vinculados a la administración de justicia, también están sometidos a aquél, lo cual les obliga a velar para que los efectos de las disposiciones de la Convención no se vean mermadas por la aplicación de normas contrarias a su objeto y fin. Los jueces y órganos vinculados a la administración de justicia en todos sus niveles están en la obligación de

---

296 Véase en http://www.tsj.gov.ve/decisiones/scon/Octubre/1547-171011-2011-11-1130.html.

297 *Artículo 23.* Los tratados, pactos y convenciones relativos a derechos humanos, suscritos y ratificados por Venezuela, tienen jerarquía constitucional y prevalecen en el orden interno, en la medida en que contengan normas sobre su goce y ejercicio más favorables a las establecidas en esta Constitución y en las leyes de la República, y son de aplicación inmediata y directa por los tribunales y demás órganos del Poder Público. Véase sobre esta norma Allan R. Brewer-Carías, "Nuevas reflexiones sobre el papel de los tribunales constitucionales en la consolidación del Estado democrático de derecho: defensa de la Constitución, control del poder y protección de los derechos humanos," en *Anuario de Derecho Constitucional Latinoamericano*, 13er año, Tomo I, Programa Estado de Derecho para Latinoamérica, Fundación Konrad Adenauer, Montevideo 2007, pp. 63 a 119.

ejercer *ex officio* un ʹcontrol de convencionalidadʹ, entre las normas internas y la Convención Americana, en el marco de sus respectivas competencias y de las regulaciones procesales correspondientes. En esta tarea, *los jueces y órganos vinculados a la administración de justicia deben tener en cuenta no solamente el tratado, sino también la interpretación que del mismo ha hecho la Corte Interamericana, intérprete última de la Convención Americana.*" (destacado nuestro)

Esta última afirmación de la Corte Interamericana, que copió la Sala Constitucional en su sentencia, sin embargo, en la misma fue abiertamente contradicha, cuestionando la Sala cualquier valor o jerarquía constitucional que conforme al artículo 23 de la Constitución puedan tener las propias sentencias de la Corte Interamericana.

En efecto, sobre el tema de la jerarquía constitucional de los tratados internacionales en materia de derechos humanos conforme a la mencionada norma del artículo 23 de la Constitución, la Sala Constitucional acudió a lo que ya había decidido anteriormente en su sentencia N° 1942 de 15 de julio de 2003 (Caso: *Impugnación artículos del Código Penal sobre leyes de desacato*),[298] en la cual había precisado que el artículo 23 constitucional, "se refiere a normas que establezcan derechos, *no a fallos o dictámenes de instituciones, resoluciones de organismos, etc., prescritos en los Tratados,* (destacado de la Sala) sino sólo a normas creativas de derechos humanos," es decir,

"que se trata de una prevalencia de las normas que conforman los Tratados, Pactos y Convenios (términos que son sinónimos) relativos a derechos humanos, pero no de los informes u opiniones de organismos internacionales, que pretendan interpretar el alcance de las normas de los instrumentos internacionales, ya que el artículo 23 constitucional es claro: la jerarquía constitucional de los Tratados, Pactos y Convenios se refiere a sus normas, las cuales, al integrarse a la Constitución vigente, el único capaz de interpretarlas, con miras al Derecho Venezolano, es el juez constitucional, conforme al artículo 335 de la vigente Constitución, en especial, al intérprete nato de la Constitución de 1999, y, que es la Sala Constitucional, y así se declara. (….)

De lo anterior resulta entonces la afirmación de la Sala de que es ella la que tiene el monopolio en la materia de aplicación en el derecho interno de los tratados internacionales mencionados, contradiciendo el texto del artículo 23 de la Constitución que dispone que dichos tratados "son de

---

298 Véase en *Revista de Derecho Público*, N° 93-96, Editorial Jurídica Venezolana, Caracas 2003, pp. 136 ss.

aplicación inmediata y directa por los tribunales y demás órganos del Poder Público," afirmando, al contrario, que ella es la única instancia judicial llamada a determinar "*cuáles normas sobre derechos humanos de esos tratados, pactos y convenios, prevalecen en el orden interno;*" *competencia esta última que supuestamente emanaría "de la Carta Fundamental"* – sin decir de cuál norma – afirmando que la misma *"no puede quedar disminuida por normas de carácter adjetivo contenidas en Tratados ni en otros textos Internacionales sobre Derechos Humanos* suscritos por el país" *(destacados de la Sala)*. De lo contrario, llegó a afirmar la Sala en dicha sentencia, "se estaría ante una forma de enmienda constitucional en esta materia, sin que se cumplan los trámites para ello, al disminuir la competencia de la Sala Constitucional y trasladarla a entes multinacionales o transnacionales (internacionales), quienes harían interpretaciones vinculantes."

En definitiva, la Sala Constitucional decidió que las sentencias de los tribunales internacionales sobre derechos humanos no eran de aplicación inmediata en Venezuela, sino que a sus decisiones sólo "*se les dará cumplimiento en el país, conforme a lo que establezcan la Constitución y las leyes, siempre que ellas no contraríen lo establecido en el artículo 7 de la vigente Constitución,*" concluyendo que "a pesar del respeto del Poder Judicial hacia los fallos o dictámenes de esos organismos, éstos no pueden violar la Constitución de la República Bolivariana de Venezuela, así como no pueden infringir la normativa de los Tratados y Convenios, que rigen esos amparos u otras decisiones"; es decir, que si la Corte Interamericana, por ejemplo, "*amparara a alguien violando derechos humanos de grupos o personas dentro del país, tal decisión tendría que ser rechazada aunque emane de organismos internacionales protectores de los derechos humanos*" (subrayados de la Sala).

Por tanto, no existe órgano jurisdiccional alguno por encima del Tribunal Supremo de Justicia, y si existiera, por ejemplo, en materia de integración económica regional o de derechos humanos, sus decisiones "*no pueden menoscabar la soberanía del país, ni los derechos fundamentales de la República*" (subrayados de la Sala), es decir, en forma alguna pueden contradecir las normas constitucionales venezolanas, pues de lo contrario "carecen de aplicación en el país" Así lo declaró la Sala.

IV. LA REITERACIÓN DE LA NEGACIÓN DEL CARÁCTER SUPRACONSTI-TUCIONAL DE LOS TRATADOS SOBRE DERECHOS HUMANOS AÚN CUANDO CONTENGAN NORMAS SOBRE SU GOCE Y EJERCICIO MÁS FAVORABLES A LAS ESTABLECIDAS EN LA CONSTITUCIÓN

Ahora, sobre la prevalencia en el orden interno de la Convención Americana sobre Derechos Humanos como tratado multilateral que tiene jerarquía constitucional, afirmó la Sala que ello es solo, conforme al artículo 23 de nuestro texto fundamental, *"en la medida en que contengan normas sobre su goce y ejercicio más favorables"* a las establecidas en la Constitución; pasando entonces a juzgar sobre la constitucionalidad de la sentencia de la Corte Interamericana, comenzando por "determinar el alcance" del fallo "y su obligatoriedad."

Observó para ello la Sala que en dicho fallo se consideró como su "punto central":

> "la presunta violación del derecho a ser elegido del ciudadano Leopoldo López, infringiendo el artículo 23 de la Convención Americana, en vista de que esta disposición exige en su párrafo 2 que la sanción de inhabilitación solo puede fundarse en una condena dictada por un juez competente, en un proceso penal."

Para analizar esta decisión, la Sala Constitucional comenzó por reiterar lo que antes había decidido en la sentencia N° 1939 de 18 de diciembre de 2008 (caso: *Estado Venezolano vs. Corte Interamericana de derechos Humanos, caso Magistrados de la Corte Primera de lo Contencioso Administrativo*)[299] en el sentido de que la protección internacional que deriva de la Convención Americana es "coadyuvante o complementaria de la que ofrece el derecho interno de los Estados americanos", es decir, que la Corte Interamericana "no puede pretender excluir o desconocer el ordenamiento constitucional interno" que goza de supremacía.

---

299 Véase en *Revista de Derecho Público,* N° 116, Editorial Jurídica venezolana, Caracas 2008, pp. 88 ss. Véase sobre esa sentencia Allan R. Brewer-Carías, "El juez constitucional vs. La justicia internacional en materia de derechos humanos," en *Revista de Derecho Público*, N° 116, (julio-septiembre 2008), Editorial Jurídica Venezolana, Caracas 2008, pp. 249-260; y "La interrelación entre los Tribunales Constitucionales de América Latina y la Corte Interamericana de Derechos Humanos, y la cuestión de la inejecutabilidad de sus decisiones en Venezuela," en Armin von Bogdandy, Flavia Piovesan y Mariela Morales Antonorzi (Coodinadores), *Direitos Humanos, Democracia e Integracao Jurídica na América do Sul*, umen Juris Editora, Rio de Janeiro 2010, pp. 661-701.

La Sala, además, indicó que el artículo 23 de la Constitución antes citado, contrariando su expreso contenido según el cual "prevalecen en el orden interno" –incluyendo la Constitución–, "en la medida en que contengan normas sobre su goce y ejercicio más favorables a las establecidas en esta Constitución," indicó que:

> "no otorga a los tratados internacionales sobre derechos humanos rango *supraconstitucional*, 'por lo que, en caso de antinomia o contradicción entre una disposición de la Carta Fundamental y una norma de un pacto internacional, correspondería al Poder Judicial determinar cuál sería la aplicable, tomando en consideración tanto lo dispuesto en la citada norma como en la jurisprudencia de esta Sala Constitucional del Tribunal Supremo de Justicia, atendiendo al contenido de los artículos 7, 266.6, 334, 335, 336.11 *eiusdem* y el fallo número 1077/2000 de esta Sala."[300]

V. LA INTERPRETACIÓN DE LA CONSTITUCIÓN CONFORME AL PROYECTO POLÍTICO DEL GOBIERNO Y EL RECHAZO A LOS VALORES UNIVERSALES SOBRE DERECHOS HUMANOS

Adicionalmente la Sala se refirió a otro fallo anterior, N° 1309/2001, en el cual había considerado que "el derecho es una teoría normativa puesta al servicio de la política que subyace tras el proyecto axiológico de la Constitución," de manera que la interpretación constitucional debe comprometerse "con la mejor teoría política que subyace tras el sistema que se interpreta o se integra y con la moralidad institucional que le sirve de base axiológica (*interpretatio favor Constitutione*)." Por supuesto, dicha "política que subyace tras el proyecto axiológico de la Constitución" o la "teoría política que subyace" tras el sistema que le sirve de "base axiológica," no es la que resulta de la Constitución propia del "Estado democrático social de derecho y de justicia," que está montado sobre un sistema político de separación de poderes, democracia representativa y libertad económica, sino el que ha venido definiendo el gobierno contra la Constitución y que ha encontrado eco en las decisiones de la propia Sala, como propia de un Estado centralizado, que niega la representatividad, montado sobre una supuesta democracia participativa controlada y de carácter socialista,[301] declarando la Sala que los estándares que se adop-

---

300 Se refiere de nuevo la Sala a la sentencia de 22 de septiembre de 2000 (Caso *Servio Tulio León Briceño*), en *Revista de Derecho Público*, N° 83, Editorial Jurídica Venezolana, Caracas 2000, pp. 247 ss.

301 En los últimos años puede decirse que es la doctrina política socialista, la cual, por supuesto, no está en ninguna parte de la Constitución, y cuya inclusión en la Constitución fue rechazada por el pueblo en la rechazada reforma constitucional de 2007 (Véase Allan R. Brewer-Carías, "La reforma constitucional en Venezuela de 2007 y su rechazo por el poder constituyente originario," en José Ma. Serna de la Garza

ten para tal interpretación constitucional *"deben ser compatibles con el proyecto político de la Constitución"- que la Sala no deja de llamar como el del "Estado Democrático y Social de Derecho y de Justicia," precisando que:*

"no deben afectar la vigencia de dicho proyecto con elecciones interpretativas ideológicas que privilegien los derechos individuales a ultranza o que acojan la primacía del orden jurídico internacional sobre el derecho nacional en detrimento de la soberanía del Estado." (subrayados de la Sala)

Concluyó así, la sentencia, que *"no puede ponerse un sistema de principios supuestamente absoluto y suprahistórico por encima de la Constitución,"* siendo inaceptables las teorías que pretenden limitar *"so pretexto de valideces universales, la soberanía y la autodeterminación nacional"* (Subrayados de la Sala).

De allí concluyó la Sala reiterando lo que ya había ya decidido en la sentencia de 5 de agosto de 2008, N° 1265/2008[302] (Caso: *Ziomara del Socorro Lucena Guédez vs. Contralor General de la República*), en el sentido de que en caso de evidenciarse una contradicción entre la Constitución y una convención o tratado internacional, *"deben prevalecer las normas constitucionales que privilegien el interés general y el bien común, debiendo aplicarse las disposiciones que privilegien los intereses colectivos... (...) sobre los intereses particulares..."*

En el fallo de la Sala Constitucional, la misma también hizo referencia al antes indicado fallo anterior N° 1309/2001, donde se había referido al mismo tema de la interpretación constitucional condicionada "ideológicamente" que debe realizarse conforme a "mejor teoría política que subyace tras el proyecto axiológico de la Constitución" ya que la misma, como derecho, está "puesta al servicio de una política," no debiendo la interpretación verse afectada por *"elecciones interpretativas ideológicas que privilegian los derechos individuales a ultranza o que acojan la primacía del orden jurídico internacional sobre el Derecho Nacional en*

(Coordinador), *Procesos Constituyentes contemporáneos en América latina. Tendencias y perspectivas*, Universidad Nacional Autónoma de México, México 2009, pp. 407-449). La Sala Constitucional, incluso, ha construido la tesis de que la Constitución de 1999 ahora "privilegia los intereses colectivos sobre los particulares o individuales," habiendo supuestamente cambiado "el modelo de Estado liberal por un Estado social de derecho y de justicia" (sentencia de 5 de agosto de 2008, N° 1265/2008, http://www.tsj.gov.ve:80/decisiones/scon/Agosto/1265-050808-05-1853.htm) cuando ello no es cierto, pues el Estado social de derecho ya estaba en la Constitución de 1961.

302 Véase en http://www.tsj.gov.ve:80/decisiones/scon/Agosto/1265-050808-05-1853.htm.

detrimento de la soberanía del Estado." De ello concluyó la Sala que " *la opción por la primacía del Derecho Internacional es un tributo a la interpretación globalizante y hegemónica del racionalismo individualista*" siendo "la nueva teoría" el "combate por la supremacía del orden social valorativo que sirve de fundamento a la Constitución;" afirmando que en todo caso, "el carácter dominante de la Constitución en el *proceso interpretativo no puede servir de pretexto para vulnerar los principios axiológicos en los cuales descansa el Estado Constitucional venezolano*" (Subrayados de la Sala).

En la sentencia N° 1309/2001 la Sala también había afirmado que "el ordenamiento jurídico conforme a la Constitución significa, en consecuencia, salvaguardar a la Constitución misma de toda desviación de principios y de todo apartamiento del proyecto que ella encarna por voluntad del pueblo," procediendo a rechazar todo "sistema de principios supuestamente absoluto y suprahistórico, por encima de la Constitución," y que la interpretación pueda llegar "a contrariar la teoría política propia que sustenta.". Por ello, la Sala negó la validez universal de los derechos humanos, es decir, negó "cualquier teoría propia que postule derechos o fines absolutos," o cualquier *vinculación ideológica con teorías que puedan limitar, so pretexto de valideces universales, la soberanía y la autodeterminación nacional*" (Subrayado de la Sala).

VI. EL ANÁLISIS DEL TEMA DE FONDO SOBRE LAS INHABILITACIONES POLÍTICAS IMPUESTAS POR AUTORIDADES ADMINISTRATIVAS Y EL RECHAZO AL PRINCIPIO DE QUE LAS MISMAS SÓLO PUEDEN SER IMPUESTAS POR DECISIÓN JUDICIAL

Con base en lo anterior, al entrar a considerar el "punto central" de la sentencia de la Corte Interamericana sobre la violación del derecho a ser elegido del ciudadano Leopoldo López, por la inhabilitación administrativa dictada en su contra conforme al artículo 105 de la Ley Orgánica de la Contraloría General de la República y del Sistema Nacional de Control Fiscal, la Sala pasó a referirse a su propia sentencia antes mencionada, la N° 1265/2008 dictada el 5 de agosto de 2008,[303] cuando al decidir sobre una denuncia de inconstitucionalidad de dicha norma por violentar precisamente lo dispuesto en al artículo 23.2 de la Convención Americana, observó que conforme a dicha norma, se admite la "'reglamentación` de los derechos políticos mediante ley, incluso en atención a razones de "condena, por juez competente, en proceso penal," no aludiendo la misma "a restricción en el ejercicio de estos derechos, sino a su reglamentación,"

---

303 Véase en http://www.tsj.gov.ve:80/decisiones/scon/Agosto/1265-050808-051853.htm.

destacando, sin embargo, que de una manera general, el artículo 30 de la Convención Americana "admite la posibilidad de restricción, siempre que se haga conforme a leyes que se dictaren por razones de interés general y con el propósito para el cual han sido establecidas.'" Concluyó la Sala que es posible, de conformidad con la Convención Americana "restringir derechos y libertades, siempre que sea mediante ley, en atención a razones de interés general, seguridad de todos y a las justas exigencias del bien común."

Ahora, al resolver la posible antinomia entre el artículo 23.2 de la Convención Interamericana y la Constitución, la Sala señaló que "la prevalencia del tratado internacional no es absoluta ni automática" siendo sólo posible si el mismo cuando se refiere a derechos humanos, contenga "normas más favorables a las de la Constitución," pasando a preguntarse la propia Sala sobre cuál debían ser los valores que debían tener presente "para determinar cuándo debe considerarse que esa disposición convencional es más favorable que la normativa constitucional interna," siendo su respuesta los supuestos valores derivados del proyecto político subyacente en la Constitución antes mencionado.

De ello concluyó sobre el fondo del tema resuelto por la Corte Interamericana que "la restricción de los derechos humanos puede hacerse conforme a las leyes que se dicten por razones de interés general, por la seguridad de los demás integrantes de la sociedad y por las justas exigencias del bien común," no pudiendo el artículo 23.2 de la Convención Americana "ser invocado aisladamente, con base en el artículo 23 de la Constitución Nacional, contra las competencias y atribuciones de un Poder Público Nacional, como lo es el Poder Ciudadano o Moral." En la citada sentencia N° 1265/2008 dictada el 5 de agosto de 2008, la Sala entonces concluyó que:

> "En concreto, es inadmisible la pretensión de aplicación absoluta y descontextualizada, con carácter suprahistórico, de una norma integrante de una Convención Internacional contra la prevención, investigación y sanción de hechos que atenten contra la ética pública y la moral administrativa (artículo 271 constitucional) y las atribuciones expresamente atribuidas por el Constituyente a la Contraloría General de la República de ejercer la vigilancia y fiscalización de los ingresos, gastos y bienes públicos (art. 289.1 *eiusdem*); y de fiscalizar órganos del sector público, practicar fiscalizaciones, disponer el inicio de investigaciones sobre irregularidades contra el patrimonio público, e ´imponer los reparos y aplicar las sanciones administrativas a que haya lugar de conformidad con la ley` (art. 289.3 *eiusdem*). En tal sentido, deben prevalecer las normas constitucionales que privilegian el interés general y el bien común, de-

biendo aplicarse las disposiciones que privilegian los intereses colectivos involucrados en la lucha contra la corrupción sobre los intereses particulares de los involucrados en los ilícitos administrativos; y así se decide".

Finalmente, después de copiar in extenso el Voto concurrente del Magistrado Diego García-Sayán a la sentencia de la Corte Interamericana, la Sala Constitucional indicó pura y simplemente que "aunque coincide casi en su totalidad con el enfoque alternativo del Magistrado García-Sayán, no puede compartir, por los argumentos vertidos en los fallos referidos *supra*, la conclusión de que la sanción de inhabilitación solo puede ser impuesta por una "autoridad judicial."

Sobre este punto, que es precisamente, el tema *decidendum* en la sentencia de la Corte Interamericana, la Sala Constitucional se refirió de nuevo a su sentencia N° 1265/2008, en la cual resolvió que en Venezuela, "en atención a la prevención, investigación y sanción de los hechos que atenten contra la ética pública y la moral administrativa (art. 274 Constitución), el Poder Ciudadano está autorizado para ejercer un poder sancionador sustancialmente análogo al derecho penal, incluyendo sanciones como las accesorias del artículo 105, cuyo objetivo es la protección del orden social general" (destacado nuestro); llegando a afirmar que "*la 'incapacitación para ejercer diversos empleos`, lo cual podría jurídicamente derivarse de una sentencia, pero también de una sanción administrativa*" (subrayado de la Sala), concluyendo entonces con su afirmación infundada y falsa de que el artículo 65 del Constitución al señalar que

> "no podrán optar a cargo alguno de elección popular quienes hayan sido condenados o condenadas por delitos cometidos durante el ejercicio de sus funciones, […] no excluye la posibilidad de que tal inhabilitación pueda ser establecida, bien por un órgano administrativo *stricto sensu* o por un órgano con autonomía funcional, como es, en este caso, la Contraloría General de la República."

Ello, por supuesto, es totalmente errado, pues la restricción constitucional al ejercicio de derechos políticos es de interpretación estricta. Es por tanto errado señalar como lo hizo la Sala para llegar a esta conclusión que como la norma "plantea que la prohibición de optar a un cargo público surge como consecuencia de una condena judicial por la comisión de un delito," supuestamente ello no "impide que tal prohibición pueda tener un origen distinto." Ello es errado, pues de lo contrario no habría sido necesario establecer la restricción en la norma constitucional, siendo también errada la conclusión de que la norma sólo habría planteado "una hipótesis," y por tanto "no niega otros supuestos análogos." Esto es contrario al principio de que las restricciones a los derechos políticos establecidas en la Constitución, son sólo las establecidas en la Constitución, cuando es la propia Constitución la que no ha dejado la materia a la regulación del legislador.

Por tanto, es errada la conclusión de la Sala en el sentido de que supuestamente tratándose de un asunto de "política legislativa," sea al legislador al cual correspondería asignarle orientación al *ius puniendi* del Estado, de manera que "negar esta posibilidad significaría limitar al órgano legislativo en su poder autonómico de legislar en las materias de interés nacional, según lo prescribe el artículo 187, cardinal 1, en concordancia con el 152, cardinal 32 del Texto Fundamental."[304]

Al contrario, la política legislativa para el desarrollo del *ius puniendi* tiene que estar enmarcada en la Constitución, cuando sea la Constitución la que remita al legislador para ello. Sin embargo, cuando la Constitución establece que la restricción al ejercicio de un derecho político como el derecho al sufragio pasivo sólo puede limitarse por condena penal mediante decisión judicial, ello implica sólo eso, no pudiendo el legislador establecer otras restricciones que sean impuestas por autoridades administrativas.

VII. LA PONDERACIÓN ENTRE LA CONVENCIÓN AMERICANA Y OTROS TRATADOS INTERNACIONALES COMO LOS RELATIVOS A LA LUCHA CONTRA LA CORRUPCIÓN

Por otra parte, la Sala destacó que la Convención Americana no es el único tratado suscrito por Venezuela relativo a derechos humanos y, en consecuencia, de rango constitucional a tenor de lo previsto en el artículo 23 de la Constitución Nacional, que debe ser tomado en consideración para resolver sobre la ejecución del fallo de la Corte Interamericana, haciendo alusión específicamente a la Convención Interamericana contra la Corrupción de 1996, que obliga a los Estados Americanos a tomar las medidas apropiadas contra las personas que cometan actos de corrupción en el ejercicio de las funciones públicas o específicamente vinculados con dicho ejercicio, "*sin exigir que tales medidas sean necesariamente jurisdiccionales.*" (destacado nuestro), concluyendo de las normas de esta Convención, que los "mecanismos modernos para prevenir, detectar, san-

---

304 La Sala adicionalmente citó en su sentencia *N° 1260 del 11 de junio de 2002 (caso: Víctor Manuel Hernández y otro contra el artículo 38, parágrafo Segundo, 52, y 54 de la Ley para Promover y Proteger el Ejercicio de la Libre Competencia)* en relación con el jus puniendi y la supuesta diferencia entre el derecho administrativo sancionador y el derecho pena, concluyendo que entre ambos "*no existen diferencias de tipo material, sino que la gran diferencia es relativa al ámbito normativo.*"

cionar y erradicar las prácticas corruptas" (subrayado de la Sala) que deben desarrollar los Estados, a juicio de la Sala, "deben ser entendidos como aquellos que se apartan y diferencian de los tradicionales, que exigen una sentencia penal firme por la comisión de un delito," sin que se pueda concluir del contenido de dicha disposición "que las conductas cuestionadas deban ser *necesariamente objeto de condena judicial*" (destacados nuestro). La Sala enumeró, así, en su sentencia, los órganos encargados en los diversos países de la ejecución de la Convención, generalmente de orden administrativos, siendo ello atribuido en Venezuela, como "autoridad central," al Consejo Moral Republicano constituido por la Contraloría General de la República, la Fiscalía General de la República y la Defensoría del Pueblo.

En la sentencia la Sala también hizo referencia a la Convención de las Naciones Unidas contra la Corrupción" suscrita en 2003, donde se hace referencia a la obligación de los Estados de "*procurar evaluar periódicamente los instrumentos jurídicos y las medidas administrativas* pertinentes *a fin de determinar si son adecuadas para combatir la corrupción*" (subrayado de la sala). Concluyendo que "no existe limitación alguna a que se trate *exclusivamente de tribunales*," destacando que conforme al artículo 30.7 de dicha Convención se establece "la posibilidad *de inhabilitar* "por mandamiento judicial *u otro medio apropiado y por un periodo determinado por su derecho interno*" a los sujetos de corrupción" (subrayado del fallo); y que la previsión de sanciones distintas a las judiciales se reitera en las Disposiciones Finales de la misma Convención (Capítulo VIII, artículo 65).

De todo ello, la Sala Constitucional en su sentencia Nº 1547 (Caso *Estado Venezolano vs. Corte Interamericana de Derechos Humanos*) de fecha 17 de octubre de 2011, concluyó que:

"aun si se pretendiera otorgar un sentido literal y restrictivo al artículo 23 de la Convención Interamericana, impidiendo la inhabilitación de un ciudadano para el ejercicio de cargos públicos por razones de corrupción, limitando la posibilidad de sanción a una sentencia judicial; podemos advertir que tal Tratado no es el único que forma parte integrante del sistema constitucional venezolano según el artículo 23 de nuestra Carta Fundamental. La prevalencia de las normas que privilegien el interés general y el bien común sobre los intereses particulares dentro de un Estado social de derecho y de justicia obligan al Estado venezolano y a sus instituciones a aplicar preferentemente las Convenciones Interamericana y de la ONU contra la corrupción y las propias normas constitucionales internas, que reconocen a la Contraloría general de la República como un órgano integrante de un Poder Público (Poder Ciudadano) competente para la aplicación de sanciones de naturaleza administrativa, como lo es la inhabilitación para el ejercicio de cargos públicos por hechos de corrupción en perjuicio de los intereses colectivos y difusos del pueblo venezolano."

Sin embargo, ante este pronunciamiento dictado con motivo de ejercer el control de constitucionalidad de la sentencia de la Corte Interamericana, la Sala Constitucional se apresuró a afirmar, que:

"no se trata de interpretar el contenido y alcance de la sentencia de la Corte Interamericana de Derechos Humanos, ni de desconocer el tratado válidamente suscrito por la República que la sustenta o eludir el compromiso de ejecutar las decisiones según lo dispone el artículo 68 de la Convención Interamericana de Derechos Humanos,"

No, de eso no se trata, sino que, a juicio de la Sala, de lo que se trata es:

"de aplicar un estándar mínimo de adecuación del fallo al orden constitucional interno, lo cual ha sucedido en otros casos y ejercer un "control de convencionalidad" respecto de normas consagradas en otros tratados internacionales válidamente ratificados por Venezuela, que no fueron analizados por la sentencia de la Corte Interamericana de Derechos Humanos del 1 de septiembre de 2011, como lo son las consagradas en la Convención Interamericana contra la Corrupción y la Convención de las Naciones Unidas contra la Corrupción".

Y ha sido precisamente ello, lo que supuestamente habría "obligado" a la Sala Constitucional "a ponderar un conjunto de derechos situados en el mismo plano constitucional y concluir en que debe prevalecer la lucha contra la corrupción como mecanismo de respeto de la ética en el ejercicio de cargos públicos, enmarcada en los valores esenciales de un Estado democrático, social, de derecho y de justicia," y decidir indicando que "no puede ejercerse una interpretación aislada y exclusiva de la Convención Americana de Derechos Humanos sin que con ello se desconozca el *corpus juris del Derecho Internacional de los Derechos Humanos,*" a los que ha aludido la propia Corte Interamericana en la sentencia del 24 de noviembre de 2004, caso: *Trabajadores Cesados del Congreso vs. Perú, sus Opiniones Consultivas de la CIDH N° OC-16/99 y N° OC-17/2002.*

VIII. LA DENUNCIA DE USURPACIÓN CONTRA LA CORTE INTERAMERICANA Y LA DECLARACIÓN DE "INEJECUCIÓN" DE SU SENTENCIA

Finalmente la Sala Constitucional acusó a la Corte Interamericana de Derechos Humanos de persistir

"en desviar la teleología de la Convención Americana y sus propias competencias, emitiendo órdenes directas a órganos del Poder Público venezolano (Asamblea Nacional y Consejo Nacional Electoral), usurpando funciones cual si fuera una potencia colonial y pretendiendo imponer a un país soberano e independiente criterios políticos e ideológicos absolutamente incompatibles con nuestro sistema constitucional."

De lo cual concluyó declarando

"inejecutable el fallo de la Corte Interamericana de Derechos Humanos, de fecha 1 de septiembre de 2011, en el que se condenó al Estado Venezolano, a través *de los órganos competentes, y particularmente del Consejo Nacional Electoral (CNE),*" a asegurar "*que las sanciones de inhabilitación no constituyan impedimento para la postulación del señor López Mendoza en el evento de que desee inscribirse como candidato en procesos electorales*"; anuló las Resoluciones del 24 de agosto de 2005 y 26 de septiembre de 2005, dictadas por el Contralor General de la República, por las que inhabilitaron al referido ciudadano al ejercicio de funciones públicas por el período de 3 y 6 años, respectivamente; se condenó a la República Bolivariana de Venezuela al pago de costas y a las adecuación del artículo 105 de la Ley Orgánica de la Contraloría General de la República y el Sistema Nacional de Control Fiscal."

Es decir, la Sala resolvió que la sentencia de la Corte Interamericana en su conjunto, es inejecutable en Venezuela, con la advertencia –cínica, por lo demás-, de que, sin embargo:

"la inhabilitación administrativa impuesta al ciudadano Leopoldo López Mendoza no le ha impedido, ni le impide ejercer los derechos políticos consagrados en la Constitución. En tal sentido, como todo ciudadano, goza del derecho de sufragio activo (artículo 63); del derecho a la rendición de cuentas (artículo 66); derecho de asociación política (el ciudadano López Mendoza no solo ha ejercido tal derecho, sino que ha sido promotor y/o fundador de asociaciones y partidos políticos); derecho de manifestación pacífica (el ciudadano López Mendoza ha ejercido ampliamente este derecho, incluyendo actos de proselitismo político); así como, el derecho a utilizar ampliamente los medios de participación y protagonismo del pueblo en ejercicio de su soberanía (artículo 70), incluyendo las distintas modalidades de participación "referendaria", contempladas en los artículos 71 al 74 *eiusdem*, en su condición de elector."

Se destaca, sin embargo, que la Sala Constitucional no mencionó en esta enumeración de "los derechos políticos consagrados en la Constitución" ni el derecho pasivo al sufragio (el derecho a ser electo para cargos públicos), ni el derecho a ejercer cargos públicos, que son precisamente los que le impide ejercer la decisión de la Contraloría General de la República y violando lo previsto en la Convención Americana y en la propia Constitución, procedió a "aclarar" lo que no requería aclaratoria, en el sentido de que:

> "la inhabilitación administrativa difiere de la inhabilitación política, en tanto y en cuanto la primera de ellas sólo está dirigida a impedir temporalmente el ejercicio de la función pública, como un mecanismo de garantía de la ética pública y no le impide participar en cualquier evento político que se realice al interior de su partido o que convoque la llamada Mesa de la Unidad Democrática."

Ello no requería "aclararse" pues es bien evidente que las decisiones de la Contraloría o del Estado a través de cualquiera de sus órganos no le puede impedir a un ciudadano poder participar en los eventos políticos internos de las asociaciones políticas o a las cuales pertenezca o en eventos por estas convocados, de manera que la "aclaratoria" no es más que una deliberada expresión de confusión por parte de la Sala; y más aún con la frase final de la decisión que adoptó (dispositivo N° 2), luego de declarar inejecutable la sentencia de la Corte Interamericana en el sentido decidir que:

> "2) La Sala declara que el ciudadano Leopoldo López Mendoza goza de los derechos políticos consagrados en la Constitución de la República Bolivariana de Venezuela, por tratarse solo de una inhabilitación administrativa y no política."

Sin embargo, como se dijo, antes había enumerado la Sala en forma expresa cuáles eran los derechos políticos que el Sr. López podía ejercer estando vigente la inhabilitación política que le había impuesto la Contraloría, refiriéndose la Sala expresamente sólo a el "derecho de sufragio activo (artículo 63); del derecho a la rendición de cuentas (artículo 66); derecho de asociación política '[…]; derecho de manifestación pacífica […]; derecho a utilizar ampliamente los medios de participación y protagonismo del pueblo en ejercicio de su soberanía (artículo 70)," y derecho "de participación "referendaria" (artículos 71 al 74) "en su condición de elector." La Sala, por tanto se cuidó de no indicar que el Sr. López podía ejercer su derecho político al sufragio pasivo, derecho a ser electo y a ejercer cargos públicos electivos, que fueron precisamente los restringidos inconstitucionalmente por la Contraloría General de la República.

IX. LA INTERPRETACIÓN Y ACLARACIÓN DE LA SENTENCIA DE LA SALA CONSTITUCIONAL EN FORMA *EX POST FACTO* Y EXTRA PROCESO, MEDIANTE "COMUNICADO DE PRENSA" POR PARTE DE LA PRESIDENTA DE LA SALA CONSTITUCIONAL

Sin embargo, el mismo día en el cual se publicó la sentencia de la Sala Constitucional, la presidenta del Tribunal Supremo de Justicia y de dicha Sala, expresó mediante un "Comunicado de Prensa"[305] un criterio distinto al que se había expuesto en la sentencia, agregando mayor confusión sobre sus efectos, y en particular sobre los derechos políticos que supuestamente podía ejercer el Sr. López.

Dicha Presidente del Tribunal Supremo, en efecto, comenzó por expresar, al referirse a la sentencia de la Sala Constitucional "que declaró inejecutable el fallo de la Corte Interamericana de Derechos Humanos" que había condenado al Estado venezolano, primero, que "los convenios suscritos por la República Bolivariana de Venezuela no pueden tener carácter supra constitucional, pues sus disposiciones deben ajustarse y enmarcarse en los postulados de la Carta Magna;" y que "Venezuela no puede retroceder en los avances que ha logrado en la lucha contra la corrupción," asegurando entre otras cosas, "que *las sanciones de inhabilitación no constituyan impedimento para la postulación de Leopoldo López Mendoza en eventos electorales*" (destacado nuestro).

Ahora bien, frente a esta afirmación de que las sanciones de inhabilitación "no constituyan impedimento para la postulación en eventos electorales," la pregunta elemental es cómo puede, en efecto, pensarse que alguien pueda tener derecho a postularse para la elección de un cargo electivo de representación popular, sin tener derecho a poder ejercer dicho cargo porque se lo impide la Contraloría General de la República? Lo que dijo la Sra. Presidenta de la Sala Constitucional, ni más ni menos es como decir, que una persona inhabilitada para ejercer cargos públicos, sin embargo, puede postularse para ser electo para un cargo público, pero una vez electo no puede ejercer dicho cargo para el cual fue electo!!

---

305 Véase Nota de Prensa del Tribunal Supremo: "Es inejecutable que Venezuela retroceda en sus avances en la lucha contra la corrupción" Afirmó la presidenta del TSJ; magistrada Luisa Estella Morales Lamuño, Autor: Redacción TSJ, Fecha de publicación: 17/10/2011. Véase en http://www.tsj.gov.ve/informacion/notasde-prensa/notasdeprensa.asp?codigo=8848.

La postulación a un cargo de elección popular no es sino la primera fase del ejercicio del derecho pasivo al sufragio que implica además de la postulación, el derecho a ser elegido, y en caso de que así ocurra, el derecho a ejercer el cargo para el cual fue electo. De resto, no es más que una cómica situación la que informó la Sra. Presidenta del Tribunal Supremo: que una persona inhabilitada para ejercer cargos públicos por la Contraloría, puede postularse para cargos de elección popular, y por tanto, con la posibilidad de salir electo, pero para nada, pues no puede ejercer el cargo porque ha sido inhabilitado.

Expresó en efecto, la Sra. Presidenta del Tribunal Supremo que:

> "del análisis realizado por la Sala Constitucional el ciudadano López Mendoza goza *de todos* sus derechos políticos, por lo que puede elegir *y ser elegido* en los eventos electorales en los que decida participar."

Y reiteró que "la Constitución de la República Bolivariana de Venezuela es profundamente garantista, y que salvaguarda los derechos políticos de la ciudadanía" precisando que "Leopoldo López Mendoza *sí goza de todos sus derechos políticos*, tal como lo expresa el dictamen (*sic*)."

Ello es por supuesto, totalmente falso, y lo que pone en evidencia, para ser benevolentes, es que, por lo visto, la Presidenta no leyó lo que efectivamente dijo en la sentencia que firmó, pues la misma no incluyó – inconstitucionalmente por lo demás - en su contenido y enumeración de los derechos políticos que podía ejercer el Sr. López, al derecho a ser elegido (derecho pasivo al sufragio); es decir, se cuidó de decidir que el Sr. López *no gozaba de todos sus derechos políticos*.

Sin embargo, teniendo en cuenta la "interpretación" que hizo la Sra. Presidenta del Tribunal Supremo de la sentencia, la conclusión era que se trató de una modificación, *ex post facto*, introducida mediante un "Comunicado de Prensa" a la sentencia dictada, indicando que el Sr. López *si puede ejercer su derecho pasivo al sufragio y si puede "ser elegido,"* pero aclarando a renglón seguido que una vez que resultare electo, si ese hubiese sido el caso, respecto al ejercicio del cargo para el cual resultare electo, ello sería una "situación futura derivada de tal participación" que "no estuvo en el análisis de la Sala, ya que no puede pronunciarse sobre hechos que no han ocurrido." Por lo que, si todo ello hubiese sucedido, ya estaba "avisado" el Sr. López de lo que le podía haber pasado. Más clara no podía ser esta modificación al fallo dictada por la Presidencia del Tribunal Supremo en el "Comunicado de Prensa;" y como la Sala se atribuyó el poder de ejercer de oficio este control de constitucionalidad de las sentencias de la Corte Interamericana, nadie le hubiera tenido que requerir su futura y anunciada acción.

Crear mayor y deliberada confusión, era realmente imposible,[306] al punto de que en el diario *El Mundo* de España del día 18 de octubre de 2011, la noticia se tituló así: "El Supremo venezolano permite que Leopoldo López sea candidato en 2012," precisándose sin embargo, en los subtítulos que: "El Tribunal aclara que el opositor sí puede presentarse a las elecciones; Lo que se ha rechazado es el fallo de la Corte Interamericana que condenaba al Estado por la 'inhabilitación' para ejercer cargos públicos de López; Por lo tanto, López puede ser candidato pero no se sabe si podrá ejercer. El Tribunal dijo que aplicar aquel fallo infringiría las leyes nacionales."[307] En la nota de prensa publicada en este Diario se afirmó que:

> "El Tribunal Supremo venezolano (TSJ) *aclaró* este lunes que la decisión de la Sala Constitucional de declarar no ejecutable un fallo de la Corte Interamericana de Derechos Humanos a favor de Leopoldo López no impide al político opositor presentar su candidatura a las elecciones presidenciales."

> La presidenta del TSJ de Venezuela, Luisa Estella Morales, señaló que **López se puede postular**, pero el fallo de Corte Interamericana (Corte IDH), que obliga a suspender la inhabilitación administrativa del político para ejercer cargo público, es "inejecutable" porque no se pueden anular las decisiones de la Contraloría.

> "*Leopoldo López tiene pleno derecho a elegir y ser electo*, puede concurrir ante el Consejo Nacional Electoral inscribirse y participar en cualquier elección que se realice (...) libremente puede hacerlo", aclaró Estella en una conferencia de prensa.

---

306 Según se reseña en *la patilla.com*, la Contralora General de la República, en medio de la confusión, declaró el día 18 de octubre de 2011, que "el líder opositor Leopoldo López, uno de los aspirantes a ser candidato en las elecciones presidenciales del 7 de octubre del próximo año, no puede desempeñar ningún cargo público hasta 2014. No puede desempeñar cargos públicos, ni por elección, nombramiento, contrato ni designación. ¿El cargo de alcalde, de concejal, de presidente, de gobernador es un cargo público o no? Sí lo es, entonces (López) no puede desempeñar esos cargos públicos dijo Adelina González, Contralora General en funciones. En declaraciones a la televisión estatal, González descartó el supuesto "limbo" en el que quedó López luego de que la presidenta del Tribunal Supremo de Justicia (TSJ), Luisa Estella Morales, indicara que López se podía postular a las elecciones aunque evitando pronunciarse sobre qué ocurriría en caso de ser elegido. Véase "Según la Contralora si López se postula sería "un fraude a la Ley," en http://www.lapatilla.com/site/2011/10/18/se-gun-la-contralora-si-lopez-se-postula-seria-un-fraude-a-la-ley/.

307 Véase en http://www.elmundo.es/america/2011/10/17/venezuela/1318884331.html.

No obstante, subrayó que "son inejecutables en primer lugar la nulidad de las resoluciones administrativas de la Contraloría y también "la *nulidad de los actos administrativos* por los cuales se inhabilitó administrativamente al ciudadano Leopoldo López."

Preguntada sobre la posibilidad de que López fuera elegido en los comicios para la Presidencia, convocados para el 7 de octubre de 2012, *Morales se excusó de pronunciarse "acerca de situaciones futuras.*"

"Llegará el momento de que si eso ocurriese tendríamos que pronunciarnos, pero en este momento **es ciertamente una posición incierta** y futura sobre la cual la Sala no podría pronunciarse," señaló"

Con esta "aclaratoria" a la decisión adoptada mediante declaraciones públicas dadas por la Presidenta del Tribunal Supremo de Justicia, lo que hizo el Tribunal Supremo fue consolidar la incertidumbre y el desconcierto político en el país, dejando vigente la sanción de inhabilitación política que dictó la Contraloría General de la República contra el Sr. Leopoldo López y en lo que resultó una especie de crónica de una inhabilitación política anunciada, impuso el siguiente itinerario que podía desarrollarse en este caso entre 2011 y 2012:

Primero, en el texto de la sentencia, declaró que entre los derechos políticos que enumeró expresamente como los que podía ejercer el Sr. López *no estaba el derecho pasivo al sufragio, es decir, el derecho a ser electo*;

Segundo, sin embargo, en la "aclaratoria" a la sentencia que dictó la Presidenta del Tribunal Supremo, la misma declaró que el Sr. López *sí se podía postular para cargos electivos y tenía derecho a ser electo,* lo que por si generó incertidumbre sobre si efectivamente gozaba o no tal derecho conforme a la sentencia de la Sala;

Tercero, lo anterior le planteaba al Sr. López la *disyuntiva de participar o no en el proceso – elecciones primarias – para la selección del candidato presidencial* de oposición, pero con la certeza de que si no lo hacía ello hubiera sido por su propia voluntad y no porque se lo hubiese "impuesto" la Sala;

Cuarto, si hubiese llegado a salir electo en las elecciones primarias, ello le hubiera planteado una *nueva disyuntiva de postularse o no como candidato presidencial en la elección presidencial*, pero si no lo hacía ello también hubiera sido por su propia voluntad y no porque se lo hubiese impuesto la Sala; y

Quinto, si hubiese llegado a ganar la elección presidencial, la posibilidad de que hubiese podido ejercer el cargo para el cual habría sido electo hubiera quedado entonces en manos del Tribunal Supremo de Justicia, el cual, en ese momento, y sólo en ese momento se pronunciaría sobre lo que al dictar su sentencia consideró como una "situación incierta y futura."

Posteriormente, para agregar algo más a la confusión e incertidumbre, la misma Presidenta del Tribunal Supremo de Justicia en una entrevista de televisión, ratificó que la sentencia de la Corte Interamericana de Derechos Humanos "que ordena restituir los derechos políticos al ex alcalde del municipio Chacao del Estado Miranda, Leopoldo López, no puede ser cumplida por la justicia venezolana," indicando, sin embargo, que dicho ciudadano contaba "con todos sus derechos políticos" lo que no era cierto, pues se le había negado el derecho pasivo al sufragio, agregando que podía "hacer campaña o fundar partidos, [pero] lo que no puede es ejercer cargos de administración pública."[308]

La Presidenta del Tribunal Supremo indicó, además, que la sentencia de la Corte Interamericana confundía "la inhabilitación política con la inhabilitación administrativa," sin percatarse que cuando dicha "inhabilitación administrativa" impide a un funcionario electo ejercer el cargo para el cual fue electo, se convierte en una inhabilitación política; pues aunque la Magistrada parecía ignorarlo, el derecho a ejercer cargos públicos de elección popular es un derecho político. De manera que cuando se impone una sanción de inhabilitación administrativa que según la Presidenta del Tribunal era "de otra naturaleza [pues] es para poder administrar o manejar fondos públicos," y ello impide a un funcionario electo ejercer el cargo para el cual resultó electo, implica que se lo inhabilita políticamente.

La Corte Interamericana no "se basó en hechos que no correspondían a la realidad" como dijo la Presidenta del Tribunal considerando que la Corte Interamericana había tratado "el caso del ciudadano Leopoldo López como si él estuviera inhabilitado políticamente y el señor Leopoldo López nunca estuvo inhabilitado políticamente, él tuvo una sanción de carácter administrativo que en Venezuela está perfectamente establecida."

---

308 Véase reportaje del programa "Dando y Dando transmitido por la estatal Venezolana de Televisión," realizado por Rafael Rodríguez, en El Universal, Caracas 8-11-2011. En http://www.eluniversal.com/nacional-y-politica/111108/morales-no-podemos-levantar-inhabilitacion-adminstrativa-a-lopez.

En fin, ignorando el propio texto de su sentencia, la Presidenta del Tribunal afirmó que la Corte Interamericana confundió "sin entrar a analizar lo que es el derecho interno venezolano, […] dos tipos de inhabilitaciones diferentes," pues según la Presidenta del Tribunal López podía "hacer campaña y fundar partidos, lo que no puede es ocupar cargos administrativos," y las actividades políticas que pueda hacer "no puede confundirse con las condiciones de elegibilidad ese es otro punto que no se ha presentado..." Lo que no explicó la Presidenta del Tribunal es cómo puede decirse que una persona no está inhabilitada políticamente si pudiendo ser electa para ocupar un cargo ejecutivo (como el de Alcalde, Gobernador o Presidente) que implica administrar o manejar fondos, en definitiva, no lo puede ejercer el cargo para el cual fue electo cuando exista contra la misma una sanción de inhabilitación administrativa.[309]

De todo ello, lo que quedaba claro era que independientemente de si el Sr. López iba o podía resultar o no electo, respecto de él, y del propio futuro del país, la situación política subsiguiente no dependía de la voluntad del pueblo soberano, sino de la decisión de un Tribunal Supremo que además de usurpar el poder constituyente y rebelarse contra las decisiones del tribunal internacional encargado de la protección de los derechos humanos en América, se reservaba en definitiva el derecho de anular o no la voluntad popular de acuerdo con las circunstancias que se presentasen en el futuro.

Nueva York, Junio 2012.

---

309 Dijo la Presidenta del Tribunal: "El ciudadano Leopoldo López no está inhabilitado políticamente ni ha estado; él puede ejercer todos sus derechos políticos, en Venezuela hay una gama de derechos políticos extensos, se fundan partidos, se puede hacer campaña electoral, se puede hacer cualquier tipo de gestión, ahora, eso no debe confundirse cuando se opta a un cargo de elección popular con las condiciones de elegibilidad".

TERCERA SENTENCIA (CASO: RCTV):

Sentencia de la Sala Constitucional Nº 1.175 de 10 de septiembre de 2015, (Caso *Estado Venezolano vs. Corte Interamericana de Derechos Humanos*), mediante la cual al conocer de una "acción innominada de control de constitucionalidad," declaró inejecutable en Venezuela la sentencia de la Corte Interamericana de Derechos Humanos dictada el 22 de junio de 2015, (caso *Granier y otros (Radio Caracas Televisión), vs. Venezuela)*, condenando al Estado por violación de los derechos de los accionistas y directores de la empresa garantizados por Convención Americana de Derechos Humanos.[310]

La Corte Interamericana de Derechos Humanos, mediante sentencia de 22 de junio de 2015, dictada en el caso *Granier y otros (Radio Caracas Televisión), vs. Venezuela,*[311] condenó al Estado venezolano:

Primero, por restringir indirectamente el derecho a la libertad de expresión de accionistas, directivos y periodistas del canal *Radio Caracas Televisión* ("RCTV"), en violación de los artículos 13.1 y 13.3 en relación con el artículo 1.1 de la Convención Americana;

Segundo, por violar, en perjuicio de las víctimas, el artículo 13 en relación con el deber de no discriminación contenido en el artículo 1.1 de la Convención Americana;

Tercero, por violar el derecho a un debido proceso, previsto en el artículo 8.1 en relación con el artículo 1.1 de la Convención Americana, en los procedimientos de transformación de los títulos y renovación de la concesión en perjuicio de las víctimas;

Cuarto, por violar el derecho al plazo razonable, previsto en el artículo 8.1 en relación con el artículo 1.1 de la Convención Americana, en el

---

310 Véase Allan R. Brewer-Carías, "La condena al Estado en el caso Granier y otros (RCTV) vs. Venezuela, por violación a la libertad de expresión y de diversas garantías judiciales. Y de cómo el Estado, ejerciendo una bizarra "acción de control de convencionalidad" ante su propio Tribunal Supremo, ha declarado inejecutable la sentencia en su contra," en *Revista de Derecho Público,* Nº 143-144, (julio- diciembre 2015), Editorial Jurídica Venezolana, Caracas 2015, pp. 409-437.

311 Véase en http://www.corteidh.or.cr/cf/Jurisprudencia2/busqueda_casos_contenciosos.cfm?lang=es.

proceso contencioso administrativo de nulidad intentado por las víctimas y en el trámite de la medida cautelar innominada en el marco del mismo; y

Quinto, por violar los derechos a ser oído y al plazo razonable, contenidos en el artículo 8.1 en relación con el artículo 1.1 de la Convención Americana, en el trámite de la demanda por intereses difusos y colectivos que se había intentado en perjuicio de las víctimas (párr. 419).

La sentencia puso así fin a la causa que había sido iniciada ante la Corte en febrero de 2013 por la Comisión Interamericana de Derechos Humanos, con motivo de la denuncia que le había sido formulada en febrero de 2010, por los profesores Carlos Ayala Corao y Pedro Nikken en representación de accionistas, directivos y periodistas del canal *Radio Caracas Televisión* ("RCTV"), alegando la violación por parte del Estado de la libertad de expresión de las víctimas, al decidir, en 2007, no renovarle la concesión de radiodifusión a la empresa que le había sido originalmente otorgada en 1953, hecho que había venido siendo anunciado por funcionarios gubernamentales desde 2002, con motivo en la línea editorial del canal que había sido adversa al gobierno.

En su demanda, la Comisión consideró que dicha decisión estaba viciada de desviación de poder, y había sido dictada además, en violación del derecho a la igualdad y no discriminación, al debido proceso y a la protección judicial de las víctimas; alegando además, que la sentencia cautelar que había sido dictada por la Sala Constitucional del Tribunal Supremo de Justicia en ese mismo año 2007, mediante la cual se puso en posesión al Estado, sin proceso alguno, todos los bienes de propiedad de la empresa, había violado el derecho de propiedad de las víctimas.

Después de desarrollado el proceso con la participación activa del Estado, al decidir sobre responsabilidad del mismo por las violaciones cometidas contra los derechos de las víctimas, dispuso *Primero*, que el Estado debía restablecer la concesión de la frecuencia del espectro radioeléctrico correspondiente al canal 2 de televisión (párr. 380, 419);

Segundo, que para que la anterior medida no sea ilusoria y sin que ello supusiera un pronunciamiento sobre el derecho a la propiedad, el Estado debía devolverle a RCTV los bienes que le habían sido incautado mediante medidas cautelares, por considerar la Corte que eran elementos indispensables para la efectiva operación de la concesión (párr. 381);

y *Tercero*, que una vez efectuado el restablecimiento de la concesión a RCTV, el Estado debía en un plazo razonable ordenar la apertura de un proceso abierto, independiente y transparente para el otorgamiento de la frecuencia del espectro radioeléctrico correspondiente al canal 2 de televisión, siguiendo para tal efecto el procedimiento establecido en la Ley Orgánica de Telecomunicaciones o la norma interna vigente para tales efectos (párr. 382, 419).

Adicionalmente la Corte decidió, *Cuarto*, que el Estado debía hacer público el texto de la sentencia en la prensa y en el sitio web de la Comisión Nacional de Telecomunicaciones (Conatel) (párr. 386, 419); *Quinto*, que el Estado debía tomar las medidas necesarias a fin de garantizar que todos los futuros procesos de asignación y renovación de frecuencias de radio y televisión que se lleven a cabo, sean conducidos de manera abierta, independiente y transparente (párr. 394, 419); y *sexto*, que el Estado debía pagar, dentro del plazo de un año, determinadas cantidades por concepto de indemnizaciones por daño material e inmaterial, y el reintegro de costas y gastos (párr. 413, 414, 410, 419).

La sentencia de la Corte Interamericana contra el Estado de Venezuela fue de fecha 22 de junio de 2015, pero solo se publicó en el sitio web de la Corte en fecha el 8 de septiembre. Al día siguiente, 9 de septiembre de 2015, sin embargo, funcionarios de la Procuraduría General de la República (abogados del Estado) introdujeron ante la Sala Constitucional del Tribunal Supremo de Justicia una inédita "acción de control convencionalidad *"con respecto al sentido, alcance y aplicabilidad"* de la sentencia de la Corte Interamericana, que fue decidida por la Sala al día siguiente, sin proceso alguno, mediante sentencia N° 1.175 de 10 de septiembre de 2015, declarando: *primero,* que la sentencia de la Corte Interamericana había sido dictada "en franca violación a la Convención Americana sobre Derechos Humanos, a otros instrumentos internacionales sobre la materia y en total desconocimiento a la Constitución de la República Bolivariana de Venezuela;" y *segundo*, que dicha decisión es "INEJECUTABLE" (énfasis del texto original), "por constituir una grave afrenta a la Constitución de la República Bolivariana de Venezuela y al propio sistema de protección internacional de los derechos humanos. Para completar su sentencia, la Sala Constitucional del Tribunal Supremo de Justicia, concluyó sugiriendo:

> "al Ejecutivo Nacional, a quien corresponde dirigir las relaciones y política exterior de la República Bolivariana de Venezuela, a tenor de lo dispuesto en el artículo 236, numeral 4, de la Constitución de la República Bolivariana de Venezuela, así como al órgano asesor solicitante de conformidad con el artículo 247 *eiusdem,* para que evalúen la posibilidad de remitir a la Asamblea General de la Organización de Estados Americanos, copia de este pronunciamiento con el objeto de que ese órgano

analice la presunta desviación de poder de los jueces integrantes de la Corte Interamericana de Derechos Humanos."[312]

Esa fue la respuesta del Estado venezolano a la condena que le impuso la Corte Interamericana.

A continuación analizaremos tanto el contenido de la sentencia de la Corte Interamericana, en relación con los diversos puntos debatidos ante la misma; así como los aspectos resaltantes de la sentencia de la Sala Constitucional, dictada *in audita parte*, es decir, sin proceso alguno, sin *litis*, en abierta violación al derecho al debido proceso y a la defensa que la Constitución declara inviolable en todo estado y grado de la causa (art. 49), desafiando en forma íntegra al Sistema Interamericano de Protección de Derechos Humanos y en franca violación a la Carta Democrática Interamericana.

I. EL TEMA DE LA REDUCCIÓN DE LA PROTECCIÓN INTERNACIONAL SOLO RESPECTO DE LOS DERECHOS DE LAS PERSONAS NATURALES, Y LA EXCLUSIÓN DE PROTECCIÓN DE LAS PERSONAS JURÍDICAS

El proceso ante la Corte Interamericana no fue entre la empresa Radio Caracas Televisión (RCTV) y el Estado venezolano, sino entre un grupo de accionistas, directivos y trabajadores de dicha empresa que fueron los que denunciaron al Estado por violación a sus derechos. La sentencia de la Corte Interamericana, por tanto, no protegió a la empresa Radio Caracas televisión (RCTV), como compañía anónima, sino a los accionistas, directivos y periodistas de dicha empresa, todas como personas naturales, cuyos derechos fueron los que se consideraron violados.

Esos derechos que la Corte considero violados, por tanto, los ejercían las víctimas como lo indicó la Corte, "cubiertos por una figura o ficción jurídica creada por el mismo sistema jurídico," distinguiéndose así claramente "los derechos de los accionistas de una empresa de los de la persona jurídica" (párr. 146).

En tal contexto, la Corte procedió "a analizar el ejercicio del derecho a la libertad de expresión por parte de las personas naturales a través de las personas jurídicas" (párr. 147) y su violación por el Estado; considerando que "los medios de comunicación son verdaderos instrumentos de la libertad de expresión, que sirven para materializar este derecho" por quienes "los utilizan como medio de difusión de sus ideas o informaciones;" con-

---

312 Véase en http://historico.tsj.gob.ve/decisiones/scon/septiembre/181181-1175-10915-2015-15-0992.HTML.

figurándose "generalmente, asociaciones de personas que se han reunido para ejercer de manera sostenida su libertad de expresión" (párr. 148), de manera semejante a cómo los "sindicatos constituyen instrumentos para el ejercicio del derecho de asociación de los trabajadores y los partidos políticos son vehículos para el ejercicio de los derechos políticos de los ciudadanos"(parr. 148).

De todo ello, dedujo la Corte Interamericana "que las restricciones a la libertad de expresión frecuentemente se materializan a través de acciones estatales o de particulares que afectan, no solo a la persona jurídica que constituye un medio de comunicación, sino también a la pluralidad de personas naturales, tales como sus accionistas o los periodistas que allí trabajan, que realizan actos de comunicación a través de la misma y cuyos derechos también pueden verse vulnerados" (párr. 151). De allí pasó la Corte a analizar la violación de los derechos de los directivos, accionistas y trabajadores de Radio Caracas televisión que fueron alegados, aclarando que en la sentencia, que en lo concerniente a los alegatos de violación de la libertad de expresión y del principio de la no discriminación, las referencias a "RCTV" debían "entenderse como el medio de comunicación mediante el cual las presuntas víctimas ejercían su derecho a la libertad de expresión y no como una referencia expresa a la persona jurídica denominada "RCTV C.A" (párr. 151).

II.   LA VIOLACIÓN AL DERECHO A LA LIBERTAD DE EXPRESIÓN

Los representantes de las víctimas alegaron en el caso, que la no renovación de la concesión de la cual era titular Radio Caracas Televisión en 2007 mediante acciones del Estado, constituyeron actos arbitrarios del mismo "tendientes deliberadamente, a la supresión de un medio de comunicación independiente, […] fundados en consideraciones políticas de castigo a la línea de difusión de información e ideas de RCTV," lo cual había sido anunciado públicamente por altos funcionarios del Estado, incluido el Presidente de la República, desde 2002; denunciando dos hechos relevantes: por una parte "la no renovación de la concesión de RCTV," y por la otra "la toma arbitraria por el Estado de sus bienes destinados a la radiodifusión audiovisual," que consideraron debían ser vistos "como un todo, es decir, como una unidad, que se concretó en el cierre de RCTV" (párr. 126); y que resumieron expresando que:

"La incautación judicial de los equipos de RCTV (estaciones de transmisión, antenas y repetidoras) y su asignación a CONATEL, unas 56 horas antes del anunciado cese de la concesión, confiere particular nitidez a la violación de la libertad de expresión […]. La inusualmente rápida e insólita intervención judicial de 'oficio' que colocó en manos del Ejecutivo Nacional los bienes que venían utilizando las víctimas para difundir ideas e informaciones, demuestra que ha existido al menos una estrategia concertada de los órganos del Estado Venezolano dirigida a privar a RCTV de la posibilidad de seguir siendo un medio al servicio de la libertad de expresión" (párr. 126).

Los alegatos formulados por los representantes de las víctimas, de violación a su derecho a la libertad de expresión fueron por tanto referidos a dos hechos que la Corte estaba obligada a resolver: por una parte, el de la no renovación arbitraria de la concesión de RCTV; y por la otra, el de la incautación ilegítima de sus bienes utilizados para el ejercicio del derecho.

La Corte, sin embargo, decidió sobre el primero de estos hechos, pero se abstuvo de decidir sobre el segundo en el contexto de la violación a la libertad de expresión que era donde había sido alegado, considerándolo sin embargo en forma aislada.

1. *Los hechos, alegatos y decisión sobre la violación de la libertad de expresión por parte del Estado por la decisión de no renovación de la concesión, adoptada en forma arbitraria y con desviación de poder*

La empresa Radio Caracas Televisión era titular de una concesión de radiodifusión que le había sido otorgada desde 1953. En 1987, a raíz de haberse dictado el Decreto N° 1.577 de 27 de mayo de 1987, contentivo del Reglamento sobre Concesiones para Televisoras y Radiodifusoras, que otorgaba a los concesionarios el derecho de "preferencia para la extensión de la concesión por otro período de veinte (20) años" (art. 3), dicha concesión le fue renovada a la empresa hasta 2007.

Antes del vencimiento de dicho plazo, en 2000, se dictó la Ley Orgánica de Telecomunicaciones (LOTEL), que creó a la Comisión Nacional de Telecomunicaciones (Conatel), con competencia, entre otras, para "otorgar, revocar y suspender las habilitaciones administrativas y concesiones" (art. 35). El artículo 210 de la Ley, además, dispuso el procedimiento para la transformación de las concesiones y los permisos que habían sido otorgados con anterioridad a su entrada en vigencia en las "habilitaciones administrativas, concesiones u obligaciones de notificación o registros" establecidos en la nueva Ley.

A pesar de que desde el año 2002 diversos funcionarios del Estado venezolano, entre ellos el Presidente de la República, habían anunciado públicamente que las concesiones de las cuales eran titulares algunos medios privados de comunicación social, entre ellos RCTV, no serían renovados, lo que además se indicó expresamente en publicaciones oficiales como un *Libro Blanco sobre RCTV* (marzo 2007), la empresa en 2002 solicitó la transformación de su título de concesión al nuevo régimen jurídico establecido en la LOTEL, a lo cual no se dio respuesta sino en 2007; y en 2007, solicitaron la emisión de los nuevos títulos por 20 años renovando la concesión.

En respuesta a dichas solicitudes, en marzo de 2007, CONATEL comunicó a RCTV la decisión del Estado de que la concesión de RCTV no sería renovada, no como sanción, sino por el vencimiento del lapso de vigencia de la misma (hasta 27 de mayo de 2007), razón por la cual, no había lugar al inicio de un procedimiento administrativo sobre renovación de la concesión, considerando además que conforme a la legislación vigente el concesionario no tenía derecho a la renovación automática de la concesión. El Estado, en esa forma, como el espectro radioeléctrico es del dominio público había decidido reservarse el uso y explotación de esa porción del espectro radioeléctrico que había sido concedida a RCTV, a los efectos de "permitir la democratización del uso del medio radioeléctrico y la pluralidad de los mensajes y contenidos" mediante la creación de un canal público de televisión abierta. Por todo ello, además, en marzo de 2007 se dio por terminado el procedimiento administrativo iniciado en 2002 para la transformación del título de la concesión.

En todo caso, contra la "amenaza inminente, inmediata y posible" de cierre de la empresa, en febrero de 2007, RCTV intentó una acción de amparo ante la Sala Constitucional, contra la omisión de las autoridades del Estado en responder las peticiones formuladas, por violación de sus derechos a la libertad de expresión, al debido proceso y a la igualdad y no discriminación. La acción fue declarada inadmisible el 17 de mayo de 2007 porque Conatel, durante el curso del procedimiento de amparo, ya había dado respuesta sobre la no renovación de la concesión, y porque los recurrentes contaban con otras vías judiciales contencioso administrativa para la defensa de sus derechos, destacando que RCTV ya había interpuesto dicha acción ante la Sala Político Administrativa del Tribunal Supremo el 17 de abril de 2007. Por esta última razón, la Sala Constitucional también declaró inadmisible otra acción de amparo intentada por RCTV solicitando el cese de la aplicación del Plan Nacional de Telecomunicaciones, Informática y Servicios Postales 2007-2013 (párrs. 105, 106).

En cuanto a la acción contencioso administrativa de nulidad de las decisiones adoptadas por Conatel, luego de negar las medidas cautelares solicitadas, la Sala Político Administrativa del Tribunal Supremo nunca decidió el caso y el proceso continuó en estado de producción de pruebas (párr. 111).

Esos hechos fueron en síntesis los que se denunciaron ante la Corte Interamericana como violatorios de la libertad de expresión de las víctimas, que garantiza el artículo 13 de la Convención Americana de Derechos Humanos, en el cual se declara, *primero*, que el mismo "comprende la libertad de buscar, recibir y difundir informaciones e ideas de toda índole, sin consideración de fronteras, ya sea oralmente, por escrito o en forma impresa o artística, o por cualquier otro procedimiento de su elección;" y *segundo*, que el ejercicio de dicho derecho "no puede estar sujeto a previa censura sino a responsabilidades ulteriores, las que deben estar expresamente fijadas por la ley y ser necesarias para asegurar el respeto a los derechos o a la reputación de los demás, o la protección de la seguridad nacional, el orden público o la salud o la moral públicas."

Tal declaración se completa en la norma con la indicación de que "no se puede restringir el derecho de expresión por vías o medios indirectos, tales como el abuso de controles oficiales o particulares de papel para periódicos, de frecuencias radioeléctricas, o de enseres y aparatos usados en la difusión de información o por cualesquiera otros medios encaminados a impedir la comunicación y la circulación de ideas y opiniones."

Con base en esta norma, la Corte Interamericana ha establecido que dada la importancia de la libertad de expresión para el funcionamiento de una sociedad democrática, los límites o restricciones que se puedan establecer a su ejercicio deben siempre respetar la garantía del pluralismo de medios, para lo cual, en cuanto a los procesos que versen sobre el otorgamiento o renovación de concesiones o licencias relacionadas con la actividad de radiodifusión, deben estar guiados por "criterios objetivos que eviten la arbitrariedad," para lo cual "es preciso que se establezcan las salvaguardas o garantías generales de debido proceso," con la finalidad de "evitar el abuso de controles oficiales y la generación de posibles restricciones indirectas" (párr. 171).

Con base en los hechos mencionados, la Comisión Interamericana y los representantes de las víctimas denunciaron ante la Corte que la decisión de no renovar la concesión de RCTV por parte del Estado fue en virtud de la línea editorial crítica del canal, considerando que en la adopción de la decisión hubo desviación de poder o de afectación indirecta del derecho. Alegaron además, los representantes de las víctimas, que "la única razón por la cual no procedería la renovación de la concesión" sería el incumplimiento de la ley, los reglamentos y el título de la concesión, conforme al estándar reconocido y aplicable en el derecho administrativo en materia de concesiones de telecomunicaciones, no teniendo el Estado poder discrecional o arbitrario alguno "para negar pura y simplemente la extensión o renovación del título de una estación de televisión abierta."

Para decidir sobre las violaciones alegadas, la Corte Interamericana consideró que en los términos del artículo 13 de la Convención Americana, en el cual no se consagra un derecho absoluto (párr. 144), "la libertad de expresión requiere, por un lado, que nadie sea arbitrariamente menoscabado o impedido de manifestar su propio pensamiento y representa, por tanto, un derecho de cada individuo; pero implica también, por otro lado, un derecho colectivo a recibir cualquier información y a conocer la expresión del pensamiento ajeno" (parr. 136), de manera que las infracciones a dicha norma pueden presentarse bajo diferentes hipótesis.

En particular en cuanto concierne a las restricciones indirectas violatorias al derecho a la libertad de expresión a que se refiere el artículo 13.3 de la Convención, ejemplificando "el abuso de controles oficiales o particulares de papel para periódicos, de frecuencias radioeléctricas, o de enseres y aparatos usados en la difusión de información o por cualesquiera otros medios encaminados a impedir la comunicación y la circulación de ideas y opiniones," la Corte consideró que dicha enumeración no es taxativa haciendo referencia al artículo 13 de la "Declaración de Principios sobre la Libertad de Expresión" donde se indican otros ejemplos de medios o vías indirectas violatorias, que en todo caso, deben restringir "efectivamente, en forma indirecta, la comunicación y la circulación de ideas y opiniones," teniendo en cuenta que "la restricción indirecta puede llegar a generar un efecto disuasivo, atemorizador e inhibidor sobre todos los que ejercen el derecho a la libertad de expresión, lo que, a su vez, impide el debate público sobre temas de interés de la sociedad" (párr. 146).

La Corte Interamericana, sobre el argumento de los representantes de la vulneración al derecho a la libertad de expresión basado en la existencia de un supuesto derecho a la renovación de la concesión, precisó que conforme a la normativa aplicable en Venezuela, en realidad no se consagra derecho alguno de renovación o a una prórroga automática de las concesiones (párr. 174), sino solo un derecho de preferencia para la extensión de las mismas que hubieran dado cumplimiento a las disposiciones legales pertinentes (art. 3 Reglamento), como "una consideración especial o una cierta ventaja que puede o no otorgarse dependiendo de lo estipulado en la normativa aplicable" (párr. 176). De ello se desprende, además, que conforme al artículo 210 de la LOTEL, solicitada una extensión, el Estado "no está obligado a conceder la renovación, ni tampoco establece una prórroga automática a quienes solicitaran la transformación de los títulos" (párr. 178).

De lo anterior concluyó la Corte Interamericana en su sentencia que la alegada restricción a la libertad de expresión, en el caso, "no se deriva de que la concesión que tenía RCTV no fuera renovada automáticamente."

Sin embargo, la Corte indicó que en el caso, los peticionarios habían efectivamente solicitado la conversión de la concesión y su prórroga, sin que los procedimientos correspondientes se hubieran llevado a cabo; y se refirió a la manifestación del Estado de que "tratándose del vencimiento del lapso de vigencia de una concesión, [...] no hay lugar al inicio de un procedimiento administrativo", y en consecuencia, en cuanto a la solicitud de conversión la respuesta del Estado, que el procedimiento administrativo se daba por terminado, por decaimiento de la solicitud (párr. 180).

Ahora bien, en cuanto a la decisión del Estado de no renovar la concesión, la Corte Interamericana pasó en su sentencia a analizar las actuaciones estatales que condujeron a esa decisión con la finalidad de determinar si se configuró una vulneración al derecho a la libertad de expresión como restricción indirecta prohibida en el artículo 13.3 de la Convención. La Corte se refirió a los alegatos tanto la Comisión Interamericana como los representantes de las víctimas en el sentido de que la razón formulada por el Estado de no renovar la concesión con el supuesto objeto de propender a la "la democratización del uso del medio radioeléctrico y la pluralidad de los mensajes y contenidos" (párr. 188), no había sido "la finalidad real" de la decisión (párr. 189), sino al contrario, la misma se había adoptado para castigar a RCTV por la línea editorial crítica contra el Gobierno, habiendo éste obrado en forma arbitraria y en desviación de poder (párr. 189).

Analizadas las pruebas, la Corte concluyó considerando que la decisión de no renovar la concesión en efecto, "fue tomada con bastante anterioridad a la finalización del término de la concesión y que la orden fue dada a Conatel y al Ministerio para la Telecomunicación desde el ejecutivo" (párr. 193), argumentando además, que "no es posible realizar una restricción al derecho a la libertad de expresión con base en la discrepancia política que pueda generar una determinada línea editorial a un gobierno" (párr. 194), para concluir considerando que "que la finalidad declarada [para no renovar la concesión] no era la real y que sólo se dio con el objetivo de dar una apariencia de legalidad a las decisiones" (párr. 196).

De todo ello, la Corte Interamericana, sobre el derecho a la libertad de expresión, concluyó decidiendo que "los hechos del presente caso implicaron una desviación de poder, ya que se hizo uso de una facultad permitida del Estado con el objetivo de alinear editorialmente al medio de comunicación con el gobierno" (párr. 197). Sobre dicha desviación de poder, la misma, a juicio de la Corte Interamericana,

> "tuvo un impacto en el ejercicio de la libertad de expresión, no sólo en los trabajadores y directivos de RCTV, sino además en la dimensión social de dicho derecho (*supra* párr. 136), es decir, en la ciudadanía que se vio privada de tener acceso a la línea editorial que RCTV representaba.

En efecto, la finalidad real buscaba acallar voces críticas al gobierno, las cuales se constituyen junto con el pluralismo, la tolerancia y el espíritu de apertura, en las demandas propias de un debate democrático que, justamente, el derecho a la libertad de expresión busca proteger" (párr. 198).

De todo lo anterior, concluyó la Corte considerando que en el caso se vulneraron los artículos 13.1 y 13.3 de la Convención Americana en relación con el artículo 1.1 de la misma, en perjuicio de varios de las víctimas, condenando al Estado por ello, porque en el caso:

"se configuró una restricción indirecta al ejercicio del derecho a la libertad de expresión producida por la utilización de medios encaminados a impedir la comunicación y circulación de la ideas y opiniones, al decidir el Estado que se reservaría la porción del espectro y, por tanto, impedir la participación en los procedimientos administrativos para la adjudicación de los títulos o la renovación de la concesión a un medio que expresaba voces críticas contra el gobierno" (párr. 199).

2. *Los hechos, alegatos y decisión sobre la violación de la libertad de expresión por la decisión de la Sala Constitucional del Tribunal Supremo de poner en posesión del Estado de los bienes de RCTV*

Como antes se indicó, otro de los alegatos formulados por los peticionantes sobre violación de la libertad de expresión, se basó en el hecho de que los bienes de RCTV fueron incautados por el Estado, impidiéndosele con ello a las víctimas ejercer su derecho a la libertad de expresión, violándose además su derecho de propiedad.

En efecto, con ocasión de los anuncios de la no renovación de la concesión de radiodifusión a RCTV, los representantes de varios comités de usuarios intentaron ante la Sala Constitucional del Tribunal Supremo el 22 de mayo de 2007, una acción de amparo constitucional, alegando que la nueva emisora TVes que se había anunciado por el Estado que haría su transmisión a través del espectro utilizado por RCTV, no contaba con los equipos de infraestructura de transmisión y repetición necesarios para garantizar la cobertura nacional, solicitando a la Sala, para proteger sus derechos fundamentales a la confianza legítima, a la no discriminación y a obtener un servicio público de calidad, que:

"ordenara medidas cautelares para permitir a TVes de manera temporal el acceso, uso y operación de la plataforma que estaba siendo utilizada por RCTV para el uso y explotación de la porción del espectro radioeléctrico, independientemente de sus propietarios o poseedores" (párr. 94).

En respuesta a esta petición de amparo, tres días después, el 25 de mayo de 2007, la Sala Constitucional en efecto, mediante sentencia N° 956, "ordenó, a través de medidas cautelares innominadas, el traspaso temporal a CONATEL del uso de los bienes propiedad de RCTV, tales como "microondas, telepuertos, transmisores, equipos auxiliares de televisión, equipos auxiliares de energía y clima, torres, antenas, casetas de transmisión, casetas de planta, cerca perimetral y acometida eléctrica" (párr. 95) para a la vez ser usados por TVes.[313]

El día anterior, 24 de mayo de 2007, por otra parte unos ciudadanos y un comité de usuarios interpusieron ante la Sala Constitucional del Tribunal Supremo una demanda por intereses difusos y colectivos, ejercida conjuntamente con medida cautelar innominada (para que RCTV no interrumpiera sus transmisiones) contra el Presidente de la República y el director de Conatel alegando que el eventual cierre de RCTV, cuya inminencia se demostraba por los discursos de los demandados, limitaría en forma grave e ilegítima el derecho a la libertad de expresión e información de la ciudadanía, al privarla de una de las opciones televisivas que tenían los venezolanos para recibir la programación de opinión, recreación e información de su preferencia (párr. 96). Al día siguiente la Sala mediante sentencia N° 957, otorgó efectivamente medidas cautelares, pero no las solicitadas, sino al contrario, otras, de oficio, para asegurar la "posibilidad de que los aludidos usuarios puedan efectivamente acceder en condiciones de igualdad y con el mantenimiento de un estándar mínimo de calidad al correspondiente servicio, al margen de la vigencia o no del permiso o concesión a un operador privado específico," consistente en que como TVes "podría no contar con la infraestructura necesaria para la transmisión a nivel nacional," en forma similar a lo decidido en la sentencia N° 956, le asignó a CONATEL "de manera temporal y a los fines de tutelar la continuidad en la prestación de un servicio público universal", "el derecho de uso de los equipos necesarios para las operaciones anteriormente mencionadas," que eran propiedad de RCTV. Las medidas cautelares fueron ejecutadas los días 27 y 28 de mayo de 2007, con el traspaso a CONATEL del uso de los bienes indicados en las decisiones corres-

313 Véanse los comentarios sobre esta confiscatoria sentencia en Allan R. Brewer-Carías, "El juez constitucional en Venezuela como instrumento para aniquilar la libertad de expresión plural y para confiscar la propiedad privada: El caso RCTV", *Revista de Derecho Público*", N° 110, (abril-junio 2007), Editorial Jurídica Venezolana, Caracas 2007, pp. 7-32. Publicado en *Crónica sobre la "In" Justicia Constitucional. La Sala Constitucional y el autoritarismo en Venezuela*, Colección Instituto de Derecho Público. Universidad Central de Venezuela, N° 2, Editorial Jurídica Venezolana, Caracas 2007, pp. 468-508.

pondientes, y el 28 de mayo TVes pasó a trasmitir su programación a través del canal 2 de la red de televisión abierta (parr. 98, 99, 100).[314]

Los representantes de RCTV, el 31 de mayo de 2007, se opusieron a la medida cautelar contenida en la mencionada sentencia N° 957, de incautación de bienes, pero luego de presentar el escrito de promoción de pruebas, el proceso de la oposición quedó paralizado, y la promoción de las pruebas nunca fue tramitada (párr. 112).

Independientemente de las vicisitudes procesales antes mencionadas, los representantes de las víctimas alegaron que con las medidas cautelares innominadas decretadas por la Sala Constitucional, ordenando el traspaso temporal a CONATEL del uso de los bienes propiedad de RCTV, para a la vez ser usados por TVes, se había configurado como una violación al derecho de propiedad, como "una estrategia concertada de los órganos del Estado Venezolano dirigida a privar a RCTV de la posibilidad de seguir siendo un medio al servicio de la libertad de expresión" (párr. 126). Alegaron, en efecto, que en el caso, con las medidas cautelares decretadas se había violado el derecho de propiedad privada garantizado por el artículo 21 de la Convención pues se habían configurado como "una incautación confiscatoria de los bienes materiales de RCTV en un proceso arbitrario," que por la ausencia de pago de una justa indemnización, "es una confiscación a privación ilegítima que viola el artículo 21 de la Convención." La sentencia de la Corte menciona además, que los representantes "agregaron que la incautación arbitrada por el Tribunal Supremo de Justicia fue un acto confiscatorio cubierto con la apariencia de una medida cautelar, una apariencia que fue irrelevante para alterar la naturaleza confiscatoria de ese acto y RCTV fue privada de esos bienes en abierta violación del artículo 21(2) de la Convención" (párr. 329).

La Corte Interamericana, sin embargo, se inhibió de considerar la violación alegada de la incautación de bienes de RCTV como vulneración a la libertad de expresión, y solo la analizó como un alegato independiente de violación al derecho de propiedad, pasando en consecuencia a desecharlo y concluir que no hubo violación el derecho de propiedad de

---

314 Véanse igualmente los comentarios sobre esta otra confiscatoria sentencia en Allan R. Brewer-Carías, "El juez constitucional en Venezuela como instrumento para aniquilar la libertad de expresión plural y para confiscar la propiedad privada: El caso RCTV", *Revista de Derecho Público*", N° 110, (abril-junio 2007), Editorial Jurídica Venezolana, Caracas 2007, pp. 7-32. Publicado en *Crónica sobre la "In" Justicia Constitucional. La Sala Constitucional y el autoritarismo en Venezuela*, Colección Instituto de Derecho Público. Universidad Central de Venezuela, N° 2, Editorial Jurídica Venezolana, Caracas 2007, pp. 468-508.

las víctimas, coincidiendo en ello con lo argumentado por la Comisión Interamericana.

En efecto, en el caso, la Comisión había encontrado que Venezuela no había violado el derecho a la propiedad privada de las víctimas previsto en el artículo 21 de la Convención, pues para declarar violado el derecho a la propiedad, era necesario que se encontrase plenamente demostrada la afectación del patrimonio personal de las presuntas víctimas, no habiendo probado las mismas en el caso, que eran accionistas de RCTV, es decir, "el posible efecto directo sobre el patrimonio personal de los accionistas presentados como víctimas como resultado de la incautación de los bienes de RCTV" (párr. 324). En definitiva la Corte Interamericana recordó que "no es competente para analizar las presuntas violaciones a la Convención que se hayan ocurrido en contra de personas jurídicas, razón por la cual no puede analizar las consecuencias que se derivaron de la imposición de medidas cautelares a los bienes que formaban parte del patrimonio de RCTV, ni determinar si estas han vulnerado la propiedad de la persona jurídica de la empresa" (párr. 348).

Por ello, en este caso, la Corte Interamericana no procedió a analizar "la posible vulneración al derecho a la propiedad que se habría causado a RCTV como consecuencia de la incautación de sus bienes, por tratarse de una persona jurídica," y en consecuencia se limitó a "examinar el presunto efecto que tales medidas cautelares pudieron tener de forma directa sobre el patrimonio de los accionistas, es decir sobre las acciones de los cuales son propietarios" (párr. 352). Y la conclusión fue que al alegarse "la posible vulneración al derecho a la propiedad de las presuntas víctimas como consecuencia de la pérdida de valor de las acciones derivada de la no renovación de la concesión para el uso del espectro electromagnético y de la imposición de medidas cautelares sobre los bienes de RCTV" (párr. 354), sin embargo, en el caso de esa empresa, "la constitución accionaria compleja, consecuencia de una estructura societaria amplia de personas jurídicas con patrimonios separados, dificulta aún más poder establecer una relación directa y evidente entre la alegada pérdida de valor de acciones y las afectaciones al patrimonio de la persona jurídica de RCTV" (párr. 355).

Por ello, en definitiva, la Corte Interamericana consideró que en el caso no se había probado la afectación que la incautación de los bienes tuvo en el derecho a la propiedad de las víctimas, "toda vez, que para poderse establecer semejante vulneración, debió acreditarse en primer lugar, una afectación a las empresas que son accionistas directas y la forma como esto pudo haber repercutido en cada una de las personas jurídicas que, a su vez, hacen parte del amplio andamiaje societario, hasta llegar a las acciones o fideicomisos de los cuales las presuntas víctimas son propietarios directos" (párr. 358). En fin, la Corte consideró que en el caso, no quedó "demostrado que el Estado haya violado el derecho de propiedad privada de las presuntas víctimas, en los términos del artículo 21 de la Convención" (párr. 359).

En relación con esta decisión, sin embargo, debe destacarse lo expresado por el Juez Eduardo Ferrer Mac Gregor en su "Voto Parcialmente Disidente," en el cual advirtió con razón, que "en la Sentencia se aborda el estudio de la alegada violación al derecho a la propiedad privada de manera aislada y no relacionado con el derecho a la libertad de expresión –como sí se hace con respecto al derecho de igualdad ante la ley que fue declarado violado–," estimando, con razón, que "el estudio del derecho a la propiedad debió realizarse a la luz del derecho a la libertad de expresión, pues evidentemente este precepto encierra un contenido patrimonial en el derecho que protege" (párr. 14).

Bajo este ángulo, el Juez Ferrer Mac Gregor se refirió a la argumentación de las víctimas cuando indicaron que "la incautación arbitrada por la Sala Constitucional del Tribunal Supremo de Justicia resulta un acto confiscatorio cubierto con la apariencia de una medida cautelar," por lo que la Corte Interamericana, sobre la violación del derecho de propiedad, debió "ver más allá de la apariencia y analizar cuál era *la situación real detrás del acto denunciado*; en especial, en un contexto en donde ha quedado demostrado que las finalidades declaradas por el Estado no eran las motivaciones reales (configurándose una "desviación de poder"), y sólo se perseguía el simple hecho de revestir las actuaciones del Estado de legalidad" (párr. 120).

Por ello, el Juez Ferrer Mac Gregor concluyó que en el caso, el Estado debió garantizar, si es que la finalidad de la medida cautelar era "garantizar a toda la población venezolana un servicio de transmisión de televisión de calidad," un proceso en el cual hubiera "una declaratoria de utilidad pública, un procedimiento expropiatorio y pagar una justa indemnización" (párr. 121), agregando que:

"el Estado lejos de tomar en cuenta y garantizar lo dispuesto por el artículo 21.2 de la Convención, basándose en la figura de medida cautelar, ordenó la incautación de los bienes que se realizó sin previa declaratoria de utilidad pública, sin apegarse a un procedimiento expropiatorio y, mucho menos, pagar una justa indemnización; lo que analizado bajo el contexto de represión de la libertad de expresión (declarado probado en la Sentencia), contraviene lo dispuesto en el artículo 21.2 del Pacto de San José" (párr. 121).

Es decir, concluyó el Juez Ferrer Mac Gregor, que "al estar en realidad ante una confiscación de bienes, lo que el Estado tenía la obligación de garantizar era una justa indemnización a los accionistas de RCTV por los equipos incautados. Es decir, la indemnización no iba a versar sobre la persona moral constituida como RCTV, sino en favor de los socios, los cuales se hubieran beneficiado de dicha indemnización en proporción a su participación accionaria dentro de RCTV" (párr. 125).

III. LA VIOLACIÓN AL DERECHO A LA IGUALDAD Y NO DISCRIMINACIÓN

Otro de los derechos cuya violación alegó la Comisión Interamericana ante la Corte Interamericana fue el derecho a la igualdad y no discriminación de las víctimas declarado en el artículo 24 de la Convención Americana cuando prohíbe la discriminación de derecho o de hecho, no sólo en cuanto a los derechos consagrados en la Convención, sino en lo que respecta a todas las leyes que apruebe el Estado y a su aplicación (párr. 200). Para ello se alegó que en la renovación de la concesiones de radiodifusión a RCTV en 2007 había habido un "tratamiento diferenciado", que había sido otorgado "a dos televisoras que se encontraban en condiciones técnicas y jurídicas idénticas, ya que a una se le renovó la licencia para explotar el espectro radioeléctrico, al mismo tiempo que fue negada la renovación de RCTV" (párr. 201).

El argumento, en el caso del alegato del trato diferenciado entre los canales RCTV y Venevisión, exigía determinar si el mismo perseguía una finalidad legítima y si era útil, necesario y estrictamente proporcionado para lograr dicha finalidad (párr. 202), sobre lo cual la Comisión Interamericana había señalado que en el caso de RCTV, la finalidad no era legítima, debido a que la decisión había sido "adoptada con la finalidad de sancionar al canal por sus opiniones políticas críticas y enviar un mensaje a los restantes medios de comunicación venezolanos sobre las consecuencias de no seguir la línea editorial e informativa marcada por el gobierno" (párr.. 204).

La Corte consideró que "el principio de la protección igualitaria y efectiva de la ley y de la no discriminación constituye un dato sobresaliente en el sistema tutelar de los derechos humanos" (párr. 215) e hizo referencia al alegato de la Comisión en el caso, en el sentido de que "el trato diferenciado sufrido por los directivos y trabajadores de RCTV fue discriminatorio y arbitrario, en contravención de los artículos 1.1 y 24 de la Convención," (párr. 216), basado en la "existencia de un indicio razonable respecto a que el trato diferenciado hacia RCTV habría estado basado en una categoría prohibida de discriminación contenida en el artículo 1.1, es decir, las opiniones políticas expresadas por los directivos y trabajadores de RCTV" (párr. 222).

En esta materia, para juzgar, la Corte consideró que "tratándose de la prohibición de discriminación por una de las categorías protegidas contempladas en el artículo 1.1 de la Convención, la eventual restricción de un derecho exige una fundamentación rigurosa y de mucho peso, invirtiéndose, además, la carga de la prueba, lo que implicaba que correspondía a la autoridad demostrar que su decisión no tenía un propósito ni un efecto discriminatorio;" es decir, que en este caso, "ante la comprobación de que el trato diferenciado hacia RCTV estaba basado en una de las categorías prohibidas, el Estado tenía la obligación de demostrar que la decisión de reservarse el espectro no tenía una finalidad o efecto discriminatorio" (párr. 228).

En la materia, el Estado solo alegó que supuestamente "la decisión de reservarse la porción del espectro asignado a RCTV y no la de otro canal de televisión obedeció a que RCTV contaba con características técnicas específicas que reducían costos y ampliaban el espectro de transmisión" (párr. 229), argumentación que por lo demás no fue manifestada en la decisión de no renovar la concesión. Por todo lo cual, la Corte Interamericana concluyó al contrario que en el caso, "existen elementos para determinar que la decisión de reservarse la porción del espectro asignado a RCTV implicó un trato discriminatorio en el ejercicio del derecho a la libertad de expresión que tuvo como base la aplicación de una de las categorías prohibidas de discriminación contempladas en el artículo 1.1 de la Convención Americana (párr. 235), considerando por tanto al Estado como responsable de la violación del derecho a la libertad de expresión establecido en el artículo 13 en relación con el deber de no discriminación contenido en el artículo 1.1 de la Convención Americana, en perjuicio de algunas de las víctimas, condenando al Estado por ello.

IV. LA VIOLACIÓN DE LAS GARANTÍAS JUDICIALES EN EL PROCEDIMIENTO ADMINISTRATIVO DE RENOVACIÓN DE LA CONCESIÓN

El artículo 8.1 de la Convención Americana de Derechos Humanos establece lo que se denominan las "garantías judiciales," al disponer, específicamente, que:

> "Toda persona tiene derecho a ser oída, con las debidas garantías y dentro de un plazo razonable, por un juez o tribunal competente, independiente e imparcial, establecido con anterioridad por la ley, en la sustanciación de cualquier acusación penal formulada contra ella, o para la determinación de sus derechos y obligaciones de orden civil, laboral, fiscal o de cualquier otro carácter."

Se trata de la garantía del debido proceso que por ejemplo , en el artículo 49 de la Constitución de Venezuela se establece expresamente que se aplica no solo a los procesos judiciales, sino a los procedimientos administrativos.

En el mismo sentido, y esto es de particular interés para el derecho administrativo, la Corte Interamericana al decidir el caso Granier y otros (RCTV) vs. Venezuela, también consideró que el artículo 8.1 de la Convención, a pesar de que se denomine "garantías judiciales," también se aplica en materia de procedimientos administrativos, para lo cual incluso la Corte utilizó la expresión de "debido proceso administrativo" (párr. 238).

A tal efecto, la Corte recordó en su sentencia que el artículo 8.1 de la Convención garantiza "que las decisiones en las cuales se determinen derechos de las personas deben ser adoptadas por las autoridades competentes que la ley interna determine y bajo el procedimiento dispuesto para ello," por lo que en el caso, al no haberse llevado a cabo los procedimientos administrativos de transformación de los títulos de RCTV y de renovación de la concesión de estación de televisión abierta, la Corte consideró que ello incidió en la determinación de los derechos de los directivos y trabajadores de RCTV, considerando por tanto aplicables en el caso las garantías judiciales establecidas en el artículo 8.1 de la Convención Americana (párr. 243).

A tal efecto, la Corte reiteró el criterio de que "los procedimientos relacionados con el otorgamiento o renovación de las licencias o concesiones deben cumplir con ciertas salvaguardas o garantías generales con la finalidad de evitar un abuso de controles oficiales o la generación de restricciones indirectas" (párr. 171, 244). Frente a ello, sin embargo, en el caso, tanto la Comisión como los representantes de las víctimas, como lo indicó la Corte, no solo "alegaron que el marco legal del procedimiento a seguir para la renovación de la concesión no se encontraba establecido de manera clara en el derecho interno," sino además, que se habrían incumplido "otras garantías judiciales, como el derecho a ser oído o el deber de motivación de la decisión" (párr. 245).

Para resolver sobre las denuncias de violación a las garantías judiciales, la Corte analizó el régimen aplicable conforme a la Ley Orgánica de Telecomunicaciones de 2000, y al Reglamento sobre habilitaciones administrativas y concesiones, tanto respecto del procedimiento de trasformación de las concesiones y permisos otorgados de conformidad con la legislación anterior a dicha Ley, como del procedimiento de renovación de las concesiones, destacando en este último que incluso en el propio texto de la Ley se define la concesión del uso del espectro radioeléctrico, como "un acto administrativo unilateral" mediante el cual Conatel, "otorga o renueva, por tiempo limitado, a una persona natural o jurídica la condición de concesionario para el uso y explotación de una determinada porción del espectro radioeléctrico," previo cumplimiento de los requisitos establecidos en la Ley y los reglamentos (párr. 247).

Con base en las normas reguladoras del procedimiento administrativo y con los argumentos de las partes, la Corte concluyó que tanto para la transformación de los títulos como para la renovación de las concesiones existía toda una normativa aplicable para garantizar el debido procedimiento administrativo, pero que a pesar de que los mismos fueron iniciados por los apoderados de RCTV mediante la introducción de las solicitudes, "el Estado tomó la decisión de no aplicarlos," razón por la cual la Corte pasó a "valorar las razones expuestas por el Estado para no haber seguido el referido procedimiento" (párr. 252).

A tal efecto, y recordando que en la sentencia ya la Corte había decidido que la finalidad de dar por terminados los procedimientos administrativos sobre la transformación de los títulos y la renovación de la concesión era "acallar al medio de comunicación" (párrs. 198 y 199), consideró que ello era contrario a las garantías previstas por el artículo 8 de la Convención, "pues era necesario que los procedimientos administrativos continuaran para efectos de definir si se aceptaba o no la transformación o renovación de la concesión" con lo cual de haber sido seguidos "respetando las salvaguardas mínimas que dichas normas establecen, se habría podido evitar la arbitrariedad en la decisión." De ello concluyó la Corte Interamericana que "la existencia de dichos procedimientos y que se haya decidido no aplicarlos es justamente un efecto más de la finalidad real e ilegítima que ya fue declarada en la presente Sentencia" (párrs. 198, 199 y 252).

En consecuencia, la conclusión de la Corte sobre la violación alegada del debido procedimiento administrativo fue que estando "dispuesto un debido proceso para la transformación de los títulos y para la renovación de la concesión" el hecho de que el mismo hubiera sido "deliberadamente omitido por el Estado," vulneró "las garantías judiciales previstas en el artículo 8.1 en relación con el artículo 1.1 de la Convención Americana" en perjuicio de las víctimas (párr. 253), condenando al Estado por ello.

V. LA VIOLACIÓN DE LAS GARANTÍAS JUDICIALES EN LOS PROCEDIMIENTOS JUDICIALES

1. *Violación del derecho a plazo razonable en el procedimiento contencioso administrativo de nulidad*

En el caso de las decisiones adoptada por el Estado respecto de RCTV de no iniciar el procedimiento administrativo de trasformación de los títulos y de no renovar la concesión, las víctimas ejercieron sendos recursos contencioso administrativos de nulidad con solicitudes de amparo cautelar y medidas cautelares innominadas de protección. El juicio correspondiente que se inició nunca avanzó y para cuando la Corte Interamericana decidió, aún se encontraba en la fase de prueba (párrs. 111, 254).

Aplicando al caso los diversos parámetros para juzgar si en esa situación hubo vulneración del artículo 8.1 de la Convención por incumplimiento del "derecho al plazo razonable" en lo que respecta al recurso de nulidad, la Corte examinó los cuatros criterios establecidos en su jurisprudencia en la materia relativos a) la complejidad del asunto; b) la actividad procesal del interesado; c) la conducta de las autoridades judiciales; y d) la afectación generada en la situación jurídica de las personas involucradas en el proceso; precisando además, que correspondía al Estado "justificar, con fundamento en los criterios señalados, la razón por la cual ha requerido del tiempo transcurrido para tratar el caso y, en caso de no demostrarlo, la Corte tiene amplias atribuciones para hacer su propia estimación al respecto" (párr. 255), habiendo concluido que al no haberse decidido nunca el caso, no podía caber duda alguna "que Venezuela vulneró el derecho al plazo razonable previsto en el artículo 8.1 en relación con el artículo 1.1 de la Convención Americana" en perjuicio de las víctimas, condenando al Estado por ello.

2. *Violación del derecho a plazo razonable en la decisión de la petición de amparo cautelar formulada junto con el recurso contencioso administrativo*

Como es bien sabido, pero a la vez a veces bien incomprendido por la Corte Interamericana,[315] en Venezuela el amparo como derecho de protección de los derechos fundamentales, no solo puede demandarse mediante

---

315 Véase Allan R. Brewer-Carías, *El caso Allan R. Brewer-Carías vs. Venezuela ante la Corte Interamericana de Derechos Humanos. Estudio del caso y análisis crítico de la errada sentencia de la Corte Interamericana de Derechos Humanos N° 277 de 26 de mayo de 2014*, Colección Opiniones y Alegatos Jurídicos, N° 14, Editorial Jurídica Venezolana, Caracas 2014.

una acción autónoma de amparo, sino también conjuntamente con otras acciones, como pretensión de amparo, tal como se establece expresamente en la Ley Orgánica de Amparo sobre derechos y garantías constitucionales desde 1988. Ese es quizás el signo más distintivo de la regulación de la institución del amparo en Venezuela.[316]

Con base en ello, las víctimas, en el caso, conjuntamente con la acción de nulidad contencioso administrativa que intentaron contra las decisiones de no renovar la concesión y dar por terminado el procedimiento de transformación de las mismas, solicitaron a la Sala Constitucional conforme al artículo 5 de la Ley Orgánica de Amparo, que decretara una medida de amparo cautelar y además, en protección de sus derechos, otras medidas cautelares, que nunca fueron resueltas.

Por ello, la Comisión Interamericana y los representantes de las víctimas alegaron violación del artículo 25.1 de la Convención en razón del retraso en la decisión de las peticiones de amparo cautelar y de otras medidas cautelares. Sobre ello, la Corte reiterando su criterio de "que el amparo debe ser un recurso "sencillo y rápido", en los términos del artículo 25.1 de la Convención," señaló "que otros recursos deben resolverse en un "plazo razonable," conforme al artículo 8.1 de la Convención," (párr. 282), incluyendo entre estos, a las otras medidas cautelares que habían sido solicitada por las víctimas, para concluir que no contaba "con elementos que permitan concluir que la medida cautelar revista una naturaleza igual al amparo cautelar" (párr. 282). El criterio excesivamente formalista de la Corte Interamericana la llevó a concluir entonces que "si bien tanto el amparo cautelar como la medida cautelar pueden obtener el mismo resultado como, por ejemplo, la suspensión de los efectos del acto administrativo cuya anulación se pretende, "la diferencia entre el amparo y otras medidas cautelares, radica en que aquél alude exclusivamente a la violación de derechos y garantías de rango constitucional'" (párr. 283).

Para resolver, la Corte hizo referencia al caso *Apitz Barbera y otros Vs. Venezuela* en el cual diferenció la duración de la resolución del amparo de la duración de la resolución del recurso de nulidad considerando que, aunque ejercidos conjuntamente, tienen fines distintos, concluyendo que la "alegada demora injustificada de un recurso de amparo debe ser analizado a la luz del artículo 25 de la Convención, mientras que los demás recursos deberán ser examinados bajo el "plazo razonable" que emana del

---

316 Véase Allan R. Brewer-Carías, "Sobre las diversas formas de ejercicio del derecho constitucional de amparo en Venezuela: Comentarios a la fallida reforma de la Ley Orgánica de Amparo de 1988, sancionada en 2014," en *El proceso constitucional de amparo. Balance y Reforma*, del Centro de Estudios Constitucionales, Lima 2015.

artículo 8.1 de la Convención"(párr. 284). Por ello, la Corte pasó a realizar el análisis relativo a la medida cautelar innominada, en relación con la violación al derecho a ser oído dentro de un plazo razonable, contenido en el artículo 8.1 de la Convención Americana (párr.. 285), concluyendo que "el plazo de más de tres meses para resolver dicha medida cautelar vulneró el derecho al plazo razonable" (párr.. 286) consagrado en el artículo 8.1 de la Convención, en relación con el artículo 1.1 de la misma, en perjuicio de las víctimas (párr. 287), condenando al Estado por ello.

3. *Violación de las garantías judiciales en el proceso judicial respecto de la incautación de bienes*

Contra la medida cautelar dictada por la Sala Constitucional del Tribunal Supremo de Justicia, incautando los bienes de RCTV, poniéndolos en posesión de Conatel para su uso por TVes, sin haber garantizado el derecho a la defensa, las víctimas formularon oposición a la misma, la cual nunca fue decidida por la Sala. Como lo argumentó la Comisión Interamericana, la legislación venezolana "contempla la rápida resolución de las oposiciones a las medidas cautelares," considerando que en el caso se había violado el artículo 25 de la Convención, con el resultado de que al no resolverse la oposición formulada, "la medida cautelar que dio lugar a la incautación de los bienes de RCTV, se ha mantenido durante todo el tiempo que la oposición ha estado pendiente de resolución" (párr. 298).

La Corte Interamericana, consideró en cambio que debía analizar los hechos relativos a la oposición de la medida cautelar en el marco del derecho a un plazo razonable, contenida en el artículo 8.1 de la Convención, concluyendo que como desde junio de 2007 no se ha realizado ninguna diligencia en el marco del proceso para resolver dicha oposición (párr. 112), y el Estado no había justificado la existencia de tal retraso e inactividad, declaró como vulnerado el plazo razonable en ese proceso, y además, vulnerado por el Estado, el derecho a ser oído y al plazo razonable contenidos en el artículo 8.1, en relación con el artículo 1.1 de la Convención Americana en perjuicio de las víctimas (parr. 307 y 308), condenando así de nuevo al Estado .

VI. LA EVASIÓN DE LA CORTE INTERAMERICANA EN JUZGAR SOBRE LA ALEGADA FALTA DE INDEPENDENCIA Y AUTONOMÍA DEL PODER JUDICIAL

A lo largo del escrito presentado ante la Corte Interamericana por los representantes de las víctimas, junto con las denuncias de la violación de las garantías judiciales establecidas en la Convención Americana en los procesos administrativos y judiciales desarrollados en el caso, alegaron repetidamente, además, sobre la violación a las mismas garantías por la "falta de independencia e imparcialidad" del Poder Judicial, en especial, del Tribunal Supremo de Justicia al conocer de los procesos judiciales del caso.

Sobre estas denuncias, la Corte Interamericana se limitó a señalar que dicha denuncia sobre el contexto de falta de independencia e imparcialidad en cuanto al recurso contencioso administrativo nunca decidido, que "dicho contexto no fue debidamente alegado y presentado, dado que no se alegaron elementos probatorios que permitan concluir la existencia del mismo en el presente caso" agregando que:

> "no basta con realizar una mención general a un alegado contexto para que sea posible concluir que existía la vulneración, por lo que es necesario que se presenten argumentos concretos sobre la posible afectación en el proceso de la cual se podría derivar la falta de independencia o imparcialidad. Por ello, en los términos que fue presentado por los representantes no es posible concluir la alegada vulneración a la independencia e imparcialidad en este proceso contencioso" (párr. 278).

Dicha excusa para obviar entrar a juzgar sobre la catastrófica falta de independencia del Poder Judicial en Venezuela,[317] la repitió la Corte a lo largo de la sentencia (párr. 303-305), llegando a indicar en los puntos Resolutivos 11 y 12 de la sentencia, que "no se encuentra probado que el Estado haya violado las garantías de independencia e imparcialidad previstas en el artículo 8.1 de la Convención" en relación con los procesos judiciales en el caso, que además nunca fueron decididos.

Al contrario, el tema fue tratado en varios de los votos particulares de los Jueces, comenzando por el "Voto disidente" del Juez Manuel Ventura

---

317 Véase, *en general*, Allan R. Brewer-Carías, "La progresiva y sistemática demolición de la autonomía e independencia del Poder Judicial en Venezuela (1999-2004)," en *XXX Jornadas J.M Dominguez Escovar, Estado de Derecho, Administración de Justicia y Derechos Humanos*, Instituto de Estudios Jurídicos del Estado Lara, Barquisimeto 2005, pp. 33-174; Allan R. Brewer-Carías, "El constitucionalismo y la emergencia en Venezuela: entre la emergencia formal y la emergencia anormal del Poder Judicial," en Allan R. Brewer-Carías, *Estudios Sobre el Estado Constitucional (2005-2006)*, Editorial Jurídica Venezolana, Caracas 2007, pp. 245-269; y Allan R. Brewer-Carías "La justicia sometida al poder. La ausencia de independencia y autonomía de los jueces en Venezuela por la interminable emergencia del Poder Judicial (1999-2006),"en *Cuestiones Internacionales. Anuario Jurídico Villanueva 2007*, Centro Universitario Villanueva, Marcial Pons, Madrid 2007, pp. 25-57, *disponible en* www.allanbrewercarias.com, (Biblioteca Virtual, II.4. Artículos y Estudios Nº 550, 2007) pp. 1-37. Véase también Allan R. Brewer-Carías, *Historia Constitucional de Venezuela*, Editorial Alfa, Tomo II, Caracas 2008, pp. 402-454.

Robles, precisamente formulado respecto de esos dos puntos Resolutivos, explicando al contrario de lo resuelto por la Corte que:

"un punto clave para entender la presente sentencia es la falta de independencia e imparcialidad del Poder Judicial de Venezuela, reiterada por la Corte en las sentencias emitidas en los casos: *Apitz Barbera y Otros*[318], *Reverón Trujillo*[319] y *Chocrón Chocrón*[320], y para comprender la consecuencia de la misma en el presente caso: la violación del derecho de propiedad" (párr. 3).

A tal efecto, el Juez Ventura Robles en su Voto Disidente, se refirió a la garantía de la independencia de los jueces como uno de los objetivos principales que tiene la separación de los poderes públicos, con el objeto de "evitar que el sistema judicial y sus integrantes se vean sometidos a restricciones indebidas en el ejercicio de su función por parte de órganos ajenos al Poder Judicial o, incluso, por parte de aquellos magistrados que ejercen funciones de revisión o apelación", abarcando la garantía de la independencia judicial "la garantía contra presiones externas, de tal forma que el Estado debe abstenerse de realizar injerencias indebidas en el Poder Judicial o en sus integrantes; es decir, con relación a la persona del juez específico, y debe prevenir dichas injerencias e investigar y sancionar a quienes las cometan" (párr. 4).

Con base en lo anterior, al referirse al caso *Granier y otros vs. Venezuela*, en lo que respecta al argumento de los representantes sobre la "falta

318 *Caso Apitz Barbera y otros ("Corte Primera de lo Contencioso Administrativo") Vs. Venezuela. Excepción Preliminar, Fondo, Reparaciones y Costas. Sentencia de 5 de agosto de 2008. Serie C N° 182, párr. 148. En este caso la Corte declaró que: "el Estado violó el derecho de los señores Apitz, Rocha y Ruggeri a ser juzgados por un tribunal con suficientes garantías de independencia". Ver además párrafos: 109 a 148.*

319 *Caso Reverón Trujillo Vs. Venezuela. Excepción Preliminar, Fondo, Reparaciones y Costas. Sentencia de 30 de junio de 2009. Serie C N° 197, párr. 127. La Corte señaló que "algunas de las normas y prácticas asociadas al proceso de reestructuración judicial que se viene implementando en Venezuela, por las consecuencias específicas que tuvo en el caso concreto, provoca una afectación muy alta a la independencia judicial". Ver además párrafos: 67 a 70, 77 a 79, 81, 114, 121 y 122.*

320 *Caso Chocrón Chocrón Vs. Venezuela. Excepción Preliminar, Fondo, Reparaciones y Costas. Sentencia de 1 de julio de 2011. Serie C N° 227, párr. 142. De acuerdo con la Corte: "la inexistencia de normas y prácticas claras sobre la vigencia plena de garantías judiciales en la remoción de jueces provisorios y temporales, por sus consecuencias específicas en el caso concreto, genera[ron] una afectación al deber de adoptar medidas idóneas y efectivas para garantizar la independencia judicial". Ver además párrafos: 97 a 110.*

de probidad procesal con la que actuaron las Salas del Tribunal Supremo de Justicia, revelando así una total falta de independencia por parte de ese máximo órgano judicial [así como] una evidente desviación del Poder Público", el Juez Ventura destacó los siguientes puntos:

"i)   la decisión de incautar los bienes de RCTV fue tomada en el marco de los procesos del amparo constitucional y de la demanda por intereses difusos y colectivos en los que se solicitaron medidas cautelares. En uno de dichos procesos el Tribunal Supremo tomó, de oficio y sin que le hubiera sido requerida, la decisión de asignar el uso de los bienes propiedad de RCTV a TVes para que esta última pudiera transmitir en todo el territorio nacional;

ii)   para el momento en que se dictó la medida cautelar que otorgaba el uso de los bienes a CONATEL, TVes había sido recientemente creada y no contaba con la infraestructura necesaria para la transmisión a nivel nacional, por lo que el Tribunal Supremo le otorgó de oficio el uso de los bienes propiedad de RCTV;

iii) los representantes de RCTV no tuvieron oportunidad de participar en el proceso de manera directa, ya que aún cuando la medida cautelar resolvería sobre el uso de los bienes propiedad de RCTV, no fueron ni citados a comparecer ni notificados de manera directa, y solo tenían oportunidad de intervenir en el proceso como coadyuvantes, y

iv)   después de más de siete años, la medida cautelar continúa vigente permitiendo el uso por parte del Estado de los bienes propiedad de RCTV, sin que el TSJ haya realizado ninguna diligencia para resolver la oposición a esta medida cautelar." (párr. 6).

De todo lo anterior, el Juez Ventura Robles concluyó afirmando con razón que "la actuación del Tribunal Supremo de Justicia coadyuvó con las decisiones tomadas por órganos del Poder Ejecutivo respecto a reservarse el uso del espectro asignado inicialmente a RCTV y la creación de un canal de televisión propiedad del Estado, puesto que la medida cautelar innominada fue ordenada por el TSJ con la finalidad de otorgarle al canal estatal recién creado los bienes que necesitaba para operar" (párr. 7); es decir, que:

"la actuación del Tribunal Supremo contribuyó con la desviación de poder, haciendo uso de una facultad permitida con el objetivo ilegítimo de cooperar con las decisiones tomadas por órganos del Poder Ejecutivo. El Tribunal Supremo de Justicia actuó con falta de independencia al decidir la medida cautelar innominada sobre el uso de los bienes de RCTV" (párr. 8).

De todo lo anterior dedujo con razón el Juez Ventura Robles, que "a pesar de que en la demanda por intereses difusos y colectivos se solicitaba al Tribunal Supremo permitir a RCTV continuar con sus transmisiones, el TSJ decidió de oficio asignar a TVes el uso de los bienes de RCTV," de lo que resultó que "el TSJ intervino en la decisión de las medidas cautelares con una posición previamente tomada, que era coadyuvar con las decisiones de los órganos del Poder Ejecutivo, protegiendo los intereses de TVes y otorgándole los bienes que requería para comenzar a operar;" todo lo cual "manifiesta una falta de imparcialidad en la actuación de la Sala Constitucional al resolver la medida cautelar." (párr. 9). Por ello, a juicio del Juez Ventura Robles, sin duda, "el Tribunal Supremo de Justicia incumplió con la garantía de imparcialidad en la resolución de la decisión sobre el uso de los bienes de RCTV y el Estado violó el derecho de propiedad al seguir el Tribunal sin independencia alguna, la línea del Poder Ejecutivo, que despojó, arbitrariamente, de sus bienes a RCTV" (párr. 9).[321]

Por su parte, el Juez Eduardo Vio Grossi, en su "Voto Individual Concurrente" a la sentencia, se refirió igualmente a la gran incidencia que tiene en el ejercicio efectivo de la democracia y, por ende, de la libertad de pensamiento y de expresión, el principio de separación de poderes y, más específicamente, el de la independencia del poder judicial, destacando, en lo que se refiere a la independencia del Poder Judicial en Venezuela, lo que la propia Corte Interamericana refirió en el caso *Chocrón Chocrón Vs. Venezuela*, al señalar:

"en el 2010 el Poder Judicial tenía un porcentaje de jueces provisorios y temporales de aproximadamente el 56%, conforme a lo señalado en el discurso de la Presidenta del TSJ, porcentaje que en la época de los hechos del presente caso alcanzó el 80%. Esto, además de generar obstáculos a la independencia judicial, resulta particularmente relevante por el hecho de que Venezuela no ofrece a dichos jueces la garantía de inamovilidad que exige el principio de independencia judicial. Además, la Corte observa que los jueces provisorios y temporales son nombrados discrecionalmente por el Estado, es decir, sin la utilización de concursos

---

321 Como lo analizamos en su momento en Allan R. Brewer-Carías, "El juez constitucional en Venezuela como instrumento para aniquilar la libertad de expresión plural y para confiscar la propiedad privada: El caso RCTV", *Revista de Derecho Público*", N° 110, (abril-junio 2007), Editorial Jurídica Venezolana, Caracas 2007, pp. 7-32. Publicado en *Crónica sobre la "In" Justicia Constitucional. La Sala Constitucional y el autoritarismo en Venezuela*, Colección Instituto de Derecho Público. Universidad Central de Venezuela, N° 2, Editorial Jurídica Venezolana, Caracas 2007, pp. 468-508.

públicos de oposición y muchos de éstos han sido titularizados a través del denominado 'Programa Especial para la Regularización de la Titularidad' (PET). Esto quiere decir que las plazas correspondientes han sido provistas sin que las personas que no hagan parte del Poder Judicial hayan tenido oportunidad de competir con los jueces provisorios para acceder a esas plazas. Tal como fue señalado en el caso Reverón Trujillo, a pesar de que a través del PET se adelantan evaluaciones de idoneidad, este procedimiento otorga estabilidad laboral a quienes fueron inicialmente nombrados con absoluta discrecionalidad."[322]

El Juez Eduardo Ferrer Mac Gregor también se refirió al tema de la falta de independencia judicial, expresando en su "Voto Parcialmente Disidente" que difería "de la mayoría en cuanto a que no se comprobó la violación a las garantías de independencia e imparcialidad contenidas en el artículo 8.1 en relación con el artículo 1.1. de la Convención (Resolutivos 11 y 12 de la Sentencia)." El Juez Ferrer, al contrario, estimó que:

"al haberse declarado y probado en el caso la existencia de una "desviación de poder", debido a que se hizo uso de una facultad permitida del Estado con el objetivo de "alinear editorialmente" al medio de comunicación con el gobierno, la consecuencia lógica y coherente sería haber declarado también violada las garantías de independencia e imparcialidad judicial que prevé el artículo 8.1 de la Convención Americana. Lo anterior debido a que la finalidad no declarada en las actuaciones en sede de los procedimientos administrativos y, particularmente, de la Sala Constitucional del Tribunal Supremo de Justicia, al resolver de oficio las "medidas cautelares innominadas", denotan, en su conjunto, que coadyuvaron a la intención real y finalidad no declarada, consistente en acallar las voces críticas del gobierno a través del cierre de RCTV. Además, dicho análisis debió necesariamente vincularse con el "contexto" probado por la Corte IDH; esto es, con motivo de que "el Tribunal considera que fueron probados, en el presente caso, el 'ambiente de intimidación' generado por las declaraciones de altas autoridades estatales en contra de medios de comunicación independientes" y "un discurso proveniente de sectores oficialistas de descrédito profesional contra los periodistas" (párr. 125).

Es decir, de acuerdo con lo expresado por el Juez Ferrer Mac Gregor, "al haber quedado demostrado plenamente que en el caso se configuró una "desviación de poder" –decidido por unanimidad en la Sentencia–, debido

---

322   Caso *Chocrón Chocrón Vs. Venezuela*. Excepción Preliminar, Fondo, Reparaciones y Costas. Sentencia de 1 de julio de 2011. Serie C Nº 227, párr. 110.

a que se hizo uso de una facultad permitida del Estado con el objetivo de "alinear editorialmente" al medio de comunicación con el gobierno; la consecuencia lógica y natural era no sólo declarar la violación del artículo 13, sino también del artículo 8.1 de la Convención Americana en relación con las garantías de independencia e imparcialidad" (párr. 127).

Esa falta de independencia e imparcialidad del Poder Judicial, en el caso decidido por la Corte Interamericana quedó evidenciada en particular con la actuación de la Sala Constitucional del Tribunal Supremo de Justicia, como lo destacó el Juez Mac Gregor, cuando la misma "determinó asignar el uso de los bienes propiedad de RCTV a TVes a través del otorgamiento de las medidas cautelares en dos procesos donde se le hacían requerimientos contrarios" (párr. 135), a pesar de que en la demanda por intereses difusos y colectivos se solicitaba al Tribunal Supremo lo contrario, es decir, permitir a RCTV continuar con sus transmisiones. Es decir, como lo observó el Juez Mac Gregor, "el Tribunal Supremo de Justicia decidió, de oficio, asignar a TVes el uso de los bienes de RCTV," con lo que quedó reflejado "que el análisis de los hechos, planteados en la demanda, fue realizado con base en la decisión previamente tomada de otorgar a TVes la plataforma y los bienes que necesitaba para poder transmitir a nivel nacional" (párr. 135), [323] todo lo cual ponía en evidencia, a juicio del Juez Ferrer Mac Gregor:

> "una clara falta de imparcialidad en la actuación de la Sala Constitucional al resolver la medida cautelar presentada conjuntamente con la demanda por intereses difusos y colectivos; lo que corrobora que el Tribunal Supremo contribuyó con la finalidad no declarada e ilegítima (desvío de poder)" (¶ párr.. 135).

En fin, concluyó el Juez Ferrer Mac Gregor en su Voto Parcialmente Disidente, que "la Corte IDH debió establecer que el Tribunal Supremo de Justicia incumplió con las garantías de independencia e imparcialidad en la resolución de la decisión sobre la incautación de los bienes de RCTV, situación que también se advierte respecto del recurso contencioso de nulidad, ya que todas estas resoluciones, en su conjunto, coadyuvan con la

---

323 Tal como lo analizamos en su momento en Allan R. Brewer-Carías, "El juez constitucional en Venezuela como instrumento para aniquilar la libertad de expresión plural y para confiscar la propiedad privada: El caso RCTV", *Revista de Derecho Público*", Nº 110, (abril-junio 2007), Editorial Jurídica Venezolana, Caracas 2007, pp. 7-32. Publicado en *Crónica sobre la "In" Justicia Constitucional. La Sala Constitucional y el autoritarismo en Venezuela*, Colección Instituto de Derecho Público. Universidad Central de Venezuela, Nº 2, Editorial Jurídica Venezolana, Caracas 2007, pp. 468-508.

decisión previa, tomada por las autoridades del poder ejecutivo, de no renovar la concesión de RCTV" (párr. 136).

VII. LA BIZARRA "ACCIÓN DE CONTROL DE CONVENCIONALIDAD" INTENTADA POR EL PROPIO ESTADO VENEZOLANO CONTRA LA SENTENCIA DE LA CORTE INTERAMERICANA QUE LO CONDENÓ, ANTE SU PROPIO TRIBUNAL SUPREMO Y LA DECLARATORIA DE SU INEJECUTABILIDAD POR LA SALA CONSTITUCIONAL

La inexcusable evasiva de la Corte Interamericana de Derechos Humanos en proceder a juzgar y condenar al Estado venezolano por violación de la garantía judicial prevista en el artículo 8.1 de la Convención Americana por falta de independencia e imparcialidad del Poder Judicial, y en particular del Tribunal Supremo, es muy posible que se comience a disipar ya definitivamente, después de que de nuevo, en un breve lapso de 24 horas después de publicada la sentencia de la Corte Interamericana en el caso *Granier y otros (RCTV) vs. Venezuela*, la Sala Constitucional del Tribunal Supremo de Justicia, a solicitud de los abogados del propio Estado, declarara dicha sentencia como "inejecutable" en Venezuela, mediante la sentencia N° 1175 de 10 de septiembre de 2015.[324]

1. *La interposición por el estado de una acción de "control de convencionalidad" de la sentencia de la Corte Interamericana ante la Sala Constitucional*

Para lograr ese "récord" judicial, los representantes de la Procuraduría General de la República, al día siguiente de la publicación de la sentencia de la Corte Interamericana, el 9 de septiembre de 2015, invocando el artículo 335 de la Constitución que lo que regula es el control de constitucionalidad de las leyes y demás actos del Estado venezolano de ejecución directa de la Constitución, intentaron lo que denominaron una "acción de control de convencionalidad" "con respecto al sentido, alcance y aplicabilidad de la decisión tomada por la Corte Interamericana de Derechos Humanos en fecha 22 de junio de 2015, en el *caso Granier y otros (Radio Caracas Televisión) Vs. Venezuela*, con fundamento en la Convención Interamericana sobre Derechos Humanos," solicitando de la Sala que declarase la "*inejecutabilidad*" de dicha sentencia mediante "sentencia definitivamente firme sin relación ni informes."

---

324 Véase en http://historico.tsj.gob.ve/decisiones/scon/septiembre/181181-1175-10915-2015-15-0992.HTML.

Los abogados del Estado, en efecto, argumentaron que las dudas sobre la sentencia dictada por la Corte Interamericana provenían de que en la misma:

"no sólo se hacen declaraciones acerca de las supuestas violaciones a derechos humanos por parte del Estado Venezolano a los solicitantes; sino que adicionalmente el fallo contiene órdenes de hacer que a juicio de esta Procuraduría coliden directamente con normas de protección constitucional establecidas en el ordenamiento jurídico venezolano, tal y como explicaremos más adelante en el presente escrito recursivo."

Sobre ello, los representantes del Estado consideraron que era "de vital importancia" el "determinar el sentido, alcance y ejecutabilidad del fallo, cuyo control de convencionalidad" solicitaron , para poder cumplir cabalmente con sus "competencias como órgano asesor, representante y defensor de los intereses patrimoniales de la República," pues de la "simple lectura del fallo" le surgían:

"serias dudas acerca de la posibilidad de ejecutar las órdenes contenidas en el mismo sin transgredir el ordenamiento constitucional venezolano y más importante aún, sin violar derechos humanos y derechos subjetivos de terceros, legítimamente adquiridos; como consecuencia de la no renovación del Contrato de Concesión del espacio radioeléctrico que había sido otorgada a la empresa RCTV, S.A. y que venció el día 27 de mayo de 2007."

Alegaron además los representantes del Estado, que:

"la ejecución de las mencionadas órdenes implicarían además el desconocimiento de otros actos y procedimientos administrativos llevados a cabo por el Estado Venezolano, a través de los cuales se terminó otorgando bajo régimen de concesión, el uso de la mencionada frecuencia radioeléctrica a la empresa TVes, quien vería interrumpido su uso de manera abrupta, sin que mediara procedimiento o justificación alguna."

De allí, concluyeron los abogados del Estado que "sea materialmente imposible para el Estado Venezolano proceder a ejecutar la Sentencia mencionada sin incurrir a su vez en violación de derechos constitucionales de los trabajadores del periodismo que hacen vida en el canal de televisión que hoy en día ostenta el uso de la frecuencia radioeléctrica correspondiente al canal 2;" destacando además, una supuesta "incongruencia" de la sentencia:

"que la hace igualmente inejecutable, al realizar declaraciones evidentemente contradictorias, toda vez que por una parte se señala expresamente que "…no se encuentra probado que el Estado haya violado el derecho de propiedad privada, contemplado en el artículo 21, en relación con el artículo 1.1 de la Convención Americana...", para luego ordenar, por una parte, el restablecimiento de la concesión y por la otra, "...la apertura de un proceso abierto, independiente y transparente para el otorgamiento de la frecuencia del espectro radioeléctrico correspondiente al canal 2 de televisión..."

2. *Sobre la supuesta competencia de la Sala Constitucional para controlar la constitucionalidad de las sentencias de la Corte Interamericana de Derechos Humanos*

Para entrar a conocer de la acción interpuesta, y sobre su propia competencia, la Sala Constitucional invocó lo que había decidido en la sentencia N° 1.547 de 17 de noviembre de 2011 (Caso *Estado Venezolano vs. Corte Interamericana de Derechos Humanos*),[325] mediante la cual declaró "inejecutable" la sentencia dictada por la Corte Interamericana dictada un mes antes en el caso *Leopoldo López vs. Venezuela,* y en la cual inventó que además de velar por la uniforme interpretación y aplicación de la Constitución,

> "tiene la facultad, incluso de oficio, de *"verificar la conformidad constitucional del fallo emitido por la Corte Interamericana de Derechos Humanos, control constitucional que implica lógicamente un 'control de convencionalidad' (o de confrontación entre normas internas y tratados integrantes del sistema constitucional venezolano)."*

Con base en ello, la Sala Constitucional, simplemente, cambió la calificación de la acción intentada, que denominó como acción de "control de constitucionalidad," o "una modalidad innominada de control concentrado," ratificando que le correspondía "ejercer un control sobre la sentencia a ejecutar, ante una aparente antinomia" entre la Constitución y la Convención Americana de Derechos Humanos, "producto de la pretendida ejecución del fallo dictado el 22 de junio de 2015 por la Corte Interamericana de Derechos Humanos, que condenó a la República Bolivariana de Venezuela," por violación de derechos de las víctimas y a ejecutar medidas reparadoras.

---

325 Véase en http://www.tsj.gov.ve/decisiones/scon/Octubre/1547-171011-2011-11-1130.html. Véase sobre dicha sentencia, Allan R. Brewer-Carías, "El ilegítimo "control de constitucionalidad" de las sentencias de la Corte Interamericana de Derechos Humanos por parte la Sala Constitucional del Tribunal Supremo de Justicia de Venezuela: el caso de la sentencia *Leopoldo López vs. Venezuela, 2011,*" en *Constitución y democracia: ayer y hoy. Libro homenaje a Antonio Torres del Moral.* Editorial Universitas, Vol. I, Madrid, 2013, pp. 1.095-1124.

3. *Sobre el control ejercido por la Sala Constitucional sobre los argumentos empleados por la Corte Interamericana en su sentencia*

Establecida su competencia, la Sala Constitucional, "en su condición de órgano encargado de velar por la supremacía y efectividad de las normas y principios constitucionales," consideró que debía:

> "emitir el respectivo control constitucional del fallo dictado el 22 de junio de 2015 por la Corte Interamericana, *no para ejercer control sobre los argumentos en los que se sustentó el fallo emitido por la Corte Interamericana de Derechos Humanos,* ya que no es su alzada, sino para determinar sí es conforme o no con los principios, garantías y normas constitucionales."

Sin embargo, lo primero y único que hizo la Sala Constitucional en su sentencia, contrariamente a esta afirmación, fue precisamente "ejercer control sobre los argumentos" esgrimidos por la Corte Interamericana al admitir la demanda en protección de los derechos humanos de los accionistas, directivos y trabajadores de la empresa RCTV, como personas naturales, y no de la persona jurídica (RCTV), haciendo referencia a una supuesta "orden impartida por la Corte, en el sentido de reparar el supuesto daño a la empresa Radio Caracas Televisión, como si se tratara de una víctima de violación de los derechos humanos," lo cual, como resulta de la simple lectura de la sentencia de la Corte, no es cierto. Para hacer esa afirmación, sin embargo, la Sala Constitucional no hizo otra cosa que actuar como una supuesta "alzada" de la Corte Interamericana al concluir que en la sentencia "controlada":

> "se denota una hilación entre la simple argumentación de la Corte para declarar la improcedencia de las excepciones del Estado venezolano, por una parte, y, por la otra, en el desarrollo del fallo contradice su propio argumento correspondiente a que su decisión tutela derechos individuales de personas naturales y no de personas jurídicas cuando se extienden en explicar cómo el Estado venezolano vulneró el derecho a la propiedad del grupo de trabajadores, directivos y periodistas o de la persona jurídica RCTV."

Y para fundamentar su control sobre la sentencia, la Sala Constitucional apeló a la argumentación del Voto Disidente del Juez Alberto Pérez Pérez a la sentencia controlada, quién según la Sala, encontró "contradicciones *en los argumentos* de la sentencia en relación al dispositivo," de lo cual la Sala Constitucional simplemente concluyó que:

> "el presente fallo de la Corte Interamericana resulta inejecutable en derecho, por cuanto el mismo contraviene el artículo 1 de la Convención

Interamericana de Derechos Humanos, ya que se ordena la restitución de los derechos de la empresa Radio Caracas Televisión C.A., mediante el mantenimiento de una concesión del espectro radioeléctrico, correspondiente al canal 2 de televisión, lo cual atenta contra el derecho irrenunciable del Pueblo venezolano a la autodeterminación, a la soberanía y a la preeminencia de los derechos humanos."

La Sala Constitucional continuó el ejercicio del control que se arrogó sobre la sentencia de la Corte Interamericana, precisamente haciendo lo que afirmó no haría, es decir, "controlando los argumentos de la sentencia," para lo cual hizo referencia al "alegato formal y estrictamente procesal" sobre "la pretendida extemporaneidad y preclusividad" de la excepción sobre agotamiento de los recursos internos opuesta por el Estado, utilizado, para "desestimarla" y haber así asumido la Corte Interamericana la jurisdicción para conocer de un caso, "sobre el cual actualmente cursan procesos ante la jurisdicción interna de la República." La Sala agregó que por el "principio de subsidiariedad," solo correspondía al Estado "resolver las denuncias de supuestas violaciones de derechos humanos," por "razones de soberanía nacional," y porque supuestamente "es precisamente el Estado el más enterado de la situación, el más capacitado para corregirla y el más interesado en resolver el conflicto planteado."

Aparte de que lo último mencionado evidentemente que no es ni era cierto en la situación de un Poder Judicial sometido al control político, y además, porque los juicios pendientes en Venezuela, después de ocho años, no habían pasado de la etapa de promoción de pruebas, con esa argumentación, la Sala Constitucional lo que hizo no fue otra cosa que controlar la argumentación de la sentencia internacional, como si fuera tribunal de alzada de la Corte Interamericana.

No tiene sentido alguno, por tanto, que la Sala Constitucional en Venezuela argumente para controlar la sentencia de la Corte Interamericana que ésta habría decidido "sin ningún sustento jurídico, que los recursos ejercidos en el derecho no han sido debidamente tramitados, en franca violación a los derechos humanos a la defensa, a un proceso con todas las garantías, al acceso a la justicia y a la tutela judicial efectiva por parte de esa Corte que está llamada a tutelar derechos humanos de todas las personas," cuando ello es lo más evidente que ocurrió en el caso, y por eso, la condena al Estado por violación de las garantías judiciales establecidas en el artículo 8.1 de la Convención, al violarse con ese retardo en decidir el derecho al plazo razonable, y además las garantías al debido proceso, a ser oídos y a la defensa.

Por tanto, el mismo argumento de la Sala Constitucional en su sentencia al ejercer "el presente control de constitucionalidad" sobre los argumentos empleados por la Corte Interamericana aduciendo que "actualmente continúan los trámites jurídicos de algunos recursos internos que se siguen ante la jurisdicción venezolana, referidos al caso de la no renovación de la concesión a RCTV," y de que por eso, no se habrían agotado los recursos internos, no es más que una admisión y confesión del propio Estado condenado, expresada a través del máximo tribunal de la República, de la violación de las garantías judiciales de las víctimas.[326]

La conclusión de toda la sentencia de la Sala Constitucional, en la cual hizo precisamente lo que anunció no haría, que era ejercer el "control sobre los argumentos" empleados por la Corte Internacional para dictar su sentencia como si fuera un tribunal de alzada, fue precisamente que "la motivación de la Corte para desechar la excepción interpuesta por el Estado venezolano es insuficiente," quedando supuestamente "demostrado que la Corte Interamericana de Derechos Humanos violó el artículo 46 de la propia Convención Americana de Derechos Humanos, toda vez que tramitó la referida causa a pesar de que la petición formulada por las supuestas víctimas era inadmisible por no haberse agotados los recursos en la jurisdicción interna."

En todo caso, la Sala Constitucional continuó en su fallo ejerciendo "el control sobre los argumentos" empleados por la Corte Interamericana para decidir sobre las violaciones a la libertad de expresión, a la no discriminación, y a las garantías judiciales, el derecho al plazo razonable y de protección judicial en el procedimiento de renovación de la concesión a RCTV en perjuicio de sus accionistas, directivos y trabajadores, achacan-

---

326 Ello se ratifica en otras partes de la sentencia de la Sala Constitucional, como cuando afirma que: "Anteriormente esta Sala se refirió a la falta de argumentación de la Corte en sus consideraciones para desestimar las excepciones alegadas por el Estado venezolano, sobre la falta de agotamiento de los recursos en jurisdicción interna. Al respecto, el fallo de la Corte se limita a enunciar de vaga manera el supuesto retardo injustificado de este Tribunal Supremo de Justicia para decidir las acciones ejercidas por la "persona jurídica RCTV" abriendo así la posibilidad de inmiscuirse de forma arbitraria e irrespetuosa en el libre desenvolvimiento de los procesos judiciales existentes en la República Bolivariana de Venezuela, referidos a la decisión de la Comisión Nacional de Telecomunicaciones (CONATEL), a no renovar la concesión para la explotación del espacio radioeléctrico a la "persona jurídica RCTV", la cual no debe verse como una violación de derechos humanos, pues el demandante es una persona jurídica, sino como una solicitud de nulidad de un acto administrativo realizado por el organismo del Ejecutivo Nacional, al que la Ley Orgánica de Telecomunicaciones (LOTEL) le ha asignado la atribución de otorgar o no un espacio a cualquiera que solicite la explotación del espectro radioeléctrico.

do a la Corte Interamericana la violación de la propia Convención al afirmar simplemente y por lo demás, sin ningún sustento, que:

> "tales circunstancias, además de contrariar realmente los propios derechos que pretenden tutelarse, soslayan otros tantos derechos humanos, como lo son el derecho a obtener decisiones congruentes y motivadas, el derecho al juez natural (competente, independiente e imparcial), el derecho al debido proceso y, en fin, el derecho a la tutela judicial efectiva, lo cuales se vinculan a las garantías judiciales previstas en el artículo 8 de la Convención Americana de Derechos Humanos, citado como fundamento de la decisión *sub examine*."

Por último, la Sala Constitucional invocó lo resuelto en su sentencia N° 1.309 del 1 de noviembre de 2000, cuando declaró que "la propia Constitución, además de haber creado la Sala Constitucional dentro del Tribunal Supremo de Justicia, la concibió como un órgano jurisdiccional competente para asegurar la integridad, supremacía y efectividad de la Constitución," lo que le atribuye competencia para ejercer "la tutela constitucional en su máxima intensidad, al punto de constituirse en el máximo intérprete y garante de la Constitución, al tiempo de ser el ente rector del aparato jurisdiccional respecto a su aplicación." De ello, la Sala determinó que luego de "considerar la solicitud de control de constitucionalidad que ha planteado la Procuraduría General de la República," y de examinar "la sentencia de la Corte Interamericana de Derechos Humanos:"

> "resulta inaceptable que se pretenda desvirtuar la efectividad y supremacía constitucional, intentando imponer al Estado Venezolano obligaciones que no sólo serían consecuencia de argumentos y conclusiones contradictorias carentes de veracidad, sino que se instituyen en enunciados total y absolutamente incompatibles con la Constitución de la República Bolivariana de Venezuela."

Razón por la cual, la Sala Constitucional del Tribunal Supremo terminó su sentencia de "control de constitucionalidad" de la sentencia de la Corte Interamericana de Derechos Humanos de fecha 22 de junio de 2015 dictada en el caso *Granier y otros (RCTV) vs. Venezuela*, declarando que la misma se dictó "en franca violación a la Convención Americana sobre Derechos Humanos, a otros instrumentos internacionales sobre la materia y a la Constitución de la República Bolivariana de Venezuela," y por tanto, declarando que la misma es "inejecutable":

> "por constituir una grave afrenta a la Constitución de la República Bolivariana de Venezuela y al propio sistema de protección internacional de los derechos humanos.

Se recuerda, por supuesto, que no fue la primera vez que la Sala Constitucional ha declarado como "inejecutables sentencias" de la Corte Interamericana de condena al Estado Venezolano. Ya ocurrió con la sentencia dictada por la Corte Interamericana el 5 de agosto de 2008 (Caso *Apitz Barbera y otros ("Corte Primera de lo Contencioso Administrativo") vs. Venezuela* que había condenado al Estado por la violación de las garantías judiciales de unos Jueces superiores, ordenando reincorporarlos a cargos similares en el Poder Judicial, la cual tres meses después, fue objeto de control de constitucionalidad por la Sala Constitucional mediante sentencia N° 1.939 de 12 de diciembre de 2008,[327] que la declaró inejecutable en Venezuela; y ocurrió lo mismo con la sentencia de la Corte Interamericana, antes mencionada, dictada en el caso *Leopoldo López vs Venezuela*, que la Sala Constitucional mediante sentencia N° 1.547 de 17 de noviembre de 2011 (Caso *Estado Venezolano vs. Corte Interamericana de Derechos Humanos*),[328] también declarada como "inejecutable."

En estas dos sentencias, la Sala Constitucional concluyó con la exhortación al Ejecutivo Nacional de denunciar la Convención Americana de Derechos Humanos, lo que finalmente se materializó en 2012, mediante comunicación N° 125 de 6 de septiembre de 2012 dirigida por el entonces Canciller de Venezuela, Nicolás Maduro, quien actualmente ejerce la Presidencia, dirigida al Secretario General de la OEA.[329] Por tanto, en la sentencia de la Sala Constitucional declarando inejecutable la sentencia de la Corte Interamericana en el caso *Granier y otros (RCTV) vs. Venezuela* de fecha 22 de junio de 2015, denunciada la Convención, lo que hizo la

---

327 Véase en http://www.tsj.gov.ve/decisiones/scon/Diciembre/1939-181208-2008-08-1572.html Véase los comentarios sobre esa sentencia en Allan R. Brewer-Carías, "La interrelación entre los Tribunales Constitucionales de América Latina y la Corte Interamericana de Derechos Humanos, y la cuestión de la inejecutabilidad de sus decisiones en Venezuela," en Armin von Bogdandy, Flavia Piovesan y Mariela Morales Antonorzi (Coodinadores), *Direitos Humanos, Democracia e Integraçao Jurídica na América do Sul*, Lumen Juris Editora, Rio de Janeiro 2010, pp. 661-70; y en *Anuario Iberoamericano de Justicia Constitucional*, Centro de Estudios Políticos y Constitucionales, N° 13, Madrid 2009, pp. 99-136.

328 Véase en http://www.tsj.gov.ve/decisiones/scon/Octubre/1547-171011-2011-11-1130.html. Véase sobre dicha sentencia, Allan R. Brewer-Carías, "El ilegítimo "control de constitucionalidad" de las sentencias de la Corte Interamericana de Derechos Humanos por parte la Sala Constitucional del Tribunal Supremo de Justicia de Venezuela: el caso de la sentencia *Leopoldo López vs. Venezuela, 2011*," en *Constitución y democracia: ayer y hoy. Libro homenaje a Antonio Torres del Moral*. Editorial Universitas, Vol. I, Madrid, 2013, pp. 1.095-1124.

329 Véase el texto en http://www.minci.gob.ve/wp-content/uploads/2013/09/Carta-Retiro-CIDH-Firmada-y-sello.pdf.

Sala Constitucional fue "sugerir" que el Estado venezolano acusara a los Jueces de la Corte Interamericana ante la Asamblea General de la OEA, proponiendo:

"al Ejecutivo Nacional, a quien corresponde dirigir las relaciones y política exterior de la República Bolivariana de Venezuela, a tenor de lo dispuesto en el artículo 236, numeral 4, de la Constitución de la República Bolivariana de Venezuela, así como al órgano asesor solicitante de conformidad con el artículo 247 *eiusdem,* para que evalúen la posibilidad de remitir a la Asamblea General de la Organización de Estados Americanos, copia de este pronunciamiento con el objeto de que ese órgano analice la presunta desviación de poder de los jueces integrantes de la Corte Interamericana de Derechos Humanos."

VIII. UNA NUEVA VIOLACIÓN A LA CARTA DEMOCRÁTICA INTERAMERICANA POR PARTE DEL ESTADO VENEZOLANO SOBRE LA CUAL LA CORTE ESTÁ OBLIGADA A PRONUNCIARSE

La sentencia de la Corte Interamericana de Derechos Humanos condenando al Estado venezolano hizo expresa referencia al artículo 4 de la Carta Democrática Interamericana, en el cual se identifica a "la libertad de expresión y de prensa" como uno de los elementos fundamentales de la democracia, por lo que al declararse violado dicho derecho, ello sin duda implica la violación de la propia Carta por parte del Estado. Por ello, con la sentencia de la Sala Constitucional desconociendo la sentencia de la Corte Interamericana que declaró culpable al Estado por violación a la libertad de expresión de las víctimas, declarándola inejecutable, puede decirse que se ha producido una nueva violación a la Carta.

En efecto, tal como lo destacó el Juez Eduardo Vio Grossi en su "Voto Individual Concurrente" a la sentencia del *Caso Granier y otros (Radio Caracas Televisión) vs. Venezuela,* haciendo referencia al rol de la Corte Interamericana en relación con la obligación del Estado en respetar y acatar la sentencia, ello significa que ante la rebelión del Estado en ejecutar la decisión de la Corte Interamericana, materializada con la sentencia de la Sala Constitucional N° 1.175 de 10 de septiembre de 2015, que constituye el primer informe que el Estado debía rendir ante la Corte Interamericana sobre "las medidas adoptadas para cumplir con la misma" conforme a lo indicado en la sentencia de la Corte (párr.. 419-20), ésta tiene ahora la obligación, en virtud del dispositivo de la propia sentencia, de declarar que ha habido incumplimiento "íntegro" de la sentencia por parte del Estado, lo cual la obliga a plantearlo como violación de la Carta Democrática ante los órganos del Sistema Interamericano.

En efecto, como lo destacó el Juez Vio Grossi en su "Voto Individual Concurrente" "la Carta Democrática Interamericana es, a la vez, una "resolución de una organización internacional declarativa de derecho" y una "interpretación auténtica" de los tratados a que se refiere, incluyendo la Convención Americana, "en lo atingente, ambas, a la democracia" (párr. A.1). Se trata de "una fuente auxiliar del Derecho Internacional, incluso de mayor relevancia que la jurisprudencia de la Corte, en tanto determina, por parte de los Estados Partes de las mismas, las reglas convencionales en la materia en cuestión", es decir, la democracia (párr. A.2).

Conforme a la Carta, por tanto, "el ejercicio efectivo de la democracia en los Estados americanos constituye una obligación jurídica internacional" habiéndose adoptado la misma "con la finalidad tanto de que se resguardara debida y oportunamente la plena vigencia de la democracia como de que, en el evento en que en un Estado americano se viera alterada, ella fuese prontamente restablecida" (párr. A.a.1).

Lo importante, en todo caso, es que la Carta Democrática fue "suscrita para ser aplicada, es decir, para que tenga *efecto útil* y para que su valor lo sea para todos los Estados miembros de la OEA y para todos los órganos del Sistema Interamericano, incluyendo, consecuentemente, a la Corte (párr. A.a.3), y si bien, como destacó el Juez Vio Grossi, la sentencia indica que la misma fue invocada respecto de Venezuela en 2002, con ocasión del golpe de estado ocurrido para la restauración del estado de derecho, nada autoriza "bajo ninguna circunstancia o pretexto alguno, a las legítimas autoridades restablecidas en sus cargos, a violar los derechos humanos de quienes presumiblemente hubiesen participado en aquel ilícito internacional y menos aún, hacerlo años después de acontecido el mismo y sin que se les haya incoado acción judicial alguna por tal motivo" (párr. A.a.3).

Ahora bien, como lo destacó el juez Vio Grossi, la Corte Interamericana tiene competencia "para considerar, en los casos que le son sometidos y conoce, la conformidad o disconformidad de la conducta del Estado con la Carta Democrática Interamericana," pues "esta última contempla, para el caso de violación de la obligación de ejercer la democracia representativa, la participación tanto de los órganos políticos de la OEA como de los órganos previstos en la Convención" (párr. A.b.1). Sin embargo, a diferencia de los órganos políticos de la OEA, a quienes compete adoptar decisiones de orden político ante las violaciones de la Carta (párr. A.b.2), si bien a la Corte:

"no le competería condenar a un Estado parte de la Convención por violar la citada Carta, al menos debe considerar tal fenómeno en el contexto, no únicamente de los específicos hechos violatorios de los derechos humanos del caso sometido a su conocimiento y resolución, sino también de los términos de la Convención, interpretados por dicha Carta. Si no fuese así, no tendría sentido la inclusión de los derechos humanos en esta última" (párr. A.b.4).

Partiendo de esta perspectiva, es evidente que en el presente caso de un Estado como Venezuela, desconociendo la decisión de la Corte Interamericana de Derechos Humanos que lo ha condenado por violación de derechos humanos, al declarar "inejecutable" su sentencia condenatoria, tiene que ser evaluado por la Corte Interamericana en el marco de la ejecución de una decisión dictada en un caso contencioso concreto o específico, denunciado la violación de la Carta Democrática. Si bien, como lo ha expresado el Juez Vio Grossi, ello no sería obligatorio o vinculante para los órganos de la OEA:

"sí puede constituir uno de los elementos a tener presente por éstos, en el marco de la interrelación entre las diferentes instancias y órganos del Sistema Interamericano, en la eventualidad de emitir un pronunciamiento al amparo de lo previsto en la Carta Democrática Interamericana. Un pronunciamiento de la Corte en este sentido sería, por ende, una relevante contribución con relación a uno de los principales propósitos de la OEA[330] y principios de los Estados americanos[331], máxime cuando en el primer considerando del preámbulo de la Convención se reafirma el *"propósito de consolidar en este Continente, dentro del cuadro de las instituciones democráticas, un régimen de libertad personal y de justicia social, fundado en el respeto de los derechos esenciales del hombre"* (párr. A.b.5).

Le corresponde entonces ahora a la Corte Interamericana de Derechos Humanos declarar la violación por parte del Estado de Venezuela, no sólo de sus deberes convencionales establecidos en la Convención Americana de Derechos Humanos por incumplir "integralmente" con la sentencia

---

330 Artículo 2.b) de la Carta de la OEA: *"La Organización de los Estados Americanos, para realizar los principios en que se funda y cumplir sus obligaciones regionales de acuerdo con la Carta de las Naciones Unidas, establece los siguientes propósitos esenciales: b) Promover y consolidar la democracia representativa dentro del respeto al principio de no intervención".*

331 Artículo 3.d) de la Carta de la OEA: *"Los Estados americanos reafirman los siguientes principios: d) La solidaridad de los Estados americanos y los altos fines que con ella se persiguen, requieren la organización política de los mismos sobre la base del ejercicio efectivo de la democracia representativa".*

condenatoria de la Corte Interamericana, sino con lo dispuesto en la Carta Democrática Interamericana.

En Venezuela, es bien conocido, durante los últimos años se ha producido una ruptura del orden democrático que ha afectado la totalidad de los elementos esenciales de la democracia enumerados en el artículo 4 de la Carta Democrática.[332] En la realidad de funcionamiento del Estado Totalitario que se ha edificado en el país,[333] no hay efectiva vigencia de un sistema de órganos del Estado con titulares electos libremente, que esté montado sobre un real y efectivo sistema de separación e independencia de los poderes públicos. Por ello, sin un poder judicial autónomo e independiente que pueda permitir el control del ejercicio del poder,[334] en la práctica no hay realmente elecciones libres y justas, ni efectiva representatividad democrática; no hay pluralismo político, ni efectiva participación democrática en la gestión de los asuntos públicos; no hay real y efectiva garantía del respeto de los derechos humanos y de las libertades fundamentales; y no se puede asegurar que el acceso al poder y su ejercicio se hagan con suje-

---

332 Véase Allan R. Brewer-Carías, *Dismantling Democracy. The Chávez Authoritarian Experiment*, Cambridge University Press, New York 2010; y "La demolición del Estado de derecho y la destrucción de la democracia en Venezuela (1999-2009)," en José Reynoso Núñez y Herminio Sánchez de la Barquera y Arroyo (Coordinadores), *La democracia en su contexto. Estudios en homenaje a Dieter Nohlen en su septuagésimo aniversario,* Instituto de Investigaciones Jurídicas, Universidad Nacional Autónoma de México, México 2009, pp. 477-517. Las violaciones a la carta Democrática Interamericana por Venezuela, por lo demás, comenzaron apenas se adoptó la misma. Véase, Allan R. Brewer-Carías, *Aide Memoire, febrero 2002. La democracia venezolana a la luz de la Carta Democrática Interamericana.* Caracas , febrero 2001, en http://www.allanbrewercarias.com/Content/449725d9-f1cb-474b-8ab2-41efb849fea3/Content/I,%202,%2021.%20La%20democracia%20venezolana%20a%20la%20luz%20de%20la%20Carta%20Democratica%20Interamericana%20_02-02-_SIN%20PIE%20DE%20PAGINA.pdf.

333 Allan R. Brewer-Carías, *Estado totalitario y desprecio a la ley. La desconstitucionalización, desjuridificación, desjudicialización y desdemocratización de Venezuela,* Fundación de Derecho Público, Editorial Jurídica Venezolana, segunda edición (Con prólogo de José Ignacio Hernández), Caracas 2015.

334 Al contrario, en Venezuela, el Poder Judicial y en particular, el Tribunal Supremo ha sido el principal instrumento de consolidación del autoritarismo y destrucción de la democracia. Véase, Allan R. Brewer-Carías, *El golpe a la democracia dado por la Sala Constitucional (De cómo la Sala Constitucional del Tribunal Supremo de Justicia de Venezuela impuso un gobierno sin legitimidad democrática, revocó mandatos populares de diputada y alcaldes, impidió el derecho a ser electo, restringió el derecho a manifestar, y eliminó el derecho a la participación política, todo en contra de la Constitución),* Colección Estudios Políticos N° 8, Editorial Jurídica venezolana, segunda edición, (Con prólogo de Francisco Fernández Segado), Caracas 2015.

ción al Estado de derecho, es decir, que realmente exista y funcione un gobierno sometido a la Constitución y a las leyes.[335]

Igualmente, dada la ausencia de una efectiva vigencia de un sistema de separación e independencia de los poderes públicos que permita el control de los mismos, ninguno de los componentes esenciales de la democracia a los que alude la misma *Carta Democrática Interamericana* tiene efectiva aplicación en el país, es decir, no hay posibilidad real de exigir la transparencia y probidad de las actividades gubernamentales, ni la responsabilidad de los gobernantes en la gestión pública; no hay forma de garantizar el efectivo respeto de los derechos sociales, ni la libertad de expresión y de prensa; no se puede asegurar la subordinación de todas las autoridades del Estado a las instituciones civiles del Estado, incluyendo la militar, y al contrario lo que existe es un Estado militarizado y militarista; en definitiva, no se puede asegurar el respeto al Estado de derecho.

De lo anterior resulta, por tanto, que en Venezuela, sólo cuando se restablezca un sistema de efectiva elección popular de sus gobernantes, y un efectivo sistema de separación de poderes que permita la posibilidad real de que el poder pueda ser controlado, es que puede haber democracia, y sólo cuando ésta esté asegurada es que los ciudadanos podrán encontrar garantizados sus derechos. Ello es precisamente lo que en Venezuela es necesario reconstruir, la democracia, y es lo que la Corte Interamericana está ahora obligada a propugnar.

Por tanto, en la situación actual de repetida condena al Estado venezolano por violación de los derechos humanos por parte de la Corte Interamericana, y ahora del desconocimiento "integro" y oficial de la sentencia de la Corte Interamericana de Derechos Humanos, en particular, de la recién dictada en el caso *Granier y otros (RCTV) vs. Venezuela*, declarada por el Tribunal Supremo como "inejecutable" en el país, lo que existe en los términos del artículo 19 de la Carta Democrática es una situación general de "ruptura del orden democrático" que afecta "gravemente el orden democrático" del mismo, lo que impone a la Corte Interamericana, al conocer de dicho incumplimiento, como lo ha expresado el Juez Eduardo

---

335 Allan R. Brewer-Carías, *Constitución, democracia y control del poder*, (Prólogo de Fortunato González Cruz), Centro Iberoamericano de Estudios Provinciales y Locales (CIEPROL), Consejo de Publicaciones/Universidad de Los Andes/Editorial Jurídica Venezolana. Mérida, octubre 2004; "Los problemas del control del poder y el autoritarismo en Venezuela", en Peter Häberle y Diego García Belaúnde (Coordinadores), *El control del poder. Homenaje a Diego Valadés*, Instituto de Investigaciones Jurídicas, Universidad Nacional Autónoma de México, Tomo I, México 2011, pp. 159-188.

Vio Grossi en su Voto Individual Concurrente (párr. A.b.5) el deber de pronunciarse.

Y en esa forma, hacer así una relevante contribución con relación a algunos propósitos definidos en la Carta de la Organización de Estados Americanos que es *"promover y consolidar la democracia representativa" (art. 2.b)* y velar porque *la organización política de los Estados se establezca "sobre la base del ejercicio efectivo de la democracia representativa (art. 3.d)*, máxime cuando en el primer considerando del preámbulo de la Convención Americana de Derechos Humanos cuya aplicación la Corte está obligada a vigilar, se reafirma el *"propósito de consolidar en este Continente, dentro del cuadro de las instituciones democráticas, un régimen de libertad personal y de justicia social, fundado en el respeto de los derechos esenciales del hombre."*

New York, 14 de septiembre de 2015

SÉPTIMA PARTE:

EL JUEZ CONSTITUCIONAL CONTRA LA JURISDICCIÓN DE LA CORTE INTERAMERICANA DE DERECHOS HUMANOS

Un intento de justificar el incumplimiento del Estado de la República Dominicana de la sentencia de la Corte Interamericana de Derechos Humanos de 2014 dictada en protección de dominicanos y haitianos expulsados

El Tribunal Constitucional de la República Dominicana mediante sentencia TC/0256/14 de fecha 4 de noviembre de 2014,[336] declaró la inconstitucionalidad del acto ejecutivo dictado por el Presidente de la República en 1999 mediante el cual había aceptado el sometimiento del Estado de la República Dominicana a la jurisdicción de la Corte Interamericana de Derechos Humanos, buscando así desligar al Estado de la jurisdicción de la misma pero sin que la Convención Americana se hubiese formalmente denunciado. [337]

Con ello se configuró un nuevo caso de reacción irregular por parte de los Jueces Constitucionales nacionales contra las sentencias de la Corte Interamericana o contra la jurisdicción de la misma, la cual se suma a lo que sucedió en el Perú en 1999, cuando se pretendió desligar al Estado de

---

336 Véase en http://www.tribunalconstitucional.gob.do/sites/default/files/documentos/Sentencia%20TC%200256-14%20%20%20%20C.pdf.

337. Véase sobre este caso: Allan R. Brewer-Caías, "El carácter vinculante de las sentencias de la Corte Interamericana de Derechos Humanos y su desprecio por los tribunales nacionales: los casos del Perú, Venezuela y de República Dominicana," en *Revista Iberoamericana de Derecho Procesal Constitucional*, N° 22, Julio diciembre 2014, Instituto Iberoamericano de Derecho Procesal Constitucional, Editorial Porrúa, México, 2014, pp. 77-119.

la jurisdicción de la Corte sin denunciar la Convención Americana; y en Venezuela en 2008 y 2011, con sendas decisiones de la Sala Constitucional del Tribunal Supremo de Justicia que declararon inejecutables en el país dos sentencias de la Corte Interamericana,[338] habiendo finalmente llevado al Estado en dicho país, en 2012, a denunciar la Convención Americana sobre Derechos Humanos.

I. LA ACCIÓN DE INCONSTITUCIONALIDAD EJERCIDA CONTRA EL ACTO EJECUTIVO DE ACEPTACIÓN DE LA COMPETENCIA DE LA CORTE INTERAMERICANA DE DERECHOS HUMANOS

La mencionada sentencia del Tribunal Constitucional de la república Dominicana, TC/0256/14 de 4 de noviembre de 2014, en efecto, declaró con lugar una acción directa de inconstitucionalidad que un grupo de ciudadanos habían intentado en 2005 por ante la Corte Suprema de Justicia de la República Dominicana, contra el "Instrumento de Aceptación de la Competencia de la Corte Interamericana de Derechos Humanos" suscrito por el Presidente de la República el 19 de febrero de 1999, mediante el cual el Gobierno de la República Dominicana, declaró que reconocía "como obligatoria de pleno derecho y sin convención especial la competencia de la Corte IDH sobre todos los casos relativos a la interpretación o aplicación de la Convención Interamericana sobre Derechos Humanos."

Dicha acción de inconstitucionalidad fue decidida nueve años después por el Tribunal Constitucional de la República Dominicana mediante la mencionada sentencia TC/0256/14 (Expediente núm. TC-01-2005-0013) de fecha 4 de noviembre de 2014, declarando con lugar la inconstitucionalidad, anulando el acto impugnado y, como consecuencia, pretendiendo el Tribunal Constitucional desligar a la República Dominicana de la jurisdicción de la Corte Interamericana, lo que sólo podría ocurrir si se denun-

---

338 Véase Allan R. Brewer-Carias, "El ilegítimo "control de constitucionalidad" de las sentencias de la Corte Interamericana de Derechos Humanos por parte la Sala Constitucional del Tribunal Supremo de Justicia de Venezuela: el caso de la sentencia *Leopoldo López vs. Venezuela, 2011*," en *Constitución y democracia: ayer y hoy. Libro homenaje a Antonio Torres del Moral*, Editorial Universitas, Vol. I, Madrid, 2013, pp. 1.095-1124; "La interrelación entre los Tribunales Constitucionales de América Latina y la Corte Interamericana de Derechos Humanos, y la cuestión de la inejecutabilidad de sus decisiones en Venezuela," en Armin von Bogdandy, Flavia Piovesan y Mariela Morales Antonorzi (Coodinadores), *Direitos Humanos, Democracia e Integracao Jurídica na América do Sul*, Lumen Juris Editora, Rio de Janeiro 2010, pp. 661-701.

ciaba la Convención Americana, como quedó establecido desde 1999 por la propia Corte Interamericana en el caso Ivcher Bronstein de 1999.[339]

La acción de inconstitucionalidad se fundamentó en la violación de los artículos 37.14 y 55.6, 46, 99, 3 y 4 de la Constitución de 2002 que estaba vigente cuando se introdujo el recurso, y que se corresponden con las disposiciones de los artículos 93, literal l, 128, literal d de la Constitución vigente de 2010, en los cuales se regulan las competencias del Congreso Nacional para "Aprobar o desaprobar los tratados y convenciones internacionales que suscriba el Poder Ejecutivo," y del Presidente de la República para "Celebrar y firmar tratados o convenciones internacionales y someterlos a la aprobación del Congreso Nacional, sin la cual no tendrán validez ni obligarán a la República."

Se alegó, además en el recurso, la violación de los artículos 46 y 99 de la Constitución de 2002, equivalentes a los artículos 6 y 73 de la Constitución de 2010, en los cuales se declara que "Son nulos de pleno derecho toda ley, decreto, resolución, reglamento o acto contrarios a esta Constitución," y que "Son nulos de pleno derecho los actos emanados de autoridad usurpada."

Adicionalmente los impugnantes invocaron el artículo 3 de la Constitución de 2002, cuyas disposiciones están contenidas en los artículos 3 y 26.2 de la Constitución de 2010, relativos a la inviolabilidad de la soberanía y a las Relaciones internacionales y derecho internacional; y el artículo 4 de la Constitución de 2002, que corresponde al artículo 4 de la Constitución de 2010, el cual establecen los principios del gobierno de la Nación y en particular, el principio de la separación de poderes en los términos determinados en la Constitución.

La esencia del argumento esgrimido para fundamentar el recurso fue que el procedimiento desarrollado para reconocer "como obligatoria de pleno derecho y sin convención especial la competencia de la Corte Interamericana de Derechos Humanos "se hizo violando, el Presidente de la República, las normas constitucionales dominicanas, y usurpando atribuciones exclusivas e indelegables del Congreso Nacional, estando ese acto viciado de nulidad absoluta," particularmente porque "no fue confirmado ulteriormente por el Congreso de la República Dominicana, mediante ratificación."

---

339 Véase Sergio García Ramírez (Coord.), Sergio García Ramírez (Coord.), *La Jurisprudencia de la Corte Interamericana de Derechos Humanos*, Universidad Nacional Autónoma de México, Corte Interamericana de Derechos Humanos, México, 2001, pp. 769-771.

II. LA CONFUSIÓN ENTRE LA RATIFICACIÓN DE LA CONVENCIÓN Y LA ACEPTACIÓN DE LA JURISDICCIÓN DE LA CORTE INTERAMERICANA Y LA DECISIÓN DE DESLIGAR A LA REPÚBLICA DOMINICANA DE LA MISMA

A pesar de las valiosas opiniones formuladas ante la antigua Corte Suprema en las cuales se argumentó sobre la diferencia entre la Convención Americana sobre Derechos Humanos que como Tratado que se había aprobado y ratificado con la intervención del Congreso Nacional y del Presidente de la República conforme a lo establecido en la Constitución; y el acto de aceptación de la competencia de la Corte Interamericana de Derechos Humanos que no es un tratado, sino una disposición contenida en la Convención que no requería de la aprobación del Congreso; el Tribunal consideró finalmente que el Instrumento de Aceptación impugnado era inconstitucional por no haber sido sometido a la aprobación del Congreso Nacional.

Como bien lo precisó la magistrada Ana Isabel Bonilla Hernández en su "Voto Disidente" a la sentencia:

> "la aceptación de la jurisdicción contenciosa de la Corte IDH es una disposición de la Convención Americana de Derechos Humanos que ya había sido firmada y ratificada por el Estado dominicano, con lo cual se daba cumplimiento a lo establecido en la Constitución, por lo que el Gobierno del Presidente Leonel Fernández Reyna, cuando el veinticinco (25) de marzo de mil novecientos noventa y nueve (1999) emitió el instrumento de aceptación de la competencia de la Corte IDH, lo hizo en cumplimiento de los compromisos derivados de la ratificación de la Convención en el marco de sus atribuciones constitucionales como máximo representante del Estado dominicano, por lo que entendemos que el procedimiento realizado por el Presidente de la República en aquel momento, no se puede considerar como una violación a la Constitución" (párr. 2.6).

En conclusión, la Convención Americana de Derechos Humanos es un tratado que ha sido ratificado por el Estado dominicano, y la aceptación de la jurisdicción contenciosa de la Corte IDH no es un tratado o convención especial que ameritara de una ratificación congresual distinta a la dada al tratado internacional que la contiene (Convención IDH), razón por la cual entendemos que el Tribunal Constitucional, contrario a lo decidido por el criterio mayoritario debió rechazar la presente acción directa de inconstitucionalidad, y declarar conforme con la Constitución el instrumento de aceptación de la competencia de la Corte Interamericana de Derechos

Humanos, suscrito por el presidente de la República el diecinueve (19) de febrero de mil novecientos noventa y nueve (1999)" (parr. 2.7) [340]

Sin embargo, el Tribunal Constitucional para arribar a la conclusión contraria, aun cuando constató que conforme al artículo 62 de la Convención Americana la aceptación de la competencia de la Corte Interamericana se debe producir "mediante una declaración en la que se reconoce dicha competencia como obligatoria de pleno derecho y, en principio, sin convención especial," lo que implica que para los Estados miembros, como la República Dominicana, esa norma ya era parte de sus obligaciones internacionales, sin embargo no tomó en cuenta que la aceptación por el Estado del mecanismo posterior de aceptación de la competencia de la Corte solo se realiza mediante una declaración, sin necesidad de convención especial, sin que ello, por tanto signifique establecer ninguna nueva obligación internacional.

Tal como lo precisó el magistrado Hermógenes Acosta De Los Santos en su "Voto Disidente" a la sentencia:

"desde el momento que el Congreso Nacional ratificó la Convención en el año de 1977 aceptó la formula prevista en el mencionado artículo 62.1 de la misma, por lo cual no era necesario que el instrumento de aceptación que nos ocupa recibiera la ratificación de dicho poder del Estado" (párr. 20). [341]

Sin embargo, al contrario, el Tribunal concluyó afirmando que "La aceptación de la competencia de la Corte IDH, para ser vinculante respecto al Estado dominicano, debió haber cumplido, pues, los requerimientos del artículo 37 numeral 14 de la Constitución de 2002, es decir: "aprobar o desaprobar los tratados y convenciones internacionales que celebre el Poder Ejecutivo," concluyendo entonces que:

"Dicho Instrumento de Aceptación, aunque constituye un acto unilateral no autónomo producido en el marco de CADH, tiene la misma fuerza de las convenciones internacionales, y, por tanto, la capacidad ínsita de producir efectos jurídicos en el plano internacional; efectos que, a su vez, pueden repercutir en el Derecho Interno y afectar directamente a los dominicanos. En consecuencia, resulta lógico convenir que la voluntad del Poder Ejecutivo de establecer un vínculo jurídico internacional debe requerir la participación de otros órganos estatales más allá de los que ex-

---

340 Véase en http://tribunalconstitucional.gob.do/node/1764.

341 Véase http://www.tribunalconstitucional.gob.do/sites/default/files/documentos/Sentencia%20TC%200256-14%20%20%20C.pdf.

presamente consientan el tratado que le sirva de marco (en este caso, la CADH), como una especie de contrapeso o ejercicio de vigilancia de los demás poderes del Estado, y con la finalidad última de salvaguardar el principio rector de supremacía constitucional establecido por el artículo 46 de la Constitución dominicana de 2002, equivalente al artículo 6 de la Constitución de 2010.

Es decir, el Estado dominicano no ha de acumular obligaciones significativas hasta tanto los órganos correspondientes las aprueben a través de los procesos legitimadores requeridos por su Constitución y el resto del ordenamiento interno. Resulta, en efecto, de la mayor importancia que antes de adherirse a un compromiso internacional de cualquier índole, la República Dominicana verifique su conformidad con los procedimientos constitucionales y legales nacionales previamente establecidos. Sin embargo, esta verificación fue omitida en la especie respecto Instrumento de Aceptación, que no fue sometido al Congreso Nacional como dispone el precitado artículo 55.6 de la Constitución de 2002, lo cual, a juicio del Tribunal Constitucional, genera su inconstitucionalidad."

El Tribunal Constitucional, en su decisión concluyó declarando "la inconstitucionalidad del Instrumento de Aceptación de la Competencia de la CIDH suscrito por el presidente de la República Dominicana el diecinueve (19) de febrero de mil novecientos noventa y nueve (1999)," lo que se presume implica declarar la nulidad absoluta o de pleno derecho de dicho acto, para lo cual sin embargo, no fijó nada específico sobre los efectos de dicha declaratoria en el tiempo.

En apoyo a su decisión, el Tribunal Constitucional invocó lo decidido por la Corte Constitucional colombiana en sentencia N° C-801/09 de 10 de noviembre de 2009, en la cual ratificó que había dejado en claro que:

"tratándose de instrumentos internacionales que son desarrollo de otros, si a través de los mismos se crean nuevas obligaciones, o se modifican, adicionan o complementan las previstas en el respectivo convenio o tratado del que hacen parte, esos también deben someterse a los procedimientos constitucionales de aprobación por el Congreso."

Pero lamentablemente, el Tribunal ignoró que en el caso que decidía, en virtud de lo previsto en el artículo 62 de la Convención Americana, una vez ratificada La misma por los Estados Miembros, estos aceptan la competencia de la Corte sólo sujetando ello a una declaración del Estado, sin convención especial, por lo que con dicha declaración de sujeción a la jurisdicción de la Corte no se crea ninguna nueva obligación ni se modifican, adicionan o complementan las ya asumidas.

Por ello, la magistrada Katia Miguelina Jiménez Martínez, en su "Voto Disidente," con razón expresó que del examen de los argumentos de la mayoría del Tribunal Constitucional "se evidencia que son incomprendidos los términos del artículo 62 de la Convención Americana de Derechos Humanos, por cuanto se confunde lo que es un tratado internacional con un acto unilateral" (párr. 4.2.5), concluyendo, también con razón, que "resulta ostensible que el acto jurídico a través del cual República Dominica aceptó la competencia contenciosa de la Corte no tenía que ser refrendado por el Poder Legislativo, ya que el referido documento no es un tratado o convención internacional," (párr. 4.2.8).[342]

Finalmente, en forma contradictoria, pero como cuestión de principio, el Tribunal declaró compartir en su sentencia, "los postulados, principios, normas, valores y derechos de la Convención Americana de Derechos Humanos," precisando "que seguirán siendo normalmente aplicados, respetados y tomados en consideración por nuestra jurisdicción," aclarando que:

> "El Estado dominicano siempre tiene la potestad, en el respeto de los debidos procedimientos constitucionales, de adherirse a cualquier instrumento de cooperación, de integración regional, o de protección de los derechos fundamentales."

O sea que el Tribunal Constitucional con su sentencia, efectivamente pretendió desligar totalmente al Estado dominicano de la jurisdicción de la Corte Interamericana, informándole a los Poderes públicos que el Estado sin embargo podría adherirse a la misma cumpliendo con los procedimientos constitucionales; ignorando globalmente que para que un Estado pueda sustraerse de la competencia de la Corte Interamericana, como hemos dicho, debe denunciar la Convención Americana.

III. EL TRASFONDO DE LA SENTENCIA: LA DISCUSIÓN EN TORNO A LA NACIONALIDAD DE LOS HIJOS DE HAITIANOS CON RESIDENCIA IRREGULAR NACIDOS EN TERRITORIO DE LA REPÚBLICA DOMINICANA

Esta lamentable decisión del Tribunal Constitucional de la República Dominicana de desligar al Estado dominicano de la jurisdicción de la Corte Interamericana, no pasaría de ser una decisión aislada de un Juez Constitucional interpretando erradamente la naturaleza de las obligaciones internacionales contraídas válidamente por un Estado al aprobar y ratificar

---

342 Véase en http://www.tribunalconstitucional.gob.do/sites/default/files/documentos/Sentencia%20TC%200256-14%20%20%20C.pdf.

la Convención Americana de Derechos Humanos, si no se la ubica en un proceso político constitucional conducido en buena parte por el Juez Constitucional para desconocer no sólo las obligaciones en materia de protección de los derechos humanos contenidas en la Convención, sino las decisiones de la Corte Interamericana de Derechos Humanos que han condenado al Estado de la República Dominicana. Con esta sentencia, a juicio del Tribunal Constitucional ya el Estado se habría desligado de la jurisdicción de la Corte Interamericana.

En ese contexto, entonces, en realidad, la sentencia no puede sino considerarse como la respuesta final a la sentencia de la Corte Interamericana de Derechos Humanos dictada en el caso *Personas dominicanas y haitianas expulsadas vs. República Dominicana* (Excepciones Preliminares, Fondo, Reparaciones y Costas) de 28 de agosto de 2014,[343] que se había iniciado con motivo de denuncias formuladas ante la Comisión Interamericana de Derechos Humanos por un conjunto de organizaciones, familias y personas sobre la existencia de un contexto de discriminación de la población haitiana y de ascendencia haitiana en República Dominicana. La denuncia se refirió a prácticas de expulsiones colectivas y, respecto de personas de ascendencia haitiana que hubieran nacido en territorio dominicano y la denegación de la nacionalidad y del acceso a documentación de identificación personal de dichas personas, en las cuales se denunció la violación de sus derechos al reconocimiento de la personalidad jurídica, a la integridad personal, a la libertad personal, a las garantías judiciales, a la protección a la familia, del niño, a la nacionalidad, a la propiedad privada a la circulación y de residencia, a la igualdad ante la ley, y a la protección judicial consagrados en los artículos 3, 5, 7, 8, 17, 19, 20, 21, 21.1, 22.5, 22.9, 24, y 25 de la Convención.

Uno de los puntos en discusión con ocasión de esa política discriminatoria denunciada fue la previsión constitucional inserta en las Constituciones dominicanas anteriores (art. 11.1) atribuyendo la nacionalidad originaria *ius soli*, a los nacidos en territorio de la República dominicana con excepción de los hijos de funcionarios diplomáticos o de quienes estuviesen "en tránsito" en el territorio; y la previsión de la Ley N° 285-04, General de Migración, de 27 de agosto de 2004 (art. 36.10) que disponía que "los no residentes son considerados personas en tránsito, para los fines de la aplicación del artículo 11 de la Constitución," lo que implicaba que los haitianos que no tuviesen legalmente la condición de residentes (los indocumentados por ejemplo), al ser considerados en tránsito, sus hijos naci-

---

343 Véase en: http://corteidh.or.cr/docs/casos/articulos/seriec_282_esp.pdf.

dos en República Dominicana no tenían derecho a la nacionalidad dominicana.

El tema ya había sido resuelto por la antigua Suprema Corte de Justicia, actuando como Juez Constitucional, en una sentencia de 14 de diciembre de 2005 en la cual había establecido que:

"cuando la Constitución [1994] en el párrafo 1 de su artículo 11 excluye a los hijos legítimos de los extranjeros residentes en el país en representación diplomática o los que están de tránsito en él para adquirir la nacionalidad dominicana por *jus soli*, esto supone que estas personas, las de tránsito, han sido de algún modo autorizadas a entrar y permanecer por un determinado tiempo en el país; que si en esta circunstancia, evidentemente legitimada, una extranjera alumbra en el territorio nacional, su hijo (a), por mandato de la misma Constitución, no nace dominicano; que, con mayor razón, no puede serlo el hijo (a) de la madre extranjera que al momento de dar a luz se encuentra en una situación irregular y, por tanto, no puede justificar su entrada y permanencia en la República Dominicana."

La Constitución de 2010, a los efectos de precisar esta excepción al régimen de la nacionalidad *ius soli*, regulo expresamente el tema de los hijos de no residentes y de los que se encontraren en situación irregular en el territorio, estableciendo específicamente con rango constitucional que son dominicanos las personas nacidas en territorio nacional, con excepción de los hijos de extranjeros "que se hallen en tránsito o residan ilegalmente en territorio dominicano," remitiendo a la ley para la definición de los extranjeros "en tránsito." a toda extranjera o extranjero definido como tal en las leyes dominicanas".

Después de sancionada la Constitución, se dictó el Reglamento N° 631-11 de 2011 el cual dispuso que para los fines de aplicación de la Ley General de Migración, se consideraban como "personas en tránsito" los extranjeros no residentes y los "que ingresen o hayan ingresado y que residan o hayan residido en territorio dominicano sin un estatus migratorio legal al amparo de las leyes migratorias" (art. 68).

Posteriormente, el propio Tribunal Constitucional en la sentencia TC/0168/13 de 23 de septiembre de 2013,[344] reiteró lo que antes había expresado la antigua Corte Suprema en la señalada sentencia 14 de diciembre de 2005 en el sentido de considerar como "extranjeros en tránsi-

_____

344. Véase en http://www.tribunalconstitucional.gob.do/sites/default/files/documentos/Sentencia%20TC%200256-14%20%20%20%20C.pdf.

to," a los que se encuentren en "situación migratoria irregular," es decir, "los extranjeros que permanecen en el país careciendo de permiso de residencia legal o que hayan penetrado ilegalmente en el mismo," que por ello " violan las leyes nacionales." En relación con esos extranjeros, el Tribunal decidió que "no podrían invocar que sus hijos nacidos en el país tienen derecho a obtener la nacionalidad dominicana al amparo del precitado artículo 11.1 de la Constitución de 1966, en vista de que resulta jurídicamente inadmisible fundar el nacimiento de un derecho a partir de una situación ilícita de hecho."

Conforme a estas interpretaciones jurisprudenciales, el criterio del Juez Constitucional en la República Dominicana fue que las personas cuyos padres son personas extranjeras que residen en forma irregular en territorio dominicano no pueden adquirir la nacionalidad dominicana.

IV. EL OTRO TRASFONDO DE LA SENTENCIA: EL DESCONOCIMIENTO POR EL JUEZ CONSTITUCIONAL DE LA SENTENCIA DE LA CORTE INTERAMERICANA DE DERECHOS HUMANOS EN EL CASO DE LAS PERSONAS DOMINICANAS Y HAITIANAS EXPULSADAS

Contra el criterio sostenido por el Juez Constitucional dominicano, sin embargo, la Corte Interamericana de Derechos Humanos había estableciendo en la sentencia dictada en el caso *Caso de las Niñas Yean y Bosico vs. República Dominicana* (Demanda de Interpretación de la Sentencia de Excepciones Preliminares, Fondo, Reparaciones y Costas) de 23 de noviembre de 2006,[345] que:

> "la condición del nacimiento en el territorio del Estado es la única a ser demostrada para la adquisición de la nacionalidad, en lo que se refiere a personas que no tendrían derecho a otra nacionalidad, si no adquieren la del Estado en donde nacieron."

Consecuente con este criterio, en la mencionada sentencia de la Corte Interamericana dictada en el caso *Personas dominicanas y haitianas expulsadas vs. República Dominicana* de 28 de agosto de 2014, la misma concluyó que la negación estatal del derecho de las presuntas víctimas a la nacionalidad dominicana conlleva una vulneración arbitraria de ese derecho, así como también, al derecho al reconocimiento de su personalidad jurídica, al derecho al nombre y al derecho a la identidad, y en relación con los menores, la violación del derecho del niño.

---

345 Véase en http://www.corteidh.or.cr/docs/casos/articulos/seriec_156_esp.pdf.

Adicionalmente, la Corte Interamericana, dado que en el curso del proceso se había dictado la antes mencionada sentencia TC/0168/13 del Tribunal Constitucional, al analizar dicha sentencia la Corte Interamericana precisó que si bien no se aplicaba a las víctimas, apreció que la misma ordenó "una política general de revisión [del Registro Civil] desde 1929 a efectos de detectar 'extranjeros irregularmente inscritos'" (párr. 310), lo cual sí consideró que podía afectar el goce del derecho a la nacionalidad" de algunas de las víctimas en el caso; a cuyo efecto precisó que todos los órganos del Estado, incluidos los jueces, y el propio Tribunal Constitucional, están sometidos a las disposiciones de la Convención y deben velar porque no se vean mermadas por la aplicación de normas contrarias a su objeto y fin, estando incluso en la "obligación de ejercer *ex officio* un "control de convencionalidad" entre las normas internas y la Convención Americana" (párr. 311).

Sin embargo, el Tribunal Constitucional, lejos de ejercer ese control, como lo constató la Corte Interamericana, dispuso una política general de efectos retroactivos que dicha Corte Interamericana consideró que lesionó los derechos de las víctimas, ya que la situación de los padres en cuanto a la regularidad o irregularidad migratoria no puede afectar los derechos de las personas nacidas en territorio dominicano que son hijas de extranjeros, es decir, que la "diferenciación entre la situación de los padres, en sí misma, no resulta una explicación de la motivación o finalidad de la diferencia de trato entre personas que nacieron en el territorio dominicano" (párr. 317).

De ello concluyó la Corte Interamericana ratificando lo dicho en su Sentencia sobre el *Caso de las Niñas Yean y Bosico vs. República Dominicana*, en el sentido de que "el estatus migratorio de una persona no se transmite a sus hijos" (párr. 318). En definitiva, resolvió la Corte Interamericana que la introducción del criterio de la situación de estancia irregular de los padres como una excepción a la adquisición de la nacionalidad en virtud del *ius solis*, "termina por revelarse discriminatorio como tal en República Dominicana," contra la población dominicana de ascendencia haitiana" (párr. 318) violatorio del derecho a la igualdad ante la ley reconocido en el artículo 24 de la Convención.

La Corte Interamericana en su sentencia también consideró las previsiones de la Ley N° 169-14 de 23 de mayo de 2014, presentada por el Estado como hecho superviniente, y que tenía por base lo establecido en la sentencia antes mencionada del Tribunal Constitucional TC/0168/13, en el sentido de pretender regularizar las "actas del estado civil," distinguiendo "la situación de ciertas personas inscritas en el Registro Civil de otras que no lo están," y partiendo de "de considerar extranjeras a las personas nacidas en territorio dominicano que sean hijas de extranjeros en situación irregular," lo que a juicio de la Corte Interamericana "aplicado a personas que nacieron antes de la reforma constitucional de 2010, implica en los hechos, una privación retroactiva de la nacionalidad que, en relación con presuntas víctimas del presente caso, ya se determinó contrario a la Convención" (párr. 323), concluyendo en considerar que "la Ley N° 169-14 implica un obstáculo a la plena vigencia del derecho a la nacionalidad de las víctimas" (párr. 324).

Concluyó entonces la Corte Interamericana en relación con la sentencia del Tribunal Constitucional, afirmando que:

> "dados sus alcances generales, constituye una medida que incumple con el deber de adoptar disposiciones de derecho interno, normado en el artículo 2 de la Convención Americana, en relación con los derechos al reconocimiento de la personalidad jurídica, al nombre y a la nacionalidad reconocidos en los artículos 3, 18 y 20, respectivamente, del mismo Tratado, y en relación con tales derechos, el derecho a la identidad, así como el derecho a la igual protección de la ley reconocido en el artículo 24 de la Convención Americana; todo ello en relación con el incumplimiento de las obligaciones establecidas en el artículo 1.1 del mismo tratado" (párr. 325).

Y ello lo reiteró en las medidas resolutorias de la sentencia al declarar que:

> "El Estado incumplió, respecto de la sentencia TC/0168/13, su deber de adoptar disposiciones de derecho interno, establecido en el artículo 2 de la Convención Americana sobre Derechos Humanos, en relación con los derechos al reconocimiento de la personalidad jurídica, al nombre y la nacionalidad, así como en relación con tales derechos, el derecho a la identidad, y el derecho a la igualdad ante la ley, reconocidos en los artículos 3, 18, 20 y 24 de la Convención, en relación con el incumplimiento de las obligaciones establecidas en el artículo 1.1 de la Convención." (párr. 512.10)

La consecuencia de la sentencia de la Corte Interamericana fue la imposición al Estado de la obligación de dictar una serie de medidas de reparación en plazos determinados, por ejemplo para asegurar a las víctimas que puedan contar con la documentación necesaria para acreditar su identidad y nacionalidad dominicana, debiendo, si fuera necesario, proceder al reemplazo o restitución de documentación, así como proceder a cualquier otra acción que sea necesaria a efectos de cumplir lo dispuesto, en forma gratuita (párr. 452).

Además, la sentencia impuso al Estado la obligación de realizar una "revisión de la legislación interna sobre inscripción y otorgamiento de nacionalidad de personas de ascendencia haitiana nacidas en territorio dominicano, y la derogación de aquellas disposiciones que de manera directa o indirecta tengan un impacto Discriminatorio basado en las características raciales o el origen nacional, teniendo en cuenta el principio de *ius soli* receptado por el Estado, la obligación estatal de prevenir la apatridia y los estándares internacionales del derecho Internacional de los derechos humanos aplicables" (párr. 466).

Igualmente la Corte Interamericana , impuso al Estado, de acuerdo con la obligación establecida por el artículo 2 de la Convención Americana, la adopción en un plazo razonable, de "las medidas necesarias para dejar sin efecto toda norma de cualquier naturaleza, sea ésta constitucional, legal, reglamentaria o administrativa, así como toda práctica, decisión o interpretación, que establezca o tenga por efecto que la estancia irregular de los padres extranjeros motive la negación de la nacionalidad dominicana a las personas nacidas en el territorio de República Dominicana, por resultar tales normas, prácticas, decisiones o interpretaciones contrarias a la Convención Americana (párr. 496).

Por último, para evitar que se repitieran hechos como los del caso decidido, la Corte Interamericana dispuso que

"el Estado adopte, en un plazo razonable, las medidas legislativas, inclusive, si fuera necesario, constitucionales, administrativas y de cualquier otra índole que sean necesarias para regular un procedimiento de inscripción de nacimiento que debe ser accesible y sencillo, de modo de asegurar que todas las personas nacidas en su territorio puedan ser inscritas inmediatamente después de su nacimiento independientemente de su ascendencia u origen y de la situación migratoria de los padres" (párr. 496).

Como se puede apreciar de la sentencia de la Corte Interamericana de Derechos Humanos de 28 de agosto de 2014, al condenar al Estado de la República Dominicana por violaciones a los derechos constitucionales de las víctimas, todas descendientes de haitianos, al reconocimiento de la personalidad jurídica, a la integridad personal, a la libertad personal, a las garantías judiciales, a la protección a la familia, del niño, a la nacionalidad, a la propiedad privada a la circulación y de residencia, a la igualdad ante la ley, en particular consideró que entre otros había sido el Tribunal Constitucional uno de los responsables de tales violaciones, y objeto, por tanto, de las obligaciones impuestas por la Corte Interamericana a los órganos del Estado.

Lamentablemente, en lugar de acatar lo resuelto por la Corte Interamericana, en los términos de las obligaciones establecidas en la Convención Americana sobre Derechos Humanos, lo que era el primer deber de un Estado miembro y de sus órganos, lo que ocurrió fue:

Primero, que el propio gobierno de la República Dominicana emitió al mes siguiente un "Pronunciamiento" con fecha 23 de octubre de 2014, rechazando la sentencia de la Corte Interamericana de fecha 28 de octubre, todo ello en un contexto de falta de cumplimiento por el Estado de sus obligaciones convencionales; y

Segundo, que el Juez Constitucional, es decir, el Tribunal Constitucional de la República Dominicana, con su sentencia TC/0256/14 de fecha 4 de noviembre de 2014, procediera a declarar la inconstitucionalidad de la decisión del Presidente de la República de 1999 adoptada conforme se establece en el artículo 65 de la Convención Americana sobre Derechos Humanos, mediante la cual se había reconocido "como obligatoria de pleno derecho y sin convención especial la competencia de la Corte IDH sobre todos los casos relativos a la interpretación o aplicación de la Convención Interamericana sobre Derechos Humanos.

V. LA REACCIÓN INTERNACIONAL EL CONTRA LA SENTENCIA DEL TRIBUNAL CONSTITUCIONAL Y LA DISCUSIÓN SOBRE SUS EFECTOS

Frente a ello, por ejemplo, la Comisión Interamericana de Derechos Humanos emitiera un "Comunicado de prensa 130/14" con fecha 6 de noviembre de 2014,[346] condenando la sentencia del Tribunal Constitucional de República Dominicana dictada dos días antes, considerando que la misma "no encuentra sustento alguno en el derecho internacional, por lo cual no puede tener efectos," particularmente invocando los principios de buena fe y *estoppel*, indicando que conforme a este último "un Estado que ha adoptado una determinada posición, la cual produce efectos jurídicos, no puede luego asumir otra conducta que sea contradictoria con la primera y que cambie el estado de cosas en base al cual se guio la otra parte."

Sobre esto mismo, en su "Voto Disidente" a la sentencia del Tribunal Constitucional, el magistrado Hermógenes Acosta de los Santos, hizo un extenso análisis sobre el "comportamiento asumido por los poderes del Estado, incluyendo al propio Poder Legislativo" respecto al hecho de que la "aceptación de la competencia de la Corte Interamericana se hizo de manera regular," lo que en su criterio "no dejan dudas" de tal aceptación (párr. 21), refiriéndose además a los efectos de la doctrina del *estoppel*,

---

346 Véase en http://www.oas.org/es/cidh/prensa/comunicados/2014/130.asp.

indicando que la misma "es perfectamente aplicable en la especie, en razón de que al declarar contrario a la Constitución el instrumento de aceptación de la competencia de la Corte Interamericana se pretende ejercer una facultad que contradice el comportamiento asumido por el Estado dominicano durante 15 años" (párr. 30).

En el mismo sentido, la magistrada Katia Miguelina Jiménez Martínez, en su "Voto Disidente" a la sentencia, expresó además de destacar el principio de la no contradicción del acto propio (*venire contra factum proprium non valet*), y su coincidencia con la doctrina del *estoppel*, (párr.. 4.4.2) expresó que "como lo establece el artículo 45 de la Convención de Viena de Derechos de los Tratados, el Estado dominicano no puede alegar la nulidad de dicho acto jurídico unilateral no autónomo, luego de haber manifestado durante quince años, la validez del acto en cuestión,"(párr.. 4.1.14) sobre lo cual detalló exhaustivamente en su Voto Disidente.[347]

Sobre esto mismo, en su Nota de Prensa del 5 de noviembre de 2014, la Comisión Interamericana de Derechos Humanos constató que

"durante los más de 15 años en que ha estado en vigencia la aceptación de la competencia de la CorteIDH, República Dominicana ha actuado en las medidas provisionales y casos contenciosos sometidos a la CorteIDH por violaciones a la Convención Americana que ocurrieron o continuaron ocurriendo con posterioridad al 25 de marzo de 1999."

La Comisión también consideró que "tampoco existe base en el derecho internacional para entender que la sentencia del Tribunal Constitucional puede tener efectos en el futuro" pues "la Convención Americana no establece la posibilidad de que un Estado que continúa siendo parte del Tratado se desvincule de la competencia de la Corte Interamericana," tal como ha sido interpretado por la propia Corte interamericana.

La Comisión Interamericana en el mencionado Comunicado de Prensa también se refirió al mencionado "Pronunciamiento" del Gobierno dominicano de 23 de octubre de 2014, rechazando la sentencia de la Corte Interamericana de Derechos Humanos de 28 de agosto de 2014, en el caso de *Personas Dominicanas y Haitianas Expulsadas vs. República Dominicana*, expresando su profunda preocupación por ello, indicando que:

"El rechazo del Gobierno dominicano a la sentencia del 28 de agosto tuvo lugar en un contexto de falta de cumplimiento por parte de República Dominicana con varias decisiones del sistema interamericano, en es-

---

347 Véase en http://www.tribunalconstitucional.gob.do/sites/default/files/documentos/Sentencia%20TC%200256-14%20%20%20%20C.pdf.

pecial en lo relativo a las violaciones a los derechos humanos que resultan de la situación de discriminación estructural contra las personas de ascendencia haitiana que viven en el país. El Estado dominicano expresa en el mismo pronunciamiento su compromiso con el Sistema Interamericano. Sin embargo, al desconocer sus obligaciones en materia de derechos humanos, voluntariamente contraídas a través de decisiones y acciones soberanas, el Estado dominicano contradice el compromiso expresado. Este tipo de acciones socava la protección que las personas sujetas a la jurisdicción del Estado dominicano tienen ante instancias internacionales de protección de los derechos humanos.

En todo caso, desde el punto de vista jurídico, la respuesta del Tribunal Constitucional a la decisión de la Corte Interamericana de agosto de 2014, ha sido, como se ha dicho, pretender desligar al Estado dominicano de la jurisdicción de la misma, lo que no es posible sin la denuncia de la Convención Americana, para lo que no tiene competencia constitucional, todo lo cual lo que ha originado es más dudas sobre su implementación y efectos.

Como lo observó el profesor Eduardo Jorge Prats:

"La única manera para desvincularse de la competencia de la Corte, es la denuncia de la Convención Americana sobre Derechos Humanos (CADH) como un todo. Pero para ello, se requiere una reforma constitucional que efectivamente nos desvincule del sistema de protección interamericano de derechos humanos, pues la Constitución constitucionaliza la CADH en el artículo 74.3. Por lo tanto, la decisión de nuestros jueces constitucionales especializados no producirá ningún efecto sobre la competencia contenciosa de la Corte IDH. La Corte continuará conociendo los casos que se presenten contra República Dominicana. Así las cosas, si el Estado dominicano no cumple con las decisiones emitidas por la Corte IDH, ello acarrearía su responsabilidad internacional."[348]

Ahora bien, al dictar la sentencia declarando la inconstitucionalidad del acto ejecutivo de la aceptación de la jurisdicción de la Corte Interamericana, podría considerarse que al declarar su nulidad pleno derecho, ello técnicamente implicaría que siendo la adhesión nula, entonces el Estado supuestamente nunca habría aceptado la adhesión.

Eso implicaría entonces que la sentencia tendría entonces efectos *ex tunc,* o retroactivos. Para ello, sin embargo, el Tribunal, conforme al ar-

---

348 Véase Eduardo Jorge Prats, "La vergüenza," en *Hoy digital*, Santo Domingo, 6 de noviembre de 2014, en http://hoy.com.do/la-verguenza-2/autor/eduardo-jorge-prats/.

tículo 48 de la Ley Orgánica del Tribunal Constitucional y de los Procesos Constitucionales de 2011, tendría que haber reconocido y graduado "excepcionalmente, de modo retroactivo, los efectos de sus decisiones de acuerdo a las exigencias del caso," lo que no hizo.

En consecuencia lo que se aplica respecto de los efectos temporales de la sentencia es que la misma tiene efectos hacia el futuro, es decir, "a partir de la publicación de la sentencia," o como lo precisa el mismo artículo 48 de la Ley Orgánica, produce efectos inmediatos y para el porvenir," lo que implica que la sentencia de la Corte Interamericana dictada en el caso *Personas dominicanas y haitianas expulsadas vs. República Dominicana* de 28 de agosto de 2014, sigue constituyendo una obligación internacional que el Estado de la República Dominicana está obligado a cumplir.

En todo caso, sin embargo, la sentencia del Tribunal Constitucional de la República Dominicana de noviembre de 2014, al pretender desligar al Estado de la jurisdicción de la Corte Interamericana, se une a la lamentable y regresiva línea de las sentencias del Tribunal Superior Militar del Perú en 1999 y de la Sala Constitucional del Tribunal Supremo de Venezuela de 2008 y 2011, de desconocer las sentencias de la Corte Interamericana de Derechos Humanos y propugnar la denuncia de la Convención, como un capítulo más de la patología de la justicia constitucional en el continente.

Xalapa, Veracruz, 7 de noviembre de 2014

OCTAVA PARTE:

LA ADMISIÓN JURISPRUDENCIAL DE LA ACCIÓN DE AMPARO PARA LA PROTECCIÓN DE DERECHOS FUNDAMENTALES EN AUSENCIA DE REGULACIÓN CONSTITUCIONAL O LEGAL

En ejercicio del control de convencionalidad en el ámbito interno la Corte Suprema de Justicia de la República Dominicana en 1999, admitió la procedencia de la acción de amparo no prevista en la constitución ni en las leyes

Mediante sentencia de 24 de febrero de 1999, la Suprema Corte de Justicia de la República Dominicana (Caso *Productos Avon, S.A.*), al decidir sobre una acción de amparo que había sido intentada contra una decisión judicial en protección de las garantías judiciales con base en lo establecido en el artículo 25 de la Convención Americana de Derechos Humanos, que ya era parte del derecho interno de la República Dominicana, admitió la procedencia de las acciones de amparo de los derechos constitucionales aun cuando la misma no estuviese garantizada en la Constitución ni en las leyes.

Las decisión se adoptó con fundamento en lo dispuesto en la Convención Americana sobre Derechos Humanos, incorporada al derecho interno; siendo este uno de los ejemplos tempranos de ejercicio del control de convencionalidad por parte de los tribunales nacionales en el marco de la influencia creciente que comenzó a adquirir el derecho internacional de los derechos humanos en los derechos internos de los Estados miembros de la Convención. [349]

---

349. Véase sobre esta sentencia lo expuesto en: Allan R. Brewer-Caías, "La admisión jurisprudencial de la acción de amparo, en ausencia de regulación constitucional o legal en la República Dominicana," en *Revista IIDH* Nº 29, Enero-Junio 1999, San

I. LA AUSENCIA DE REGULACIÓN SOBRE EL AMPARO EN LA CONSTITUCIÓN DE LA REPÚBLICA DOMINICANA Y LA CONVENCIÓN AMERICANA DE DERECHOS HUMANOS

En efecto, para 1999, la Constitución de la República Dominicana era una de las pocas en América Latina que no regulaba expresamente la acción de amparo en tanto que medio judicial breve y sumario para la protección de los ciudadanos frente a violaciones a sus derechos y garantías constitucionales, que pudiera ejercerse ante los jueces del país. En esta materia sólo se regulaba, en la Ley de Hábeas Corpus, un mecanismo procesal de protección respecto de la libertad y seguridad personal, es decir, de la libertad física y corporal de los ciudadanos.

Sin embargo, la Constitución de la República Dominicana en su artículo 3°, párrafo final establecía, que:

"La República Dominicana reconoce y aplica las normas del Derecho Internacional General y Americano en la medida en que sus poderes públicos las hayan adoptado, y se pronuncia a favor de la solidaridad económica de los países de América y apoyará toda iniciativa que propenda a la defensa de sus productos básicos y materias primas."

Por otra parte, mediante Resolución N° 739 de 25-12-77, el Congreso Nacional de la República Dominicana ya había sancionado como Ley, la Convención Americana sobre Derechos Humanos,[350] entre cuyas normas está el artículo 25, ordinal 1° que estatuye:

"Artículo 25.1: Toda persona tiene derecho a un recurso sencillo y rápido o a cualquier otro recurso efectivo ante jueces y tribunales competentes, que la ampare contra actos que violen sus derechos fundamentales reconocidos por la Constitución, la ley o la presente Convención, aún cuando tal violación sea cometida por personas que actúen en ejercicio de sus funciones oficiales."

También se destaca el artículo 8° de la Convención, que dispone:

"Toda persona tiene derecho a ser oída, con las debidas garantías y dentro de un plazo razonable por un juez o tribunal competente, independiente e imparcial, establecido con anterioridad por la ley, en la sustanciación de cualquier acusación penal formulada contra ella, o para la

---

José de Rosta Rica, pp. 95-10; y en *Iudicium et vita, Jurisprudencia en Derechos Humanos*, N° 7, Edición Especial, Tomo I, San José, 2000, pp. 334-341.

350 Véase *Gaceta Oficial* N° 9460 de 11 de febrero de 1978.

determinación de sus obligaciones de orden civil, laboral, fiscal o de cualquier otro carácter."

Conforme a estas normas, por tanto, puede decirse que si bien en la Constitución no se preveía la acción de amparo, esta podía considerarse que formalmente podía utilizarse en el derecho interno de la República Dominicana, en virtud de lo previsto en la Convención Americana sobre Derechos Humanos que había sido aprobada por el Congreso Nacional.

La acción de amparo allí prevista, sin embargo, no tenía un procedimiento legalmente prescrito que pudiera viabilizar su ejercicio, por. lo que en la práctica no tenía aplicación.

II. LA ACCIÓN DE AMPARO INTENTADA AÚN EN AUSENCIA DE REGULACIÓN EN EL DERECHO INTERNO

Fue con motivo del ejercicio de una acción de amparo ante la Suprema Corte de Justicia ejercida por una empresa contra unas sentencias que habían sido dictadas por un Juzgado de Trabajo del Distrito Nacional, que la Suprema Corte, en la sentencia mencionada de 24 de febrero de 1999, declaró a la acción de amparo, como una institución de derecho positivo dominicano y le estableció, conforme a sus atribuciones legales, el procedimiento judicial necesario para su ejercicio efectivo; todo ello con fundamento en la vigencia de la Convención Americana sobre Derechos Humanos.

La empresa accionante contra las sentencias del Juzgado de Trabajo del Distrito Nacional, fundamentó la acción intentada en la lesión de sus derechos fundamentales al debido proceso, a una actuación apegada a la ley o principio de la legalidad y a ser juzgada por una jurisdicción competente, al argumentar las razones de la lesión solicitó a la Suprema Corte que resolviese:

Primero: Que la Suprema Corte de Justicia declare, en la sentencia a intervenir, que el amparo es una institución del Derecho Positivo Dominicano,

Segundo: Que la Suprema Corte de Justicia trace el procedimiento a seguir en materia de amparo de conformidad con las atribuciones otorgadas a la Suprema Corte de Justicia, por el artículo 29, inciso 2 de la Ley N° 821 de Organización Judicial, que textualmente prescribe: "Determinar el procedimiento judicial que deberá observarse en los casos ocurrentes, cuando no esté establecido en la ley, o resolver cualquier punto que para tal procedimiento sea necesario", reconocido sistemáticamente en jurisprudencia constante de la Suprema Corte de Justicia.

Además, solicitó el accionante que la Suprema Corte ordenase el sobreseimiento o suspensión de demandas intentadas contra la empresa recurrente, hasta tanto se decidiesen las apelaciones pendientes contra las sentencias objeto de la acción de amparo.

III. LAS MOTIVACIONES DE LA SENTENCIA PARA RECONOCER A LA ACCIÓN DE AMPARO COMO MEDIO JUDICIAL DE PROTECCIÓN DE LOS DERECHOS CONSTITUCIONALES EN EL ORDEN INTERNO, INCLUSO CONTRA DECISIONES JUDICIALES

La Suprema Corte de Justicia, para decidir, sentó los siguientes criterios:

En primer lugar, que los textos invocados por la empresa recurrente, particularmente la Convención Americana sobre Derechos Humanos,

"tienen por objeto la protección judicial de los derechos fundamentales reconocidos por la Constitución, la ley y la misma Convención, contra los actos violatorios de esos derechos, cometidos por personas que actúen o no en el ejercicio de funciones oficiales o por particulares."

De esta consideración resulta, en primer lugar, el reconocimiento de la acción o recurso de amparo, como medio judicial sencillo y rápido de protección judicial de los derechos fundamentales reconocidos no sólo en la Constitución, sino en la Convención Americana y en la ley; y en segundo lugar, el reconocimiento de ese medio de protección contra todo acto violatorio de dichos derechos, cometidos por personas que actúen o no en el ejercicio de funciones oficiales o por particulares.

El principio sentado por la Suprema Corte, por tanto, dejó clara la procedencia de la acción de amparo no sólo contra actos emanados de las autoridades del Estado, sino contra particulares. Siguió así, la Suprema Corte dominicana, la concepción amplia del amparo en relación a su objeto, que deriva de la Convención Americana; apartándose de los criterios restrictivos que en algunos países había conducido, indebidamente, a la exclusión de la acción de amparo contra particulares.

En segundo lugar, la Suprema Corte, también adoptó el criterio amplio de admitir la acción de amparo contra sentencias y demás actos judiciales, que deriva del texto de la Convención Americana, contrariamente a la tendencia inadecuada que se podía observar en algunos países de América Latina, que excluyen la acción de amparo contra decisiones judiciales.[351]

---

351 Cuando posteriormente, en particular después de la sanción de la Constitución de 2010, se reguló la acción de amparo en la Constitución y en la Ley Orgánica de Pro-

En tal sentido se destaca el caso de Colombia, donde fue la Corte Constitucional la que declaró la nulidad del correspondiente artículo del Estatuto de la acción de tutela que reguló el amparo contra sentencias, acción que, sin embargo, ha venido siendo ejercida indirectamente contra las vías de hecho o arbitrariedades judiciales.

La Suprema Corte de Justicia Dominicana, al contrario en la sentencia comentada sobre esta materia, constató:

"que contrariamente a como ha sido juzgado en el sentido de que los actos violatorios tendrían que provenir de personas no investidas con funciones judiciales o que no actúen en el ejercicio de esas funciones, el recurso de amparo, como mecanismo protector de la libertad individual en sus diversos aspectos, no debe ser excluido como remedio procesal específico para solucionar situaciones creadas por personas investidas de funciones judiciales."

Para llegar a esta conclusión, la Suprema Corte señaló que

"al expresar el artículo 25.1 de la Convención, que el recurso de amparo está abierto a favor de toda persona contra los actos que violen sus derechos fundamentales, "aún cuando tal violación sea cometida por personas que actúen en ejercicio de sus funciones oficiales", evidentemente incluye entre esas a las funciones judiciales."

Es decir, conforme a la Convención Americana el criterio de la Corte Suprema de Justicia fue que se puede excluir como objeto de la acción de amparo y de la protección constitucional a los actos adoptados por los jueces. Son tan actos dictados por una autoridad en ejercicio de sus funciones, como los actos administrativos.

En tercer lugar, la Suprema Corte advirtió que la acción de amparo contra sentencias y demás actos judiciales por violación de derechos fundamentales no podía entenderse como la introducción de una nueva instancia para la revisión de procesos judiciales, llamando la atención sobre el posible abuso de la utilización de este medio de protección.

En tal sentido, la sentencia de la Suprema Corte de Justicia señaló que si bien la acción de amparo procede contra sentencias:

"no es posible, en cambio, que los jueces puedan acoger el amparo para revocar por la vía sumaria de esta acción lo ya resuelto por otros ma-

---

cedimientos Constitucionales y del Tribunal Constitucional, se excluyó la acción de amparo contra decisiones judiciales.

gistrados en ejercicio de la competencia que le atribuye la ley, sin que se produzca la anarquía y una profunda perturbación en el proceso judicial.

Concluyó la sentencia, en todo caso, señalando que la vía de la acción de amparo

"queda abierta contra todo acto u omisión de los particulares o de los órganos a agentes de la Administración Pública, incluido la omisión o el acto administrativo, no jurisdiccional, del Poder Judicial, si lleva cualquiera de ellos una lesión, restricción o alteración, a un derecho constitucionalmente protegido."

IV. LA REGULACIÓN JUDICIAL DEL PROCEDIMIENTO DE LA ACCIÓN DE AMPARO

Ahora bien, admitida constitucionalmente la acción de amparo mediante la aplicación de la Convención Americana, el problema consistía en la necesidad de establecer un procedimiento para tramitarla y, además, regular la competencia judicial. Si bien ningún Juez podía negarse a conocer de la acción de amparo, la carencia de regulación legal de la competencia y del procedimiento a seguir, obligaban a la Suprema Corte a resolver pretorianamente el problema.

La Suprema Corte razonó el problema así:

"Atendido, a que si bien el artículo 25.1 de la Convención prescribe que el recurso de amparo debe intentarse ante los jueces o tribunales competentes, y si también es cierto que la competencia, para este recurso, no está determinada por nuestro derecho procesal ni por ley especial alguna, como sí ocurre con la Ley de Hábeas Corpus, que atribuye competencia y reglamenta la forma de proceder para proteger la libertad física o corporal del ciudadano, no es menos cierto que como el recurso de amparo constituye el medio o procedimiento sencillo, rápido y efectivo creado para todos los derechos consagrados en la constitución y otras leyes excepto aquellos protegidos por el Hábeas Corpus, ningún juez podría, si a él se recurre por una alegada libertad constitucional vulnerada, negar el amparo pretextando la inexistencia de ley que reglamente la acción ejercida."

La solución para los requerimientos adjetivos del ejercicio de la acción de amparo, la sacó la Suprema Corte de las disposiciones de la Ley N° 821 de Organización Judicial, que la facultaba para establecer los procedimientos a seguir en caso de que no existiera procedimiento legalmente prescrito. Por ello, dijo la Suprema Corte:

"que si es válido que para la protección de los derechos se debe tener un medio, un camino especial que los haga efectivos, la Suprema Corte de Justicia está facultada, empero, para determinarlo cuando por omisión del legislador no se ha establecido el procedimiento adecuado."

Con fundamento en ello, la Suprema Corte, en su sentencia, terminó señalando que:

"Atendido, a que además, con el fin de no desnaturalizar la esencia de esta acción conviene se disponga la adopción de reglas mínimas para la instrucción y fallo de la misma y los recursos a que estará sujeta la sentencia que se dicte."

En cuanto a la competencia judicial, la ausencia de ley precisa que la determinara no impidió a la Suprema Corte interpretar la Convención Americana y de ello concluir que si bien en principio, la competencia para conocer de la acción de amparo correspondería a todo juez, sin embargo, para evitar una competencia "antojadiza y confusa", la propia Suprema Corte, conforme a la misma norma de la Ley 821 de Organización Judicial, asumió la competencia para establecerlo. El razonamiento de la Suprema Corte fue el siguiente:

"que no obstante ser de principio que sólo la ley atribuye competencia, al no existir ninguna disposición que ponga a cargo de determinado juez o tribunal el conocimiento del recurso de amparo, resulta forzoso admitir, a tenor del citado artículo 25.1, que cualquier juez o tribunal del orden judicial, podría válidamente ser apoderado de un recurso de amparo, siempre que aparezca, de modo claro y manifiesto, la ilegitimidad de una restricción cualquiera a alguno de los derechos esenciales de la persona humana, pero como ello traería consigo una competencia antojadiza y confusa, de las consideraciones que anteceden resulta evidente la necesidad de que la Suprema Corte de Justicia, de conformidad con las atribuciones que le confiere el inciso 2 del artículo 29 de la Ley N° 821, de Organización Judicial, determine la competencia y el procedimiento que deberá observarse en los casos de apoderamiento judicial con motivo de un recurso de amparo."

Para determinar, entonces, la competencia judicial, la Suprema Corte partió de la interpretación jurisprudencial de la misma Suprema Corte, concluyendo que la competencia en la materia debía recaer en los jueces de la Primera Instancia, como sucede en la mayoría de los países de América Latina.

La Suprema Corte, en efecto, señaló lo siguiente:

"Atendido a que ha sido interpretado por esta Suprema Corte de Justicia, que los jueces de primera instancia, como jueces de derecho común, tienen plenitud de jurisdicción en todo el distrito judicial en el cual ejercen sus funciones y, por tanto, deben ser considerados como los jueces competentes a los cuales se refiere la ley, cuando lo hace en términos generales, en la extensión de su jurisdicción; que como el artículo 25.1 de la Convención se refiere precisamente en términos generales, a que toda persona tiene derecho a un recurso sencillo y rápido o a cualquier otro recurso efectivo ante "jueces o tribunales competentes", obviamente está atribuyendo, en nuestro caso, competencia para conocer en primer grado de la acción de amparo, a nuestros jueces de primera instancia."

Como consecuencia de todo lo expuesto, la Suprema Corte concluyó con una Resolución terminante sobre la materia, resolviendo los siguientes aspectos:

1. *En cuanto a la acción de amparo como institución de derecho interno*, dispuso:

"Declarar que el recurso de amparo previsto en el artículo 21.1 de la Convención Americana de Derechos Humanos, de San José, Costa Rica, del 22 de noviembre de 1969, es una institución de derecho positivo dominicano, por haber sido adoptada y aprobada por el Congreso Nacional, mediante Resolución N° 739 del 25 de diciembre de 1977, de conformidad con el artículo 3° de la Constitución. "

2. *En cuanto a la competencia judicial para conocer de la acción de amparo*, la Suprema Corte determinó:

"que tiene competencia para conocer de la acción de amparo el juez de primera instancia con jurisdicción en el lugar en que se haya producido el acto u omisión."

3. *En cuanto al procedimiento a seguir*, la Corte señaló que:

"el que deberá observarse en materia de amparo será el instituido para el referimiento, reglamentado por los artículos 101 y siguientes de la ley 834 de 1978."

Sin embargo, en la sentencia, la Suprema Corte precisó las siguientes normas adjetivas específicas relativas a la acción de amparo:

4. *Sobre el recurrente,* la Corte dispuso que:

"El impetrante deberá interponer la acción de amparo contra el acto arbitrario u omisión, dentro de los 15 días en que se haya producido el acto u omisión de que se trate."

5. *Sobre la audiencia constitucional,* la Corte señaló que:

"La audiencia para el conocimiento de la acción, deberá ser fijada para que tenga lugar dentro del tercer día de recibida la instancia correspondiente."

6. *Sobre la Admisibilidad,* la Corte indicó que:

"Cuando la acción fuere ostensiblemente improcedente a juicio del magistrado apoderado, así lo hará constar en autos y ordenará el archivo del expediente. Este auto no será susceptible de ningún recurso."

7. *Sobre la sentencia,* la Corte precisó que:

"El juez deberá dictar sentencia dentro de los 5 días que sigan al momento en que el asunto quede en estado."

8. *Sobre la apelación,* la Corte indicó que:

"El recurso de apelación, que conocerá la Corte de Apelación correspondiente, deberá interponerse dentro de los 3 días hábiles de notificada la sentencia, el cual se sustanciará en la misma forma y plazos que se indican para la primera instancia, incluido del plazo de que se dispone para dictar sentencia."

9. Sobre las Costas la Corte indicó que:

"Los procedimientos del recurso de amparo se harán libres de costas."

La decisión antes comentada de la Corte Suprema de Justicia de la República Dominicana, sin duda, debe celebrarse pues no sólo puso en evidencia el valor del principio de la progresividad en la protección de los derechos humanos, sino al poder creativo de los máximos órganos judiciales, particularmente cuando se trata de proteger los derechos y garantías constitucionales.

Estos constituyen un valor esencial de las sociedades democráticas del mundo contemporáneo, que obligan a una interpretación y aplicación progresiva del ordenamiento jurídico, como se evidencia de esta sentencia que hemos comentado, en la cual la Corte Suprema ejerció el control de convencionalidad en materia de amparo en el ámbito interno.

San José, agosto de 2000

NOVENA PARTE:

EL JUEZ CONSTITUCIONAL MUTANDO LA CONSTITUCIÓN PARA PERMITIR LA REELECCIÓN PRESIDENCIAL PROHIBIDA EN LA CONSTITUCIÓN

El caso de la reelección presidencial en Nicaragua permitida por el juez constitucional a partir de 2009, a pesar de estar prohibida en la Constitución

La Sala Constitucional de la Corte Suprema de Justicia de Nicaragua, mediante la sentencia N° 504 de las cinco de la tarde del 19 de octubre de 2009,[352] al decidir una acción de amparo constitucional que se había intentado contra una decisión del Consejo Supremo Electoral, resolvió "reformar" o "mutar" la Constitución, declarando inconstitucional e inaplicable la norma constitucional que prohibía la reelección presidencial. [353]

I. LA DECISIÓN DEL JUEZ CONSTITUCIONAL DE CONSIDERAR INAPLICABLE POR INCONSTITUCIONAL LA NORMA CONSTITUCIONAL QUE PROHÍBE LA REELECCIÓN PRESIDENCIAL

En efecto, el artículo 147, primer aparte a), de la Constitución vigente en 2009 establecía lo siguiente:

"No podrá ser candidato a Presidente ni Vicepresidente de la República: a) El que ejerciere o hubiere ejercido en propiedad la Presidencia de

---

352 Véase sobre el caso de Nicaragua: Iván Escobar Fornos, "Relaciones y tensiones de la Justicia Constitucional con los poderes del Estado: crisis permanente (Democracia, gobernabilidad y el Tribunal Constitucional)," en *Anuario Iberoamericano de Justicia Constitucional*, N° 15, Centro de Estudios Políticos y Constitucionales, Madrid 2011, pp. 67-137.

353 Véase lo que expusimos en Allan R. Brewer-Carías, *La patología de la Justicia Constitucional*, Editorial Jurídica Venezolana, Caracas 2014, pp. 197-199.

la República en cualquier tiempo del período en que se efectúa la elección para el período siguiente, ni el que la hubiere ejercido por dos períodos presidenciales."

Se trata, como resulta del propio texto, de una prohibición constitucional clara y diáfana prohibiendo la reelección presidencial, que no podría ser cambiada o reformada sino mediante los mecanismos de reforma constitucional.

Sin embargo, no fue así, y fue el Juez Constitucional el que decidió mutar la Constitución en un proceso que además estaba prohibido en la legislación.

En efecto, el caso que originó esta sentencia, se inició con la decisión adoptada por el Consejo Supremo Electoral de Nicaragua, de rechazar la petición que diversos candidatos en procesos electorales le había formulado el 15 de octubre de 2009, solicitando que se admitiera sus postulaciones para la reelección, argumentando para ello que el Consejo les debía aplicar el principio de igualdad a todos los funcionarios públicos en materia electoral.

El Consejo Supremo Electoral, por supuesto, con base en la mencionada norma constitucional, rechazó las solicitudes que se le formularon, fundamentándose en todo caso en que el organismo carecía de competencia para resolver sobre tales materias.

Las decisiones del Consejo Supremo Electoral en Nicaragua son definitivas, y contra las mismas, de conformidad con el artículo 52.5 de la Ley de Amparo, no procede acción de amparo, por lo que al intentarse acciones de amparo contra las decisiones de rechazo de las solicitudes para reelección, la Sala Constitucional debió haber declarado inadmisible las acciones.

Sin embargo, a pesar de esta restricción legal, la Sala Constitucional del Tribunal Supremo de Justicia entró a conocer de la acción de amparo propuesta, procediendo a decidir, en definitiva, como se dijo, que la referida norma constitucional que prohíbe expresamente la reelección presidencial era "inaplicable," por violatoria del principio de la igualdad, con lo cual lo que decidió, sin más, en realidad, fue una mutación ilegítima de la Constitución, eliminando así del texto fundamental la rígida prohibición constitucional a la reelección presidencial.[354]

---

354 Véase Sergio J. Cuarezma Terán and Francisco Enríquez Cabistán, *Nicaragua National Report*, XVIII International Congress of Comparative Law, Washington, July 2010, p. 43; Allan R. Brewer-Carías, Constitutional Courts as Positive Legislators, Cambridge University Press, New York 2011, p. 101.

Con posterioridad, la decisión de la Sala Constitucional fue ratificada por la Corte Plena de la Corte Suprema de Justicia, en sentencia de las 2 pm del 30 de septiembre de 2010, con el objeto de darle efectos *erga omnes* a la decisión

II. LOS FUNDAMENTOS DE LA DECISIÓN DE LA SALA CONSTITUCIONAL PARA MUTAR LA CONSTITUCIÓN

En esta forma, como consecuencia de la sentencia de la Sala Constitucional del 19 de octubre de 2009 dictada sólo cuatro días después de que se había presentado la solicitud inicial ante el Consejo Supremo Electoral, en Nicaragua se cambió la Constitución sin haberse seguido los procedimientos de revisión de la misma, permitiéndose en consecuencia la posibilidad de reelección presidencial del Presidente Daniel Ortega.

Para ello, la Sala consideró que la norma del artículo 147.4.a y b de la Constitución violaba el derecho a la igualdad, el derecho al sufragio y el derecho a la personalidad consagrados en los artículos, 27, 47, 48, 50 y 51 de la Constitución, entre otros, declarando en consecuencia que la norma era inconstitucional en la parte antes mencionada.[355]

La sentencia consideró en efecto, que el derecho a la igualdad podía considerarse violado porque el artículo 147 contenía una "interdicción electoral solo para el Presidente" lo cual consideró la Sala que "representa un trato desigual, cuando como queda claro hay igualdad de condiciones...". Afirmó además la Sala Constitucional

"que los principios constitucionales que informan nuestra Constitución Política en su Preámbulo y Parte Dogmática, prevalecen sobre el resto de

---

355 Véase el comentario a la sentencia, el Dr. Iván Escobar Fornos, Magistrado de la Corte Suprema de Justicia de Nicaragua, quien indicó que: "Se ha considerado que ésta no es una interpretación [de la Constitución] como se pretende sino más bien una derogación de la prohibición de la reelección antes señalada". Véase Iván Escobar Fornos, "Relaciones y tensiones de la Justicia Constitucional con los poderes del Estado: crisis permanente (Democracia, gobernabilidad y el Tribunal Constitucional)" *ob. cit.*, pp. 67-137; y en Ensayo presentado por el autor ante la Mesa Redonda Jurídica Internacional organizada por la Fundación Alexandre Guzmán y el Instituto de Pesquisa de Relaciones Internacionales (del ITAMARATI, Brasil), Septiembre, 2010, p. 33; citado en el documento de presentado por Renaldy J. Gutiérrez, *Estado de Derecho, Misión de la Federación Interamericana de Abogados (Las Experiencias de Nicaragua y El Salvador), ¿Justicia Constitucional o Activismo Judicial?*, presentado en el Seminario de derecho comparado sobre separación de poderes del Estado y la "Political Questions Doctrine" en los Estados Unidos de América, organizado por Sala Constitucional de la Corte Suprema de Justicia en cooperación con Duquesne University (Pittsburh), San José, Costa Rica, 28 y 29 de marzo de 2012.

Disposiciones Constitucionales que conforman nuestra Constitución Política…".

De seguidas, la Sala Constitucional además de referirse a los "principios constitucionales" que informan los derechos fundamentales, hizo mención a

"la Soberanía, al igual que la Igualdad, la Unidad Centroamericana, la Independencia, la Autodeterminación, la Paz Social, el Bien común, la Libertad, la Justicia, el respeto a la dignidad de la persona humana, el pluralismo político, social y étnico, la cooperación internacional, el respeto a la libre autodeterminación de los pueblos."

Con base en ello, la Sala Constitucional concluyó afirmando sin mucha ilación, que los miembros del Consejo Supremo Electoral no podían:

"negarse a cumplir con la voluntad del Pueblo Soberano, de elegir y ser elegido de manera directa como sus representantes a los ciudadanos que crean conveniente, aplicando de manera inescrutable [sic] los Principios Fundamentales de Igualdad, Libertad y Soberanía, de no ser así ocurriría una muerte política para los recurrentes, violando también el Derecho al reconocimiento de la personalidad y capacidad jurídica… y el reconocimiento de los derechos inherentes a la persona humana consignados en las Declaraciones Universales de Derechos Humanos…"

De ello, la Sala concluyó afirmando que la decisión accionada en amparo del Consejo Supremo Electoral del 16 de octubre de 2009, transgredía:

"los ya referidos principios constitucionales de los ciudadanos nicaragüenses, por lo cual resulta falta de motivación y congruencia, violando el derecho de petición y a obtener una resolución fundada en derecho; en consecuencia debe ampararse a los recurrentes."

La consecuencia de todos estos argumentos, fue entonces la decisión de la sala Constitucional de "declarar la inaplicabilidad del Art. 147 CN.," únicamente en la parte relativa a la prohibición de la reelección presidencial, por existir "una antinomia constitucional con respecto a "los principios constitucionales antes referidos."

Es decir, la Sala Constitucional de la Corte Suprema en Nicaragua declaró la inconstitucionalidad de una norma constitucional, con lo cual mutó la Constitución, permitiendo así la reelección presidencial en dicho país en particular del Presidente Daniel Ortega, lo que se materializó en las elecciones generales de noviembre de 2011, y luego, en las elecciones de 2016.

DÉCIMA PARTE

EL JUEZ CONSTITUCIONAL Y EL JUICIO POLÍTICO AL PRESIDENTE DE LA REPÚBLICA REALIZADO POR EL PODER LEGISLATIVO

El caso de la separación de su cargo del Presidente de la República del Paraguay por mal desempeño de sus funciones en 2012, mediante juicio político desarrollado ante las Cámaras Legislativas

La Sala Constitucional de la Corte Suprema de Justicia del Paraguay, mediante sentencia A.I. N° 1553 de 25 de junio de 2012, desestimó, sin más trámite, la acción de inconstitucionalidad que había intentado el Presidente de la república del Paraguay contra la Resolución del Senado de ese país N° 878 de 21 de junio de 2012, mediante la cual se estableció "el procedimiento para la tramitación del juicio político previsto en el artículo 225 de la Constitución"; que efectivamente se realizó garantizándosele su derecho a la defensa, habiendo sido separado de su cargo, considerando la sala Constitucional, entre otros aspectos, que

"la institución que se denomina 'juicio político' es un procedimiento parlamentario administrativo que la Constitución ha encargado, como competencia exclusiva, al Congreso Nacional."

Como consecuencia de dicha decisión, el Presidente quedó separado de su cargo por mal desempeño de sus funciones habiendo sido sustituido por el Vice Presidente quien fue debidamente juramentado. [356]

---

[356] Véase lo que expusimos en Allan R. Brewer-Carías, *La patología de la Justicia Constitucional*, Editorial Jurídica Venezolana, Caracas 2014, pp. 279-283.

I. EL JUICIO POLÍTICO EN LA CONSTITUCIÓN DEL PARAGUAY

En efecto, el artículo 225 de la Constitución del Paraguay, en la Sección VI del Capítulo relativo al Poder Legislativo, se regula lo que en ella se denomina como "Juicio Político" al cual puede se puede someter al Presidente de la República, al Vicepresidente, a los ministros del Poder Ejecutivo, a los ministros de la Corte Suprema de Justicia, al Fiscal General del Estado, al Defensor del Pueblo, al Contralor General de la República, al Sub-contralor y a los integrantes del Tribunal Superior de Justicia Electoral, exclusivamente

"por mal desempeño de sus funciones, por delitos cometidos en el ejercicio de sus cargos o por delitos comunes."

En dicho "juicio político," la acusación correspondiente debe ser formulada por la Cámara de Diputados por mayoría de dos tercios ante la Cámara del Senado, correspondiendo a ésta última decidir, por mayoría absoluta de dos tercios:

"juzgar en juicio público a los acusados por la Cámara de Diputados y, en su caso, declararlos culpables, al sólo efecto de separarlos de sus cargos."

En los casos en los cuales resulte la "supuesta comisión de delitos," la Cámara de Diputados debe pasar los antecedentes a la justicia ordinaria.

La decisión que resulte del "juicio" desarrollado ante el Poder Legislativo, por tanto, es esencialmente de carácter política y consiste en declarar culpables a los funcionarios sólo a los efectos de separarlos de sus cargos, básicamente por mal desempeño de sus funciones, sin que las Cámaras Legislativas puedan "juzgar" ni declarar culpables a los funcionarios de haber cometido delitos, lo que sólo compete a la justicia ordinaria.

Por tanto, el procedimiento constitucional tendiente a separar de sus cargos a los funcionarios del Estado por mal desempeño de sus funciones, a pesar de su denominación de "juicio político," sin embargo no es en realidad un "proceso" que se desarrolle en función jurisdiccional por el Poder Legislativo en el cual se declare formalmente la "responsabilidad" del funcionario, sino que se trata de un procedimiento de orden político, con una finalidad estrictamente política, tendiente a juzgar políticamente el desempeño en sus cargos de los altos funcionarios del Estado, para lo cual se le confiere al Poder Legislativo la potestad de decidir separar de dichos cargos a los funcionarios cuando las Cámaras Legislativas juzguen que han desempeñado mal sus funciones.

Se trata, en nuestro criterio, a pesar de cierta similitud formal con el *impeachment* norteamericano,[357] de uno de los tantos injertos del parlamentarismo que se han venido incorporando desde hace décadas en los sistemas presidenciales de América Latina, mediante la asignación al Órgano legislativo de poderes de control político en relación con el gobierno, en algunos casos alejados de la ortodoxia de los sistemas presidenciales clásicos.

En cuanto a la forma del procedimiento, sin embargo, de acuerdo con el modelo norteamericano, en el caso de la Constitución del Paraguay, tratándose también de una Legislatura bicameral, el procedimiento para la separación de sus cargos a los funcionarios mencionados, se regula en la Constitución garantizándose la participación política de ambas Cámaras, las cuales con determinadas mayorías deben, primero, la de Diputados, decidir formular la "acusación" política contra el funcionario ante el Senado; y segundo, la del Senado, "juzgar" con base en dicha acusación, sobre el mal desempeño en sus funciones del funcionario respectivo, y sobre los delitos que pueda haber cometido.

Sin embargo, en su sustancia, el "juicio político" y la decisión que pueda adoptar el Congreso en el Paraguay, en nuestro criterio, *mutatis mutandi*, es más bien equivalente al voto de confianza que pueda presentarse ante un Parlamento en un sistema parlamentario, y que resulta en la pérdida, para el gobierno, de la confianza parlamentaria y en la sustitución del jefe del gobierno, al perder la mayoría parlamentaria, con la posibilidad de convocatoria de inmediato a elecciones generales.

La Constitución del Paraguay, en todo caso, a pesar de que califica el procedimiento como un "juicio político" nada más establece sobre el mismo, y más bien precisa que para los casos en los cuales en la acusación del "juicio político" se haga referencia a supuestos delitos cometidos en el

---

357 El "juicio político" en relación con el Presidente de la República en el Paraguay, en su regulación formal, podría decirse que tiene su antecedente en el *impeachment* previsto en la Constitución de los Estados Unidos de América (arts. I.2 y I.3), particularmente por la participación en el procedimiento parlamentario tanto de la Cámara de Diputados como de la Cámara de Senadores. Sin embargo, en cuanto a la sustancia del procedimiento, debe recordarse que en los Estados Unidos, en los casos de *impeachment* del Presidente de la Unión, ante la Cámara de Representantes y con la participación de su poderoso Comité de Asuntos Judiciales se desarrolla una intensa labor de investigación para la preparación de una verdadera "acusación," y ante el Senado se desarrolla un verdadero "proceso" con la peculiaridad única de que quien preside las sesiones en el Senado y conduce el "proceso" es el Presidente de la Suprema Corte. He allí la diferencia fundamental con la figura regulada en la Constitución del Paraguay.

ejercicio de sus cargos o a delitos comunes, se deben entonces necesariamente pasar los antecedentes a la justicia ordinaria.

Por tanto, como lo afirmó el profesor Luis Enrique Chase Plate, este
procedimiento:

"No es un juicio judicial, sino uno de los controles esenciales del Parlamento sobre los actos de los miembros del Poder Ejecutivo y de los
ministros de la Corte Suprema de Justicia. Es uno de los pilares de una
república para dilucidar la responsabilidad política de los gobernantes,
como bien lo enseña Karl Loewenstein. En este juicio, según la doctrina
más ponderada, el Congreso tiene un alto grado de discrecionalidad para
calificar cuando existe violación de la Constitución y mal desempeño de
las funciones. La constitucionalista Gelli dice que "el juicio de destitución o remoción de los funcionarios y magistrados sometidos a ese control es político, con propósitos políticos, promovido por culpas políticas,
cuya consideración incumbe a un cuerpo político y con efectos políticos.
Aún en los casos de traición y soborno el juzgamiento es político y nada
más."[358]

II. EL JUICIO POLÍTICO DESARROLLADO CONTRA EL PRESIDENTE DE LA REPÚBLICA EN 2012

Con fundamento en el referido procedimiento constitucional, en el Paraguay, el 21 de junio de 2012, el Congreso decidió iniciar un juicio político contra el Presidente de la República Fernando Lugo, particularmente
después de la ocurrencia de una masacre de cerca de 20 personas, entre
policías e invasores de tierras.

La acusación fue presentada por la Cámara de Diputados ante el Senado, en el cual, en sesión pública, el Presidente fue representado y defendido por cinco abogados de los cuales tres intervinieron ampliamente ante
dicha Cámara. El Presidente Lugo había manifestado el mismo día 21 de
junio que iba a acudir personalmente para ser oído ante la Cámara del
Senado, pero sin embargo, el día siguiente 22 de junio, no acudió ante la
misma, habiendo permanecido en el Palacio de Gobierno reunido con una
Comisión de Cancilleres y el Secretario de UNASUR.

Ese mismo día 22 de junio de 2012, después de oír la defensa del Presidente expresada por tres de los abogados que designó (además de un
profesional del derecho, abogado en ejercicio, el Asesor Jurídico de la

---

358 Véase Luis Enrique Chase Plate, "Inaceptable intervención de Unasur y del Mercosur
,"en el diario *abc*, La Asunción, 26 de junio de 2012, en .www.abc.com.py/edicion-
impresa/opi-nion/inaceptable-intervencion-de-unasur-y-del-mercosur-418706.html.

Presidencia de la Republica y el Procurador General de la Republica), la Cámara de Senadores procedió mediante voto nominal a decidir separar de su cargo al Presidente de la República.

En el procedimiento, de 80 Diputados, 77 diputados votaron por la acusación del Presidente con un solo voto en contra; y de los 45 Senadores, con tres ausencias, 39 votaron por la condena y separación del cargo del Presidente por mal desempeño de sus funciones.

El Presidente de la República, una vez separado de su cargo, en un discurso público de despedida que pronunció en el Palacio de Gobierno y fue trasmitido por televisión, acató públicamente la decisión. La consecuencia de todo ello fue que al final de la tarde de ese mismo día 22 de junio de 2012, en sesión extraordinaria del Congreso (Diputados y Senadores reunidos) el Vicepresidente de la Republica Federico Franco juró inmediatamente como Presidente de la República del Paraguay.

En relación al procedimiento realizado y a la decisión adoptada en el "juicio político", aparte de las reacciones políticas de organismos internacionales como de la propia UNASUR y de MERCOSUR que llegaron a calificar incorrectamente la situación como un golpe de Estado,[359] podría pensarse que hubo premura política en su adopción, quizás provocada por la necesidad de preservar el orden democrático frente a presiones indebidas de funcionarios de otros gobiernos latinoamericanos en el ámbito militar interno de Paraguay.[360]

En el procedimiento del "juicio político," en todo caso, el derecho a la defensa se le garantizó al Presidente a pesar incluso de que se trató de una

---

359 Al contrario, Jorge Reinaldo Vanossi, calificó el hecho en un artículo expresando que "Fue una crisis institucional, no una asonada," en Infobae.com, América, 26-6-2012, en http://ameri-ca.infobae.com/notas/53118-Paraguay-fue-una-crisis-institucional.

360 En el diario *La Nación, La Asunción 29 de junio de 2012,* bajo el título "Acusan a Venezuela de instigar una sublevación. Denuncian gestiones con los militares," se reseña lo siguiente, "La nueva ministra de Defensa paraguaya, María Liz García de Arnold, añadió más dramatismo a los hechos que precedieron a la destitución de Fernando Lugo, al declarar que el canciller venezolano, Nicolás Maduro, instigó una "sublevación" militar para salvar al ex presidente. / "El canciller [Maduro] arengó [a los militares paraguayos] a que respondieran a una situación que se estaba dando y que afectaba al ex presidente, y les pidió que respondieran conforme a lo que le ocurriera", fue la grave acusación de la ministra paraguaya. / Maduro se encontraba en Asunción porque integró la delegación de cancilleres de la Unasur que estuvo en la capital paraguaya durante el juicio político a Lugo, para vigilar el proceso. Para eso se reunió con autoridades, políticos y legisladores. "No fuimos escuchados", dijo el propio canciller venezolano" Véase en http://www.lana-cion.com.ar/1486187-acusan-a-venezuela-de-instigar-una-sublevacion.

apreciación política sobre mal desempeño de sus funciones, y el propio Presidente, separado de su cargo aceptó la decisión, a pesar de que se pueda argumentar que las sesiones parlamentarias correspondientes podrían haber durado más tiempo.

Sin embargo, tratándose de un procedimiento político, llevado a cabo ante un órgano político, cuya motivación es política, para "juzgar" conductas políticas, y cuya decisión es política, sin duda, el tiempo de duración del procedimiento para garantizar el derecho a la defensa no se puede establecer con los mismos criterios que se deben aplicar en un proceso judicial o en un procedimiento administrativo.

III. LA SENTENCIA DE LA SALA CONSTITUCIONAL DEL TRIBUNAL SUPREMO DE JUSTICIA DESESTIMANDO LA ACCIÓN DE INCONSTITUCIONALIDAD INTENTADA POR EL PRESIDENTE DURANTE EL PROCEDIMIENTO DEL JUICIO POLÍTICO

Como antes se mencionó, el Presidente Lugo, desde cuando se inició el procedimiento del "juicio político" en su contra, había comenzado a ejercer su derecho a la defensa y n particular, ejerció una acción de inconstitucionalidad ante la Sala Constitucional de la Corte Suprema de Justicia contra la Resolución del Senado N° 878 de 21 de junio de 2012 mediante la cual se estableció "el procedimiento para la tramitación del juicio político previsto en el artículo 225 de la Constitución."

La acción fue decidida cuatro días después, por la sala Constitucional, mediante sentencia A.I. N° 1553 de 25 de junio de 2012, en la cual la Sala desestimó *in limene*, sin más trámites, la acción propuesta, considerando entre otros aspectos, como antes se indicó, que "la institución que se denomina 'juicio político' es un procedimiento parlamentario administrativo que la Constitución ha encargado, como competencia exclusiva, al Congreso Nacional."

Sobre dicho procedimiento, la Sala además puntualizó lo siguiente:

"Que se trata de un procedimiento en que se juzgan conductas políticas –causas de responsabilidad–. No es un juicio ordinario de carácter jurisdiccional como el que se realiza en el ámbito judicial y, aunque existen analogías con el proceso ordinario, estas son solo parciales, teniendo en cuenta las características del juicio político que se rige exclusivamente por el artículo 225 de la Constitución (principio de legalidad) en ese sentido, el Dr. Emilio Camacho expresa: Pretender equipararlo a un proceso judicial es desconocer la naturaleza del juicio político, además de constituir una perversión inadmisible del principio de responsabilidad política, esencial e inherente a la democracia misma. Lo que debe garantizarse a una persona sometida a juicio político es que pueda ejercer su defensa dentro de un juicio político y no dentro de un proceso judicial, que se rige por otras normas muy diferentes (CAMACHO, Emilio, *Derecho Constitucional*, Editorial Intercontinental, Asunción, 2007, T. II, Pág. 141,).

Que, por el sistema establecido en la Constitución nacional el llamado juicio político es un mecanismo de control del Congreso sobre la gestión de algunos altos funcionarios con el objeto de que estos, en caso de incurrir en mal desempeño puedan ser removidos del cargo. Lo que el Senado toma en consideración es el mal desempeño en el cargo y la comisión de delitos, pero no juzga en sentido estricto, sino lo que realiza es un juicio de responsabilidad como funcionario público. Por ello, la declaración de culpabilidad solo implica la separación del cargo, pues en el caso de la supuesta comisión de delitos los antecedentes deben pasar a la justicia ordinario, según en artículo 225 de la Constitución."

En este caso del "juicio político" seguido al Presidente del Paraguay Sr. Fernando Lugo, el juez constitucional intervino oportuna y adecuadamente, "controlando la constitucionalidad del procedimiento seguido" a solicitud del propio Lugo, concluyendo en definitiva que el procedimiento pautado en la Constitución "técnicamente no es jurisdiccional," por lo cual "las garantías propias del proceso judicial, aunque puedan ser aplicadas, no lo son de manera absoluta sino parcial con el objeto de garantizar el debido proceso y el derecho a la defensa del acusado;" las cuales en el caso la Corte consideró que le fueron debidamente garantizadas.

New York, 12 de junio de 2012

DÉCIMA PRIMERA PARTE:

EL JUEZ CONSTITUCIONAL ENFRENTADO A LA CORTE CENTROAMERICANA DE JUSTICIA

La Sala Constitucional de El Salvador, enfrentada al Poder Ejecutivo y al Poder Legislativo, anulando en 2013 normas del Estatuto de la Corte Centroamericana de Justicia

La Sala de lo Constitucional de la Corte Suprema de Justicia mediante sentencia N° 71-2012, dictada a las trece horas y cincuenta minutos del veintitrés de octubre de dos mil trece,[361] declaró *la* inconstitucionalidad " de un modo general y obligatorio," del artículo 22. f del Estatuto de la Corte Centroamericana de Justicia, al considerar que

"la competencia asignada a dicho órgano supranacional para resolver conflictos entre "Poderes u Órganos fundamentales de los Estados", y los derivados del incumplimiento de fallos judiciales, priva al Estado salvadoreño de la capacidad de decisión autónoma sobre las competencias básicas de sus órganos, quebranta la prohibición constitucional de indelegabilidad de dichas funciones y la exclusividad de la jurisdicción, según los arts. 83, 86 inc. 1°, 146 y 172 inc. 1° Cn."

La Sala, en la misma sentencia, además, declaró la inconstitucionalidad por conexión, "de un modo general y obligatorio," *los* artículos. 62 y 63 de la Ordenanza de Procedimientos de la Corte Centroamericana de Justicia, "porque estos se limitan a determinar el procedimiento de aplicación de una competencia de dicha Corte que es incompatible con la Constitución," por lo que comparten el vicio de contraste con los artículos. 83, 86.1, 146 y 172.1 de la misma.

---

361 Véase en http://jurisprudencia.gob.sv/visormlx/pdf/71-2012.pdf.

Esta sentencia mediante la cual la Sala Constitucional de El Salvador, como Juez Constitucional, reafirmó el principio de que no tiene quien lo controle, tuvo sus antecedentes en 2012, cuando precisamente se planteó el conflicto entre la misma y la Corte Centroamericana de Justicia, que pretendió controlar sus decisiones, declarándolas nulas.

I. ANTECEDENTES DE LA DECISIÓN

En efecto, a mitades de mitades de 2012, luego de que la Sala Constitucional decidiera mediante sentencias Nº 19-2012 y 23-2012 de 5 de junio de 2012, declarar la inconstitucionalidad de la elección de Magistrados de la Corte Suprema de Justicia realizadas por las Legislaturas 2003-2006 y 2009-2012, por violar los artículos 186 inciso 2°, 83 y 85 de la Constitución, [362] la mayoría de los diputados a la Asamblea Legislativa no sólo declararon públicamente que no acatarían las sentencias de la Sala Constitucional, sino que llegaron al extremo inconcebible de intentar el 14 de junio de 2012, un recurso de nulidad contra las decisiones de la Sala Constitucional por ante la Corte Centroamericana de Justicia, buscando que ésta decidiera sobre una materia, para lo cual dicha Corte carece totalmente de competencia.

Para ello invocaron el artículo 22.f del Estatuto de la Corte Centroamericana de Justicia, que establece como competencia de dicha Corte regional:

> "Conocer y resolver a solicitud del agraviado de conflictos que puedan surgir entre los Poderes u Órganos fundamentales de los Estados, y cuando de hecho no se respeten los fallos judiciales".

La Corte Centroamericana, en efecto, conforme a esa norma, sólo tiene competencia para conocer de conflictos y diferencias interpretativas relacionadas con el Derecho de Integración centroamericano, y en ningún caso tiene ni puede tener competencia para conocer de la impugnación de las decisiones de los Tribunales Constitucionales de ninguno de los Estados centroamericanos.

La Corte Centroamericana de Justicia, sin embargo, en fecha 21 de junio de 2012 admitió la insólita acción intentada, y es decidió suspender la eficacia de las sentencias dictadas por la Sala Constitucional, lo cual notificó a la Sala Constitucional.

---

362 Véase entre otros, Cristina López, "Crónica de una crisis institucional salvadoreña con inspiración nicaraguense," 4 de julio de 2012, en http://www.elcato.org/cronica-de-una-crisis-institucional-salvadorena-con-inspiracion-nicaragueense.

Los Magistrados de la Sala Constitucional esta consideraron, con razón, ejerciendo el control difuso de constitucionalidad "en ejercicio de las funciones jurisdiccionales que la Constitución reconoce" a la Sala, con el único interés de asegurar "la plena garantía de la eficacia de la justicia constitucional, como pilar fundamental del Estado de Derecho" (como lo dijeron en el fallo de 2013), que el fallo de la Corte de Justicia Centroamericana

> "representa una invasión indebida en la justicia constitucional del Estado salvadoreño y, por ello, lesiva al ordenamiento constitucional por haber ejercido competencias que no le han sido cedidas por medio del Convenio de Estatuto que la rige."[363]

Como consecuencia, mediante sentencia N° 23-2012 de 25 de junio de 2012 rechazaron la decisión de la Corte Regional

> "ya que se auto-atribuye una competencia que no respeta el orden constitucional y excede el ámbito material del Derecho de la Integración; y por violación del artículo 183 de la Constitución, en tanto que desconoce el carácter jurídicamente vinculante de la sentencia que esta Sala emitió en el presente proceso."[364]

Este caso, sin duda, como lo expresamos en otro lugar, fue una "muestra de la patología no ya de la justicia constitucional, sino de la justicia internacional cuando se pone al servicio de partidos."[365]

Con posterioridad a esas decisiones, sin embargo, como lo recordó la Sala en su sentencia ocurrieron "intentos reiterados por eludir el cumplimiento de las sentencias" dictadas, lo que por supuesto, ningún efecto tuvo en

> "la condición jurisdiccional -e imparcial- de este órgano, pues de lo contrario la simple iniciación de procedimientos desviados o manifiestamente improcedentes frenaría la eficacia de sus decisiones."

La secuela de lo allí decidido y del desacato a lo resuelto, fue precisamente la sentencia N° 71-2012, de 23 de octubre de 2013, mediante la cual se declaró la *inconstitucionalidad* "d*el artículo 22. f del Estatuto de la

---

363 Véase en http://www.estrategiaynegocios.net/2012/06/26/el-salvador-sala-constitucional-frena-a-corte-de-ca/.

364 Véase el texto de la sentencia delas quince horas del 25 de junio de 2012 en http://www.slideshare.net/eldiariodehoy/inaplicacin.

365 Véase lo que expusimos en Allan R. Brewer-Carías, *La patología de la Justicia Constitucional*, Editorial Jurídica Venezolana, Caracas 2014, pp. 649-650.

Corte Centroamericana de Justicia, y de los artículos 62 y 63 de la Ordenanza de Procedimientos de dicha Corte.

II. EL FUNDAMENTO DE LA DEMANDA DE INCONSTITUCIONALIDAD

El proceso de inconstitucionalidad que originó el proceso, en efecto se inició mediante una acción popular intentada contra el *artículo. 12.5 del Protocolo de Tegucigalpa a la Carta de la Organización de Estados Centroamericanos,* suscrito en 1991 y ratificado en 1992[366] que creó la Corte Interamericana, y contra el *artículo 22.f) del Estatuto de la Corte Centroamericana de Justicia,* suscrito el 1992 y ratificado en 1993, [367] que le atribuye la competencia antes mencionada para resolver los conflictos que puedan surgir entre los Poderes u Órganos fundamentales de los Estados, por considerar el recurrente que dichas disposiciones contradecían los artículos. 83, 86.1, 89.3, 146 y 172.1 de la Constitución. En el proceso, además del recurrente, intervinieron el Presidente de la República, la Asamblea Legislativa y el Fiscal General de la República.

El argumento fundamental del recurrente para fundamentar su acción de inconstitucionalidad fue que la creación de un órgano supranacional como la Corte Centroamericana de Justicia, con competencias y funciones "que menoscaban la soberanía estatal y la autodeterminación del pueblo salvadoreño," no podía ser producto solo de la decisión de los diputados de la Asamblea Legislativa y del Presidente en representación del pueblo, sino que ello conforme al artículo 83 de la Constitución "tenía que ser autorizados por el pueblo salvadoreño mediante una consulta popular directa," ya que "la creación de entes supranacionales o la integración a una Federación o Confederación de países es un asunto en el que está involucrada la soberanía que los Estados firmantes." Argumentó además el recurrente, en particular, que:

> "la Corte Centroamericana de Justicia tiene asignada la función de intervenir de forma imperativa en conflictos surgidos entre los órganos fundamentales del Estado, lo que la configura como un órgano supranacional y esto implica una unión de Estados que solo puede ser posible, en nuestro marco constitucional, previa consulta popular directa con el pueblo salvadoreño."

Consideró además el recurrente que de acuerdo con el artículo 172 de la Constitución, el Órgano Judicial es el único con competencia para juzgar y hacer ejecutar lo juzgado en el territorio salvadoreño, cuya jurisdic-

---

366 Véase en *Diario Oficial* n° 93, Tomo 315, de 22-V-1992.

367 Véase en *Diario Oficial* n° 115, Tomo 319, de 18-VI-1993.

ción no puede ser atribuida a la Corte Centroamericana sin una consulta popular directa; ya que la misma es exclusiva indelegable.

III. LAS RECUSACIONES DE MAGISTRADOS POR EL PRESIDENTE Y LA ASAMBLEA LEGISLATIVA

El Presidente de la República y la Asamblea Legislativa, recuraron en el proceso a algunos de los Magistrados por considerar que tenían interés en el proceso, alegando que la sala había sido parte interesada en los procesos anteriores desarrollados en 2012, donde además se alegó que los magistrados ya habían emitido opinión pues en los mismos "el problema constitucional planteado por el demandante ya había sido resuelto mediante el control difuso de constitucionalidad efectuado."

Dichas recusaciones fueron rechazadas por la Sala, considerando "absurda "que la aseveración de que las decisiones de 2012 habían sido emitidas por la misma "en calidad de "parte interesada," pues:

"cuando esta Sala, en los procesos sujetos a su conocimiento, interpreta el alcance de las competencias constitucionales de un órgano, simplemente cumple con su propio mandato constitucional y el hecho que las decisiones sean desfavorables para una autoridad demandada o que la delimitación de competencias resultante sea incompatible con las prácticas inconstitucionales de dicho órgano no convierte a la Sala en "parte contraria", "parte en conflicto" o "contraparte" de la entidad cuya actuación ha sido enjuiciada.

Por lo demás, observó la Sala Constitucional que el objeto del proceso de inconstitucionalidad de 2013 era diferente al objeto de decisión de las decisiones de 2012, sobre todo, "porque en dichas resoluciones se enjuició la constitucionalidad de ciertas "actuaciones" concretas de la CCJ y no las disposiciones jurídicas ahora impugnadas por el demandante'" precisando la Sala que:

"si se entendiera que los criterios interpretativos de esta Sala sobre ciertas disposiciones constitucionales se convierten en un prejuicio cuando algunas de esas disposiciones son invocadas luego como parámetros de control, ello implicaría, en la práctica, la paralización de la justicia constitucional."

IV. LOS ALEGATOS DEL PRESIDENTE DE LA REPÚBLICA Y DE LA ASAMBLEA NACIONAL

En el proceso, en cuanto al fondo de la demanda, el Presidente de la República, para justificar la constitucionalidad de las disposiciones impugnadas, alegó que "la creación de un órgano supranacional que pueda resolver aspectos internos de un Estado miembro no supone una afectación de la soberanía" siendo ello distinto a que "El Salvador estuviera permitiendo que otro Estado pudiera intervenir en los asuntos internos."

Alegó, además en Presidente que el concepto de indelegabilidad respecto de las competencias de los órganos del Estado, ello sólo tiene efectos en "la perspectiva interna de la soberanía estatal," en el sentido de que "las atribuciones que la Constitución le ha asignado no pueden conferirla a otro de dichos órganos, lo que "se aplica con respecto a otros órganos del mismo Estado," pero no "con la facultad de crear órganos supranacionales" y la vinculación de El Salvador "con la comunidad internacional, propias del análisis de la soberanía externa."

En cuanto al alegato de violación del artículo 89.3 de la Constitución, en cuanto a la exigencia de consulta popular, el residente argumentó que ello solo es exigido en relación con la decisión sobre "la unión de los Estados centroamericanos," pero no en relación con la "la integración y creación de organismos supranacionales," pues no puede "considerarse que dicha creación y ente sea una especie de "unión de Estados.""

La Asamblea Nacional por su parte, alegó sobre los fundamentos históricos del proceso de integración centroamericano considerando que "el carácter supranacional de la Corte Centroamericana de Justicia torna incompatible e incompetente cualesquiera impugnación encaminada a controvertir sus funciones y atribuciones ante órganos u organismos internos de los Estados suscriptores de los tratados," considerando en definitiva que en este caso "el Salvador ha consentido otorgar a la CCJ la competencia especial de conocer toda controversia relacionada con su interpretación, asunto que excluye la competencia de la Sala de lo Constitucional," sin que ello, en forma alguna, "afecte de ninguna forma la soberanía, ni trasgreden la independencia de la República."

Igualmente argumentó la Asamblea Nacional, que creada la Corte Centroamericana de Justicia en un Tratado, de acuerdo con "la racionalidad operativa de los tratados" ello vincularía a dicho tribunal "con la cláusula de la "competencia de la competencia", lo que según la Asamblea "significa que es el tribunal mismo el dueño de la decisión sobre su propia competencia en un caso particular;" pero aclarando que

> "dicha competencia se ejerce sobre la base de los tratados comunitarios o para el control de actos que ejecuten los Estados miembros, que afecten los convenios y tratados de integración vigentes entre ellos, de modo que se trata de un tribunal sometido, él mismo, a las normas del Derecho de integración que interpreta y aplica."

En cuanto a la competencia especial que el Estatuto asigna a la Corte Centroamericana en el mencionado artículo 22.f, que fue la parte esencial del proceso, la Asamblea consideró que ella era

"para prevenir conflictos que pudiesen alterar o socavar la paz en el interior de cada uno de los Estados que integran la región, que por sus consecuencias pueden representar cierta amenaza para las ideas no solo integracionistas ya avanzadas, de acuerdo a los tratados ratificados, sino también para las ideas de la Unión Centroamericana."

V. LA REAFIRMACIÓN DE LOS PRINCIPIOS DEL CONSTITUCIONALISMO MODERNO COMO FUNDAMENTO PARA DECIDIR

La Sala Constitucional, para decidir, reiteró en su sentencia los principales principios del Constitucionalismo moderno analizado por su propia jurisprudencia, en cuanto al "concepto de Constitución y el fundamento de su supremacía, así como el papel institucional de este tribunal en la defensa de la Ley Suprema y la garantía de su eficacia; y a "la forma en que la Constitución determina su relación con el Derecho de integración y la manera en que dicho vínculo se manifiesta sobre el ejercicio de competencias de los órganos fundamentales del Estado.

1. *Sobre el concepto de Constitución y de supremacía constitucional*

La Sala, sobre el concepto de Constitución y el fundamento de su supremacía, reiterando lo que había decidido en sentencias precedentes,[368] tomo como punto de partida, que:

"el establecimiento de una Constitución se encuentra en el poder de la Comunidad política para disponer sobre sí misma; esto es, en la voluntad conjunta vinculante de la soberanía que reside en el pueblo, expresada directamente por medio del poder constituyente originario, que se objetiva y racionaliza en dicha Ley Fundamental. Así, la Constitución representa el momento inaugural del Estado o el punto a partir del cual se establece la orientación que han de seguir los sujetos encargados de ejercer las atribuciones por ella conferidas."

Como tal, y de acuerdo con el "concepto jurídico-normativo de Constitución," en El Salvador como en todos los países que siguen los principios del constitucionalismo moderno la Constitución como expresión jurídica

---

368 Citas de la Sala: las Sentencias de 14-II-1997, Inc. 15-96; de 20-VII-1999, Inc. 5-99; de 1-IV-2004, Inc. 52-2003; Auto de sobreseimiento de 14-X-2003, Inc. 18-2001; y Auto de improcedencia de 27-IV-2011, Inc. 16-2011.

de la soberanía, es considerada "norma jurídica superior," que contiene *"las normas supremas del ordenamiento jurídico,"*. Todo lo cual deriva de la

"legitimidad política cualificada de la Constitución, como emanación directa del Poder Constituyente y como racionalización del poder soberano del pueblo para controlar -y, por tanto, limitar- a los poderes constituidos, con el fin ulterior de garantizar la libertad de los titulares de dicha soberanía.´

En consecuencia, "la Constitución es el parámetro de validez del resto de fuentes normativas del ordenamiento," por lo que de acuerdo con su propia "fuerza normativa,"

"cualquier expresión de los poderes constituidos que contradiga el contenido de la Constitución puede ser invalidada, independientemente de su naturaleza -concreta o abstracta- y de su origen normativo -interno o externo-, cuando se oponga a los parámetros básicos establecidos por la Comunidad para alcanzar el ideal de convivencia trazado en la norma fundamental."

Partiendo de estos principios, en cuanto a la garantía de la Constitución, la Sala Constitucional fue precisa en indicar que "la supremacía constitucional sería una simple aspiración teórica si el Estado salvadoreño careciera de un órgano competente y especializado para hacerla valer;" función que precisamente corresponde a la Sala Constitucional de la Corte Suprema de Justicia,[369] que tiene a su cargo, como un auténtico Tribunal Constitucional" velar por "la protección de la Constitución," para lo cual; tiene a su cargo decidir "en última instancia la interpretación vinculante de las disposiciones constitucionales."[370]

2. *Sobre la relación entre la Constitución y el derecho de integración*

La Sala Constitucional, en segundo lugar pasó a analizar el tema de la relación entre Constitución y Derecho de integración consideró que el desafío de la misma

"está en convertir esa relación en un campo de decisiones interactivas, más que en un terreno de conflicto permanente; en un espacio de diálogo, más que de sucesivos enfrentamientos. Para lograrlo es clave la construcción cooperativa de los límites recíprocos. Dichos límites existen y

---

369 Cita de la Sala: Auto de improcedencia de 27-IV-2011, Inc. 16-2011.

370 Citas de la Sala: Sentencia de 12-VI-2000, Amp. 429-99; Auto de improcedencia de 4-VI-2003, Amp. 962003; Sentencia de 14-II-1997, Inc. 15-96; y (Sentencia de 25-VIII-2010, Inc. 1-2010).

su reconocimiento es necesario para sostener un leal compromiso con la integración centroamericana.

Partiendo de esta premisa, la Sala Constitucional constató con razón, como lo hemos observado desde hace décadas, [371] que "las soluciones tradicionales del debate sobre estos límites han oscilado entre la supremacía constitucional y la primacía del Derecho de integración," considerando los "significados y efectos distintos" de estos dos conceptos:

"supremacía como expresión máxima de jerarquía, con efectos sobre la validez de la norma que se le opone; y primacía como manifestación de competencia, con efectos de aplicabilidad preferente, no invalidante, sobre las normas alternativas. Tanto los tribunales constitucionales como sus homólogos comunitarios atribuyen a sus normas fundamentales las características propias de un ordenamiento superior: aplicación inmediata, directa y, en la práctica, invalidante.

Y agregó la Sala, sin embargo, con razón, que frente a los procesos de integración y sus relaciones con el derecho interno,

"el fundamento de dicho modelo y de sus límites excepcionales es siempre la Constitución. No puede ser de otro modo, al menos en el estado actual de los procesos de integración, porque *es la Constitución la que abre las puertas de la relación con el derecho supranacional y se define a sí misma como fundamento, base o centro de esa relación.* Así, el origen y la legitimidad de la primacía del Derecho de integración sobre el derecho interno *infraconstitucional* es una decisión expresa del Poder Constituyente (arts. 89 y 144 inc. 2° Cn.), de modo que *dicha primacía no puede oponerse a la Constitución (arts. 145 y 149 inc. 2° Cn.), porque de esta deriva y a ella le debe su fuerza jurídica.*"

En consecuencia, toda la apertura interpretativa hacia el cumplimiento de los fines de la integración que puede derivar del proceso de integración en el marco del artículo 89 de la Constitución, consideró la Sala que

"no significa asunción de la inobservancia, el desplazamiento o la modificación encubierta de las normas constitucionales. *Lo supranacional no es supraconstitucional.* Las normas generadas en el marco del proceso de integración son supranacionales en virtud de su aplicación regio-

---

371 Véase Allan R. Brewer-Carías, *Problemas Constitucionales de la Integración económica latinoamericana,* Banco Central de Venezuela, Caracas 1968; *Las implicaciones constitucionales de la integración económica regional,* Cuadernos de la Cátedra Allan R. Brewer-Carías de Derecho Público, Universidad Católica del Táchira, Editorial Jurídica Venezolana, Caracas 1998.

nal, de sus fines, limitados por los intereses de la comunidad de Estados y no como efecto de alguna clase de jerarquía normativa o de superioridad como fuente de producción jurídica. Su condición está definida por el objeto de regulación (delimitado a su vez por los fines de la integración) y no por su escala normativa en el sistema de fuentes del derecho salvadoreño. *El art. 89 Cn. no es una cláusula de renuncia a la fuerza pasiva de la Constitución, ni una excepción a su fuerza activa: no habilita la alteración de los contenidos constitucionales ni sustrae del control de constitucionalidad al Derecho de integración.*"

La Sala observó además, que el artículo 89 de la Constitución "tampoco atribuye rango constitucional al Derecho de integración, que lo convierta en una especie de extensión de aquella -lo cual solo sucede con los instrumentos internacionales mencionados en el art. 84 Cn.-;" considerando además que:

> "la soberanía popular manifestada en el ejercicio del poder constituyente es la sustancia legitimadora de la supremacía constitucional. Esta particular cualificación democrática que funciona como sedimento político de la condición normativa de la Constitución está ausente en la regulación supranacional, lo que determina su incapacidad para desplazar o reformar los contenidos -incluidas las competencias- constitucionales."

Por el contrario, como lo resolvió la Sala Constitucional de Costa Rica en dos Sentencias de 6-IX-1996 (asuntos 4638 96 y 4640-96), que citó acertadamente la Sala Constitucional salvadoreña:

Así lo demuestran las donde la Sala Constitucional de la Corte Suprema de Justicia de Costa Rica determinó que

> "la delegación de competencias al ordenamiento jurídico comunitario de manera alguna es irrestricta, antes bien, tiene límites concretos [...] No es dable rebasar la Carta Política, en su letra o en su espíritu, visto que en ella se fijan los principios fundamentales del Estado y se establecen, por consecuencia, los límites de acción de los Poderes Públicos, así en lo sustancial como en lo formal y tanto en lo interno como en lo externo [...] no son transferibles competencias que resulten esenciales para el orden jurídico constitucional".

En similar sentido, la Sala Constitucional también citó la Sentencia de 20-VII-2004 (expedientes acumulados 12-2004 y 213-2004) de la Corte de Constitucionalidad de Guatemala, donde se afirmó que los instrumentos comunitarios están "sujetos al principio de supremacía constitucional y, por lo mismo, [son] susceptibles del control de constitucionalidad de las normas."

VI. LA CONSTITUCIONALIDAD DE LA CREACIÓN DE LA CORTE CENTROAMERICANA Y LA INCONSTITUCIONALIDAD DE LA COMPETENCIA DE LA MISMA PARA RESOLVER CONFLICTOS CONSTITUCIONALES DENTRO DE LOS ESTADOS

La Sala Constitucional para decidir, luego de analizar los diversos alegatos, comenzó por desestimar el alegato de inconstitucionalidad, basado en la supuesta necesidad de consulta popular para los procesos de integración conforme a lo previsto en el artículo 89 de la Constitución, que,

> "cuando tal disposición se refiere al proyecto y bases de la unión, es claro que se está refiriendo a la configuración de un nuevo Estado, una asociación federal o una confederación [...] que son precisamente los supuestos en los cuales la Constitución exige que se cumpla con el procedimiento de consulta popular."

De ello consideró la Sala que antes de la ratificación, respecto del Protocolo *de Tegucigalpa a la Carta de la Organización de Estados Centroamericanos,* no era necesaria la realización de una consulta popular.

En cuanto a la Corte Centroamericana de Justicia, la Sala consideró necesario "distinguir entre la creación de un órgano jurisdiccional comunitario (art. 12 inc. 5° del Protocolo) y la determinación de una de sus competencias específicas (art. 22 letra f) del Estatuto)," considerando que la primera disposición estableció la Corte regional

> "para garantizar el respeto al Derecho de integración; es decir, que cumple una importante función instrumental para el proceso cohesivo de los Estados: la interpretación y aplicación del orden jurídico de la comunidad centroamericana."

Es decir, como lo Expresó la Exposición de Motivos del Protocolo, la mencionada Corte Centroamericana se creó para "resolver los problemas propios del 'Sistema de la Integración Centroamericana' en forma pacífica y civilizada," con una función jurisdiccional l*imitada al Derecho de integración, por lo que como lo observó la Sala Constitucional,*

> "no forma parte de las competencias estatales internas; no se origina en una transferencia o delegación desde los órganos nacionales de justicia; y, por tanto, no interfiere con la exclusividad jurisdiccional de estos últimos sobre el derecho de sus respectivos Estados. En consecuencia, la creación de la CCJ, *con funciones jurisdiccionales circunscritas al Derecho de integración*, no es incompatible con los arts. 83, 86, 146 y 172, todos en su inc. 1°, Cn., por lo que *también en este aspecto debe declararse que no existe la inconstitucionalidad alegada."*

De ello estimó la Sala que dicha disposición no estaba afectada de inconstitucionalidad "pues la creación de la Corte Centroamericana de Justicia, con funciones jurisdiccionales circunscritas al Derecho de integración, no afecta la soberanía ni trasgrede la indelegabilidad de funciones públicas y la exclusividad de la función judicial"

Ahora bien, en cuanto al alegato de inconstitucionalidad de la atribución establecida en el artículo 22.f del Estatuto de la Corte Centroamericana para que la misma resuelva conflictos entre "Poderes u Órganos fundamentales de los Estados," la Sala Constitucional en cambio, concluyó declarando que la misma era inconstitucional, pues solo el Estado es el que puede adoptar esas decisiones en el orden interno, considerando que:

> "Sin esta condición, la existencia misma del Estado resultaría fallida. La decisión final sobre el alcance de las competencias del propio Estado y de sus órganos (la "competencia de la competencia"), tal como lo indica el Fiscal en su opinión, es la quintaesencia jurídica de la soberanía y por ello no puede ser absorbida o suprimida mediante algún tipo de "tutela" de un órgano supranacional."

La Sala Constitucional al desestimar los alegatos del Presidente de la república por "insostenibles," estimó, al contrario, que la resolución de los conflictos entre órganos públicos y del aseguramiento de la eficacia de los fallos judiciales es una función típicamente jurisdiccional, que la Constitución reserva con carácter exclusivo, al Órgano Judicial del Estado salvadoreño (artículo 172.1),[372] del cual por supuesto no forma parte la Corte Centroamericana de Justicia; correspondiendo por tanto en El salvador, a la sala Constitucional, en forma exclusiva *la última palabra sobre la forma de solución de tales conflictos corresponde a esta Sala,*"[373] de acuerdo con los procesos constitucionales a disposición de los "agraviados".

Con base en los anteriores criterios, la sala Constitucional también desestimó los alegatos de la Asamblea nacional, en el sentido de que supuestamente la finalidad, del artículo 22.f del Estatuto es la de "prevenir conflictos que pudiesen alterar o socavar la paz en el interior de cada uno de los Estados que integran la región," pues, ello "simplemente confirma la injerencia indebida en una función que corresponde al Estado: la conservación de la paz y el orden internos, mediante el imperio del derecho (así lo disponen, por ejemplo, los arts. 1; 168 ords. 3°, 9°, 12° y 17°; 172 inc. 1° y 182 atribución 5ª Cn.)."

---

372 Cita de la Sala: Sentencias de 5- VI-2012, Inc. 19-2012 y 23-2012.

373 Cita de la Sala: Auto de improcedencia de 7-X-2011, Inc. 14-2011).

Por todo lo expuesto, la sala Constitucional concluyó su sentencia, decidiendo que en este caso;

"mediante el art. 22 letra f) del Estatuto se priva al Estado salvadoreño de la capacidad de decisión autónoma sobre las competencias fundamentales de sus Órganos, se quebranta la prohibición constitucional de indelegabilidad de dichas funciones y se irrespeta el carácter exclusivo que la Ley Suprema les asigna, razones por las cuales debe declararse la inconstitucionalidad de dicha disposición."

Ello, la llevó entonces a declarar como inconstitucional el referido artículo del artículo 22.f del Estatuto de la Corte centroamericana, y además, también declaró como inconstitucionales, en virtud de la dependencia lógica con dicha norma, a los artículos *62 y 63 de la Ordenanza de Procedimientos de la Corte Centroamericana de Justicia* que forman el Título IV, Capítulo V, con el título expresivo de "Controversias constitucionales," cuyo único objeto es la determinación del procedimiento para la aplicación del mencionado artículo 22.f del Estatuto declarado inconstitucional.

La consecuencia de la declaratoria de inconstitucionalidad de todas esas normas, la precisó la Sala indicando que a partir de la notificación de la sentencia,

"quedan en situación de ineficacia, de modo que no podrán ser invocados, aplicados o utilizados de forma alguna por ninguna persona, natural o jurídica, pública o privada, nacional o extranjera, para someter a revisión de la CCJ las decisiones de los órganos jurisdiccionales salvadoreños ni su ejecución. Por lo tanto, como efecto de esta sentencia la CCJ no está habilitada para interpretar y aplicar, respecto de El Salvador, el art. 22 letra f) de su Estatuto, en ningún caso contencioso o cuando ejerza su función consultiva."

New York, julio de 2012/ junio 2014

DÉCIMA SEGUNDA PARTE:

EL JUEZ CONSTITUCIONAL ENFRENTADO AL PODER EJECUTIVO RECHAZANDO LA DENUNCIA DEL TRATADO DE LA CORTE PENAL INTERNACIONAL

La Alta Corte de Pretoria, Suráfrica, enfrentada al Poder Ejecutivo declarando la inconstitucional la denuncia del Tratado de Roma sobre la Corte Penal Internacional por no haber sido previamente aprobada por el Parlamento

La Alta Corte (*High Court*) de Suráfrica (Gauteng Division) con sede en Pretoria, actuando como juez constitucional, mediante sentencia de 22 de febrero de 2017 dictada en el caso: *Democratic Alliance vs. Minister of International Relations, Minister of Justice and Correctional Services, the President of the Republic of 'South Africa*, (Nº 83145/201),[374] declaró inconstitucional e inválida la decisión adoptada por el Ministro de Relaciones Internacionales en fecha 19 de octubre de 2016 de denunciar el Tratado de la Corte Penal Internacional, y la decisión del gabinete Ejecutivo de notificar dicha denuncia a la Secretaría General de Naciones Unidas, porque había sido adoptada sin la previa aprobación del Parlamento; ordenando en consecuencia a los demandados a revocar la denuncia del Tratado.

El Tratado que creó la Corte Penal Internacional fue adoptado en la Conferencia de Roma el 17 de julio de 1998, y fue ratificado por Suráfrica el 27 de noviembre de 2000, habiendo sido aprobada dos años después, el 16 de agosto de 2002, mediante Ley del parlamento. Como se reafirmó en el Preámbulo de la ley, la República de Suráfrica asumió la obligación de llevar ante la justicia, sea ante las cortes nacionales cuando ello fuera po-

---

374 Véase el texto en https://www.dailymaverick.co.za/documents/document/DA-v-MINISTER-OF-INTERNATIONAL-RELATIONS-20170219-FINAL.pdf.

sible, o ante la Corte Penal Internacional, a las personas que hayan cometido crímenes de guerra, contra la humanidad o de genocidio, incluyéndose en dicha Ley los crímenes de apartheid; estableciendo además, dicha Ley, los mecanismos legales internos necesarios para asegurar la cooperación de Suráfrica con dicha Corte Internacional.

I. ANTECEDENTES: LA NEGATIVA DEL GOBIERNO DE SURÁFRICA DE DETENER AL PRESIDENTE DE SUDAN PERSEGUIDO POR LA CORTE PENAL INTERNACIONAL

La decisión de denunciar el Tratado tuvo su origen remoto en la situación planteada en Suráfrica en junio de 2015, con motivo de la negativa del gobierno de Suráfrica, de detener y entregar ante la Corte Penal Internacional, al Presidente de Sudan, Sr. Omar Hassan Ahmad al- Bashir, quien asistía en Suráfrica a la Cumbre de la Unión Africana, a pesar de que el mismo tenía en su contra dos órdenes de detención emitidas por la Corte Penal Internacional para su enjuiciamiento por crímenes de guerra, contra la humanidad y genocidio, todos relacionados con eventos ocurridos en la región de Dafur, en Sudán.

En esos días, en efecto, entre el 7 y el 15 de junio de 2015, en Suráfrica se celebró la Cumbre de la Unión *Africana (30th Ordinary Session of the Permanent Representatives Committee, the 27th Ordinary Session of the Executive Council and the 25th Ordinary Session of the Assembly of the African Union)* con asistencia de los jefes de Estado de los países miembros, entre ellos del Presidente de Sudán; hecho que originó para el gobierno la necesidad de resolver entre lo que consideró eran obligaciones internacionales solapadas, todas en el marco de las relaciones diplomáticas del momento.

Esas obligaciones eran, según se reseña en la sentencia, por una parte, la obligación de detener al Presidente Al Bashir conforme a las previsiones del Tratado de Roma, y por la otra, la obligación que tenía el Estado ante la Unión Africana de asegurar la inmunidad a los participantes en la Cumbre, tanto conforme al Acuerdo de sede de las mismas, como con las previsiones de la Convención General de Privilegios e Inmunidades de la Organización de la Unidad Africana de 1965, y las normas generalmente aplicables del derecho internacional, que reconocen la inmunidad de los Jefes de Estado en ejercicio. El conflicto entre dichas obligaciones, además, se le presentaba al Gobierno en una circunstancia en la cual sus funcionarios estaban activamente involucrados en promover la paz, la estabilidad y el diálogo en esos países

La decisión del gobierno de negarse a detener al Presidente al-Bashir se fundamentó en el hecho de éste gozaba de inmunidad conforme al derecho internacional, habiendo sido ello lo que motivo una solicitud formulada por el *South African Litigation Centre* (SALC) ante la propia *High Court* para que dictase una orden declarando que la abstención del gobierno violaba de la Constitución, solicitando en consecuencia, que se ordenarse al Ejecutivo proceder a detener a al-Bashir y a entregado a la Corte Penal Internacional.

En ese caso, en 2015, la Alta Corte declaró efectivamente que la negativa del gobierno había sido ilegal y contraria a la Constitución,[375] en una decisión que fue apelada por el Gobierno ante la Corte Suprema de Apelaciones. Esta Corte, en definitiva declaró sin lugar dicha apelación;[376] habiendo sido dicha decisión recurrida por el Gobierno ante la Corte Constitucional buscando dejarla sin efectos.[377] La Corte Constitucional, sin embargo, nada pudo decidir en el caso, pues el Gobierno retiró su petición antes de que tuviera lugar la audiencia final que había sido fijada para el día 22 de noviembre de 2016.

Un mes antes, en efecto, y a los efectos de no tener que cumplir en el futuro con las previsiones del Tratado de Roma, el mismo fue denunciado por el Gobierno el 19 de octubre de 2016, mediante notificada que hizo el Ministerio de Relaciones Internacionales al Secretario General de Naciones Unidas, dándose así inicio al procedimiento de salida de Suráfrica del mismo, la cual conforme al artículo 127.1 del mismo, debía tener efectos a los 12 meses siguientes de dicha notificación, es decir, en octubre de 2017.

Fue precisamente contra la decisión del gobierno de denunciar el Tratado de Roma, que unos días después, el 24 de Octubre de 2016, el partido político *Democratic Alliance,* que es el principal partido político de oposición en Suráfrica, intentó demanda contra el Ministro de relaciones Internacionales y Cooperación, responsable de firmar la notificación de denuncia del Tratado; contra el Ministro de Justicia y Servicios Correccionales, encargado de la aplicación del Tratado de Roma en el ámbito interno; y

---

375 Cita de la Corte: Southern Africa Litigation Centre v Minister of Justice and Constitutional Development & others [2015] 3 All SA 505 (GP); 2015 (9) BCLR 1108 (GP); 2015 (2) SA 1 (GP).

376 *Cita de la Corte:* Minister of Justice and Constitutional Development & others v The Southern Africa Litigation Centre [2016] 2 All SA 365 (SCA); 2016 (4) BCLR 487 (SCA); 2016 (3) SA 317 (SCA).

377 *Cita de la Corte:* Minister of Justice and Constitutional Development and Others v Southern Africa Litigation Centre and Others *(CCT 75/16).*

contra el Presidente de la Republica de Suráfrica, quien como jefe del Ejecutivo nacional, en los términos del artículo 231.1 de la Constitución, es el responsable para la negociación y firma de los acuerdos internacionales.

La demanda fue intentada inicialmente como una acción directa de inconstitucionalidad por dicho partido *Democratic Alliance* ante la Corte Constitucional, y subsidiariamente, ante la *High Court* de Pretoria.[378] La demanda fue rechazada por la Corte Constitucional por considerar que no era en interés de la justicia resolver la materia, quedando entonces el asunto bajo la competencia de la Alta Corte, la cual sí entró a considerar y decidir la materia mediante la sentencia de 22 de febrero de 2017, resolviendo en definitiva que la decisión del Ejecutivo nacional de denunciar el Tratado de Roma había sido inconstitucionalidad e inválida, considerando que para poder haber sido adoptarla, la misma debió haber sido previamente aprobada por el Parlamento.

Como el plazo de 12 meses para que la denuncia del Tratado se hiciese efectiva estaba transcurriendo, la Alta Corte acepó la petición de urgencia para decidir sobre la inconstitucionalidad que se le había formulado, tomando en cuenta, además, el hecho de que los representantes del gobierno demandados no habían presionado seriamente sobre la determinación o no de dicha la urgencia. Por ello, al decidir, la Corte consideró que "excepto si el asunto se decide ahora y la petición tiene mérito, el recurrente no va a obtener un efectivo remedio en ningún momento posterior."

II. BASES CONSTITUCIONALES DEL RÉGIMEN DE FORMACIÓN DE LOS TRATADOS

Las razones de fondo por las cuales el gobierno procedió a tomar su decisión de denunciar el Tratado, para retirar a Suráfrica de la jurisdicción de la Corte Penal Internacional, por supuesto, en ningún caso fueron consideradas por la Corte, limitándose su decisión a resolver la cuestión constitucional en el marco del régimen de los tratados internacionales conforme al principio de la "la separación de poderes entre el Ejecutivo nacional y el Parlamento en materia de relaciones internacionales y conclusión de tratados," que se establece en el artículo 231 de la Constitución de Suráfrica de 1996.

---

378 La demanda intentada por el partido *Democratic Alliance,* fue secundada por diversas organizaciones no gubernamentales, en particular, por el *Council for the Advancement of the South African Constitution (CASAC),* el South *African Litigation Centre (SALC)*; el *Centre for Human Rights (CHR)* y la Helen Suzman Foundation (HSF).

En dicha norma se establece la competencia del Ejecutivo nacional para negociar y firmar acuerdos internacionales, que deben ser aprobados mediante ley para ser incorporados en el derecho interno, y la cuestión planteada constitucionalmente fue la de determinar si dicha competencia también incluía la de denunciar los acuerdos internacionales sin aprobación parlamentaria; y, además, determinar si era constitucionalmente permisible que el Ejecutivo nacional pudiera notificar la denuncia de un Tratado, sin que antes se derogase la ley nacional que le dio efectos en el ámbito interno. En otros términos, la cuestión debatida ante la Corte fue la de determinar si el Ejecutivo nacional tenía competencia para decidir denunciar el Tratado y ejecutar su decisión sin la intervención de la Legislatura, y posteriormente pretender buscar una aprobación legislativa; y si podía ejecutar su decisión sin que se produjese previamente la derogación de la Ley de Aprobación del Tratado.

Para responder estas cuestiones la Corte partió de lo establecido en el mencionado artículo 231 de la Constitución, donde se regula la forma como se concluyen los acuerdos internacionales, se hacen obligatorios en Suráfrica y se incorporan al derecho interno, en particular, en las previsiones siguientes:

"1. Es responsabilidad del Ejecutivo nacional, la negociación y firma de todos los acuerdos internacionales.

2. Un acuerdo internacional es obligatorio en la república después que ha sido aprobada por resolución de la Asamblea Nacional y del Consejo Nacional de Provincias, excepto que sea un acuerdo de los referidos en la subsección 3.

3. Un acuerdo internacional de naturaleza técnica, administrativa o ejecutiva, o un acuerdo que no requiere de ratificación ni de accesión, suscrito por el Ejecutivo nacional, es obligatorio para la República sin la aprobación de la Asamblea nacional y del Consejo Nacional de provincias, pero debe ser presentado en la Asamblea y el Consejo en un tiempo razonable.

4. Cualquier acuerdo internacional se convierte en ley en la República cuando se ha sancionado como ley por la legislación nacional; pero las previsiones auto-ejecutivas de un acuerdo que ha sido aprobado por el parlamento es ley en la República, salvo que sea inconsistente con la Constitución o una ley del parlamento.

Citando lo expresado por el juez Ngcobo CJ, en el caso *Glenister II*:[379] la Alta Corte consideró que el esquema del artículo 231 podía resumirse,

---

379 *Cita de la Corte:* Glenister v President of the Republic of South Africa and others

partiendo del supuesto de que dicha norma "está enraizada en la doctrina de la separación de poderes, en particular, los controles y equilibrios entre el ejecutivo y el legislativo," contemplando tres pasos claramente establecidos que deben darse en relación con los acuerdos internacionales, con consecuencias legales diferentes:

> "Primero, asigna al Ejecutivo nacional la autoridad para negociar y firmar los acuerdos internacionales. Pero un acuerdo internacional firmado por el Ejecutivo no obliga automáticamente a la República excepto si el acuerdo es de naturaleza técnica, administrativa o ejecutiva. Para producir ese resultado requiere, segundo, la aprobación por resolución del Parlamento. [...] y tercero, un acuerdo internacional se convierte en ley en la República, cuando se sanciona como ley por la legislación nacional"

De ello, consideró la Alta Corte que conforme a dicho artículo 231 constitucional no hay duda de que el poder para conducir las relaciones internacionales y suscribir tratados fue conferida constitucionalmente al Ejecutivo nacional (art. 231.1); pero que dicho poder está limitado por los artículos 231.2 y 231.4 que exigen al Ejecutivo comprometer al Parlamento en el proceso, delineando claramente los poderes entre el Ejecutivo nacional y el Parlamento. El único caso en el cual el Ejecutivo nacional tiene poder para obligar al país en acuerdos internacionales sin intervención parlamentaria es el regulado en el artículo 231.3, que no era el caso relativo a la decisión. Respecto de cualquier otro acuerdo internacional, para que pueda ser obligatorio en el país debe ser aprobado por el Parlamento en los términos del artículo 231.2. En consecuencia, concluyó la Corte, una vez que el Parlamento aprueba un acuerdo internacional, el país queda comprometido internacionalmente con el mismo. En el ámbito interno, el proceso se completa cuando el Parlamento sanciona el acuerdo internacional como ley nacional en los términos del artículo 231.4 de la misma Constitución.

III. EL DEBATE SOBRE LAS BASES CONSTITUCIONALES DEL RÉGIMEN DE LA DENUNCIA DE LOS TRATADOS

Una vez hecho el resumen anterior sobre lo indicado en el artículo 231 de la Constitución en materia de conclusión de tratados, la Alta Corte reconoció que sobre el mismo, si bien por lo que se refería a dicho proceso en el caso no había debate alguno, en cambio sí lo había por lo que se

---

2011 (3) SA 347; 2011 (7) BCLR 651 (CC) (Glenister II).

refería al proceso de denuncia de los tratados, cuando el país decide retirarse de un acuerdo internacional.

Sobre esto, el partido demandante argumentó en el proceso que como de acuerdo con los términos del artículo 231.2, es el Parlamento el que debe aprobar un acuerdo internacional antes de que pueda ser obligatorio en Suráfrica, la consecuencia de ello es que también debe ser el Parlamento el que debe decidir si un acuerdo internacional debe cesar de ser obligatorio en el país, antes de que el Ejecutivo pueda enviar la notificación de su denuncia. Por su parte, los representantes del gobierno argumentaron lo contrario en el sentido de considerar que la previa aprobación parlamentaria no es requerida para notificar la denuncia del tratado, ya que el artículo 231 no contiene previsión alguna al respecto. Es decir, básicamente, el argumento de los representantes del Gobierno fue que como no había previsión expresa en el artículo 231 en tal sentido, tal exigencia era injustificada.

El argumento de los representantes del Gobierno, como lo resumió la sentencia, se basó en las cuatro premisas siguientes:

Primero, se argumentó que en virtud de que el Ejecutivo nacional, y no el Parlamento, es el que tiene el rol primario en la conducción de las relaciones internacionales para concluir tratados, el requerimiento legal de la aprobación previa del Parlamento, no estando explícito en la Constitución, no puede considerarse implícito en ella. Por tanto, como se ha interpretado por la Corte Constitucional, considerar al Parlamento como el órgano primario decisor en materia de tratados sería contrario al artículo 231 de la Constitución.

Segundo, relacionado con lo anterior, también se argumentó que como la competencia original para concluir tratados no es del Parlamento sino del Ejecutivo nacional, la aprobación parlamentaria solo es requerida a los solos efectos de hacer que el tratado concluido tenga efectos obligatorios, quedando la conclusión de tratados como la función primaria del Ejecutivo nacional. De ello, siguió el argumento de los representantes del Gobierno, que como la forma de expresión de la aprobación de un tratado es a través de la ratificación, que en este contexto significa la confirmación formal del consentimiento expresado por el Ejecutivo nacional, en consecuencia, la denuncia del tratado corresponde también al Ejecutivo, no siendo necesaria para ello la aprobación parlamentaria, la cual solo se exige para asegurar los efectos obligatorios del tratado una vez firmado. En definitiva, si la conclusión de un tratado corresponde básicamente al Ejecutivo nacional, igualmente, el deshacer el tratado también debe ser una competencia constitucional del Ejecutivo. Adicionalmente se argumentó que como los tratados no son negociados ni firmados por el Parlamento sino por el Ejecutivo, el Parlamento no puede decidir denunciar un tratado, no siendo por ello requerida la aprobación parlamentaria para la denuncia del tratado.

Tercero, igualmente se argumentó que en el campo del derecho internacional para la notificación de la denuncia de un acuerdo internacional no se requiere de aprobación parlamentaria, citándose al efecto el artículo 56 de la Convención de Viena sobre derecho de los Tratados de 1969, en la cual se basa el artículo 127 del Tratado de Roma, el cual solo y únicamente dispone sobre la notificación de la denuncia por parte del Jefe de Estado, o de gobierno o del Ministro de relaciones exteriores, o de un representante del Estado, sin que se requiera aprobación, ratificación o confirmación parlamentaria. Deducir lo contrario, se argumentó, sería inconsistente con el derecho internacional y con el requerimiento constitucional de interpretar la Constitución y la ley de Suráfrica conforme al derecho internacional

Cuarto, también se argumentó que la aprobación parlamentaria es solo requerida para los acuerdos internacionales, por lo que siendo la denuncia un acto unilateral, la misma no califica como acuerdo internacional para que pueda argumentarse que también requiere de aprobación parlamentaria.

En relación con estos argumentos de los representantes del Gobierno, la Alta Corte expresó que no tenía dificultad alguna en aceptar la proposición conforme a la cual y de acuerdo con el esquema constitucional del artículo 231, es responsabilidad del Ejecutivo nacional tanto el desarrollar políticas, teniendo la iniciativa legislativa para implementarlas, como la conducción de las relaciones internacionales, materia en relación con la cual las cortes no tienen rol alguno.

Sin embargo, la Corte manifestó su desacuerdo con la orientación general de los argumentos formulado por los representantes del gobierno, los cuales los sintetizó así:

"En los términos de los artículos 231.1 y 231.2 de la Constitución el Ejecutivo nacional, primero negocia y firma el acuerdo internacional. Seguidamente el Parlamento aprueba el acuerdo para obligar al país. El proceso de denuncia debe seguir la misma ruta, primero con el Ejecutivo nacional tomando la decisión, seguida de la aprobación parlamentaria. Conforme a este argumento, la notificación de la denuncia es un acto ejecutivo que en términos del artículo 231.1, es equivalente o parecido a la conclusión y firma del tratado durante el proceso de negociación, que no requiere de previa aprobación parlamentaria, pero que puede ser subsecuentemente ratificado."

La Corte afirmó tajantemente no estar de acuerdo con lo anterior. Al contrario de ello sostuvo en su decisión que:

"Una notificación de denuncia, conforme a una apropiada interpretación del artículo 231.1, es equivalente a la ratificación, la cual requiere de previa aprobación parlamentaria en los términos del artículo 231.2. Como fue correctamente argumentado por el demandante, el acto de firmar un tratado y el acto de notificar su denuncia son diferentes en sus efectos. El primero no tiene consecuencias jurídicas directas, mientras que, en contraste, la entrega de la notificación de denuncia tiene un efecto concreto en derecho internacional, pues termina con las obligaciones del tratado. […] Aun cuando [conforme al artículo 127.1 del Tratado de Roma] la denuncia no surte efectos sino luego de un año, la notificación constituye a nivel internacional una decisión obligatoria, incondicional y final de salida del Tratado de Roma."

Adicionalmente, la Alta Corte manifestó su desacuerdo con el argumento del representante del Gobierno de que la participación del Parlamento en el proceso de decidir lo concerniente a la denuncia del Tratado de Roma sería inconsistente con el derecho internacional pues la comunicación de la denuncia debe estar firmada por un alto funcionario del Estado. El artículo 127 del Tratado de Roma, que el representante del Gobierno sostuvo que estaba basado en el artículo 56 de la Convención de Viena de 1969, simplemente requiere que la notificación de la denuncia esté firmada por el jefe de Estado, el jefe de gobierno o el Ministro de asuntos exteriores u otro representante del Estado involucrado. Conforme a una interpretación apropiada, sostuvo la Corte, esto implica que la notificación debe ser firmada por un alto funcionario del Estado que sea debidamente autorizado para ello, de manera que el Secretario General y la Corte Penal Internacional puedan considerar dicha notificación como auténtica. Pero este artículo "no tiene el propósito de imponer a los Estados miembros cómo y por quién debe ser tomada la decisión de denuncia." En resumen, la Corte sostuvo que:

"la previsión no tiene nada que ver respecto de quién tiene la competencia para adoptar la decisión de denuncia del tratado, sino que está destinada a indicar el funcionario gubernamental que firma y envía la notificación a las Naciones Unidas, luego de que la autoridad competente (sea el Ejecutivo nacional o la legislatura), han tomado la decisión de denunciar. En consecuencia, el artículo no tiene relación con la toma de la decisión en sí misma. De allí que la necesidad de la participación del Parlamento en la consideración de la conclusión de los tratados y, por analogía, la cuestión de si la denuncia del Tratado de Roma sea parte del derecho interno y no puede interpretarse en forma inconsistente con el derecho internacional."

En definitiva la Alta Corte consideró que "ciertamente es correcto que conforme al derecho internacional la notificación de denuncia de un acuerdo internacional no requiere de aprobación parlamentaria,[380] pero sin embargo, la cuestión de determinar quién entre el Ejecutivo nacional y el Parlamento debe decidir sobre la denuncia, debe ser resuelta de acuerdo con el derecho interno. Es un asunto interno en el cual el derecho internacional nada ha regulado ni puede regular."

Por otra parte, y en cierta forma aplicando el principio general del paralelismo de las formas, aplicable a todas las actuaciones de los órganos del Estado, la Corte consideró que:

"debía tenerse en cuenta que si bien es necesaria la previa aprobación parlamentaria a antes de que el instrumento de ratificación sea depositado en las Naciones Unidas, desde esa perspectiva, es difícil no aceptar que el procedimiento contrario de denuncia no deba ser objeto del mismo proceso parlamentario. La necesaria deducción, que deriva de la interpretación apropiada del artículo 231, es que el Parlamento retiene su poder de determinar si el Estado debe permanecer obligado por un tratado internacional. Esto es necesario para dar sentido a la clara separación de poderes entre el Ejecutivo nacional y la Legislatura inserta en la norma. Si es el Parlamento el que determina si un acuerdo internacional obliga al país, entonces debe considerarse constitucionalmente insostenible pretender que el Ejecutivo nacional pueda terminar unilateralmente dicho acuerdo."

Lo anterior lo indicó la Alta Corte para concluir, citando lo expresado en el caso *Glenister II* (para 96) resuelto por la Corte Constitucional, que:

"la aprobación de un acuerdo internacional en los términos del artículo 231.2 crea un contrato social entre el pueblo de Suráfrica, a través de sus representantes electos en la Legislatura, y el Ejecutivo nacional. Ese contrato social origina derechos y obligaciones expresadas en el acuerdo internacional, por lo que sería por tanto una evidente y manifiesta anomalía, que el Ejecutivo nacional pudiera terminar con esos derechos y obligaciones, sin obtener la aprobación del pueblo de Suráfrica."

---

380 Cita de la Corte: Véase el artículo 127 del Tratado de Roma, y su base el artículo 56 de la Convención de Viena sobre derecho de los Tratados.

IV. LA CONCLUSIÓN DE LA ALTA CORTE SOBRE LA NECESARIA APROBACIÓN PARLAMENTARIA PREVIA A LA DENUNCIA DE TRATADOS

Como consecuencia de lo anterior, y partiendo del principio jurisprudencial de que "cuando una previsión constitucional o legal confieren poderes para hacer algo, esa previsión necesariamente también confiere poder para deshacer,"[381] la Alta Corte concluyó afirmando que en el contexto del caso, si el poder de obligar al país con el Tratado de Roma se le confiere al Parlamento, también le corresponde al Parlamento el poder de decidir si un tratado internacional debe cesar de obligar al país. Por ello, la Corte concluyó su decisión en la materia afirmando que conforme a la interpretación literal del artículo 231.2 de la Constitución:

> "Suráfrica puede retirarse del Tratado de Roma solo con la aprobación del parlamento y después de que se derogue la ley de aprobación" del Tratado.

La Corte consideró que esta interpretación del artículo 231 de la Constitución es la más adecuada constitucionalmente, dando efectos a la separación de poderes tan claramente delineada en la norma, no siendo impedimento alguno para sostenerla el hecho de que la norma no establezca expresamente que solo el Parlamento tiene el poder de decidir sobre el retiro del Tratado de Roma.

Es más, sobre esto último, el hecho de que la Constitución haya regulado el poder del Ejecutivo para negociar y concluir acuerdos internacionales, y nada haya establecido sobre el poder de terminar con dichos acuerdos, lo justificó la Corte en su sentencia, en el hecho de que la ausencia de tal regulación lo que confirma es el principio mismo de legalidad y de la necesidad de competencia legal expresa que rige la actuación de los órganos del Poder Ejecutivo para ello, la Corte dio la siguiente razón:

> "El Ejecutivo nacional, como instrumento ejecutivo del Estado, necesita tener competencia para actuar, debiendo fluir la misma de la Constitución o de una ley del Parlamento. El Ejecutivo nacional solo puede ejercer los poderes y cumplir las funciones que se le confieren expresamente en la Constitución o en las leyes que sean consistentes con la Constitución.[382] Este es el requerimiento básico del principio de legalidad y del

---

381 *Cita de la Alta Corte:*Masetlha v President of the Republic of South Africa and Another *2008 (1) SA 566 (CC) para* 68.

382 *Cita de la Alta Corte*Fedsure Life Assurance Ltd v Greater Johannesburg Transitional Metropolitan Council *1999 (1) SA 374 (CC) at paras 56-56;* President of

Estado de derecho. Por ello, la ausencia de una previsión en la Constitución o en cualquier otra ley que confiera poder al Ejecutivo para terminar acuerdos internacionales, lo que confirma es que tal poder no existe excepto y hasta cuando el Parlamento legisle en tal sentido. Por tanto, en esta materia no hay ninguna *lacuna* u omisión."

Por otra parte, en cuanto al fondo en esta materia, la propia Corte consideró que hubiese sido "imprudente, si la Constitución hubiese dado tal poder al Ejecutivo de denunciar los acuerdos internacionales y en consecuencia terminar con los derechos y obligaciones existentes, sin obtener previamente la aprobación por parte del Parlamento. Eso hubiese significado conferir poderes legislativos al Ejecutivo, en una clara ruptura del principio de la separación de poderes y del Estado de derecho. Sobre esta base, el Ejecutivo nacional no tiene y nunca fue la intención de que tuviera el poder de terminar con los acuerdos internacionales existentes, sin la previa aprobación parlamentaria."

Por todo ello, en otra parte de la sentencia, la Corte consideró en general, que el ejercicio del poder público, incluyendo la conducción de las relaciones internacionales, debe siempre realizarse de acuerdo con la Constitución, [383] y que si bien Suráfrica, conforme al artículo 231 de la Constitución, había ratificado el Tratado de Roma y había sancionado la Ley aprobatoria del mismo, en cuanto a la notificación de la denuncia del Tratado, si bien había sido firmada y notificada como acto ejecutivo en el marco de las relaciones internacionales, como manifestación del ejercicio del poder público debía cumplir con el principio de legalidad y está sujeción al control constitucional.[384]

De todo lo anterior, la Alta Corte concluyó afirmando que como en la estructura del artículo 231, el Ejecutivo nacional requiere de la previa aprobación parlamentaria para obligar a Suráfrica en un acuerdo internacional, no hay razón alguna para que la salida de tal acuerdo sea diferente. Por ello, en el caso, el Ejecutivo nacional no tenía poder para enviar la notificación de denuncia sin obtener la previa aprobación parlamentaria,

---

RSA v SARFU *2000(1) SA 1 (CC) at para 148;* Mansigh v General Council of the Bar and Others *2014 (2) SA 26 (CC) at para 25.*

383 *Cita de la Corte:* Pharmaceutical Manufacturers Association of SA and Another: In re Ex parte President of the Republic of South Africa and Others *2000 (2) SA 674 (CC) para 20.*

384 *Cita ded la Corte:*Kaunda and others v President of the Republic of South Africa *2005 (4) SA 235 (CC) paras 78- 80,178,191 and 228;* Minister of Defence and Military Veterans v Motau and others *2014 (5) SA 69 (CC) para 69;* National Treasury v Opposition to Urban Tolling Alliance *2012 (6) SA 223 (CC) para 64.*

siendo la inevitable conclusión que la notificación de la denuncia del Tratado de Roma "requería del *imprimatur* del Parlamento" antes de ser consignada ante las Naciones Unidas. En consecuencia, la decisión del Ejecutivo nacional de enviar la notificación de la denuncia del Tratado sin obtener la previa aprobación parlamentaria violó el artículo 231.2 de la Constitución, y la doctrina de la separación de poderes inserta en tal norma.

Con base en esta decisión, la Corte concluyó rechazando la posibilidad de que la aprobación parlamentaria exigida en la Constitución pudiera darse *ex post facto*, como lo pretendieron los representantes del Gobierno al haberse en efecto sometido al Parlamento la consideración de la denuncia del Tratado de Roma y un proyecto de ley derogatoria de la ley aprobatoria, para evitar la declaratoria de inconstitucionalidad e invalidez de la denuncia del Tratado de Roma.

La Corte, en efecto, consideró que estando en la materia implicado el principio de la separación de poderes, en virtud de que el Ejecutivo nacional ejerció un poder que no tiene asignado constitucionalmente, su conducta fue inválida y no tiene efecto en derecho,[385] por lo que cualquiera sea lo que el Parlamento decida respecto de la subsecuente solicitud hecha por el Ejecutivo nacional para obtener su aprobación de la notificación de denuncia del Tratado, no puede remediar la invalidez.

Citando a Hoexter,[386] la Corte afirmó que "[un] acto inválido, siendo nulo, no puede ser ratificado, convalidado o corregido;" estimando incluso, que tal principio permanece vigente aun cuando como fue el caso de la denuncia del Tratado de Roma, los efectos de la misma no se produjeron de inmediato y solo se producirían en octubre de 2017, pues estaba en curso el lapso de 12 meses previsto en el Tratado. Respecto de ello, la Corte concluyó indicando que el Parlamento no tiene poder alguno para remediar la invalidez que ya afectó a la notificación de la denuncia, lo cual sin embargo no afecta la validez de decisión del Ministro de Justicia de haber presentado ante el Parlamento el proyecto de ley de derogación de la ley de aprobación del Tratado.

Por todo lo anterior, como antes se indicó, la Alta Corte de Suráfrica, con sede en Pretoria, declaró que la decisión del Ejecutivo nacional de

---

385   *Cita de la Corte:* Kruger v President of the Republic of South Africa and others *2009 (1) SA 417 (CC) para 52.*

386   Cita de la Corte: *Administrative Law in South Africa* 2nd ed (2012) at 547. See also S *v Cebekulu* 1963 (1) SA 482 (T) at 483; *Montshioa and Another v Motshegare* 2001 (8) BCLR 833 (B) para 24.

consignar la notificación de denuncia del Tratado de Roma para provocar la salida de Sudáfrica del mismo, adoptada sin la previa aprobación parlamentaria, es inconstitucional e inválida, dándole a la decisión efectos retroactivos, es decir, al momento en el cual se entregó la notificación, ordenando en consecuencia al Ejecutivo nacional a revocarla.

Por último, debe mencionarse que al decidir el caso, la Corte precisó que conforme a su decisión, "lo que había sido inconstitucional e inválido fue la implementación de la decisión de enviar la notificación de dicha denuncia, sin la previa aprobación parlamentaria," absteniéndose de "expresar su opinión sobre la decisión política sustantiva del Ejecutivo nacional de denunciar el Tratado de Roma," considerando que "no sería apropiado el declarar esa decisión inconstitucional como decisión aislada" pues "no hay nada patentemente inconstitucional, al menos en esta etapa, sobre la decisión política del retiro del Estado del Tratado de Roma, ya que adoptar esa decisión está entre sus poderes y competencias."

Por ello, la Corte consideró que a los efectos de su decisión "era suficiente y efectivo, como medida justa y equitativa, la declaración de invalidez de la notificación de la denuncia del Tratado, acompañada de la orden de retirar dicha notificación;" decisión que adoptó la Ata Corte conforme a lo dispuesto en el artículo 172.1 de la Constitución que establece que cuando una corte de justicia, conforme a sus poderes en materia constitucional, debe declarar que una ley o conducta que es invalida por ser inconsistente con la Constitución, puede proceder a acordar "cualquier orden justa y equitativa," conforme al artículo 172.1.b de la Constitución, como fue la de ordenar al Ejecutivo nacional a revocar la denuncia del Tratado de Roma.

New York, 11 de marzo de 2017

DÉCIMA TERCERA PARTE:

EL JUEZ CONSTITUCIONAL CLAUSURANDO DE HECHO AL PODER LEGISLATIVO (ASAMBLEA NACIONAL)

El caso de la Sala Constitucional del Tribunal Supremo de Justicia de Venezuela, el cual en abril de 2017 consolidó una dictadura judicial, usurpando las funciones y competencias de la Asamblea Nacional, repartiendo inconstitucionalmente su ejercicio entre el Poder Ejecutivo y la propia Sala Constitucional.

Impartir justicia en cualquier momento de la historia del derecho es y ha sido siempre, en definitiva, dar a cada quien lo que le corresponde; es, como lo resumió Ulpiano hace mil ochocientos años, *"constans et perpetua voluntas ius suum cuique tribuendi,* o sea "la constante y perpetua voluntad de dar a cada uno su derecho." Esa es, por tanto, la principal responsabilidad del Juez al impartir justicia en cualquier nivel y ámbito del Poder Judicial, y por tanto, también, del Juez Constitucional.

La antítesis de la impartición de justicia, es decir, la injusticia, es por tanto, cualquier acto de un juez que consista en despojar a alguien de algo que le corresponde, es decir, de su derecho, y entregárselo a alguien a quien no le corresponde; así como también es injusticia, todo acto de un juez que supuestamente impartiendo justicia, se arrogue a sí mismo y se apropie del derecho que corresponde a otro, y que por tanto nunca le corresponde como juez.

En el ámbito de la justicia constitucional, cuando funciona en un Estado democrático de derecho, el Juez Constitucional, ante todo, tiene a su cargo asegurar la supremacía de la Constitución, eso es lo que esencialmente le corresponde hacer, teniendo la responsabilidad en consecuencia, por una parte, de garantizar la vigencia y efectividad de los derechos fundamentales, y por la otra, de asegurar la vigencia del principio de la separación de poderes, de manera que cada uno de los órganos del Estado en ejercicio de dichos poderes no usurpe, interfiera o invada las competencias de los demás poderes.

En ningún caso podría por tanto considerarse como un acto de impartición de justicia constitucional, la decisión de un Tribunal Constitucional despojando a un órgano del Estado de sus competencias y funciones exclusivas y asignarlas a otro órgano del Estado, y menos aún se podría considerar como un acto de impartición de justicia constitucional, la decisión de un Tribunal Constitucional que resuelva usurpar las competencias y poderes de un órgano del Estado, atribuyéndoselas a sí mismo.

Eso podría ser cualquier cosa menos impartir la justicia constitucional; y al contrario sería la verdadera definición de lo que es la "injusticia."

Y eso ha sido precisamente lo que en los últimos lustros ha venido siendo la conducta del Juez Constitucional en Venezuela, que como Jurisdicción Constitucional corresponde a la Sala Constitucional del Tribunal Supremo de Justicia, que como lo hemos venido denunciando también desde hace lustro, ha volteado completamente su rol y lo que ha venido es impartiendo sistemáticamente la "injusticia" constitucional en el país.[387]

A comienzos de 2017, el mundo entero al fin ha captado la magnitud de esta metamorfosis, cuando la Sala Constitucional en Venezuela mediante dos sentencias dictadas en marzo de 2017 despojó definitivamente a la Asamblea Nacional de sus funciones, es decir, materialmente eliminó al órgano del Poder Legislativo que encarna la representación popular, que es a través de la cual el pueblo ejerce su soberanía, repartiendo esas funciones como despojos, entre el Poder Ejecutivo y el propio Juez Constitucional, declarando de paso nulas todas sus actuaciones pasadas de la Asamblea desde enero de 2016, y las futuras; y todo ello, por supuesta-

---

387 Véase Allan R. Brewer-Carías, *Crónica sobre la "in" justicia constitucional. La Sala Constitucional y el autoritarismo en Venezuela*, Colección Instituto de Derecho Público, Universidad Central de Venezuela, N° 2, Caracas 2007; *Práctica y distorsión de la justicia constitucional en Venezuela (2008-2012)*, Colección Justicia N° 3, Acceso a la Justicia, Academia de Ciencias Políticas y Sociales, Universidad Metropolitana, Editorial Jurídica Venezolana, Caracas 2012; *La patología de la justicia constitucional*, Tercera edición ampliada, Fundación de Derecho Público, Editorial Jurídica Venezolana, 2014; *El golpe a la democracia dado por la Sala Constitucional*, Colección Estudios Políticos N° 8, Editorial Jurídica venezolana, Caracas 2014, 354 pp. ; segunda edición, (Con prólogo de Francisco Fernández Segado), 2015; *La ruina de la democracia. Algunas consecuencias*. Venezuela 2015, (Prólogo de Asdrúbal Aguiar), Colección Estudios Políticos, N° 12, Editorial Jurídica Venezolana, Caracas 2015.

mente haber la mayoría calificada de los diputados a dicha Asamblea Nacional, desacatado una decisión judicial de la Sala Electoral del Tribunal Supremo de Justicia.

El desacato de sentencias del Tribunal Supremo de Justicia, e incluso el llamado a la desobediencia de las mismas, conforme a la propia Ley Orgánica que lo rige,[388] es una conducta es sancionable con multa conforme lo indican los artículos 121 y 122 de dicha Ley, "sin perjuicio de las sanciones penales, civiles, administrativas o disciplinarias a que hubiere lugar;" no pudiendo legalmente, en ningún caso, el desacato de las sentencias del Tribunal Supremo acarrear la nulidad de los actos que se dicten como consecuencia del supuesto desacato.

Sin embargo, ello fue lo que hicieron la Sala Electoral y la Sala Constitucional del Tribunal Supremo de Justicia, desde que la Sala Electoral el 30 de diciembre de 2015, a solicitud de algún diputado del Partido del gobierno, dictó una *medida cautelar* en un juicio de nulidad de la elección de diputados en el Estado menos poblado del país (Estado Amazonas), con el único objeto fue pretender quitarle la mayoría calificada que la oposición había logrado en su triunfo en las elecciones parlamentarias de 6 de diciembre de 2015; medida cautelar que "suspendió" la "proclamación" que ya el Poder Electoral había hecho de la elección de dichos diputados.

Y fue precisamente con ocasión de la incorporación de dichos diputados a la Asamblea Nacional, que comenzó la guerra de destrucción de la Asamblea Nacional desarrollada por el Juez Constitucional durante todo el año 2016 y los primeros meses de 2017, consolidándose en definitiva una "dictadura judicial," y materializada en una serie de sentencias mediante las cuales sucesivamente: declaró la inconstitucionalidad de materialmente todas las leyes sancionadas por la Asamblea Nacional desde que se instaló en enero de 2016; sometió la función de legislar de la Asamblea Nacional a la obtención de un Visto Bueno del Poder Ejecutivo; eliminó las funciones de control político de la Asamblea Nacional sobre el gobierno y la Administración Pública, imponiendo el visto bueno previo del Vicepresidente ejecutivo para poder interpelar a un Ministro, con preguntas solo formuladas por escrito, eliminando tanto la posibilidad de para improbar los estados de excepción que se decreten, como la posibilidad de aprobar votos de censura a los Ministros, habiendo incluso resuelto que el Presidente de la República presentara su Memoria anual, no ante la

---

388 Véase Ley Orgánica del Tribunal Supremo de Justicia, en *Gaceta Oficial* N° 39483 9 de agosto de 2010.

Asamblea como constitucionalmente corresponde, sino ante a propia Sala Constitucional; eliminó la función legislativa en materia de presupuesto, convirtiendo la Ley de Presupuesto en un decreto ejecutivo para ser presentado ante la Sala Constitucional y no ante la Asamblea Nacional como corresponde constitucionalmente; eliminó la potestad de la Asamblea de emitir opiniones políticas como resultado de sus deliberaciones, anulando los Acuerdos que se han adoptado; eliminó la potestad de la Asamblea de revisar sus propios actos y de poder revocarlos, como fue el caso respecto de la elección viciada de los magistrados al Tribunal Supremo; y finalmente eliminó la potestad de legislar de la Asamblea nacional en el marco de un inconstitucional y permanente estado de emergencia que se prorroga cada tres meses, sin control parlamentario y con el solo visto bueno del Juez Constitucional.[389]

Es decir, el Poder Legislativo representado por la Asamblea ha sido totalmente neutralizado, al punto de que mediante sentencia de en enero de este año, con base en el antes mencionado supuesto desacato a la decisión primigenia mencionada de suspender cautelarmente la proclamación de cuatro diputados, la misma Sala Constitucional del Tribunal Supremo dispuso la cesación definitiva, de hecho, de la Asamblea Nacional en el cumplimiento de sus funciones constitucionales como órgano que integra a los representes del pueblo, declarando, mediante sentencia N° 2 de 11 de enero de 2017,[390] en la cual anuló el acto de instalación de la Asamblea para su segundo período anual, que:

> "Cualquier actuación de la Asamblea Nacional y de cualquier órgano o individuo en contra de lo aquí decidido será nula y carente de toda validez y eficacia jurídica, sin menoscabo de la responsabilidad a que hubiere lugar."

Esa decisión fue ratificada en otra sentencia de la misma fecha N° 3 de 11 de enero de 2017, [391] y posteriormente, en sentencia N° 7 de 26 de

---

389 Todas estas sentencias dictadas desde 2016 hasta el presente las fuimos analizando detalladamente a medida que se fueron dictando. Los diversos estudios y comentarios se recogieron luego en los libros: Allan R. Brewer-Carías, *Dictadura Judicial y perversión del Estado de derecho*, Editorial Jurídica Venezolana International, Caracas New York, 2ª edición 2016; edición española, Ed. IUSTEL, Madrid 2017; *y La consolidación de la dictadura judicial en Venezuela*, Editorial Jurídica Venezolana International, Caracas New York 2017.

390 Véase en http://historico.tsj.gob.ve/decisiones/scon/enero/194891-02-11117-2017-17-0001.HTML.

391 http://historico.tsj.gob.ve/decisiones/scon/enero/194892-03-11117-2017-17-0002.HTML.

enero de 2017 en la cual, al declarar inadmisible una acción de amparo intentada, de pasada, en un *Obiter Dictum* que se incluyó en dicha sentencia, la Sala le cercenó definitivamente al pueblo su derecho más elementar en un Estado de derecho, que es el de ejercer la soberanía mediante sus representantes, procediendo a declarar nulas de nulidad absoluta e inconstitucionales todas las actuaciones de la Asamblea Nacional, dando inicio al procedimiento para proceder a enjuiciar a los diputados de la Asamblea por desacato, revocarle su mandato popular y encarcelarlos. [392]

Todo ese proceso hubiera seguido siendo desconocido para el mundo, si no se hubiesen dictado a finales de marzo dos nuevas y escandalosas sentencias mediante las cuales se consolidó definitivamente la dictadura judicial usurpándose todas las funciones del Poder Legislativo, repartiéndose inconstitucionalmente sus despojos entre los otros Poderes del Estado.

I. LA CONSOLIDACIÓN DE LA DICTADURA JUDICIAL: LA SALA CONSTITUCIONAL, EN UN JUICIO SIN PROCESO, USURPÓ TODOS LOS PODERES DEL ESTADO, DECRETÓ INCONSTITUCIONALMENTE UN ESTADO DE EXCEPCIÓN Y ELIMINÓ LA INMUNIDAD PARLA-MENTARIA (SENTENCIA Nº 155 DE LA SALA CONSTITUCIONAL)

La primera de las mencionadas sentencias fue la sentencia Nº 155 de 27 de marzo de 2017, dictada por la Sala Constitucional, mediante la cual anuló el *Acuerdo de la Asamblea Nacional sobre la Reactivación del Proceso de Aplicación de la Carta Interamericana de la OEA, como mecanismo de resolución pacífica de conflictos para restituir el orden constitucional en Venezuela,* [393] que había sido dictado seis días antes, es decir, el 21 de marzo de 2017. Con ella, como se dijo, se consolidó definitivamente en Venezuela, una dictadura judicial conducida por el Tribunal Supremo de Justicia, actuando y dictando sentencias arbitrarias, es decir, literalmente, como le da la gana, sin importarle lo que pueda decir la Constitución o la ley, sin respetar las formas procesales constitucionales ni legales, y violando todos los principios más elementales del derecho y del proceso.

El "juicio" de nulidad de un acto parlamentario, que en este caso desarrolló la Sala Constitucional, se efectuó sin que hubiese habido proceso alguno, y por tanto, sin contradictorio, violando las reglas más elementa-

---

392 Véase en historico.tsj.gob.ve/decisiones/scon/enero/195578-07-26117-2017-17-0010.HTML.

393 Sentencia Nº 155 de 27 de marzo de 2017, en http://historico.tsj.gob.ve/decisiones/scon/marzo/197285-155-28317-2017-17-0323.HTML.

les del debido proceso, dictando medidas cautelares de oficio después de que el juicio había terminado, es decir, sin que hubiera juicio porque el que realizó de anulación, que tuvo una duración de solo tres (3) días, ya había concluido con la anulación del acto impugnado. En las "medidas cautelares" dictadas, entre otras decisiones, la sala Constitucional procedió a ordenarle (ni siquiera a permitirle aun inconstitucionalmente, sino a ordenarle) al Presidente de la República a comenzar a gobernar "formal" y abiertamente violando la Constitución, para lo cual "decretando" inconstitucionalmente un estado de excepción, le otorgó una especie de "patente de corso" para que ignorara lo que podía quedar del ordenamiento jurídico y decidiera también como le viniera en gana.

Finalmente, en la sentencia dictada, como se dijo, en un juicio sin proceso, la Sala Constitucional, violando el principio dispositivo que consagra la propia Ley Orgánica que la rige, decidió iniciar un juicio para el "control innominado de la constitucionalidad" de no se sabe qué actos, pero serán los que le dé la gana; y de paso, eliminó la inmunidad parlamentaria de la mayoría de los diputados electos en diciembre de 2015.

1. *Sobre el juicio "express," desarrollado sin proceso, considerado como de "mero derecho," en violación del debido proceso*

A. *El acto parlamentario impugnado*

La Asamblea, como se dijo, dictó el *Acuerdo sobre la Reactivación del Proceso de Aplicación de la Carta Interamericana de la OEA, como mecanismo de resolución pacífica de conflictos para restituir el orden constitucional en Venezuela,* el día viernes 21 de maro de 2017, y no habiendo habido actividad judicial los días sábado y domingo 22 y 23, dictó sentencia el día jueves 27, es decir, en un juicio sin proceso que duró sólo tres (3) días. [394]

En el acto impugnado, cuyo contenido ni siquiera fue copiado en el texto de la sentencia, la Asamblea Nacional se limitó a expresar una opinión o criterio de que luego que desde mayo de 2016 la Asamblea Nacional hubiera instado la actuación de la Organización de los Estados Americanos en relación con la crisis social e institucional del país mediante informe enviado al Secretario General de esta organización, la evolución de la situación del mismo revelaba lo que era obvio, es decir, "una agudi-

---

394 O si se quiere, una anulación "sin juicio." Véase José Ignacio Hernández, ¿Qué dijo la Sala Constitucional sobre la AN y la Carta Democrática?, en *Prodavinci,* 28 de marzo de 2017, en http://prodavinci.com/blogs/que-dijo-la-sala-constitucional-sobre-la-an-y-la-carta-democratica-por-jose-ignacio-hernandez/.

zación del desmantelamiento de la institucionalidad democrática y de la persecución política, aunada a la creciente crisis humanitaria," lo que hacía "aún más grave y palmaria la alteración del orden constitucional y democrático que sufre Venezuela," limitándose entonces el Acuerdo legislativo a "apoyar la convocatoria inmediata" del Consejo Permanente de la OEA, instándolo a que luego de hacer una "apreciación colectiva de la situación del país y en especial de la alteración del orden constitucional y democrático," acudiera "con urgencia a los mecanismos previstos en el artículo 20 de la Carta Democrática Interamericana, para restituir el derecho al voto y garantizar la celebración de elecciones oportunas y en igualdad de condiciones."

La Asamblea además, requirió, que en adición a la realización de las elecciones que han sido postergadas como lo expresó en uno de los Considerandos del Acuerdo, esos mecanismos asegurasen también:

"1. La liberación inmediata de todos los presos políticos. 2. El establecimiento de un canal humanitario que permita el acceso inmediato de alimentos y medicinas a la población. 3. El respeto de las facultades constitucionales de la Asamblea Nacional. 4. La separación de poderes y, en particular, la autonomía e independencia constitucional en la composición y funcionamiento del Tribunal Supremo de Justicia y del Consejo Nacional Electoral. Y 5. El respeto, protección y garantía de los derechos humanos."

Adicionalmente la Asamblea exhortó "a los Gobiernos de los Estados partes de la OEA, a que respalden, por medio de los respectivos representantes diplomáticos, la discusión en el Consejo Permanente de la severa crisis humanitaria e institucional que padece Venezuela, y la adopción de medidas efectivas que favorezcan una pronta canalización electoral del conflicto político y social."

B. *Un juicio "express" contra una manifestación de opinión política*

Es decir, se trató pura y simplemente de una manifestación pública de expresión u opinión política efectuada por la Asamblea Nacional por el voto de la mayoría de sus miembros, en la cual lo que hizo fue limitarse a apoyar, instar o exhortar a que se adoptasen las medidas previstas en los compromisos internacionales de la República como los derivados de la Carta Democrática Interamericana, y nada más.

El juicio de nulidad, por tanto, se desarrolló contra la manifestación o expresión de la opinión política de la Asamblea, iniciándose el mismo mediante un recurso de nulidad por inconstitucionalidad intentado por un diputado a la Asamblea Nacional, contra dicha opinión política contenida en el Acuerdo, que fue presentado ante la Secretaría de Sala el día sábado 22 de marzo de 2017, fecha en la cual, dice la sentencia "se dio cuenta en Sala" del expediente, es decir, todos los magistrados que integran la Sala estaban allí presentes muy diligentemente el día sábado, que no es día judicialmente hábil, procediendo a designar ese mismo día como Ponente al propio Presidente de la Sala, aun cuando posteriormente, el propio día en el cual se dictó la sentencia, los magistrados acordaron decidir la "causa" bajo "ponencia conjunta" de todos, pasando de inmediato a dictar su sentencia.

C. *La denuncia de desacato y la petición de enjuiciamiento por traición a la patria*

El recurso de nulidad intentado, después de hacer el recuento de todas las sentencias adoptadas por la Sala durante el año 2016, en las cuales fue cercenando progresivamente las funciones, atribuciones y competencias legislativas de la Asamblea Nacional,[395] y referirse a la situación de "desacato" que el recurrente le atribuyó a la Asamblea Nacional de la cual formaba parte, solicitó a la Sala Constitucional que declarase "la nulidad por inconstitucionalidad" tanto de la sesión de la Asamblea celebrada el 21 de marzo de 2017 como del Acuerdo parlamentario impugnado*:*

> "por haberse realizado en franco desacato y desconocimiento de lo ordenado en la sentencia de la Sala Electoral N° 260 de fecha 30 de diciembre de 2015, criterio confirmado por la sentencia de la Sala Constitucional N° 808 del 2 de septiembre de 2016, así como el desacato al mandamiento de amparo constitucional dictado en sentencia N° 948 del 15 de noviembre de 201(sic); y porque dicho acuerdo contradice principios fundamentales de nuestro orden Republicano, que tienen expresión en los artículos 1,2,3,5,7 y 326 de la Constitución de la República Bolivariana de Venezuela."

El recurrente además de insistir en su demanda que se "declare nula e inexistente esta nueva incursión antidemocrática que está asumiendo el Parlamento en contra del Estado de Derecho y que por lo tanto, anule de manera absoluta e inequívoca," le solicitó que estimase la posibilidad de exhortar:

> "a los órganos que integran el Consejo Moral Republicano y demás órganos e instituciones del Poder Público Nacional que estime pertinentes,

---

395 Véase sobre esas sentencias, como antes se dijo, Allan R. Brewer-Carías, *Dictadura Judicial y perversión del Estado de derecho*, Segunda Edición, (Presentaciones de Asdrúbal Aguiar, José Ignacio Hernández y Jesús María Alvarado), N° 13, Editorial Jurídica Venezolana, 2016.

a fin de que se inicie la investigación que determine la responsabilidad penal individual de los diputados y diputadas de la Asamblea Nacional que integran el denominado Bloque de la Unidad, ya que sus actuaciones constituyen un franco desacato a las sentencias y mandamientos de amparo constitucional de este máximo tribunal, además de la comisión del delito de *Traición a la Patria*, previsto y sancionado en el Código Penal venezolano" (destacado en el original)

D. *El juicio expreso de mero derecho y la violación del debido proceso*

Ante la petición formulada a la Sala Constitucional, lo primero que la misma hizo fue exonerarse a sí misma de la obligación constitucional de desarrollar un proceso que conforme al artículo 257 de la Constitución constituye "el instrumento fundamental para la realización de la justicia," procediendo a declarar el asunto como de "mero derecho," es decir, en términos de la jurisprudencia que citó la Sala, y que se remonta al año 2000, cuando exista una *"controversia"* (y la controversia solo puede existir si hay proceso y partes contradictorias en el mismo), que "esté circunscrita a cuestiones de mera doctrina, a la interpretación de un texto legal o de una cláusula contractual o de otro instrumento público o privado;" en la cual no hay "discusión sobre hechos," (y *discusión* que solo se puede producir entre partes, que discuten), razón por la cual "no se requiere apertura de lapso probatorio, sino que basta el estudio del acto y su comparación con las normas que se dicen vulneradas."

Sin embargo, siguiendo igualmente la doctrina jurisprudencial que cita, por ser el asunto de mero derecho consideró "innecesario el llamado a los interesados para que hagan valer sus pretensiones –sea en defensa o ataque del acto impugnado- por no haber posibilidad de discusión más que en aspectos de derecho y no de hecho."

Es decir, reconoció la Sala que si bien sí hay posibilidad de discusión, ello solo se referiría a aspectos "de derecho," pero ello, por lo visto, no tenía ni tiene importancia alguna para la Sala, es decir, la discusión entre partes con posiciones contradictorias sobre temas jurídicos no tiene importancia alguna, procediendo entonces a entrar a decidir "sin más trámites el presente asunto. Así se decide."[396]

---

396 Las sentencia citadas para apoyar la decisión de declarar de mero derecho el juicio, y desarrollarlo sin partes, en violación de la garantía del debido proceso, fueron las siguientes: sentencia de 20 de junio de 2000 (Caso: *Mario Pesci Feltri Martínez vs. la norma contenida en el artículo 19 del Decreto emanado de la Asamblea Nacional Constituyente, que creó el Régimen de Transición del Poder Público*); sentencia n°

En el caso debatido, por supuesto donde debió haberse dado inicio a un proceso constitucional, a los efectos de debatirse la cuestión "de mero derecho" entre las partes involucradas, que eran, nada más ni nada menos, por una parte, el recurrente, que fue un solo diputado, electo por el Estado Bolívar; y por la otra, los 90 diputados que aprobaron el Acuerdo impugnado, electos en todos los Estados del país, y que sin duda tenían sus razones y motivos de derecho que debían ventilar ante el juez, o si se quiere, como lo identificó la Sala, el pueblo como "agraviado directo" lo que exigía oír a sus representantes electos que eran dichos diputados.

La garantía del debido proceso, en los términos sentados por el mismo Tribunal Supremo, "es un *principio absoluto* de nuestro sistema en cualquier procedimiento o proceso y en cualquier estado y grado de la causa,"[397] el cual ni siquiera puede ser desconocido ni siquiera por el legislador,[398] habiendo precisado con claridad, la misma Sala Constitucional que:

> "las limitaciones al derecho de defensa en cuanto derecho fundamental derivan por sí mismas del texto constitucional, y si el Legislador amplía el espectro de tales limitaciones, las mismas devienen en ilegítimas; esto es, la sola previsión legal de restricciones al ejercicio del derecho de defensa no justifica las mismas, sino en la medida que obedezcan al aludido mandato constitucional."[399]

El derecho a la defensa, por tanto, es un derecho constitucional absoluto, "inviolable" en todo estado y grado de la causa dice la Constitución, el cual corresponde a toda persona, sin distingo alguno si se trata de una persona natural o jurídica, por lo que no admite excepciones ni limitacio-

---

1077 del 22 de septiembre de 2000 (caso: *Servio Tulio León*). La Sala citó además, como precedentes las sentencias números 445/2000, 226/2001, 1.684/2008, 1.547/2011 y 09/2016.

397 Véase sentencia de la Sala de Casación Civil en sentencia N° 39 de 26 de abril de 1995 (Caso: *A.C. Expresos Nas vs. Otros), en* en *Jurisprudencia Pierre Tapia*, N° 4, Caracas, abril 1995, pp. 9-12.

398 Por ello, ha sido por la prevalencia del derecho a la defensa que la Sala Constitucional, siguiendo la doctrina constitucional establecida por la antigua Corte Suprema de Justicia398, ha desaplicado por ejemplo normas que consagran el principio *solve et repete* como condición para acceder a la justicia contencioso-administrativa, por considerarlas inconstitucionales. Véase Sentencia N° 321 de 22 de febrero de 2002 (Caso: *Papeles Nacionales Flamingo, C.A. vs. Dirección de Hacienda del Municipio Guacara del Estado Carabobo* Véase en *Revista de Derecho Público*, N° 89-92, Editorial Jurídica Venezolana, Caracas 2002.

399 *Idem.*

nes;[400] siendo "un derecho fundamental que nuestra Constitución protege y que es de tal naturaleza, que no puede ser suspendido en el ámbito de un estado de derecho, por cuanto configura una de las bases sobre las cuales tal concepto se erige."[401]

Pero por lo visto, nada de ello tiene valor ni importancia para la Sala Constitucional cuando se trata de cercenarle sus potestades y funciones a los representantes del pueblo. El pueblo, a quien como se dijo la sala identificó en la sentencia como "agravado directo," en definitiva no merece ser oído a través de sus representantes, pues la Sala es la que gobierna, sin derecho. Y así, en solo tres días, la Sala Constitucional procedió a anular el Acuerdo parlamentario impugnado sin haberse enterado siquiera de los motivos y argumentos que los diputados que lo aprobaron esgrimieron para ello.

2. *Una sentencia de nulidad de un Acuerdo parlamentario, dictada sin motivación alguna y en violación al debido proceso*

Para dictar su sentencia de nulidad del Acuerdo impugnado, la Sala solo tomó en cuenta lo que le advirtió el diputado recurrente, en el sentido de que dicho Acuerdo sobre la "Reactivación del Proceso de Aplicación de la Carta Interamericana de la OEA, como mecanismo de resolución pacífica de conflictos para restituir el orden constitucional en Venezuela," supuestamente constituía:

> "una nueva expresión de su voluntad abierta de no acatar la Constitución de la República Bolivariana de Venezuela y, específicamente, las sentencias números 260 del 30 de diciembre de 2015, 1 del 11 de enero de 2016 y 108 del 1 de agosto de 2016 de la Sala Electoral y las números 269 del 21 de abril de 2016, 808 del 2 de septiembre de 2016, 810 del 21 de septiembre de 2016, 952 del 21 de noviembre de 2016, 1012, 1013, 1014 del 25 de noviembre de 2016 y 2 del 11 de enero de 2017, de esta Sala Constitucional."

---

400 Por ello, por ejemplo, la Corte Primera de lo Contencioso Administrativo, en sentencia 15-8-1997 (Caso: *Telecomunicaciones Movilnet, C.A. vs. Comisión Nacional de Telecomunicaciones (CONATEL)*) señaló que. "resulta inconcebible en un Estado de Derecho, la imposición de sanciones, medidas prohibitivas o en el general, cualquier tipo de limitación o restricción a la esfera subjetiva de los administrados, sin que se de oportunidad alguna de ejercicio de la debida defensa". Véase en *Revista de Derecho Público*, N° 71-72, Caracas 1997, pp. 154-163.

401 Así lo estableció la Sala Político Administrativa de la antigua Corte Suprema de Justicia, en sentencia N° 572 de 18-8-1997. (Caso: *Aerolíneas Venezolanas, S.A. (AVENSA) vs. República (Ministerio de Transporte y Comunicaciones)*).

La Sala Constitucional, con base en este solo alegato, consideró que "los mandamientos contenidos en esos fallos no son de ejercicio potestativo para el órgano del Poder Público al cual fueron dirigidos" sino "que son de obligatorio cumplimiento, so pena de las consecuencias jurídicas que el ordenamiento venezolano ha dispuesto para el respeto y mantenimiento del orden público constitucional y más aún para el respeto y preservación del sistema democrático," constatando que la Asamblea Nacional había "abiertamente incumplido" con sus sentencias "(entre otras, las sentencias N° 3 del 14 de enero de 2016; N° 615 del 19 de julio de 2016 y N° 810 del 21 de septiembre de 2016)," de lo cual, a juicio de la Sala:

> "se evidencia que efectivamente existe una clara intención de mantenerse en franco choque con la Constitución, sus principios y valores superiores, así como en desacato permanente de las sentencias dictadas por la Sala Electoral y por esta Sala Constitucional, al punto de que su incumplimiento ya no sólo responde a una actitud omisiva sino que en acto de manifiesta agresión al pueblo como representante directo de la soberanía nacional, existe una conducta que desconoce gravemente los valores superiores de nuestro ordenamiento jurídico, como son la paz, la independencia, la soberanía y la integridad territorial, los cuales constituyen actos de *"Traición a la Patria"*, como lo ha referido el recurrente.

Aparte de lo absurdo de sugerir que sea "traición a la patria" considerar que Venezuela se debe regir por lo que establece la Carta Democrática Interamericana,[402] basta leer esta afirmación para constatar que contrariamente a lo que afirmó arbitrariamente la Sala, el asunto decidido *no era de mero derecho*: la Sala hizo referencia a "la *clara intención*" de los diputados de violar la Constitución. La intención del autor de un acto es una cuestión de hecho, que requiere prueba; no es una cuestión de mero derecho.

Agregó además la Sala que el supuesto desacato a sus sentencias denunciado para fundamentar el recurso de nulidad "ya no sólo responde a una actitud omisiva sino que en acto de *manifiesta agresión* al pueblo." De nuevo, la intencionalidad que resulta de la supuesta "manifiesta agre-

---

402 Como lo expresó José Ignacio Hernández: "la aplicación de la CDI no puede constituir el delito de traición a la patria, pues esa Carta es un Acuerdo Internacional asumido soberanamente por el Estado venezolano, que es además de directa y preferente aplicación en Venezuela. Aplicar la CDI equivale a aplicar la Constitución. Y nadie que invoque la Constitución puede incurrir en traición a la patria. " Véase José Ignacio Hernández, ¿Qué dijo la Sala Constitucional sobre la AN y la Carta Democrática?, en *Prodavinci*, 28 de marzo de 2017, en http://prodavinci.com/blogs/que-dijo-la-sala-constitucional-sobre-la-an-y-la-carta-democratica-por-jose-ignacio-hernandez/.

sión " que se atribuye a los diputados que aprobaron el Acuerdo no es una cuestión de mero derecho, es una cuestión de hecho que requería prueba, para poder concluir que los diputados realizaron con intención una "manifiesta agresión" al pueblo que ellos mismos representan en la Asamblea.

Y basta para constatar que el asunto no era de mero derecho, sino que se trataba de una cuestión de prueba que requería de un contradictorio, el hecho de que para decidir, la Sala solo se basó en la *información sobre los hechos* que acaecieron en sesión de la Asamblea Nacional según fueron se reseñados en la página web oficial de la Asamblea Nacional[403]"que se transcribió en la sentencia.

Del análisis de los hechos, que la Sala negó posibilidad alguna de discutir, concluyendo *motu proprio* que en la controversia planteada, en un juicio sin proceso ni partes, la Sala Constitucional debía "hacer frente a una situación de inconstitucionalidad, que afecta no sólo la esfera individual de los legisladores que no se encuentran en esa situación omisiva, sino que por la función que les ha sido encomendada, afectan al colectivo, en este caso, al pueblo que es en quien reside –como antes se apuntó- la soberanía nacional;" considerando entonces en definitiva, que en el juicio:

"el agraviado directo en esta acción es el pueblo de la República Bolivariana de Venezuela, quien tiene la expectativa plausible y la confianza legítima en sus autoridades elegidas mediante la democracia como sistema de gobierno, de que los valores superiores consagrados en la Carta Magna y los principios constitucionales sean efectivamente garantizados, impidiendo toda actuación que busque una injerencia de autoridad extranjera sea cual fuese su naturaleza; ello porque constituye una ofensa grave a la norma suprema del Estado Venezolano, la cual debe ser cumplida a cabalidad por todos los órganos del Poder Público, y esta Sala en ejercicio de la jurisdicción constitucional, está llamada a evitar se produzcan ilícitos constitucionales que atenten contra la independencia y soberanía nacional y conlleven a la ruptura del orden y del hilo constitucional base del Estado Democrático y Social de Derecho y de Justicia, que el pueblo de Venezuela se ha dado mediante votación universal."

Y eso es todo lo que la Sala Constitucional argumentó sobre posibles "vicios de inconstitucionalidad" del acto impugnado, negándole a los representantes del pueblo que declaró como "el agraviado directo" en el juicio, la posibilidad precisamente de poder argumentar en representación del pueblo, pasando, sin motivación real alguna, a concluir su sentencia, sin más, afirmando que:

---

403 Cita de la sentencia: http://www.asambleanacional.gob.ve/noticia/show/id/17508.

"debe anular el acto impugnado que adolece *del vicio de inconstitucionalidad antes examinado* (sic) y, asimismo, ordenar se tomen medidas de alcance normativo *erga omnes*, a fin de propender a la estabilidad de la institucionalidad republicana. Así se decide."

Y así, por tanto, sin siquiera identificar el vicio de inconstitucionalidad supuestamente examinado, la Sala concluyó anulando el Acuerdo parlamentario, y con sentencia definitiva, el mismo juicio "express."

Con la sentencia anulatoria del Acuerdo de la Asamblea Nacional, que fue el acto impugnado en el juicio, por tanto, el juicio desarrollado, aun cuando sin proceso ni partes, terminó, y ninguna otra decisión podía adoptarse en el expediente, y menos, medida cautelar alguna que como es bien sabido y la Sala lo expresó en la sentencia solo se puede dictar antes de que se dicte la sentencia definitiva, y su duración es mientras se dicta la misma.

Pero en la bizarra "Justicia Constitucional" venezolana ninguno de estos principios tiene valor, y después de concluido el juicio mediante sentencia definitiva anulatoria, la Sala Constitucional, por una parte, *inició de oficio un nuevo juicio*, es decir, sin que nadie se lo pidiera lo que está prohibido en el ordenamiento jurídico venezolano donde priva el principio dispositivo, dispuso que se iniciase un juicio de "control innominado de la constitucionalidad," y por la otra, procedió a *dictar una serie de medidas cautelares*, sin juicio, pues al que se refieren las mismas ya había concluido, y el nuevo que había ordenado iniciar, no se había comenzado.

3. *El ilegal inicio, de oficio, de un nuevo proceso constitucional de "control innominado de la constitucionalidad" de no se sabe qué*

En efecto, como es sabido, la Sala Constitucional en Venezuela, como sucede en general en el mundo con los Jueces Constitucionales, no puede iniciar de oficio proceso constitucional alguno, razón por la cual incluso el artículo 32 de la Ley Orgánica del Tribunal Supremo dispone que el ejercicio de la Jurisdicción Constitucional "sólo corresponderá a la Sala Constitucional en los términos previstos en esta Ley, mediante demanda popular de inconstitucionalidad," es decir, conforme al principio dispositivo, no siendo aplicable dicho principio única y exclusivamente cuando se trata de "suplir, de oficio, las deficiencias o técnicas del demandante por tratarse de un asunto de orden público."[404] Ello lo ratificó el artículo 89 de

---

404 Véase sobre ello, Allan R. Brewer-Carías, y Víctor Hernández Mendible, *Ley Orgánica del Tribunal Supremo de Justicia*, Editorial Jurídica Venezolana, Caracas 2010, pp. 57 y 75 ss.

la misma Ley Orgánica garantizando el principio dispositivo al establecer que el Tribunal Supremo de Justicia "conocerá de los asuntos que le competen *a instancia de parte interesada,*" siendo la única excepción solo la actuación "de oficio en los casos que disponga la ley."[405]

No hay forma, por tanto, de que en Venezuela el Tribunal Supremo proceda a iniciar un juicio de inconstitucionalidad, ni siquiera inventándole el carácter de "control innominado de inconstitucionalidad" de oficio, sin instancia de parte, pues dicho "proceso" no existe en el ordenamiento constitucional venezolano.[406]

Pero ello, por lo visto no importó, pues la Sala Constitucional, como "máxima y última intérprete de la Constitución," y como garante de "la supremacía y efectividad de las normas y principios constitucionales," a juicio de la misma por lo visto puede simplemente hacer lo que le venga en gana, pudiendo proceder ante "cualquier acción u omisión de los órganos y particulares que conlleve el desconocimiento del vértice normativo del ordenamiento jurídico de la República" a "declarar la nulidad de todas las actuaciones que la contraríen," así no haya un juicio iniciado por una parte.

La Sala pasó entonces a citar en apoyo de su declaración diversas sentencias en las cuales se analizó el principio de la supremacía constitucional y la naturaleza de la Justicia Constitucional y de la Jurisdicción Constitucional que corresponde a la Sala,[407] declarando que la jurisprudencia allí sentada "es absolutamente conforme con lo dispuesto en la Carta de la Organización de los Estados Americanos," copiando a tal efecto diversas normas de la misma (arts. 1, 2, 3, 19 y 20); para luego, "teniendo en cuenta lo antes expuesto," pasar a afirmar que:

---

405 Sobre esta materia véase Allan R. Brewer-Carías, "Régimen y alcance de la actuación judicial de oficio en materia de justicia constitucional en Venezuela", en *Revista IURIDICA,* N° 4, Centro de Investigaciones Jurídicas Dr. Aníbal Rueda, Universidad Arturo Michelena, Valencia, julio-diciembre 2006, pp. 13-40.

406 Con razón José Ignacio Hernández indica que "en el Derecho venezolano no existe tal cosa como un "proceso de control innominado de la constitucionalidad." Véase José Ignacio Hernández, ¿Qué dijo la Sala Constitucional sobre la AN y la Carta Democrática?, en *Prodavinci,* 28 de marzo de 2017, en http://prodavinci.com/blogs/que-dijo-la-sala-constitucional-sobre-la-an-y-la-carta-democratica-por-jose-ignacio-hernandez/.

407 Citando las sentencias N° 1415 del 22 de noviembre de 2000; No 33 del 25 de enero de 2001 y n° 1309 del 19 de julio de 2001.

"es notoriamente comunicacional que luego de dictado el acto declarado nulo en esta sentencia, han venido ocurriendo otras acciones e, incluso, omisiones, que también pudieran atentar de forma especialmente grave contra el sistema de valores, principios y normas previstas en la Constitución de la República Bolivariana de Venezuela, y, en fin, contra la estabilidad de la República, de la Región y de la más elemental noción de justicia universal, razón por la que, conforme a lo dispuesto en los artículo 7, 137, 253, 266, 322, 326, 333, 334, 335, 336 y 350 del Texto Fundamental, en armonía con sus artículos 337 y siguientes, en razón del Estado de Excepción vigente en la República (ver sentencia n. 113 del 20 de marzo de 2017); esta Sala Constitucional, en tanto máxima y última intérprete del Texto Fundamental, ordena **de oficio** la apertura de un proceso de control innominado de la constitucionalidad (cuyo expediente se iniciará con copia certificada de la presente decisión), para garantizar los derechos irrenunciables de la Nación y de las venezolanas y venezolanos, los fines del Estado y la tutela de la justicia, la independencia y soberanía nacional (ver, entre otros, los artículos, 1, 2, 3 y 5 *eiusdem*), el cual se seguirá conforme a lo previsto en los artículos 128 y siguientes de la Ley Orgánica del Tribunal Supremo de Justicia y en la jurisprudencia de esta Sala. Así se decide."

Por supuesto, para tomar esta decisión, de iniciar de oficio un nuevo juicio de "control innominado de inconstitucionalidad," *respecto de los actos señalados en la presente decisión*, cuyo expediente iniciará con copia certificada de la misma," la verdad es que nadie sabe de qué, ni contra qué, ni contra quién, ni si se trata de un juicio basado en la idea de "justicia universal" y que por tanto, el poder anulatorio de la Sala pueda llegar a las decisiones que puedan adoptar los propios organismos internacionales.

En todo caso, con las cenizas del juicio que había fenecido con la sentencia definitiva de nulidad, al iniciar este nuevo juicio de oficio, la Sala ignoró y violó lo expresamente previsto en los citados artículos 32 y 89 de la misma Ley Orgánica del Tribunal Supremo de Justicia, que le prohíben iniciar procesos constitucionales de oficio.

Sin embargo, ello por lo visto nada importa, procediendo la Sala a ordenar que se notificara de la decisión a diversos funcionarios y en este caso, si, se procediera a "ordenar el emplazamiento de los interesados mediante cartel," y con base en el expediente del juicio fenecido, se "continúe el procedimiento. Así se decide."

4. *Las inconstitucionales medidas cautelares dictadas fuera de algún proceso, de oficio.*

Después de concluir el juicio de nulidad que originó la sentencia de anulación, que fue una sentencia definitiva, y después de ordenar que se iniciase de oficio un nuevo juicio, que debía comenzar con el expediente del juicio fenecido, la Sala Constitucional, antes de que se iniciara, procedió a dictar una serie de "medidas cautelares," las cuales por esencia solo pueden dictarse en el curso de un proceso, pero nunca en una situación de ausencia de juicio, como en este caso, luego de que el juicio de nulidad había terminado y el nuevo juicio que se ordenó iniciar de oficio, no había comenzado.

Pero de nuevo, para la Sala Constitucional ningún principio procesal importa, pues la misma puede hacer lo que le venga en gana.

Y así, la Sala procedió a analizar las previsiones sobre medidas cautelares contenidas precisamente en el Capítulo II de la Ley Orgánica del Tribunal Supremo sobre *"De los procesos ante la Sala Constitucional"*, relativas precisamente a "las potestades cautelares generales que ostenta la Sala Constitucional *con ocasión de los procesos jurisdiccionales* tramitados en su seno." Y de nuevo pasó a hacer referencia a jurisprudencia anterior donde trató el tema de las medidas cautelares como "instrumento cardinal para salvaguardar la situación jurídica de los justiciables," constituyendo "la garantía de la ejecución del fallo definitivo," [408] pero considerando que "no se encuentran sujetas al principio dispositivo y, por tanto, operan incluso de oficio." pero por "su instrumentalidad" y, por ello, al "no constituir un fin por sí mismas," siempre "son provisionales y, en consecuencia, fenecen cuando se produce la sentencia que pone fin al proceso principal."

Y así, sin más, sin identificar en cuál "juicio principal" pretendía dictar medidas cautelares, si en el juicio sin proceso terminado mediante sentencia definitiva de anulación, lo que ya no era posible; o en el proceso que había ordenado iniciar, pero en el cual aún no había comenzado el juicio, procedió a dictar medidas cautelares, motivada la Sala por:

> "las inéditas acciones que afectan la paz y soberanía nacional y ante el reiterado comportamiento contrario al orden jurídico internacional que ha venido ejecutando el actual Secretario General de la Organización de Estados Americanos (OEA), lesivo a los principios generales del derecho

---

408   Citando las sentencias N° 269 del 25 de abril de 2000, (caso: *ICAP*); N° 1.025 del 26 de octubre de 2010 (caso: *"Constitución del Estado Táchira"*).

internacional y a la propia Carta de la Organización de Estados Americanos"

Con base en esta sola motivación, la Sala entonces procedió a *ordenar* al Presidente de la República "en atención a lo dispuesto en el artículo 236.4, en armonía con lo previsto en los artículos 337 y siguientes" de la Constitución, "en ejercicio de la jurisdicción constitucional," una serie de medidas todas inconstitucionales, que se indican a continuación, usurpando las funciones del propio Poder Ejecutivo y del Poder Legislativo, desconociendo de paso la inmunidad parlamentaria.

A. *Órdenes al Presidente usurpando sus propias funciones como Jefe del Poder Ejecutivo en materia de dirección de las relaciones exteriores*

La primera medida cautelar que dictó la Sala fue ordenar inconstitucionalmente al Presidente de la República a que:

"proceda a ejercer las medidas internacionales que estime pertinentes y necesarias para salvaguardar el orden constitucional."

Con este solo enunciado, la Sala Constitucional usurpó la competencia exclusiva del Presidente de la República de "dirigir las relaciones exteriores de la República" establecida en el artículo 236.4 de la Constitución, que debe ejercerse conforme al artículo 152 de la misma, lo que vicia la sentencia de nulidad conforme al artículo 138 de la Constitución, que dispone que ":toda autoridad usurpada es ineficaz y sus actos son nulos."

En similar vicio incurrió la Sala al ordenar también inconstitucionalmente al Presidente de la República a que:

"evalúe el comportamiento de las organizaciones internacionales a las cuales pertenece la República, que pudieran estar desplegando actuaciones similares a las que ha venido ejerciendo el actual Secretario Ejecutivo de la Organización de Estados Americanos (OEA), en detrimento de los principios democrático y de igualdad a lo interno de las mismas […] Y así garantizar, conforme a nuestra tradición histórica, los derechos humanos sociales inherentes a toda la población, en especial, de los pueblos oprimidos. Así decide."

Con este enunciado, la Sala Constitucional no solo también usurpó la misma competencia exclusiva del Presidente de la República de "dirigir las relaciones exteriores de la República" lo que vicia la sentencia de nuevo de nulidad conforme al mismo artículo 138 de la Constitución, por ser producto de una autoridad usurpada, que la hace ineficaz y sus actos nulos, sino que pretende convertir en policía de los organismos internacionales al Presidente de la República, pero sin dar ninguna orientación de con cuál propósito es que va a realizar la "evaluación" ordenada.

B. *Órdenes al Presidente de la República de adoptar medidas propias de un estado de excepción, usurpando las funciones del propio Poder Ejecutivo y del Poder Legislativo en materia de decretos de estados de excepción*

La segunda medida cautelar que dictó la Sala fue una equivalente, materialmente, a la inconstitucional emisión de un decreto de estado de excepción regulado en los artículos 337 y siguientes de la Constitución, al ordenar al Presidente que:

"en ejercicio de sus atribuciones constitucionales y para garantizar la gobernabilidad del país, tome las medidas civiles, económicas, militares, penales, administrativas, políticas, jurídicas y sociales que estime pertinentes y necesarias para evitar un estado de conmoción."

El artículo 338 dispone que solo se puede decretar por el Presidente de la República, sometido a control político por parte de la Asamblea, "el estado de conmoción interior o exterior en caso de conflicto interno o externo, que ponga seriamente en peligro la seguridad de la Nación, de sus ciudadanos y ciudadanas o de sus instituciones," autorizándose al Presidente de la República a tomar determinadas medidas cuando "resultan insuficientes las facultades de las cuales se disponen para hacer frente a tales hechos."

Así, usurpando las potestades de otros poderes del Estado y violando la Constitución, ha sido la Sala Constitucional la que no solo ha "autorizado" al Presidente de la República, sino que le ha "ordenado" tomar "las medidas civiles, económicas, militares, penales, administrativas, políticas, jurídicas y sociales que estime pertinentes y necesarias para evitar un estado de conmoción," sin límite alguno, y por tanto, materialmente suspendiendo *sine die* las garantías constitucionales que han quedad a merced de lo que el Presidente considere "pertinente y necesario."

Se trató, ni más ni menos, de un verdadero decreto de estado de excepción, pero dictado por el Juez Constitucional, sin control político alguno por parte de la Asamblea, y sin lapso alguno de duración, lo que es inconstitucional bajo todo punto de vista.

Por tanto, de nuevo, la orden dictada está vicia de inconstitucionalidad por violar el artículo 236.7, y por tanto de nulidad conforme al artículo 138 de la Constitución, que dispone que "toda autoridad usurpada es ineficaz y sus actos son nulos," y además, al autorizar al Presidente para poder dictar medidas que puedan significar restricción de derechos y garantías constitucionales, conforme al artículo 25 de la Constitución, la sentencia también es nula y los magistrados que la suscribieron ordenando la adopción de las mismas "incurren en responsabilidad penal, civil y administrativa, según los casos, sin que les sirvan de excusa órdenes superiores."

C. *Órdenes al Presidente de la República usurpando las funciones de Poder Legislativo en materia legislación*

La tercera medida cautelar que dictó la Sala fue ordenar inconstitucionalmente al Presidente de la República a legislar y a modificar la legislación existente en el país, al ordenarle a que:

> "en el marco del Estado de Excepción y ante el desacato y omisión legislativa continuada por parte de la Asamblea Nacional, revisar excepcionalmente la legislación sustantiva y adjetiva (incluyendo la Ley Orgánica contra la Delincuencia Organizada y Financiamiento al Terrorismo, la Ley Contra la Corrupción, el Código Penal, el Código Orgánico Procesal Penal y el Código de Justicia Militar –pues pudieran estar cometiéndose delitos de naturaleza militar-), que permita conjurar los graves riesgos que amenazan la estabilidad democrática, la convivencia pacífica y los derechos de las venezolanas y los venezolanos; todo ello de conformidad con la letra y el espíritu de los artículos 15, 18 y 21 de la Ley Orgánica Sobre Estados de Excepción vigente."

Con esta orden, la Sala Constitucional violó abiertamente la Constitución al atribuir al Poder Ejecutivo una función que es privativa de la Asamblea Nacional que es la de legislar establecida en el artículo 187.1 de la Constitución; por lo que de nuevo, la sentencia está viciada de nulidad conforme al artículo 138 de la Constitución, que dispone que "toda autoridad usurpada es ineficaz y sus actos son nulos."

La Sala Constitucional, por otra parte, para dictar esta orden conminando al Poder Ejecutivo a legislar violando la Constitución, hizo referencia al "marco del Estado de Excepción," sin identificar cuál estado de excepción, por lo que no puede ser otro que el que ella misma "dictó" en forma constitucional en el mismo texto de la sentencia en la medida cautelar antes comentada, que como deriva de su texto es equivalente a decretar un estado de excepción, autorizando inconstitucionalmente al Presidente a reformar toda la legislación nacional sin control político alguno por parte de los representantes del pueblo.[409]

---

409 Es decir, como lo indicó José Ignacio Hernández, "Esto lo que significa es que, según la Sala Constitucional, el Presidente de la República puede hacer lo que quiera,

D. *El desconocimiento, de paso, de la inmunidad parlamentaria*

Finalmente la Sala, de paso, consideró que resultaba "oportuno" dejar sentado en relación con los diputados a la Asamblea nacional, que

> "la inmunidad parlamentaria sólo ampara, conforme a lo previsto en el artículo 200 del Texto Fundamental, los actos desplegados por los diputados en ejercicio de sus atribuciones constitucionales (lo que no resulta compatible con la situación actual de desacato en la que se encuentra la Asamblea Nacional) y, por ende, en ningún caso, frente a ilícitos constitucionales y penales (flagrantes) (ver sentencia de esta Sala Constitucional n.° 612 del 15 de julio de 2016 y de la Sala Plena nros. 58 del 9 de noviembre de 2010 y 7 del 5 de abril de 2011, entre otras)."

Para buen lector entendedor, pocas palabras: Es decir, al estimar la Sala Constitucional que en virtud del supuesto desacato en que han incurrido los diputados de la Asamblea Nacional, los actos que los mismos desplieguen entonces no se podrían considerar que son en ejercicio de sus atribuciones constitucionales, y por tanto, en ningún caso quedarían amparados por la inmunidad parlamentaria, y menos "frente a lo que califica la Sala de antemano como "ilícitos constitucionales y penales (flagrantes)."[410]

---

incluyendo reformar Leyes, en el marco del "estado de excepción. Tal habilitación ilimitada al Presidente viola la Constitución, pues la Sala Constitucional no puede darle más poderes al Presidente que los que la Constitución le atribuye. Y mucho menos puede la Sala Constitucional habilitar al Presidente para ejercer la función legislativa: solo la Asamblea, por medio de la Ley habilitante, puede atribuir esa función." Véase José Ignacio Hernández, ¿Qué dijo la Sala Constitucional sobre la AN y la Carta Democrática?, en *Prodavinci*, 28 de marzo de 2017, en http://prodavinci.com/blogs/que-dijo-la-sala-constitucional-sobre-la-an-y-la-carta-democratica-por-jose-ignacio-hernandez/ No es de extrañar, por tanto, que Antonio Sánchez García, haya comparado la sentencia con la "Ley para solucionar los peligros que acechan al Pueblo y al Estado, mejor conocida como la Ley Habilitante de 1933, aprobada por el Parlamento alemán el 23 de marzo de 1933," considerando que "fue el segundo instrumento jurídico, después del decreto del Incendio del Reichstag, mediante el cual los nacionalsocialistas obtuvieron poderes dictatoriales bajo una apariencia de legalidad. La Ley concedía al canciller Adolf Hitler y a su gabinete el derecho de aprobar leyes sin la participación del parlamento, lo que supuso de facto, el fin de la democracia, de la República de Weimar y de su Constitución." Véase Antonio Sánchez García, 28 de marzo de 2017, en http://www.el-nacional.com/autores/anto-nio-sanchez-garcia.

410 Con razón José Ignacio Hernández se pregunta sobre esta declaración sobre la inmunidad parlamentaria: "¿Esto qué quiere decir? Aun cuando la Sala Constitucional no lo afirma categóricamente, la conclusión luce evidente: la Sala Constitucional considera que los diputados que aprobaron el Acuerdo sobre la CDI incurrieron en delitos que no están amparados por la inmunidad parlamentaria. Con lo cual, esos diputados

Por tanto, con la sentencia, la Sala Constitucional borró de un plumazo el contenido del artículo 200 de la Constitución respecto de los diputados electos en diciembre de 2015, y con ello, la inmunidad parlamentaria que ampara a dichos diputados,[411] estimando que si incurren en presuntos delitos, ya ni siquiera el Tribunal Supremo debe conocer en forma privativa sobre su enjuiciamiento, sino que como la Sala ya ha calificado de flagrante los delitos que piensa habrían cometido, como por ejemplo el de "traición a la patria," "la autoridad competente" puede ponerlos bajo custodia en su residencia y entonces comunicarlo al Tribunal Supremo.

Y así puede decirse que llega a su fin la saga por la consolidación de la dictadura judicial a cuya concepción la Sala Constitucional le dedicó todos sus esfuerzos desde enero de 2016.

5. *El ataque del Tribunal Supremo contra el Secretario General de la OEA, Dr. Luis Almagro por buscar el restablecimiento del derecho a la democracia en Venezuela*

No contentos con la sentencia anterior, todos los miembros del Tribunal Supremo de Justicia, aprobaron un Acuerdo el mismo día 27 de marzo de 2017, en el cual rechazaron el Informe que presentó el Dr. Luis Almagro el 14 de marzo de 2017 ante el Presidente del Consejo Permanente de la OEA, considerando que el mismo contenía "señalamientos injerencistas, infamantes y lesivos al orden democrático y a la institucionalidad de la República venezolana;" condenando además "enérgicamente el atentado contra la paz ciudadana que pretende generar una matriz internacional que deslegitime al Poder Judicial de la República Bolivariana de Vene-

---

podrían ser enjuiciados —y privados de libertad— sin necesidad de pasar por el trámite del allanamiento de la inmunidad parlamentaria." Véase José Ignacio Hernández, ¿Qué dijo la Sala Constitucional sobre la AN y la Carta Democrática?, en *Prodavinci*, 28 de marzo de 2017, en http://prodavinci.com/blogs/que-dijo-la-sala-constitucional-sobre-la-an-y-la-carta-democratica-por-jose-ignacio-hernandez/.

411 "Artículo 200: Los diputados o diputadas a la Asamblea Nacional gozarán de inmunidad en el ejercicio de sus funciones desde su proclamación hasta la conclusión de su mandato o la renuncia del mismo. De los presuntos delitos que cometan los o las integrantes de la Asamblea Nacional conocerá en forma privativa el Tribunal Supremo de Justicia, única autoridad que podrá ordenar, previa autorización de la Asamblea Nacional, su detención y continuar su enjuiciamiento. En caso de delito flagrante cometido por un parlamentario o parlamentaria, la autoridad competente lo o la pondrá bajo custodia en su residencia y comunicará inmediatamente el hecho al Tribunal Supremo de Justicia. / Los funcionarios públicos o funcionarias públicas que violen la inmunidad de los o las integrantes de la Asamblea Nacional, incurrirán en responsabilidad penal y serán castigados o castigadas de conformidad con la ley".

zuela como Poder autónomo, independiente, garante de la soberanía popular y como máximo y último intérprete de la Constitución."

Los magistrados exigieron al Secretario General de la OEA "respeto al diálogo político permanente que se viene desarrollando en la República Bolivariana de Venezuela, al funcionamiento democrático institucional y a la paz ciudadana", respaldaron "la política exterior del Estado venezolano, en la defensa irrestricta de la institucionalidad democrática," y exhortaron al Ejecutivo Nacional "para que se ejerzan todas las acciones nacionales e internacionales a los fines de garantizar el respeto del Texto Fundamental y la soberanía nacional."

En particular, acordaron

"solicitar al Ejecutivo Nacional que considere la posibilidad de proponer la remoción del actual Secretario General de la Organización de Estados Americanos, señor Luis Almagro, a la Asamblea General de ese organismo, según lo establecido en el artículo 116 de la Carta de la OEA, dada la reiterada agresión, contra la Carta Magna venezolana y sus instituciones."[412]

¿Y qué fue lo que hizo el Dr. Almagro para merecer todos los epítetos utilizados y para que los magistrados pidieran su destitución? Pues solamente cumplir con su deber como Secretario General de la OEA en relación con la Carta Democrática Interamericana que es un instrumento internacional obligatorio para Venezuela, casi un año después de haber rendido su *Informe sobre la situación en Venezuela en relación con el cumplimiento de la Carta Democrática Interamericana* de 30 de mayo de 2016, [413] al presentar con fecha 14 de marzo de 2017, el *Informe de Se-*

---

412 Véase sobre el Acuerdo la información en http://www.tsj.gob.ve/-/tsj-rechaza-acciones-injerencistas-del-actual-secretario-general-de-la-oea-contra-venezuela. El texto del Acuerdo puede consultarse en: http://historico.tsj.gob.ve/gacetatsj/marzo/136-2017.pdf#page=1. El video de la lectura del Acuerdo puede verse en: https://www.youtube.com/watch?v=0ZsapQ8-o20 Por supuesto, el Acuerdo del Tribunal Supremo, como lo destacó Carlos José Sarmiento Sosa, "carece de fundamento jurídico porque, constitucionalmente, la única función del TSJ es administrar justicia conforme a la carta magna y a la Ley Orgánica del TSJ, lo que se manifiesta mediante sentencias dictadas en nombre de la República y por autoridad de la ley. Por tanto, el Acuerdo como tal es una mera opinión personal no vinculante de los magistrados que lo avalaron." Véase Carlos José Sarmiento Sosa, 29 de marzo de 2017, en https://pararescatarelporvenir.wordpress.com/2017/03/29/carlos-jose-sarmiento-sosa-2/.

413 Véase la comunicación del Secretario General de la OEA de 30 de mayo de 2016 con el *Informe sobre la situación en Venezuela en relación con el cumplimiento de la*

guimiento sobre la situación en Venezuela, en el cual expresó lo que es obvio "y comunicacional," que efectivamente:

"los miembros del Consejo Permanente, los ciudadanos de América y la comunidad internacional han sido testigos de la agudización de la crisis económica, social, política y humanitaria en Venezuela.

Las gestiones diplomáticas realizadas no han dado por resultado ningún progreso. Los reiterados intentos de diálogo han fracasado y los ciudadanos de Venezuela han perdido aún más la fe en su gobierno y en el proceso democrático. La ausencia de diálogo es la primera señal del fracaso de un sistema político, porque la democracia no puede existir cuando las voces no se escuchan o han sido silenciadas."[414]

Y efectivamente, todo lo que siguió ocurriendo en Venezuela durante 2016 y los meses que van de 2017, muestran –como lo indicó el Secretario General– "hechos que no dejan lugar a dudas," concluyendo con la lapidaria apreciación de que:

"Venezuela viola todos los artículos de la Carta Democrática Interamericana."

No uno de los artículos de la Carta, lamentablemente Venezuela ha violado todos los artículos de la misma, por lo que frente a ello, y teniendo como mira el principio de que "la democracia y los derechos humanos son valores que deben estar por encima de la política," y de que "la tarea que tenemos ante nosotros es apoyar a Venezuela y restaurar los derechos de su pueblo," lo que el Secretario General propuso a los Estados Miembros de la OEA, fue que:

"Nuestros esfuerzos deben concentrarse en restaurar el derecho a la democracia del pueblo venezolano conforme a lo que establece el artículo 1 de la Carta Democrática Interamericana: "Los pueblos de América tienen derecho a la democracia y sus gobiernos la obligación de promoverla y defenderla."

Y sí, efectivamente, en la situación actual de Venezuela, de lo que se trata es de restaurar el derecho a la democracia, razón por la cual los venezolanos lo que debemos es agradecerle al Secretario General de la OEA sus esfuerzos y celebrar que al fin, la preocupación continental por el tema

---

Carta Democrática Interamericana, en oas.org/documents/spa/press/OSG-243.es.pdf.

414 Véase la comunicación del Secretario General de la OEA de 14 de marzo de 2017 con el *Informe de seguimiento sobre Venezuela* en http://www.oas.org/documents/spa/press/informe-VZ-spanish-signed-final.pdf.

de la destrucción de la democracia en el país se haya comenzado a manifestar institucionalmente, con el planteamiento que en dos ocasiones hizo el Dr Almagro ante el Consejo Permanente de la Organización, y que haya sido él mismo quien lo haya hecho tan acertadamente; confirmándose así, lo que hemos denunciado y analizado desde hace años,[415] pues la democracia en Venezuela desde 1999 lamentablemente fue progresivamente desmantelada,[416] precisamente utilizando los instrumentos e instituciones de la democracia,[417] pero con el objeto final de establecer de un régimen autoritario de gobierno en el marco de un Estado totalitario en desprecio de la Constitución y de a la ley;[418] que está caracterizado incluso por la ausencia del más fundamental de los elementos de la democracia que es la elección de representantes.

No olvidemos, en efecto, y eso no se puede borrar ni ignorar, que el régimen, durante 2016, no sólo impidió la realización del referendo revocatorio presidencial a que tenía derecho el pueblo, sino que simplemente eliminó las elecciones de Gobernadores, Alcaldes, diputados y concejales en los Estados y Municipios que debieron realizarse en 2016.

En paralelo, tampoco debe olvidarse, y eso tampoco lo pueden ignorar los magistrados del Tribunal Supremo, que entre los elementos medulares de esa ruptura del orden constitucional y democrático en violación de la Carta Democrática Interamericana que ha ocurrido en el país, está precisamente la obra ejecutada por el mismo Tribunal Supremo durante 2016, para impedir el funcionamiento de la Asamblea Nacional, al punto de

---

415 Por ello, con razón, Antonio Sánchez García, ha expresado que "No nos alcanzará el tiempo a los venezolanos de bien, hoy acorralados, perseguidos y vituperados bajo el régimen más oprobioso que existiera en nuestra región desde las guerras de Independencia, para agradecer y honrar a Luis Almagro." Véase Antonio Sánchez García, "Almagro, el héroe solitario," 29 de marzo de 2017, en http://www.el-nacional.com/autores/antonio-sanchez-garcia.

416 Véase Allan R. Brewer-Carías, *La ruina de la democracia. Algunas consecuencias. Venezuela 2015,* (Prólogo de Asdrúbal Aguiar), Colección Estudios Políticos, Nº 12, Editorial Jurídica Venezolana, Caracas 2015.

417 Véase Allan R. Brewer-Carías, *Dismantling Democracy. The Chávez Authoritarian Experiment*, Cambridge University Press, New York 2010.

418 Véase Allan R. Brewer-Carías, *Estado totalitario y desprecio a la ley. La desconstitucionalización, desjuridificación, desjudicialización y desdemocratización de Venezuela*, Fundación de Derecho Público, Editorial Jurídica Venezolana, segunda edición, (Con prólogo de José Ignacio Hernández), Caracas 2015; *Authoritarian Government v. The Rule Of Law. Lectures and Essays (1999-2014) on the Venezuelan Authoritarian Regime Established in Contempt of the Constitution*, Fundación de Derecho Público, Editorial *Jurídica Venezolana,* Caracas 2014.

lograr su aniquilación, lo que se hizo mediante sentencias a través de las cuales. Precisamente, se violó el orden constitucional y democrático.

En efecto, como es bien sabido, desde enero de 2016, particularmente la Sala Constitucional, reguló inconstitucionalmente el régimen interno de la Asamblea Nacional, reformando su *interna corporis*, que solo ella puede sancionar; se impidió el ejercicio autónomo de su potestad de legislar, sometiéndola al visto bueno previo del Poder Ejecutivo; se declararon nulas todas sus actuaciones legislativas pasadas y futuras de la Asamblea; se eliminó su potestad legislativa de realizar el control político en relación con el Gobierno y a la Administración Pública; se le impidió a la Asamblea su potestad de poder revisar sus propios actos y evocarlos; se declararon nulas absolutamente casi todas las leyes que fueron sancionadas durante 2016; se eliminó la potestad constitucional de la Asamblea de declarar votos de censura respecto de los Ministros y en general, de interpelarlos; se eliminó la potestad de la Asamblea de intervenir y controlar el proceso presupuestario, eliminándose la "ley de presupuesto"; y en fin, se eliminó hasta la potestad de la Asamblea de expresar sus propias opiniones políticas mediante Acuerdos,[419] siendo la sentencia comentada en las páginas anteriores, del 27 de marzo de 2017, la última de esta saga, la cual además, viola la Carta Democrática Interamericana.

Como lo expresó José Ignacio Hernández:

> "esta sentencia de la Sala Constitucional, además de violar la Constitución, viola la Carta Democrática Interamericana, que no es un instrumento que alguna potencia extranjera pretende imponer en Venezuela: es, recuerdo, un acuerdo que Venezuela, soberanamente, asumió y que por ende genera obligaciones, tanto internacionales como domésticas .

La sentencia comentada, al insistir en el desconocimiento del Poder Legislativo, anunciar posibles juicios penales en contra de los diputados de la Asamblea y otorgar al Presidente funciones que la Constitución no le atribuye, desconoce el estado de Derecho conforme éste es reconocido en la Constitución de 1999 y en la propia Carta."[420]

---

419 Véase los comentarios a todas esas sentencias en Allan R. Brewer-Carías, *La dictadura judicial y la perversión del Estado de derecho*, Segunda Edición, (Presentaciones de Asdrúbal Aguiar, José Ignacio Hernández y Jesús María Alvarado), Nº 13, Editorial Jurídica Venezolana, Caracas 2016.

420 Véase José Ignacio Hernández, ¿Qué dijo la Sala Constitucional sobre la AN y la Carta Democrática?, en *Prodavinci*, 28 de marzo de 2017, en http://prodavinci.com/blogs/que-dijo-la-sala-constitucional-sobre-la-an-y-la-carta-democratica-por-jose-ignacio-hernandez/.

II. EL REPARTO DE DESPOJOS: LA USURPACIÓN DEFINITIVA DE LAS FUNCIONES DE LA ASAMBLEA NACIONAL POR LA SALA CONSTITUCIONAL DEL TRIBUNAL SUPREMO DE JUSTICIA AL ASUMIR EL PODER ABSOLUTO DEL ESTADO (SENTENCIA Nº 156 DE LA SALA CONSTITUCIONAL)

No contenta con la sentencia anterior, la Sala Constitucional del Tribunal Supremo de Justicia, mediante un nueva y posterior sentencia N° 156 de fecha 29 de marzo de 2017[421] decidió, *en un solo día* - en el tiempo más corto en la historia de la inJusticia Constitucional en Venezuela - un recurso de interpretación que habían intentado el día anterior, el 28 de marzo de 2017, los apoderados de una empresa del Estado (Corporación Venezolana del Petróleo, SA (CVP)), empresa filial de Petróleos de Venezuela, S.A. PDVSA, referido específicamente al artículo 33 de la Ley Orgánica de Hidrocarburos que regula la aprobación previa de la Asamblea Nacional para la constitución de empresas mixtas en el sector de la industria petrolera. La Sala, en definitiva, considerando que como la Asamblea Nacional no podía funcionar por estar la mayoría de los diputados que la componen en situación de desacato de sentencias anteriores, constituyendo ello una supuesta *omisión inconstitucional legislativa*, no podía entonces ejercer *de facto* las facultades previstas en dicha norma.

En consecuencia, la Sala Constitucional, en su sentencia, dando sin duda un golpe de Estado, resolvió que "mientras persista la situación de desacato y de invalidez de las actuaciones de la Asamblea Nacional," procedía a asumir de pleno derecho, inconstitucionalmente, la totalidad de las competencias de la Asamblea Nacional, y en consecuencia, a *ejercer directamente* todas las competencias parlamentarias de la misma, auto-atribuyéndose incluso la potestad de "delegar" el ejercicio de las mismas en "el órgano que ella disponga," irónicamente "para velar por el Estado de Derecho" cuyos remanentes cimientos pulverizó con la decisión

En cuanto a la potestad legislativa específicamente respecto de dicha Ley Orgánica de Hidrocarburos, la Sala resolvió, también inconstitucionalmente, atribuirla al Poder Ejecutivo, "sobre la base del estado de excepción" que ella misma había decretado en sentencia publicada un día antes N° 155 del 27 de marzo de 2017, [422] indicando que "el Jefe de Estado podrá modificar, mediante reforma, la norma objeto de interpretación."

---

421 Véase en http://historico.tsj.gob.ve/decisiones/scon/marzo/197364-156-29317-2017-17-0325.HTML.

422 Véase en http://historico.tsj.gob.ve/decisiones/scon/marzo/197285-155-28317-2017-17-0323.HTML.

En fin, con esta sentencia se ha procedido a realizar un nuevo y quizás definitivo vaciamiento de las competencias de la Asamblea Nacional, por parte de la Sala Constitucional del Tribunal Supremo.

1. *El objeto del proceso de interpretación legal*

Los representantes de la CVP al interponer ante la Sala Constitucional un Recurso de Interpretación "sobre el contenido y alcance de la disposición normativa contenida en el artículo 187, numeral 24 de la Constitución de la República Bolivariana de Venezuela, en concatenación con el artículo 33 de la Ley Orgánica de Hidrocarburos," la cuestión que pretendían dilucidar era, en sus palabras:

> "cómo debe interpretarse tal norma, ante la actuación de desacato en la que se encuentra la Asamblea Nacional y, de ser el caso, ante nuevas omisiones parlamentarias derivadas del mismo; circunstancia que requiere un pronunciamiento interpretativo que esclarezca, qué debería hacerse ante tal situación, respecto de la regla aludida, para permitir el funcionamiento del Estado y del sistema delineado en aquella ley (la Ley de Hidrocarburos)."

Es decir, la pretensión interpretativa en realidad no se refería a norma constitucional alguna, sino a la operatividad del artículo 33 de la Ley de Hidrocarburos, frente a la situación definida por los solicitantes y declarada en anteriores sentencias por la propia Sala Constitucional, En tal sentido, la Sala Constitucional no tenía competencia para conocer de ese recurso de interpretación presentado.

En efecto, el artículo 266.6 de la Constitución le asigna a todas las Salas del Tribunal Supremo de Justicia la competencia para "conocer de los recursos de interpretación sobre el contenido y alcance de los textos legales, en los términos contemplados en la ley," lo que repite en el artículo 31.5 de la Ley Orgánica del Tribunal Supremo de Justicia le asigna a todas las Salas competencia para "conocer las demandas de interpretación acerca del alcance e inteligencia de los textos legales. La misma Ley, adicionalmente, en su artículo 25.17 le asigna específicamente a la Sala Constitucional competencia para "conocer la demanda de interpretación de normas y principios que integran el sistema constitucional," y en su artículo 26.21 le atribuye de manera específica a la Sala Político Administrativa, la competencia para conocer de "los recursos de interpretación de leyes de contenido administrativo".

Es decir, de acuerdo con la Constitución y la ley, y según ha reconocido la propia Sala Constitucional, existe una diferencia entre el recurso de interpretación constitucional y el recurso de interpretación de leyes,[423] correspondiendo de acuerdo con la Constitución y la Ley, el primero a la Sala Constitucional del Tribunal Supremo; y el segundo, respecto de leyes administrativas como es la Ley Orgánica de Hidrocarburos, a la sala Político Administrativa del mismo Tribunal. Por tanto, la competencia para conocer de un recurso de interpretación como el resuelto por la Sala Constitucional a través de la sentencia que se comenta, corresponde de manera exclusiva a la Sala Político Administrativa del Tribunal Supremo de Justicia.[424]

---

423 Conforme a lo ha resuelto la Sala Constitucional del Tribunal Supremo: "el recurso de interpretación constitucional es un mecanismo procesal destinado a la comprensión del texto constitucional, en supuestos determinados que pudieren generar dudas en cuanto al alcance de sus normas, y cuyo conocimiento corresponde exclusivamente a esta Sala, como máximo órgano de la jurisdicción constitucional; distinguiéndola de la acción de interpretación de ley a que se refieren los artículos 266.6 constitucional y 5.52 de la Ley Orgánica del Tribunal Supremo de Justicia, cuya competencia se encuentra distribuida entre las distintas Salas que conforman este Máximo Tribunal, en atención a la materia sobre la cual verse el texto legal a ser interpretado." Véase sentencia N° 1077 de 22 de septiembre de 2000 (caso: Servio Tulio León), en http://historico.tsj.gob.ve/decisiones/scon/septiembre/1077-220900-00-1289.HTM; reiterada entre otras en la sentencia N° 601 de 9 de abril de 2007 (caso: *Instituto Autónomo Cuerpo de Bomberos del Estado Miranda*). en http://historico.tsj.gob.ve/decisiones/scon/abril/609-090407-07-0187.HTM.

424 Así lo estableció la propia Sala Constitucional al rechazar, por ejemplo, un recurso de interpretación de la Ley de Promoción y Protección de Inversiones que se interpuso ante su seno, declarando que: "la Sala ha dejado claramente establecido que la acción de interpretación constitucional es distinta a la de interpretación de "textos legales", que sí estaba recogida expresamente en nuestra legislación desde hacía décadas como competencia exclusiva de la Sala Político-Administrativa del Máximo Tribunal (número 24 del artículo 42 de la hoy derogada Ley Orgánica de la Corte Suprema de Justicia), competencia que ahora tienen todas las Salas del Tribunal Supremo, en atención a lo establecido en el artículo 5.52 de la Ley Orgánica del Tribunal Supremo de Justicia./ La Ley Orgánica del Tribunal Supremo de Justicia tampoco previó la acción de interpretación constitucional, pero sí la de las leyes, confirmando lo que había sido el criterio de esta Sala sobre la competencia distribuida entre todas las Salas que integran el más Alto Tribunal de la República. Esta ausencia de previsión legal acerca de la acción de interpretación constitucional es comprensible, por cuanto la jurisprudencia de esta Sala había dejado claramente sentado que se derivaba de los propios poderes que consagra la Constitución, por lo que resultaría irrelevante su previsión expresa. Es, en pocas palabras, un poder consustancial a su misión constitucional./ Esta Sala, con base en lo expuesto, ha aceptado siempre su competencia para conocer de la interpretación constitucional, pero la ha declinado cuando se trata de pretensiones interpretativas de textos legales, como sucede en el caso de autos. Sin

Sin embargo, a pesar de ello, y de su evidente incompetencia por haberse solicitado la interpretación del artículo 33 de la Ley Orgánica de Hidrocarburos, la sala Constitucional declaró su competencia fundamentándose en que la interpretación solicitada se hacía "en relación con el artículo 187, numeral 24 de la Constitución" así como en "la trascendencia del presente asunto y su vinculación con el desacato que persiste en la Asamblea Nacional, aunado a las omisiones parlamentarias que genera (art. 336.7 *eiusdem*) y en el marco del vigente Estado de Excepción (art. 339)".

Sin embargo, como resulta del propio texto del artículo 187.24 de la Constitución, nada de ambiguo u obscuro contenía que ameritase ser interpretado, pues lo que dispone es simplemente que *"Corresponde a la Asamblea Nacional: 24. Todo lo demás que le señalen esta Constitución y la ley."*

En cuanto al artículo 33 de la Ley Orgánica de Hidrocarburos, que sustituyó el artículo 5 de la Ley de Nacionalización petrolera de 1975, el mismo tampoco contiene ninguna ambigüedad ni oscuridad que requiera

embargo, los accionantes en el presente caso afirmaron la competencia de la Sala, aun siendo un recurso respecto a una ley, en el entendido de que el asunto debatido guarda relación con tres disposiciones constitucionales../ Ahora bien, no comparte la Sala la apreciación de los actores, sin negar la posible vinculación del asunto que plantean con esas tres (o más) disposiciones de la Constitución, toda vez que lo normal es ese nexo, más o menos notorio, entre la legislación y los postulados de rango supremo. No puede, entonces, sostenerse que la relación de una norma legal con las normas constitucionales sea fundamento suficiente para que esta Sala fije su sentido y alcance, pues sería tanto como desplazar a ella la casi totalidad de las acciones autónomas de interpretación./ En realidad, lo relevante a efectos de la determinación de la competencia para conocer de la acción de interpretación, es precisar la "materia" que regula la norma en cuestión, es decir, el ámbito de relaciones sobre las que incide (civiles, mercantiles, laborales, administrativas, por citar parte de una clasificación tradicional de relaciones intersubjetivas regidas por el Derecho)./ En el caso de autos, se trata de una norma legal que regula la figura del arbitraje respecto de inversiones extranjeras, respecto de la cual a los accionantes se les presenta la duda acerca de si contiene una declaración de consentimiento general (legal) del Estado venezolano de someterse siempre a tal medio de solución de conflictos o si, por el contrario, es sólo una previsión que exige ese consentimiento en cada oportunidad en que sea necesario. / Es evidente, entonces, que se trata de un asunto de Derecho Público, sobre las relaciones (en este caso, la solución de controversias) derivadas de la inversión extranjera en el Estado venezolano, lo que hace que la competencia, por la materia, corresponda a la Sala Político-Administrativa de este Máximo Tribunal, con base en el número 6 del artículo 266 de la Constitución y número 52 del artículo 5 de la Ley Orgánica del Tribunal Supremo de Justicia." Véase sentencia N° 609 de 9 de abril de 2007, en http://historico.tsj.gob.ve/decisiones/scon/abril/609-090407-07-0187.HTM.

interpretación, limitándose a regular la intervención de la Asamblea Nacional en el proceso de constitución de empresas mixtas en el sector de hidrocarburos, en la siguiente forma:

"Artículo 33. La constitución de empresas mixtas y las condiciones que regirán la realización de las actividades primarias, requerirán la *aprobación previa de la Asamblea Nacional*, a cuyo efecto el Ejecutivo Nacional, por órgano del Ministerio de Energía y Petróleo, deberá informarla de todas las circunstancias pertinentes a dicha constitución y condiciones, incluidas las ventajas especiales previstas a favor de la República. La *Asamblea Nacional podrá modificar* las condiciones propuestas o establecer las que considere convenientes. Cualquier modificación posterior de dichas condiciones deberá también ser *aprobada por la Asamblea Nacional*, previo informe favorable del Ministerio de Energía y Petróleo y de la Comisión Permanente de Energía y Petróleo. Las empresas mixtas se regirán por la presente Ley y, en cada caso particular, por los términos y condiciones establecidos en el *Acuerdo que conforme a la ley dicte la Asamblea Nacional*, basado en el informe que emita la Comisión Permanente de Energía y Petróleo, mediante el cual apruebe la creación de la respectiva empresa mixta en casos especiales y cuando así convenga al interés nacional. Supletoriamente se aplicarán las normas del Código de Comercio y las demás leyes que le fueran aplicables."

Como se dijo, nada de oscuro o ambiguo tiene esta norma que requiera de interpretación por la vía de un proceso judicial, por lo que en realidad, lo que solicitaron los recurrentes fue que la Sala Constitucional, al haber declarado en desacato a la Asamblea Nacional en relación con decisiones judiciales anteriores, que copian en el recurso, determinara cómo debía aplicarse esa norma, en el sentido de si "en el contexto actual" y "ante nuevas omisiones parlamentarias derivadas" del desacato, se requería o no la aprobación previa de la Asamblea Nacional para la constitución de empresas mixtas y para determinar las condiciones que deben regir la realización de las actividades primarias, y que en consecuencia qué debía hacer el Ejecutivo ante tales circunstancias; y si la Asamblea Nacional podía o no modificar las condiciones propuestas o establecer las que considere convenientes.

El asunto, por supuesto, fue declarado de inmediato como de mero derecho para poder ser resuelto en un día, particularmente "en atención a la gravedad y urgencia de los señalamientos que subyacen en la solicitud de nulidad (sic) presentada, los cuales se vinculan a la actual situación existente en la República Bolivariana de Venezuela, con incidencia directa en todo el Pueblo venezolano." entrando "a decidir sin más trámites el presente asunto. Así se decide."

2. *La constatación de la situación de "omisión constitucional legislativa" de facto por desacato de parte de la Asamblea Nacional respecto de las múltiples decisiones del Tribunal Supremo, dictadas desde 2016*

En el marco entonces de un proceso constitucional de interpretación, la Sala Constitucional, considerando que era "público, notorio y comunicacional que la situación de desacato por parte de la Asamblea Nacional se mantiene de forma ininterrumpida hasta la presente fecha," hizo referencia a todas las sentencias anteriores dictadas por el Tribunal Supremo en la materia, cuyo texto copió en la sentencia en las partes pertinentes. [425]

Primero, las dictadas por la Sala Electoral, en particular, las sentencias N° 260 del 30 de diciembre de 2015, N° 1 del 11 de enero de 2016, y N° 108 del 1° de agosto de 2016, respecto de las cuales indicó que "puede apreciarse que de manera enfática, categórica y expresa, la Sala Electoral de este Tribunal Supremo de Justicia, actuando en el marco de sus facultades y competencias constitucional y legalmente establecidas, procedió a la ratificación de los dispositivos por ella adoptados," con relación al caso de la juramentación de los diputados por el Estado Amazonas que esa Sala Electoral había suspendido, razón por la cual "se encuentran viciados de nulidad absoluta y por tanto resultan inexistentes aquellas decisiones dictadas por la Asamblea Nacional a partir de la incorporación de los mencionados ciudadanos."

Y luego, las dictadas por la propia Sala Constitucional sucesivamente cercenando las potestades y funciones de la Asamblea Nacional en particular las sentencias Nos. 808 y 810, de fechas 2 y 21 de septiembre de 2016, respectivamente, N° 952 del 21 de noviembre de 2016, Nos 1012, 1013, 1014 de 25 de noviembre de 2016 y N° 1 del 6 de enero de 2017, en las cuales esa Sala se ratificó el desacato por parte de la Asamblea Nacional a las decisiones de la Sala Electoral antes mencionadas y se resolvió:

> "que resultan manifiestamente inconstitucionales y, por ende, absolutamente nulos y carentes de toda vigencia y eficacia jurídica, los actos emanados de la Asamblea Nacional, incluyendo las leyes que sean sancionadas, mientras se mantenga el desacato a la Sala Electoral del Tribunal Supremo de Justicia."

---

425 De allí la extensión de la sentencia. Véase sobre esas sentencias Allan R. Brewer-Carías, *Dictadura Judicial y perversión del Estado de derecho*, Segunda Edición, (Presentaciones de Asdrúbal Aguiar, José Ignacio Hernández y Jesús María Alvarado), N° 13, Editorial Jurídica Venezolana, 2016.

La Sala, adicionalmente hizo mención a sus otras sentencias en la misma matera, N° 614 del 19 de julio de 2016, N° 478 del 14 de junio de 2016, N° 460 del 9 de junio de 2016 y N° 797 del 19 de agosto de 2016, concluyendo que todos los actos adoptados por la Asamblea en situación de desacato, "contrarían lo dispuesto en los artículos 226 y 336 Constitucionales, entre otros, constituyen muestras indubitadas de usurpación de funciones y de desviación de poder," como lo advirtió la propia Sala en sentencia N° 259 del 31 de marzo de 2016, siendo a la vez nulas como también lo destacó la Sala en su sentencia N° 9 del 1° de marzo de 2016, cuyos textos relevantes se copian en la sentencia objeto de presente comentario.

De acuerdo con la Sala:

> "la consecuencia lógica de los diversos y multifactoriales desacatos desplegados por un sector que dirige la Asamblea Nacional, desde la teoría jurídica de las nulidades, es generar la nulidad absoluta y carencia de cualquier tipo de validez y eficacia jurídica de las actuaciones que ha venido realizando. Así se declara."

De allí la Sala pasó a argumentar sobre el derecho a la tutela judicial efectiva citando sus anteriores sentencias N° 708 del 10 de mayo de 2001, N° 576 del 27 de abril de 2001 y 290 de fecha 23 de abril de 2010, cuyos textos también trascribió en las partes relevantes, concluyendo que dicho derecho no solo comprende el derecho de acceso a la justicia sino la efectiva ejecución del fallo que resulte de los procesos.

Por ello, la Sala destacó de nuevo que la actuación desplegada por la Asamblea Nacional, en contravención a la disposición expresa contenida en un fallo judicial, desconociendo lo dispuesto en una sentencia emanada del Tribunal Supremo "en la que se determina la nulidad de cualquier acto emanado de dicho órgano parlamentario, en contumacia y rebeldía a lo dispuesto por dicha decisión," se traduce "en la nulidad absoluta de dichos actos así emanados, junto a los derivados de los mismos," todo lo cual "*incapacita al Poder Legislativo para ejercer sus atribuciones constitucionales de control político de gestión*," citando en apoyo lo resuelto en sus sentencias N° 3 de 14 de enero 2016, y N° 9 del 1 de marzo de 2016, cuyos textos también transcribió en la sentencia, en sus partes pertinentes.[426]

---

426 Véase también sobre esas sentencias los comentarios en: Allan R. Brewer-Carías, *Dictadura Judicial y perversión del Estado de derecho*, Segunda Edición, (Presentaciones de Asdrúbal Aguiar, José Ignacio Hernández y Jesús María Alvarado), N° 13, Editorial Jurídica Venezolana, 2016.

Luego de toda esta argumentación basada en extractos de sus propias sentencias, la Sala pasó de nuevo a afirmar que constituía "un hecho público, notorio y comunicacional," con base en una reseña de prensa, que el 5 de enero de 2017, la Asamblea Nacional había iniciado su Segundo periodo de sesiones, "en desacato frente al Poder Judicial" por lo que la elección y juramentación de su Junta Directiva para el periodo en curso, "implica un vicio de nulidad absoluta que afecta la validez constitucional de ese y de los actos subsiguientes, así como también la legitimidad y eficacia jurídica de la juramentación y demás actos de la referida junta directiva," pasando la Sala a declarar formalmente a la Asamblea Nacional en situación de *Omisión Inconstitucional parlamentaria*, en los siguientes términos:

> "Como puede apreciarse, esta Sala ha advertido diversos desacatos en los que ha venido incurriendo de forma reiterada la Asamblea Nacional, sobre la base de la conducta contumaz de la mayoría de sus miembros, lo que vicia de nulidad absoluta sus actuaciones y, por ende, genera una situación al margen del Estado de Derecho que le impide ejercer sus atribuciones; circunstancia que coloca a la Asamblea Nacional en situación de Omisión Inconstitucional parlamentaria (art. 336.7 del Texto Fundamental), que esta Sala declara en este mismo acto."

3. *La inconstitucional consecuencia de la "omisión inconstitucional legislativa": la usurpación de todas las funciones de la Asamblea Nacional por parte de la Sala Constitucional*

Esta declaración de situación de Omisión Inconstitucional parlamentaria efectuada conforme al artículo 336.7 de la Constitución, lejos de conducir a lo que dice dicha norma que es que una vez declarada la omisión, la Sala debe fijarle un plazo al ente omiso para que cumpla la acción omitida, "y, de ser necesario, los lineamientos de su corrección," la Sala Constitucional del Tribunal Supremo, en una evidente usurpación de funciones legislativas, que hace nulas sus propias actuaciones, decidió "*asumir de pleno derecho*" el "*ejercicio de la atribución constitucional contenida en el artículo 187, numeral 24*" de la Constitución," que establece, como antes se dijo, que:

> "*Corresponde a la Asamblea Nacional: 24. Todo lo demás que le señalen esta Constitución y la ley.*"

Es decir, de un plumazo, como de la nada, la Sala Constitucional del Tribunal Supremo de Justicia, como Jurisdicción Constitucional, *decidió asumir, in toto, de pleno derecho, todas las competencias de la Asamblea Nacional,* para lo cual no tiene competencia en forma alguna.

Ello no es otra cosa que un golpe de Estado, que como bien lo enseña el Presidente de la Instituto Iberoamericana de Derecho Constitucional, profesor Diego Valades, no solo ocurre cuando unos militares deponen a un gobierno electo sino, también, cuando se produce "el desconocimiento de la Constitución por parte de un órgano constitucionalmente electo,"[427] como en el caso del Tribunal Supremo de Justicia, cuyos magistrados fueron electos en segundo grado, aún con vicios de inconstitucionalidad, por la Asamblea Nacional.

Y fue con base en esta usurpación de funciones, evidentemente inconstitucional, y que solo puede dar lugar a actos ineficaces y nulos conforme al artículo 138 de la Constitución, que la Sala, actuando como si detentara el poder absoluto del Estado, pasó a resolver "la interpretación solicitada" del artículo 33 de la Ley Orgánica de Hidrocarburos que se le había formulado, con "carácter vinculante y valor *erga omnes*." disponiendo lo siguiente:

Primero, que a pesar del texto mismo de dicha Ley, "no existe impedimento alguno para que el Ejecutivo Nacional constituya empresas mixtas en el espíritu que establece el artículo 33 de la Ley Orgánica de Hidrocarburos," pero con la diferencia en relación con lo que dispone dicha norma, que en lugar de que debe solicitarse la aprobación previa de la Asamblea Nacional:

"el Ejecutivo Nacional, por órgano del Ministerio de Energía y Petróleo, *deberá informar a esta Sala* de todas las circunstancias pertinentes a dicha constitución y condiciones, incluidas las ventajas especiales previstas a favor de la República. Cualquier modificación posterior de las condiciones deberá ser informada a esta Sala, previo informe favorable del Ministerio de Energía y Petróleo."

Segundo, como consecuencia de esta "interpretación" la Sala Constitucional fue más allá y le prohibió a la Asamblea Nacional que "actuando *de facto*," pueda hacer alguna modificación a "las condiciones propuestas ni pretender el establecimiento de otras condiciones."

Tercero, la Sala Constitucional, de nuevo actuando como si detentara el poder absoluto del Estado, pasó a "atribuirle" la potestad de legislar al Poder Ejecutivo, en esta ocasión solo en las materias de la ley de Hidrocarburos, disponiendo que:

---

427 Véase Diego Valadés, *Constitución y democracia,* UNAM, México 2000, p. 35; y "La Constitución y el Poder" en Diego Valadés y Miguel Carbonell (Coordinadores), *Constitucionalismo Iberoamericano del siglo XXI*, Cámara de Diputados, UNAM, México 2000, p. 145.

"sobre la base del estado de excepción, el Jefe de Estado podrá modificar, mediante reforma, la norma objeto de interpretación, en correspondencia con la jurisprudencia de este Máximo Tribunal (ver sentencia n.° 155 del 28 de marzo de 2017).

Es decir, en el marco del "estado de excepción" "decretado" inconstitucionalmente por la propia Sala Constitucional en la sentencia citada N° 155 del día anterior, 28 de marzo de 2017,[428] la Sala decidió delegarle al Presidente la potestad de reformar la legislación de hidrocarburos.

Cuarto, finalmente, la Sala Constitucional, de forma general advirtió, de nuevo en el marco de los supuestos poderes absolutos que decidió asumir, que:

"mientras persista la situación de desacato y de invalidez de las actuaciones de la Asamblea Nacional, esta Sala Constitucional garantizará que las competencias parlamentarias sean ejercidas directamente por esta Sala o por el órgano que ella disponga, para velar por el Estado de Derecho."

Es decir, en este caso, sin referencia alguna a la materia de hidrocarburos, la Sala Constitucional ratificó, irónicamente que "para velar por el Estado de Derecho" cuyos remanentes cimientos fueron pulverizados con la misma sentencia, que todas las competencias que la Constitución y las leyes atribuyen a la Asamblea Nacional, serán ejercidas directamente por la Sala Constitucional; y no sólo eso, también "por el órgano que ella disponga," auto-atribuyéndose un poder universal de delegar y disponer de las funciones legislativas de la Asamblea, y decidir a su arbitrio cuál órgano del Estado va a legislar en algún caso, o cuál órgano va a controlar, en otro.

Nada más ni nada menos, que lo que sucede cuando hay un reparto de despojos.

---

428 Véase en http://historico.tsj.gob.ve/decisiones/scon/marzo/197285-155-28317-2017-17-0323.HTML.

III. EL GOLPE DE ESTADO JUDICIAL CONTINUADO, Y LA BIZARRA "REVISIÓN Y CORRECCIÓN" DE SENTENCIAS POR EL JUEZ CONSTITUCIONAL POR ÓRDENES DEL PODER EJECUTIVO (SENTENCIAS Nº 157 Y 158 DE 1 DE ABRIL DE 2017)

1. *La reacción nacional e internacional contra las sentencias calificadas como un golpe de estado*

Las sentencias antes comentadas Nº 155[429] y 156[430] de 27 y 29 de marzo de 2017 de la Sala Constitucional, mediante las cuales en Venezuela se produjo un golpe de Estado al despojarse a la Asamblea Nacional de sus poderes constitucionales, y repartirlos como despojos entre el Poder Ejecutivo y el Poder Judicial, [431] se produjo una repulsa y condena generalizada tanto en el país como en el ámbito internacional denunciado que con ellas lo que había ocurrido era un golpe de Estado.

---

429 Véase sentencia Nº 155 de 27 de marzo de 2017, en http://historico.tsj.gob.ve/decisiones/scon/marzo/197285-155-28317-2017-17-0323.HTML. Véase los comentarios a dicha sentencia en Allan. Brewer-Carías: "El reparto de despojos: la usurpación definitiva de las funciones de la Asamblea Nacional por la Sala Constitucional del Tribunal Supremo de Justicia al asumir el poder absoluto del Estado (sentencia Nº 156 de la Sala Constitucional), 30 de marzo de 2017, en http://diarioconstitucional.cl/noticias/actualidad-internacional/2017/03/31/opinion-acerca-de-la-usurpacion-de-funciones-por-el-tribunal-supremo-de-venezuela-y-la-consolidacion-de-una-dictadura-judicial/.

430 Véase la sentencia Nº 156 de 29 de marzo de 2017 en http://historico.tsj.gob.ve/decisiones/scon/marzo/197364-156-29317-2017-17-0325.HTML. Véase los comentarios a dicha sentencia en Allan. Brewer-Carías: "La consolidación de la dictadura judicial: la Sala Constitucional, en un juicio sin proceso, usurpó todos los poderes del Estado, decretó inconstitucionalmente un estado de excepción y eliminó la inmunidad parlamentaria (sentencia Nº 156 de la Sala Constitucional), 29 de Marzo de 2017, en http://diarioconstitucional.cl/noticias/actualidad-internacional/2017/03/31/opinion-acerca-de-la-usurpacion-de-funciones-por-el-tribunal-supremo-de-venezuela-y-la-consolidacion-de-una-dictadura-judicial/.

431 Véase nuestros comentarios a dichas sentencias en los trabajos: "La consolidación de la dictadura judicial: La Sala Constitucional, en un juicio sin proceso, usurpó todos los poderes del Estado, decretó inconstitucionalmente un estado de excepción y eliminó la inmunidad parlamentaria (sentencia Nº 155 de la Sala Constitucional), 29 de marzo de 2017; y "El reparto de despojos: la usurpación definitiva de las funciones de la Asamblea Nacional por la Sala Constitucional del Tribunal Supremo de Justicia al asumir el poder absoluto del Estado (sentencia Nº 156 de la Sala Constitucional), 30 de marzo de 2017, publicados entre otros en *Diario Constitucional* , Santiago de Chile, 1 de abril de 2017, en http://diarioconstitucional.cl/noticias/actualidad-internacional/2017/03/31/opinion-acerca-de-la-usurpacion-de-funciones-por-el-tribunal-supremo-de-venezuela-y-la-consolidacion-de-una-dictadura-judicial/.

Así lo denunciaron entre otras instituciones nacionales, por ejemplo, las Academias Nacionales,[432] y la Conferencia Episcopal en Venezuela,[433] y el propio Secretario General de la OEA, Dr. Luis Almagro, quien advirtió con razón, sobre "el auto-golpe de Estado perpetrado por el régimen venezolano contra la Asamblea Nacional, último poder del Estado legiti-

---

432 En resumen, dicho golpe, como fue resumido por las Academias Nacionales en el Pronunciamiento que formularon sobre las sentencias el día 1 de abril de 2017, se concretó en las siguientes acciones inconstitucionales: "En dichas sentencias, la Sala Constitucional (i) se atribuye a sí misma competencias legislativas de la Asamblea Nacional y la facultad de delegarlas en quienes y cuando lo considere conveniente; (ii) atribuye competencias legislativas al Presidente de la República y le ordena ejercerlas por encima de la reserva de las competencias del órgano legislativo; (iii) limita la inmunidad parlamentaria, mientras permanezca lo que ha llamado "situación de desacato y de invalidez de las actuaciones de la Asamblea Nacional". En particular, la Sentencia 155, (iv) le otorga al Presidente de la República los poderes más amplios que haya tenido ciudadano alguno en la historia republicana venezolana, en violación del principio de separación de poderes, y desmonta el sistema de controles y contrapesos establecidos en la Constitución para el correcto funcionamiento entre las ramas del Poder Público, con el efecto de instaurar una concentración de poderes totalmente contraria a los principios y normas de la Constitución. Por lo tanto, la Sala Constitucional usurpó en modo flagrante la autoridad legislativa y se permite dictar normas y órdenes que solo corresponderían al Poder Constituyente, razón por la cual sería forzoso concluir que las Sentencias 155 y 156 carecen de efectos y son nulas, además hacen responsables a quienes las dictaron, según lo previsto en los artículos 25 y 138 de la Constitución." Véase Comunicado de 2 de abril de 2017, en FRENTEPATRIÓTICO.COM/pararescatarelporvenir.wordpress.com.

433 La Conferencia Episcopal de Venezuela expresó que los venezolanos: "estamos ante unas ejecutorias que desconocen e inhabilitan el órgano público que representa la soberanía popular, en función del ejercicio omnímodo y unilateral del poder, sin tomar en cuenta a la gente. Son decisiones moralmente inaceptables y, por tanto, reprobables. Las dos sentencias, producto de unas medidas que sobrepasan el ejercicio equitativo del poder, han provocado reacciones de numerosos países y pueden generar en Venezuela una escalada de violencia.[…]/ Más allá de las consideraciones jurídicas y constitucionales, la eliminación de la Asamblea Nacional, suplantándola por una representación de los poderes judicial y ejecutivo, es un desconocimiento absoluto de que la soberanía reside en el pueblo y de que a él le toca, en todo caso, dar su veredicto. Una nación sin parlamento es como un cuerpo sin alma. Está muerto y desaparece toda posibilidad de opinión divergente o contraria a quienes están en el poder. Se abre la puerta a la arbitrariedad, la corrupción y la persecución, un despeñadero hacia la dictadura siendo, como siempre, los más débiles y pobres de la sociedad los más perjudicados. Por estas razones, repetimos, esta distorsión es moralmente inaceptable. Véase "Conferencia Episcopal Venezolana se pronunció sobre sentencia del TSJ," Comunicado de la presidencia de la Conferencia Episcopal de Venezuela ante las decisiones del Tribunal Supremo de Justicia, Caracas 2 de marzo de 2017, en http://www.el-nacional.com/noticias/iglesia/conferencia-episcopal-venezolana-pronuncio-sobre-sentencia-del-tsj_88436-

mado por el voto popular," afirmando con lamento que lo que tanto había "advertido lamentablemente se ha concretado." El Secretario General fue también preciso al destacar los aspectos medulares de las dos sentencias indicando que:

> "El Tribunal Supremo de Justicia (TSJ) ha dictado dos decisiones por las que despoja de sus inmunidades parlamentarias a los diputados de la Asamblea Nacional y, contrariando toda disposición constitucional, se atribuye las funciones de dicho Poder del Estado, en un procedimiento que no conoce de ninguna de las más elementales garantías de un debido proceso.
>
> Por la primera de ellas, del 27 de marzo de 2017, el TSJ declara la inconstitucionalidad de acuerdos legislativos calificando como actos de traición a la patria el respaldo a la Carta Democrática Interamericana, instrumento jurídico al cual Venezuela ha dado su voto al tiempo de aprobarlo y fue el primer país en solicitar su aplicación en el año 2002.
>
> Por el segundo fallo, del 29 de marzo, este tribunal declara la "situación de desacato y de invalidez de las actuaciones de la Asamblea Nacional", en forma que no conoce respaldo constitucional ni en las atribuciones de la Asamblea (art. 187 de la Constitución), ni mucho menos en la de la Sala Constitucional del TSJ (art. 336 de la Constitución) y que viola la separación de poderes que la propia Constitución exige sea respetada por todos los jueces los que deben "asegurar su integridad" (art. 334).

Dichas sentencias, a juicio del Secretario General, al "despojar de las inmunidades parlamentarias a los diputados de la Asamblea Nacional y de asumir el Poder Legislativo en forma completamente inconstitucional son los últimos golpes con que el régimen subvierte el orden constitucional del país y termina con la democracia.".[434]

Pero al contrario de todas esa reacciones, en el ámbito del Gobierno, el mismo día de publicada la primera sentencia (28 de marzo de 2017, que fue el mismo día en la cual los representantes de una empresa del Estado presentaron su recurso de interpretación que originó la segunda sentencia que se publicó el 29 de marzo de 2017),[435] el Presidente de la República la

---

434 Véase: "Almagro denuncia auto-golpe de Estado del gobierno contra Asamblea Nacional," El nacional, 30 de marzo de 2017, en http://www.el-nacional.com/noticias/mundo/almagro-denuncia-auto-golpe-estado-del-gobierno-contra-asamblea-nacional_88094.

435 Recurso que según se indicó por la ONG Acceso a la Justicia, tuvo su motivación en que el Poder Ejecutivo había ofrecido "a la petrolera rusa Rosneft una participación en la empresa mixta Petropiar a cambio de ayuda para pagar bonos de la deuda que

hacía era celebrarla como una "sentencia histórica," indicando según se reseñó en la prensa, que "su equipo jurídico" se encontraba:

"evaluando el alcance de la sentencia que emitió este martes el Tribunal Supremo de Justicia en el que ordena al Ejecutivo ejercer las acciones pertinentes para salvaguardar el orden constitucional.

Me están facultando con un poder habilitante especial para defender la institucionalidad, la paz, la unión nacional y rechazar amenazas de agresión o intervencionismos contra nuestro país. Esta es una sentencia histórica."

La prensa reseñó finalmente que "durante el Consejo de Ministros, el jefe de Estado señaló que además pedirá sugerencias a la Procuraduría General de la República y a la Sala Constitucional para cumplir con las órdenes dictadas por el máximo órgano judicial,"[436] como si ésta última fuera un órgano asesor del Ejecutivo.

Lo que evidentemente muestra que todo lo que había estado ocurriendo en la Sala Constitucional era del completo conocimiento del Jefe de Estado, cuyo Consejo de Ministros estaba entonces trabajando en cómo implementar "jurídicamente" las consecuencias del golpe de Estado.

2. *La reacción de la Fiscal General de la República considerando que con las sentencias había ocurrido una ruptura del orden constitucional, y la extraña convocatoria de un Consejo para la Defensa de la Nación para "dirimir" el impase y exhortar a la Sala Constitucional a revisar sus sentencias*

Pero un elemento de disidencia aparecería y fue que en medio de todas las reacciones de rechazo y repulsa ante las acciones de la Sala Constitucional, las cuales sin embargo fueron celebradas como "históricas" por el Presidente de la República, la Fiscal General de la República, Sra. Luisa

---

están próximos a vencerse, pero para concretar el acuerdo se requiere la aprobación de la Asamblea Nacional según la Ley de Hidrocarburos." Véase en "TSJ: no aclares que oscureces. Las verdaderas repercusiones de las aclaratorias de las sentencias del TSJ," Acceso a la Justicia, Caraca 1 de abril de 2017, **en** http://www.accesoalajusticia.org/wp/infojusticia/noticias/tsj-no-aclares-que-oscureces/.

436 Véase la reseña: "Nicolás Maduro: El TSJ ha dictado una sentencia histórica. Durante el Consejo de Ministros, el jefe de Estado señaló que además pedirá sugerencias a la Procuraduría General de la República para cumplir con las órdenes dictadas por el máximo órgano judicial," en El nacional, 28 de marzo de 2017, en http://www.el-nacional.com/noticias/gobierno/nicolas-maduro-tsj-dictado-una-sentencia-historica_87784.

Ortega Díaz, quien durante los lustros de consolidación de la dictadura judicial en el país ha sido uno de los bastiones en defensa de la misma, ignorando deliberadamente las anteriores sentencias igualmente contrarias al orden constitucional de la Sala Constitucional, [437] el día 31 de marzo de 2017, sin embargo, al presentar el Balance de Gestión del Ministerio Público, expresó públicamente que de las antes mencionadas sentencias se evidenciaban "varias violaciones del orden constitucional y desconocimiento del modelo de Estado consagrado en nuestra Constitución," considerando que ello constituía "una ruptura del orden constitucional." [438] El

---

437 El listado de esas sentencias, respecto de "solo a las que han afectado directamente a la Asamblea Nacional, y sin contar las sentencias N° 155 y 156, da un total de 46 sentencias que como lo indicó José Ignacio Hernández, "en su conjunto configuran el golpe de Estado. Estas son, de la Sala Constitucional: 1.778/2015; 7/2016; 9/2016; 184/2016; 225/2016; 259/2016; 264/2016; 269/2016; 274/2016; 327/2016; 341/2016; 343/2016; 411/2016; 460/2016;473/2016; 478/2016;614/2016; 615/2016; 618/2016; 797/2016; 808/2016; 810/2016; 814/2016; 893/2016; 907/2016; 938/2016; 939/2016; 948/2016; 952/2016; 1.012/2016; 1.103/2016;1.014/2016; 1.086/2016; 2/2017; 3/2017; 4/2017; 5/2017; 6/2017; 7/2017; 88/2017; 90/2017 y 113/2017. De la Sala Electoral, son: N° 260/2015; 1/2016; 108/2016 y 126/2016."Véase Véase en "Sobre el inconstitucional exhorto del Consejo de Defensa Nacional al TSJ; por José Ignacio Hernández, en *Prodavinci*, 1 de abril de 2017, en http://prodavinci.com/blogs/sobre-el-inconstitucional-exhorto-del-consejo-de-defensa-nacional-al-tsj-por-jose-ignacio-hernandez/. Véase los comentarios a todas esas sentencias en Allan R. Brewer-Carías, *Dictadura judicial y perversión del Estado de derecho. La Sala Constitucional y la destrucción de la democracia en Venezuela*. Colección Estudios Políticos, N° 13, Editorial Jurídica Venezolana International. , Segunda edición ampliada. New York-Caracas, 2016.

438 Véase el texto en la reseña "Fiscal general de Venezuela, Luisa Ortega Díaz, dice que sentencias del Tribunal Supremo sobre la Asamblea Nacional violan el orden constitucional," en RedacciónBBC Mundo, *BBC Mundo*, 31 de marzo de 2017, en http://www.bbc.com/mundo/noticias-america-latina-39459905 Véase el video del acto en https://www.youtube.com/watch?v=GohPIrveXFE Al contrario de la Fiscal, el "Defensor del pueblo" condenó "la campaña emprendida por Luis Almagro," **expresando** "su firme apoyo" a la reciente sentencia del Tribunal Supremo de Justicia sobre la eliminación de la inmunidad parlamentaria, alegando que ésta "evalúa apropiadamente" el comportamiento de quienes pudieran atentar contra el país." Véase la reseña "Defensor del Pueblo apoyó la sentencia del TSJ que limita la inmunidad parlamentaria," en Nototal, 29 de marzo de 2017, en http://notito-tal.com/2017/03/29/defensor-del-pueblo-apoya-la-sentencia-del-tsj-limita-la-inmunidad-parlamentaria. Sobre las declaraciones de la Fiscal véase las declaraciones de Julio Borges, Presidente de la Asamblea Nacional; y del anterior Presidente de la misma, henry Ramos Allup, en la reseña "Fiscal general de Venezuela, Luisa Ortega Díaz, dice que sentencias del Tribunal Supremo sobre la Asamblea Nacional violan el orden constitucional," en *RedacciónBBC Mundo*, *BBC Mundo*, 31 de marzo de 2017, en http://www.bbc.com/mundo/noticias-america-latina-39459905 Véase el video del acto en https://www.youtube.com/watch?v=GohPIrveXFE.

cinismo o no de esta "declaración" solo se podrá confirmar cuando se sepa cómo y cuándo la Fiscal General de la República, tomará la iniciativa para propiciar la remoción de los magistrados que dieron el golpe de Estado, y proceda a perseguir y enjuiciarlos, con la diligencia que siempre demostró para perseguir a tantos opositores al gobierno. [439]

En todo caso, frente a esta declaración de la Fiscal General, el Presidente de la República para "dirimir" el supuesto "impase" que dichas declaraciones habían originado en el sistema de control absoluto de todos los poderes que maneja, procedió a convocar una reunión del Consejo de Defensa de la Nación,[440] que es un consejo consultivo regulado en el artículo 323 de la Constitución, en materia de "defensa integral de la Nación, su soberanía y la integridad de su espacio geográfico," integrado por los titulares de todos los Poderes Públicos y algunos Ministros. Bastó una reunión de madrugada del Consejo para que el Presidente anunciara que el "impase" se habría superado,[441] mediante la "exhortación" por parte del mismo al Tribunal Supremo de Justicia para que cometiera abiertamente una ilegalidad, es decir, proceder:

---

439 Como se lo exigieron los Colegios de Abogados y las Facultades de Derecho del país: Véase "Del dicho al hecho… Colegio de Abogados de Caracas insta a la Fiscal a ejercer acciones sobre su pronunciamiento," 1 de abril de 2017, en https://pararescatarelporvenir.com/2017/04/01/el-colegio-de-abogados-de-caracas/ Véase Comunicado de la Cátedra de Derecho Constitucional de la Faculta de Ciencias Jurídicas y Políticas de la Universidad Central de Venezuela, expresó sobre las sentencias 155-17 y 156-17 de la Sala Constitucional "constituyen actos arbitrarios que instauran una tiranía judicial y la ruptura del orden constitucional. La consecuencia de esta aberración jurídica e institucional socava y ultima al Estado de Derecho y al Régimen de Libertades Públicas derogando materialmente la Constitución de la República." Véase Comunicado de 2 de abril de 2017, en FRENTEPATRIÓTI-CO.COM/pararescatarelporvenir.wordpress.com En igual sentido véase "Juristas coinciden en que golpe contra la AN continúa aún con "sentencias de rectificación" *La Patilla*.com, 2 de abril de 2017, en http://www.lapatilla.com/site/2017/04/02/juristas-coinciden-en-que-golpe-contra-la-an-continua-aun-con-sentencias-de-rectificacion.

440 Véase la reseña "Maduro, tras instalar Consejo de Defensa de la Nación: Tengo fe de que se harán las aclaratorias necesarias," Noticiero digital, 31 Marzo, 2017, en http://www.noticierodigital.com/2017/03/maduro-tengo-fe-absoluta-de-que-este-consejo-hara-las-aclaratorias-necesarias/.

441 Véase la reseña "Maduro, tras instalar Consejo de Defensa de la Nación: Tengo fe de que se harán las aclaratorias necesarias," Noticiero digital, 31 Marzo, 2017, en http://www.noticierodigital.com/2017/03/maduro-tengo-fe-absoluta-de-que-este-consejo-hara-las-aclaratorias-necesarias/.

"a revisar las decisiones 155 y 156 con el propósito de mantener la estabilidad constitucional y el equilibrio de poderes mediante los recursos contemplados en el ordenamiento jurídico venezolano."[442]

En Venezuela, como en cualquier parte del mundo civilizado, el artículo 252, del Código de Procedimiento Civil prescribe categóricamente que "después de pronunciada la sentencia definitiva o la interlocutoria sujeta a apelación, no podrá revocarla ni reformarla el Tribunal que la haya pronunciado," razón por la cual que es una ilegalidad infame que los funcionarios del Poder Ejecutivo que participaron en la reunión de ese Consejo, le hubieran solicitado a la Sala Constitucional que "revise" sus sentencias, lo que no le es permitido hacer; de manera que incluso si lo hacía, como lo hizo, lo quedó evidenciado fue su carencia total de autonomía e independencia.[443]

Y en efecto, en cumplimiento inmediato de lo resuelto por el Poder Ejecutivo, mediante el uso del Consejo de Defensa de la Nación, la Sala

---

442 Véase su texto en "Consejo de Defensa Nacional exhorta al TSJ a revisar sentencias 155 y 156 // #MonitorProDaVinci,'1 de abril de 2017, en http://prodavinci.com/2017/04/01/actualidad/consejo-de-defensa-nacional-exhorta-al-tsj-a-revisar-sentencias-155-y-156-monitorprodavinci/ Véase sobre esta absurda exhortación: José Ignacio Hernández, "Sobre el inconstitucional exhorto del Consejo de Defensa Nacional al TSJ," en .*Prodavinci*, 1 de abril de 2017, en http://prodavinci.com/blogs/sobre-el-inconstitucional-exhorto-del-consejo-de-defensa-nacional-al-tsj-por-jose-ignacio-hernandez/.

443 Sobre ello observó José Ignacio Hernández "que si la Sala Constitucional cumple con el comunicado del Consejo, es por cuanto carece de autonomía e independencia. Por composición numérica, el Consejo es dominado por el Gobierno, y según la Constitución, la Sala Constitucional debe ser autónoma frente al Gobierno. Todo lo contrario a lo que se desprende del comunicado, en el cual pareciera que, por consensos dentro del Consejo, se pactan decisiones del Tribunal." Véase en "Sobre el inconstitucional exhorto del Consejo de Defensa Nacional al TSJ"; por José Ignacio Hernández, Prodavinci, 1 de abril de 2017, en http://prodavinci.com/blogs/sobre-el-inconstitucional-exhorto-del-consejo-de-defensa-nacional-al-tsj-por-jose-ignacio-hernandez/ El mismo profesor Hernández en otro evento expresó sobre ello lo ocurrido que "Todos vimos cómo el TSJ y la Sala Constitucional siguen instrucciones del Gobierno, pero ahora lo vimos en televisión. Vimos en vivo y directo como el presidente Nicolás Maduro, en el Consejo de Defensa de la Nación que nada tenía que ver en este asunto, le daba órdenes al TSJ para que corrigiera sus decisiones y en cuestión de horas publicaron dos aclaratorias. Un tribunal independiente no aceptaría eso." Véase en Juan Francisco Alonso, "Tribunal Supremo de Justicia no ha dado marcha atrás en su golpe al Parlamento," en Diario las Américas, 1 de maro de 2017, en DIARIOLASAMERICAS.COM/pararescatarelporvenir.wordpress.com.

Constitucional del Tribunal Supremo en la madrugada del día siguiente 1 de abril de 2017, hizo montar en la página web del Tribunal Supremo la información de que se habían dictado dos sentencias, las N° 157 y 158, mediante las cuales se modificaban las anteriores que habían sido cuestionadas; apareciendo en la página web del Tribunal Supremo la información siguiente:

"*Decisión 157*: Se Aclara de Oficio la sentencia N° 155 de fecha 28 de marzo de 2017, en lo que respecta a la inmunidad parlamentaria. Se suprime dicho contenido. Se suprime la cautelar 5.1.1 de dicho fallo

Decisión 158: Se Aclara de Oficio la sentencia N° 156 de fecha 29 de marzo de 2017, en lo que respecta al punto 4.4 del dispositivo cuyo contenido está referido a que la Sala Constitucional garantizará que las competencias parlamentarias sean ejercidas directamente por ésta o por el órgano que ella disponga, para velar por el Estado de Derecho, el cual se suprime."

Las sentencias no fueron publicadas sino días después, pero antes de que incluso se conocieran, el Tribunal Supremo produjo un "Comunicado" leído el día 1 de abril de 2017 por su Presidente, en el cual su "junta directiva," anunció que atendiendo "al exhorto del Consejo de Defensa," la Sala Constitucional había procedido "a revisar las sentencias," afirmando -contrariamente a lo que dice su texto- que el máximo tribunal del país "no disolvió o anuló la Asamblea Nacional ni la despojó de sus atribuciones con las decisiones tomadas el 28 y 29 de marzo."[444]

Y a renglón seguido, en todo caso, como si se tratase de un juego inocente, el Sr. Maduro, Presidente de la República, en vista de este anuncio, afirmó que después de haber enfrentado "una situación compleja" informaba que "en pocas horas, activando los mecanismos de la Constitución, fue superada exitosamente la controversia que surgió entre dos poderes,"[445] e decir, supuestamente entre el Fiscal General y el Tribunal Supremo!!

El desaguisado jurídico cometido llevó al profesor Alberto Arteaga a expresar que en este caso:

444 Véase "TSJ al país: No despojamos al Parlamento de sus atribuciones," El nacional 1 de abril de 2017, en http://www.el-nacional.com/noticias/politica/tsj-pais-despojamos-parlamento-sus-atribuciones_88473.

445 Véase la reseña: "Maduro: Actué rápido y pudimos superar exitosamente la controversia entre el TSJ y el MP," en *Noticiero Digital*, 1 de abril de 2017, en http://www.noticierodigital.com/2017/04/maduro-actue-rapido-y-pudimos-superar-exitosamente-la-controversia-entre-el-tsj-y-el-mp/.

"nunca una aclaratoria pudo confundir más y expresar el estado de anomia del país. Queda claro ante el mundo que desapareció todo vestigio de poder judicial autónomo e independiente. Más grave que las decisiones 155 y 156 del TSJ, es la rectificación inmediata por 'acatamiento' al Ejecutivo."[446]

Es decir, con la excusa de "aclarar" las sentencias, la Sala Constitucional anunció que las había revisado y reformado de oficio, lo que tiene prohibido en su propia Ley Orgánica donde rige el principio dispositivo, ocurriendo, como lo destacó el profesor Román José Duque Corredor, que:

"1°) La Sala Constitucional suprime un contenido de la sentencia 155, que representó una amenaza a la inmunidad parlamentaria y una medida cautelar que implicaba ruptura del principio de la separación de poderes; y

2°) La Sala Constitucional suprime totalmente el contenido de la sentencia 156 que significo la usurpación por su parte de la totalidad de las competencias de la Asamblea Nacional." [447]

3. *La nueva farsa del juez constitucional controlado: la inconstitucional y falsa "corrección" de la usurpación de funciones legislativas por parte de la Sala Constitucional del Tribunal Supremo*

Como la Sala Constitucional lo había anunciado en su página web el día 1 de abril de 2017,[448] como antes se dijo, a solicitud del Presidente de la República a través de una reunión de un Consejo consultivo de Defensa de la Nación, [449] la Sala efectivamente procedió *de oficio* a *reformar y*

---

446 *Idem.*

447 Véase Román José Duque Corredor, "Los 7 magistrados de la Sala Constitucional y sus responsabilidades penales y éticas. su enjuiciamiento y remoción, 1° de abril de 2017, en http://justiciayecologiaintegral.blogspot.com/2017/04/los-7-magistrados-de-la-sala.html.

448 Véase sobre el anuncio de las aclaratorias, los comentarios en Allan. Brewer-Carías: "El golpe de Estado judicial continuado, la no creíble defensa de la constitución por parte de quien la despreció desde siempre, y el anuncio de una bizarra "revisión y corrección" de sentencias por el juez constitucional por órdenes del poder ejecutivo. (Secuelas de las sentencias N° 155 y 156 de 27 y 29 de marzo de 2017), New York, 2 de abril de 2017, en http://allanbrewercarias.net/site/wp-content/uploads/2017/04/150.-doc.-BREWER.-EL-GOLPE-DE-ESTADO-Y-LA-BIZARRA-REFORMA-DE-SENTENCIAS.-2-4-2017.pdf .

449 La propia Sala confesó en un Comunicado de 3 de abril de 2017 publicado en *Gaceta Oficial* que "El Tribunal Supremo de Justicia en consideración al exhorto efectuado

revocar parcialmente publicando para ello el 4 de abril de 2017 las sentencias Nos. 157[450] y 158[451] de fecha 1 de abril de 2017, todo en violación de los principios más elementales del debido proceso en Venezuela; irónicamente invocando como motivación fundamental para su violación, la "garantía de la tutela judicial efectiva consagrada en el artículo 26 constitucional."

Con dichas sentencias, como lo precisó el profesor Román José Duque Corredor, los magistrados de la Sala Constitucional cometieron "fraude procesal por falseamiento de la verdad, la adulteración del proceso, y fraude a la ley."[452]

El fundamento legal para proceder en esa forma, como se expresó en ambas sentencias fue que:

> "con base en el artículo 252 del Código de Procedimiento Civil, el cual es aplicable supletoriamente a las causas que conoce este Máximo Tribunal, en concordancia con el artículo 98 de la Ley Orgánica del Tribunal Supremo de Justicia, esta Sala **procede de oficio a aclarar**"[las sentencias, y a revocarlas parcialmente] (negrilla en el original).

Las Salas del Tribunal Supremo de Justicia, como lo dice el artículo 89 de la Ley Orgánica que la rige, conforme al clásico principio dispositivo del derecho procesal, solo puede conocer de los asuntos que le competen *a instancia de parte interesada*, siendo la única excepción en que pueda actuar de oficio solo "en los casos que disponga la ley." El principio está ratificado en materia de recursos de nulidad, en el artículo 32 de la misma Ley Orgánica al indicar que en ejercicio del control concentrado de la constitucionalidad sólo puede tener lugar mediante demanda de parte, siendo la excepción, solo, la posibilidad de la Sala "de suplir, de oficio, las deficiencias o técnicas del demandante."

---

por el Consejo de Defensa de la Nación ha procedido a revisar las decisiones 155 y 156, mediante los recursos contemplados en el ordenamiento jurídico venezolano, y en tal sentido, hoy son públicas y notorias sendas sentencias aclaratorias que permiten sumar en lo didáctico y expresar cabalmente el espíritu democrático constitucional que sirve de fundamento a las decisiones de este Máximo Tribunal." Véase en la *Gaceta Oficial* Nº 41.127 de 3 de abril de 2017.

450   Véase en http://historico.tsj.gob.ve/decisiones/scon/abril/197399-157-1417-2017-17-0323.HTML.

451   Véase en http://Historico.Tsj.Gob.Ve/Decisiones/Scon/Abril/197400-158-1417-2017-17-0325.Html.

452   Véase Román José Duque Corredor, "Fraude procesal de los magistrados de la Sala Constitucional," 4 de abril de 2017, en http://justiciayecologiaintegral.blogspot.com/2017/04/fraude-procesal-de-los-magistrados-de.html?spref=fb&m=1.

Es ilegal por tanto que la Sala Constitucional, de oficio pretenda proceder a reformar y a revocar sus sentencias, vía aclararlas, lo que por lo demás, no se admite en ninguna parte del mundo;[453] de manera que al hacerlo, mediante las sentencias N° 157 y 158 del 1 de abril de 2017, como lo afirmó la Academia de Ciencias Políticas y Sociales, "lo único que quedó realmente aclarado, es la falta de independencia del poder Judicial,"[454] o como lo indicó la Asamblea Nacional en Acuerdo de 5 de abril de 2017, dichas sentencias "son una muestra más del menosprecio del Derecho por parte del Tribunal Supremo de Justicia y su actitud servil al Poder Ejecutivo."[455]

Parece que para este órgano judicial, "máxime interprete de la Constitución," el derecho simplemente existe solo para los demás órganos del Estado y para los ciudadanos, pero no se le aplica a la Sala Constitucional, donde por lo visto reina la arbitrariedad.

4. *La ilegal reforma y revocación parcial (que no aclaración) de la sentencia Nº 155 de 27 de marzo de 2017*

Como se dijo, la sentencia N° 157 de 1 de abril de 2017, se dictó con el objeto de reformar y revocar parcialmente la sentencia N° 155 de 27 de marzo de 2017, mediante la cual la Sala Constitucional había anulado mediante sentencia definitiva el Acuerdo adoptado por la Asamblea Nacional sobre la Reactivación del Proceso de Aplicación de la Carta Interamericana de la OEA, como mecanismo de resolución pacífica de conflictos para restituir el orden constitucional en Venezuela, de 21 de maro de 2017.

Dicha sentencia N° 155, sin embargo, sin competencia alguna, fue en efecto "reformada" y "revocada" parcialmente, por la Sala Constitucional

---

453 Como lo expreso el mismo Duque Corredor, "la irrevocabilidad de las sentencias o la prohibición de revocarlas o reformarlas por el tribunal que las haya pronunciado, establecida en el artículo 252 del Código de Procedimiento Civil," implica que " los jueces agotan su jurisdicción y por ende nada pueden añadir o quitar a sus sentencias;" [...] Por ello, nunca un tribunal, so pretexto de aclaratorias, puede revocar, transformar o modificar su fallo, lo que implica un fraude a la ley," *Idem.*

454 Véase "Declaración de a Academia de Ciencias Políticas y Sociales, sobre la posición de la Fiscal General de la República y las aclaratorias de la Sala Constitucional del Tribunal Supremo de Justicia," de 4 de abril de 2017, en www.acienpol.org.ve.

455 Véase "Acuerdo sobre la activación del procedimiento de remoción de los magistrados de la Sala Constitucional del Tribunal Supremo de Justicia, por su responsabilidad en la ruptura del orden constitucional," 5 de abril de 2017, en http://www.asambleanacional.gob.ve/uploads/documentos/doc_4cef040952a501b2e6 4c6999deedce3e1f8c9b52.pdf.

con la sentencia N° 157, para lo cual no solo no tenía competencia alguna, sino que la ley se lo prohibía expresamente.

La reforma consistió en transformar sin motivación alguna, un dispositivo de la sentencia, al convertir unas medidas cautelares dictadas sin proceso, después de la anulación del acto impugnado y terminado el juicio, en "medidas cautelares" del proceso de nulidad terminado, lo que era una imposibilidad jurídica, pues al haber habido sentencia definitiva no puede "sobrevivir" medida cautelar alguna y menos inventada "ex post facto.".

La revocación parcial de la sentencia, lo que está expresamente prohibido en el artículo 252 del Código de Procedimiento Civil, se refirió a algunas partes de la sentencia en las cuales inconstitucionalmente, la Sala había desconocido la inmunidad parlamentaria de los diputados a la Asamblea Nacional; y además, había decretado un estado de excepción, ordenando al Presidente de la República a tomar todas las medidas que le vinieran en gana y a revisar, y en consecuencia, legislar, respecto de toda "la legislación sustantiva y adjetiva.

Para la revocación parcial de la sentencia N° 155, la Sala Constitucional solo esgrimió como "motivación," la reunión del Consejo de Defensa de la Nación el 31 de marzo de 2017, en relación con "algunas consideraciones y opiniones emitidas en relación con la sentencia" N° 155, en la cual se "exhortó" al Tribunal Supremo de Justicia a "aclarar el alcance" de las sentencias 155 y 156, "con el propósito de mantener la estabilidad institucional y el equilibrio de poderes, mediante los recursos contemplados en el ordenamiento jurídico venezolano."

Y precisamente, "atendiendo al alcance constitucional que tiene el exhorto del Consejo de Defensa de la Nación," (sic)[456] la Sala entonces pasó a "analizar la situación planteada," refiriéndose única y exclusivamente al tema de la violación de la inmunidad parlamentaria en la que había incurrido; pero ignorando lo concerniente al inconstitucional decreto de estado de excepción que contenía su sentencia N° 155."

---

456 Sobre el "alcance constitucional del exhorto del Consejo de Defensa" que supuestamente le permitió "a la Sala Constitucional "analizar la situación planteada," el profesor Duque Corredor, con razón, indicó que ello "es falso, porque, por un lado, las competencias del Consejo mencionado se limitan a las materias de la seguridad de la Nación y no a las materias judiciales y mucho menos relativas a revisión de sentencias del Tribunal Supremo de Justicia o de los tribunales. "Ello es falso también" porque "en ninguna disposición de esta Ley se prevé que mediante exhortos de órganos del Ejecutivo Nacional las Salas del Tribunal Supremo de Justicia puedan revisar sus sentencias." *Idem.*

Sobre la material desaparición de la inmunidad parlamentaria decretada por la Sala Constitucional en la sentencia N° 155, como antes se analizó, en la sentencia N° 157 la Sala comenzó por "excusarse" de que la referencia que había hecho a la inmunidad parlamentaria, había sido *en la motiva de la sentencia "mas no en su dispositiva,"* considerando la referencia como un "señalamiento *aislado en la motiva.*" Después de saludar con toda ironía, el debate sobre su decisión "como expresión de una robusta democracia en el marco del Estado Democrático y Social de Derecho y de Justicia," advirtió que lo que había ocurrido era que se habían difundido "diversas interpretaciones erradas sobre algunos aspectos de la decisión objeto de esta aclaratoria."

Y con solo esa motivación, luego de referirse a la reunión y exhorto del Consejo de Defensa de la Nación, como "una situación inédita para la jurisdicción constitucional," pasó a "aclarar" falsamente y de oficio, que "el dispositivo 5.1.1 y lo contenido sobre el mismo en la motiva; así como lo referido a la inmunidad parlamentaria," supuestamente habían obedecido a medidas cautelares dictadas por esta Sala, lo cual era falso, procediendo a invocar la "garantía de la tutela judicial efectiva" consagrada en el artículo 26 de la Constitución, para concluir sin más que:

"se revocan en este caso la medida contenida en el dispositivo 5.1.1, así como lo referido a la inmunidad parlamentaria. Así se decide.

Y eso fue todo. La sentencia N° 157 no aclaró nada sino que revocó parcialmente la sentencia N° 155, lo que está expresamente prohibido en Venezuela, indicándose que lo resuelto debía además, tenerse como "parte complementaria de la sentencia n° 155 del 28 de marzo de 2017. Así se decide."

Mayor arbitrariedad es imposible de encontrar en los anales de la justicia constitucional en el derecho comparado.

5. *La ilegal reforma y revocación parcial (que no aclaración) de la sentencia N° 156 de 29 de marzo de 2017*

En el otro caso de la sentencia N° 158 de 1 de abril de 2017, la misma se dictó con el objeto de reformar y revocar parcialmente la sentencia N° 156 de 29 de marzo de 2017 mediante la cual la Sala Constitucional, al conocer de un recurso de interpretación de una norma constitucional y otra de rango legal, que intentó una empresa del Estado del sector de los hidrocarburos, resolvió, "con carácter vinculante y valor *erga omnes* "declarar la Omisión Inconstitucional parlamentaria por parte de la Asamblea Nacional, y disponer entre otros aspectos, primero, asignarle inconstitucionalmente al Jefe de Estado el poder podrá modifica la Ley Orgánica de

Hidrocarburos; y segundo, decidir también inconstitucionalmente que ella misma (la sala), procedería a ejercer directamente las competencias parlamentarias, arrogándose también inconstitucionalmente la competencia de poder delegarlas en cualquier otro órgano del Estado.[457]

La Sala Constitucional, en su sentencia N° 158 de 1 de abril de 2017, sin siquiera en este caso hacer mención inicial, al artículo 252 del Código de Procedimiento Civil, se basó para supuestamente "aclarar" la sentencia N° 156, igualmente en la reunión del Consejo de Defensa de la Nación a la cual asistió el Tribunal Supremo, en virtud de "algunas consideraciones y opiniones emitidas en relación con los dispositivos de la sentencia N° 156," en la cual se había "exhortado" al Tribunal Supremo de Justicia a "aclarar el alcance" de sus sentencia Nos. 155 y 156, dictadas el 28 y 29 de marzo de 2017, "con el propósito de mantener la estabilidad institucional y el equilibrio de poderes, mediante los recursos contemplados en el ordenamiento jurídico venezolano."

La Sala, precisamente, "atendiendo al alcance constitucional que tiene el exhorto del Consejo de Defensa de la Nación" (sic), pasó entonces a "analizar la situación planteada," considerando que era "un hecho público, notorio y comunicacional la situación de desacato y de omisión inconstitucional en la que se encuentra la Asamblea Nacional,"[458] y recordando que en la sentencia N° 156 de 29 de marzo de 2017 lo que había decidido era que el Ejecutivo Nacional podía constituir empresas mixtas en el sector hidrocarburos sin control parlamentario, pasando ella misma a usurpar las funciones del cuerpo legislativo.

Y eso fue lo que supuestamente la sala pasó a supuestamente "aclarar" de la sentencia N° 156 de 29 de marzo de 2017, para lo cual lo que hizo

---

457 Véase la sentencia N° 156 de 29 de marzo de 2017 en http://historico.tsj.gob.ve/decisiones/scon/marzo/197364-156-29317-2017-17-0325.HTML. Véase los comentarios a dicha sentencia en Allan. Brewer-Carías: "La consolidación de la dictadura judicial: la Sala Constitucional, en un juicio sin proceso, usurpó todos los poderes del Estado, decretó inconstitucionalmente un estado de excepción y eliminó la inmunidad parlamentaria (sentencia N° 156 de la Sala Constitucional), 29 de Marzo de 2017, en http://diarioconstitucional.cl/noticias/actualidad-internacional/2017/03/31/opinion-acerca-de-la-usurpacion-de-funciones-por-el-tribunal-supremo-de-venezuela-y-la-consolidacion-de-una-dictadura-judicial/.

458 La Sala en la sentencia, hizo referencia nuevamente a las sentencias dictadas "en su Sala Electoral (Nros. 260 del 30 de diciembre de 2015, 1 del 11 de enero de 2016 y 108 del 1 de agosto de 2016) y en Sala Constitucional (Nros. 269 del 21 de abril de 2016, 808 del 2 de septiembre de 2016, 810 del 21 de septiembre de 2016, 952 del 21 de noviembre de 2016, 1012, 1013, 1014 del 25 de noviembre de 2016 y 2 del 11 de enero de 2017)."

fue primero, mutó la naturaleza "definitiva" de la misma transformándola en una "medida cautelar;" y segundo, sin motivación alguna, pasó a revocar las decisiones mediante las cuales había usurpado las potestades de la Asamblea Nacional

La Sala Constitucional, en efecto, falsamente afirmó en la sentencia N° 158 que en la misma, lo que supuestamente había hecho fue "*advertir cautelarmente*, que mientras persistiera "la situación de desacato y de invalidez de las actuaciones de la Asamblea Nacional, esta Sala Constitucional garantizará que las competencias parlamentarias sean ejercidas directamente" por la misma; y ello es falso pues la sentencia dictada y "aclarada" N° 156 de 29 de marzo de 2017, fue una *sentencia definitiva* que puso fin a un "proceso de interpretación constitucional," no pudiendo por tanto contener en forma alguna una decisión de naturaleza "cautelar," que por "su instrumentalidad," solo pueden dictarse *antes de que concluya el juicio*.

Pero además de la anterior ilegalidad, la Sala Constitucional, al referirse al debate sobre la sentencia también con toda ironía "como expresión de una robusta democracia" sin motivación alguna, y refiriéndose solo a la "situación inédita para la jurisdicción constitucional," derivada del exhorto del Consejo de Defensa de la Nación, pasó a retractarse de lo que había decidido, diciendo que lo que decidió no lo decidió, y así preceder a "aclarar" falsamente y de oficio, que la sentencia definitiva dictada no era tal, es decir, supuestamente no era una decisión de fondo a pesar de que había puesto fin al juicio, sino que tenía ""*naturaleza cautelar*, en vista de que el desacato de la Asamblea Nacional," afirmando también falsamente que "*esta Sala no ha dictado una decisión de fondo* que resuelva la omisión" legislativa

Esta decisión, ni siquiera se puede considerar como una ilegal "reforma" de la sentencia N° 156 por vía de aclaración, porque en ningún caso una sentencia definitiva se puede trastocar, cambiar y convertir en una medida cautelar, que solo se puede dictar en el curso de un juicio, pero nunca una vez que el mismo ha terminado.

IV. LA REVOCACIÓN PARCIAL DE SENTENCIAS PARA QUE TODO SIGUIERA IGUAL EN CUANTO A LA RUPTURA DEL ORDEN CONSTITUCIONAL

De todo lo anteriormente analizado, si algo resulta con evidencia es que el Juez Constitucional en Venezuela, desde hace años cesó su labor de impartición de justicia constitucional

En lugar de dar a cada órgano del Estado lo que le corresponde conforme al principio de la separación de poderes que está inserto en la Constitución de 1999, lo que ha hecho, es con toda injusticia, en este caso que hemos analizado, despojar a la Asamblea Nacional de sus funciones y poderes constitucionales, y repartirlas, como despojos, para su ejercicio inconstitucional por parte del Poder Ejecutivo, o para usurparlas y asumirlas directamente, desnaturalizando completamente su rol de Juez Constitucional.

Con ello, lo que ha demostrado el Juez Constitucional, por supuesto, es su completa dependencia respecto del Poder Ejecutivo, en un marco de ausencia absoluta de independencia y autonomía, que es la condición esencial para que un juez constitucional pueda impartir justicia constitucional.

Y en este caso analizado de la Sala Constitucional de Venezuela, de las sentencias dictadas N° 155 y 156 de finales de marzo 2017, dicha ausencia de independencia y autonomía ha quedado en forma adicional gravemente confirmada con las inconstitucionales e legales sentencias 157 y 158, de reforma y revocatoria parcial de las anteriores, dictadas por orden ("exhorto") del Consejo de la Defensa de la Nación, controlado por el Poder Ejecutivo.

Las mismas, por lo demás, nada lograron de "aclarar" ante el mundo en el sentido de que se hubiera dado marcha atrás al golpe de Estado cometido, y que supuestamente habría resuelto un falso "impase" entre la Sala Constitucional y la Fiscal General de la República quién había denunciado que con las sentencias se había producido una ruptura del orden constitucional, en realidad no cambió nada.

Se trató de una revocación ilegal parcial, que dejó incólumes todas las otras decisiones contenidas en las sentencias N° 155 y 156, entre ellas, como lo destacó José Ignacio Hernández, la que prejuzgó en el sentido de que los diputados de la Asamblea Nacional incurrieron en el delito de traición a la patria (sentencia N° 155); y la que usurpó la función de control de la Asamblea Nacional sobre la creación de empresas mixtas, al permitir al Gobierno crearlas en el sector hidrocarburos bajo el control de la Sala. En las nuevas sentencias N° 157 y 158, además, la Sala Constitucional, ratificó que la Asamblea Nacional no puede ejercer sus funciones constitucionales por encontrarse en "desacato" y la Sala mantiene su criterio de la usurpación de funciones de la Asamblea Nacional, impidiéndole ejercer sus funciones.[459]

---

459 Véase José Ignacio Hernández, ¿Qué dicen las sentencias 157 Y 158 del TSJ?," en *Prodavinci*, 4 de abril de 2017, en http://prodavinci.com/blogs/que-dicen-las-sentencias-157-y-158-del-tsj-por-jose-ignacio-hernandez-g/?platform=hootsuite En

Por ello, en relación con las sentencias Nos. 157 y 158 de la Sala Constitucional, el Consejo Permanente de la Organización de Estados Americanos en su Resolución CP/RES. 1078 (2108/17) del 3 de abril de 2017, declaró que:

"Las decisiones del Tribunal Supremo de Venezuela de suspender los poderes de la Asamblea Nacional y de arrogárselos a sí mismo son incompatibles con la práctica democrática y constituyen una violación del orden constitucional de la República Bolivariana de Venezuela [y que]. A pesar de la reciente revisión de algunos elementos de dichas decisiones, es esencial que el Gobierno de Venezuela asegure la plena restauración del orden democrático;"[460]

Razón por la cual, dicho Consejo Permanente resolvió: "Urgir al Gobierno de Venezuela a actuar para garantizar la separación e independencia de los poderes constitucionales y restaurar la plena autoridad de la Asamblea Nacional."[461]

En el mismo sentido, la Academia de Ciencias Políticas y Sociales, destacó con las sentencias N° 157 y 158 de la Sala Constitucional en forma se trató de:

"rectificaciones, sino de remiendos que en nada alteran las más de 46 sentencias de la Sala Constitucional del Tribunal Supremo de Justicia que han conculcado las facultades constitucionales de la Asamblea Nacional, sin contar el inconstitucional proceso de renovación de nómina de los partidos, ni la decisión de la Sala Electoral que facilitó la suspensión del referendo revocatorio.

Se ha generado una situación de opacidad jurídica y política donde se ha decidido lo que no se debió decidir y no se decide lo que se debe decidir. Exigimos, por lo tanto, a los poderes constituidos, subsanar pronta-

---

particular sobre el tal "desacato" debe recordarse lo expresado por el Consejo de la facultad de Derecho de la Universidad Católica Andrés Bello en Comunicado Público: "Debe insistirse que aun en el supuesto de que existiese tal desacato judicial, la consecuencia procesal del mismo no podría nunca ser la nulidad absoluta de todos los actos y actuaciones, presentes o futuros, del Poder Legislativo Nacional, sino (a lo sumo) la nulidad del voto de aquellos parlamentarios supuestamente "mal incorporados" a la Asamblea o bien la imposición de multas coercitivas hasta tanto ese órgano del Poder Público cumpla la sentencia, tal como dispone el artículo 122 de la Ley Orgánica del Tribunal Supremo de Justicia." Caracas 30 de marzo de 2017.

460 Véase en http://www.oas.org/es/centro_noticias/comunicado_prensa.asp?sCodigo=C-022/17.

461 *Idem.*

mente esta situación y no considerar como su enemigo a la sociedad que reclama sus derechos, sino que se inicie la verdadera rectificación que exige el orden democrático."

La Academia concluyó su declaración considerando que "las declaraciones de la Fiscal, quien tiene a su cargo las facultades que le confiere el artículo 285 de la Constitución, si son de tal gravedad como el señalamiento de la ruptura del orden constitucional, exigen el ejercicio de las correspondientes acciones," razón por la cual pidió:

"que la Fiscalía General de la República inicie el proceso legal correspondiente, para establecer las responsabilidades de los magistrados que participaron en la ruptura del orden constitucional, señalada por la Fiscal General ante el país."[462]

E igual solicitud, desde antes, la había formulado el Gremio de los Abogados del país, a través de sus Colegios de Abogados al haber declarado mediante Pronunciamiento de fecha 29 de marzo de 2017, que:

"Por cuanto los hechos anteriormente mencionados, podrían configurar ilícitos de orden penal y disciplinario, solicitamos a la Fiscalía General de la República y al Consejo Moral Republicano la apertura de los procedimientos correspondientes, sin perjuicio que llegado el caso, los Colegios de Abogados firmantes, ejerzan directamente las acciones respectivas." [463]

En sentido similar se pronunció el Consejo Universitario de la Universidad Central de Venezuela, en Pronunciamiento de 1 de abril de 2017, en el cual expresó:

"En relación con la posición del Ministerio Público cuando el día de ayer denunció, la ruptura del orden constitucional y el desconocimiento del modelo de Estado consagrado en la Constitución, este Consejo Universitario manifiesta su total y absoluto respaldo, a las acciones que al Ministerio Público le correspondería según la Constitución y la Ley ejercer para el rescate de la institucionalidad, la preservación de la paz y la seguridad y para que los responsables de tan notoria afrenta constitucio-

---

462 Véase "Declaración de a Academia de Ciencias Políticas y Sociales, sobre la posición de la Fiscal General de la República y las aclaratorias de la Sala Constitucional del Tribunal Supremo de Justicia," de 4 de abril de 2017, en www.acienpol.org.ve.

463 Véase en https://pararescatarelporvenir.wordpress.com/2017/04/02/pronunciamiento-del-gremio-de-abogados-en-relacion-con-las-sentencias-155-y-156-del-tsj/. Igualmente en https://www.lapatilla.com/site/2017/04/01/contundente-pronunciamiento-de-la-federacion-nacional-de-abogados-y-colegios-del-pais-ante-sentencias-del-tsj/.

nal sean sancionados con la severidad que la gravedad de los hechos requiere"[464]

Y también la Facultad de Estudios Jurídicos y Políticos de la Universidad metropolitana, en Comunicado de 2 de abril de 2017, al:

"Instar a la Fiscal General de la República a ejercer las atribuciones que le confiere el numeral 3 del artículo 285 constitucional, ratificadas en el artículo 16 de la Ley Orgánica del Ministerio Público e inicie las investigaciones penales correspondientes, así como las solicite también al Consejo Moral Republicano de acuerdo a los artículos 10 y 11 de la Ley Orgánica del Poder Ciudadano."

Y finalmente la propia Asamblea Nacional, al adoptar el "Acuerdo sobre la activación del procedimiento de remoción de los magistrados de la Sala Constitucional del Tribunal Supremo de Justicia, por su responsabilidad en la ruptura del orden constitucional," de fecha 5 de abril de 2017, consideró, en relación con las sentencias N° 155, 156, 157 y 158 de 27 y 19 de marzo y 1 de abril de 2017:

"Que la Fiscal General de la República, advirtió públicamente el pasado viernes 31 de marzo de 2017, que esas sentencias de la Sala Constitucional implican una ruptura del orden constitucional en Venezuela, circunstancia que es el resultado de golpe de estado judicial que se ha venido perpetrando de manera continuada por el ejercicio irregular del Poder Judicial y su servilismo al Poder Ejecutivo, afectando la institucionalidad democrática."[465]

Y precisamente por ello, en el "Acuerdo en rechazo a la ruptura del orden constitucional y a la permanencia de la situación de golpe de estado en Venezuela" de la misma fecha 5 de abril de 2017, planteó "exigir a la Fiscal General de la República que incoe las averiguaciones conducentes al establecimiento de la responsabilidad penal en la materia."[466]

La respuesta inmediata que la Asamblea Nacional tuvo respecto del "Acuerdo sobre la activación del procedimiento de remoción de los magistrados de la Sala Constitucional del Tribunal Supremo de Justicia, por

---

464 Véase en https://ucvnoticias.files.wordpress.com/2017/04/pronunciamiento-del-consejo-universitario-sesion-extraordinaria-01-04-2017.pdf.

465 Véase en http://www.asambleanacional.gob.ve/uploads/documentos/doc_4cef040952a501b2e6 4c6999deedce3e1f8c9b52.pdf.

466 Véase en http://www.asambleanacional.gob.ve/uploads/documentos/doc_ece7-eb3d5595a491e95a2fa61daf922538d4ada8.pdf.

su responsabilidad en la ruptura del orden constitucional," de fecha 5 de abril de 2017, donde se emplazó "a la Fiscalía General de la República a tramitar la solicitud" que la Asamblea nacional había presentado el 31 de marzo de 2017 ante el Consejo Moral republicano "con relación a la presunta comisión de hechos que podrían configurar delitos," por parte de los magistrados de la Sala Constitucional; fue un Comunicado emitido por el Tribunal Supremo de Justicia, rechazando:

> "categóricamente cualquier acto que pretenda deslegitimar la actuación de los Magistrados y Magistradas de la Sala Constitucional, quienes han actuado en cumplimiento de los mandatos constitucionales en resguardo del orden democrático y la paz social."[467]

Con esto, parece que el Tribunal Supremo no se percató, como en cambio sí lo concientizó todo el mundo dentro y fuera del país, que fueron ellos mismos quienes se deslegitimizaron y fueron ellos mismos los que actuaron incumpliendo con los mandatos constitucionales, fueron ellos mismos quienes atentaron contra el orden democrático y la paz social; en fin, que fueron ellos mismos los que impartieron "injusticia" constitucional.

Pero, como lo recuerda el viejo refrán castellano, "no hay peor ciego que el que no quiere ver," es decir, "porque viendo no ven."[468]

New York, abril de 2017

---

467 Véase en http://runrun.es/nacional/303794/comunicado-tsj-rechaza-sesion-de-la-an-para-iniciar-proceso-de-destitucion-de-magistrados.html.

468 Parábola, *Biblia,* Libro Mateo 13:13-17.

DÉCIMA CUARTA PARTE:

EL JUEZ CONSTITUCIONAL vs EL PUEBLO COMO PODER CONSTITUYENTE ORIGINARIO

Un nuevo caso de la Sala Constitucional del Tribunal Supremo de Justicia de Venezuela que en 2017 avaló la convocatoria por el Ejecutivo Nacional de una Asamblea Nacional Constituyente, arrebatándole al pueblo su derecho exclusivo de convocarla.

I. SOBRE LA NECESARIA E INDISPENSABLE PARTICIPACIÓN DEL PUEBLO EN LOS PROCESOS DE REVISIÓN O REFORMA DE LA CONSTITUCIÓN

El Presidente de la República de Venezuela, anunció el 1° de mayo de 2017 que convocaría una Asamblea Nacional Constituyente que es uno de los mecanismos previstos en la Constitución para reformar la Constitución en la forma más radical, ya que se prevé para transformar el Estado, crear un nuevo ordenamiento jurídico y redactar una nueva Constitución.

En cumplimiento de tal anuncio, evidentemente inconstitucional pues solo el pueblo puede convocar dicha Asamblea, dictó el Decreto N° 2803 de 1° de mayo de 2017 convocando la Asamblea Nacional Constituyente,[469] y posteriormente el Decreto N° 2878 de 23 de mayo de 2017[470] mediante el cual definió "las bases comiciales" para la misma, que fue complementado posteriormente mediante Decreto N° 2.889 de fecha 4 de junio de 2017.[471]

Dicha convocatoria de una Asamblea Nacional Constituyente por parte del Presidente de la República sustituyéndose al pueblo, fue evidentemente inconstitucional y fraudulenta.

---

469   Véase en *Gaceta Oficial* N° 6.295 Extra de 1 de mayo de 2017.

470   Véase en *Gaceta Oficial* N° 41.156 de 23 de mayo de 2017.

471   Véase en *Gaceta Oficial* N° 41.165 de 5 de junio de 2017.

Como lo explicamos hace unos años, en efecto, conforme a la Constitución de 1999 es indispensable la participación directa del pueblo mediante referendo en todos los tres mecanismos que se regulan para la reforma o revisión constitucional, incluyendo por supuesto la Asamblea Nacional Constituyente.

Entonces resumimos el régimen constitucional en la materia, indicando que la revisión o reforma constitucional:

"se puede realizar mediante la adopción de enmiendas y reformas que siempre requieren de la aprobación popular por la vía de referendo. En cuanto a la convocatoria de una Asamblea Nacional Constituyente, la misma debe ser convocada por referendo, aun cuando la nueva Constitución no tiene que ser aprobada por el pueblo.

Los artículos 340 y 341 de la Constitución regulan las Enmiendas constitucionales, las cuales deben tener por objeto la adición o modificación de uno o varios artículos de esta Constitución, sin alterar su estructura fundamental; debiendo tramitarse conforme al artículo 341, en la forma siguiente:

1. La iniciativa puede partir del quince por ciento de los ciudadanos inscritos en el Registro Civil y Electoral; o de un treinta por ciento de los integrantes de la Asamblea Nacional o del Presidente de la República en Consejo de Ministros.

2. Cuando la iniciativa parta de la Asamblea Nacional, la enmienda requiere la aprobación de ésta por la mayoría de sus integrantes y se debe discutir, según el procedimiento establecido en esta Constitución para la formación de leyes.

3. El Poder Electoral debe someter a referendo las enmiendas a los treinta días siguientes a su recepción formal.

4. Se consideran aprobadas las enmiendas de acuerdo con lo establecido en esta Constitución y en la ley relativa al referendo aprobatorio.

5. Las enmiendas deben ser numeradas consecutivamente y se deben publicar a continuación de la Constitución sin alterar su texto, pero anotando al pie del artículo o artículos enmendados la referencia de número y fecha de la enmienda que lo modificó.

El Presidente de la República está obligado a promulgar las enmiendas dentro de los diez días siguientes a su aprobación. Si no lo hiciere, se aplicará lo previsto en la Constitución (Art. 346). En este último caso, se aplica el artículo 216 de la Constitución, el cual establece la obligación del Presidente y de los Vicepresidentes de la Asamblea Nacional de promulgar la ley cuando el Presidente de la República no lo hiciere en los lapsos respectivos.

En segundo lugar, en cuanto a las Reformas constitucionales, conforme al artículo 342 de la Constitución, las mismas tienen por objeto una revisión parcial de la misma y la sustitución de una o varias de sus normas que no modifiquen la estructura y principios fundamentales del texto constitucional.

La iniciativa de la Reforma puede ser tomada por la Asamblea Nacional mediante acuerdo aprobado por el voto de la mayoría de sus integrantes; por el Presidente de la República en Consejo de Ministros; o por un número no menor del quince por ciento de los electores inscritos en el Registro Civil y Electoral.

El artículo 343 de la Constitución regula el trámite de la iniciativa de reforma constitucional por la Asamblea Nacional en la forma siguiente:

1. El proyecto de reforma constitucional debe tener una primera discusión en el período de sesiones correspondiente a la presentación del mismo.

2. Una segunda discusión por Título o Capítulo, según fuera el caso.

3. Una tercera y última discusión artículo por artículo.

4. La Asamblea Nacional debe aprobar el proyecto de reforma constitucional en un plazo no mayor de dos años, contados a partir de la fecha en la cual conoció y aprobó la solicitud de reforma.

5. El proyecto de reforma se debe considerar aprobado con el voto de las dos terceras partes de los o las integrantes de la Asamblea Nacional.

El proyecto de reforma constitucional aprobado por la Asamblea Nacional, conforme lo exige el artículo 344 de la Constitución, debe ser sometido a referendo dentro de los treinta días siguientes a su sanción. El referendo se debe pronunciar en conjunto sobre la reforma, pero puede votarse separadamente hasta una tercera parte de ella, si así lo aprobara un número no menor de una tercera parte de la Asamblea Nacional o si en la iniciativa de reforma así lo hubiere solicitado el Presidente de la República o un número no menor del cinco por ciento de los electores inscritos en el Registro Civil y Electoral.

La Reforma constitucional se debe declarar aprobada si el número de votos afirmativos es superior al número de votos negativos. La iniciativa de reforma constitucional que no sea aprobada no puede presentarse de nuevo en un mismo período constitucional a la Asamblea Nacional (Art. 345).

El Presidente de la República está obligado a promulgar las reformas dentro de los diez días siguientes a su aprobación. Si no lo hiciere, se aplicará lo previsto en la Constitución (Art. 346). En este caso, igual que en las enmiendas, se aplica el artículo 216 de la Constitución.

Por último, conforme al artículo 347 de la Constitución, el pueblo, como "depositario del poder constituyente originario," puede convocar una Asamblea Nacional Constituyente con el objeto de transformar el Estado, crear un nuevo ordenamiento jurídico y redactar una nueva Constitución. La voluntad del pueblo debe manifestarse mediante un referendo decisorio que debe ser convocado como se indica en el artículo 348, a iniciativa del Presidente de la República en Consejo de Ministros; de la Asamblea Nacional, mediante acuerdo de las dos terceras partes de sus integrantes; de los Consejos Municipales en cabildo, mediante el voto de las dos terceras partes de los mismos; o del 15% de los electores inscritos en el registro Civil y Electoral. La Constitución no exige que la nueva Constitución que apruebe la Asamblea Nacional Constituyente deba someterse a la aprobación popular."472

No tiene ningún sentido, por tanto, en el ordenamiento jurídico venezolano, sostener que en la Constitución de 1999, para por ejemplo cambiar una "coma" de un artículo de la Constitución mediante *Enmienda Constitucional*, o cambiar el sentido de un artículo constitucional con alguna regulación sustancial mediante la *Reforma Constitucional* se requiere de la participación del pueblo mediante referendo aprobatorio, y que para cambiar TODA la Constitución, transformar el Estado y crear un nuevo ordenamiento jurídico mediante una Asamblea Nacional Constituyente no se requiera de la participación del pueblo mediante referendo de convocatoria.

Es un fraude a la Constitución y a la voluntad popular sostener que como en la Constitución solo se hace mención a referendo aprobatorio en el caso de la Enmienda Constitucional y de la Reforma Constitucional, que en consecuencia no es necesario el referendo de convocatoria en el caso de la Asamblea Constituyente a pesar de que la Constitución reserva al pueblo su convocatoria.

---

472 Véase lo expuesto en Allan R. Brewer-Carías, *Reforma constitucional y fraude a la Constitución (1999-2009)*, Academia de Ciencias Políticas y Sociales, Colección Estudios N° 82, Caracas 2009, pp. 52-54.

Y eso es precisamente lo que hizo la Sala Constitucional del Tribunal Supremo de Justicia, consolidando el fraude constitucional, en dos sentencias dictadas a comienzos de junio de 2017.

II. EL FRAUDE A LA CONSTITUCIÓN Y A LA VOLUNTAD POPULAR POR PARTE DE LA SALA CONSTITUCIONAL DEL TRIBUNAL SUPREMO AL NEGARLE AL PUEBLO SU PODER EXCLUSIVO DE CONVOCAR UNA ASAMBLEA NACIONAL CONSTITUYENTE

La Sala Constitucional del Tribunal Supremo de Justicia, con motivo de la inconstitucional convocatoria por parte del Presidente de la República, ha comenzado a completar el fraude constitucional, al "interpretar" los artículos 347 y 348 de la Constitución mediante sentencia N° 378 de 31 de mayo de 2017,[473] concluyendo con un simplismo inconcebible, que:

> "De tal manera que, el artículo 347 define en quien reside el poder constituyente originario: en el pueblo como titular de la soberanía. Pero el artículo 348 precisa que la iniciativa para ejercer la convocatoria constituyente le corresponde, entre otros, al "Presidente o Presidenta de la República en Consejo de Ministros", órgano del Poder Ejecutivo, quien actúa en ejercicio de la soberanía popular.
>
> En los términos expuestos anteriormente, la Sala considera que no es necesario ni constitucionalmente obligante, un referéndum consultivo previo para la convocatoria de una Asamblea Nacional Constituyente, porque ello no está expresamente contemplado en ninguna de las disposiciones del Capítulo III del Título IX.".

Esta absurda conclusión, que contaría la letra del artículo 347 de la Constitución,[474] la elaboró la Sala a la medida de lo que quería el régimen con ocasión de decidir un recurso de interpretación de dichas normas formulado quince días antes por un abogado "actuando en nombre propio," en el cual básicamente argumentó que para que el pueblo en ejercicio del

---

473 Véase en http://historico.tsj.gob.ve/decisiones/scon/mayo/199490-378-315-17-2017-17-0519.HTML. Véase sobre esto el documento: "El Juez Constitucional vs. el pueblo, como poder constituyente originario," (Sentencias de la Sala Constitucional N° 378 de 31 de mayo de 2017 y N° 455 de 12 de junio de 2017), 16 de junio de 2017, en http://allanbrewercarias.net/site/wp-content/uploads/2017/06/161.-doc.-Sobre-proceso-constituyente-SC-sent.-378-y-455.pdf

474 *Artículo 347.* El pueblo de Venezuela es el depositario del poder constituyente originario. En ejercicio de dicho poder, puede convocar una Asamblea Nacional Constituyente con el objeto de transformar el Estado, crear un nuevo ordenamiento jurídico y redactar una nueva Constitución.

poder constituyente originario pudiese convocar una Asamblea Nacional Constituyente, debía hacerlo mediante referendo que debía realizarse una vez que se tomara la iniciativa por los legitimados para ello ante el Consejo Nacional Electoral,[475] el cual al recibirla debía someterla a *"consulta al soberano como poder originario para que se manifieste en mayoría si está de acuerdo que se realice o no el proceso Constituyente."*

El peticionante formuló el recurso de interpretación, según se reseña en la sentencia, porque el Presidente de la República y algunos de sus Ministros argumentaron públicamente:

> "que ya no hacía falta la manifestación del pueblo en cuanto a la activación de la Constituyente, y que además como quien realizo (sic) la iniciativa era el presidente (sic) de la República pues es el (sic) quien debe presentar los candidatos realizar la escogencia de los mismos, invitando a todos a inscribirse para su elección (…)" (mayúsculas y resaltado del escrito)."

En definitiva, estas fueron según la Sala las dudas e interrogantes planteadas por el recurrente:

> "-Será que el termino (sic) la iniciativa deba entenderse como un todo, y que solo lo indispensable sería entonces aprobar o no el proyecto que presente de modelo de Constitución luego de discutida.
>
> -[S]erá que no se requiere que el soberano poder originario evalué (sic) si acepta, si está de acuerdo o no, con una nueva Constitución.
>
> -Será que solo emitirá el voto de aprobación o no al proyecto ya presentado por quien ejerció la iniciativa.

La Sala, luego de declararse competente para conocer del recurso de interpretación abstracta de la Constitución, inconstitucionalmente establecido en forma pretoriana por la sentencia N° 1077, del 22 de septiembre de 2000 (caso: *Servio Tulio León*), y luego recogida en el artículo 25 de la Ley Orgánica del Tribunal Supremo de Justicia de 2004, procedió a admitirlo declararlo considerando que el recurrente tenía la legitimidad necesaria.

---

475 *Artículo 348.* La iniciativa de convocatoria a la Asamblea Nacional Constituyente podrán tomarla el Presidente o Presidenta de la República en Consejo de Ministros; la Asamblea Nacional, mediante acuerdo de las dos terceras partes de sus integrantes; los Concejos Municipales en cabildo, mediante el voto de las dos terceras partes de los mismos; o el quince por ciento de los electores inscritos y electoras inscritas en el Registro Civil y Electoral.

"por su interés legítimo, como parte del poder originario, como venezolano y profesional del derecho y ante el clamor popular, vista la ambigüedad e incertidumbre jurídica de los artículos 347 y 348 de la Constitución de la República Bolivariana de Venezuela, manifestada en la realización de la iniciativa y la consulta para la elección de los integrantes de la Asamblea Nacional Constituyente, así como la iniciativa o solicitud al Consejo Nacional Electoral a los fines de que realice la consulta al poder originario, para que manifieste si está de acuerdo en que se efectúe o no el proceso constituyente, el cual podría iniciarse a finales del mes de julio del año 2017, lo cual resulta un hecho notorio y comunicacional, visto el Decreto N° 2.830, dictado el 1° de mayo de 2017, por el Presidente de la República Bolivariana de Venezuela, ciudadano Nicolás Maduro Moros."

Y luego de declarar el asunto planteado como "de mero derecho, en tanto no requiere la evacuación de prueba alguna al estar centrado en la obtención de un pronunciamiento interpretativo," la Sala pasó de inmediato a decidir, "sin más trámites" sobre "el alcance y el contenido de los artículos 347 y 348 de la Constitución," en particular en :

"lo relativo a la realización de la iniciativa y la consulta para la elección de los integrantes de la Asamblea Nacional Constituyente, así como la iniciativa o solicitud al Consejo Nacional Electoral, a fin de que realice la consulta al poder originario, para que manifieste si está de acuerdo en que se efectúe o no el proceso Constituyente."

Después de copiar el texto de los artículos 347 y 348 de la Constitución, y recordar que la Constitución de 1961, a pesar de contemplar las figuras de la Enmienda y Reforma, no contempló la de "la Asamblea Constituyente para que el pueblo, como poder constituyente originario, pudiera redactar un nuevo texto fundamental," la Sala pasó a referirse al proceso de interpretación del artículo 4 de la Constitución (1961) y el artículo 181 de la Ley Orgánica del Sufragio y Participación Política que en 1998 intentaron unos ciudadanos en diciembre de 1998, "con la finalidad de aclarar si era posible, con base en el, convocarse un referéndum consultivo para que el pueblo determinara si estaba de acuerdo con la convocatoria de una Asamblea Constituyente," que concluyó en la sentencia de la Sala Político Administrativa de la antigua Corte Suprema de Justicia, de 19 de enero de 1999,[476] "en la cual dicha Sala lo único que resolvió fue a través de un referendo consultivo podía:

---

476 Véase sobre dicha sentencia los comentarios en Allan R. Brewer-Carías, *Poder constituyente originario y Asamblea Nacional Constituyente (Comentarios sobre la inter-*

"ser consultado el parecer del cuerpo electoral sobre cualquier decisión de especial trascendencia nacional distinto a los expresamente excluidos por la propia Ley Orgánica del Sufragio y Participación Política en su artículo 185, incluyendo la relativa a la convocatoria de una Asamblea Constituyente" (subrayado de este fallo).

Nada dijo la Sala Constitucional, sin embargo, sobre la segunda pregunta que entonces se le formuló y que no fue respondida en 1999 por la antigua Corte Suprema, sobre si se podía convocar una Asamblea Constituyente (no prevista en la Constitución se 1961) sin reformar previamente la Constitución; y solo se refirió a las vicisitudes de la convocatoria de entonces al referendo consultivo por el Presidente de la República mediante Decreto N° 3 del 2 de febrero de 1999, y las modificaciones de las "bases comiciales" de entonces como consecuencia de otras decisiones judiciales, entre ellas, "la sentencia de la Corte Suprema de Justicia del 18 de marzo de 1999 y su aclaratoria del 23 de marzo del mismo año, así como según fallo del 13 de abril de 1999."[477]

En todo caso, luego de constatar que el proceso constituyente de 1999 se inició mediante la convocatoria por el Presidente Chávez "de un referéndum consultivo para que el pueblo se pronunciase sobre la convocatoria de una Asamblea Nacional Constituyente, en cuya oportunidad, el convocante propuso las bases para la elección de los integrantes del cuerpo encargado de la elaboración del nuevo texto fundamental," indicó que tales circunstancias iniciales se debieron a la ausencia en la Carta de 1961 de previsión alguna sobre la Asamblea Nacional Constituyente.

Sin embargo, como se ha visto, en la Constitución de 1999, efectivamente conforme afirmó la Sala "la situación constitucional actual es totalmente diferente," ya que en la misma ahora sí se regula la Asamblea Nacional Constituyente como una de las "tres modalidades de "revisión" constitucional: la enmienda, la reforma y la Asamblea Nacional Constituyente," pasando la Sala con un simplismo que ni siquiera los libros escolares adoptaron, constatando que a pesar de que la Constitución reserva la convocatoria de la Asamblea Nacional Constituyente al pueblo en ejercicio del poder constituyente originario, sin embargo "no hay previsión

---

pretación jurisprudencial relativa a la naturaleza, la misión y los límites de la Asamblea Nacional Constituyente), Colección Estudios Jurídicos N° 72, Editorial Jurídica Venezolana, Caracas 1999.

477 Véase Allan R. Brewer-Carías, "La configuración judicial del proceso constituyente en Venezuela de 1999 o de cómo el guardián de la Constitución abrió el camino para su violación y para su propia extinción", en Revista Jurídica del Perú, Año LVI, N° 68, 2006, pp. 55-130.

alguna sobre un referéndum acerca de la iniciativa de convocatoria de una Asamblea Nacional Constituyente."

Luego pasó la Sala a afirmar que en su sesión N° 41 de 9 de noviembre de 1999, conforme al Diario de Debates de la Constituyente, en el desarrollo del debate "la propuesta del Constituyente Manuel Quijada de que el pueblo pudiera convocar a la Asamblea Constituyente mediante un referéndum, fue negada." Ello es absolutamente falso. Al contrario, en el Diario de Debates lo que quedó claro es que la propuesta formulada sobre la convocatoria de la Asamblea Constituyente es que ello se haría mediante un "referendo de convocatoria."[478] Ese fue el espíritu de la discusión y el sentido de lo que fue aprobado al atribuirle al pueblo la potestad única de convocar la Asamblea, y evidente y lógicamente el pueblo solo puede convocarla mediante referendo. No hay otra forma., en esta materia, cómo el pueblo pueda manifestarse.

La Sala luego pasó a referirse con argumentos no jurídicos y que de nada sirven para interpretar las normas constitucionales, que aun cuando el artículo 71 de la Constitución al regular el derecho a la participación popular prevé el referendo, supuestamente habría unas "circunstancias objetivas sobrevenidas" que "ambientarían" la premura del proceso de instalación de la Asamblea Nacional Constituyente, en medio de "un estado de excepción no concluido aún," considerando que ello habría motivado al Presidente a tomar:

"decisiones genéricas, expeditas y de profundidad constitucional, dentro de la cuales, por iniciativa del Presidente de la República se ha resuelto iniciar la convocatoria a una Asamblea Nacional Constituyente, que pueda en condiciones pacíficas poner de acuerdo al país en un nuevo Contrato Social, sin hacer uso en esta oportunidad, por tales circunstancias, de lo previsto en el citado artículo 71."

En fin, a pesar de que la Sala identificó como "uno de los rangos fundamentales distintivos que hacen de la Carta de 1999 una Constitución Social de nuevo tipo, es la opción por la democracia participativa y protagónica," y reconocer que "el ejercicio directo" de la soberanía es decir, la democracia directa se "manifiesta en los medios de participación y protagonismo contenidos en el artículo 70 de la Constitución" entre los cuales

---

478 Véase lo indicado en Allan R. Brewer-Carías, "La Asamblea Nacional Constituyente de 1999 aprobó que solo el pueblo mediante "referendo de convocatoria" convocar una Asamblea Constituyente: análisis del *Diario De Debates.* 17 de mayo de 2017, en   http://allanbrewercarias.net/site/wp-content/uploads/2017/05/159.-doc.-Brewer.-ANC-y-referendo-de-convocatoria.-17-5-2017.pdf.

está el referendo; sin embargo, en definitiva le negó al pueblo su derecho de participar y poder decidir en forma directa si convoca o no una Asamblea Nacional Constituyente. Para ello, luego de referencias y citas innecesarias sobre las formas de ejercicio de la soberanía, directa e indirecta, la Sala simplemente concluyó afirmando que:

"El artículo 347, cuya interpretación se solicita, debemos necesariamente articularlo con el artículo 348, ambos del texto constitucional. En efecto, el pueblo de Venezuela es el depositario del poder constituyente originario y, en tal condición, y como titular de la soberanía, le corresponde la convocatoria de la Asamblea Nacional Constituyente. Pero la iniciativa para convocarla le corresponde, por regla general, a los órganos del Poder Público (el Presidente o Presidenta de la República en Consejo de Ministros; la Asamblea Nacional, mediante acuerdo de las dos terceras partes de sus integrantes; y los Concejos Municipales en cabildos, mediante el voto de las dos terceras partes de los mismos) quienes ejercen indirectamente y por vía de representación la soberanía popular. La única excepción de iniciativa popular de convocatoria es la del quince por ciento de los electores inscritos y electoras inscritas en el Registro Civil y Electoral."

Hasta aquí, la Sala sólo copió lo que dicen los artículos 347 y 348 de la Constitución, pero sin darle importancia alguna a lo que reconoce la sentencia en el sentido de que:

"el pueblo de Venezuela es el depositario del poder constituyente originario y, en tal condición, y como titular de la soberanía, le corresponde la convocatoria de la Asamblea Nacional Constituyente,"

concluyó en la forma más absurda que:

"no es necesario ni constitucionalmente obligante, un referéndum consultivo previo para la convocatoria de una Asamblea Nacional Constituyente, porque ello no está expresamente contemplado en ninguna de las disposiciones del Capítulo III del Título IX."

O sea que a pesar de que se diga que solo el pueblo como titular del poder constituyente originario puede convocar la Asamblea Nacional Constituyente, como no se identifica expresamente la forma como puede manifestar su voluntad que no es otra que a través de un referendo, simplemente se le quita su poder y se le asigna arbitrariamente al Presidente de la República, usurpándose así la voluntad popular.

De lo que resulta la aberración constitucional de que ni más ni menos, para cambiarle una coma a un artículo constitucional el pueblo debe participar mediante un referendo, pero para sustituir en su totalidad de la Constitución por otra y crear un nuevo Estado al pueblo no deme participar mediante referendo, simplemente porque no se previó expresamente su forma de convocar la Asamblea Constituyente.

El intérprete debió escudriñar en la Constitución cómo el pueblo podía convocar una Asamblea Constituyente, que no era otra vía que no fuera un referendo de convocatoria, pero no podía concluir que como no se indicaba expresamente dicha modalidad, entonces simplemente ya no tenía la potestad exclusiva de convocatoria que le da la Constitución.

III. EL DESPRECIO A LAS PREVISIONES CONSTITUCIONALES DE 1999 POR EL JUEZ CONSTITUCIONAL, CONSIDERANDO AJUSTADAS A LAS MISMAS LAS INCONSTITUCIONALES "BASES COMICIALES" DICTADAS PARA LA CONFORMACIÓN DE LA ASAMBLEA NACIONAL CONSTITUYENTE

Por otra parte, la Sala Constitucional del Tribunal Supremo, mediante sentencia N° 455 de 12 de junio de 2017, declaró sin lugar el recurso de nulidad de nulidad por inconstitucionalidad que había sido intentado por el abogado Emilio J Urbina, "actuando en su propio nombre" contra el Decreto N° 2.878, de 23 de mayo de 2017[479] que estableció las "bases comiciales" para la integración de la Asamblea Nacional Constituyente[480] convocada por el Presidente de la República mediante Decreto No. 2830 de 1 de mayo de 2017; declarando, además, expresamente "la constitucionalidad" del mismo.[481]

La Sala Constitucional, para decidir, comenzó advirtiendo que ya había emitido el fallo antes comentado N° 378 del 31 de mayo de 2017, estableciendo su interpretación de los artículos 347 y 348 de la Constitución, antes comentada, donde simplemente decidió como antes hemos destacado, ignorando lo que regula la Constitución de que sólo el pueblo puede convocar una Asamblea Nacional Constituyente, que "*no es necesario ni constitucionalmente obligante, un referéndum consultivo previo para la convocatoria de una Asamblea Nacional Constituyente, porque*

---

479 Véase en *Gaceta Oficial* N° 41.156 de 23 de mayo de 2017.

480 El decreto fue modificado mediante Decreto N° 2.889 de fecha 4 de junio de 2017, *Gaceta Oficial* N° 41.165 de 5 de junio de 2017.

481 Véase sobre lo expuesto en esta Parte, el documento: "El Juez Constitucional vs. el pueblo, como poder constituyente originario," (Sentencias de la Sala Constitucional N° 378 de 31 de mayo de 2017 y N° 455 de 12 de junio de 2017), 16 de junio de 2017, en http://allanbrewercarias.net/site/wp-content/uploads/2017/06/161.-doc.-Sobre-proceso-constituyente-SC-sent.-378-y-455.pdf.

ello no está expresamente contemplado en ninguna de las disposiciones del Capítulo III del Título IX (...);" y además, que ya el Consejo Nacional Electoral, mediante Resolución N° 170607-118, de 7 de junio de 2017, ya había dado su conformidad a las "Bases Comiciales para la Asamblea Nacional Constituyente."

Y luego pasó la Sala Constitucional a resumir, a desechar y a decidir lo que en su criterio fueron los alegatos fundamentales del recurrente sobre la inconstitucionalidad de las mencionadas bases comiciales, reduciéndolos a los siguientes:

Primero: "a) Que en el primer Considerando del Decreto N° 2.878, se le asignan a la Asamblea Nacional Constituyente, atribuciones que exceden el artículo 347 de la Constitución de 1999, al proponer la construcción del socialismo y la refundación de la Nación venezolana."

Sobre este alegato, la Sala indicó que como se trató de una afirmación en los "Considerandos" del Decreto, la misma "no forma parte del texto de tal acto," y no tiene "un contenido normativo," considerando además que no contiene "en absoluto propuestas vinculantes para el órgano encargado de la elaboración del nuevo texto fundamental." En definitiva, sobre ello, la Sala resolvió que:

"menciones como la impugnada en un "Considerando", son irrelevantes a los efectos de examinar la constitucionalidad del acto (decreto), salvo si se tratara del fundamento constitucional de su competencia; así se decide."

En fin, pura y simplemente una negativa a impartir justicia, negándose la Sala a decidir sobre la inconstitucionalidad alegada, en particular sobre la indicación de que la convocatoria a una Asamblea Constituyente tiene un propósito fundamental y es la construcción del socialismo, propuesta rechazada por el pueblo en el referendo de 2007 y por la cual nadie nunca ha votado; y además, con el propósito, no de reformar el Estado que es lo que autoriza la Constitución, sino de "refundar la nación" que no es lo mismo por más malabarismos que haga la Sala para confundir Nación con Estado.

Como bien lo observó el impugnante, primero "proponer una ANC para introducir el socialismo, implica un *flagrante fraude constitucional*," y segundo, "la ANC lo que pudiera en todo caso es refundar al Estado venezolano y su ordenamiento jurídico -*in toto*- por medio de una Nueva Constitución. Nunca, pero nunca, una ANC podría ser establecida para

"REFUNDAR LA NACIÓN", sino al Estado, éste último, personificación jurídica de la Nación."

Segundo: "b) El Decreto Presidencial se encuentra en contradicción con el artículo 4 de la Constitución y colide con el carácter universal del sufragio."

En relación con esta denuncia, la Sala se limitó a indicar que no advertía "violación alguna del contenido del artículo 4 del Título I de la Constitución vigente," pues dicha "disposición ratifica el carácter federal descentralizado de la República Bolivariana de Venezuela, 'en los términos consagrados en esta Constitución.'" Agregó la sala, simplemente que:

"Se sabe que el régimen federal venezolano tiene rasgos particulares que lo alejan de un Estado Federal clásico. Por ejemplo, desde 1945 el Poder Judicial es nacional (no estadal) y en la Carta de 1999 se eliminó el Senado, como Cámara representante de los estados como entidades federativas. Por otra parte, no se advierte en este artículo referencia alguna al carácter universal del sufragio. Así se declara."

Tercero: "c) Que se desconoce el modelo federal venezolano y se atenta contra el principio de la soberanía popular, prevista en el principio de proporcionalidad poblacional."

Sobre esta denuncia, la Sala Constitucional insistió en que "no observa del Decreto impugnado una violación al modelo federal venezolano" considerando que el recurrente como fundamento de esta denuncia de violación, para la elección de la Asamblea Constituyente proponía "asumir el itinerario electoral previsto en la Ley Orgánica de Procesos Electorales para las elecciones de los cuerpos colegiados (un concejo municipal, un consejo legislativo estadal o la Asamblea Nacional)," lo que a juicio de la Sala era diferente "por sus propios objetivos" que para "la conformación de un cuerpo o convención constituyente." En este caso, a criterio de la Sala las normas que regulan esta materia "están contenidas en las Bases Comiciales que corresponde presentarlas al convocante," que fueron "objeto de recursos jurisdiccionales y del control del Consejo Nacional Electoral, lo cual se ha dado en similares términos en la presente oportunidad." Y nada más.

Cuarto: *"d) La falta de consulta popular de las Bases Comiciales, por oposición a la consulta por vía "referendaria" de las mismas en el proceso constituyente de 1999."*

Sobre esta denuncia, la Sala simplemente ratificó "lo decido en relación con el recurso de interpretación de los artículos 347 y 348 constitucionales, en su decisión 378/2017, por lo cual resulta inoficiosa pronunciarse de nuevo sobre este punto. Así se declara."

Quinto: *"e) Usurpación de la soberanía popular por la soberanía territorial, al contemplar las bases comiciales inconstitucionales que los constituyentes territoriales representarán a los municipios y no a los ciudadanos."*

En lo referente a esta denuncia la Sala al ratificar que conforme al artículo 5 de la Constitución, el pueblo, titular de la soberanía, la ejerce tanto en forma indirecta, "mediante el sufragio, por los órganos que ejercen el Poder Público," como en forma directa "mediante los medios de participación y protagonismo del pueblo en ejercicio de su soberanía," que se mencionan en el artículo 70 constitucional agregando respecto de "los mecanismos de ejercicio directo de la soberanía [que aún cuando] no exigen en principio el mecanismo del sufragio, en algunos casos es necesario utilizar los comicios, normalmente universales, directos y secretos, en virtud del carácter masivo de algunas comunidades."

Luego agregó la Sala, que estimaba imprescindible advertir:

"que en la democracia directa, que implica la organización de grupos humanos según su especialidad laboral, profesional, su condición social, la necesidad de su especificidad étnica o cultural o la especial protección que requiere una discapacidad física, motora o etaria; hace que el convocante pueda y/o deba resaltar tales circunstancias para que su participación y sus derechos no se "pierdan" en la masa."

Respecto del Estado federal, la Sala Constitucional reiteró su apreciación de que era de carácter particular, a cuyo efecto la Constitución, "al haber eliminado el Senado, ha instrumentado mecanismos para así asegurar en lo posible la igualdad de las entidades territoriales al margen del elemento cuantitativo de la población," lo que no es cierto, argumentando que el artículo 168 constitucional pauta que "cada entidad federal elegirá, además, tres diputados o diputadas" sin tener nada "que ver con la base poblacional" de los Estados, concluyendo que las bases comiciales establecieron "un mecanismo eleccionario particular que pretende una integración de la Asamblea Nacional Constituyente" que además de asegurar la personalización del sufragio:

"garantice una adecuada representación territorial, a los fines de incorporar efectivamente a cada uno de los municipios que integran la República, en atención a su condición de "unidad política primaria de la organización nacional" (artículo 168 eiusdem)."

Concluyó la Sala afirmando que en el caso de la Asamblea Constituyente, lo que se ha buscado en las bases comiciales es "la personalización del sufragio y la representación nacional, a través de la unidad política fundamental: el municipio.

Y en cuanto a la "representación sectorial" prevista en las bases comiciales, se limitó a indicar que:

"está en la base de la democracia directa, contemplada en la Constitución y desarrollada por el legislador (ver sentencia N° 355 del 16 de mayo de 2017). Así se declara."

Por supuesto, todas afirmaciones a la ligera sin fundamento ni explicación, y no creíbles, cuando es bien sabido que las Leyes sobre los órganos del Poder Popular han ignorado al Municipio y han establecido en contra de la Constitución que la unidad política primaria son los Consejos Comunales y no los municipios.

Sexto: *"f) Desconocimiento del principio de organización comicial en representación proporcional a la población en base federal y su sustitución por representación territorial municipal."*

Sobre esta denuncia, la Sala Constitucional estimó que en materia de convocatoria de una Asamblea Constituyente, sin consultar al pueblo, "el convocante de la Constituyente tiene la libertad de proponer las "Bases Comiciales," como estime, recurriendo a un absurdo temporal y es afirmar que se aplica el "principio del paralelismo de las formas (en lo que respecta al proceso constituyente de 1999)" cuando aquél proceso se hizo al margen de la Constitución de 1961 y este convocado inconstitucionalmente en 2017 se hace supuestamente siguiendo lo pautado en la Constitución de 1999.

A juicio de la Sala Constitucional, antes de la elección de los constituyentistas lo único que debe verificarse es que las bases comiciales no traspasen los límites contenidos en el artículo 350 de la Constitución, en particular para asegurar:

"la adecuada representación territorial, para que todos los municipios tengan voz y voto y el resultado de la Asamblea no implique la imposición de unos pocos estados cuantitativamente mayoritarios; la participación de sectores representativos de los cuerpos sociales que hagan realidad la democracia directa y los medios de participación y protagonismo del pueblo y de sus integrantes individuales (participación territorial) y comunitarios (participación sectorial)."

Y así, la Sala simplemente dio por buena la representación de los territorios de los municipios y de sectores arbitrariamente definidos, y no de la población que en definitiva es el pueblo (representación poblacional), en una Asamblea Constituyente nada más y nada menos que para reformar el Estado, crear un nuevo ordenamiento jurídico y dictar una nueva Constitución.

Séptimo: *"g) Vicios de desfiguración del principio constitucional de la universabilidad (sic) del sufragio al contemplar la representación sectorial."*

Sobre esto, en la sentencia la Sala Constitucional consideró que las "Bases Comiciales" respetaban "el concepto de la democracia participativa y el sufragio universal, directo y secreto," al facultar "la presencia privilegiada de sectores sociales cuyo protagonismo ha sido destacado por el legislador, en particular a través de las leyes del poder popular," indicando por último que la escogencia de los constituyentistas debe hacerse "en el ámbito territorial y sectorial, mediante el voto universal, directo y secreto" no habiendo a juicio de la Sala, "violación alguna del principio constitucional del sufragio."

Y eso fue todo lo resuelto en la sentencia.

Las bases comiciales formuladas por el Presidente de la República, usurpando la voluntad popular misma, al contrario de lo sostenido por la Sala Constitucional, son violatorias de la Constitución, primero por usurpación de autoridad del pueblo, pues solo el pueblo es el que puede aprobar las bases comiciales para elegir los constituyentes, y siendo la Asamblea Nacional Constituyente un órgano del pueblo, tiene que representar al pueblo de Venezuela en su conjunto. Para ello, el sistema de elección de los constituyentes tienen que asegurar la representación de todo el pueblo, y no hay otra forma de determinar el pueblo que no sea por el número de habitantes, lo que excluye fórmulas de representación territorial, como la "representación de municipios" independientemente de su población; y de "representación sectorial" arbitrariamente establecida, cuando la única admitida en la Constitución e la representación de los pueblos indígenas.

En este caso, una vez más, la Sala Constitucional sin duda tenía instrucciones de cómo debía decidir de acuerdo con lo que había ya decretado el Presidente de la República, y nada más.

Y lo más grave, la Sala terminó decidiendo, no sólo declarar sin lugar el recurso intentando, negándose a impartir justicia, sino declarando de antemano, y *Urbi et Orbi*, la "constitucionalidad" del decreto impugnado con lo cual con ello se anticipó a decir que desechará en el futuro cualquier otro recurso de nulidad por inconstitucionalidad, así los fundamentos del mismo sean otros. [482]

Y eso fue precisamente lo que ocurrió con el recurso de nulidad por inconstitucionalidad intentado por la Fiscal General de la República y otros altos funcionarios del Ministerio Público contra el mismo Decreto que estableció las "bases comiciales" de la Constituyente fraudulenta, que la Sala mediante sentencia N° 470 de 27 de junio de 2017[483] declaró inadmisible, precisamente por haber supuestamente operado la cosa juzgada sentada en dicha sentencia N° 455 de 12 de junio de 2017que ya había "juzgado la constitucionalidad" del Decreto.

New York, 1° de julio de 2017

---

[482] Como lo indicó el profesor Emilio Urbina, recurrente en el caso, haciendo el decreto, "*inmune a cualquier otra acción,*" o sea declarándolo como no controlables por el Poder Judicial. Véase los comentarios a la sentencia en Emilio J. Urbina, "El Apartheid criollo socialista: La interpretación constitucional como creadora de discriminación política. Los efectos de la sentencia 455/2017 de la Sala Constitucional Constituyente," 19 de junio de 2017.

[483] Véase en http://historico.tsj.gob.ve/decisiones/scon/junio/200380-470-27617-2017-17-0665.HTML

DÉCIMA QUINTA PARTE:

LAS CORTES SUPREMAS DE COSTA RICA, BRASIL Y CHILE CONDENAN LA FALTA DE GARANTÍAS JUDICIALES EN VENEZUELA.

De cómo, las Cortes Supremas de esos países, en 2015, en ausencia de decisiones de los respectivos gobiernos, juzgaron sobre la ausencia de autonomía e independencia del Poder Judicial en Venezuela, dictando medidas de protección a favor de ciudadanos venezolanos contra el Estado venezolano.

Durante el año 2015, ante la pasividad de los gobiernos de la región de confrontar políticamente el totalitarismo que se ha desarrollado en Venezuela en negación de la democracia y de los derechos humanos, y ante el temor de la Corte Interamericana de Derechos Humanos de condenar directa y abiertamente la ausencia de autonomía e independencia del Poder Judicial en el país, se ha producido un hecho excepcional e inédito en la historia de la democracia en el Continente, poniéndose en funcionamiento la jurisdicción universal de protección de los derechos fundamentales, al haber sido tres tribunales supremos extranjeros, los de Costa Rica, de Brasil y de Chile, los que sin temor ni ambigüedades han condenado la situación de ausencia total de garantías del debido proceso en Venezuela, protegido y amparado en consecuencia, desde sus respectivas jurisdicciones y países a ciudadanos venezolanos en contra del Estado Venezolano.

I

La primera decisión que se dictó fue por la Sala Constitucional (Sala IV) de la Corte Suprema de Costa Rica, de fecha 31 de julio de 2015 al decidir un proceso de *hábeas corpus* (Exp: 15-008391-0007-CO; Res. N° 2015-011568)[484] o amparo a la libertad personal, en la cual ordenó la libertad plena de un ciudadano venezolano detenido pendiente una solicitud de extradición, realizando un grave enjuiciamiento de la catastrófica situación del Poder Judicial venezolano, considerado por la mayoría de sus magistrados, simplemente como *carente de garantías mínimas de un sistema de justicia objetivo e imparcial,*" es decir, de autonomía e independencia, estimando que por ello nadie podría esperar poder ser juzgado gozando de garantía judicial alguna, incluso por delitos comunes como era el caso estafa).

Al poner en libertad al detenido y negar su extradición, los magistrados de la Corte Suprema de Costa Rica apreciaron que:

> "El amparado no enfrenta condiciones satisfactorias que aseguren que el Estado venezolano posee las condiciones para asegurar que ciudadano sometido a este proceso de extradición, enfrenta una acción represiva que responda a garantías básicas como la independencia de jueces y fiscales, que tenga la tutela debida del Derecho Internacional de los Derechos Humanos, al haber denunciado la Convención Americana de Derechos Humanos. No hay debido proceso si juzgan jueces nombrados sin estabilidad, si acusan fiscales provisionales, sin garantías que aseguren su independencia en tutela de los derechos fundamentales y la vigencia de un juicio justo. La división de poderes que es la condición política básica que sustenta el propio enjuiciamiento penal, no existe bajo los supuestos que he reseñado. No hay condiciones elementales que aseguren el equilibrio, la ponderación y los controles que requiere la actividad represiva del estado, razón por la que agrego estos argumentos para considerar que la privación de libertad bajo el mandato y voluntad del estado requirente, no es legítima en este caso, sino que contiene elementos que me demuestran que no hay condiciones institucionales que aseguren la defensa efectiva y los derechos fundamentales del amparado."

Es decir, los magistrados de la Corte Suprema de Costa Rica, al estimar que "entre las condiciones esenciales para la tutela de la libertad per-

---

[484] Véase el texto de la sentencia en http://jurisprudencia.poderjudicial.go.cr/SCIJ_PJ/busqueda/ jurisprudencia/jur_Documento.aspx?param1=Ficha_Sentencia&nValor1=1&nValor2=644651&str TipM=T&strDirSel=directo&_r=1. Véase la noticia de prensa sobre dicha sentencia en http://www. nacion.com/sucesos/poder-judicial/Sala-IV-extradicion-cuestiona-Venezuela_0_1504049615.html

sonal, está, *la necesidad de que exista un sistema de justicia independiente que garantice la objetividad e imparcialidad de los jueces, condición sin la cual sería nugatoria la defensa de la libertad frente al ejercicio del poder punitivo del Estado,"* y constatar la situación del Poder Judicial venezolano, consideraron que no podían enviar al detenido a Venezuela pues allí ni iba a tener las garantías de defensa básicas de toda democracia una vez extraditado."

Los Magistrados de la Corte Suprema de Costa Rica, además, destacaron para proteger la libertad del detenido, que al haber Venezuela denunciado la Convención Americana sobre Derechos Humanos, ello originaba que el Estado venezolano presentaba entonces "serias debilidades jurídico-políticas para asegurarle al amparado un enjuiciamiento que cumpla con las garantías básicas de un debido proceso, conforme a las normas constitucionales y el derecho internacional de los derechos humanos;" considerando que dicha denuncia "constituye una *amenaza grave al respeto efectivo de los derechos fundamentales."* De allí concluyeron los Magistrados: *"Enviar a un ciudadano a un país que ha denunciado una Convención que tutela de derechos fundamentales, no brinda la confianza suficiente para admitir que el ciudadano que se entrega a otra jurisdicción, será tratado conforme a las garantías básicas que merece cualquier ciudadano, no importa su nacionalidad."*

Concluyeron los magistrados de Costa Rica además, apreciando que en la catastrófica situación del Poder Judicial en Venezuela, con el sesenta y seis por ciento de la totalidad de los jueces de carácter provisorio

"jueces provisionales, no aseguran, de ninguna forma, la independencia de la judicatura, lo que incide directamente en la vigencia de las garantías del debido proceso para el amparado cuando se remita a Venezuela. Esta independencia de los jueces es una garantía fundamental para asegurar la vigencia de un estado constitucional y los derechos fundamentales de la persona sometida a enjuiciamiento. Si no hay independencia de los jueces, las garantías básicas de los ciudadanos, se debilitan y el poder represivo se convierte en un instrumento descontrolado."

En definitiva para negar la extradición solicitada y proteger al detenido, poniéndolo en libertad, los magistrados de la Sala Constitucional de Costa Rica expresaron que *"Un sistema de justicia que carece de independencia, como lo es el venezolano, es comprobadamente ineficiente para cumplir con sus funciones propias,"* por lo que *"el poder judicial, precisamente por estar sujeto a presiones externas, no cumple su función de proteger a las personas frente a los abusos del poder* sino que por el contrario, en no pocos casos es utilizado como mecanismo de persecución contra opositores y disidentes o simples críticos del proceso político, incluidos dirigentes de partidos, defensores de derechos humanos, dirigentes campesinos y sindicales, y estudiantes."

II

A la sentencia de la Corte Suprema de Justicia de Costa Rica, le siguió la sentencia de noviembre de 2015 del Supremo Tribunal Federal (STF) de Brasil,[485] dictada igualmente en un proceso de extradición de un venezolano que había sido iniciado por Venezuela, en la cual se le concedió al detenido el beneficio de libertad condicional, "por temer que no tenga derecho a un juicio imparcial en su país en caso de una probable extradición."

El Supremo Tribunal del Brasil, en el caso, con una línea argumental similar a la que se desarrolló en la sentencia de la Corte Suprema de Costa Rica, informó en Comunicado sobre lo que había expresado el magistrado instructor del proceso, en relación a que:

"la cooperación penal internacional cede, y siempre debe ceder, a la necesidad de protección de los derechos más básicos de la persona humana, entre los cuales el derecho a ser juzgado, en el Estado solicitante (de la extradición), por un juez exento e imparcial, y bajo el escudo del debido proceso legal."

Destacando además, el mismo magistrado relator del proceso, "que considera grave la decisión de Venezuela de renunciar a la Convención Americana de Derechos Humanos en 2012, lo que, en su opinión, indica un retroceso en el trato de asuntos básicos de los derechos de los ciudadanos."

Es decir, por la falta de garantías judiciales en Venezuela que puedan asegurar a un enjuiciado un juicio justo e imparcial, agrava por la denuncia que hizo Venezuela hizo de la Convención Americana de Derechos Humanos, el Tribunal Supremo de Brasil protegió al venezolano detenido, negando la extradición a Venezuela y ordenando su libertad condicional.

III

La última manifestación del desarrollo de la jurisdicción universal en materia de protección de derechos humanos, ha sido la sentencia dictada

---

[485]   Véase la reseña de la sentencia en: "Brasil otorga libertad a venezolano por dudar de imparcialidad de la justicia en Venezuela," en *lapatilla.com*, 11 de noviembre de 2015, en http:// www.lapatilla.com/site/2015/11/11/brasil-otorga-libertad-a-venezolano-por-dudar-de-imparcialidad-de-la-justicia-en-venezuela/

por la Corte Suprema de Chile el 18 de noviembre de 2015,[486] mediante la cual dicha Corte declaró con lugar un "recurso de protección," que es equivalente a la acción de amparo de Venezuela o a la acción de tutela de Colombia, que había sido presentado en ese país a favor de los venezolanos Leopoldo López y Daniel Ceballos, detenidos en los penales de Ramo Verde y Guárico, en Caracas, poniendo así en funcionamiento la "jurisdicción internacional de derechos humanos," argumentando para ello que::

> "resulta visible que operan en este caso todos los requisitos exigibles para que actúe la jurisdicción universal protectora de los derechos humanos antes mencionada, desde que los tribunales de la República Bolivariana de Venezuela no aparecen actuando con suficiencia en la protección de los derechos de sus ciudadanos ya individualizados; y hasta se podría sostener con al menos cierta connivencia con los propósitos políticos del gobierno local. Del mismo modo, la jurisdicción y competencia que esta Corte se atribuye, proviene de una fuente reconocida del derecho internacional, como son los tratados ya anotados y el ius cogens sustrato de toda la normativa mundial; y, en tercer término, que la legislación de Chile se encuentra en completa armonía con el señalado derecho internacional."487

---

[486] Véase la reseña de la sentencia en: "Corte Suprema acoge recurso de protección de venezolanos Leopoldo López y Daniel Ceballos detenidos en penales de Caracas," en http://www.pjud. cl/web/guest/noticias-del-poder-judicial/-/asset_publisher/kV6Vdm3zNEWt/content/corte-suprema-acoge-recurso-de-proteccion-de-venezolanos-leopoldo-lopez-y-daniel-ceballos-detenidos-en-penales-de-caracas/

[487] El Defensor del Pueblo de Venezuela calificó la declaración de la Corte Suprema de Chile como "insólita y grosera" aseverando que la sentencia contra Leopoldo López "no se encuentra en el margen de la Ley de un país soberano como Venezuela." Véase: "Saab: Decisión de la Corte chilena sobre López y Ceballos es insólita y grosera," en NOBITOTAL, 20 de noviembre de 2015, en http://notitotal.com/2015/11/20/saab-decision-de-la-corte-chilena-sobre-lopez-y-ceballos-es-insolita-y-grosera/. Por su parte, el Tribunal Supremo de Venezuela, mediante Comunicado, rechazó "la ofensa a la institucionalidad, a la democracia y a la soberanía de nuestro país, al situar infundadas afirmaciones, al margen de la verdad y del Derecho Internacional," indicando que la sentencia de la Corte Suprema de Chile "carece de validez y es absolutamente inejecutable en el orden internacional e interno por violentar principios y normas universales del Derecho Internacional." Para fundamentar su rechazo, la Presidenta del Tribunal Supremo de Venezuela "Recordó que los tribunales en el país actúan cabalmente y preservando los derechos huma-

Para decidir, la Corte Suprema Chilena acudió al derecho comparado, haciendo referencia incluso al caso decidido en Inglaterra en contra de Augusto Pinochet, indicando que:

"en el recurso y luego en estrados, se han citado varios casos de jurisdicción universal, entre ellos el llamado "Caso Pinochet", en que España requirió de Inglaterra la detención de un ciudadano chileno, ex presidente del país, invocando precisamente dicha jurisdicción. Aunque el primer país ha venido revirtiendo su normativa local para atenuar su reconocimiento a dicha jurisdicción, lo cierto es que la legislación vigente a esa época sostenía la universalidad irrestricta de la misma, aceptación que sin mengua sostiene todavía el segundo país y la mayor parte del mundo occidental. La cámara de los Lores inglesa (actual tribunal supremo) ha llegado a sostener que la Convención que prohíbe la tortura posibilita la aplicación de la jurisdicción universal en todos los Estados partes; y que su contenido, trasciende incluso la inmunidad tradicional de los ex jefes de Estado. En igual sentido pueden citarse el caso argentino de "Adolfo Scilingo" (2005), el guatemalteco conocido como el Caso "Genocidio en Guatemala" (1999) y el tibetano "Genocidio en el Tíbet" (2005).

De todo ello, la Corte aceptó el principio de que:

"La jurisdicción universal, que permite el juzgamiento criminal y en varios casos el civil, especialmente en materia de derecho de familia y derecho comercial, y aunque no existan precedentes objetivos en materia de protección por vía cautelar de los derechos esenciales de la persona humana, con mayor razón deberá admitirse que es posible la dictación de medidas precautorias que tiendan a hacer efectivos tales derechos y los procedimientos judiciales que los apliquen."

Con base en esta aproximación universal en materia de protección de derechos humanos, la Corte Suprema de Chile consideró que "la jurisdicción universal tiene reconocimiento en el Derecho Chileno" queda manifestada en el orden procesal interno de Chile en "el recurso de protección de los derechos esenciales reconocidos en nuestra Constitución que le otorgue eficacia y concreción," razón por la cual, en el caso, que se había originado con motivo de un recurso de protección del derecho a la vida que se había intentado a favor de Leopoldo López y de Ceballos, teniendo

---

nos, por lo que Venezuela se constituye en un verdadero Estado garantista de la esfera de los derechos ciudadanos." Agregó que el Poder Judicial honra su misión de preservar la soberanía por lo que nunca. Véase el texto enhttp://www.tsj.gob.ve/-/poder-judicial-venezolano-condena-decision-injerencista-de-la-corte-supre ma-de-chile

en cuenta en particular que el artículo 19 de la Constitución de Chile "asegura *a todas las personas" (sin distinguir su nacionalidad o ubicación geográfica*, en su número 1°, "El derecho a la vida y a la integridad física y psíquica de la persona."

La Corte Suprema, además, invocó el artículo 20 de la Constitución chilena que consagra la posibilidad para todo aquél –*tampoco distingue su nacionalidad o ubicación geográfica*– "que por causa de actos u omisiones arbitrarios o ilegales sufra privación, perturbación o amenaza en el legítimo ejercicio de los derechos y garantías establecidos en el artículo 19, Números 1...", de recurrir de protección, por sí mismo o "por cualquiera a su nombre", a la Corte de Apelaciones respectiva...".

De ello dedujo la Corte, que "como la Constitución no definió lo que debe entenderse por "corte respectiva," dado que en el caso existía "una garantía constitucional que cautelar, como es el derecho a la vida de los ciudadanos venezolanos Leopoldo López y Daniel Ceballos, habiéndose establecido suficientemente y en el marco de lo exigible en esta clase de procedimientos el acto de amenaza denunciado; y considerándose razonable estimarlo como arbitrario por las razones antes anotadas," consideró forzoso declarara con lugar el recurso de protección intentado, disponiendo:

> "como medida de cautela de la garantía constitucional del derecho a la vida los citados ciudadanos, la medida de requerir, a través del Gobierno de Chile, a la Comisión de Derechos Humanos de la OEA, representada por su Presidente o un delegatario suyo debidamente autorizado, para que se constituya en el Estado de Venezuela, ciudad de Caracas, cárcel militar Ramo Verde y cárcel común de Guárico o donde se encuentren privados de libertad a la fecha de la Visita y constate el estado de salud y de privación de libertad de ambos protegidos, recoja sus impresiones y evacúe un informe a la Asamblea General de la Organización de Estados Americanos respecto del cumplimiento de los tratados internacionales sobre la materia, a fin de que este organismo adopte todas las medidas aconsejables a la adecuada protección de sus derechos esenciales, respecto a lo cual se informará a esta Corte Suprema chilena."

En realidad, como resulta de la lectura del fallo, la protección concedida se limitó a exigir del gobierno de Chile que requiriera a la a la Comisión Interamericana de Derechos Humanos de la OEA, para que ésta viaje en Visita a Caracas, Venezuela, y se constituya en las cárceles donde López y Ceballos se encuentran privados de libertad de manera que "constate el estado de salud y de privación de libertad de ambos protegidos, recoja sus impresiones y evacúe un informe a la Asamblea General de la Organización de Estados Americanos respecto del cumplimiento de los tratados internacionales sobre la materia," para que con base en ello, la OEA adopte todas las medidas aconsejables a la adecuada protección de sus derechos esenciales, y se informe a la Corte Suprema chilena.

En consecuencia, la orden judicial en realidad está dirigida al gobierno del Estado de Chile, que es el que tiene que requerir a la Comisión Interamericana de Derechos Humanos que proceda en la forma que se indica en la sentencia.

El gobierno de Chile está obligado a acatar la decisión de su tribunal supremo, y deberá realizar sus mejores oficios internacionales por que se produzca la Visita de la Comisión Interamericana a Venezuela. Pero bien se sabe en el Continente, que Venezuela viene rechazando sistemáticamente las Visitas de la Comisión, a cual acusa de parcial,[488] por lo que en este caso parecería que ocurrirá lo mismo. Está en manos del Estado de Chile, por tanto, seguir con sus gestiones internacionales para acatar la sentencia de su tribunal supremo, para lo cual deberá solicitar a la Asamblea General de la OEA se pronuncie sobre el irrespeto de los principios democráticos en Venezuela, para lo cual solo tiene que invocar la Carta Democrática Interamericana.

New York, 19 de noviembre de 2015.

---

[488] En octubre de 2015 el obierno de Venezuela volvió a rechazar toda Visita de la Comisión Interamericana de Derechos Humanos. Véase por ejemplo: "Venezuela vuelve a rechazar una visita de la CIDH. El gobierno de Maduro calificó a la Comisión Interamericana de Derechos Humanos (CIDH) de parcial," en *La Tercera*, 19 de octubre de 2015, en http://www.latercera.com/noti cia/mundo/2015/10/678-652044-9-venezuela-vuelve-a-rechazar-una-visita-de-la-cidh.shtmlu

ÍNDICE GENERAL

CUARTA PARTE:

EL JUEZ CONSTITUCIONAL EN HONDURAS ENTRE LA SUPREMACÍA CONSTITUCIONAL Y LA SOBERANÍA POPULAR. **El control y rechazo judicial a la propuesta del Presidente de Honduras de 2009 de convocar una Asamblea Nacional Constituyente no prevista ni regulada en la Constitución** 155

DÉCIMA SEGUNDA PARTE:

DÉCIMA TERCERA PARTE:

www.ingramcontent.com/pod-product-compliance
Lightning Source LLC
Chambersburg PA
CBHW021543210326
41599CB00010B/294